맹자와 양혜왕

孟子旁通, 南懷瑾 著

2015년 3월 6일 초판 1쇄 인쇄
2015년 3월 16일 초판 1쇄 펴냄

지은이 남회근
옮긴이 설순남

펴낸곳 부키(주)
펴낸이 박윤우
등록일 2012년 9월 27일
등록번호 제312-2012-000045호
주소 120-836 서울 서대문구 신촌로 3길 15 산성빌딩 6층
전화 02. 325. 0846 팩스 02. 3141. 4066
홈페이지 www.bookie.co.kr
이메일 webmaster@bookie.co.kr
ISBN CODE 978-89-6051-466-9 04150 978-89-6051-039-5 (세트)

잘못된 책은 바꿔 드립니다.
책값은 뒤표지에 있습니다.

남회근 저작선 13

# 맹자와 양혜왕

남회근 지음  설순남 옮김

부·키

## 일러두기

1. 이 책의 원서(原書) 『맹자방통(孟子旁通)』은 1984년에 나온 책으로, 본문에는 당시 시대 상황에 근거한 예들이 다수 등장한다. 원문의 취지를 살린다는 뜻에서 현재 상황과 다소 맞지 않더라도 삭제하거나 바꾸지 않고 그대로 두었다.

2. 『맹자』 원문 해석은 우리나라의 전통적인 해석에 따랐다. 하지만 저자가 본문에서 전통적 해석과 달리 설명한 경우에는 본문의 논지에 따라 저자의 해석을 기준으로 하였다. 해당 부분에 역자 주를 달아서 기존의 해석과 저자의 해석이 어떻게 다른지를 설명하였다.

3. 중국 고유명사 표기와 관련하여 현행 맞춤법은 신해혁명 이전은 한자 발음대로, 그 이후는 중국어 원음대로 표기하도록 규정하고 있다. 하지만 이 책에서는 시대에 관계없이 인명, 지명 모두 한자음대로 표기하였다.

4. 『맹자』 원문은 모두 대만 노고문화에서 나온 원서 『맹자방통』의 내용과 문장 부호를 그대로 따랐다. 다만 중국어 고유의 문장 부호는 우리말 문장 부호로 바꾸었다.

5. 원문에 대한 독자 이해를 돕기 위해 대괄호 안에 우리말로 넣은 간단한 설명은 역자가 하였다.

# 옮긴이 말

『맹자와 양혜왕』은 『맹자』 일곱 편 가운데 제1편인 「양혜왕」 상하에 대한 남회근 선생의 강연 내용을 정리한 책입니다. 1976년에 남 선생은 대만 『청년전사보(靑年戰士報)』에서 청년들을 대상으로 맹자를 강연했는데, 그중에서 「양혜왕」 편이 1984년에 『맹자방통(孟子旁通)』이라는 제목으로 출간되었습니다. 하지만 남 선생의 오랜 해외 생활과 교육 사업으로 인해 후속 정리 작업은 긴 시간 중단되었고, 27년 만인 2011년에야 제2편인 「공손추」 편이 『맹자와 공손추』라는 제목으로 출간되었습니다. 우리나라에서는 2014년에 『맹자와 공손추』가 먼저 나오고 나서 이제 『맹자방통』을 『맹자와 양혜왕』이라는 제목으로 출간하게 되었습니다.

원래 맹자가 위나라 군주 양 혜왕을 만난 것은 시기적으로 보면 제나라 군주 제 선왕을 만난 후입니다. 맹자가 그랬는지 아니면 맹자의 문인들이 그랬는지 모르지만 시기적으로 나중에 해당하는 「양혜왕」 편을 『맹자』 첫머리에 편집해 놓은 것은 아마 시작 부분에 나오는 맹자와 양 혜왕의 대화 때문일 것입니다. 맹자의 '의리지변(義利之辨)'은 그의 학술 사상과 정치 사상에서 가장 중요한 부분이라고 해도 과언이 아닙니다. 공자는 '인(仁)'의 학술을 완성하고 맹자는 '의(義)'의 학술을 완성함으로써, 유가의 성인 두 사람에 의해 유가 사상의 핵심인 '인의(仁義)' 사상이 완비되었습니다.

그러나 맹자의 '의리지변'은 두 부류의 사람들에게 오해를 받았습니다. 한 부류는 당시에 맹자가 상대했던 군주들이었습니다. 약육강식에 내몰린 전국 시대의 군주들은 '의(義)'만 강조하는 맹자를 현실을 도외시하는 공소(空疏)한 이론주의자로 여겼습니다. 특히 맹자 당시는 유세에 뛰어났던 종횡가들이 자신의 욕망은 뒤로 숨긴 채 각국 군주의 현실적이고 근시안적인 이익만을 핏대 세워 달변으로 쏟아내던 시기였습니다. 에두르지 않고 비굴하지 않고 타협하지 않고 오직 '의'만 고집하던 맹자는 결국 '골치 아픈 영감님' 취급이나 받으면서 쓸쓸히 고향으로 돌아가야 했습니다.

또 한 부류는 공맹의 사상을 계승하여 발전시킨다고 자신했던 훗날의 유학자들이었습니다. 그들은 맹자가 이야기한 '이(利)'에 대해 진정한 이해가 없이 편협한 '의리지변'을 고집하여, 끝내 공맹의 유학을 고리타분한 구시대의 유물로 만들고 중국의 발전을 가로막은 타도 대상으로 변질시켜 버렸습니다. 동시에 '이'를 역설했던 당시의 종횡가들에 대해서는 필요 이상으로 적대적인 태도를 취하고 그들의 역사적 공적조차 인정하려 들지 않는 우를 범했습니다. 가령 맹자와 동일한 행보를 보여 주었던 소진(蘇秦)의 경우에는, 세 치 혀의 능력으로 여섯 강대국의 재상이 되어 전국 시대에 드물게 기나긴 평화의 시기를 만들어 냈습니다.

남 선생은 혼란하던 세상을 구제하려던 맹자의 정신을 설명하기 위해 소위 '경사합참(經史合參)'의 방법을 택했습니다. 『맹자』 일곱 편의 본경(本經) 외에도 맹자가 처했던 시대 환경, 즉 제나라와 위나라의 당시 사정을 알 수 있는 역사 자료를 함께 참고한 것입니다. 특히 『맹자』 시리즈의 제1권에 해당에는 『맹자와 양혜왕』에는 『사기』와 『전국책』 같은 역사 자료가 많이 인용되어 있어서 당시의 국제 정세와 그들의 내정이 어떤 상황에 처해 있었는지를 생생하게 엿볼 수 있습니다.

"맹자는 왜 그렇게 말해야 했을까? 소진과 제나라 위나라 왕들은 왜 또 그렇게 해야 했을까? 그것은 무슨 이치에서였을까?" 남 선생은 많은 역사 자료를 통해 객관적이고 공정한 태도로 맹자를 비롯해 당시 군주들과 세객(說客)들을 살펴보았습니다. 『맹자』 본문에서는 볼 수 없는 서로 상반되는 자료를 가져다가 마치 양쪽의 변호사라도 되는 양 실감나게 당시 상황을 재현했습니다. 제 선왕을 눈앞에 두고 보는 것처럼 생생하게 묘사하고 소진의 행보를 마치 한 편의 드라마처럼 풀어 냄으로써, "소진이 혼자만 악평을 받지 않게 될 뿐 아니라 『맹자』를 훨씬 생기 넘치게 읽음으로써 아성(亞聖)이 아성이 된 이유도 더욱 잘 이해할 수 있게" 했습니다.

원래 「양혜왕」 편은 맹자가 제나라 위나라 군주에게 자신의 정치적 이상인 '왕도 정치'를 유세하는 내용이 그 중심에 있습니다. 따라서 맹자의 '왕도 정치'가 지향하는 바가 무엇인지에 관해서는 더 이상의 설명이 필요 없을 정도입니다. 남 선생의 『맹자와 양혜왕』은 무엇보다도 유세의 대가인 맹자의 뛰어난 유세술에 초점을 맞추어 조명했습니다. 그가 포착해 낸 맹자 유세술의 특징은 상대방의 심리를 파악하고 상대방의 현재 상태를 인정해 주면서도 자신의 논지를 펼칠 기회를 놓치지 않는 것입니다. 온갖 감언이설로 군주의 욕망을 부채질하고 그들의 야심에 영합함으로써 자신의 이익을 얻으려던 당시 세객들의 행태와는 달리, 맹자는 자신의 논지를 차분하게 가감 없이 진술하고 상대방이 스스로 자신의 문제점을 인식하게 만드는 뛰어난 대화의 기술을 보여 주었습니다.

그럼에도 불구하고 눈앞의 각박한 현실에 마음을 빼앗긴 전국 시대의 군주들은 맹자의 권고가 귀에 들어오지 않았습니다. 어떻게 생각하면 안타까울 정도로 위정자들의 홀대와 무시라는 상황이 반복 연출됨에도 불구하고, 맹자는 눈앞의 작은 이익에 연연해하지 않고 부귀권세와 타협하지 않은 채 오로지 백성들의 안락한 삶에만 초점을 맞추어 같은 말을 앵무새처럼 되풀이합니다. 『맹자와 양혜왕』은 고지식하고 올곧기만 한, 그러나 오로지 백성들의 삶을 걱정하는 진정한 성인 맹자의 모습을 생생하고도 감동적으로 전해 주는 책이라 하겠습니다.

# 들어가는 말

　20세기에 태어난 중국인은 동서 문화의 조류가 격돌하는 시대를 맞이하여, 개인에서 가정에 이르기까지 그리고 사회의 각 계층에서 국가에 이르기까지 심지어는 온 세계가 모두 안팎으로 불안하고 심신이 극도로 피곤한 상태에서 기나긴 세월을 보냈습니다. 그리하여 나아가지도 물러나지도 못하는 현실 환경 속에서 감각을 통해 감상을 일으키고 번뇌로 말미암아 물러나 반성하다가, 다시금 두루 생각하고 두루 관찰한 연후에 다음의 사실을 알게 되었습니다. 시공이 교차하면서 생겨난 변화는 단지 현상의 차이일 뿐, 천지(天地)는 여전히 예전의 천지요 인물(人物)도 여전히 예전의 인물로서 생존의 원칙은 결코 변하지 않았습니다. 변한 것은 다만 생활의 방식뿐입니다. 마치 길을 가다가 방향을 잃어버리는 경우에 인위적인 방향 때문에 미혹되는 듯해도, 사실 참된 경계는 방향이 없어서 본디 스스로 헤매지 않습니다. 만약 물질을 좇아서 방향을 잃어버린다면 분명 수없이 왔다 갔다 하고 영원히 혼란과 어지러움 속에서 뱅글뱅글 돌다가 본래 위치를 잃어버리고 가야 할 바를 알지 못하게 될 것입니다.

저는 중국인으로서 당연히 이 시대 중국 문화의 운명과 마찬가지로 정말 방향을 잃어버리기라도 한 것처럼 사람들을 좇아서 서양 문화를 모색하다가, 저 자신이 이곳에 근거한 하나의 생명임을 거의 망각하고 스스로 방향을 잃어버렸습니다.『주역』「서괘전(序卦傳)」에 말하기를 "큰 것이 궁극에 이르면 반드시 그 거처를 잃으므로 여괘로써 받았다. 나그네가 되면 받아들이는 곳이 없으므로 손괘로써 받았다. 손은 들어감이다. 들어간 뒤에 기뻐하므로 태괘로써 받았다. 태는 기뻐함이다〔窮大者必失其居, 故受之以旅. 旅而無所容,故受之以巽. 巽者, 入也. 入而後說之, 故受之以兌. 兌者, 說也〕"라고 했습니다. 우리 문화는 수천 년 이래의 큰 것이 궁극에 이르러 일시적으로 자신의 설 자리를 잃어버렸습니다. 그리하여 외래 문명에서 구하여 스스로의 곤궁함을 구제해야만 했습니다. 이른바 "다른 산에서 나는 돌이라도 옥돌을 가는 데 소용이 된다〔他山之石, 可以攻錯〕"라는 말과 같았습니다. 그것은 피할 수 없는 사실입니다. 그러나 오랫동안 다른 곳을 여행하여도 천지간에 자신을 받아들일 수 없음을 알았다면, 모름지기 기미〔機〕를 알고 때〔時〕를 알아 자기 자신에게서 구하여야 하며 국혼을 불러 일으키고 개과천선하여 자립자강의 길을 도모해야 합니다. 바로 이러한 심정 때문에 일부 서양 친구들과 학생들은 모두 저를 완고하게 동양 문화만을 추숭하는 고집쟁이라고 생각합니다. 비록 구미의 수많은 친구들이 해외로 와서 강연을 해 줄 것을 누차에 걸쳐 요청했으나 끝내 한 발자국도 내딛지 않았습니다. 사실 저 스스로 생각하기에는 편견을 지니고 있어서가 아니라 단지 오랫동안 살던 곳을 떠나기 싫어하는 애착일 뿐이었습니다. 동시에 저 역시 서양 친구들에게 충고하고 싶은 것이 있습니다. 마땅히 돌이켜 자기 자신에게서 구하고 서양 철학과 종교의 고유 정신 문화를 다시 부활시켜서 물질문명의 부족한 부분을 채워야 비로소 바른 이치가 될 것입니다.

제 개인의 일생에 대해서는 일찌감치 "우환 속에서 태어나 우환 속에서 죽다[生於憂患, 死於憂患]"라는 여덟 글자로 그 운명을 점친 적이 있습니다. 늘 스스로를 비유하기를 오래된 중국 문화 속 백발의 궁녀처럼 쓸데없이 옛날이야기나 하면서 수다를 늘어놓고 있다고 말해 왔습니다. 옛사람의 시 두 수가 그런 저의 모습을 적절하게 보여 줍니다.

첫 번째 시는 당나라 사람 장방평(張方平)의 궁사(宮詞)입니다. "늙은 꾀꼬리 온종일 첩을 벗해 울고, 주렴 걷으니 보이는 건 무성한 풀뿐이네. 뜰 앞에 어쩌다 동풍이 불어오니, 천 갈래 버드나무 가지 모두 서쪽을 향하네[竟日殘鶯伴妾啼, 開簾祇見草萋萋. 庭前偶有東風入, 楊柳千條盡向西]." 한 마리 늙고 힘없는 꾀꼬리가 아침부터 밤까지 외로운 백발의 궁녀를 벗삼아서 처량하게 울고 있는데, 아무런 목적도 없이 서글프게 홀로 서 있는 것이 제 자신의 모습과 똑같습니다. 어쩌다 주렴을 걷고 바깥을 바라보면 눈앞에 보이는 것은 온통 무성한 풀뿐이어서 망연자실하고 있는데, 문득 갑자기 동풍이 한바탕 지나가면 바람을 좇아 흩날리는 천 갈래 버드나무는 흐름에 몸을 맡겨 서쪽을 향해 흩날립니다.

두 번째 시는 당나라 말 동산량개(洞山良价) 선사의 시게(詩偈)입니다. "누구를 위해 깨끗이 씻고 짙게 화장하였나? 자규 울음소리는 돌아가라 권하는구나. 꽃은 다 졌건만 울음소리는 그치지 않으니, 흩어진 봉우리 깊은 곳을 향해 우는구나[淨洗濃粧爲阿誰? 子規聲裡勸人歸. 百花落盡啼無盡, 更向亂峯深處啼]." 이 시 역시 저의 현 상황과 꼭 같습니다. 오랜 세월 옛것을 끌어안고 아는 체하며 중국 문화를 떠들어 댔지만 사실 이루어 놓은 바가 없고 말도 조리가 없습니다. 다만 마음으로 고국을 그리워하여 피를 쏟으며 울었던 두견새처럼 "꽃은 다 졌건만 울음소리는 그치지 않으니, 흩어진 봉우리 깊은 곳을 향해 울고 있을" 따름입니다. 매번 생각이 여기에 미치면 언제나 망연자실하다가 허허 웃고 맙니다.

그러나 인생의 여정은 왕왕 기약하지 않은 일을 만나곤 합니다. 맹자가 사람은 "생각지 못했던 칭찬, 온전함을 추구하다 비난[不虞之譽, 求全之毁]"을 받는다고 말했듯이 말입니다. 만약 여러분이 사회 각 층을 두루 경험해 본다면, 한 개인의 일생에 대한 맹 선생님의 말이 결코 허구가 아니라 확실한 경험과 수련에서 나온 지극한 이치의 명언임을 쉽사리 깨닫게 될 것입니다. 민국 64년(1975년) 제가 요청을 받고 『논어』를 강연한 후 채책(蔡策) 선생이 마음을 다해 기록한 것이 사회 각 계층의 사랑을 받았고 출판을 종용 받게 되었습니다. 하지만 제가 강연한 내용은 정통의 한·당 유학이나 송유(宋儒)의 학술 사상도 아니고 현대 신유가(新儒家)의 이론도 아닙니다. 그저 시대의 조류에 대응한 엉터리에다 정통이 아닌 이단에 속하기 때문에 책 이름도 『논어별재(論語別裁)』라 지어 독자들을 헷갈리게 하거나 후학들을 미혹하지 않도록 했습니다. 그런데 뜻밖에도 책이 나오자 광대한 독자들의 사랑을 받아 12판 연속으로 내게 되었으니 실로 황공스럽고 또 두렵기 짝이 없습니다. 손으로 사람을 죽이면 그 죄는 죽음으로 갚을 뿐이지만, 만약 학문으로 사람들을 그릇되게 하면 그것은 사람의 지혜와 운명을 손상시키는 것이 되므로 만 번을 죽어도 그 허물을 용서받을 수 없습니다. 그 때문에 중국 고유의 문화 전통 속에서 학자들은 평생 책을 쓰려고 하지 않았습니다. 혹은 일생의 학력(學力)을 다 바쳐서 후세에 전해질 만한 몇 편의 글을 엄밀하게 쓸 따름이었습니다. 이것이 바로 예전 중국 문화인의 정성이었습니다. 현대의 우리처럼 저서가 많고 함부로 잘난 체하는 작풍과는 당연히 같지 않았습니다.

그런데 그 후로 친구인 당수상(唐樹祥) 선생이 『청년전사보(靑年戰士報)』 사장을 맡고 있던 시기에 그 신문사에서 『맹자』, 『대학』, 『중용』 등 소위 사서(四書)를 잇달아 강연해 주기를 극력 요청해 왔습니다. 당 사장은 평소 말하는 것이 유머가 넘치고 특히 저에게는 하고 싶은 말을 다하고 형식에 얽매이지 않았습니다. 예전에 그가 중정이공학원(中正理工學院) 정전부(政戰部) 주임을 맡고 있을 당시에는 늘 저를 끌어다가 강단에 세웠습니다. 그러고는 제게 이렇게 권했지요. "이런 시기에는 사람들이 다 바빠서 책을 읽을 시간이 없으니 자네가 책을 쓰고 글을 쓴들 무슨 소용이 있겠나? 그저 강단에 많이 서서 청년 학생들을 가르치는 것이 훨씬 의미가 있다네." 아무튼 저는 그의 정성에 떠밀려서 강단에 설 수밖에 없었습니다. 그러다가 신문사 사장으로 옮기고 나서는 이렇게 말했습니다. "강연하는 건 아무래도 많이 쓰는 것만 못하네." 그러면서 저더러 많이 써서 자신에게 넘겨주면 신문에 싣고 싶다는 것이었습니다. 그가 워낙 말을 잘하는지라 저는 정말로 어떻게 해 볼 도리가 없었습니다. 사실 저는 강연을 해도 뭐 그다지 특출나지도 않고 글로 써도 남들을 놀라게 할 재주가 없으니 요령도 없고 특기도 전혀 없다고 할 수 있습니다. 그런데도 끝내 그의 열정을 이기지 못해서 민국 65년(1976년) 가을에 『청년전사보』 건물에서 『맹자』를 강연하기 시작했습니다. 당시 저는 고난을 겪고 계실 부모님 생각에 가장 마음이 힘든 시기였습니다. 『맹자』를 강연하게 되자 자연히 역사에 모교(母敎)의 모범인 맹모(孟母)가 떠올라 강연 첫머리에 황중칙(黃仲則)의 시를 인용했습니다. "휘장 걷어 어머니께 인사하고 다리 건널 제, 백발에 근심스레 바라보는 눈가에는 눈물도 말랐네. 사립문에 눈보라 들이치는 서글픈 밤이면, 자식 있는 것이 없느니만 못하다오〔拜母河梁去, 白髮愁看淚眼枯. 慘慘柴門風雪夜, 此時有子不如無〕." 물론 이런 심정은 비단 저 한 사람만 그런 것이 아니라 당시 현장에 있었던 청중들도 대부분 공감하는 바였습니다. 게다가 채책 선생도 사서의 강연 내용을 기록하는 작업에 대해 흥미를 가지고 견심해 주었습니다. 그는 재삼 그것이 자신의 일생에 가장 의미 있는 일이라고 강조했습니다. 『맹자』의 강연 원고는 이렇게 당수상, 채책 두 분의 격려 속에 완성되었습니다.

그러나 쌓인 일이 너무 많다 보니 조용하게 원고를 들여다볼 시간을 내지 못했고, 그로 인해 오랜 시간이 지나도록 책으로 만들어 내지 못했습니다. 이제 노고문화도서공사의 출판 업무를 진세지(陳世志) 동학이 맡게 되었습니다. 그는 현대 청년의 입장에 서서 또다시 출간을 재촉하였지만, 저는 매번 그가 마치 황하를 건너려고 세 번이나 외쳤던 종택(宗澤)이나 젊은이들에게 출격하라고 크게 소리 질렀던 좌종당(左宗棠)처럼 굳센 기개는 산과 같으나 지나치게 무모하다고 웃으면서 말했습니다. 하지만 그는 끝내 어려운 일을 밀어붙여서 해내더니 거기다 저더러 서문을 쓰라고 재촉하기까지 했습니다. 사실 『맹자』의 서문은 정말 쓰기가 쉽지 않아서 이 책이 나오기까지의 계기를 대략 쓰는 것으로 끝냈습니다. 책 이름인 '방통(旁通)'은 송(宋)의 계영(桂瑛) 및 원(元)의 두영(杜瑛) 두 사람이 쓴 실전된 책의 제목과 같기는 합니다. 다만 제가 '방통'이라고 정한 본의는 『논어별재』와 마찬가지로 스스로 생각하기에 엉터리 같은 학설이라 정통 유가나 유가 도학들의 엄밀한 학술 저작과 크게 다르기 때문일 뿐이지 결코 각가(家)의 학설에 두루 통했다는 의미가 아닙니다.

갑자(1984년)년 6월 4일 단오

남회근

# 차례

양혜왕 상 ——————————————— • 95

## 양혜왕 하 ———————————————— • 297

# 양혜왕 편

강연에 앞서

# 강연에 앞서

『논어』를 강연한 이후 『맹자』 연구에도 관심을 갖게 된 분들이 강연을 요청해 왔습니다. 사실대로 말하면 저는 중국 전통문화의 경학(經學)에 대해서는 잘 알지 못합니다. 과거에 『논어』를 강연한 것도 그저 시대적 필요 때문에 여기저기에서 끌어다가 쓸데없는 소리나 늘어놓았을 뿐이었는데, 생각지도 않은 환호를 받았습니다. 정말로 예상치 못한 일이었습니다. 신구(新舊) 문화가 서로 부딪치면서 변화하는 시대에 단지 시대 추세에 따른 방법을 채택해 살펴보았을 따름인데 말이지요. 저는 그저 제 개인적인 관점을 제시한 것으로 여러분에게 참고거리를 제공할 뿐입니다. 어떻게 깊이 들어갈 것이냐 하는 것은 여러분 몫입니다. 자고이래로 『맹자』에 관한 저술은 대단히 많으니 여러분 스스로 열심히 탐구하고 찾아야 할 것입니다.

『맹자』라는 이 책은 대단히 재미있습니다. 제가 글 배우던 어린아이였을 때이니 지금으로 치면 초등학교 삼사 학년 무렵이었습니다. 집안 어른과 선생님들의 독촉으로 『맹자』를 읽기 시작했지요. 그 무렵의 공부는 책을 모조리 외우는 것이었습니다. 매일 선생님께서 한 절씩 가르쳐 주시면 다음날 선생님 앞에 서서 한 글자 한 글자 한 구절 한 구절 낭랑한 목소리로 외웠습니다. 아주 또박또박하고 숙달되게 외워야 했는데 조금이라도 틀렸다가는 벌을 받았습니다. 때로는 회초리로 손바닥을 맞기도 했지요. 당시에는 내용을 풀이해 주지 않았습니다. 그저 글자를 익혀 읽을 수 있고 또렷이 외울 수 있게만 했습니다. 한 절을 다 외우고 나면 선생님께서는 다음 절을 가르쳐 주셨지요.

말이 나와서 하는 말이지만 이런 것 역시 시대 변화를 보여 주는 자료라 하겠습니다. 사소한 것이라고 말할 수도 있지만 중국 문화사의 변천이라는 관점에서 보면 큰 주제와 연관이 있습니다. 그 시절은 청나라 말기의 유풍이 남아 있는 구식 사회였습니다. 오래된 전형적인 농촌 사회였지요. 인쇄술도 발달하지 못했습니다. 『맹자』고 『논어』고 할 것 없이 한 장(章)씩 나누어서 팔았으니 한 권을 통째로 사야만 하는 것도 아니었습니다. 기억하기로 제가 처음 『맹자』를 읽었을 때는 먼저 「이루」편을 보았습니다.

그 당시 우리는 선생님을 '先生(선생)'이라고 했지 지금처럼 '老師(노사)'라 부르지 않았습니다.[1] 공업과 상업을 가르치는 선생님은 '師父(사부)'라 불렀습니다. 회초리는 선생님들이 학생을 처벌할 때 사용하는 매였는데, 그런 유의 처벌은 제법 쓸모가 있었습니다. 양심적으로 말해 지금 와서 생각해 보면 그런대로 괜찮았다고 생각합니다. 요즘 사람들이 말하는 것처럼 그렇게 무섭지도 않았거니와 무슨 자존심을 다치게 한다는 등의 성가신 부작용도 없었습니다. 물론 이러한 이치는 말하기 껄끄러운 부분이기는 합니다. 시대가 다르고 사상, 교육, 관념 등이 모두 다르기 때문에 일괄적으로 논할 수는 없습니다. 하지만 과거 역사상 어느 방면에서 성공

---

1 현대 중국어에서 '先生'은 남자를 부르는 호칭이고, '선생님'을 부르는 호칭은 '老師'이다.

한 인물이든지 거의 대부분이 회초리 식의 엄격한 교육을 거쳤으며, 그들의 위대한 성취와 위대한 인격에 그것은 아무런 장애가 되지 않았습니다.

우리가 어린 시절에 『맹자』를 처음 읽을 때 외웠던 그 모든 내용과 풀이해 주셨던 요점이 도대체 무슨 뜻인지 알았을까요? 솔직히 말해서 알 듯 모를 듯했고 긴가민가했습니다. 저를 가르치셨던 선생님은 당시 이름난 선비로 과거에도 급제했고 나중에는 청 조정에서 해외로 파견하여 일본 유학까지 했던 분이었습니다. 집으로 모셔다가 식사와 숙소를 제공하면서 가르치게 했는데 대단한 존경을 받았습니다. 그런 가정 교사를 당시에는 서석(西席)[2] 선생이라고 불렀습니다. 대체로 썩 괜찮았다고 하겠습니다. 적어도 존경을 받는다는 측면에서는 현재보다 훨씬 좋았습니다. 그런데 선생님께서 우리에게 『맹자』를 가르칠 때에는 그다지 상세히 풀이해 주시지 않았습니다. 제가 어땠느냐고요? 어릴 때에는 그다지 열심히 공부하지 않았습니다. "책 읽기를 좋아하지만 깊이 파고들지는 않네〔好讀書, 不求甚解〕"라던 도연명 선생의 말을 인용해서 부끄러움을 슬쩍 가려 볼까 합니다.

당시의 선생님과 노유(老儒)와 어른들은 모두 이렇게 말했습니다. 청나라 조정에서 과거에 급제하여 공명을 얻으려면 이 책 『맹자』를 숙독하지 않으면 안 된다고요. 물론 사서(四書)를 모두 정독해야 하지만 과거를 보든 보지 않든 글을 잘 쓰려고 하면 반드시 『맹자』를 숙독해야 합니다. 무슨 당송팔대가(唐宋八大家)의 문장이라 하여 한유(韓愈)니 유종원(柳宗元)이니 소동파(蘇東坡)를 말합니다만, 그들은 모두 『맹자』의 문장을 깊이 연구해서 그런 위대한 성취를 거두었습니다. 아! 물론 셰익스피어니 베이컨

---

2 태공망(太公望)이 서쪽에 자리 잡아 동면(東面)하여 주나라 무왕(武王)에게 황제의 글을 가르쳤다는 고사에서 유래했다. '서석(西席)'이라 함은 스승이 앉는 자리 곧 스승을 뜻하게 되었다.

이니 쇼펜하우어니 하는 사람들은 맹자와 상대도 안 됩니다.(웃음) 그 당시의 어른들이 입으로 혹은 글로 인용하는 명언들은 대부분 전통문화 속의 대유(大儒)들의 말이었습니다. 지금 그런 식으로 인용한다면 시대에 뒤떨어진 사람이 되고 말 것입니다. 오로지 셰익스피어 같은 사람들의 말을 인용해야 세련되었다고 합니다. 제 생각에는 이러한 현상은 세대 차이에서 나온 문제가 아니라, 동서고금을 막론하고 신구(新舊) 문화의 교류로 인해 나타나는 현상일 뿐입니다.

나중에 우리는 양학당(洋學堂) 즉 현대식 학교에 들어갔는데, 때마침 오사운동이 일어나 공가점(孔家店)[3]을 타도하고 구문화를 뒤엎자는 구호를 외쳤습니다. 거의 온 나라가 미친 듯했습니다. 수많은 사람들이 짧은 시간에 덩달아 전통문화의 구문학을 폐기해야 한다고 떠들어 댔습니다. 우리 같이 기본적으로 구식 교육을 받은 사람들조차 아주 서서히 그런 책들에 냉담해져 갔습니다.

하지만 무슨 일이든지 어려서 배우기 시작한 것은 끝내 잊어버릴 수 없는 법입니다. 아무리 시대가 달라져도 사상과 관념의 영역 속에 확고하고 중요한 자리를 차지하고 있기 때문이지요. 그런데 훗날 중고등학교에서 대학까지의 새로운 교육과 새로운 교재들 역시 구문화를 완전하게 벗어나지는 못했음을 발견했습니다. 특히 『맹자』의 경우에는 거의 모든 학년의 국어 교과서에 중요한 문장이 몇 단락씩 실려 있습니다. 젊은 사람들이 대수롭지 않게 여길지언정 『맹자』의 문장은 다들 그런대로 읽었습니다. 반감은 반감이고 그렇더라도 읽어야 합니다. 그래야만 역사 문화를 지켜 나갈 수 있기 때문입니다. 이제 이렇게나 많은 분들을 마주하고 『맹자』를 강연하려고 하니 정말 부끄러운 마음에 몸 둘 바를 모르겠습니다. 이런 걸

---

**3** "공씨네 가게"라는 뜻으로 공자를 대표로 하는 유가 사상을 가리킨다.

두고 "반문농부(班門弄斧)"[4]라고 말합니다. 전문가들 앞에서 재주 부리는 격이지요.

## 춘추 시대에 의로운 전쟁은 없었다

이제 우리가 『맹자』를 연구하려면 먼저 맹자가 살았던 당시 시대와 현실 사회의 환경을 이해해야 합니다. 그렇게 해야만 『맹자』의 내용이 무미건조하게 여겨지지 않을 뿐 아니라 맹자의 인품과 풍격에 대해서도 훨씬 깊이 있게 인식할 수 있을 것입니다. 그래야 비로소 후세 사람들이 맹자를 공자의 후계자라 하면서 아성(亞聖)이라 칭한 것이 일리가 있음을 알게 될 것입니다.

모두가 알다시피 지금으로부터 대략 이천오백 년 전에 중국 역사상 대단히 혼란한 시대가 출현했습니다. 중국 역사 문화의 위대한 전환기였다고도 말할 수 있지요. 물론 이것은 현재 우리의 입장에서 그 고통을 피부로 절감하지 못한 채 마치 남의 일이나 되는 양 내린 평가일 뿐입니다. 만약 우리가 그 시대에 태어났더라면 그런 고통스럽고 분통 터지는 현실 상황에 대해 "지금은 위대한 시대이다"라고 말할 수 없었을 것입니다. 그 시대는 바로 저 유명한 춘추 전국 시대입니다. 춘추(春秋)와 전국(戰國), 이 두 명사가 포괄하는 시대는 몇 백 년이나 됩니다. 인물을 들어 말한다면 공자는 춘추 시대이고 맹자는 전국 시대에 해당합니다. 춘추 시대가 되었건 전국 시대가 되었건 합쳐서 사백여 년이나 되는 이 시대는 중국 민족이

---

4 노(魯)나라 명공(名工) 반수(班輸)의 문 앞에서 함부로 도끼질한다는 뜻이다. 우리말에 "공자 앞에서 문자 쓴다"라는 말과 의미가 같다.

가장 고통스러웠던 시기였습니다. 서로 공격하고 죽이느라 혼란스럽기 짝이 없었지요.

하지만 후세에 보면 이 시기는 수많은 사상가들이 다투어 목소리를 높이며 등장했던 시대였고, 우리 후손들을 위해 넓고 크고 심오한 문화적 기초를 마련해 주기도 했습니다. 그 깊고 두터운 문화는 현재까지 줄곧 전해져 내려왔고 또 앞으로도 계속 전해질 것입니다.

당시 공자는 고통스러운 시대의 우환을 몸소 겪었습니다. 그는 만년에 중국 문화의 보고를 체계적으로 정비하였는데, 『시경(詩經)』과 『서경(書經)』을 정리하고 『예기(禮記)』와 『악기(樂記)』를 편정했습니다. 그 외에 또다시 정력을 집중하여 모국인 노(魯)나라의 역사 자료를 근거로 가장 유명한 역사서요 역사 철학서인 『춘추(春秋)』를 저술했습니다.

이 책에서 공자는 동주 이래 이백여 년 동안의 정치·사회·군사·경제·교육 등의 분야에서 변란의 원인과 결과를 기술했으며 그와 동시에 역사와 인문 문화에 대한 철학적 사상도 포함했습니다. 즉 어떻게 하는 것이 마땅한지 또 마땅하지 않은지, 그리고 어떤 것이 정확한 선악(善惡)인지 또 정확한 시비(是非)인지를 내포하고 있습니다.

우리는 먼저 춘추 시대의 큰 주제를 대략적으로 이해하고 있어야 합니다. 그 시대는 침략과 합병의 전쟁이 이백여 년간 끊임없이 이어졌습니다. 서주 초기에 건립된 '봉건(封建)'의 문화적 기초는 점차 파괴되어 갔고, 사회적 혼란과 경제적 피폐로 인한 백성들의 고통은 실로 너무나 컸습니다. 간단히 동중서(董仲舒)의 말을 인용해 보더라도 그 시대가 혼란스러웠던 주요 원인을 알 수 있습니다.

무릇 덕은 가까이 친할 수 없고 문은 먼 길을 왕래할 수 없으니, 끊어 버리고 싸워서 정벌함을 일삼는 것, 이것은 본디 춘추에서 싫어하는 바이니 모두 의가 아니다.

夫德不足以親近, 而文不足以來遠, 而斷之以戰伐爲之者, 此固春秋之所甚疾
已, 皆非義也.


동중서의 생각은 이러했습니다. 그 시대 각국 제후들의 패업(霸業)은 모두 도덕적 정치 기초를 배양하지 않았기 때문에 정치 도덕이 쇠락했습니다. 그리하여 나라와 나라 사이에, 사람과 사람 사이에 아무도 서로를 믿지 못하고 피차간에 쉽사리 친해지지 않았습니다. 이른바 "덕은 가까이 친할 수 없는" 상황이었습니다. 문화의 건립에 대해서는 더더욱 관심을 두지 않고 오직 현실에만 치중했기 때문에 고원한 식견 따위는 없었습니다. 나라와 나라 사이에도 주 왕조 초기처럼 먼 길을 왕래하는 국제도덕의 관계가 사라졌기 때문에 "문은 먼 길을 왕래할 수 없다"라고 말했습니다. 그래서 오로지 전쟁으로 다른 사람을 침략하는 것만 일삼았습니다. 하지만 그들은 언제나 침략 전쟁에 허울 좋은 이유를 갖다 붙였습니다. 다른 사람을 침략하노라고 말하지 않고 적당한 구실을 찾아내어 전쟁을 일으켰던 것입니다. 그것이 바로 "끊어 버리고 싸워서 정벌함을 일삼는 것"입니다. 이것이 바로 공자가 『춘추』를 저술한 동기와 목적이면서 또한 공자가 『춘추』를 저술하면서 가장 고통스럽고 골치 아파했던 주요 핵심입니다. "이것은 본디 춘추에서 싫어하는 바이니 모두 의가 아니다." 그는 말합니다. "춘추 시대 몇 백 년의 전쟁은 하나같이 이치에 맞지 않았다." 그래서 어떤 사람은 "춘추 시대에 의로운 전쟁은 없었다〔春秋無義戰〕"라고도 말합니다.

『춘추』라는 책은 비선론(非戰論)을 주장하는 것이 결코 아니며 중국 문화의 전쟁 철학이 정의를 위한 전쟁임을 강조하고 있습니다. 이른바 "속여서 공격하는 것을 싫어하고 역성들어 싸우는 것을 좋아하며, 초상집 치는 것을 부끄러워하고 원수 갚는 것을 영광스럽게 여긴다〔惡詐擊而善偏戰, 恥伐喪而榮復讎〕"라는 것입니다. 가령 춘추 시대 이백여 년 동안에 일어난 크고 작은 전쟁들은 이루 다 셀 수 없는데, 그 가운데 오직 두 번만이 원수를 갚기 위한 전쟁이었습니다. 그런 경우는 크게 비난할 수도 없고 옳지 않다고 말할 수도 없는 경우입니다. 그래서 그는 이렇게 말했습니다.

지금 천하가 이렇게 크고 삼백 년이나 되었으니, 정벌하고 침공한 것이 이루 헤아릴 수 없으나 원수를 갚기 위한 것은 그 중에 두 번뿐이다.

今天下之大, 三百年之久, 戰伐侵攻不可勝數, 而復仇者有二焉.

춘추 시대는 역사 문화의 파괴와 정치 도덕의 몰락은 더욱 심했습니다. 춘추 시대 242년 동안 "군주를 시해한 것이 삼십육 회요, 나라를 망하게 한 것이 오십이 회〔弑君三十六, 亡國五十二〕"였습니다. 인류 문화의 도덕적 기초는 패권을 차지한 상층 지배자들에 의해 거의 완전히 파괴되었습니다. 그렇다면 그 시대는 왜 그렇게 어지러워졌을까요?

공자는 그 모두가 문화 사상의 쇠락 때문이라고 단정 지었습니다. 사람의 짧은 안목으로 현실만 중시하고 문화 발전 속의 인과 관계를 소홀히 한 결과라는 것입니다. 그렇기 때문에 공자는 『역경』 곤괘(坤卦)의 문언(文言)에서 이렇게 말했습니다. "신하가 그 군주를 시해하고 자식이 그 아비를 시해한 것은 하루아침에 비롯된 것이 아니라 그 말미암은 바가 점차로 된 것이다〔臣弑其君, 子弑其父, 非一朝一夕之故, 其所由來者漸矣〕." 훗날 동중서는 공자의 사상을 더 발전시켜서 "자잘한 악이 끊이지 않은 결과이다〔細惡不絶之所致也〕"라고 말했습니다. 이른바 자잘한 악이란 사회 인사들에게 원대한 안목이 결핍되어 있어서 평소에 자잘한 나쁜 일을 대충대충 넘겨 버리다 보면 오랜 시간이 지난 후에 커다란 시대적 혼란을 만들어 내게 됨을 가리킵니다.

우리는 지금 춘추 시대에 관해 이야기하려는 것이 아니라 맹자가 살았던 시대 배경을 소개하다 보니 그 원인을 거슬러 올라가서 춘추 시대까지 언급하게 되었습니다. 서로 침략하고 삼키던 춘추 시대의 혼란한 정국은 또다시 이삼백 년간 연속되었는데, 바로 역사에서 전국 시대라고 부르는 시기입니다. 혼란한 상황은 춘추 시대에 비해 더하면 더했지 덜하지 않았습니다. 강대한 나라의 제후는 현실만을 중시하고 사회 기풍 또한 현실만을 고려하여 고통스러운 것은 일반 백성뿐이었습니다.

그러한 현실의 시대 환경 속에서도 맹자는 시종일관 인륜과 정의를 외치고 전통문화의 도덕 정치를 외치며 분주히 다녔습니다. 시대 환경의 영향을 받아 조금이라도 변하거나 하지 않았습니다. 그렇기 때문에 그가 계승한 공자의 전통 정신 및 중국 문화의 도덕 정치적 철학 관념은 공자의 문화 사상과 마찬가지로 옛날부터 지금까지, 심지어 앞으로도 절대 뒤엎을 수 없는 진리가 되었습니다. 왜 그는 이처럼 원대한 영향을 미칠 수 있었을까요? 이것이 바로 우리가 앞으로 연구하고 토론할 주제 가운데 하나입니다.


## 사마천의 편찬 기법 속 맹자

앞에서 아주 간단히 전국 시대의 시대 환경을 언급했습니다. 이제부터는 사마천(司馬遷)이 『사기(史記)』를 썼던 편찬 기법과 그의 붓 아래에서 맹 선생님이 어떻게 묘사되었는지를 살펴보도록 하겠습니다. 이것은 대단히 흥미로운 일입니다.

본래 전기를 쓰려면 마땅히 개개인의 평생 사적을 분리시켜 단독으로

써야 합니다. 하지만 사마천은 종종 한두 사람의 열전을 합쳐서 쓰거나 혹은 몇 사람을 한데 묶어서 썼습니다. 설마하니 종이를 절약하고 먹물을 아끼려고 그랬겠습니까? 아닙니다. 그는 역사상 동일한 유형의 사람과 일, 혹은 비슷한 것 같지만 완전히 상반된 사람과 일을 적절히 묶어서 한편으로 써내었습니다. 읽어 보면 그 둘이 강렬한 대비를 이룸으로써 상호 모순과 상생의 과정에서 진리를 찾아내어 스스로 일깨울 수 있습니다. 또 역사 경험이라는 거울을 통해 입신과 처세의 원칙을 반영해 냈습니다.

그래서 사마천은 맹자에 관해 쓸 때 맹자와 같은 유형인 순자(荀子)를 묶어 한 편으로 쓰고 「맹자순경열전(孟子荀卿列傳)」이라 불렀습니다. 이 한 편 속에서 그는 맹자와 순경 유형과는 상반된 인물들을 들어 서로를 비추어 보게끔 했습니다.

어떻게 보면 그가 게을러서 대충 했다거나 혹은 그 사람들은 별도로 한 편의 전기를 만들기에 부족하다고 생각할 수도 있습니다. 하지만 사실은 그렇지 않습니다. 한 사람의 문인이 써내려 간 전기의 문장은 만약 그 일부를 떼어다 거기에 미사여구를 갖다 붙인다면 그 자체로 기세 넘치는 한 편의 글이 될 것입니다. 하지만 사마천의 풍격은 자신만의 철학적, 학술적인 중심 사상을 지니고 있기 때문에 그렇게 함부로 하는 것을 원하지 않을 것입니다.

그러므로 그가 이 글에서 언급한 전국 시대 당시의 유명 인물들은 아무렇게나 대충 거명한 것이 결코 아니었습니다. 실로 절정에 이른 총명으로 비법을 찾아내되 언어의 그물에 빠져들지 않는 오묘함을 지니고 있었습니다. 『사기』를 읽어 보면 거의 춘추삼전(春秋三傳)[5]과 마찬가지로 절대로

---

5 『춘추』를 풀이해 놓은 『춘추좌씨전(春秋左氏傳)』, 『춘추곡량전(春秋穀梁傳)』, 『춘추공양전(春秋公羊傳)』을 가리킨다.

한 글자 한 구절을 가볍게 지나쳐서는 안 됩니다. 심지어 『사기』에 들어 있는 표(表) 하나도 함부로 만들지 않았습니다.

사마천은 맹자와 순자에 대해 쓰면서 그와 동시에 맹자와 같은 시대를 살았던 풍운의 인물, 가령 상앙(商鞅)·오기(吳起)·손자(孫子)·전기(田忌)에 대해서도 언급했습니다. 또 "제나라에는 세 명의 추자가 있었다〔齊有三鄒子〕"라는 말도 했습니다. 세 명의 추자 가운데 천문(天文)을 이야기하고 지리(地理)를 말하고 오행지학(五行之學)을 강연했던 추연(鄒衍)에 대해 힘써 묘사한 것은 물론입니다. 추연, 그는 쓸쓸하고 처량했던 맹자와는 달리 당시 사람들에게 많은 존경과 대우를 받았습니다.

추연 다음으로 그는 또 "제나라의 직하 선생으로는 순우곤, 신도, 환연, 접자, 전병, 추석의 무리가 있었다〔齊之稷下先生, 如淳于髡愼到環淵接子田騈鄒奭之徒〕"라는 말로 일단락을 맺습니다. 물론 동일한 시대성을 지닌 인물들입니다.

그런 다음 순경(荀卿)에 대해 쓰면서 순경으로부터 장자(莊子), 묵자(墨子), 공손룡(公孫龍), 극자(劇子), 이리(李悝), 시자(尸子), 장로(長盧), 우자(吁子) 등까지 함께 말합니다. 그런데 사마천은 그 뒤에 "맹자에서 우자까지 세상에는 그들의 책이 많이 있으므로 그 전기를 논하지 않는다〔自如孟子至于吁子, 世多有其書, 故不論其傳云〕"라는 한 구절을 덧붙여 놓았습니다. 우리는 "그 전기를 논하지 않는다"라는 이 말의 의미에 유의해야 합니다. 대단히 심도 있으면서도 꽤나 재미있는 말입니다.

마지막으로 다시 묵자에 관한 일을 한 소절 덩그러니 붙여 놓았습니다. 이는 묵자 시대에 대한 고증의 성격을 지닌 부가 설명인 셈입니다. 이렇게 말했습니다. "묵자는 송의 대부이다. 수성과 방어의 전술에 능하였다. 비용을 절약할 것을 주장하였다. 어떤 사람은 그를 공자와 같은 때의 사람이라고 말하기도 하고, 어떤 사람은 공자보다 뒤에 살았던 사람이라고도 하였다〔蓋墨子, 宋之大夫. 善守禦. 爲節用. 或曰並孔子時, 或曰在其後〕."

우리는 『사기』를 읽을 때 도처에서 이러한 사마 선생의 편찬 기법, 즉 교묘함과 유머를 통해 사람들을 일깨우고 때로는 의문으로 남겨 두기도 하는 고도의 수법을 발견할 수 있습니다. 그렇기 때문에 『사기』를 자세히 잘 읽어 보면 지혜로운 생각을 계발할 수 있다고 말하는 것입니다.

우리가 『맹자』의 요지를 밝히는 개종명의(開宗明義)에 해당하는 제1장 "맹자께서 양 혜왕을 만나시니〔孟子見梁惠王〕"를 읽어 보면, 시작부터 맹자가 냉랭한 차별대우를 받았음을 알 수 있습니다. 마찬가지로 사마천은 맹자에 대해 쓰면서 맨 먼저 이 단락을 인용한 후에 비로소 맹자의 본적, 출신, 학력을 밝히고 맹자가 공자의 손자인 자사(子思)의 문인이라고 설명했습니다. 맹자가 자사의 학생이 아니라는 말은 또 다른 고증의 문제에 해당하는데 사마천이 잘못 알았을 가능성이 많습니다. 『사기』의 이 편 역시 「백이열전(伯夷列傳)」과 마찬가지로 많은 서술 없이 끝이 납니다. 그저 맹자는 공자의 학술 사상을 밝혀 기술하여 일곱 편의 책을 썼다고만 했습니다. 그것이 바로 지금 우리 손에 있는 이 『맹자』입니다.

동서고금의 역사를 보더라도 후세에 그토록 위대한 인물이라 추앙받으며 천추만대에 영향을 끼친 수많은 사람들은, 당대에는 대다수가 그렇게 처량하고 쓸쓸했습니다. 맹자는 생전에 눈앞의 이익만 도모하는 짧은 안목을 중시하지 않았습니다. 자기 자신에 대해서건 국가와 천하의 일에 대해서건 이런 인품과 풍격으로 대처했습니다. 만약 당시에 조금만 물러서서 스스로 기준을 낮추고 현실에 다가갔다면 상황은 달라졌을 것입니다.

더욱 오묘한 것은 사마 선생이 추연을 들어서 당시 맹자의 처지와 강렬하게 대비시켰다는 사실입니다.

# 추연과 맹자의 강렬한 대비

맹자가 제 선왕(齊宣王)과 양 혜왕(梁惠王)을 만나 자신의 사상과 이론을 진술하던 당시에 어떤 푸대접을 받았는지는 『맹자』 본문을 천천히 읽어 보면 바로 알 수 있습니다. 하지만 맹 선생님과 동시대의 추연 같은 사람들은 맹자가 받은 대우에 비하면 완전히 딴판이었습니다.

추연은 나라를 소유한 사람들이 더 음란하고 사치하여 도덕을 숭상할 수 없음을 보았으니……. 이에 음양의 소멸과 성장을 깊이 관찰하여 기이하고 현실과 거리가 먼 변화를 기록하였는데……. 그 말은 아주 거창하고 조리가 없었으니 반드시 먼저 작은 것을 검증한 뒤에 미루어 확대하여 끝이 없었다.…….

騶衍睹有國者益淫侈, 不能尙德, ……. 乃深觀陰陽消息而作怪迂之變, ……. 其說閎大不經, 必先驗小物, 推而大之, 至於無垠.…….

그리하여 추연은 제나라에서 소중하게 여겨졌다. 그가 양나라에 갔는데 혜왕이 교외에까지 나와서 영접하여 손님과 주인의 예로써 대우하였다. 그가 조나라에 갔을 때 평원군은 옆으로 걸어가고 옷자락으로 자리를 쓸었다. 연나라에 가니 소왕이 빗자루를 가지고 길을 쓸면서 앞에서 길을 인도하였고, 제자의 자리에 앉아서 가르침 받기를 청하였으며, 갈석궁을 건축하여 그를 머무르게 하면서 몸소 찾아가 스승으로 섬겼다.

是以騶衍重於齊. 適梁, 惠王郊迎, 執賓主之禮. 適趙, 平原君側行撤席. 如燕, 昭王擁篲先驅, 請列弟子之座而受業, 築碣石宮, 身親往師之.

우리는 이 역사 사료를 통해 맹자와 동일한 시대를 살았던 추연 역시 맹자와 마찬가지로 제 선왕과 양 혜왕을 만나러 갔음을 알 수 있습니다. 심지어 연나라와 조나라에도 갔는데, 연 소왕(燕昭王)의 비할 데 없는 존중을 받았습니다. 당시 그는 높은 명성을 누리면서 각국 제후들에게 환대를 받았습니다. 그 위풍과 그 규모, 만약 현실의 허영을 중시하는 시각에서 보면 당시 추연의 위풍스러운 태도는 정말로 볼만했습니다. 거기에는 양 혜왕이 맹자를 대했을 때 조금의 거리낌도 없이 "영감님! 천 리를 멀다 않고 오셨구려"라고 말하며 대수롭지 않게 여기던 기색 따위는 조금도 없었습니다. 제 선왕 역시 맹자에게는 그다지 큰 환영을 표하지 않았습니다.

그런데 추연은 어떠했습니까? "제나라에서 소중하게 여겨졌습니다." 그는 제나라에서 대단히 존중받았는데, 평범한 지식인인 직하(稷下) 선생들조차 그의 영향으로 제왕의 존중과 우대를 받았습니다.

추연이 위나라 양(梁)에 가자 양 혜왕은 몸소 교외로 나와서 그를 영접했습니다. 요즘으로 말하면 한 국가의 영수가 몸소 공항까지 나가서 영접하는 것처럼 융숭했습니다. 게다가 양 혜왕은 국빈을 맞이하는 대례(大禮)로 추연을 접대했습니다. 이른바 "혜왕이 교외에까지 나와서 영접하여 손님과 주인의 예로써 대우하였다"라는 것입니다. 이것이 바로 당시의 현장 실황에 대한 기록입니다.

추연이 조나라에 가자 "평원군은 옆으로 걸어가고 옷자락으로 자리를 쓸었습니다." 조나라의 유명한 권문귀족이던 평원군은 감히 추 선생과 나란히 길을 걸어가지 못하고 조심스럽게 몸을 숙인 채 뒤에서 따라갔습니다. 예빈사(禮賓司)의 대례관(大禮官)보다도 훨씬 공손했습니다. 숙소에 도착한 후 추 선생을 자리에 앉게 할 때에는 몸소 자신의 옷자락으로 좌석을 깨끗이 청소하여 공경을 표했습니다.

그런데 그런 상황을 고대의 문자 예술에서는 단지 네 글자만 사용하여 남김없이 다 표현해 냈습니다. 사마천은 "側行撤席(측행별석)"이라는 네 글자로 충분했습니다. 이것을 보면 오늘날과 옛날의 문장 예술 기교가 다르다는 것을 알 수 있습니다. 그러므로 백화문의 신교육을 받은 현대의 청년들은 특히 세심하게 읽고 연구해야 합니다. 대충해서는 안 됩니다.

추연이 연나라에 갔을 때는 더더욱 멋들어졌습니다. 당시 국제 사회에서 명성이 자자했던 연 소왕은 "빗자루를 가지고 길을 쓸면서 앞에서 길을 인도했습니다." 몸소 국경으로 나와서 그를 맞이했을 뿐 아니라, 손에 청소용 빗자루를 들고 학생이라도 된 것처럼 그를 위해 길을 열었습니다. 왕궁으로 맞아들인 다음에는 "제자의 자리에 앉아서 가르침을 받기를 청했습니다." 그의 학생이 될 것을 청하여 추 선생 문하의 제자들과 마찬가지로 수업받기를 원했다는 것입니다. 그리하여 추연을 위해 특별히 갈석궁을 새로 지어서 그를 공양했으며, 몸소 추 선생이 거처하는 곳으로 자주 가서 수업을 들었습니다. 일반 학생들이 추 선생님을 대하는 것과 마찬가지로 공경했던 것입니다.

우리가 사마천의 이 대목을 읽어 보면 그가 전국 시대에 명성을 날린 학자의 영광과 사적을 간단한 문자만을 사용해 착실히 기술하였음을 볼 수 있습니다. 그뿐 아니라 일부러 맹자와 순자의 전기 속에 덧붙여 놓았으니 이 어찌 지극히 훌륭한 연출 기법이 아니겠습니까? 당시에 엄청난 존경을 받았던 추연을 들어서 푸대접을 받은 맹자와 강렬하게 대비시켜 보여 준 것입니다. 이것은 역사의 비극일까요, 아니면 인생의 비극일까요? 그것도 아니면 코미디일까요? 아니면 현실의 영화(榮華)와 천고의 성명(盛名)의 대비일까요? 이는 여러분 스스로 깊이 생각해서 깨우쳐야 합니다.

지금 이 자리에 계신 분들 및 사회 각 방면의 수많은 사람들이 이 시대 이 사회가 현실을 너무 중시한다고 한탄합니다. 사실 어느 시대 어느 지역을 막론하고 사람이 이 세상에 살면서 생존하기 위해서는 자기도 모르게 점차 현실을 중시하게 됩니다. 다른 사람들이 현실을 중시한다고 한탄하는 우리도, 솔직히 말해서 기본적인 생활과 생존의 조건에서 언제 현실을 초월한 적이 있습니까? 언제 현실을 중시하지 않은 적이 있습니까? 그저 시각이 다르고 관점이 다르고 정도가 다를 뿐입니다.

그런데 일부 극소수의 사람들은 시종일관 현실은 도외시한 채 숭고한 이상만을 위해 노력합니다. 그들은 자기 자신은 내팽개친 채 오로지 천하 사람들을 생각하고, 자신의 짧은 일생에서 현실 생활은 돌아보지 않고 천추만대를 위해 착안합니다. 그렇기 때문에 사람들은 일종의 초월적인 숭고한 존경을 표하며 그들을 '성인'이라 부릅니다.

그런 이치는 사실 우리가 굳이 말로 할 필요 없이 사마천이 맹자의 전기 속에 이미 교묘하게 폭로해 놓았습니다. 그는 본편 안에서 추연을 평가하여 이렇게 말했습니다.

추연이 기술한 것은 모두 이와 같은 종류이다. 그러나 그 요점은 반드시 인의와 근검절약 그리고 군신, 상하, 육친 사이의 일에 귀착되는데 그 처음은 크고 넘친다. 왕공대인이 처음 그의 학설을 들으면 깜짝 놀라 그의 설에 감화되지만 그 뒤에는 그것을 실행할 수 없었다.

其術皆此類也. 然要其歸, 必止乎仁義節儉, 君臣上下六親之施, 始也濫耳. 王公大人初見其術, 懼然顧化, 其後不能行之.

본문에서 사마천은 추연이 처음에는 현묘한 음양의 학술을 이용하여 하늘과 땅을 말하고, 우주와 인생이 물리 세계와 인과관계로 서로 뒤얽히는 일에 대해 이야기하는 것이 대단히 깊고 오묘해서 듣는 사람은 하나같이 그에게 빠져들고 만다고 말합니다. 사실 추연의 학술은 중국 상고 시대의 이론 물리학의 내용이자 과학적 철학 사상입니다. 깊이 들어가 연구해 보지 않았다면 함부로 무시해서는 안 됩니다.

하지만 사마 선생의 관점에서 보자면 추연의 본래 의도는 맹자와 마찬가지입니다. 인류 문화의 위기, 특히 당시 국제 사회의 정치 도덕의 쇠락과 사치스러운 사회 기풍을 깊이 개탄하여 자신이 무엇인가 공헌함으로써 시대를 변화시키고자 하는 데 있었습니다. 다만 사람들이 단시간에 쉽게 받아들이고 환영할 만한 학술을 먼저 늘어놓고 떠들었을 뿐입니다. 사실 그의 본의는 여전히 인륜(人倫) 도의(道義)에 귀착되었습니다. 이른바 "인의와 근검절약 그리고 군신, 상하, 육친 사이의 일"이었던 것입니다. 음양을 이야기하고 현묘한 것을 말한 그의 학술은 그저 명성을 세우기 위한 방법에 지나지 않았습니다. 이른바 "그 처음은 크고 넘친다!"라는 것이었습니다.

당시의 왕공대인들은 추 선생의 학술 사상을 접하자마자 경이로움에 어찌할 줄 몰라 하면서 그의 교화를 받아들이기 원했습니다. 그러나 막상 추연이 그들에게 인륜 도덕을 기초로 삼으라고 하자 그들은 실행하지 못했습니다.

이러한 현상은 신선과 도를 구하고 불로장생을 추구했던 진시황과 한무제의 역사 고사 및 당대(當代)에 각종 종교나 신비학을 공부하는 사람들의 행태만 보더라도, "천고에 모두 그러하였고 지금에는 더욱 심하다〔千古皆然, 於今尤烈〕"라는 사실을 알 수 있습니다.

조금 가벼운 시각으로 보더라도, 청대 조익(趙翼)이 한탄한 것처럼 만약 어떤 사람이 문학예술의 성취를 추구한다면 그 사람은 종종 현실 생활과 충돌하여 갈등과 불안의 심리에 휩싸이게 됩니다. 그렇기 때문에 그는 자신의 「논시(論詩)」에서 이렇게 말했습니다. "시는 사람을 가난하게 만든다는데 나는 아직 빈털터리가 아니고, 시로 숭상을 받고 싶은데 솜씨가 뛰어나지 못하네. 곰발바닥과 생선 둘 다 탐하는 마음을 비웃나니[6], 시를 잘

짓고 싶으면서 가난을 두려워하네〔詩解窮人我未空, 想因詩尙不曾工. 熊魚自笑貪心甚, 旣要工詩又怕窮〕."

## 처세의 철학 문제

사마천의 논술 관점은 아직 끝나지 않았습니다. 그는 또 이렇게 말했습니다.

그가 제후들에게 유세하며 존경받고 예우받은 것이 이와 같았으니, 어찌 중니가 진과 채에서 굶주려 얼굴에 주린 기색이 있었던 일이나, 맹가가 제와 양나라에서 곤란을 겪은 일과 같은 일이 있었겠는가? 그런 까닭에 무왕이 인의로써 주왕을 정벌하고 왕이 되었지만 백이는 굶주리면서도 주나라의 곡식을 먹지 않았던 것이며, 위 영공이 군사에 관한 일을 물었을 때 공자는 대답하지 않았던 것이고, 양 혜왕이 조나라를 치고자 도모하니 맹가는 옛날 주나라의 태왕이 빈을 버리고 떠난 것을 칭찬하였던 것이다. 이러한 일들이 어찌 세속에 아첨하며 구차하게 영합하려는 뜻이 있어서였겠는가! 네모난 손잡이를 둥근 구멍에 넣으려고 하니 안으로 들어갈 수 있겠는가! 어떤 사람이 말하기를 이윤이 솥을 짊어지고 탕을 격려하여 왕이 되도록 하였으며, 백리해는 수레 아래에서 소를 먹이며 진 목공에게 등용되어 그

---

6 『맹자』 「고자(告子)」 장에 나오는 구절이다. "맹자께서 말씀하셨다. '생선도 내가 먹고 싶어 하는 것이고 곰발바닥도 내가 먹고 싶어 하는 것이지만, 두 가지를 모두 취할 수 없다면 생선을 포기하고 곰발바닥을 먹겠다. 목숨도 내가 지키고 싶고 의리도 내가 지키고 싶지만, 두 가지를 모두 취할 수 없다면 목숨을 버리고 의리를 취하겠다'〔孟子曰: 魚我所欲也. 熊掌亦我所欲也. 二者不可得兼, 舍魚而取熊掌者也. 生亦我所欲也, 義亦我所欲也.二者不可得兼, 舍生而取義者也〕."

를 패자로 만들었는데, 이는 모두 먼저 상대의 뜻에 영합한 이후에 그를 대도로 인도하라는 것이다. 추연의 말이 비록 일반적인 법칙을 초월하였지만, 그 역시 아마도 백리해가 소를 먹인 것이나 이윤이 솥을 짊어진 것과 같은 뜻이 있지 않았겠는가!

其遊說諸侯, 見尊禮如此, 豈與仲尼菜色陳蔡, 孟軻困於齊梁同乎哉! 故武王以仁義伐紂而王, 伯夷餓不食周粟; 衛靈公問陳, 而孔子不答; 梁惠王謀欲攻趙, 孟軻稱大王去邠. 此豈有意阿世俗苟合而已哉! 持方枘欲內圜鑿, 其能入乎? 或曰: 伊尹負鼎而勉湯以王, 百里奚飯牛車下而繆公用霸. 作先合, 然後引之大道. 騶衍其言雖不軌, 儻亦有牛鼎之意乎?

여기에서 사마천이 맨 처음으로 한 말이 바로 추연은 그 시대에 "제후들에게 유세하며 존경받고 예우받은 것이 이와 같았다"라는 것입니다. 국제 사회에서 존중을 받았던 정황이 위에서 말한 여러 가지 영광과 총애의 모습과 같았습니다. 사마천은 바로 뒤이어서 추연 당시의 상황은 공자가 열국을 주유할 때에 진과 채 사이에서 배를 주리는 일도 있었던 것과는 딴판이었다고 말합니다. 당시 맹자가 제나라와 양나라에서 가난으로 고통받은 것과 같은 일이 어디 추연에게는 있기나 했겠습니까?

하지만 말머리를 돌려서 다음과 같이 말합니다. 세상 사람과 세상일은 말로 하기 어려우니, 어떤 사람은 줄곧 현실만 중시하는데 어떤 사람은 오히려 현실을 무시합니다. 예를 들어 주 무왕은 인의를 구호로 삼더니 결국에는 주왕을 토벌하고 스스로 황제가 되었습니다. 그러자 백이(伯夷) 숙제(叔齊) 같은 사람들은 그처럼 인의를 가장하는 것을 부끄러운 일이라여겨, 차라리 수양산에서 굶어 죽을지언정 산을 내려와 주 왕조의 곡식을 먹지 않겠노라 했습니다.

이어서 사마천은 또 공자를 예로 들었습니다. 위 영공이 한번은 공자에게 군사 방면의 일을 물었지만 그는 입을 닫고 대답하지 않았습니다. 공자가 군사를 잘 몰라서가 아니라 그들의 군국 사상적인 야심을 더 가중시키고 싶지 않았을 뿐입니다.

마찬가지로 양 혜왕도 조나라를 침략하러 출병하기 전에 맹자에게 가르침을 청한 적이 있습니다. 하지만 맹자는 끝내 정면의 문제를 회피한 채 그저 그에게 주대의 선조인 태왕(고공단보)의 고사만 들려주었습니다. 고공단보(古公亶父)는 원래 빈(豳)[7] 땅에서 살았는데, 정치가 맑아서 백성들이 대단히 안락한 생활을 누렸다고 합니다. 나중에 융적(戎狄)의 침범을 받자 백성들은 분개하여 일어나 대항하려고 했습니다. 그런데 고공단보는 도리어 전쟁의 살육을 차마 보지 못해 고통을 참으며 자신의 낙토인 빈 땅을 떠나 기산(岐山) 아래로 옮겨 갔습니다. 대다수의 빈 땅 사람들이 그의 덕정을 좋아하여 그를 따라 옮겨 갔습니다. 그 후 계력(季歷)과 문왕(文王)이 이를 계승하여 더욱 빛내자 각지의 백성들이 스스로 나아와 귀화하였으니, 마침내 천하의 삼분의 이를 소유하게 되었습니다. 무왕 때에 이르자 쉽사리 잔인하고 포악한 주왕의 자리를 빼앗아 들어서게 되었고 국호를 주(周)라 고쳤습니다.

사마천은 이어서 말합니다. 공자와 맹자는 "세속에 아첨하며 구차하게 영합하는", 즉 시대 기풍에 타협하고 자신의 현실적인 이익을 위해 다른 사람의 의견에 쉽사리 영합하는 것을 몰랐던 것이 결코 아니었습니다. 정말로 할 수 없었던 것이 아니라 하려 들지 않았던 것입니다. 차라리 진리와 정의를 위해 가난과 고통을 받을지언정 구차하게 현실에 타협하여 부귀와 공명을 추구하는 것을 원하지 않았습니다. 그러니 그들이 말한 천리와 인륜 그리고 정치도덕의 이상은 현실 사회에 대해서, 비유하자면 마치

---

7 또는 빈(邠)이라고도 한다.

네모난 마개를 둥근 구멍에 집어넣으려고 하는 것과 마찬가지로 피차간에 맞지 않았습니다. 그러니 세상을 구하고 백성을 구제하려는 목적에 어떻게 도달할 수 있었겠습니까? "네모난 손잡이를 둥근 구멍에 넣으려고 하니 안으로 들어갈 수 있겠는가!"

그런 다음 사마 선생은 또다시 예를 들었습니다. 상나라 탕왕의 시대에 이윤은 뜻을 얻지 못하자 자신의 이상을 실현시키기 위해 방법을 생각해 냈는데, 그것은 탕의 요리사가 되는 것이었습니다. 그리하여 탕의 인정을 얻었고 재상이 되어 탕의 포부를 실현시키기를 청했습니다. 결국 상탕은 역사상 명군이 되었으며 이윤 자신도 이상을 실현시키고자 하는 목적에 도달하여 천고에 이름을 남겼습니다.

또 춘추 말기의 백리해 같은 사람도 있었습니다. 그는 가난할 때 달구지를 모는 사람들 밑에서 소를 먹이며 그럭저럭 살아갔습니다. 하지만 결국 소 먹이는 기회를 이용해 그는 진 목공에게 중용되어 재상에 올랐고, 그로 인해 진시황의 선조가 부강해졌습니다.

이러한 과거 역사상의 인물들도 그런대로 훌륭합니다! 왜냐고요? 이상을 지니고 포부를 지니고 있었지만 아직 뜻을 얻지 못했을 때는 아쉬운 대로 다른 사람에게 손을 내밀었습니다. 먼저 다른 사람의 신임을 얻어 합작을 한 후에 서서히 그들을 인도하여 대도(大道)를 걸어가게 했습니다. "먼저 상대방의 뜻에 영합한 이후에 그를 대도로 인도하였다." 이 또한 일종의 처세의 방법입니다!

추연 같은 사람은 당시의 학술, 언론, 사상이 얼핏 보기에는 아주 괴이해서 학문의 대도에 합치되지 않았습니다. "말이 다른 사람을 놀라게 하지 않으면 죽어서도 그만두지 않겠다〔語不驚人死不休〕"라고 했던 두보(杜甫)의 말처럼요. 하지만 그는 이것 때문에 국제 사회에서 대우를 받았습니다. 그러니 이 또한 어쩌면 그의 처세 방법이었는지도 모릅니다. 그의 최종 목적은 당시 집권자들을 인도하여 서서히 인의 도덕의 정치 노선을 걸어가게 하는 것이었습니다. 그렇다면 그 역시 이윤의 솥단지나 백리해의 소 먹이기와 마찬가지로 다른 속셈이 있어서 고심했던 것이라고 하겠습니다!

그런데 과연 공자나 맹자 같은 엄하고 곧은 사람됨과 처세 태도가 옳은 걸까요, 아니면 추연 같은 사람들처럼 입신 처세하는 방식이 옳은 걸까요? 이런 문제에 부딪히면 사마천은 딱 부러지는 결론을 내리지 않았습니다. 이는 아주 흥미로우면서도 높고 깊은 인생철학의 문제입니다. 모순되면서도 동시에 상생의 작용을 지니고 있습니다. 옳고 그름은 독자 여러분이 스스로 답을 내리십시오. 사마 선생의 기법은 왕왕 이처럼 고명합니다. 정반(正反) 양면의 자료를 몽땅 맹자의 전기 속에 집어넣어 여러분 눈앞에 펼쳐놓았고 거기다 설명까지 덧붙여 놓았습니다. 여러분은 표를 사서 이 자료들을 참관한 후에 어느 한쪽을 택하겠지만 각자 필요한 바를 취하고 각자 좋아하는 바에 의지하겠지요. 하지만 그 속에 참된 뜻이 들어 있으니 함부로 해서도 안 되고 대충 해서도 안 됩니다.

사마천은 「맹자순경열전」에서 마지막으로 순자를 언급했습니다. 그는 맹자와 똑같은 이상을 지니고 있었지만 사람됨과 처세의 방향은 다른 점이 있었습니다. 순자는 만년에 남방의 초나라로 가서 초나라의 속지(屬地)였던 난릉(蘭陵) 지방의 수장인 난릉령(蘭陵令)을 부자로 만들어 주었습니다. 그는 후세에 세족(世族)이 되었습니다.

사람은 살면서 행과 불행을 만나게 됩니다. 인사(人事)라고 말하지만 어찌 천명(天命)이 아니겠습니까? 천명이라고 말하지만 어찌 인사가 아니겠습니까? 사마천은 역시나 아무런 평가를 내리지 않았습니다. 이는 마치 여러분이 버스나 공공장소에서 "돈과 짐은 각자가 조심하세요"라는 경고를 보았을 때와 같은 느낌입니다. 맞지요?

# 소진과 맹자의 시대

『맹자』를 공부하기 위해 우리는 앞에서 먼저 전국 시대에 대해 간단히 살펴보았고, 맹자와 동시기 학술 사상계의 인물을 들어 맹자와 비교함으로써 장차 공맹의 학술 사상을 연구할 때 자신만의 혜안을 기를 수 있도록 했습니다. 그와 동시에 이를 통해 맹자가 아성(亞聖)으로 존중받게 된 이치도 알 수 있었습니다.

하지만 당시의 지식인들을 통해 맹자를 이해하는 것만으로는 충분치 않습니다. 이제부터 우리는 맹자와 동시대 국제 정치에서 풍운의 인물이자 중국 역사상 저명한 풍운아인 소진(蘇秦)을 더 살펴볼 것입니다. 그는 정말로 역사상 위풍(威風)을 뽐냈지만 그런 그도 젊은 시절에는 갖은 고생을 다했습니다. 젊은 사람들이 본받고 또 조심해야 할 부분이 많습니다.

중국 역사상 사학(史學)을 연구하던 후세의 유생들이 아무리 소진을 무시하고 깔봤다 하더라도, 중국 이천여 년의 정치사에서 저 어르신들은 남몰래 소진의 행태를 따라했습니다. 심지어 그의 명언을 깊이깊이 명심하기까지 했습니다. 특히 시대가 혼란할 때 어지러운 세상을 바로잡고자 한다면 소진을 무시할 수 없으니 정말 간단한 문제가 아닙니다.

요즘 어떤 사람들은 장난스럽게 미국의 키신저를 소진에 비유하기도 합니다. 사실 키신저는 소진과 나란히 거론할 자격이 충분치 않습니다. 소진의 두 동생인 소대(蘇代)와 소려(蘇厲)에 비교해도 훨씬 부족합니다.

소진은 맹자와 동시대에 동주(東周)에서 태어난 낙양(洛陽) 사람이었습니다. 동주의 낙양은 당시 중앙의 주 천자가 거주하던 수도였습니다. 아무리 그 시대가 천하의 제후들이 서로 자웅을 다투고 패업(霸業)을 쟁취하느라 중앙의 주 왕실은 안중에도 없는, 이른바 천하가 이미 주(周)를 종주로 받들지 않은 지 오래된 시기였다 할지라도 낙양은 동주와 서주의 수도였던 곳이니만큼 나름대로 유구한 역사 문화를 지니고 있었습니다. 소진은 바로 그 오랜 문화의 소재지인 이름난 도시에서 태어났습니다. 한 사람의 평생을 연구하려면 이런 점에도 유의할 필요가 있습니다.

그는 소년 시절에 장의(張儀), 손빈(孫臏), 방연(龐涓) 등 몇 사람과 함께 귀곡자(鬼谷子)에게 배웠습니다. 귀곡자는 확실히 당시는 물론이고 후세에도 신비로운 인물입니다. 도가 부류에 속하는 은사인데 여기에서는 더 이상 거론하지 않겠습니다. 소진은 귀곡자를 떠난 후 뭔가를 해 봐야겠다고 생각했습니다. 그는 당대의 국세를 연구해 본 후 오직 진(秦)나라만이 당시 온 천하에 영향력을 지니고 있음을 알았습니다. 그리하여 그의 목표는 곧바로 서수(西陲)를 차지하고 있던 진나라를 향했습니다. 당시의 진나라는 진 혜왕(秦惠王) 시대였습니다. 상앙(商鞅)이 변법(變法)을 추진한 이후 법치를 중시하고 부국강병을 모색하던 시기였지요. 그 후 다시 무왕(武王), 소왕(昭王), 효문왕(孝文王), 장양왕(莊襄王)의 엄격하고 뛰어난 정치를 거치면서 진나라는 진시황이 천하를 통일할 기초를 다졌습니다.

소진은 희망을 가득 품고 진나라로 갔습니다. 아마도 먼저 가산을 다 정리하고 거기다 빚까지 얻은 다음에 호화롭게 치장하고 신경 써서 꾸린 짐을 들고 진나라로 갔겠지요. 그는 진 혜왕을 만나서 천하사(天下事)에 대한 자신의 구상과 계획을 제안했습니다.

당시의 관념에서는 그런 정황을 유세(遊說)라고 불렀습니다. 그 시절에는 아직 시험을 통해 선비를 뽑는 제도가 없었기 때문에, 일반 학자와 지식인들은 모두 제후나 권세가들에게 유세를 함으로써 부귀공명과 권력을 얻었습니다. 맹자가 양 혜왕이나 제 선왕을 만나서 왕도(王道)와 덕정(德政)에 관한 의견을 피력했던 것도 그 시대의 기풍으로 보면 유세의 방법에 속합니다. 그런데 후세의 어떤 사람들은 유세라는 이 관념을 종횡가(縱橫家)의 학문이나 책사(策士)의 부류에 집어넣고 깔보았습니다. 그래서 아성인 맹자의 사적(事蹟)은 일부러 유세의 바깥에 넣었습니다.


## 진시황 패업의 청사진

우리가 『전국책』과 『사기』에서 소진이 당시에 유세했던 언변과 사상에 관한 부분을 잘 읽고 자세히 연구해 보면, 소진이라는 인물은 정말로 우습게 볼 수 없고 무시해서는 안 되는 사람임을 알 수 있습니다. 그가 처음 진혜왕을 만나 제안했던 내용은 맹자와 마찬가지로 왕도를 표방하고 있었습니다. 하지만 그는 당시의 현상에 대한 처방으로 자기 나름의 군국(軍國) 사상과 전쟁 이론을 특별히 강조했습니다. 그는 이렇게 말했습니다.

대왕의 나라는 서쪽으로는 파촉과 한중의 유리함을 지니고 있고, 북쪽으로는 호 지방의 맥피와 대 땅의 양마를 군용으로 사용할 수 있으며, 남쪽으로는 무산과 검중의 한계를 지니고 있고, 동쪽으로는 효산과 함곡관의 견고함을 지니고 있습니다. 전지는 비옥하고 백성은 부유하며, 전차가 만승에다 싸울 수 있는 자가 백만이며, 비옥한 들이 천 리나 되고 축적된 재물이 풍요로우니, 지세와 형편으로 보아 이는 소위 하늘의 곳간이고 천하의 강국입니다. 대왕의 현명함과 백성의 중다함에다 군사를 일으켜 병법을 가르치신다면, 제후들을 합하고 천하를 삼켜 스스로 황제라 칭하며 다스릴 수 있습니다. 원컨대 대왕께서 조금이라도 유념하신다면 신이 그 효과를 아뢰겠나이다.

大王之國, 西有巴蜀漢中之利, 北有胡貉代馬之用, 南有巫山黔中之限, 東有殽函之固. 田肥美, 民殷富, 戰車萬乘, 奮擊百萬, 沃野千里, 蓄積饒多, 地勢形便, 此所謂天府, 天下之雄國也. 以大王之賢, 士民之衆, 車騎之用, 兵法之敎,可以幷諸侯, 呑天下, 稱帝而治. 願大王少留意, 臣請奏其效!

　　소진이 처음 진 혜왕을 만나 제안했던, 제후를 합하여 "스스로 황제라 칭하며 다스린다"라는 청사진은 바로 후세에 진시황이 걸었던 노선입니다. 하지만 재미있게도 그의 계획은 애초에 진 혜왕에게 부결되었습니다. 설마하니 당시 진 혜왕의 야심이 그의 후손 진시황에 미치지 못했다는 말일까요? 이 또한 맹자를 공부하는 지금 우리가 해결해야 할 문제입니다. 그러므로 우리는 먼저 진 혜왕이 당시에 소진의 제안을 거절하며 어떻게 말했는지 살펴봐야 합니다.

　　진 혜왕은 말했습니다. "내가 알기로 깃털이 아직 풍성하게 자라지 않은 새는 높이 날 수가 없다 하였소." 다시 말해 인문 교화가 아직 성공적으로 이루어지지 않은 국가는 함부로 다른 나라를 정벌해서는 안 됩니다. 마찬가지 이치로 도덕 정치 방면에서 아직 깊고 두터운 기초를 다지지 못했다면 함부로 백성을 동원해서는 안 됩니다. 지도자의 정치 교화와 호소력이 아직 온 백성들로 하여금 진심으로 순복하게 하지 못했다면, 자신의 고위 간부들에게 번거롭게 큰 임무를 짊어지게 하고 책임을 가중시켜서는 안 됩니다. 그런 다음 이렇게 덧붙였습니다. "당신 소 선생이 오늘 큰 마음 먹고 천 리를 멀다 않고 내 나라에 와서 이렇듯 마주보며 나에게 가르쳐 주고자 하니 대단히 감사하오. 하지만 장래 그런 날이 오면 그때 가서 다시 당신에게 정성을 다해 가르침을 청하리다." 그것으로 끝이었습니다. 면전에서 분명하게 말하고 곧바로 찻잔을 들어 올리며 손님을 배웅했습니다. 요즘으로 말하면 진 혜왕은 손을 들어 손목시계를 들여다본 후 오른손을 내밀어 악수하고 손님을 배웅할 준비를 했던 것입니다.

　　이 대목을 고문에서는 어떻게 기록해 놓았을까요? 문장은 대단히 아름답습니다. 하지만 현대인이 읽어 보면 당시 현장의 실제 상황을 이해하기가 그다지 쉽지 않습니다. 그래서 대부분 얼렁뚱땅 넘기고는 이런 골동품들은 별로 재미가 없다고 생각합니다. 『전국책』의 원문은 이렇게 써놓았습니다.

진왕이 말하기를 "과인이 들으니 깃털이 풍만하지 않으면 높이 날 수가 없다 하였다. 법령이 완비되지 않으면 형벌을 베풀 수 없다. 도덕이 두텁지 않으면 백성을 부릴 수 없다. 정치 교화가 순조롭지 않으면 대신을 번거롭게 할 수 없다. 이제 선생이 위엄을 갖추고 천 리를 멀다 않고 와서 가르쳐주고자 하지만 원컨대 다른 날에 합시다" 하였다.

秦王曰: 寡人聞之, 毛羽不豐滿者, 不可以高飛. 文章不成者, 不可以誅罰. 道德不厚者, 不可以使民. 政教不順者, 不可以煩大臣. 今先生儼然不遠千里而庭教之, 願以異日.

하지만 당시 아직 젊었던 소진은 그래도 곧바로 물러나오지 않고 못 알아들은 척 계속해서 이야기했습니다. 마치 자신의 학문과 지식을 그 자리에서 남김없이 쏟아내고 싶기라도 하다는 듯이 말이지요. 여러분, 이 얼마나 철없고 시무(時務)를 모르는 행동입니까! 당시 그는 상고 시대 이래 중국의 역사 철학, 전쟁론, 전략 사상을 모조리 옮겨다가 자신이 구상하는 천하통일 계획의 청사진을 뒷받침했습니다. 그 가운데는 이런 말도 있었습니다.

이런 까닭에 군사가 밖에서 싸워 이기면 의로움이 안에서 강해지며, 위엄이 위에서 세워지면 백성은 아래에서 복종하게 됩니다. 지금 천하를 병탄하여 만승의 자리를 넘보고, 적국을 굴복시켜 해내를 통치하고, 백성을 자식으로 삼고 제후들을 신하로 삼으려면 전쟁이 아니고는 불가능합니다.

是故兵勝於外, 義强於內, 威立於上, 民服於下. 今欲幷天下, 凌萬乘, 屈敵國, 制海內, 子元元, 臣諸侯, 非兵不可.

그의 뜻은 이러했습니다. "지금 세상은 반드시 부국강병을 해서 전략상 필승의 능력을 갖추어야만 비로소 도의(道義)를 논할 수 있습니다. 국제 외교상 당신의 병력이 강성해야 비로소 당신의 내재적인 도의 관념도 그 효용을 발휘할 수 있습니다." 그의 이 말, 심지어 전편의 건의서가 모두 일리가 있었습니다.

제가 생각하기에는 현대인들은 모두 『전국책』 같은 책을 잘 읽어 보고 소진을 공맹(孔孟)의 학문과 함께 연구해야 합니다. 공맹의 학문의 왕도 와 덕정은 정치나 입신(立身) 및 입국(立國)의 중심으로 삼고, 『전국책』과 『손자병법』 등은 권변(權變), 응변(應變), 적변(適變)으로 삼아 혼란을 평 정하는 데 활용하는 것이 정말로 필요합니다. 이런 책을 골동품이라 여기 고 만져보지도 않아서는 안 됩니다. 아직 깊이 들어가 제대로 만져보지도 않았으면서 어떻게 이 골동품들이 낡았다는 것을 압니까? 그것들이 도대 체 어떻게 고루하다는 말입니까? 다른 사람들이 그렇다고 말하니까 나도 그렇다고 하면서 고유문화 속의 이런 보물들을 함부로 내버리는 것은 참 으로 눈먼 짓이고 대단히 안타까운 일입니다.

『전국책』과 『손자병법』의 종합적인 연구에 관해서는 제가 이미 『역사의 경험』이라는 책에서 일부 소개한 바 있으므로 여기에서는 요점만 간단히 언급했습니다.

소진의 말이 아무리 일리가 있더라도 시의(時宜)에 맞지 않았으니, 이른 바 "의기투합하지 않는 사람과 나누는 말은 반 마디도 많다〔話不投機半句 多〕"라는 말 그대로였습니다. 당시 진 혜왕은 외국에서 온 이런 젊은이를 마주하고 얼마나 짜증이 났을까요!

그것으로 끝난 것이 아니었습니다. 진 혜왕을 대면하고 유세한 것이 성공을 거두지 못하자 그는 진나라의 여관에 머무르면서 거듭거듭 계획서를 쓰고 보고서를 만들어 진 혜왕에게 보내고 받아들여 주기를 청했습니다. 결국 열 차례나 계획서와 보고서를 올렸지만 진 혜왕은 한 마디의 답도 내려 주지 않았습니다. 바꾸어 말하면 진 혜왕은 아예 상대도 하지 않았던 것입니다. 하지만 그래도 다행인 것은 그를 국제 정치계의 미치광이로 여겨 국경 밖으로 내쫓지 않았다는 사실입니다. 그렇다고 그에게 작은 벼슬자리를 내린다거나 노잣돈을 보내주지도 않았습니다.

그렇게 해서 소진은 결국 두 손을 들었습니다. "한 푼의 돈이 영웅을 죽게 만든다〔一錢逼死英雄漢〕"라고 했습니다. 이른바 "미인이 웃음을 팔면 천 금도 쉽지만 장사가 앞길이 궁하면 한 그릇 밥도 어렵다〔美人賣笑千金易, 壯士窮途一飯難〕"라는 말 그대로였습니다. 가지고 왔던 황금도 다 써버리고 몸에 걸쳤던 호사스러운 가죽 두루마기도 낡아서 구멍이 났습니다. 약간의 잔돈푼이 겨우 남았지만 교제비로는 턱없이 부족했습니다. 더는 진나라에 오래 머물러 있을 능력이 없었기 때문에 순순히 짐을 꾸려 고향으로 돌아가는 수밖에 없었습니다.


## 소진, 초라한 몰골로 돌아오다

소진이 고향으로 돌아오는 모습을 묘사한 원문을 읽어 보면, 비록 간단하고 핵심적인 서른여섯 글자를 사용했지만 어찌나 생생하게 묘사했던지 그 괴로움이 느껴질 정도입니다. 제가 여기에서 이 대목을 특별히 언급하는 것은, 우리 세대의 청년들이 한 사람의 성공을 위한 분투와 실패의 경험이 주는 교훈에 유의하기를 바라기 때문입니다. 실망하지 않고 기죽지도 않으며 하늘을 원망하지 않고 다른 사람을 탓하지도 않고 뜻을 세워 분발하는 사람이야말로 영웅적 기개를 지닌 당당한 대장부입니다. 당시의 소진과 같은 그런 경우는, 제가 알기로는 외국에서 공부하거나 혹은 다른 방면에 종사하는 청년들 가운데 일부가 그런 비슷한 괴로움을 당하는 것으로 알고 있습니다. 소진 같은 용기가 없다면 결국은 현실의 벽 앞에서 주저앉고 맙니다. 발전의 가망성이 있는 앞길도 그냥 포기해 버리고 더 이상 헤쳐 나가지 못합니다. 이제 소진의 역사 경험을 더 살펴보도록 하겠습니다.

다리는 헝겊으로 칭칭 감고 짚신을 신었고, 책은 짊어지고 짐 보따리를 어깨에 멨는데, 그 몰골은 마를 대로 말랐고 얼굴은 시커멓고 부끄러운 기색이 완연하였다. 돌아와서 집에 다다르니 아내는 베틀에서 내려오지도 않고 형수는 밥도 해 주지 않으며 부모는 더불어 말도 하지 않았다.

贏滕履蹻, 負書擔橐, 形容枯槁, 面目黧黑, 狀有愧色. 歸至家, 妻不下紝, 嫂不爲炊, 父母不與言.

우리는 이 서른여섯 글자의 고문을 앞에 놓고 먼저 각 글자의 뜻부터 알고 나서 문장의 의미를 이해해야 합니다. 그러면 작자가 당시에 얼마나 세밀하게 묘사했는지를 알게 됩니다. 이야기가 아주 재미있기는 하지만 읽어 보면 소진의 처지가 참 딱하다는 생각도 듭니다.

그는 진나라에서 더 이상 어찌해 볼 수 없게 되자 결국 고향으로 돌아가자는 생각을 했습니다. 뜻을 펼치지 못한 데다 돈도 다 떨어졌으니 어떻게 합니까? 그래도 그는 홧김에 자살을 한다거나 하지 않았습니다. 천 번이고 만 번이고 참을 인(忍) 자를 떠올리며 욕됨을 참고 스스로를 굳세게 채찍질했습니다. 그리하여 그는 마침내 "다리는 헝겊으로 칭칭 감고 짚신을 신었습니다〔贏縢履蹻〕.” 무엇을 ‘贏縢(영등)’이라고 할까요? 贏縢(영등)은 바로 行縢(행등)[8]이라는 뜻이기도 합니다. ‘贏(영)’은 ‘가득〔滿〕’이라는 의미이고, ‘縢(등)’은 그 당시에 먼 길을 가려고 할 때 준비했던 것입니다. 후세의 각반 같은 것으로, 다리를 싸는 헝겊이지요. ‘蹻(교)’는 짚신입니다. 그는 짐을 싸서 집으로 돌아갈 준비를 하면서, 먼 길 걷는 동안 종아리 혈관이 충혈되거나 상처를 입지 않도록 다리를 싸는 헝겊으로 자신의 두 다리를 칭칭 감았습니다. 그다음 차례는 신발입니다. 그의 신발은 이미 낡아서 구멍이 났지만 새로 살 돈이 없었으니 별 수 없이 짚신을 신었습니다. 이 짧은 네 글자로 당시 소진의 비참하고 처량한 몰골을 가볍게 묘사했습니다.

돈이 다 떨어졌으니 처음에 황금 백 근을 지니고 진나라에 올 때 사람을 시켜 짐을 옮기게 했던 호기로운 모습은 사라졌습니다. 해진 옷과 짐을 아무렇게나 하나로 묶어 짊어지고 길을 나섰습니다. 그렇습니다. 그는 그렇게 허둥지둥 짐을 꾸렸던 것입니다. “책은 짊어지고 짐 보따리는 어깨에 멨습니다〔負書擔橐〕.” 또 가져간 책들은 내버리지 않고 등에 짊어졌습니다. 당시는 책을 사는 것이 요즘처럼 편리하지 않았으며, 인쇄술이 아직 발명되기 전이라 책이라는 것이 죽간에 새긴 것이었습니다. 책은 지식인의 자본이라 절대 내버릴 수 없으니 등에 짊어지는 수밖에요. 맙소사! 그 낡은 책들이 얼마나 무거웠겠습니까! 책을 짊어진 것으로 모자라 대강대강 꾸린 짐은 멜대로 어깨로 메었습니다. 마치 예전에 농사짓던 친구들이 인분을 져 나르느라 고생하는 것처럼 말입니다. 그는 그렇게 초라하고 꾀죄죄한 몰골로 진나라 수도인 섬서(陝西)의 함양(咸陽)에서 그의 고향인 하남(河南)의 낙양으로 돌아왔습니다.

---

[8] 행등(行縢)은 먼 길을 떠날 때 헝겊으로 다리를 싸매는 것을 말한다. 행전이라고도 한다.

그렇게 돌아오는 길이 얼마나 고생스러웠는지는 여러분도 짐작이 갈 겁니다. 당시 그는 아직 청년이었음에도 불구하고 실의와 곤궁으로 인해 잘생겼던 모습은 그 어디서도 찾아볼 수 없게 되었습니다. "얼굴은 시커멓고〔面目黧黑〕" 겉으로 보기에 시커멓고 야윈 얼굴은 궁상스럽기 짝이 없었습니다. 하지만 그래도 그건 그의 겉모습이었습니다. 가장 견디기 힘든 것은 그의 마음속 고통이었습니다. 그것은 실로 강동(江東)의 부형을 볼 낯이 없다던 항우(項羽)의 말 그대로였습니다. 하지만 그렇다고 해서 망망한 천지간에 어디로 간단 말입니까? 나뭇잎은 떨어져 뿌리로 돌아간다고 좋든 싫든 집이 있고 둥지가 있으니 다행이지 않습니까? 결국 염치 불고하고 집으로 돌아가는 수밖에 없었습니다. 물론 자기 집에 들어가기가 틀림없이 힘들었을 겁니다. 말할 수 없이 부끄러웠겠지요. 여러분도 처지를 바꿔 놓고 생각해 보면 "부끄러운 기색이 완연했다〔狀有愧色〕"라는 네 글자의 크나큰 고통을 짐작할 수 있을 것입니다.


## 천고에 변치 않는 인정세태

하지만 그것은 아직 아무것도 아니었습니다. 집에 도착한 후 더욱 견디기 힘든 것은 베를 짜고 있던 아내의 태도였습니다. 그의 초라한 행색을 보고는 위로의 말은 고사하고 가족들 면전에서 그를 맞이할 용기도 없었습니다. 그저 하던 일을 계속하면서 냉담한 태도를 보일 뿐이었습니다. 그의 형수들이 그에게 밥은 먹었느냐고 물어보지 않은 것은 물론입니다. 보고도 못 본 척 아예 상대도 하지 않았는데 주방에 가서 밥을 해 주려고나 했겠습니까? 당시는 종법 사회의 대가족 제도였습니다. 그의 아내는 손윗동서들의 눈치를 살펴야 했고 형수들은 또 한 집안의 주인인 시아버지와

시어머니가 어떻게 하시는지 살펴봐야 했습니다. 결과는 어떠했습니까? 소진의 부모는 그의 꼴을 보고는 그에게 한 마디도 하지 않았습니다. 생각해 보십시오. 그런 상황에서 그는 어떻게 해야 했을까요?

그런데 소진은 정말로 대단한 청년이었습니다. 특히 젊은 친구들은 원문에 어떻게 기록되어 있는지 유의해서 봐야 합니다. 그는 그런 상황에서 하늘을 원망하거나 다른 사람을 탓하지 않고 그저 깊은 한숨을 내쉬며 말했습니다. "아내가 나를 지아비로 여기지 않고, 형수는 나를 시동생으로 여기지 않으며, 부모가 나를 자식으로 여기지 않는 것은 모두 나의 죄이다〔妻不以我爲夫, 嫂不以我爲叔, 父母不以我爲子, 是皆秦之罪也〕." 보십시오. 이 얼마나 큰 배포요 도량입니까! 그는 눈앞에 펼쳐진 상황에 대해 조금도 다른 사람을 원망하거나 화내지 않고 그저 깊이 자기 자신을 반성하고 자책하였을 뿐입니다. 아내와 형수와 부모가 자신을 그렇게 대하는 것이 모두 자신의 잘못과 무능 때문이라 생각하여 결코 그들의 냉담을 원망하지 않았습니다. 술을 빌려 근심을 잊어버리거나 다른 사람을 때리고 괴롭히는 일은 더더욱 하지 않았습니다.

한 가지 더 유의할 부분이 있습니다. 소진의 아내가 설사 당시에는 그를 대하는 태도가 냉담했을지라도 주대(周代)의 강태공(姜太公)과 한대(漢代)의 주매신(朱買臣) 두 사람의 부인들처럼 그러지는 않았습니다. 그들은 자기 남편이 가난하고 장래성이 없음을 싫어하여 이혼을 요구하며 떠나 버렸습니다. 강태공과 주매신이 훗날 뜻을 펼치게 되자 두 사람의 부인은 모두 자신에게 되돌아올 것을 요구했습니다. 하지만 결국 거절당하고 말았지요. 이른바 "엎질러진 물은 다시 주워 담을 수 없다〔覆水難收〕"라고 하였으니, 바로 주매신의 고사에서 인용된 말입니다. 소진의 부인이 역사에 등장하는 수많은 현모양처들처럼 남몰래 남편을 격려하고 도와주었는지는 기록된 것이 없어 찾아볼 방법이 없습니다. 그냥 말이 나온 김에 젊은 여학생들에게 들려 드리고 싶었던 부분이니 언짢게 생각하지는 마십시오.

사실 소진의 경우가 그리 특별하지도 않은 것은 동서고금의 인정이 대체로 동일하기 때문입니다. 제가 '대체로'라고 말씀드린 건 사회의 모든 사람, 모든 가정이 다 그렇지는 않다는 뜻입니다. 하지만 역사상 공을 세워 이름을 날린 수많은 인물들의 어려웠던 시절을 뒤져내서 연구해 보면, 사회의 인정 실태가 대체로 그러하며 그것이 그리 탓할 일도 아님을 알 수 있습니다. 스스로 인식이 부족하여 그런 푸대접에 지나치게 마음을 쓰면 오히려 세상에 분노하고 세상을 싫어하는 비정상적인 심리가 형성됩니다. 심지어는 나중에 성공을 하든 성공하지 못하든 다른 사람과 사회를 원망하는 삐뚤어진 심리가 형성될 수도 있습니다.

여러분도 익히 알고 있는 역사 경험을 하나 들어 보겠습니다. 이른바 공부하는 사람들 가운데 당대(唐代) 원진(元稹)의 도망시(悼亡詩)[9]를 보면 젊은 시절 곤궁하고 실의에 빠졌을 때의 고통이 잘 드러나 있습니다. "이 한은 사람마다 다 지니고 있나니 가난한 부부에게는 온갖 일이 슬프다네〔誠知此恨人人有, 貧賤夫妻百事哀〕." 원진의 명구(名句)는 동서고금에 수많은 사람들이 공감하는 비애입니다.

그 밖에 한신(韓信) 같은 사람은 뜻을 펴기 전에는 시정의 무뢰배에게 사타구니 아래로 기어가라는 모욕을 받았을 뿐 아니라, 배고플 때 밥 한 술 얻어먹기도 쉽지 않았습니다. 아무도 그를 거들떠보지 않았는데, 이름도 모르는 빨래하던 아낙네가 그의 처지를 불쌍히 여겨 자신이 먹으려고 가지고 왔던 도시락을 그에게 주어서 허기를 면하게 했습니다.

훗날 한신은 공을 세우고 명성을 얻어 삼제왕(三齊王)이 되어 고향으로

---

9 아내의 죽음을 슬퍼하여 지은 남편의 시를 도망시(悼亡詩)라 한다.

돌아왔습니다. 하지만 그는 자신을 바짓가랑이 사이로 기어가게 했던 무뢰배 소년에게 보복하지 않았을 뿐 아니라 오히려 그를 격려하고 그에게 감사했습니다. 동시에 자신에게 도시락을 주었던 그 빨래하던 아낙네를 수소문했지만 끝내 찾지 못했습니다. 그러자 그는 천 냥의 황금을 그때 아낙네가 빨래하던 그 물속에 던져 넣어 무한한 감사의 뜻을 표했습니다. 이것이 바로 한신이 천 금을 강에 던져 빨래하던 아낙네의 한 끼 밥의 은혜에 감사했다는 역사상 유명한 고사입니다.

한신은 치욕을 참으면서 은혜를 입으면 반드시 갚고 모욕을 받아도 원망하지 않는 그런 도량을 지니고 있었기에 일생의 사업을 성공할 수 있었습니다. 그런 그도 나중에는 유방 부부에게 모살되기는 했습니다만, 권세나 공적은 놔두고 사람됨의 도량과 인간미만으로 말한다면 한신이 한 고조 유방보다 훨씬 더 사랑스럽습니다. 항우 같은 사람도 사람됨이라는 측면에서는 때때로 유방보다 사랑스럽습니다. 물론 이것은 일처리는 놔두고 사람됨만으로 이야기한 것입니다. 만약에 일처리를 가지고 말한다면 별개의 논의가 되겠지요.

한신의 고사를 이야기했으니 이와는 서로 반대되는 경우로 한 고조 유방의 처지를 들어 대비시켜 보겠습니다. 유방은 청년 시절에 하루 온종일 여기저기 놀러 다니면서 싸움질이나 하고 빈둥거려서 아무것도 이루어 놓은 것이 없었습니다. 그의 부친도 더 이상은 그 꼴을 보아 넘기지 못하고 한 번은 그에게 몇 마디 말로 책망했습니다. 이렇게 장래성이 없으니 그의 둘째형 유희(劉喜)[10]에 비해 한참 모자란다고 했습니다. 둘째형은 반듯하니 집안을 위해 재산을 늘렸기 때문에 집안사람들이 모두 둘째형을 좋아했습니다. 그의 큰형은 어린나이에 죽었습니다. 한번은 유방이 평소

---

10 유희(劉喜)는 휘이고 이름은 유중(劉仲)이었다.

에 어울리던 친구 몇 명을 데리고 밥 먹으러 집에 왔습니다. 큰형수는 먹을 것이 없다고 그에게 거짓말을 했고 친구들은 별 수 없이 돌아갔습니다. 그런데 유방이 주방에 가서 보니 음식이 있었습니다. 그 일로 그는 마음에 원한을 품었습니다.

훗날 그가 한의 고황제(高皇帝)가 되자 둘째형은 대왕(代王)에 봉하고 동생은 제왕(齊王)에 봉했지만 큰형의 가족에게는 아무런 자리도 내리지 않았습니다. 부친이 그에게 말하자 그제야 큰형의 아들을 '갱힐후(羹頡侯)'에 봉했습니다. 큰형수가 그때 자기 친구들에게 밥을 주지 않았던 것에 대한 보복이었습니다. 미앙궁(未央宮)이 완성되자 그는 제후와 신하들을 모아 연회를 베풀었는데 그 자리에서 부친에게 술을 올리며 이렇게 말했습니다. "처음에 어른께서는 늘 신이 무뢰배라서 재산을 다스리지 못하니 중의 힘만 못하다 하셨지요. 이제 이룩해 놓은 재산이 중과 비교해서 누가 많습니까[始大人常以臣無賴, 不能治産業, 不如仲力. 今某之業所就執與仲多]." 유중(劉仲)은 바로 유방의 형이었습니다. 유방은 부친에게 물었습니다. "이제 저를 둘째형과 비교해 보시면 누가 더 장래성이 있습니까? 누가 이룩해 놓은 재산이 많습니까?" 그의 부친은 이렇다 저렇다 아무 말도 할 수 없었습니다. 보십시오. 얼마나 옹졸합니까! 그의 어디에서 '활달대도(豁達大度)'라는 네 글자를 찾아볼 수 있단 말입니까?

하지만 역사상 다른 수많은 제왕들과 비교해 보면 확실히 유방이 더 낫기는 합니다. 어떤 부분에서는 그런대로 '활달대도'한 풍격을 그다지 잃지 않았습니다. 그러므로 역사에서 한 고조에 대해 이 네 글자의 평가를 내린 것도 알고 보면 다른 제왕들과의 비교에서 비롯된 평론이라고 할 수 있습니다.

소진의 실패를 이야기하면서 이런 고사들을 끌어온 것은 동서고금의 인정세태를 설명하기 위해서였습니다. 그러고 보니 맹자의 모친이 아들 교육에서 위대했던 부분이 생각납니다. 맹자가 소진과는 확연히 다른 성현의 인격을 지닐 수 있었던 까닭은 맹씨 대부인의 가르침과 밀접한 관계가 있었습니다.


## 소진의 성공 비결

좋습니다. 지금부터는 당시 소진이 분발하고 노력하던 모습을 살펴보겠습니다. 집에 돌아온 후 그는 자기 마음을 아프게 하는 여러 상황에 맞닥뜨렸습니다. 하지만 하늘을 원망하거나 다른 사람을 탓하지 않았습니다. 그것만 해도 쉽지 않은 일이었는데 거기다 그는 착실히 자아 검토를 했습니다. 그는 치욕을 참고 연일 밤을 새워 가면서 자신의 장서를 살펴보다가 강태공이 쓴『음부경(陰符經)』[11]과 관련된 모략(謀略)의 학설을 찾아냈습니다. 그는『음부경』의 모략을 다시 연구하기 시작하여 자세하게 그 핵심을 골라냈습니다. 밤중까지 읽다가 졸리면 송곳으로 자신의 허벅지를 찔러 스스로를 일깨웠습니다. 옛사람들이 청년에게 학문을 하라고 권면하는 명언 가운데 이른바 "머리카락을 대들보에 묶고 송곳으로 허벅지를 찌르다〔頭懸樑, 錐刺股〕"라는 말이 있습니다. 그중에 송곳으로 허벅지를 찌르는 전고(典故)가 바로 소진에게서 나왔습니다. 다행히 강인한 신체를 지니고 있었던 소진은 스스로를 학대하는 그러한 각고의 분투를 견디어

---

11 도가 사상을 수용한 병법서이다. 원래 병가에 속하는『주서음부(周書陰符)』와 도가에 속하는『황제음부(黃帝陰符)』의 두 종류가 있었는데, 현재는『도장(道藏)』27권에 후자만이 전한다. 황제(黃帝)가 저술했다고 하는데, 북위 시대의 도사 구겸지(寇謙之)가 명산에 감추어 둔 것을 당나라의 이전(李筌)이 숭산의 석실에서 발견하여 후세에 전했다고 한다. 음양 이론과 생사 문제 등을 다루고 있다.

낼 수 있었습니다. 송곳에 찔린 허벅지에서는 늘 피가 흘러내렸지만 그는 참아냈습니다. 만약 신체가 건강하지 못했다면 일찌감치 그만뒀을 것입니다. 이처럼 열심히 공부해서 일 년이 지나자 소진은 마침내 당시의 각국 정치 지도자들을 설득할 수 있으리라는 자신감이 생겼습니다. 이른바 "지금 세상의 군왕〔當世之君〕"인 제후국의 군주들 말입니다. 원문에서는 앞에서 말한 "모두 나의 죄이다〔皆秦之罪也〕"라는 말에 이어서 이렇게 기록해 놓았습니다.

이에 밤을 새워 책을 뒤졌는데, 수십 개의 책 궤짝을 펼쳐놓고 태공망이 쓴 음부경의 모략을 찾아내어서는 엎드려 외우고, 간결하고 요령 있는 문장으로 남의 마음을 헤아리는 방법을 익혔다. 책을 읽다가 잠이 오면 송곳으로 스스로 그 허벅지를 찔러 피가 발까지 흘러내렸다. 소진이 말하였다. "군주에게 유세하여 금옥과 비단을 내놓게 하지도 못하면서 어찌 경상의 높은 지위를 얻겠다고 하는가?" 다음해에 남의 마음을 헤아리는 방법을 완성하고 이렇게 말하였다. "이것이야말로 참으로 지금 세상의 군왕을 설득시킬 만한 것이로다!"

乃夜發書, 陳篋數十, 得太公陰符之謀, 伏而誦之, 簡練以爲揣摩. 讀書欲睡, 引錐自刺其股, 血流至足. 曰: 安有說人主, 不能出其金玉錦繡, 取卿相之尊者乎? 朞年揣摩成, 曰: 此眞可以說當世之君矣!

## 왕도와 패도가 서로 넘나들다

여기까지 말하고 잠시 일단락을 지은 다음, 소진의 성공과 실패와 관련된 몇 가지 중요한 문제를 살펴보도록 하겠습니다.

첫 번째는 소진의 학술 사상에 관한 문제입니다.

다들 알다시피 그는 소년 시절에 장의, 방연, 손빈과 함께 귀곡자의 학생이었습니다. 손빈과 방연은 산을 내려온 후 풍운이 휘몰아치던 당시 국제 사회에서 군사적 전쟁으로 명성을 얻었습니다. 이것은 본 주제의 범위를 벗어나므로 거론하지 않겠습니다. 소진과 장의는 그들과 달리 정치 노선을 걸어갔습니다.

정치를 하려면 물론 학설과 사상의 문제로까지 이어집니다. 앞에서 소진이 처음 진 혜왕을 만나 유세했던 자료를 살펴보았지만, 아주 뚜렷하게 드러나는 사실은 그가 처음 길을 나서서 이야기했던 내용이 당시 일반 학자들의 말과 똑같았다는 것입니다. 대체로 전통문화의 왕도(王道)와 패도(覇道)에 관한 학설과 사상의 범주에서 출발하여 당시의 정세를 분석하고 자신의 주장과 계획을 제안했습니다. 뭐 그다지 특별한 부분도 없었고 후세 소설가가 상상한 것처럼 귀곡자가 그에게 "바람을 부르고 비를 부르고 콩을 흩어서 군대를 만드는" 특별한 재능을 전수해 주었던 것은 더더욱 아니었습니다.

그렇다면 소진이 말했던 비교적 정규적인 학술 사상은 당시의 사장님들, 이를테면 군주들에게 왜 받아들여지지 못했을까요? 무엇 때문이었을까요? 만약 문화의 쇠락이나 정치도덕의 타락 등 낡은 관념만으로 살펴본다면, 그것도 물론 이유이기는 합니다만 사실 그다지 철저하지 못합니다. 그렇다면 도대체 무슨 원인이라는 말입니까? 여러분 스스로 책을 많이 읽고 많이 생각해 보고 연구해 보시는 게 좋습니다. 하지만 이러한 사실을 통해 분명하고도 쉽게 알 수 있는 것은, 정반(正反)이 뒤섞인 소진의 초기 학설도 이미 당시 군주들의 심금을 울리지 못했는데 걸핏하면 왕도(王道)의 큰 도리만 들이대는 우리의 맹 선생님은 오죽했을까 하는 것입니다. 당연히 뚱딴지같은 소리로만 들렸을 터이니 어디를 가든지 입도 열지 못했습니다.

그런데 소진이 나중에 열 차례나 진 혜왕에게 건의서를 올렸다고 하는데, 안타깝게도 그에 관한 완전한 자료는 남아 있지 않습니다. 만약 남아 있었다면 전국 시대 제자백가의 문화 유산 가운데 분명 일가를 이루었을 것이며 상당한 가치를 지녔을 것입니다. 그런데 소진 본인은 오로지 현실만 중요시하고 학설과 사상의 진정한 정신에는 거의 유의하지 않았습니다. 어쩌면 스스로 생각하기에 그 건의와 의견들은 실패한 것이기 때문에 남겨 두지 않았는지도 모릅니다.

## 『음부경』의 계시

두 번째는 『음부경』과 소진의 훗날 성공에 관한 문제입니다.

우리가 이상의 자료를 보면 소진이 진나라에서 실패하고 집으로 돌아온 후 문을 닫아걸고 다시 각고의 노력으로 독서를 했다는 것을 알 수 있습니다. 전하는 바에 따르면 그가 읽은 책은 주 왕조 초기의 전기적 인물인 강태공 여상(呂尙)이 전해 주었다고 하는 그 『음부경』이라고 합니다. 그래서 진(秦)·한(漢) 이후로 수많은 사람들이 역사상 큰 위력을 떨친 바 있으며 천하의 형세를 바꾸어 놓는 능력을 지닌 그 신비의 기서(奇書)를 찾고 있습니다. 정치를 배우는 사람, 군사를 배우는 사람, 심지어 신선 도술을 배우는 사람까지도 모두 그 책을 찾고 있습니다. 그 밖에 유사한 전설을 가지고 있는 책이 하나 더 있습니다. 다리 위의 노인 황석공(黃石公)이 장량(張良)에게 책을 한 권 주었는데, 장량은 그 책을 읽은 후에 산을 내려와 제왕사(帝王師)가 되었다고 합니다. 어떤 사람은 말하기를 다리 위의 노인이 장량에게 주었던 책이 바로 『소서(素書)』라고 합니다. 그래서 수많은 사람들이 죽어라『소서』를 공부하기도 했는데, 그 속에서 부귀공명을 얻는 지름길을 찾아내고 싶었기 때문입니다.

사실 우리는 고대로부터 전해 내려오는『음부경』과『소서』가 모두 후인들이 위조한 위서(僞書)임을 알고 있습니다. 그 진본은 이미 하늘로 돌아가 버리고 인간 세상에는 없습니다. 현재 우리에게 남아 있는『음부경』은 두 종류가 있는데, 하나는 소위 황제(黃帝) 시대에 쓰여진 음부경으로서 도가 서적입니다. 물론 그 중에는 억지로 정치학·군사학·모략학 등의 큰 원리 원칙이라고 끌어다 붙인 부분이 허다합니다. 또 한 종류의『음부경』이 바로 위에서 말한 태공병법(太公兵法)인데 실제로는 모두 위서입니다. 비록 후세의 재능 있는 사람들이 위조한 책이지만 위서라 하여 그 내용과 가치를 전부 부정할 수는 없습니다. 그것은 마치 국제 시장에 나오는 질 좋은 위조품이 진짜와 혼동되는 정도가 아니라 때로는 진짜와 완전히 똑같은 것과 같은 이치입니다.

이제 다시 소진의 이야기로 돌아갑시다. 그는 집에서 문을 닫아걸고 일 년 동안 낮밤을 가리지 않고 열심히 공부한 결과, 이제는 자신이 당시의 군주들을 설득할 수 있으리라 자신하게 되었습니다. 설마하니『음부경』에 정말로 그런 신묘함이 있다는 말입니까? 여러분이 만약 예로부터 전해 내려오는『음부경』이나『태공병법』혹은『귀곡자』같은 그런 책들을 가져와서 연구한다고 합시다. 그런데 자신을 일깨울 수 있는 고도의 지혜를 지니고 있지 못하면 어쩌면 여러분은 그 책들에 사로잡혀 옛것을 배우고도 소화시키지 못하는 사람으로 변해 버릴 것입니다. 고리타분하면서도 신기한 것에 미혹되어 시간이 갈수록 실제와는 동떨어지게 되는 시골 훈장 말입니다.

하지만 사료의 기록에 따르면 소진이 재도전하여 성공한 것은 확실히 『음부경』을 연구한 결과입니다. 이것은 또 무슨 까닭일까요? 왜냐하면 우리의 고서 가운데 이른바 음부(陰符)니 육도삼략(六韜三略)이니 하는 책들은 모두 모략학(謀略學)의 범주에 속하기 때문입니다. 대체로 논설(論說)의 모든 내용이 고대의 간결하고 요령 있는 문자를 사용하였고, 천도(天道)와 물리(物理)에서의 기정반복(奇正反復)·음양호변(陰陽互變)·동정호용(動靜互用)의 원칙에 근거하여 그것을 인사(人事)상의 원리에 응용하여 설명했습니다. 이른바 인사란 정치·군사·경제·외교·사회 등 사람과 사람 사이의 일을 말합니다. 소진은 『음부경』을 다시 공부하여 자신의 사상을 계발시키고, 당시의 천하대세를 자세히 연구하여 새로운 계시를 얻었습니다. 당시의 국제 시세에 적합한 새로운 모략을 구상하였기 때문에 자신감이 생겼던 것입니다. 이제 다시 산을 내려가면 틀림없이 당시 군주들의 현실적 요구에 맞춰 줄 수 있을 것이고, 그러면 그들이 자신의 의견을 받아들여 자신이 바라던 바가 이루어질 것이라고 생각했습니다.

우리는 이것을 보더라도 세상의 어떤 학문이든 반드시 독서를 통해 지식을 구하고 교육을 받아서 기초를 세워야 하는 것임을 알 수 있습니다. 책 속의 지식은 모두 선조들의 경험이 누적되어 이루어진 산물입니다. 하지만 여러분이 이 지식과 경험을 흡수한 후에는 반드시 스스로 소화하고 발휘해서 여러분 자신의 새로운 견해를 만들어 낼 수 있어야 합니다. 이것이야말로 학문을 구성하는 가장 중요한 요소입니다. 만약 고지식하게 거기에 갇혀 버린다면 이른바 책벌레가 되고 말 것입니다. 사실 책벌레는 확실히 인류 문화의 예술품이며 나름대로 대단히 사랑스러운 일면도 있습니다. 하지만 현실의 일에 활용해 보면 대단히 한심한 일면을 드러내니, "백에 하나도 쓸모없는 것이 서생〔百無一用是書生〕"이라는 옛사람의 명언 그대로입니다. 소진이 다시 산을 나선 것은 바로 그런 책벌레로부터 성공적으로 벗어났던 셈입니다.

# 개인의 뜻을 펼치는 데 목적이 있었다

세 번째는 역사 문화에 있어서 소진의 가치 문제입니다.

중국 역사 문화의 근저(根底)에서 수천 년간 조금도 변하지 않은 중심은 바로 전통문화의 왕도(王道) 정신입니다. 이는 공맹의 유가 학술 사상의 도통(道統)이기도 합니다. 엄격히 말하면 이러한 문화의 도통이 지속될 수 있었던 것은 한 무제가 "백가는 내쫓고 유가 학술만을 높였기〔罷黜百家, 獨尊儒術〕" 때문이 결코 아니었습니다. 사실은 중국 민족이 선천적으로 인도(人道)와 평화(平和)를 사랑했기 때문에 하늘의 법칙에 가까운 왕도(王道) 교화(敎化)는 중시하고, 교묘하게 빼앗는 권모(權謀)는 멸시한 결과입니다.

그렇기 때문에 중국 문화사에 대단히 훌륭하고 대단히 중요한 제자백가의 학설과 사상이 존재한다 할지라도, 그것은 문화 학술의 곁가지나 뒷배경으로 삼을 수 있을 뿐 정규적인 중심 문화 사상으로 인정할 수 없었습니다. 더구나 소진과 장의 같은 부류의 종횡 모략의 학문은 그저 개인적 권리 사상에서 출발하여 개인의 평생의 뜻을 펼치는 데 목적이 있었습니다. 그들의 결심 동기에는 국가와 천하를 위해 장구한 치안(治安)의 도모 따위는 아예 존재하지 않았습니다. 그 때문에 비록 당시의 현실 정치에서 한때를 시끄럽게 만들었고 이삼십 년이라는 세월을 풍운 속으로 몰아넣었을지라도 역사의 저울로 달아보면 결코 중시할 수 없는 것입니다.

게다가 비록 소진의 출입에 관한 자료들을 간략하게 읽기는 했지만 대체적으로 그가 당시의 시대 환경과 사회 기풍, 가정 배경에 깊은 영향을 받았음을 알 수 있습니다. 그는 결코 공자나 맹자 같은 "확고하여 뽑아 버릴 수 없는〔確然而不可拔〕" 독특한 정신 수양을 지닐 수 없었습니다. 따라서 소진은 끝내 대(大)모략가나 총명한 범부가 될 수밖에 없었습니다. 평범을 초월한 성인은 절대로 될 수가 없었습니다. 그렇다면 우리는 여기서 범부와 성인의 영역에 대해 어떻게 정의를 내려야 할까요? 아주 간단합니다.

현실의 인생 가운데 오로지 자기 한 몸의 동기 때문에 부귀공명을 도모하는 사람은 범부입니다.

현실의 인생 가운데 자기 한 몸을 위해 도모하지 않고 생(生)을 버리고 의(義)를 취한다면, 오로지 세상을 근심하고 다른 사람을 근심하여 국가를 도모하고 천하를 도모하는 사람은 성인입니다.

따라서 우리는 소진의 전기에서 그가 공부를 완성하고 다시 문을 나설 때 내뱉었던 호기로운 말에 주목해야 합니다. "군주에게 유세하여 금옥과 비단을 내놓게 하지도 못하면서 어찌 경상의 높은 지위를 얻겠다고 하는가?"라는 몇 마디 말을 통해 그의 뜻과 도량이 오직 재물과 세력에 있었을 뿐임을 알 수 있습니다.

그러고 보니 제가 사천(四川)에 머물던 그해에 서촉의 선배가 들려준 재미있는 희곡 대사 몇 구절이 생각하는군요. 사실 제가 느끼기에는 그저 일상적인 유머가 아니라 영웅주의에 대한 풍자이면서 인생철학의 투시입니다. 이제 소진의 역사 고사와 비교해 보십시오.

천희(川戱)[12]와 한희(漢戱)[13]는 동일한 계통의 지방 예술입니다. 경희(京戱)[14]와 마찬가지로 연극을 하는 내내 그 시끄러운 징과 북으로 반주를 합니다. 물론 경희는 원래 호북희(湖北戱)에서 유래했습니다. 징과 북에도 큰 학문이 담겨 있으므로 젊은 친구들이 이 부분을 너무 경시해서는 안 됩니다.

이제부터 제가 말씀드리려고 하는 것은 천희 가운데 어느 한 대목입니다. 먼저 하늘을 뒤흔들 정도로 울리는 징과 북소리와 함께 큰 깃털을 꽂은 두 사람이 나옵니다. 무사(武士)의 분장을 한 녹림(綠林)[15]의 영웅입니다. 그들은 큰 깃털로 얼굴을 가리고 영웅의 빠른 발걸음으로 무대를 한

바퀴 빙 돈 다음, 무대의 중앙에 청중을 마주하고 선 채 얼굴을 가렸던 큰 깃털을 호기롭게 치워 버리고 자신의 이름을 밝히는 대사를 노래합니다. 한 영웅이 이렇게 노래합니다.

| | |
|---|---|
| 깊은 산속에 홀로 앉아 있으니 가슴이 답답하여 | 獨坐深山悶幽幽 |
| 두 눈으로 고양이 머리[16]를 노려보고 있노라 | 兩眼瞪著猫兒頭 |
| 근심으로 찡그린 내 눈썹 펴고자 한다면 | 如要孤家愁眉展 |
| 오직 간장을 뿌린 순두부가 있어야 하지 | 除非豆花拌醬油 |

보십시오. 이른바 산채를 차지하고 일어섰던 영웅호걸들, 그들의 가장 기본적인 요구와 최종 목적이 밥을 먹기 위해서가 아닙니까? 그런 분장을 하고서 우스꽝스러운 대사와 동작을 하니 까놓고 말하면 인생이 본래 그렇기 때문에 결국 사람들은 큰소리로 웃고 맙니다.

또 다른 한 사람이 이어서 노래합니다.

| | |
|---|---|
| 소생의 힘은 하늘처럼 커서 | 小子力量大如天 |
| 종이 등롱을 뚫어 버린다오 | 紙糊燈籠打得穿 |
| 상자 속 두부를 다 뭉갤 수 있으니 | 開箱豆腐打得爛 |
| 뭉개지 못한다면 틀림없이 말린 두부지 | 打不爛除非豆腐乾 |

---

**12** 사천(四川) 일대에서 유행한 희곡을 가리킨다.

**13** 호북(湖北) 일대에서 유행한 희곡을 가리킨다.

**14** 북경(北京) 일대의 희곡을 가리킨다. 경극(京劇)이라고도 불리며 노래와 춤과 연극이 혼합되어 있다.

**15** 관청에 반항하는 무리. 도적떼를 가리킨다.

**16** 그 당시 사천의 노점에서 노동자들에게 팔던 백반은 밥을 그릇 위로 높이 떠서 정량을 넘었는데, 그런 종류의 간단한 식사를 고양이 머리라고 불렀다.

정말 유머가 넘칩니다. 사람은 어차피 똑같고 이렇듯 평범하다고 대놓고 말함으로써 영웅 심리의 위장(僞裝)을 벗겨 내었습니다. 사람이 대단하면 뭘 얼마나 대단하겠습니까?

이제 우스운 이야기는 그만하고 이 이야기의 제재로부터 고개를 돌려 소진의 동기를 살펴봅시다. 이른바 "금옥과 비단을 내놓게 하고 경상의 높은 지위를 얻겠다"라고 하던 소진의 말과 앞에서 인용한 천희(川戲)의 백화시 두 수를 대조해서 보면 제가 다시 결론을 내릴 필요가 없을 것입니다.


## 여섯 나라 재상의 인장을 찼던 빛나는 시기

전국 시대 후기에 이르자 국제적으로 강성했던 국가들은 하나같이 쇠퇴 일로를 걸으며 어지러운 국면에 처했습니다. 그들은 모두 서쪽 변경에서 굴기한 강한 진(秦)나라를 두려워했는데, 어느 한 나라도 감히 진나라와 맞서려고 하지 않았습니다. 가령 맹자가 만났던 가장 크고 가장 오래된 제나라의 군주 제 선왕(齊宣王)도 예외가 아니었습니다. 그러니 이번에 또다시 집을 떠나 유세에 나선 소진의 뜻, 즉 합종(合縱)으로 진나라에 대항하는 연합국 계획을 실시하는 것은 실로 쉽지 않았습니다. 당시의 시대 배경이 그처럼 어려웠다는 것은 말할 필요도 없고, 후세의 역사를 보더라도 아무런 배경도 아무런 기반도 없는 일개 평민 서생이 온 천하를 손바닥 안에 장악하고 이름뿐인 연합 전선의 왕국을 만들려고 한 경우는 소진을 제외하면 더는 찾아볼 수 없습니다.

역사를 읽어 보면 아무리 특정 각도에서 헤아려 보고 소진의 행위를 깔보더라도 그는 어쨌든 당시 시대에 공헌한 공적이 있습니다. 그는 나중에 남북을 분주히 오가며 국제간 연합 전선을 성공적으로 조직하여 여섯 나라 재상의 인장을 찼습니다. 개인적으로는 과연 위세 당당한 모습으로 가족과 형수들의 부러움을 샀습니다. 공적으로는 강한 진나라를 놀라게 하여 함부로 침략 전쟁을 일으키지 못하게 했습니다. 그 결과 전쟁이 끊이지 않았던 당시 천하의 국면이 그의 손 안에서 이십여 년간 안정과 평화를 누렸습니다. 당시 여섯 나라의 제후들이 그 덕을 본 것은 물론이고 간접적으로는 당시 천하 각국의 백성들도 숨을 돌리고 편안히 살 수 있었습니다. 반평생을 전쟁의 재앙에서 벗어날 수 있게 했으니 실로 크나큰 공적이 아닐 수 없습니다. 비록 그는 오로지 현실적인 이익을 추구하는 개인주의를 출발점으로 삼았지만 그가 이루어 낸 위대한 업적을 어찌 쉽게 말살시켜 버릴 수 있겠습니까? 사실 맹자는 당시에 그렇게 하지도 못했습니다.

공자가 관중 같은 인물을 평가했던 어조(語調)에 비추어 본다면, 만약 공자가 소진보다 늦게 태어났더라면 아마도 그에게 "유능하다 할 만하다〔可謂能矣〕"라는 평가를 내렸을 것입니다!

역사의 시비(是非)는 어차피 공론(公論)이 있기 마련입니다. 유향이 쓴 『전국책』의 서언(序言)을 보기만 해도 소진에게는 확실히 귀중하고 사랑스러운 일면이 있음을 알 수 있습니다. 유향은 이렇게 말했습니다.

무릇 강탈하는 자가 제후의 반열에 들고 속이는 나라가 흥하여 강국이 되니 이로써 서로 본받았다. 후왕들이 그것을 배워 마침내 서로 삼키고 멸하니 크고 작은 나라들을 겸병하였다. 난폭한 전쟁이 여러 해 계속되어 흘린 피가 들에 가득하니, 부자는 서로 친하지 못하고 형제는 편안하지 못하고 부부는 헤어져 그 생명을 보전하지 못하여 도덕은 거의 끊어져 버렸다.

夫簒盜之人, 列爲侯王, 詐譎之國, 興立爲强, 是以轉相放效. 後王師之, 遂相吞滅, 并大兼小. 暴師經歲, 流血滿野, 父子不相親, 兄弟不相安, 夫婦離散, 莫保其命, 湣然道德絶矣……

그러므로 맹자와 순경 같은 유생은 세상에서 버림을 받았다. 그러나 권모술수를 유세하던 무리는 세속에서 귀히 여겼다. 그리하여 소진, 장의, 공손연, 진진, 소대, 소려의 무리가 종횡론을 짧게 혹은 길게 유세하니 좌우에서 관심을 기울였다.

故孟子孫卿儒術之士, 棄捐於世. 而遊說權謀之徒, 見貴於俗. 是以蘇秦張儀公孫衍陳軫代厲之屬, 生縱橫短長之說, 左右傾側.……

그러나 이때에 진나라가 가장 강하고 제후들은 바야흐로 약하였다. 소진이 이들을 묶으니 여섯 나라가 하나가 되어 진을 대적하였다. 진나라 사람들이 두려워하여 감히 관중 땅에 군사를 엿보지 못하였으니, 천하에 전쟁이 일어나지 않은 것이 이십구 년이었다.

然當此之時, 秦國最雄, 諸侯方弱. 蘇秦結之, 時六國爲一, 以儐背秦. 秦人恐懼, 不敢闚兵於關中, 天下不交兵者二十有九年.……

전국 시대에는 군주의 덕이 천박하여 그를 위해 계책을 도모하는 자는 부득불 세력에 따라 헤아리고 때에 근거하여 계책을 세웠다. 그러므로 그 모책이 급한 일을 돕고 기울어진 것을 지탱하는 임기응변의 권도였다. 비록 나라에 교화를 펼치지는 못해도 군사로 급한 일을 구제하였다. 모두가 훌륭한 재인이요 우수한 선비로서 군주가 행할 수 있는 바를 헤아려 기이한 계책과 지혜를 내어, 위기를 평안으로 바꾸고 망할 것을 살아남게 하였으니 또한 기뻐할 만하고 모두 볼만하였다.

戰國之時, 君德淺薄, 爲之謀策者, 不得不因勢而爲資, 據時而爲畫. 故其謀扶急持傾, 爲一切之權. 雖不可以臨國教化, 兵革救急之勢也. 皆高才秀士, 度時君之所能行, 出奇策異智, 轉危爲安, 運亡爲存. 亦可喜, 皆可觀.

(이상은 절록節錄입니다. 당시 『맹자』를 강연할 때는 처음부터 자세히 유향의 서문을 풀이하였지만 이제 『맹자』의 강연록을 기록하기 위해 당시 강연하였던 내용들을 미련 없이 잘라냈습니다.)

우리가 유의해야 할 점은 소진이 첫 번째 유세에서 실패한 까닭이 먼저 강국으로 달려가는 노선에 있었다는 사실입니다. 이번에 다시 유세에 나서면서는 조나라를 경유하여 먼저 북방의 연나라에 가서 연 문후(燕文侯)의 마음을 움직였습니다. 연 문후는 마침내 소진에게 전국의 역량을 위탁함으로써 남북 연합 전선을 만드는 합종(合縱)의 일에 전력하기 편하도록 해 주었습니다. 그뿐 아니라 그에게 충분한 활동 자금을 대주고 또 호화로운 외교 마차를 준비해 주었습니다. 『전국책』에는 이렇게 기록하고 있습니다.

연왕이 말하기를 "과인의 나라는 작은데 서쪽으로는 강한 진나라가 핍박하고 남쪽으로는 제나라와 조나라가 근접해 있다. 제나라와 조나라는 강한 나라이다. 이제 그대의 가르침을 받아들여 합종으로 연나라를 편안하게 하려 하니 진실로 온 나라로써 그대를 따르겠다" 하였다. 그리하여 소진에게 수레와 말과 금과 비단을 주어 조나라로 가게 하였다.

燕王曰: 寡人國小, 西迫强秦, 南近齊趙. 齊趙强國也. 今主君幸教, 詔之合縱以安燕, 敬以國從. 於是齎蘇秦車馬金帛以至趙.

그로부터 소진은 순조롭게 조나라에 도착하여 조 숙후(趙肅侯)에게 유세했습니다. 조나라 왕도 연 문후와 마찬가지로 국사의 전부를 그에게 위임했습니다. 그뿐 아니라 소진에게 연왕보다 훨씬 많은 활동 자금을 제공해 주었고 외교적 신분을 보장해 주었습니다. 다음과 같이 기록했습니다.

조왕이 말하기를 "과인은 나이가 어리고 왕위에 오른 지도 얼마 되지 않으며, 국가를 오랫동안 편안하게 다스리는 계책을 들어 보지도 못하였다. 지금 그대가 천하를 보존하고 각 나라를 안정되게 하려는 뜻을 가졌으니, 과인은 진실로 온 나라로써 그대를 따르겠다" 하였다. 이에 소진을 무안군에 봉하고 장식된 수레 백 대와 함께 황금 천 일, 백옥 백 쌍, 비단 천 필을 갖추어 소진으로 하여금 각 제후들을 설득시키도록 하였다.

趙王曰: 寡人年少, 蒞國之日淺, 未嘗得聞社稷之長計. 今上客有意存天下, 安諸侯, 寡人敬以國從. 乃封蘇秦爲武安君, 飾車百乘, 黃金千鎰, 白璧百雙, 錦繡千純, 以約諸侯.


보십시오! 이렇게 해서 소진은 더 의기양양해졌습니다. 한(韓)나라에 도착하였는데 한 선왕(韓宣王) 역시 이렇게 말했습니다. "진실로 사직을 받들어 따르겠다[敬奉社稷以從]."

이어서 그는 위(魏)나라에 도착하여 위 양왕(魏襄王)을 설득했습니다. 맹자가 "보기에 군주 같지도 않다[望之不似人君]"라고 비평하면서 얕보고 미련 없이 떠나 버렸던 바로 그 위 양왕이었습니다. 결국 그 역시 연(燕), 조(趙), 한(韓)의 제후들과 마찬가지로 소진의 명을 완전히 좇았습니다.

소진은 또 제나라에 가서 제 선왕(齊宣王)을 만났습니다. 맹자에게 가르침을 청했지만 끝내 서로 말이 통하지 않았던 바로 그 제 선왕이었습니다. 그 역시 "진실로 사직을 받들어 따르겠다"라고 하면서 두 손을 모아 그에게 절했습니다.

마지막으로 그는 남방에 가서 초나라의 위왕(威王)을 설득했습니다. 물론 초왕 역시 "삼가 사직을 받들어 따르겠다[謹奉社稷以從]"라는 결론을 내렸습니다. 여기에 이르러 사마천은 「소진열전」에 이렇게 썼습니다. "그리하여 여섯 나라는 합종을 성립시키고 힘을 합치게 되었으며, 소진은 합종 맹약의 장이 되었다〔於是六國縱合而幷力焉. 蘇秦爲從約長〕. "합종 맹약의 장〔從約長〕"은 오늘날의 연합국 의장에 해당합니다. "아울러 여섯 나라의 재상을 겸임〔幷相六國〕"하였습니다. 동시에 당시 국제 사회에서 연·한·조·위·제·초 여섯 나라의 재상의 직무를 겸임하게 되었습니다.

당시의 소진은 정말로 기세가 등등했습니다. 미국에서 내세우는 키신저를 어떻게 소진과 나란히 거론할 수 있겠습니까?

그런데 가장 흥미로운 점은 『전국책』의 「진책(秦策)」에 기술된 소진 편 결미(結尾)의 사실적 묘사입니다. 사마천이 『사기』에 써놓은 것과 똑같이 재미있습니다. 저는 『전국책』의 소진에 대한 결어(結語)가 화룡점정(畵龍點睛)처럼 그에 대해 개관논정(蓋棺論定)[17]을 내렸다고 생각합니다. 하지만 매끄러운 문장 구성을 위해서는 『사기』의 한 단락을 채택하는 편이 훨씬 조리가 있습니다.

소진이 조직한 연합 전선의 합종 계획이 북에서 남까지 외교 활동을 통해 순조롭게 성공한 후, 그는 처음에 시작했던 연나라와 조나라에 보고하기 위해 북쪽으로 방향을 돌렸습니다. 북상하는 도중에 자신의 고향인 낙양을 지나가게 되었습니다. 이번 행차에는 뒤에서 시종하는 수레의 진용이 엄청났습니다. 뒤따르는 짐과 호위대가 얼마나 위풍당당했을지는 생각만 해도 알 수 있습니다. 게다가 각국 제후들은 특별 사절을 파견하여 그를 환영했습니다. 그 기세가 완전히 당시 정권을 장악한 제후와 맞먹을 정도였습니다.

당시 낙양에 있던 중앙의 천자인 주 현왕(周顯王)은 그런 상황을 듣고 마음이 편치 않았습니다. 왜냐하면 소진은 원래 주 천자가 다스리는 중앙 직할지의 평민이었고, 게다가 처음 유세에 나섰을 때 먼저 동주(東周)에

---

**17** 관 뚜껑을 닫은 뒤 죽은 사람에 대한 공정한 평가가 내려진다는 뜻이다.

의견을 내놓았지만 끝내 거절당했기 때문입니다. 그래서 주 현왕은 더더욱 난감했습니다. 결국에는 사람을 보내 소진이 귀향하는 길을 청소하게 하고, 또 대표를 멀리 교외까지 파견하여 그를 환영했습니다. 이렇게 말입니다.

소진은 북쪽으로 조나라 왕에게 보고하러 가는 도중에 낙양을 지나게 되었다. 수레와 무거운 짐에다 제후들이 각기 소진을 호송하는 사자를 많이 파견하여 그 행렬이 제후에 비길 만했다. 주 현왕은 이런 상황을 듣고 놀라고 두려워하여 길을 청소하고 교외까지 사람을 보내어 그를 위로하게 하였다.

北報趙王, 乃行過雒陽. 車騎輜重, 諸侯各發使送之甚衆, 疑於王者. 周顯王聞之恐懼, 除道, 使人郊勞.

## 소진의 철학적 관점과 서생으로서의 본색

이제부터는 소진이 고향에 돌아온 후의 기록을 살펴볼 것입니다. 아주 재미있는 역사 고사인 동시에 인생관에 대한 철학 사상 및 사람됨과 처세, 의(義)와 이(利) 사이의 취사선택 문제에서 우리를 계발시킬 만하므로 유의해 볼 필요가 있습니다. 먼저 절묘하기 짝이 없는 원문을 보도록 하겠습니다.

소진의 형제, 처, 형수는 곁눈으로 볼 뿐 감히 고개를 들어 그를 보지 못하였고, 고개를 숙이고 식사하는 시중을 들었다. 소진이 웃으며 그의 형수에게 말하기를 "어찌하여 전에는 오만하더니 지금은 공손합니까?"라고 하였다. 형수는 몸을 굽혀 얼굴을 땅에 대고 사죄하며 말하기를 "계자의 지위가 높고 재물이 많은 것을 보았기 때문입니다"라고 하였다. 소진은 길게 탄식하며 말하기를 "똑같은 사람이거늘 부귀할 때는 친척이 경외하고 가난할 때는 경시하니 하물며 일반 사람들이야! 만일 나에게 낙양 근교의 좋은 밭 두 이랑만이라도 있었다면 내 어찌 여섯 나라 재상의 인장을 찰 수 있었겠는가?"라고 하였다. 그리하여 천 금을 풀어 친족과 친구들에게 나누어 주었다. 처음에 소진이 연나라로 갈 때 다른 사람에게 백 전을 빌려 노자로 삼았는데, 부귀해지자 백 냥의 금으로 이것을 갚았다. 그리고 일찍이 그에게 은혜를 베풀었던 사람들에게 보답을 하였다. 그의 종자들 중 유독 한 사람만 보답을 받지 못하자 이에 앞으로 나아가 스스로 말하였다. 소진이 말하기를 "나는 결코 너를 잊지 않았다. 너는 처음 나를 따라 연나라로 갔을 때 역수 가에서 두 번 세 번 나를 버리려고 하였는데, 그때 나는 곤란한 처지에 놓여 있었기 때문에 너를 매우 원망하였다. 그래서 너를 맨 뒤로 미루었던 것이다. 너도 이제 보답을 얻을 것이다"라고 하였다.

蘇秦之昆弟妻嫂側目不敢仰視, 俯伏侍取食. 蘇秦笑謂其嫂曰: "何前倨而後恭也?" 嫂委蛇蒲服, 以面掩地而謝曰: "見季子位高金多也." 蘇秦喟然歎曰: "此一人之身, 富貴則親戚畏懼之, 貧賤則輕易之, 況衆人乎! 且使我有雒陽負郭田二頃, 吾豈能佩六國相印乎!" 於是散千金以賜宗族朋友. 初, 蘇秦之燕, 貸人百錢爲資, 乃得富貴, 以百金償之. 徧報諸所嘗見德者. 其從者有一人獨未得報, 乃前自言. 蘇秦曰: "我非忘子. 子之與我至燕, 再三欲去我易水之上, 方是時, 我困, 故望子深. 是以後子. 子今亦得矣."


이 원문은 당시 중앙 정부의 천자인 주 현왕 역시 특사를 파견하여 소진을 환영했다는 내용 다음에 이어집니다.

당시 소진의 위풍당당함은 진사 시험에 합격한 당(唐) 왕조의 선비들이 스스로를 승천하는 신선에 견주던 광경에 비해 더했으면 더했지 조금도 덜하지 않았습니다. 그때 소진의 부모 형제 및 처와 형수는 전원이 교외로 출동하여 그를 환영했습니다. 소진의 의장(儀仗)이 집에 도착한 후 그의 형제와 아내와 형수들은 감히 그를 똑바로 쳐다보지 못하고 그저 고개를 숙인 채 흘깃흘깃 곁눈질만 했습니다. 그뿐 아니라 몸을 구부려 반쯤은 꿇다시피 한 자세로 그의 식사 시중을 들었습니다.

소진은 그런 모습을 보고는 웃으면서 큰형수에게 말했습니다. "형수께서는 제가 실의한 채 집에 돌아왔을 때에는 저에게 밥도 해 주려고 하지 않더니, 지금은 왜 이렇게 예의를 차리십니까?" 우리는 "어찌하여 전에는 오만하더니 지금은 공손합니까?"라는 소진의 질문을 읽으면서 그도 별수 없이 쩨쩨하다는 생각을 하게 됩니다. 하지만 그것은 인지상정이니 진정한 성인이 아니고서야 어찌 과거의 원한을 다 잊어버릴 수 있겠습니까? 평범한 사람이라면 다들 이런 심리가 있을 것입니다. 하지만 견디기 힘든 보복을 한다든지 하지 않고 그저 마음에 담아 둔 정도로 끝냈으니 이 정도면 일류 호걸지사라 할 수 있습니다. 하물며 소진은 담담하게 웃는 얼굴로 유머를 던지지 않았습니까! 이제 그만 이론은 접어두고 얼른 이 가정 코미디가 어떻게 연출되는지 보도록 합시다.

그의 형수는 소진의 비꼬는 듯한 유머를 들은 후 쑥스러워하면서, 소진이 권세를 가지고 보복이라도 할까 두려워 얼른 땅에 꿇어 엎드렸습니다. 마치 후세의 오체투지(五體投地)[18]라도 하는 것처럼 넙죽 절하고 그에게 사과하는 한편 대단히 솔직하고 양심적인 말을 했습니다. "이제는 당신이 지위도 높고 돈도 많으니 내가 당신의 비위를 잘 맞춰야지요!"라고 했습니다. 여기서 "계자의 지위가 높고 재물이 많은 것을 보았기 때문입니다〔見季子位高金多也〕"라는 이 말은 참으로 절묘하기 짝이 없습니다. 만약 김성탄(金聖歎)[19]이 소설에 평어(評語)를 다는 수법을 빌려 평한다면 "훌륭하다 소씨네 큰 형수여! 진상을 폭로하였도다" 라고 붙일 만합니다.

소진은 비꼬듯이 유머를 섞어서 물었습니다. 하지만 그의 형수는 정말 시원스럽고 솔직하게 대답했습니다. 천고에 변하지 않는 인지상정에서 나온 진담이었습니다.

사람과 사람 사이의 예의와 공경은 최고의 학문과 수양이 밑받침되어야 나올 수 있습니다. 반대로 완전히 순박하고 학식이 없는 사람도 그렇게 할 수 있습니다. 이 두 경우를 제외하고 사람이 서로 만나서 예의와 공경을 차린다면 그 이유는 한쪽이 높은 권세를 지녔거나 돈이 많기 때문입니다. 소씨네 셋째 아들이 지위도 높고 거기다 돈까지 많으니 누구라도 그에게 아부하려 드는 것은 당연한 일입니다.

계자(季子)는 소진의 큰형수가 집에서 입버릇처럼 시동생인 소진을 부르던 말로서 그의 이름은 아닙니다. 하지만 옛사람들이 평소에 그냥 쓰던 말도 문자로 기록해 놓으면 나중에는 그것을 문사(文詞)로 여기는 일이 종종 있습니다.

제가 생각하기에는 사람은 모두 살면서 이런 재미있는 경험을 많게든 적게든 마음속에 간직하고 있으리라 여겨집니다. 다만 소진의 경우에는 시동생과 형수의 대화 속에 인정세태의 진상이 숨김없이 다 드러나 훨씬 자극적이고 통쾌하게 느껴지는 것이지요!

소진의 큰형수가 워낙 솔직하게 대답했기 때문에 바로 이어서 인생관에 대한 소진의 철학이 펼쳐졌습니다. 물론 그때는 아직 신문기자가 취재하

---

**18** 불교에서 절하는 방법 가운데 하나이다. 먼저 두 무릎을 땅에 꿇고 두 팔을 땅에 대고 그다음에 머리를 땅에 닿도록 절하는 것을 말한다.

**19** 명 말 청 초의 문예비평가. 이소(離騷), 장자(莊子), 사기(史記), 두시(杜詩), 수호지(水滸志), 서상기(西廂記)에 비평을 하여 성탄육재자서(聖嘆六才子書)로 내놓음으로써, 문학으로 여기지 않았던 희곡과 소설을 정통 문학과 구별하지 않고 다루었다.

러 오지 않았기 때문에 기자회견을 한 내용은 아니었습니다. 합종 정책을 발표하는 보고회는 더더욱 아니었고요.(웃음) 큰형수의 말을 들은 소진은 탄식하면서 말했습니다. "아! 그때 뜻을 잃고 축 쳐져서 고향으로 돌아왔던 소진이 바로 지금의 내가 아닌가. 똑같은 사람이거늘 부귀할 때에는 친척과 친구들이 두려워하고 공경하고, 빈천할 때에는 사람들이 무시하고 쳐다볼 가치도 없는 사람 취급을 했지. 소진 나 같은 사람도 인생에 대해 '인정의 차가움과 따듯함, 세태의 열렬함과 냉담함〔人情冷暖, 世態炎凉〕의 맛을 깊이 체험하였거늘 하물며 평범한 보통 사람들은 말해 무엇하랴." 주의하십시오! 우리는 원문에서 "하물며 일반 사람들이야〔況衆人乎〕"라는 이 구절의 말뜻에 특히 유의해야 합니다. 왜일까요? 소진의 말뜻은 아주 솔직합니다. "물론 운도 따랐지만 소진 나처럼 장래성이 있는 사람은 사실 별로 없다. 평범한 일반 사람들의 경우에는 이처럼 노력의 성과를 얻는다거나 운 좋은 기회를 잡는 것이 애당초 불가능하다. 그러니 이 세상에는 억울함을 당하도록 운명으로 정해진 사람들이 얼마나 많겠는가!" 이것이 바로 소진의 철학적인 관점이자 서생으로서의 본색입니다. 확실히 세상사에 밝고 인정세태에 통달하였으니 그의 성취는 결코 우연한 요행으로 얻어진 것이 아니었습니다.

하지만 이 문장 안에서 "하물며 일반 사람들이야"는 다음과 같이 해석할 수도 있습니다. "내 가족 친척들도 내가 실의하였을 때에는 그처럼 나를 깔보았다. 그런데 이제 내가 뜻을 얻게 되자 또 이렇게 내 비위를 맞추려고 한다. 골육조차 이러한데 하물며 나와 아무런 상관도 없는 일반 사람들이겠는가!"

그건 오히려 아무것도 아닙니다. 가장 멋진 부분은 소진이 이어서 내뱉은 솔직한 말입니다. 그가 말했습니다. "만약 그때 내 수중에 낙양성 외곽의 좋은 논 이백 무(畝)만 있었더라면 농촌 사회에서 작은 부잣집 나리로 살면서 전원의 즐거움을 누렸을 것이다. 그 누가 사방을 분주히 돌아다니고 싶어 하겠느냐! 하지만 내가 정말로 그런 좋은 가정환경에서 자랐더라면 오늘날 어떻게 여섯 나라 재상의 인장을 지닐 수 있었겠는가?"

그러므로 인생의 화복(禍福)은 한 마디로 단정 짓기가 어렵습니다. 우리가 도덕적인 인과응보의 관점에서 본다면 후세 종교가들이 "화와 복은 문이 없으니 오로지 사람이 스스로 불러들인 것이다[禍福無門, 唯人自召]"라고 말한 것이 되겠지요. 그렇지만 철학적 관점에서 본다면 "새옹이 말을 잃었으나 복이 되지 않을지 어찌 알며, 새옹이 말을 얻었으나 화가 되지 않을지 어찌 알랴[塞翁失馬, 焉知非福, 塞翁得馬, 焉知非禍]"라고 했던 지고한 이치의 명언에 부합됩니다.

소진이 말한 인생철학의 이치를 이야기하다 보니 현대사의 어느 큰 인물의 이야기가 생각나는군요. 소년 시절에 처음 군사(軍事)를 배우기 시작하여 소대장이 되었을 때 그의 동기 하나가 그가 쓴 일기를 보았다고 합니다. 만약 자신에게 은화 오백이 있어서 고향으로 돌아가 몇 무(畝)의 땅을 사서 농사를 지을 수 있다면 정말로 이런 고생을 하고 싶지 않다고 했습니다. 과연 그는 훗날 국가의 중진이 되어 역사에 자기 이름을 남기게 될 줄 생각이나 했을까요? 똑같은 상황으로 당(唐) 말의 난세 때 오월왕(吳越王) 전류(錢鏐)는 원래 소금을 파는 장사를 했고 그저 자신을 보호하기 위해 사람들을 규합했을 뿐입니다. 그랬던 것이 나중에 동남 지역을 장악하고 "집안에 가득한 꽃이 삼천의 객을 취하게 하고, 번뜩이는 검광이 십사 주를 서늘하게 만드는[滿堂花醉三千客, 一劍光寒十四州]" 봉왕(封王)이 될 줄 예상이나 했겠습니까? 또 주원장은 원래 스님이었는데 흉년을 만나 동냥을 해도 밥을 얻어먹지 못했습니다. 그러지 않았다면 그 역시 군대에 들어가지 않았을 것입니다. 당시에는 자신이 훗날 황제가 될 줄은 꿈에도 생각지 못했을 것입니다. 후한(後漢)의 광무제(光武帝) 유수(劉秀)가 아직 민간에 있었을 때, 그의 최대 야망은 도성의 위수사령(衛戍司令)의 직위를 받고 호족의 딸이던 미녀 음려화(陰麗華)를 아내로 맞는 것이었습니다. "벼슬은 집금오를 하고 아내는 음려화를 맞아들이면[仕宦當作執金吾, 娶妻當得陰麗華]" 뜻을 다 이룬다고 생각했습니다. 그러니 자신이 한 왕조 중흥의 영명한 군주가 될 줄 생각이나 했겠습니까? 이와 유사한 역사적 인물의 고사는 매우 많지만 이쯤에서 끝내겠습니다.

그런데 여기서 우리가 알아야 할 것이 있습니다. 소진 같은 인물은 득의 양양할 때에도 여전히 서생의 본색을 잃지 않고 인생철학의 이치를 깨달았습니다. 실로 쉽지 않은 일입니다. 하지만 소진은 호걸지사에 속하는 인물입니다. 호걸도 평범한 사람이기는 하지만 그의 인생을 가지고 모든 인생에 적용할 수는 없습니다. 그 외에도 공맹 계열의 유가 성철(聖哲)들의 인생철학은 처음에 뜻을 세울 때부터 "천지를 위해 마음을 세우고, 생민을 위해 명을 세우며, 성인을 위해 끊어진 학문을 계승하고, 만세를 위해 태평시대를 여는[爲天地立心, 爲生民立命, 爲往聖繼絶學, 爲萬世開太平]" 것이었습니다. 각 종교 교주들의 구세(救世) 관념은 물론 소진의 인생관에 비한다면 훨씬 초월적입니다. 도가 은사들의 탈속적인 정조는 또 다른 풍격의 인생 유형이라 하겠습니다.

그러므로 우리는 현실의 인생 사회에서 꿋꿋하고 고결한 정신을 지녀야만 "지위가 높고 재물이 많은[位高金多]" 속세 가운데서 우뚝 솟을 수 있습니다. 송대 육중미(陸仲微)의 인생관에 대한 명언은 부귀에 열중하는 세상의 청량제로 삼을 만합니다. "녹봉이라는 먹이로는 천하의 중재는 낚을 만하지만 천하의 호걸은 맛보지 못한다. 명예라는 배에는 천하의 상스러운 선비는 태울 수 있지만 천하의 영웅이 은거하지는 못한다[祿餌可以釣天下之中才, 而不能唉嘗天下之豪傑. 名航可以載天下之猥士, 而不能陸沉天下之英豪]."

# 역사에서 소진의 공적

어려움 속에서 성장하여 성공한 사람은 왕왕 심리적 그늘로 인해 비정상적인 편향을 보이곤 합니다. 그러한 편향은 사회에 대해 그리고 사람들에 대해 시종 일종의 적의를 지닙니다. 어떤 사람도 믿지 않고 어떤 사람도 동정하지 않습니다. 돈을 목숨처럼 사랑하는 인색함도 비정상적 심리의 부차적 현상입니다. 반대로 도량이 넓고 식견이 있는 사람은 고난 속에서 성장했더라도 오히려 동정심과 의(義)를 좋아하는 기개가 넘칩니다. 왜냐하면 인생을 깨닫고 세상 인정의 달고 쓴 맛을 알았기 때문입니다.

소진은 호걸지사였습니다. 그는 인생의 정면과 반면, 인성의 아름다움과 추악함을 깨달은 후 의연히 천 금을 내어 친족과 친구들에게 나누어 주었습니다. 그와 동시에 과거 빈곤했을 때 자신에게 은혜를 베풀었던 사람들에게 보답했습니다. 그가 두 번째로 고향을 떠나 북쪽으로 갈 때 백 전(錢)의 돈을 여비로 빌려준 이웃에게는 백 냥(兩)의 황금으로 갚아 주었습니다. 이런 행동은 그냥 말로 하기는 쉬워도 막상 자기 일이 되면 시원스럽고 의연하게 실천하기가 정말 쉽지 않습니다. 그 밖의 많은 사례들은 이 자리에서 더 이상 거론하지 않겠습니다.

원문을 보면 또 한 소절이 기록되어 있는데 아주 재미있습니다. 소진이 고향에서 그렇게 호기로운 행동을 펼치고 있을 때, 예전에 소진을 따라 북방의 연나라에 갔던 고향 친구 하나는 소진에게 아무런 보답도 받지 못하고 있었습니다. 그 사람은 아예 시원스럽게 본인이 직접 소진에게 말했습니다. "제가 당신에게 별다른 공로는 없지만 그래도 수고는 좀 했는데 왜 저에게는 조금이라도 주시지 않습니까?" 그러자 소진이 말했습니다. "미안하네. 사실은 나도 자네를 잊지 않았네. 다만 자네가 그때는 너무 심했다네. 당시는 내가 아주 힘들 때여서 자네가 나를 도와 연나라로 같이 가

주는 것이 절실했었지. 그런데 자네는 내가 조나라에서 별다른 성과를 거두지 못하는 것을 보고는 역수를 건너 연나라로 가는 가장 힘들고 중요한 순간에 거듭거듭 내게서 떠나가 버렸네. 죽을 만큼 힘들었던 그 순간에 내가 얼마나 자네의 도움과 격려를 필요로 했는지 아는가? 그런데도 자네는 시세와 이익만을 좇아서 나를 너무도 가슴 아프게 했네. 그래서 일부러 자네에게 줄 몫을 가장 마지막으로 미루어 두었던 것이네. 자네에게 교훈을 줄 요량으로 말일세. 자, 이제 자네가 직접 나와서 요구를 하니 물론 있지. 이것이 내가 자네를 위해 준비한 것일세. 받아가게!"

『사기』에서는 사마천이 「소진열전」을 쓰면서 이렇게 작은 일까지도 기록해 놓았습니다. 마치 우리가 현대에 전기(傳記)를 쓰는 것처럼 작은 일이나 사소한 동작 하나까지 일부러 서술해 놓음으로써, 그 속에서 아주 중요한 관념을 도드라지게 만들어 독자들로 하여금 곰곰이 생각하고 깨닫도록 합니다.

마지막으로 사마천은 이렇게 써놓았습니다. "소진이 여섯 나라의 합종 맹약을 맺고 조나라로 돌아오니 조 숙후는 그를 무안군에 봉하였고, 이에 소진은 합종 맹약의 서신을 진나라로 보냈다. 그로부터 진나라의 군대가 감히 함곡관을 엿보지 못한 것이 십오 년이나 되었다〔蘇秦旣約六國從親, 歸趙, 趙肅侯封爲武安君, 乃投從約書於秦. 秦兵不敢闚函谷關十五年〕."

그런데 나중에 유향은 『전국책』의 서언(序言)에서 "진나라 사람들이 두려워하여 감히 관중 땅에 군사를 엿보지 못하였으니, 천하에 전쟁이 일어나지 않은 것이 이십구 년이었다〔秦人恐懼, 不敢闚兵於關中, 天下不交兵者二十有九年〕"라고 말했습니다.

이것과 『사기』 「소진열전」에 기록된 햇수가 십사 년이나 차이가 나는 것은 왜일까요? 사마천이 말한 십오 년은 소진 수중의 일이었습니다. 유향이 말한 이십구 년은 소진, 장의, 소대 등이 정권을 잡은 기간을 다 포함한 것입니다. 장의는 일부러 자신의 동학인 소진의 계획에 반대하는 세력을 조성하여 진나라를 도와 소진의 합종을 깨트리는 연횡(連橫)의 연합 전선을 만들어 냈습니다. 그것으로 소진의 계획에 대항했습니다. 사실은 소진과 장의라는 두 동문의 변화무쌍한 재주에 제후들이 놀아나고 천하가 좌지우지되었던 것입니다. 소진의 뒤를 이은 그의 아우 소대와 소려 역시 형의 노선을 밟아 당시 국제 사회에서 연합과 분열, 이간과 포섭의 수완을 마음껏 발휘했습니다.

총결하자면 소진의 창작물 덕분에 당시 국제간의 연이은 전쟁이 줄어듦으로써 이삼십 년은 대체로 평화롭고 안정된 국면을 유지했습니다. 비록 소진은 결국 제나라에서 자객의 손에 죽었지만 이러한 역사에서의 공적은 소진의 모략에 돌리지 않을 수 없습니다.


## 소진에 대한 평가와 사마천의 평어

그런데 최근에 제가 들은 바로는 당시 소진이 제나라에서 찔려 죽지 않았음을 증명할 수 있는 새로운 자료가 나왔다고 합니다. 아마도 그저 상처만 입었거나 혹은 상처를 입은 것으로 위장한 채 멀쩡히 살아서 은거하였다가 상당히 오래까지 생존했다고 합니다.

저는 그런 자료들을 직접 보지 못했기에 그저 근거 없는 풍문쯤으로 여기고 있지만, 정말로 그런 일이 있었다면 우리는 소진을 훨씬 높게 평가해야 할 것입니다. 그렇게 되면 이름을 숨기고 세싱 속에 은거했던 범려(范蠡)보다 시기적으로는 뒤처지지만 소진 역시 훌륭하다고 하겠습니다. 어쩌면 역사를 기록한 사람으로 하여금 자신의 결말을 모르게 했으니 그냥 세상에 숨어 버렸던 범려에 비해 훨씬 더 재미있지 않습니까? 참으로 귀곡자의 제자답지 않습니까? 후세 도가의 전설에 따르면 소진은 공을 세우고 명성을 날린 후 그의 스승 귀곡자를 찾아가서 신선의 도를 배웠다고 합니다.

소진 일생의 행위가 어떠했건 간에 역사 문화상 그는 대단히 훌륭한 호걸지사였습니다. 물론 그는 영웅이 되려고 하지 않았습니다. 성현의 자격을 갖추었다고도 말할 수 없습니다. 하지만 과거의 학자들처럼 그를 연합과 분열, 이간과 포섭의 음모와 책략만 아는 모략가로만 여기는 선입견을 지녀서는 안 됩니다. 그들은 그가 중국을 전란의 위기로부터 구해 내고 이십여 년이나 평화를 유지한 공헌을 완전히 경시했습니다. 얼마나 많은 사람들의 생명과 재산이 그의 비호 하에 천수를 누렸는지 모릅니다. 우리가 크고 작은 국제적 혹은 국지적 전쟁을 포괄한 전국 말기의 전쟁사를 자세히 연구해 보기만 하더라도 소진의 공로를 지나치게 얕보았음을 알 수 있습니다. 이 역시 대단히 불공평한 처사입니다.

그렇다면 그가 영웅이 되려고 하지는 않았다고 어떻게 말할 수 있습니까? 아주 간단합니다. 그가 나중에 국제 사회를 전부 지휘하게 되었을 때에도 그에게는 야심이 조금도 없었습니다. 세 명의 대부가 진(晉)나라를 삼분했던 일이나 전씨(田氏)가 제나라를 찬탈했던 소행 따위는 결코 따르지 않았습니다. 연나라에 있을 때나 조나라에서 무안군에 봉해졌을 때에도 약소국이던 연나라와 조나라의 실제 내정에는 지나칠 정도로 간여하지 않았습니다. 뜻을 얻은 뒤에 고향으로 돌아가 사람들에게 재물을 나누어 준 행동도 잘 연구해 보면 소진의 남다른 서생 본색을 잘 보여 줍니다. 확실히 보통 사람을 뛰어넘는 면모가 있습니다.

만약 전설이 사실이거나 새로 출토된 자료가 정말 존재해서 소진이 후에 이름을 버리고 세상 속에 은거하여 여생을 편안히 누리고 장수했음이 증명된다면, 우리는 그를 훌륭한 인생철학 관점에 대해 새로운 평가를 내려야 할 것입니다. 혹은 그에게도 범려 같은 사람들처럼 인간 세상에 대한 역사철학 관점에 독특한 부분이 있었다고 말해야 할 것입니다. 그러고 보니 명대(明代) 창설(蒼雪) 대사의 제화시(題畵詩)에 담긴 철학적 경지가 생각납니다. "소나무 아래에 바둑 두던 사람은 없고 깊은 산 솔방울만 바둑판에 떨어져 있네. 신선이 있어서 모습을 드러낸 것이라면 이기고 지는 승부가 가려지겠는가〔松下無人一局殘, 深山松子落棋盤. 神仙更有神仙著, 畢竟輸贏下不完〕." 만약 그런 것이라면 어찌 더더욱 신기하지 않겠습니까?

사마천은 소진을 위해 특별히 장편의 열전을 써 내려갔습니다. 상세함을 마다하지 않고 합종의 과정을 기술했던 데에는 사실 사마천의 깊은 뜻이 있었습니다. 소진 사후의 전설에 관해서는 또 어떠했습니까? 사마천도 약간의 의문을 품었습니다. 다만 자료가 부족해서 감히 지나친 말을 하지 못했을 뿐입니다. 그는 소진에 대한 후세 사람들의 관점에 그다지 동의하지 않았습니다. 그렇지만 너무 드러나게 말했다가는 후세 사람들이 도의는 중시하지 않고 모략만 배우려 들까 봐 그렇게 할 수는 없었습니다. 호랑이를 그리려다가 개를 그리고 만다면 안 될 일이니까요. 우리는 사마천이 「소진열전」 마지막에 붙여 놓은 평어를 읽어 보기만 해도 그의 생각을 짐작할 수 있습니다.

태사공은 말한다. "소진 형제 세 사람은 모두 제후들에게 유세하여 이름을 빛냈으며 그들의 학술은 권모와 변사에 뛰어났다. 소진은 제나라에서 반간의 죄목으로 죽었는데 천하 사람들이 모두 그를 비웃고 그의 학설을 배우기 꺼려 하였다. 그러나 세상에 퍼진 소진의 사적에는 이설이 많으니, 시대를 달리하는 사적이라도 유사한 것이라면 모두 소진에게 끌어다 붙였다. 소진이 평민의 신분에서 몸을 일으키고 여섯 나라를 연결하여 합종을 맺게 한 것은 그의 재지가 일반 사람을 뛰어넘기 때문이다. 따라서 나는 시간의 순서에 따라 그의 행사를 나열함으로써 그 혼자만 악평을 받지 않도록 하였다."

太史公曰: 蘇秦兄弟三人, 皆遊說諸侯以顯名, 其術長於權變. 而蘇秦被反間以死, 天下共笑之, 諱學其術. 然世言蘇秦多異, 異時事有類之者皆附之蘇秦. 夫蘇秦起閭閻, 連六國從親, 此其智有過人者. 吾故列其行事, 次其時序, 毋令獨蒙惡聲焉.


이처럼 『맹자』를 강술하기 전에 적잖은 시간은 들여 맹자가 살던 전국 시대 말기의 정세를 토론하고, 거기다 소진의 고사까지 덧붙여서 이야기함으로써 당시 맹자가 홀로 걸어갔던 성현의 길을 더욱 도드라져 보이게 한 까닭은 과연 무엇일까요?

그것은 지금 우리가 당면한 이 시대와 이 땅, 현실 세계의 국면이 바로 춘추 시대요 바로 전국 시대이기 때문입니다. 아무리 시대가 다르고 사회 구조와 정치 제도 그리고 형세가 다르다 할지라도 대경대법(大經大法), 대원칙, 대원리의 변화라는 측면에서 보면 나라와 나라 사이에서건 사람과 사람 사이에서건 동서고금에 예외란 없습니다. 그래서 특별히 주의를 환기시키고자 하는 것입니다. 젊은 학생들은 국가의 장래를 위해 그리고 자기 자신을 위해 신경 써서 『춘추』와 『전국책』 같은 책들을 많이 읽기 바랍니다. 잘 읽어 두기만 하면 틀림없이 쓸모가 있을 것입니다. 확실히 "그 재주와 지혜가 일반 사람을 뛰어넘는" 소진과 장의는 일부러 합종과 연횡이라는 정반(正反)의 음모를 만들어 내어 온 천하를 그들 손에 넣고 주무르고 또 온 천하를 그들 손으로 안정시켰습니다. 지금 세상에서도 평화를 외치고는 있지만 사실은 뒤집어엎으려는 음모가 숨어 있다면, 『전국책』의 책략을 진정으로 터득하기만 하더라도 한눈에 간파하여 속지 않을 수 있습니다.

우리는 이번에 『맹자』를 강연하면서 맹자와 소진이 앞서거니 뒤서거니 찾아가서 만났던 제 선왕과 위 양왕을 살펴볼 것입니다. 또 당시의 국제 정세와 그들의 내정(內政)이나 국정(國情)이 어떠했는지도 말입니다. 맹자는 왜 그렇게 말해야 했을까? 소진과 제나라 위나라 왕들은 또 왜 그렇게 해야 했을까? 그것은 무슨 이치에서였을까? 『맹자』이 책에서는 상반되는 자료를 찾아낼 수 없지만 『사기』나 『전국책』에서는 그런 이치들을 발견할 수 있습니다. 그러므로 제가 이런 연구 방법을 채택하게 되면 소진이 "혼자만 악평을 받지" 않게 될 뿐 아니라, 『맹자』를 훨씬 생기 넘치게 읽음으로써 아성(亞聖)이 된 이유도 더욱 잘 이해할 수 있을 것입니다.

무자(戊子) 36년, 연나라·조나라·한나라·위나라·제나라·초나라가 합종으로 진나라를 물리치고 소진을 합종 맹약의 의장 겸 여섯 나라의 재상으로 삼았다.

기축(己丑) 37년, 진나라가 제나라와 위나라의 군대로써 조나라를 공격하니 소진은 조나라를 떠나 연나라로 가고 합종의 맹약은 깨졌다.

임진(壬辰) 40년, 송공(宋公) 언(偃)이 그 군주인 척성(剔成)을 쫓아내고 스스로 왕위에 올랐다.

계사(癸巳) 41년, 진나라가 장의를 내세워 위나라를 공격하여 포양(蒲陽)을 취하였으나 얼마 후 다시 돌려주니, 위나라가 상군(上郡)의 지역을 진나라에 바쳐 사례하였다. 진나라에서 장의를 재상으로 삼았다.

병신(丙申) 44년, 조 무령왕(趙武靈王) 옹(雍) 원년, 이 해에 진나라가 왕을 칭하기 시작하였다.

정유(丁酉) 45년, 소진이 연나라에서 제나라로 달아났다.

무술(戊戌) 46년, 진나라가 장의의 재상 직을 파하고 내보내어 위나라에서 재상을 맡게 하였다.

경자(庚子) 48년, 왕이 죽고 아들 정(定)이 세워졌다.

신축(辛丑) 원년, 위(衛)나라가 다시 스스로 작호를 깎아 내려 군(君)으로 불렀다.

임인(壬寅) 2년, 맹가(孟軻)가 제나라에 갔다.

계묘(癸卯) 3년, 초나라·조나라·위나라·한나라·연나라가 진나라를 치고 함곡관을 공격하였다.

갑진(甲辰) 4년, 소진이 이미 죽자 위나라가 진나라에 화평을 청하였다. 장의는 돌아와 다시 진나라의 재상이 되었다.

을사(乙巳) 5년, 진나라가 촉(蜀)나라를 쳐서 취하였다.

병오(丙午) 6년, 왕이 죽고 아들 연(延)이 세워지니 이가 난왕(赧王)이다.

정미(丁未) 원년, 제나라가 연나라를 쳐서 취하고, 자지(子之)는 해형(醢刑)에 처하고 연군(燕君) 쾌(噲)를 죽였다.

무신(戊申) 2년, 초나라 굴개(屈匄)가 진나라를 쳤다.

기유(己酉) 3년, 연나라 사람들이 태자 평(平)을 세워 군주를 삼았다.

경술(庚戌) 4년, 진나라가 장의를 보내 초나라·한나라·제나라·조나라·연나라·위나라에 유세하여 연횡으로 진나라를 섬기게 하였다. 진나라 군주가 죽자 제후들이 다시 합종하였다.

신해(辛亥) 5년, 진나라에서 장의를 다시 내보내 위나라의 재상을 맡게 하였다.

임자(壬子) 6년, 장의가 죽었고 진나라에서 처음으로 승상(丞相) 직을 세워 저리질(樗里疾)과 감무(甘茂)로 좌우 승상을 삼았다.

계축(癸丑) 7년, 진나라에서 감무로 한나라 의양(宜陽)을 치게 하였다.

# 경전과 역사를 함께 참고하다

저는 이번에 『맹자』를 연구하면서 '경사합참(經史合參)'의 방법을 채택했습니다. 이른바 '경(經)'은 바로 『맹자』 일곱 편의 본경(本經)을 말합니다. '사(史)'는 맹자가 처했던 시대 환경, 즉 제(齊)와 양(梁) 등의 당시 사정을 대략 알 수 있는 역사 자료를 가리킵니다. 『맹자』 본경 외에도 전국 시대 당시와 연관된 역사 자료를 함께 참고하여 세상을 구제하려던 맹자의 정신을 설명하고자 합니다.

과거에 우리가 어려서 『맹자』를 공부할 때에는 너무 무미건조하게 느껴질 때가 종종 있었습니다. 오로지 전통 방식을 좇아 교조적 신앙처럼 주입식 암기에 치중하면서도 크든 적든 마음속에 늘 존재한 것은 절대적인 신복(信服)이 아니었습니다. 만약 학력에다 나이를 더하고 거기다 세상일에 대한 경험과 관찰을 더해 가면서 서서히 어른이 되었더라면, 공맹의 학문이 인도적 입장에서 볼 때 확실히 성(聖)이 될 수밖에 없는 이치를 깨달았을 것입니다. 하지만 학력에 나이를 더하고 경험을 더한다는 것이 말로는 간단하지만 실제로는 기나긴 과정이고, 동시에 허다한 인생의 감고(甘苦)가 섞여 있기 마련입니다. 그러므로 제 생각에는 현대 상황의 수요에 발맞추어 경사합참의 방법으로 맹자를 살펴본다면 아마도 적합한 점이 많을 것입니다.

그러고 보니 맹자와 관련된 역사 고사가 생각납니다. 바로 명 태조 주원장의 이야기입니다. 주원장이 황제가 된 후의 일이었습니다. 아마도 그는 우리가 젊었을 때의 심정과 똑같이 맹자가 대단히 싫었던 것 같습니다. 그는 맹자를 아성(亞聖)이라 부르고 그 위패를 성묘(聖廟) 안에 모셔 두는 것이 정말로 어울리지 않는다고 생각하여 맹자를 성묘에 배향(配享)하는 것을 없앴습니다. 만년에 나이가 들고 세상 경험이 많아지자 『맹자』의 한 구절을 읽고는 자신도 모르게 탁자를 치면서 "좋구나"를 외치게 되었습니다. 바로 이 구절입니다. "하늘이 장차 이 사람에게 큰 임무를 내리려고 하면, 반드시 먼저 그 마음과 뜻을 괴롭게 하고 그 힘줄과 뼈를 수고롭게 하며 그 몸과 피부를 굶주리게 하고 그 몸을 빈궁하게 하여 행함에 그 하는 바를 어지럽게 만드니, 이것은 마음을 흔들어 참을성을 기르게 함으로써 하지 못하였던 것을 할 수 있게 해 주려는 것이다. 사람은 항상 잘못한 후에 고칠 수 있고 마음에 답답하고 생각에 걸린 후에 분발하며 얼굴빛에 드러나고 음성으로 나온 후에 깨닫는다. 안으로는 법도 있는 집안과 보필하는 선비가 없고, 밖으로는 적국과 외환이 없는 자는 나라가 항상 멸망한다. 그런 후에야 사람은 우환에 살고 안락에 죽는다는 사실을 알게 된다〔天將降大任於是人也, 必先苦其心志, 勞其筋骨, 餓其體膚, 空乏其身, 行拂亂其所爲, 所以動心忍性, 曾益其所不能. 人恒過, 然後能改, 困於心, 衡於慮而後作, 徵於色, 發於聲而後喩. 入則無法家拂士, 出則無敵國外患者, 國恒亡. 然後知生於憂患, 而死於安樂也〕." 과연 맹자는 성인임에 틀림이 없고 아성이라고 인정하여 다시 맹자를 성묘에 배향했습니다.

이 이야기는 얼핏 보면 아주 우습고 재미있지만 실제로는 우리가 연구해야 할 맹자의 매우 중요한 핵심을 아주 잘 설명해 줍니다. 그와 동시에 영웅과 성인, 왕도(王道)와 패술(覇術)이 나누어지는 이치이기도 합니다.


## 양 혜왕의 선조

지금 우리가 손에 들고 있는 『맹자』의 제1편은 "맹자가 양 혜왕을 만나다〔孟子見梁惠王〕"입니다. 그들의 대화는 원문에 다 나와 있으므로 잠시 제쳐 두고 먼저 양 혜왕 당시의 위(魏)나라 정세를 간단히 살펴보도록 하겠습니다.

양 혜왕은 바로 위 혜왕(魏惠王)을 말합니다. 당시 그가 대량(大梁)[20]으로 수도를 옮겼기 때문에 흔히 양 혜왕이라고 부르기도 했습니다.

전국 시기의 위나라는 한(韓)나라 및 조(趙)나라와 마찬가지로 그들의 선조가 원래 진(晉)나라의 중신(重臣)이었습니다. 춘추 말기에 진 소공(晉昭公) 이후로 쇠약해지더니 "육경(六卿)이 강해지고 공실(公室)이 낮아지는" 상황에 이르고 말았습니다. 위나라의 선조는 진나라 후기의 중신으로 육경 가운데 한 사람인 위환자(魏桓子)였습니다. 그와 또 다른 두 명의 중신인 한강자(韓康子)와 조양자(趙襄子)는 함께 음모를 꾸며 지백(智伯)을 멸한 후 그 땅을 삼등분하여 차지하고서 스스로 강자라 칭했습니다. 그 시기는 바로 공자의 만년에 해당하는 시기이기도 합니다.

이어서 역사에서 전국 시대라고 부르는 시기가 시작되었습니다. 위나라에서는 위 문후(魏文侯)라는 뛰어난 군주가 나왔는데, 그는 공자의 이름난 제자 칠십이 현인(賢人) 가운데 한 사람이던 자하(子夏)의 학생으로 공자 경학의 훈도를 받았습니다. 공자가 죽은 후 자하는 하서(河西) 지방에서 강학을 했는데, 바로 그 시기의 일이었습니다. 위 문후에게는 그 외에도 전자방(田子方)이라는 훌륭한 스승이 있었습니다. 또 당시에 유명한 고사(高士)였던 단간목(段干木)에게도 겸허하게 가르침을 청했습니다. 그는 단간목과 사우지간(師友之間)의 우정을 나누며 좋은 관계를 유지했습니다. 그리하여 위 문후는 위나라를 튼튼한 기초 위에 올려놓고 전국 시대 초기의 문화 강국으로 변모시켰습니다. 정치 방면에서는 역사상 유명한 명신 서문표(西門豹)를 기용하여 하내(河內)[21]를 주관하게 함으로써 중국

---

20 하남(河南) 개봉(開封).

21 지금의 하북(河北) 및 섬서(陝西), 산서(山西)의 일부 지역을 가리킨다.

정치 사상 내정(內政)이 잘 다스려졌던 모범이 되었습니다.

위 문후가 죽은 후 그의 아들 위 무후(魏武侯)가 지위를 계승했는데, 문화적 성취는 당연히 그의 부친에 미치지 못했지만 무공(武功)에 있어서는 더욱 강대해졌습니다. 그는 역사의 명장 오기(吳起)를 기용하는 동시에 한나라 및 조나라와 함께 종주국인 진(晉)나라를 멸해 버리고 그 땅을 삼등분했습니다

위 무후가 죽은 후 그의 아들이 지위를 계승했는데 아예 대놓고 왕을 칭하여 위 혜왕이라 불렀으니, 그가 바로 맹자가 만났던 양 혜왕입니다.

양 혜왕은 그의 조부 위 문후에 미치지 못했을 뿐 아니라 부친인 위 무후에도 미치지 못했습니다. 그와 동시에 양 혜왕이 처했던 시대 환경도 그의 부친과 조부의 시대에 비해 훨씬 더 복잡하고 어려웠습니다. 그것도 사실입니다. 역사의 명장인 손무자(孫武子)의 손자 손빈(孫臏)이 자신의 동문인 방연(龐涓)을 쳐부순 전투는 역사상 유명한데, 그 방연이 바로 위 혜왕이 아끼고 믿었던 장수였습니다. 그 이전에는 위 혜왕도 혁혁한 전공을 세운 적이 있었습니다. 한(韓)·조(趙)·송(宋)을 쳐서 이겼을 뿐 아니라, 위협을 느낀 노(魯)·위(衛)·송(宋)·정(鄭) 등이 찾아와 국교 맺기를 청하기도 했습니다. 또 한때는 진 효공(秦孝公)과 외교상 짧은 평화를 이루기도 했습니다.


## 상앙과 양 혜왕

그런데 위 혜왕에게는 역사상 아주 우습고도 유감스러운 일이 있었습니다. 어쩌면 아주 우스꽝스러운 손실이라고도 말할 수 있습니다. 그건 바로 자신의 손안에 있던 인재를 어이없이 놓쳐 버린 일이었습니다. 그 결과 나

중에 패업(霸業)을 기도함에 있어 큰 손해를 입었는데, 그 사람은 바로 변법을 통해 진나라를 부강하게 만든 상앙(商鞅)이었습니다.

상앙은 위(衛)나라 사람이었습니다. 그래서 위앙(衛鞅)이라 부르기도 하고 또는 그의 본족 성이 공손이므로 공손앙(公孫鞅)이라 부르기도 했습니다. 당시의 종법 봉건 사회에서 그는 사람들의 존경도 중시도 받지 못한 청년이었습니다. 왜냐하면 그의 생모가 본처가 아니었기 때문에 종법 사회에서 가족으로서 지위가 없었던 것입니다.

상앙은 어려서부터 법가(法家) 형명지학(刑名之學)을 좋아했습니다. 당시는 국제간 인재 교류가 활발했던 시대였습니다. 자기 나라에서 뜻을 얻지 못한 상앙은 위(魏)나라로 가서 위나라의 보상(輔相)인 공숙좌(公叔痤)의 문하로 들어갔습니다. 공숙좌는 그가 재략을 지니고 있음을 알았지만 미처 위왕에게 추천하지 못한 채 그만 병이 나서 죽게 되었습니다. 양 혜왕이 병문안을 가서 공숙좌에게 물었습니다. "만약 당신의 병이 낫지 못한다면 우리 국가의 앞날에 대해 당부할 말이 있습니까?" 그러자 공숙좌가 말했습니다. "제 문객 중에 위(衛)나라에서 망명해 온 공손앙이라는 청년이 있는데 나이는 비록 젊지만 기재(奇才)입니다. 그를 중용하시어 절대적으로 신임하시고 그의 의견을 받아들이시기를 바랍니다." 양 혜왕은 잠자코 아무런 의견도 표하지 않았습니다. 왕이 떠나려고 할 때 공숙좌는 주위의 모든 사람을 물리치더니 단독으로 양 혜왕에게 말했습니다. "만약 왕께서 공손앙을 중용하지 않으시려면 그를 처리하시어 국경을 나가지 못하게 하십시오." 양 혜왕은 그저 고개를 끄덕여 알았다고만 했습니다.

양 혜왕이 떠나자 공숙좌는 곧바로 상앙을 불러들여 이렇게 말했습니다. "방금 혜왕이 나에게 내가 죽은 후에 나라를 도울 인재를 추천하라 하시기에 자네를 추천하였네만 받아들이지 않으셨네. 내 입장에서는 공(公)이 먼저고 사(私)는 그다음이지. 국가에 대한 공헌이 군주를 섬기는 도이니 먼저 신하 된 도를 다한 다음 자네에게 사적인 이야기 즉 자네와 나 사이의 우도(友道)를 이야기하고자 하네."

우리는 이런 부분에 특별히 유의해야 합니다. 상고 시대의 역사 문화 특히 춘추 전국 시기에는 이런 종류의 역사 고사가 늘 존재합니다. 한 개인의 인격과 공적인 도의(道義)와 사적인 도의에 대한 구분을 잘 보여 주는 이야기입니다. 겉으로 보기에는 아주 음험하고 이중적인 말을 하고 있는 것처럼 보입니다. 하지만 사실 그는 군도(君道), 신도(臣道), 우도(友道) 사이에서 개별적인 입장을 광명정대하게 설명했습니다. 반드시 잘 설명해야 비로소 떳떳하지 못한 마음을 떨쳐 버릴 수 있습니다. 만약 그래도 그가 음험하다고 말한다면 그는 음험의 도덕도 지니고 있었다고 하겠습니다. 마치 후세의 무협 소설에서 분명히 암기(暗器)를 사용해서 사람을 다치게 하면서도 암기를 쏘는 찰나에 공개적으로 "쏜다!"라고 통지하는 것과 같습니다. 여기에서 달아날 수 있는지 없는지는 당신 자신의 지혜와 능력에 달렸다는 것이지요.

공숙좌는 이어서 상앙에게 이렇게 말했습니다. "내 마음은 공(公)과 사(私) 모두에 대해 최선을 다했네. 그래서 나는 끝으로 혜왕에게 이렇게 말했지. 만약 자네를 기용하지 않을 거면 자네를 죽여 버리라고 말일세. 그가 내 의견에 동의한 것 같으니 자네는 얼른 방법을 강구해서 떠나게! 지체했다가는 끝장이야." 이 말을 들은 상앙은 공숙좌에게 말했습니다. "안심하십시오! 어차피 왕은 당신의 말을 받아들여서 나를 기용하려고 하지 않았는데, 어디 당신의 말대로 나를 죽이려고 하겠습니까?" 바꾸어 말하면 상앙은 자신을 전혀 대수로이 여기지 않았던 양 혜왕의 심리를 꿰뚫어 보았던 것입니다. 그래서 그는 잠시 위나라에 머물며 떠나지 않았습니다.

양 혜왕은 공숙좌의 집을 나온 후 좌우의 측근들에게 말했습니다. "공숙좌는 정말 병으로 머리가 어떻게 되었구나. 나더러 국가 대사를 그 위나라에서 망명 온 공손앙에게 맡기라고 하다니 이 얼마나 터무니없는 생각이냐! 참으로 슬프기 짝이 없다!"

나중에 상앙은 진(秦)나라로 달아나서 진 효공에게 세 차례나 유세했습니다. 진 효공은 그의 계획을 받아들여 변법도강(變法圖强)과 부국강병(富國强兵)을 이루어 냄으로써 훗날 진시황이 천하를 통일하는 기초를 세웠습니다. 이삼 년이 지난 후 상앙은 또다시 진 효공을 설득하여 군사를 일으켜 위(衛)나라를 쳤습니다. 그리고 사술(詐術)을 사용하여 위(魏)나라의 전선 지휘관이었던 위 공자 앙(卬)을 속여 승리를 거두었습니다. 그 일로 위(魏)나라는 하서의 땅을 할양해 주면서 화해를 청했고 위 혜왕은 대량으로 천도할 수밖에 없었습니다. 그때서야 양 혜왕은 당시에 공숙좌의 말을 듣지 않았던 것을 깊이 후회했습니다. 공손앙은 그 일로 진나라에서 상군(商君)에 봉해졌습니다. 그가 훗날에 상앙으로 불리게 된 까닭이 바로 이 역사 고사에서 유래했습니다.

다시 십 년이 지난 후에 진 효공이 죽고 그의 아들이 계승하였는데 마찬가지로 혜왕(惠王)이라 불렸습니다. 그가 바로 소진이 만났던 진 혜왕입니다. 상앙은 의지할 곳을 잃게 되었고 진나라 정계에서 아주 참담하게 실패했습니다. 반역죄 혐의를 받아 위(魏)나라로 도망하였는데, 위나라에서 거절하는 바람에 결국 달아날 곳이 없어져 진나라로 잡혀 와서 거열형(車裂刑)에 처해졌습니다.

역사의 인과응보라고는 하지만 한 치의 어긋남도 없습니다. 위나라가 땅을 할양해 주고 천도했던 그 사건은 애초에 양 혜왕의 실책에서 비롯되었습니다. 군주의 도량을 지니지 못한 지도자가 멍청하게 써내려 간 역사의 우스꽝스러운 극본은 후인들로 하여금 주먹을 불끈 쥐고 탄식하게 만듭니다.

맹자가 양 혜왕을 만난 때는 바로 그가 가장 비분에 젖어 견디기 힘들어

하던 시기였습니다. 그는 제나라와의 전쟁에서 대장 방연을 잃었고 태자 신(申)도 포로로 잡혀 갔습니다. 또 진나라와의 전쟁에서는 공자 앙(卬)을 잃고 하서의 땅을 할양해 주고 대량으로 천도했습니다. 실로 그의 마음이 가장 힘들었던 시기였기에 그는 외국의 인재를 초빙하는 데 혈안이었습니다. 예를 들어 제나라에서 유명했던 객경(客卿) 추연(騶衍)이나 순우곤(淳于髡) 등을 모두 초빙했습니다. 특히 추연의 행차에는 몸소 교외로 나가 그를 환영하였으며 상빈(上賓)의 예로 융숭하게 대접했습니다. 상앙의 일로 충격을 받은 양 혜왕은 나라를 강성하게 할 능력 있는 신하를 찾아내어 지난날의 영광을 회복하고 더 나아가 패업을 도모하고자 했습니다.

그가 어떤 마음을 품고 있었든 또 그가 어떤 부류의 지도자였든, 적어도 당시에 그가 취한 방법에는 확실히 한시도 지체하지 않고 인재를 구하려는 의도가 담겨 있었습니다.

먼저 이러한 간략한 역사 자료를 살펴본 다음에 맹자가 양 혜왕을 만난 대목을 연구해야 맹자 학설과 사상의 정채로운 부분을 찾아낼 수 있고 또 무미건조함을 느끼지 않을 수 있습니다.

# 양혜왕

## 상

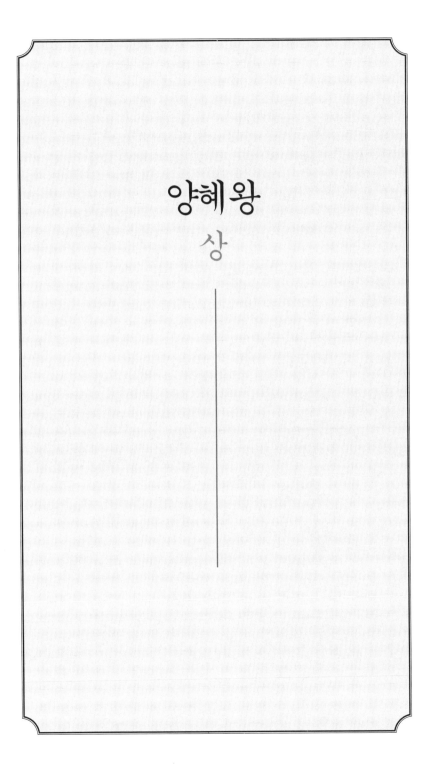

맹자께서 양 혜왕을 만나셨다. 왕이 말하기를 "노인장께서 천 리를 멀다 여기지 않고 오셨는데 또한 장차 내 나라를 이롭게 할 수 있겠습니까?" 하였다.

맹자께서 대답하셨다. "왕은 하필이면 이로움을 말씀하십니까? 또한 인의가 있을 뿐입니다. 왕께서 어떻게 하면 내 나라를 이롭게 할까 하시면, 대부들은 어떻게 하면 내 집안을 이롭게 할까 하며, 사와 서인들은 어떻게 하면 내 몸을 이롭게 할까 합니다. 윗사람과 아랫사람이 서로 이로움을 다툰다면 나라가 위태로울 것입니다."

"만승의 나라에서 그 군주를 시해하는 자는 반드시 천승의 집안이요, 천승의 나라에서 그 군주를 시해하는 자는 반드시 백승의 집안입니다. 만이 천을 취하고 천이 백을 취하는 일이 많지 않은 것이 아닙니다.[22] 만약 의를 뒤로 하고 이로움만 앞세운다면 빼앗지 않으면 만족해하지 않습니다. 인하면서 그 어버이를 버리는 자는 없으며 의로우면서 그 군주를 뒤로 하는 자는 없습니다. 왕께서는 또한 인의를 말씀하실 뿐이거늘 하필이면 이로움을 말씀하십니까?"

孟子見梁惠王. 王曰: "叟, 不遠千里而來, 亦將有以利吾國乎?"

孟子對曰: "王何必曰利? 亦有仁義而已矣. 王曰何以利吾國, 大夫曰何以利
吾家, 士庶人曰何以利吾身. 上下交征利, 而國危矣."

"萬乘之國, 弑其君者, 必千乘之家; 千乘之國, 弑其君者, 必百乘之家. 萬取
千焉, 千取百焉, 不爲不多矣. 苟爲後義而先利, 不奪不饜. 未有仁而遺其親
者也; 未有義而後其君者也. 王亦曰仁義而已矣, 何必曰利."

## 양 혜왕과 맹 노인장

이 대목이 맹자 본인의 기록이든 문인들의 기록이든 막론하고, 표현의
의도가 아주 오묘하고 또 대단히 솔직합니다. 맹자가 양 혜왕을 만났던 당
시의 그다지 유쾌하지 못한 대화를 일부러 꾸미지도 않고 단도직입적으
로 묘사했습니다. 특히 양 혜왕이 나중에 추연을 어떻게 대접했는지 알고
나서 다시 보면 그가 맹자를 대수롭지 않게 여기는 모습이 확연히 드러납
니다. 참으로 후박(厚薄)과 경중(輕重)의 차가 큽니다.

게다가 가장 참을 수 없는 것은 바로 맹자에 대한 양 혜왕의 호칭입니
다. 춘추 시대 제후들이 공자에 대한 존경심으로 사용했던 선생님[夫子]
같은 존칭도 아니고, 전국 시대 당시의 제후들이 현사(賢士)에 대한 예우
로 사용했던 선생(先生) 같은 존칭도 아니었습니다. 그는 아예 대놓고 '노

---

22 "萬取千焉, 千取百焉, 不爲不多矣"의 전통적인 해석은 "만에서 천을 취하고 천에서 백을 취
함이 많지 않은 것이 아니다"라는 것이지만, 여기서는 남회근 선생의 해석을 따랐다.

인장〔叟〕'이라고 불렀습니다. 이 '수(叟)' 자는 좀 듣기 좋게 말하면 어르신이라는 뜻이지만 그냥 무례하게 말하면 영감이라는 의미입니다. 물론 당시 양 혜왕이 내뱉은 '수(叟)'라는 말이 도대체 어르신을 의미했는지 영감을 의미했는지는 알아볼 방법이 없습니다. 그것은 당시의 양 혜왕의 태도와 말투에 달렸습니다. 안타깝게도 당시에는 비디오 촬영이 없었습니다.(웃음) 어쨌든 이 '수(叟)'라는 말에 존중의 의미가 없는 것은 의문의 여지가 없습니다.

그뿐 아니라 두 사람의 대화가 그다지 유쾌하지 못한 대화였음이 문장의 기세에서 아주 분명하게 드러나 있습니다. 하지만 그처럼 직접적으로 '노인장'이라는 호칭을 기록해 놓았지만, 그것이 맹자의 위대성에 손상을 입히기는커녕 오히려 시종일관 거들먹거리면서 정중하지 못한 양 혜왕의 모습을 통해 지도자로서는 부족한 그의 자질이 더 두드러져 보입니다.

맹자는 "어떻게 하면 내 나라를 이롭게 하겠는가"라는 양 혜왕의 질문을 듣고서 아주 정중하게 대답했습니다. "당신은 하필이면 오로지 목전의 이익만 도모하십니까? 사실은 오직 인의만이 영원히 큰 이로움입니다."

"만약 모든 사람이 당신 혜왕처럼 나라를 도모함에 있어서 오로지 '시급한 공적과 가까운 이익〔急功近利〕'만을 목적으로 삼는다면, 아래로 내려가서 높은 지위에 있는 대신과 경대부들 역시 자기 가족의 이익만 돌보려 할 것입니다. 또 그런 영향이 미쳐서 일반 백성들 역시 오로지 자기 자신의 이익만 계산하려 들 것입니다. 그런 관념이 발전하면 틀림없이 온 나라의 상하 각 계층이 이해(利害)를 생활의 중심으로 삼아 '이익을 놓고는 양보하지 않는〔當利不讓〕' 기풍을 조성하게 될 것입니다. 그렇게 되면 국가는 크게 위험해집니다."

"오직 이로움만 도모하고 '이익을 놓고는 양보하지 않으면' 결국에는 사사로운 이익만 추구하는 관념이 날이 갈수록 심해집니다. 역사상 허다

한 사실들이 증명해 주듯이 서로 권력과 이익을 다투다 보면 신하가 윗사람을 배반하는 반역이 일어납니다. 본디 만승의 존귀함을 소유한 대국에서 군주를 시해하고 반역을 일으켜 스스로 왕을 칭하는 일이 발생하면, 그것은 모두 당시의 고위(高位) 중신(重臣)인 이른바 천승의 집안이 저지른 것입니다. 마찬가지로 천승의 집안에서 신하에게 배신당하고 해를 입는 것은 모두 백승의 집안 중신들이 저지르는 일입니다."

"침략하고 집어삼키려는 사상은 '권리욕(權利慾)'에서 비롯된 것이므로 지금 만승의 대국은 천승의 나라를 집어삼키고 싶어 합니다. 또 천승의 나라는 백승의 소국(小國)을 집어삼키고 싶어 합니다. 이러한 고금의 사례는 너무 많아서 다 말할 수도 없습니다. 그 원인이 어디에 있는 걸까요? 모두 공리(功利)를 도모하느라 싸우고 빼앗은 결과입니다. 만약 인의를 앞세울 줄 모르고 오로지 가까운 이익만을 추구한다면 자연히 다른 사람을 침략하고 다른 사람의 소유를 빼앗지 않으면 자신의 이익을 만족시키지 못하게 됩니다."

"사실 진실로 인의의 도를 실행할 수 있다면 큰 이로움은 자연히 그 가운데 있습니다. 참으로 인한 마음을 지닌 사람은 절대 어버이를 버릴 가능성이 없습니다. 참으로 의기(義氣)를 지닌 사람은 결코 군주를 배반할 가능성이 없습니다. 그러므로 제가 생각하기에는 당신 혜왕께서 오직 인의의 도를 시행하는 그것이야말로 가장 훌륭한 정략이요 정책인데, 하필이면 대(大)를 버리고 소(小)를 취하여 오로지 눈앞의 시급한 공과 가까운 이익만 돌아보려 하십니까?"

우리가 『맹자』의 원문에 의거하여 그 문자적 뜻만 간략하게 풀어서 설명한다면 대략 이런 대화가 될 것입니다. 물론 이것을 번역문이라고 말한다면 그건 문제가 있습니다. 왜냐하면 이런 식의 표현은 고문으로 된 원문의 간략하고 세련된 원의(原意)와는 약간의 혹은 큰 차이가 있을 수도 있기 때문입니다. 하지만 큰 뜻에는 그다지 잘못이 없을 것입니다. 게다가 이렇게 해 놓고 보면 양 혜왕에 대한 맹자의 대답을 더 분명하게 볼 수 있습니다. 맹자는 결코 당시 양 혜왕이 처했던 정세(情勢)나 절박하게 공리(功利)를 필요로 했던 상황을 무시한 채 융통성 없이 막무가내로 그에게 인의를 시행하라고 하지는 않았습니다. 단지 정략에서 사상과 통찰력, 포부를 지니고 있어서 공리(功利)에 치우친 양 혜왕의 정견(政見)과 서로 맞지 않았을 뿐입니다.

우리는 먼저 이 문제를 해결하기 위해 두 방면에서 이 대화를 살펴보고 그 의미를 토론할 것입니다. 첫 번째는 사마천의 기록이고 두 번째는 역사적 증험입니다.


## 양 혜왕과 맹자에 대한 사마천의 관점

사마천은 「맹자열전」을 쓰면서 맹자와 순경의 열전을 하나의 편으로 합쳐서 썼습니다. 맹자의 전기 부분은 사마천 역시 맹자가 양 혜왕을 만나는 대목을 중심으로 하여 서술했습니다.

맹가는 추나라 사람이다. 자사의 제자에게서 학문을 배웠다. 도가 이미 통하여 제 선왕에게 유세해 섬기고자 하였으나 선왕이 그를 등용하지 않았다. 맹가가 양나라 땅에 갔으나 양 혜왕은 그가 말하는 것을 믿지 않았고, 맹가를 보고 그의 말은 현실과 거리가 멀어 당시의 사정에 맞지 않는다고 생각하였다. 당시 진나라는 상앙을 등용하여 나라를 부유하게 하고 군대를 강하게 하였다. 초나라와 위나라는 오기를 등용하여 싸움에서 이기고 적을 약하게 하였다. 제나라의 위왕과 선왕은 손자, 전기의 무리를 등용하여 제후들이 동쪽을 향해 제나라에 조회하게 하였다. 천하는 바야흐로 합종과 연횡에 힘썼으며 남을 공격하고 정벌하는 것을 현명하다고 여겼다. 그러나 맹가는 당우삼대의 덕정을 말하니 이런 까닭에 가는 곳과 맞지 않았다. 물러나와 만장의 무리들과 함께 『시경』 『서경』을 순서에 따라 편집하고 중니의 뜻을 기술하여 『맹자』 일곱 편을 썼다.

> 孟軻, 騶人也. 受業子思之門人. 道旣通, 游事齊宣王, 宣王不能用. 適梁, 梁惠王不果所言, 則見以爲迂遠而闊於事情. 當是之時, 秦用商君, 富國强兵. 楚魏用吳起, 戰勝弱敵. 齊威王宣王用孫子田忌之徒, 而諸侯東面朝齊. 天下方務於合從連橫, 以攻伐爲賢, 而孟軻乃述唐虞三代之德, 是以所如者不合. 退而與萬章之徒序詩書, 述仲尼之意, 作孟子七篇.

『사기』 열전에 맹자의 일생에 관한 기록은 짧은 백서른일곱 자에 지나지 않습니다. 맹자의 천추의 사업인 사상 방면에 관해서는 일곱 편의 『맹자』 본서가 있으므로 사마천으로서는 다시 언급할 필요가 없었습니다. 그는 이 본전(本傳)에서 오직 맹자의 정치사상의 요점인 전통문화의 왕도정신을 주장하였다는 사실만 언급했습니다. 맹자는 서로 침략하고 집어삼키는 당시의 의롭지 않은 전쟁에 대해 이야기하고 싶어 하지 않았습니다. 오로지 패술(覇術)만을 이야기하는 것도 원하지 않았습니다. 그러니 양 혜왕과 말이 통하지 않은 것도 당연합니다. 이것은 왕도(王道)와 패업(覇業), 성현과 영웅이 서로 나뉘는 필연적인 결과입니다.

그런데 사마천은 맹자와 양 혜왕의 중요한 이 대화를 「위세가(魏世家)」의 양 혜왕 부분에 비교적 상세하게 숨겨 놓았습니다.

혜왕이 여러 차례 전쟁에서 패배한 뒤 공손한 예절과 후한 예물로 현자들을 초빙하였다. 추연, 순우곤, 맹가 등이 모두 대량에 이르렀다.

惠王數被於軍旅, 卑禮厚幣以招賢者. 鄒衍淳于髡孟軻皆至梁.

양 혜왕이 말하였다. "과인이 재주가 없어서 세 번에 걸쳐서 병사들을 잃고 태자가 포로가 되었으며 상장이 전사하였으니, 이로써 나라가 공허하고 선왕과 종묘사직에 부끄러움을 끼쳐 과인이 심히 부끄럽소."

梁惠王曰: 寡人不佞, 兵三折於外, 太子虜, 上將死, 國以空虛, 以羞先君宗廟社稷, 寡人甚醜之.

"노인장께서 천 리를 멀다 하지 않으시고 이 나라의 조정에 왕림해 주셨으니 장차 어떻게 내 나라를 이롭게 할 수 있겠소?"

叟, 不遠千里, 辱幸至弊邑之廷, 將何以利吾國?

맹가가 말하였다. "왕께서는 이와 같이 이로움에 대해서 말씀하지 마십시오. 왕께서 이로움을 바라신다면 대부들도 이로움을 바랄 것이며, 대부들이 이로움을 바란다면 평민들도 이로움을 바랄 것입니다. 상하가 서로 이로움만 다툰다면 나라는 위태로워질 것입니다. 왕이 되는 데에는 인의가 있을 따름이지 어찌하여 이롭고자 하십니까?"

孟軻曰: 君不可以言利若是. 夫君欲利則大夫欲利, 大夫欲利則庶人欲利. 上下爭利, 國則危矣. 爲人君, 仁義而已矣, 何以利爲!


사마천이 『사기』를 쓰면서 자료를 처리한 수법이 대단히 고명하기 때문에, 만약 『사기』 전체를 읽고 또 읽고 세심하게 잘 헤아려 보지 않는다면 그의 수법에 속아 허다한 역사 철학의 요점들을 놓치고 말 것입니다. 건성으로 대충 읽어서 제대로 이해하지 못하면 사마천의 미언(微言)의 핵심이 어디에 있는지 발견하지 못할 것입니다.

사마천은 맹자의 전기를 쓰면서 그의 정면만 논술했습니다. 마치 사진을 찍을 때 정면의 전신 모습만 찍은 것과 같습니다. 그래서 맹자의 측면 혹은 뒷면에 관한 기록은 사마천에게도 다소 아쉬운 감이 없잖아 있습니다. 그런데 사마천은 그 부분을 「위세가」 속에 집어넣어 감추어 두었습니다. 독자들 스스로 천천히 찾아내어 체득해야 합니다.

사마천이 말했습니다. 양 혜왕은 전쟁에서 패하여 국토가 쪼개지고 수도를 대량(大梁)으로 옮긴 후에는 그 심정이 정말로 참담했습니다. 하지만 나라의 진흥을 도모하고자 '공손한 예절[卑禮]'과 '후한 예물[厚幣]' 즉아주 예의바른 태도와 막대한 비용을 들여 각국의 이름난 현자들을 초빙해 자신의 고문으로 삼고자 했습니다. 추연, 순우곤, 맹자 같은 사람들이모두 이 때문에 초청을 받아 대량 땅으로 왔습니다. 양 혜왕은 그들에게자신의 심경이 매우 참담하며 처지도 아주 곤란하다고 대단히 솔직하게말했습니다.

"나는 정말로 안 된다! 요 몇 년 사이에 세 차례나 전쟁에서 패했고 내아들(태자 신)은 제나라에 포로로 잡혀갔으며 내게 힘이 되었던 상장(上將)도 전사했다. 그 바람에 국가는 텅 비어 버렸고 조상과 백성들에게는수치를 주었으니, 나는 목전의 형세에 대해 너무나 부끄러움을 느낀다."

양 혜왕이 맹자에게 말했습니다. "어르신, 당신이 천 리의 수고로움도마다하지 않고 제 나라에 오셨으니 진실로 우리의 영광입니다. 당신은 장차 어떻게 우리나라를 위해 이로움을 도모하시겠소?"

맹자가 말했습니다. "혜왕이시여, 당신은 그처럼 지나치게 이해(利害)에 치중하면 안 됩니다. 지도자인 당신이 그렇게 이익을 중시하면 고위 신료인 경대부들도 오로지 자신의 이익만 돌아봅니다. 아래로 내려가서 모든 백성도 자신의 이익을 챙기려 듭니다. 그렇게 상하가 이익을 다투면 당신의 국가는 너무 위험해질 것입니다. 지도자로서 인의의 기본 정신만 제창하면 되는데 어찌하여 군이 이로움만 중시합니까?"

사마천의 기록에 따른다면 우리는 읽고 난 후 탁자를 치면서 훌륭하다고 소리치게 될 것입니다. 멋지고 존경스러운 맹 선생님이 말씀하신 도리는 정말 옳습니다. 하지만 이때의 양 혜왕은 마치 온갖 병이 다 든 사람이 최후의 발악을 하는 듯한 위급한 상태였습니다. 당신이 내민 것이 절대로 뒤엎을 수 없는 천고의 진리인 인의(仁義)라는 약제라 할지라도 그가 도저히 먹을 수 없다면, 게다가 약효가 느려서 위급함을 구제할 수 없다면 양 혜왕이 어떻게 받아들일 수 있겠습니까?

그런데 사마천은 여기까지만 쓰고 누가 옳고 누가 그른지 결론을 내리지 않았습니다. 사실 결론을 내리기 어렵습니다. 왜냐하면 천고의 시비(是非)는 본래 진정한 결론이 있기 어렵기 때문입니다. 그래서 그는 쓰지 않았습니다. 하지만 「맹자열전」 안에 "양 혜왕은 그가 말하는 것을 믿지 않았고, 맹가를 보고 그의 말은 현실과 거리가 멀어 당시의 사정에 맞지 않는다고 생각하였다"라는 한 구절을 쓰고서 슬쩍 지나갔습니다. 얼마나 재미있고 얼마나 의미심장한 수법입니까!


## 맹자의 의리지변

우리는 위에서 정면과 반면의 사료(史料)에 대해 이야기했는데, 이제부터는 『맹자』 본 절의 요점을 살펴보도록 하겠습니다. 우리는 먼저 맹 선생님이 전국 시대에 태어났고 게다가 멀리 여러 나라를 돌아다녔다는 사실을 알아야 합니다. 설마하니 맹자가 정말 그토록 현 정세에 어두웠을까요? 설마하니 그는 추연이나 당시에 유세하던 선비들이 벌였던 연합, 분열, 이간, 포섭의 작태를 조금도 할 줄 몰랐을까요?

우리는 명확하게 대답할 수 있습니다. 아닙니다. 그는 개인의 입신출세만 도모하는 방법이나 일신의 부귀공명을 취하는 방법들을 잘 알고 있었습니다. 맹자가 그렇게 하려고 하지 않았던 것은 정말로 "할 수 없는 것이 아니라 하지 않는 것〔非不能也. 是不爲也〕"이었습니다. 그뿐 아니라 어세를 높여 이렇게 말할 수 있습니다. "그는 그렇게 하는 것을 달가워하지 않았습니다." 왜 그렇습니까? "왜냐하면 그는 옛 성현들의 세상을 맑게 하는 도〔淑世之道〕를 품고 있었는데 특히 공자의 인도주의(人道主義)를 늘 마음에 간직하고 충성스럽게 지켜서 제세구민(濟世救民)의 종지로 삼았기 때문입니다." 그는 패술(覇術)을 중시하고 권력과 이익을 다투던 그 시대에 참으로 왕도(王道)와 인정(仁政)을 실행하고자 하는 지도자, 제세(濟世)를 목적으로 삼는 지도자를 찾아내어 그 사람이 집안을 다스리고 나라를 다스리고 나아가 천하를 안정시키기를 희망했습니다.

그렇기 때문에 그는 양 혜왕의 질문에 따끔하게 충고를 해 주려고 먼저 정치 철학의 중심 사상인 의리지변(義利之辨)을 언급했습니다. 맹자 역시 양 혜왕이 반드시 받아들이리라고는 생각지 않았습니다. 하지만 어쩌면 양 혜왕이 받아들일 수도 있다는 희망을 버리지는 않았습니다. 이것이 이른바 "할 수 없음을 분명히 알면서도 하는〔明知其不可爲而爲之〕" 성인의 마음씀씀이입니다. 게다가 국가를 위한 도모이건 개인을 위한 도모이건 '인의지도(仁義之道)'는 확실히 진정한 큰 이로움입니다. 단지 모든 사람들이 그저 눈앞의 시급한 공적과 가까운 이익만 탐하고 원대한 이익은 돌아보지 않을 뿐입니다. 다들 마음으로는 그러한 줄 알지만 행하지는 못하고 있는 것입니다.

다음으로 살펴보아야 할 것은, 사마천의 『사기』 같은 사료의 기록에 따르면 당시 맹자는 먼저 제나라에 갔다가 다음으로 위나라(양)에 갔다는 사실입니다. 『맹자』 이 책이 맹자 자신이 쓴 것이든 아니면 문하의 제자들이 그의 말을 기록하여 편찬한 것이든 상관없이 왜 나중에 있었던 일을 맨 앞에 편집해 놓았을까요? 그것은 맹자의 사상 학설 가운데 의리지변이 가장 중요한 요점 가운데 하나이기 때문입니다.

맹자와 양 혜왕이 제각기 이로움[利]을 말했지만 양 혜왕의 입장에서 말하자면 이렇습니다. 앞에서 말한 위나라의 역사 배경과 처한 지리적 형세에 의거하면, 서쪽으로는 강한 진나라가 있고 동쪽으로는 얼마 전에 패배를 안겨 준 제나라가 있으며 남쪽으로는 강대한 초나라가 있고 북쪽으로는 한나라와 조나라가 인접해 있었습니다. 한나라와 조나라는 비록 함께 진(晉)나라에서 분리되어 나왔지만 독립된 나라로서 각자 마음에 품은 바가 있었습니다. 그러한 객관적인 형세에다가 약육강식의 시대를 만났으니 양 혜왕의 입장에서는 자연스럽게 자기 나라가 강대해지기를 바랐습니다. 패업을 이룰 수 있으면 더 바랄 것이 없고요.

여러분이나 제가 당시의 양 혜왕이었더라도 아마 똑같이 이런 생각을 했을 것입니다. 그러니 그가 맹자를 만나자마자 인의는 이야기하지 않고 대뜸 "또한 장차 내 나라를 이롭게 할 수 있겠습니까?"라고 물었다고 해서 어떻게 그가 잘못되었다고 책망할 수 있겠습니까? 그건 정말로 인지상정입니다.

이 또한 우리가 책을 읽을 때 주의해야 할 부분입니다. 어떤 책을 읽든지 먼저 절대적인 객관성을 지녀야 합니다. 그런 다음에 입장을 바꿔서 생각해 보고 주관적인 연구 분석을 해야 합니다. 예를 들어 양 혜왕이 맹자를 만나자마자 바로 맹자에게 위나라에 무슨 이로움을 가져다 줄 수 있느냐고 물은 것에 대해, 앞에서 말한 비교적 객관적인 연구를 거친다면 그가 전적으로 잘못되었다는 주관적인 판단을 내리지는 않을 것입니다. 하지만 안타깝게도 이전의 대다수 지식인들은 이러한 객관적인 분석을 하지 않았고 그 중에는 평생토록 인의를 오해하면서 살아가는 사람도 있었습니다.

맹자는 양 혜왕에게 대답했습니다. "당신 양혜왕은 하필이면 이로움을 이야기하려 드십니까? 당신은 인의를 행하기만 하면 됩니다." 이것이 오랜 세월 중국 문화에서, 특히 유가 사상에서 최대 관건이 되었던 '의리지변'입니다. 그런데 후세의 지식인들은 대부분 '이(利)' 자만 보면 막연히 "나에게 재물을 늘려준다〔對我生財〕"라는 금전적 이익만 연상하곤 합니다. 국가의 입장에서 말한다면 마찬가지로 단지 재정 경제적인 이익으로만 오해할 수도 있습니다. 의(義)에 대해서도 대다수 사람들은 현실과 서로 대립되는 교조(教條)로만 여깁니다. 그 때문에 인의(仁義)가 주는 '이로움'을 오해했으며 그뿐 아니라 인의의 도리를 좁은 의미의 인의관(仁義觀)으로 변질시켜 버렸습니다. 그렇게 되니 입신과 처세에서 어떻게 "이로움을 버리고 의로 나아갈 것인가〔去利就義〕" 하는 것이 정말 힘든 문제가 되어 버렸습니다.

실례를 하나 들어 보겠습니다. 우리가 만약 길에서 돈을 발견했다면 이것은 이익인데 과연 그 돈을 주워야 할까요, 말아야 할까요? 이러한 상황이 바로 의리지변의 문제가 발생한 것입니다. 전통문화의 관점에서 말한다면 이 돈은 원래 내 소유가 아니기 때문에 주워서 자기가 차지한다면 곧바로 불의(不義)의 재물이 되고 의(義)의 도덕을 위배한 것이 됩니다. 따라서 그렇게 해서는 안 됩니다. 하지만 이(利)의 관점에서 보면 자기의 사심으로는 이렇게 생각합니다. '길에 떨어져 있는 이 돈은 주인이 없는 재물이야. 내가 줍지 않으면 다른 사람이 주워 갈 텐데 내가 가진들 뭔 상관 있겠어?' 그렇다면 도대체 주워서 가져야 할까요, 말아야 할까요? 유가에서는 이러한 문제를 개인의 인격 양성과 관련해서 대단히 중요하게 생각합니다. 이로부터 중국 특유의 대단히 엄격한 개인의 도덕관이 형성되었습니다.

그런데 이러한 의리지변의 관념은 뿌리가 깊고 단단해서 후세에 『맹자』를 공부하는 사람들은 대부분 이 관념을 가지고 『맹자』를 읽고 해석했습니다. 그 결과 두 종류의 폐단이 생겼습니다. 하나는 양 혜왕의 질문 가운데 '이로움'을 단지 좁은 의미의 이익으로만 오해한 것입니다. 또 하나는 고대의 간결한 문장만 가지고 해석하여 맹자의 답을 오해한 것입니다. 맹자가 오로지 인의만 이야기하고 이익은 말하지 않았다고 하면서 '이(利)'와 '의(義)'를 절대적 대립 관계로 간주했습니다. 사실은 결코 그렇지 않습니다. 원문을 현대 강소성과 절강성 일대의 방언에 의거해서 읽어 보면 어기(語氣)를 통해 그 의미를 알 수 있습니다. 맹자는 이로움을 말하지 않은 것이 절대 아니었습니다. 그는 양 혜왕에게 이렇게 말했습니다. "설사 부국강병을 한다 치더라도 그건 여전히 작은 이로움[小利]에 지나지 않습니다. 인의를 좇아 해 나가야 비로소 근본적인 큰 길함[大吉]이요 큰 이로움[大利]이라 할 수 있습니다."

## 어찌 이로움을 말하지 않을 수 있으리

맹자의 말에 담긴 진정한 뜻을 이해하면 맹자가 결코 현실에 어둡지 않았음을 알게 됩니다. 그는 이로움[利]의 가치를 부정하지 않았습니다. 단지 이로움의 의미를 확대시키고 이로움의 효용을 확장시켰을 뿐입니다. 만약 맹자가 이로움이라는 관념의 존재를 완전히 부정했다면 문제는 대단히 심각해집니다.

수천 년 중국 문화의 전반적인 체계를 살펴보면, 심지어 동서고금의 전반적인 문화를 보더라도 이로움을 이야기하지 않은 적이 없습니다. 인류의 문화 사상은 정치·경제·군사·교육은 물론 인생의 예술·생활을 다 포함하는데 어느 하나도 이로움을 추구하지 않는 것이 없습니다. 이로움을 추구하지 않는다면 무엇 때문에 학문을 하려고 합니까? 학문을 하는 것도 이로움을 구하기 위해서이고, 책을 읽고 글자를 익히는 것도 생활의 편의 혹은 마음의 만족을 위해서입니다. 출가하여 도를 배우는 것도 신선이 되고 부처가 되기 위한 것이니 마찬가지로 이로움을 구하는 것입니다. 어린 아이가 말을 배우는 것도 자신의 의견을 표현하기 편하도록 하는 것이니 당연히 이로움을 추구하는 일입니다. 인의도 이로움이고 도덕도 이로움입니다. 이러한 것들은 넓은 의미의 이로움이요 길고 먼 이로움이며 큰 이로움입니다. 좁은 의미의 금전과 재물의 이로움이 아니며 단지 권력과 이익의 이로움도 아닙니다.

중국 문화 가운데 모두가 오경(五經)의 으뜸이라고 하는『역경』에서 살펴보겠습니다. 『역경』 육십사괘의 괘사와 효사 및 상하「계사전(繫辭傳)」을 보면, '이(利)'를 이야기한 곳이 백여든네 곳이나 되고 '불리(不利)'를 말한 곳이 스물여덟 곳입니다. 그러나 '이'가 되었건 '불리'가 되었건 하나같이 '이'를 중심으로 토론했습니다. 『역경』 사상에서 가장 중요한 중심 작용은 바로 "쓰는 것을 이롭게 하여 몸을 편안히 한다"라는 의미의 "이용안신(利用安身)" 네 글자입니다. 그러므로『역경』 역시 이로움을 이야기하고 있다고 하겠습니다. 그뿐 아니라 우리에게 길(吉)을 좇고 흉(凶)을 피하라고 말해 주는데 이 역시 어떻게 하면 나에게 이로움이 있을까 추구하라는 것입니다. 「계사전」에서 말한 "선을 쌓은 집에는 반드시 남은 경사가 있고 불선을 쌓은 집에는 반드시 남은 재앙이 있다〔積善之家, 必有餘慶, 積不善之家, 必有餘殃〕"라는 도덕적 인과율 역시 선을 쌓은 원인 때문에 남은 경사라는 결과를 얻을 수 있다고 말합니다. 반대로 불선을 쌓은 원인 때문에 남은 재앙이라는 결과를 얻게 됩니다. 따라서 선을 쌓는 것은 "쓰는 것을 이롭게 하여 몸을 편안히 하는〔利用安身〕" 가장 유리한 행위입니다.

공맹 사상의 문화적 근원을 연구 토론한다면 결코『역경』을 떠날 수 없습니다. 따라서 맹자가 '이로움'의 가치를 완전히 부정했다고 말한다면

『역경』을 비롯한 중국의 모든 전통문화 역시 맹자에게 부정되었다고 말해야 할 것입니다. 하지만 실제로는 그렇지 않습니다. 그러므로 우리는 『맹자』를 공부하면서 무엇보다 먼저 의리지변의 '이(利)' 자에 대해 정확한 인식을 하고 있어야 합니다.

우리는 두 가지를 들어서 이를 반증할 수 있습니다.

첫 번째는 한비자가 말한 "가마를 만드는 사람은 사람들이 부귀해지기를 바라고 관을 만드는 사람은 사람들이 죽기를 바란다. 사람이 귀해지지 않으면 가마는 필요가 없고 사람이 죽지 않으면 관을 사지 않기 때문이다. 인을 해치는 자가 있는 것이 아니라 이로움이 그 속에 있기 때문이다〔輿人欲人富貴, 棺人欲人死喪. 人不貴則輿不用, 人不死則棺不買. 非有仁賊, 利在其中〕"라는 것입니다. 관을 파는 가게의 사장은 다른 사람이 죽기를 바라지만 결코 마음이 나쁘다거나 의롭지 못해서가 아닙니다. 자동차 공장의 사장은 사람들이 돈을 벌기를 바라는데, 마찬가지로 결코 마음이 착하다거나 의를 좋아해서가 아닙니다. 두 가지 서로 다른 심리는 모두 자신이 하는 장사가 잘 돼서 돈을 많이 벌고자 하는 데서 나왔습니다. 모두가 장사하는 사람의 본분에 마땅한 생각입니다.

한비자의 이 말은 '이(利)' 자에 이런 정의를 내린 것과 같습니다. 사람이든 사물이든 일이든 막론하고 어느 시간 어느 공간에서도 "쓰는 것을 이롭게 하여 몸을 편안히 하는" 효능을 낳을 수 있다면, 그것은 "쓰는 것을 이롭게 하여 몸을 편안히 하는" 가치를 지닙니다. 써야 하거나 쓰려고 하거나 쓸 만하다는 조건하에서 사람이든 일이든 사물에 대해 가치를 만들어 냈다면, 그것이 바로 사람이든 일이든 사물에 대한 이로움입니다.

두 번째는 『역경』 중에서 점치는 방면에서 말한 것들은 "길흉회린(吉凶悔吝)"이라는 네 가지 현상으로 종합할 수 있다는 것입니다. 실제로는 길과 흉 두 가지만 있습니다. 길(吉)은 좋은 것이고 흉(凶)은 나쁜 것이며,

회(悔)는 번뇌이고 인(吝)은 어려움입니다. 간단히 말하면 회(悔)와 인(吝) 역시 작은 흉(凶)입니다. 이 세상의 모든 사람과 일과 사물은 길과 흉이라는 두 가지에서 벗어나지 않습니다. 길과 흉은 어떻게 해서 오는 걸까요?『역경』「계사전」상에서는 이렇게 말했습니다. "길흉회린은 움직임에서 생겨나는 것이다〔吉凶悔吝, 生乎動者也〕." 무릇 움직이기만 하면 길 혹은 흉 혹은 회 혹은 인의 결과가 생깁니다. 길하지 않으면 흉하고 흉하지 않으면 길합니다. 이것을 이해하고 나면 이(利)와 불리(不利)의 판별은 마땅히 움직여 사용함〔動用〕을 통해 구분되어야 함을 알 것입니다.

여기에서 좀 더 나아가면 맹자가 양 혜왕에게 말한 인의가 바로 큰 이로움임을 알 수 있습니다. 전국 시대는 나라와 나라가 모두 서로 정벌하려는 동란(動亂) 가운데 있었기 때문입니다. 어느 한 나라가 진정으로 인의를 치국의 최고 원칙으로 삼아 내정과 외교에 운용했다면 최후의 승리는 틀림없이 인을 행하고 의로 말미암은 그 나라에 돌아갔을 것입니다.

## 도덕이 쇠미할 때에야 인의가 나온다

한대(漢代)의 환담(桓譚)은 『신론(新論)』에서 이렇게 말했습니다. "삼황은 도로 다스렸고 오제는 덕으로 교화하였으며, 삼왕은 인의로 말미암았고 오패는 권지를 사용하였다〔三皇以道治, 五帝以德化, 三王由仁義, 五霸用權智〕." 상고 시대의 삼황은 도를 가지고 천하를 다스렸습니다. 이것이 바로 최고의 경지인 '인위적인 행함이 없는 행함〔無爲而爲〕'이라는 것입니다. 나중에 오제의 시대가 되어서는 덕으로 천하를 다스렸는데, 그것은 이미 한 단계 내려가서 '인위적인 행함이 있는 행함〔有爲而爲〕'입니다. 하지만 여전히 매우 훌륭한 정치라 하겠습니다. 그보다 더 내려가면 삼왕은 인

(仁)과 의(義)를 사용하고 오패는 권도(權道)와 지략(智略)을 사용했습니다. 형편이 갈수록 나빠졌다고 할 수 있습니다.

또 『장단경(長短經)』[23] 제13에서는 이렇게 말했습니다.

삼대가 망한 것은 법이 망한 것이 아니라 법을 부리는 사람이 그 사람이 아니었기 때문이다. 따라서 법을 안다고 한 것은 선왕의 진술이며 진실로 그 사람이 아니면 도는 헛되이 행해지지 않는다. 그러므로 윤문자는 말하기를 "인·의·예·악·명·법·형·상이라는 이 여덟 가지는 오제와 삼왕이 세상을 다스리던 술수이다"라고 하였다. 따라서 인이라는 것은 사물에 두루 시행하지만 또한 치우치거나 빠뜨리는 경우가 생겨난다. 의라는 것은 그것으로 절개 있는 행동을 세우지만 또한 겉치레만 하는 거짓말을 만들어 낸다.

三代之亡, 非法亡也, 御法者非其人矣. 故知法也者, 先王之陳述, 苟非其人, 道不虛行. 故尹文子曰: 仁義禮樂名法刑賞, 此八者, 五帝三王治世之術. 故仁者, 所以博施於物, 亦所以生偏失. 義者, 所以立節行, 亦所以成華僞.

이것은 도가 사상의 논점입니다. 여기에서 말하는 바는 이러합니다. 인의는 확실히 좋은 덕행입니다. 하지만 이 덕행을 오래 사용하면 본래 모습을 잃게 되어 사람들이 그것을 이용해 권력과 이익을 다투는 도구로 변해 버립니다. 이것을 통해서도 도가를 대표하는 인물인 노자와 장자의 말을 이해할 수 있습니다.

노자는 일찍이 도덕이 퇴락하면 그제야 예의의 학설이 생겨난다고 말했

---

23 당(唐)의 조유(趙蕤)가 쓴 책으로 『반경(反經)』이라고도 불린다. 유가(儒家), 도가(道家), 법가(法家), 병가(兵家), 잡가(雜家)와 음양가(陰陽家) 사상을 집대성한 뛰어난 책략서이다.

습니다. 그는 이런 말도 늘 했습니다. "성인이 죽지 않으면 큰 도둑도 그치지 않는다〔聖人不死, 大盜不止〕." 당시 인의예악의 도덕관념에 대한 노자의 비평은 아주 혹독했습니다. 장자 역시 일찍이 "인의라는 것은 선왕의 임시 거처이니 하룻밤 잘 수는 있어도 오래 머무를 수는 없다〔仁義者, 先王之遽廬, 可以一宿, 不可以久處〕"라고 말했습니다. 왜냐하면 춘추 전국 시대에 각국 제후들의 정벌 구호가 대개 인의를 표방하였지만, 실제로는 결코 인의를 시행하지 않고 단지 인의라는 미명하에 권력을 다투고 이익을 빼앗는 목적에 도달하고자 했기 때문입니다. 그래서 장자는 말하기를, 인의는 단지 선왕이 머물렀던 임시 거처요 별장에 지나지 않아서 결코 오래도록 몸을 편안히 둘 집이 아니라고 했습니다. 그저 어쩌다 하룻밤 머물 수는 있어도 오래도록 살 수는 없습니다. 장자가 그렇게 말한 의미는 이렇습니다. 인의라는 도덕관념은 단지 도덕이 극도로 쇠미할 때에 어쩌다 사용할 수는 있어도 오래도록 인의를 사용해서는 안 된다는 것입니다. 만약 오래 사용하게 되면 나쁜 사람이 인의라는 이름을 이용하여 정치상 권력을 다투고 이익을 빼앗는 일이 일어나게 됩니다.


## 맹자의 사상은 뒤섞여 명확하지 않게 되었다

위의 분석들을 종합하여 맹자가 양 혜왕에게 말했던 의리지변에 관한 말을 살펴보면 다음과 같은 결론을 내릴 수 있습니다.

첫째, 맹자는 처음부터 바로 양 혜왕에게 "당신은 하필이면 눈앞의 짧고 순간적인 가까운 이로움〔近利〕, 작은 이로움〔小利〕만 구하려 하십니까? 마땅히 인의의 도덕관념을 제창하고 인의의 도덕정치를 시행해야 합니다. 그것이야말로 당신에게 영구적인 큰 이로움〔大利〕입니다"라고 말했습니다. 왜냐하면 맹자의 중심 사상은 중국 전통문화의 인의와 도덕의 정치를 실행하는 것이었기 때문에 그는 양 혜왕에게 이렇게 직접적으로 제안했던 것입니다. 보류하지도 않고 완곡하게 에두르지도 않고 듣기 좋게 꾸미지도 않는 이러한 태도 자체가 바로 일종의 이해를 따지지 않는 도덕적 행위입니다.

마찬가지로 양 혜왕에게 인의의 정치를 권했던 맹자의 입장을 생각해 본다면, 당시의 다른 유세지사(游說之士)들인 소진이나 장의 같은 종횡가의 모략지사(謀略之士)들이 맹자의 입장에 있었다면, 그들은 절대 맹자처럼 단도직입적으로 말해서 양 혜왕의 뜻을 거스르려고 하지 않았을 것입니다. 그런 사람들은 틀림없이 빙 돌려서 아주 완곡하게 양 혜왕에게 말했을 것입니다. "저에게는 당신이 최대의 이익을 얻을 수 있는 영구적인 계획이 있는데, 양 혜왕 당신께서는 듣고 싶으신지요?" 이런 식으로 먼저 미끼를 던져 양 혜왕의 구미를 당겼을 것입니다. 양 혜왕이 "도대체 어떤 것이냐"라고 하면서 알고 싶어 할 때 비로소 조리정연하게 말했을 것입니다. "지금 천하는 너무나도 혼란하고 도덕이 사라져 버려 사람마다 인의를 갈망하고 있습니다. 이러한 때에는 인의를 이용하는 것이 좋습니다. 인의를 구실로 삼아 정령(政令)들을 반포하신다면 천하 백성들이 모두 당신의 위나라로 몰려올 것입니다. 당신에게는 수많은 백성이 생기고 영토도 늘어나고 국가도 부강해져서 자연히 당신이 바라던 패업을 완성할 수 있을 것입니다." 이렇게 양 혜왕의 심리에 영합함으로써 그가 자신들이 말하는 것을 듣고 따르도록 유도하여 서서히 인의의 정치를 실행했을 것입니다. 물론 그렇게 하는 주요한 원인은 바로 자기 자신의 입신출세를 위해서입니다.

둘째, 동서양을 막론하고 어떤 문화 어떤 학술 사상이든 모두 이로움의 추구를 원칙으로 삼습니다. 만약 이로움을 추구하기 위한 것이 아니고 또 이로움을 얻을 수 없다면 그런 문화나 사상은 가치가 없을 것입니다.

철학적 관점에서 보면 모든 생물은 하나의 공통적인 목표를 지니고 있습니다. 바로 "고통에서 벗어나고 즐거움을 얻다[離苦得樂]"라는 것입니다. 굶주림은 고통이고 배불리 먹는 것은 즐거움입니다. 질병은 고통이고 치료해서 낫는 것은 즐거움입니다. 날씨가 너무 더우면 고통이고 나무그늘 아래에서 더위를 식히거나 시원한 방에 들어가서 온 몸이 상쾌해지면 즐거움입니다. 모든 생물의 모든 행위와 태도는 그 목적이 "고통에서 벗어나고 즐거움을 얻는" 데 있습니다. 그것이 바로 중국 문화 『역경』에서 말한 "쓰는 것을 이롭게 하여 몸을 편안히 함[利用安身]"이니, 오늘날 우리가 살면서 생활이 더 좋아질 수 있는 방법을 찾는 것도 그런 것입니다. 가령 태양에너지를 이용해 공기를 정화하고 수원(水源)의 오염을 방지하려는 구상의 목적은 우리가 더 잘 살아가도록 하는 데 있습니다. 이런 것이 모두 『역경』에서 말한 "쓰는 것을 이롭게 하여 몸을 편안히 함"입니다. 그러므로 어떤 문화 어떤 학술 사상이든 이로움을 추구하지 못하고 이용 가치가 없다면 결국에는 반드시 도태되고 말 것입니다.

종교가들의 수도(修道) 역시 이로움을 위해서입니다. 수도하는 사람들은 얼핏 보기에는 타인과 다툼이 없을 것 같습니다. 하지만 세상을 벗어나서 수도하는 종교가들이 사실은 세상에서 가장 자신의 이로움을 추구하는 사람입니다. 그는 세상의 모든 것을 포기하고 수도하지만, 수도의 목적이 자신의 승천(昇天)이나 성불(成佛)에 있으니 이 또한 자기 자신을 위한 것입니다. 비록 스스로를 이롭게 한 후에 타인을 이롭게 한다고는 말하지만, 그건 단지 확충 단계상의 차이일 뿐 오로지 이로움을 도모하는 것은 마찬가지입니다. 승천하여 신선이 되는 이로움을 위해 수도하므로, 그 역시 이로움을 위해서입니다.

맹자가 인의를 이야기하고 의리지변(義利之辨)을 강조한 이후 후세에는 그 영향을 받아 의리지변을 중시하게 되었습니다. 그러나 후세의 의리지변은 점차 자사무사(自私無私)의 구분과 동일시되어 '의(義)'와 무사(無私)'가 같은 의미로, 그리고 '이(利)'와 '자사(自私)' 즉 이기(利己)가 같은 것으로 여겨지게 되었습니다. 그로 인해 한(漢)·당(唐) 이후 유가의 의리지변은 대부분 사(私)와 무사(無私)의 구분과 뒤섞여 버린 나머지 그 둘을 분리할 수 없게 되었습니다. 따라서 의리지변을 이야기할 때면 논리적으로 서로 얽혀서 명확하지 않은 경우가 많았습니다. 그 결과 현재 우리들까지도 여전히 분명하게 구분하지 못하고 심지어는 "유가 사상은 뭐 그리 대단할 것도 없다"라는 착각을 낳기까지 했습니다.

후세에는 이런 영향을 받아 의리지변을 이야기할 때마다 유사(有私)와 무사(無私)의 구분을 말하는 것이 되어 버렸습니다. 한 걸음 더 나아가면 중국 문화 사상의 중심까지 건드리게 되고 심지어는 인류 문화의 중심에까지 파급됩니다. 특히 정치 행위의 중심인 공(公)과 사(私)를 구분하는 문제와도 연관됩니다.

춘추 전국 시대의 역사 문화를 가지고 말한다면 공과 사의 구분에 관해 극단적으로 상반되는 두 파의 사상이 있습니다. 하나는 묵자(墨子)이고 하나는 양자(楊子)입니다. 사실 그들은 모두 도가 사상으로부터 변화되어 나왔습니다.

묵자는 '의(義)'를 이야기합니다. 하지만 묵자가 이야기하는 것과 맹자가 이야기하는 것은 비록 똑같은 '의'이지만 의미상 차이가 있습니다. 묵자는 "정수리부터 발꿈치까지 닳아 없어지더라도 천하를 이롭게 할 것〔摩頂放踵以利天下〕"을 주장하였는데, 머리부터 발끝까지 자기 자신을 내버리고 다른 사람을 위해 이익을 도모할 수 있어야 한다는 말입니다. 즉 철두철미한 자기희생으로 다른 사람을 이롭게 할 것을 주장했습니다.

하지만 양자(楊子) 즉 양주(楊朱)의 사상은 묵자와 완전히 상반됩니다.

그는 "한 올의 털을 뽑아 천하를 이롭게 하더라도 하지 않겠다〔拔一毛而利天下, 不爲也〕"라고 주장했습니다. 하지만 이 말의 의미가 "나는 한 올의 털도 뽑지 않겠지만 당신은 전부를 나에게 주어야 한다"라는 뜻이 결코 아닙니다. 그가 주장한 것은, 천하의 모든 사람이 그렇게 한 올의 털도 뽑지 않고도 다른 사람의 이익을 방해하지 않고 자신의 이익을 생각할 수 있도록 해야 한다는 것입니다. 그렇게 할 수 있다면 일종의 또 다른 사회 형태가 될 것입니다.

만약 묵자와 양자 두 사람의 사상을 자세히 연구해 보면 어떠할까요? 묵자의 사상에 따르면 천하 사람들이 모두 자아를 희생하고 오로지 타인의 이익만 도모하려고 해야 하지만 그것은 해낼 수 없는 일입니다. 양자의 사상에 따르면 온 천하에 모든 사람들이 오로지 자신의 이익만을 생각하고 다른 사람의 이익을 위해서는 한 올의 털도 희생하지 않아야 하는데, 그것이 해낼 수 있는 일일까요? 답은 아주 분명합니다. 그런 일은 당연히 있을 수 없습니다. 인류는 참으로 기묘한 동물입니다. 이기적인 심리는 사람이라면 당연히 지니고 있습니다. 하지만 이기심이 그런 정도에 이르러야 한다면 오히려 해낼 수 있는 사람이 없습니다. 전 인류가 모두 그렇게 한다는 것은 더더구나 불가능합니다. 반대로 모든 사람이 대공무사(大公無私)해야 한다면 그 또한 해낼 수 없습니다. 묵자의 사상을 따라서 모든 사람이 대공무사할 수 있다면 천하가 다 함께 이로우니 결과는 자연히 아주 훌륭하겠지요. 혹은 양주의 사상을 따라서 모든 사람이 오로지 자기 자신만 위하고 절대 다른 사람을 방해하지 않으며 각자 본래의 위치를 지키고 타인을 침범하지 않는다면, 이것은 바로 현대에서 말하는 개인의 자유를 쟁취하고 타인의 자유를 존중하는 것과 다를 바 없습니다. 만약 그렇게 할 수만 있다면 천하는 태평해질 것입니다. 하지만 그 두 파의 주장은 사실상 실현 불가능한 것입니다.

어차피 묵자와 양자의 극단적으로 상반된 주장은 실현 불가능한 것이므로 유가 사상을 다시 볼 수밖에 없습니다. 그것이 중용(中庸)입니다. 중용이란 조화론(調和論)이 아니라 두루 받아들이되 중재를 통해 적당한 선에서 그만두는 중도(中道)를 말합니다. 맹자는 공자의 유가 사상을 계승했으므로(진·한 이후로 모습이 변해 버린 유가 사상이 아니라 공맹의 유가 사상) 당연히 인의를 숭상했고 양 혜왕에게도 인의를 제안했습니다. 그뿐 아니라 제안을 할 때에도 당시 종횡가들이 부귀와 권세를 얻기 위해 으레 사용했던 유세 태도를 취하지 않았습니다. 맹자는 유세할 때의 언어 기교를 잘 알고 있었습니다. 하지만 그런 것을 사용하지 않고 엄정한 태도로 인의를 실행할 것을 주장하고 인의의 미덕을 힘주어 선전했습니다. 오직 인의만이 가장 훌륭한 것이라고 양 혜왕에게 직설적으로 말했습니다.

그것을 보면 청나라 시인의 시구가 생각납니다. "물을 건널 때 바람이 불면 편하다 말하지 마시오. 흐름의 한복판에 발붙이기 어렵다는 말 비로소 믿어지네〔莫言利涉因風便, 始信中流立足難〕." 양 혜왕에게 직언으로 충고한 맹자의 풍격에 대한 귀하기 짝이 없는 평가라 하겠습니다.

어떤 사람은 이렇게 말합니다. 이른바 의리지변(義利之辨)의 이치는 바로 공자가 "군자는 의에 밝고 소인은 이로움에 밝다〔君子喩於義, 小人喩於利〕"라고 말했던 대의(大義)의 의(義)라고 말입니다. 의리(義理)의 의(義)는 "의란 마땅함이다〔義者宜也〕"라고 할 때의 의로서, 좁은 의미든 넓은 의미든 의리(義利)의 의가 결코 아니라고 말합니다. 하지만 사실은 모두 똑같습니다. 아무리 위대한 의리(義理)라 할지라도 힘써 의(義)를 행해야만 비로소 군자가 되기를 완성하는 데 이로움이 있습니다. 그러니 이 또한 이(利)가 바로 의(義)이고 의(義)가 바로 이(利)라는 진실한 이치입니다.

의리지변의 문화 사상이 발전해서 송·명 이후에 이르면 중국 문화의 상도덕(商道德)을 형성했습니다. 바로 "무역할 때 삼척동자를 속이지 않고,

공평으로 사방의 재물을 의롭게 취한다〔貿易不欺三尺子, 公平義取四方財〕"
라는 논리입니다. 오로지 이익과 재물만 추구하는 상업적 행위라 할지라
도 '속이지 않음〔不欺〕'과 '공평(公平)'이라고 하는 의리지변에 마음을 두
어야 합니다. 이는 상도덕에 있어서 공맹 문화 사상의 교육적 성과라 할
수 있습니다.

## 신선놀음에 도끼자루 썩는 줄 모르다

맹자께서 양 혜왕을 만나셨다. 왕이 못가에 서서 큰 기러기와 큰 사슴을 돌
아보며 말하기를 "현자도 또한 이것을 즐거워합니까?" 하니 맹자께서 대답
하셨다. "현자인 뒤에야 이것을 즐거워할 수 있으니, 어질지 못한 자는 비
록 이것을 가지고 있더라도 즐거워하지 못합니다. 『시경』에 이르기를 '영대
를 처음으로 경영하여 이것을 헤아리고 도모하니, 서민들이 와서 일하는
지라 하루가 못 되어 완성되었도다. 경영하기를 급히 하지 말라 하셨으나
서민들은 아들이 아버지 일에 달려오듯 하는도다. 왕이 영유에 계시니 사
슴들이 가만히 엎드려 있도다. 사슴들은 살찌고 윤택하고 백조는 깨끗하고
희도다. 왕이 영소에 계시니 연못 가득 물고기가 뛰논다' 하였습니다. 문왕
이 백성의 힘으로 대를 만들고 못을 만들었으니 백성들이 그것을 즐거워하
였습니다. 그 대를 이르기를 영대라 하고 그 못을 이르기를 영소라 하여 그
가 사슴과 물고기와 자라를 소유함을 즐거워하였습니다. 옛 사람들은 백성
과 더불어 함께 즐거워하였기 때문에 즐길 수 있었던 것입니다. 「탕서」에
이르기를 '이 해가 언제나 없어질까? 내 너와 더불어 함께 망하리라' 하였
습니다. 백성들이 그와 더불어 함께 망하고자 한다면, 비록 대와 연못과 새
와 짐승을 가지고 있은들 어찌 홀로 즐거워할 수 있겠습니까?"

孟子見梁惠王. 王立於沼上, 顧鴻雁麋鹿. 曰: "賢者亦樂此乎?" 孟子對曰:
"賢者而後樂此, 不賢者雖有此不樂也. 詩云: '經始靈臺, 經之營之, 庶民攻
之, 不日成之, 經始勿亟, 庶民子來. 王在靈囿, 麀鹿攸伏. 麀鹿濯濯, 白鳥鶴
鶴. 王在靈沼, 於牣魚躍.' 文王以民力爲臺爲沼, 而民歡樂之. 謂其臺曰靈臺,
謂其沼曰靈沼, 樂其有麀鹿魚鼈. 古之人與民偕樂, 故能樂也. 湯誓曰: '時日
害喪, 予及女偕亡.' 民欲與之偕亡, 雖有臺池鳥獸, 豈能獨樂哉!"

이 단락은 같은 날에 일어났던, 즉 앞 단락의 대화에 이어지는 것이 아
닙니다. 다른 날 다시 만났을 때의 대화가 분명합니다. 왜냐하면 이번 대
화에서는 양 혜왕의 어기(語氣)가 지난번처럼 딱딱하거나 소원하지 않고
비교적 감정적으로 호전되었기 때문입니다. 사마천이 쓴 「맹자열전」이나
양 혜왕에 관한 역사 자료를 보면, 양 혜왕이 처음 맹자를 접견했을 때는
책에 기록된 것처럼 열정적일 수 없었습니다. 공맹에 대한 사료의 기록을
보면 공자가 가장 실의에 빠졌을 때는 진(陳)에서 양식이 떨어졌던 그 시
기였습니다. 맹자는 제(齊)와 양(梁) 사이에서 어려움을 겪었는데, 그때가
일생 중 가장 실의했던 시기였습니다. 양 혜왕이 만약 죽기라도 했다면 그
는 짐을 싸서 고향으로 돌아가는 수밖에 없었을 것입니다.

이 문장을 만약 현대적 시각으로 글자만 따라서 읽는다면 무슨 중대한
의미를 지니고 있는 것 같지 않습니다. 이번에 맹자가 양 혜왕을 만났을
때에는 양 혜왕이 마침 왕실의 큰 원림(園林)을 한가로이 유람하고 있었
습니다. 현대적 언어나 관념으로 말하면 동양에서는 어화원(御花園)이라
하고 서양에서는 황실 정원 혹은 황실 개인의 무슨 성이라고 부르면서, 왕
실이 독차지하여 아름다운 경치를 감상하며 마음을 즐겁게 하던 장소입
니다. 그곳은 문을 잠가 두고 삼엄하게 지키고 있어서 일반 백성들은 안으

로 들어가지 못한 채 그저 멀찌감치 서서 우뚝 솟은 담장을 바라볼 뿐입니다. 설사 신료나 백관이라 할지라도 마음대로 들어갈 수 없었습니다.

양 혜왕은 큰 연못가에 선 채 고개 들어 나무 위 둥지에서 날아오르는 기러기를 바라보고 또 고개 숙여 정원에서 편안히 풀을 뜯고 있는 사슴을 바라보았습니다. 모처럼 궁에서 나와 대자연의 경치를 바라보니 마음이 시원하고 즐거워졌습니다. 그러다가 마침내 맹자를 보며 말했습니다. "보시오! 당신들 인의도덕을 중시하는 현인 선생들도 이런 원림의 풍경을 좋아합니까? 이런 진기한 새와 짐승들을 좋아합니까?"

이런 어기와 이런 질문에는 당연히 말 속에 또 다른 뜻이 숨어 있습니다. 듣는 사람이 견디기 힘든 수많은 의미가 담겨 있지요. 만약 오늘날 여러분이나 내가 이런 경우를 당했다면 아마도 고개를 돌리고 떠나 버렸을 것입니다. 하지만 당시의 정치 제도와 사회 제도 아래서는 그렇게 할 수 없었습니다. 하물며 맹자는 자신의 포부와 견해를 지니고 있었기 때문에 오늘날 우리처럼 마음 내키는 대로 그렇게 할 수 없었습니다. 그래서 맹자는 예전처럼 양 혜왕에게 담담하게 대답했습니다. 그 대답으로부터 우리는 맹자의 수양을 엿볼 수 있습니다.

아무리 양 혜왕의 질문에 무시하는 듯한 기색이 들어 있어도 맹자는 여전히 정중한 태도를 취했고 그의 대답은 여전히 매우 엄숙했습니다. 그는 가르치는 듯하면서도 가르치는 것이 아닌 어조로 양 혜왕에게 단도직입적으로 말했습니다.

"현자는 천하가 태평해져서 모든 사람이 안락한 생활을 누리게 된 후라야 비로소 이런 원림의 즐거움을 누립니다. 그러나 어질지 못한 사람은 설사 이런 원림을 소유하였다 할지라도 진정한 쾌락을 지닐 수 없을 뿐 아니라 영원히 누리지도 못합니다. 『시경』「대아(大雅)」 '영대(靈臺)' 편에 말하기를 '문왕께서 영대를 건축하려고 준비하면서 어떻게 설계할까 어떻게 배치할까 하는 계획을 세울 때, 백성들이 그 일을 알고는 모두 약속이나 한 듯이 앞으로 나아와 힘을 모아 공사에 동참하였으니, 마침내 아주 짧은 시간 안에 앞당겨 완공하였네. 원래 맨 처음 시작할 때는 문왕께서도 급히 완공하려는 생각이 없었으나 백성들이 자발적으로 와서 돕는 바람에 아주 빨리 끝마쳤네. 영대를 앞당겨 완공한 후에 영원(靈園) 안을 유람하면서 보니, 편안하게 노니는 암사슴은 통통하게 살찌고 털빛이 눈부시게 빛나고, 숲을 날아오르는 백조는 희고도 윤택한 모습으로 자유로이 선회하네. 문왕께서 숲속 연못가에 서서 감상하실 때에는 연못에 물고기가 가득하니, 자유자재로 헤엄쳐 다니면서 생기발랄하게 물속에서 펄떡거리네'라고 하였습니다."

맹자는 계속해서 말했습니다. "이 시편(詩篇)의 기록이 말하는 바는 이러합니다. 문왕의 백성들이 그 정원을 건축하였지만 그들은 오히려 문왕이 정원을 건축하는 것을 즐거워하여 그의 대를 '영대'라 부르고 그의 연못을 '영소'라 불렀고, 그에게 사슴, 물고기, 자라가 있어서 감상할 수 있음을 아주 기뻐하였습니다. 옛날의 현군(賢君)들은 이렇게 백성들과 함께 즐거워할 수 있었기 때문에 스스로도 즐거워하였습니다."

맹자는 문왕이 영대를 건축한 역사 고사를 빌려 와서 양 혜왕에게 군주된 자의 중요한 핵심, 즉 마땅히 백성과 함께 즐거워해야 한다는 것을 말했습니다. 이어서 그는 또 『서경』의 기록을 인용하여 문왕이 영대를 건축한 상황과는 완전히 상반된 고사를 들려주었습니다.

"하 왕조의 폭군 걸(桀)은 왕의 자리에 있을 때 큰 소리로 부끄러워하지 않고 말했습니다. '나는 천하에 태양과도 같으니, 태양이 멸망하지 않으면 나도 멸망하지 않으리라.' 자신의 정권이 태양처럼 영원할 것이라고 자랑했던 것입니다. 하지만 그의 폭정으로 도저히 살아갈 수가 없었던 백성들은 그를 대단히 미워했습니다. 그래서 『서경』「상서(尙書)」'탕서(湯誓)'

편의 기록처럼 일반 백성들은 걸을 매우 원망하여 '당신 저 뜨거운 태양 같은 폭군이여! 당신은 언제나 몰락할 것인가? 제발 얼른 몰락하시오! 내 차라리 폭군 당신과 함께 멸망할지언정 더 이상 당신의 폭정으로 고통받고 싶지 않소'라고 말했습니다. 군주 된 자가 자신의 백성들이 원망하여 차라리 그와 함께 죽고 싶다고 할 지경에 이르게 만들었다면 설사 아름다운 대와 연못과 새와 짐승을 소유한들 어떻게 편안하게 누릴 수 있겠습니까?"

맹자는 이렇게 기회를 잡아서 두 가지 역사의 경험을 열거했습니다. 주 문왕은 민심을 얻은 덕분에 칠백여 년의 유구한 정권을 세울 수 있었으나, 반대로 삼대(三代) 시기의 하(夏)나라 걸(桀)은 백성의 원한을 샀기에 급속히 패망에 이르렀다는 예를 들어서 말했습니다.

오늘날 이 부분을 읽으면 혹자는 이런 생각을 할 수도 있습니다. 맹자가 열거한 두 가지 역사적 사실이 말하고자 하는 위정(爲政)의 원칙은 모든 사람이 잘 알고 있는 일반적인 상식이라 할 수 있으며 그다지 수준 높은 이치가 아닙니다. 그런데 이 부분이 바로 우리가 고서를 읽을 때 주의해야 할 점입니다.

맹자 시대에는 특별한 사회 복지 제도가 없었고 통치자가 공원을 건축해서 백성들과 함께 소유하고 함께 즐기는 경우가 없었습니다. 오로지 제왕의 궁실만이 그처럼 위대한 건축물을 소유했으며 일반 백성들은 아예 들어가서 노는 것이 허용되지 않았습니다. 그러므로 맹자가 당시에 이 두 가지 역사적 사실을 언급한 것은 양 혜왕에게 공동으로 소유하고 공동으로 누리는 현대의 정치사상을 실시하라고 건의한 것이나 마찬가지입니다. 시대 배경을 생각하고 말한다면 그 시대에 맹자가 이러한 정치사상을 제안할 수 있었던 것은 실로 대단한 일이 아닐 수 없습니다. 이것이 첫 번째입니다.

동시에 우리는 이 기록을 통해 중국 고유의 민족 문화는 상고 시대에 이미 이러한 '함께 소유하고[共有]' '함께 다스리고[共治]' '함께 즐기는[共享]' 공천하(公天下)의 정치사상을 지니고 있었음을 알 수 있습니다. 그러던 것이 하 왕조 때부터 가천하(家天下)의 정치 제도로 변했습니다. 이른바 제왕을 세습하는 정치 제도가 시작된 이후로는 제왕이 누리는 것을 일반 백성들이 함께 할 수 없게 되었습니다. 그런 시대에 맹자는 땅을 차지하고 영웅이라 불리고 싶어 하는 야심을 지닌 군주에게, 함께 소유하고 함께 즐기는 공천하의 정치 제도를 회복시킬 것을 권했습니다. 그러한 그의 주장과 정신은 대단히 귀한 것이라 하겠습니다. 이것이 두 번째입니다.

후세의 역사를 보면 진·한 이후로 네 번에 걸쳐 유사한 사건이 일어났는데, 모두 『맹자』 이 대목의 정치사상과 연관이 있습니다. 첫 번째는 진시황(秦始皇)이 아방궁(阿房宮)을 건축한 일이고, 두 번째는 수양제(隋煬帝)가 미루(迷樓)를 건축한 일이며, 세 번째는 송 휘종(宋徽宗)이 간악(艮嶽)을 건축한 일이고, 네 번째는 청의 자희 태후(慈禧太后)가 이화원(頤和園)을 건축한 일입니다. 역사상 유명한 이 네 번의 위대한 궁정 건축의 결과는, 맹자가 이 단락에서 말했던 "백성들이 그와 더불어 함께 망하고자 한다면, 비록 대와 연못과 새와 짐승을 가지고 있은들 어찌 홀로 즐거워할 수 있겠습니까?"라는 이론이 얼마나 정확한지 보여 주었습니다. 이것이 세 번째입니다.


## 「아방궁부」의 기록과 진시황

진시황의 아방궁에 대해서는 당대(唐代)의 대시인으로 두보(杜甫)와 함께 이두(二杜)로 불리는 소두(小杜) 즉 두목(杜牧)이 「아방궁부(阿房宮賦)」

라는 작품에서 매우 생동감 있게 소개했습니다. 그는 시작 부분에서 곧바로 말하기를, 진시황이 여섯 나라를 집어삼키고 천하를 통일한 후에 사천의 산을 벌목하여 민둥산을 만들어 놓고 그때 베어 낸 이루 헤아릴 수 없는 목재들을 함양(咸陽)으로 운반하여 아방궁을 건축하였다고 했습니다. 한번 생각해 보십시오. 대만도 목재가 풍부한 곳입니다. 그런데 일본인들이 오십 년 동안 벌목을 했어도 민둥산이 되지는 않았습니다. 사천은 그면적이 대만에 비해 약 천 배가 넘습니다. 자신이 즐길 아방궁을 건축하기위해 단번에 그 넓은 곳의 나무를 모두 베었다면 거기 쓰인 목재가 얼마나많았겠습니까? 동시에 목재를 베고 운반하고, 그것으로 들보며 기둥이며문 같은 것을 만드는 데에는 또 얼마나 많은 인력이 필요했겠습니까?

하물며 목재는 건축 재료의 일부분에 불과할 뿐이고 돌 같은 다른 재료도 있습니다. 그러니 건축 시공에 들어간 인력과 물자는 통계 내기가 어렵습니다. 그런 엄청난 인력과 물자를 소비하여 건축한 아방궁은 어떤 모습이었을까요?

점유한 땅이 사방 삼백여 리에 달했고 그 높이는 얼핏 보면 하늘에 닿을듯했습니다. 북쪽의 여산(驪山)으로부터 남쪽으로 쭉 내려오다가 서쪽으로는 함양과 맞닿았습니다. 위천(渭川)과 번천(樊川) 두 갈래 하천의 물을아방궁으로 흘러들게 하여 궁 안에 인공 호수를 만들었습니다. 다섯 걸음가면 누(樓)요 열 걸음 가면 각(閣)에다 그 화려함과 정교함은 말로 다 할수 없었는데, 서로 다른 형식의 각종 궁실들이 마치 벌집처럼 많았습니다. 물 위에 놓인 긴 다리는 드러누워 있는 용 같았습니다. 공중을 가르며 놓인 복도(複道)는 궁전 아래에서 남산의 산기슭까지 연결되어 오색영롱하니 마치 하늘에 걸린 무지개 같았습니다. 그 많은 궁실의 모든 건물이 하루 동안에 사계절의 기온 변화가 가능했습니다.

진시황은 또 여섯 나라의 보물과 미녀들을 몰수해 전부 그 아방궁에 모아 두었습니다. 다른 사람의 정(鼎)[24]을 음식 만드는 솥단지로 쓰고 옥을 돌처럼 사용했습니다. 비(妃)는 만 명을 넘었습니다. 그러니 이른 아침이면 그들이 거울을 펼쳐 화장을 하는데 그 거울이 마치 밤하늘의 뭇별처럼 많았습니다. 또 창가에 가볍게 휘날리는 긴 머리카락은 새까만 뜬구름 같았습니다. 매일 새벽이면 불어나는 위하(渭河)의 물에는 미끈거리는 분홍색이 떠올랐습니다. 그것은 바로 아방궁에서 흘러나온 것입니다. 궁녀들이 간밤에 발랐던 연지를 씻어 낸 물이었지요. 산허리에 모락모락 피어오르는 운무는 바로 아방궁에서 향기롭고 귀한 향을 태워서 나는 연기였습니다. 폭군 진시황은 한번 들어가면 동서남북을 분간하기 힘들다는 그 아방궁 안에서 아침저녁으로 잔치를 베풀면서 쾌락을 즐겼습니다.

그런 진시황은 과연 즐거웠을까요? 사마천의 『사기』에 따르면 불로장생의 약을 구하고 싶어 했던 진시황은 노생(盧生)이라는 방사의 말을 믿었다고 합니다. 그가 진시황에게 말하기를 반드시 은밀히 숨어 있어야 불사의 약을 얻을 수 있다고 했습니다. 그래서 그 은밀한 복도 안으로 들어가서 이백칠십 칸이나 되는 밀실을 왕래하며 즐겼습니다. 사람을 죽이고자 할 때 옥리를 만나는 일 외에는, 승상을 비롯한 칠십 명의 박학지사들도 모두 그가 전한 명령에 따라 일을 처리할 뿐 도무지 황제를 만날 수 없었습니다. 그러니 황제에게 무슨 의견을 내는 일 따위는 더더구나 생각할 수도 없었지요. 나중에 방사 노생은 한국에서 온 후생(侯生)이라는 사람과 서로 의논하여, 진시황이 이처럼 폭정을 일삼고 살인을 즐기며 권세를 탐하니 그를 위해 신선을 구하고 불사약을 찾을 수 없다고 결정하고 둘이서 달아나 버렸습니다. 그 소식을 알게 된 진시황은 크게 노하여 사백여

---

**24** 발이 셋, 귀가 둘 달린 솥으로 음식을 익히는 데 쓰였다. 하나라 우왕(禹王)이 구주(九州)의 금속을 모아 만든 아홉 개의 솥을 왕위 전승의 보기(寶器)로 삼으면서 국가나 왕위 또는 제업(帝業)의 뜻으로 사용되었다.

명을 생매장하여 분풀이를 했습니다.

그렇게 복도에 숨어 있으면서 아침부터 밤까지 화를 내며 사람을 죽인 사람이 과연 진정으로 쾌락을 누렸다고 할 수 있을까요? 맹자가 말한 그대로입니다. "비록 대와 연못과 새와 짐승을 가지고 있은들 어찌 홀로 즐거워할 수 있겠습니까?"


## 『삼보황도』에 기록된 아방궁의 모습

혹자는 말합니다. 소두(小杜)는 당대(唐代) 인물이니 진시황보다 칠팔백 년 늦게 태어났고, 게다가 아방궁은 항우(項羽)가 함양에 들어왔을 때 불을 질러 다 태워 버렸으니 그가 부(賦)에서 묘사한 것이 꼭 실제 모습은 아니지 않겠느냐고 말입니다. 소두의 「아방궁부」는 사료를 근거로 한 것일까요? 혹시 자신의 재주와 상상력만 믿고 써낸 것은 아닐까요? 확인해 볼 방법이 없습니다. 그런데 진대(秦代)와 바로 이어진 한대(漢代) 사람의 기록이라면 틀림없이 사실에서 크게 벗어나지 않을 것입니다.

『삼보황도(三輔黃圖)』라는 한대의 저서에는 다음과 같이 기록해 놓았습니다. 아방궁은 아성(阿城)이라고도 불리며 원래는 진 혜왕이 그 자리에 궁실을 짓다가 미처 완공하지 못하고 죽었습니다. 시황제가 천하를 통일한 후에 그곳을 선택하고 범위를 확대해 아방궁을 지었는데, 차지한 땅이 사방 삼백여 리에 달했습니다. 수많은 이궁(離宮)과 별관(別館)을 지어 그 어마어마한 규모가 산골짜기를 뛰어넘고 일망무제의 높은 산봉우리도 가렸습니다. 오로지 진시황의 수레만이 통행하는 도로가 궁실에서 여산(廬山)까지 팔십여 리에 달했으며, 남산(南山)의 정상에 우뚝 솟은 웅장한 궐문(闕門)을 건축하여 흡사 하늘에 떠가는 구름과 닿을 듯했습니다. 또 물길을 열어 저 멀리 번천(樊川)의 물을 아방궁 안의 광활한 연못으로 끌어 들였습니다. 아방궁의 전전(前殿) 한 채만 하더라도 동쪽에서 서쪽까지 그 폭이 오십 보(步. 오십 보는 약 삼십 장丈으로 한 왕조의 도량형 제도는 고증이 어렵습니다)에 남북으로 그 너비가 오십 장(丈)이니, 위에는 만 명이 넘는 사람이 앉을 수 있고 아래에는 오 장(丈)의 기(旗)를 세울 수 있었습니다. 가장 귀한 자재를 사용해 건축하였는데, 대들보는 목란(木蘭)으로 만들어 설치하고 문은 자석(磁石)을 쌓아서 만들었습니다. 전전 한 채가 이렇게 호화로웠으니 정전(正殿)과 기타 궁실의 형편이 어떠했을지는 상상이 갑니다. 그 외에도 사통팔달의 복층의 고가복도(高架複道)가 그 누각들과 다 연결되어 함양까지 통했습니다.

한대 사람의 기록을 소두의 묘사와 비교해 보면, 소두의 문체가 훨씬 아름답고 기억하기 쉬울 뿐 아니라 그의 묘사가 아방궁의 실제 모습과 대단히 비슷했음을 입증해 줍니다.

게다가 더 믿을 만한 사료가 있으니 그것은 바로 사마천이 『사기』에서 홍문(鴻門)의 연회를 서술해 놓은 대목입니다. 홍문의 연회에서 자객 항장(項莊)이 검무를 출 때 그의 뜻은 패공(沛公) 유방을 도모하는 데 있었다는 대목이 나오고 곧 이어서 사마천은 이렇게 말했습니다. 항우는 한 고조가 홍문에서 패상(灞上)으로 달아난 것을 알고는 병사를 이끌고 돌아갔는데 "군대를 이끌고 서쪽으로 진격하여 함양을 도륙하고 투항한 진나라 왕자 영을 죽인 다음 진나라의 궁실을 불태웠는데, 그 불길이 석 달이나 타고도 꺼지지 않았다〔引兵西屠咸陽, 殺秦降王子嬰, 燒秦宮室, 火三月不滅〕." "火三月不滅(화삼월불멸)"이라는 달랑 다섯 글자가 그 기록과 시부(詩賦)의 신빙성을 모두 증명해 줍니다. 1977년에 미국 캘리포니아의 삼림에 큰 산불이 나서 그 광활한 산림을 불태웠다고 합니다. 숲이 빽빽해서 불길이 빨리 번졌지만 그래도 한 달 정도만 계속해서 불탔다고 합니다. 그런데 아방궁의 큰 불은 석 달이나 계속해서 탔다고 하니 그 규모가 얼마나 어마어마했는지는 짐작이 갑니다.

하지만 진시황은 얼마나 오랫동안 그것을 누렸습니까? 아방궁을 짓기 시작하던 날이 바로 진나라 정권이 무너지기 시작한 날이라고 말할 수 있습니다. 두목은 그의 「아방궁부」에서 이렇게 결론을 내렸습니다.

천하 사람들로 하여금 감히 말하지는 못하지만 분노하게 하고, 폭군의 마음은 날로 더욱 교만하고 완고해졌네. 수비병이 부르짖고(진섭이 반기를 들고 일어나고), 함곡관이 일어나고(한 고조가 군사를 이끌고 들어오고), 초나라 사람(항우)의 횃불 하나에 가련하게도 초토가 되었구나.

使天下之人, 不敢言而敢怒, 獨夫之心, 日益驕固. 戍卒叫, 函谷擧, 楚人一炬, 可憐焦土.

오호라! 여섯 나라를 멸한 자는 여섯 나라이지 진나라가 아니다. 진나라를 멸족한 자는 진나라이지 천하 사람들이 아니다. 아! 여섯 나라가 각기 그 백성을 사랑하였더라면 진나라를 막을 수 있었으리라. 진나라가 다시 여섯 나라의 백성을 사랑하였더라면 삼세를 내려가서 만세에 이르도록 군주 노릇을 할 수 있었을 것이니, 그 누가 멸족시킬 수 있었으랴!

嗚呼! 滅六國者, 六國也, 非秦也. 族秦者, 秦也, 非天下也. 嗟夫! 使六國各愛其人, 則足以拒秦. 秦復愛六國之人, 則遞三世可至萬世而爲君, 誰得而族滅也!

진나라 사람들은 스스로를 슬퍼할 겨를이 없어 후인들이 그를 슬퍼하였거늘, 후인들이 그를 슬퍼하기만 하고 거울삼지 않는다면 마찬가지로 자신들의 후인들로 하여금 또다시 자신들을 슬퍼하게 만들리라.

秦人不暇自哀, 而後人哀之, 後人哀之而不鑑之, 亦使後人而復哀後人也.

　그의 결론은 맹자가 양 혜왕에게 말했던 "비록 대와 연못과 새와 짐승을 가지고 있은들 어찌 홀로 즐거워할 수 있겠습니까?"라는 뜻을 잘 설명해 주고 있습니다. 더욱이 "후인들이 그를 슬퍼하기만 하고 거울삼지 않는다면 마찬가지로 자신들의 후인들로 하여금 또다시 자신들을 슬퍼하게 만들리라"라는 두 마디는 수 양제의 잘못을 질책하는 말이나 다름없으며, 후대의 송 휘종과 자희 태후 같은 사람들에 대한 예언이기도 합니다.

## 미루와 수 양제

　그렇지 않습니까? 지금부터는 저 유명한 방탕 황제인 수 양제의 행실을 보도록 하겠습니다. 아침에 계모를 희롱하다가 발각된 수 양제는 아버지에게 죽임을 당할 것이 두려워 사람을 보내 비밀리에 황제인 부친을 살해했습니다. 그날 저녁에 계모를 상대로 짐승 같은 욕망을 드러내더니 다음날 상을 치르고 황제에 즉위하였고 자기 형까지도 죽였습니다.

　다음해 봄 삼월에는 이백만 명의 장정을 몰아다가 낙양에 궁실을 건축했습니다. 멀리 장강 일대와 광동 등지로부터 기이한 목재와 돌을 수집했습니다. 또 전국 각지에서 수집한 진기하고 고귀한 화초와 수목과 새와 짐승을 낙양으로 옮겨다가 궁정의 원림(園林) 가운데 배치해 두고 감상했습니다. 그와 동시에 일부러 물길을 터서 변하(汴河)의 물을 이궁(離宮) 안으로 끌어들이고 용주(龍舟)를 만들어 물 위에서 즐길 수 있게 했습니다. 그가 건축한 궁정의 원림은 사방 이백 리에 달하는 광활한 토지를 점령했습니다.

원림 가운데 또 인공 바다를 만들었는데 그 주위로 십 리가 넘는 길이 펼쳐졌습니다. 인공 바다 위에는 신선이 산다는 섬인 방장(方丈)·봉래(蓬萊)·영해(瀛海)를 상상해서 인공섬을 만들었습니다. 그런데 그 높이가 수면으로부터 무려 백여 척에 달했습니다. 산 위에는 대(臺)·관(觀)·누(樓)·각(閣)·궁전(宮殿) 등이 죽 늘어서 있었습니다. 인공 바다의 사방에 열여섯 군데의 정원을 건축하고 정원마다 많은 미녀들을 거주하게 했으며, 정원을 관리하는 사람에게는 사품부인(四品夫人)이라는 고귀한 직함을 내렸습니다. 바다 속의 연꽃과 궁전 앞의 꽃나무가 가을 겨울이 와서 시들어 버리면 종이나 비단으로 가짜 꽃을 만들어 나뭇가지 위와 물속에 놓아두게 했습니다. 만약 색이 바래면 수시로 새 것으로 바꿔 주어야 했지요. 열여섯 군데 정원의 식물(食物)은 더욱더 서로 섬세함과 아름다움을 다투어 그의 비위를 맞췄습니다. 팔만 명을 동원하여 자신이 탄 용주를 끌게 하고 운하로 양주(揚州)까지 가서 유람했는데, 배들이 이백 리나 늘어섰던 그의 사치스러운 행위를 모든 사람들이 다 알고 있었습니다.

그는 또 백여만 명의 장정을 몰아다가 역사상 여섯 번째로 장성(長城)을 수축했습니다. 역사의 기록에 따르면 그가 자신의 즐거움을 위해 공정(工程)을 벌이느라 동원한 인력이 사백만 명이었는데 그중 절반 이상이 공사 현장에서 지쳐 죽었다고 합니다.

백성들만 박해를 당한 것이 아닙니다. 새와 짐승들조차 편안하지 못했습니다. 수 양제는 커다란 깃털 옷 한 벌을 새로 만들기 위해 즉위하고 삼년 째 되던 해에 천하의 각 주(州)와 각 현(縣)에 백학(白鶴)의 깃털을 바치라는 명을 내렸습니다. 그리하여 전국의 상하가 모두 부지런히 백학을 포획하여 깃털을 뽑았습니다. 당시 사천(四川)의 오정현(烏程縣)에는 십장(丈) 높이의 큰 나무가 한 그루 있고 그 위에 커다란 학의 둥지가 있었습니다. 그런데 나무가 너무 높아 학을 포획하러 올라갈 수가 없었습니다.

물론 그렇게 높고 큰 그물을 펼칠 방법도 없었고요. 하지만 만약 그 학의 깃털을 뽑아서 바치지 않으면 군주를 속인 죄를 범하게 되어 죽임을 당할 것입니다. 자칫 잘못했다가는 구족(九族)이 몰살당할 수도 있기 때문에 백성들은 어쩔 수 없이 나무를 베어 쓰러뜨리고 학을 포획하려 했습니다. 나무 위의 큰 학은 그렇게 되면 어린 학의 생명도 다칠 수 있겠다 싶었던 지 커다란 깃털 옷을 만들 수 있는 깃털을 스스로 뽑아 땅으로 던졌습니다. 그런데 아첨에 눈이 멀었던 지방관은 자기 깃털을 뽑은 백학의 고통은 생각지도 않고 도리어 그것이 일종의 상서로운 징조라고 떠들어 댔습니다. 궁에 보고하여 수 양제의 환심을 사고 그것으로 승진까지 할 심산이었던 것입니다.

수 양제는 화려한 원림을 건축해 놓고 달빛 좋은 밤이면 늘 수천 명의 아름다운 비빈 궁녀들을 거느리고 말 위에 올라 큰 원림에서 노닐었습니다. 또 특별히 가곡을 지어 말 위에서 연주하면서 노래 불렀습니다. 하지만 그는 이것으로 만족하지 못했습니다. 궁전이 비록 넓고 화려하기는 했지만 아기자기한 방과 작은 화원과 그윽한 별채가 없는 것이 못내 아쉬웠습니다. 그런 것들을 잘 배치해 둔다면 더 즐거울 것 같았습니다. 그리하여 곁에서 그를 모시던 고창(高昌)이라는 신하가 훌륭한 건축 설계사 항승(項昇)을 소개해 주었고 자신이 바라던 대로 설계한 청사진을 바치게 했습니다. 그것을 본 수 양제는 대단히 만족해했습니다. 즉시 전국에 명령을 내려 건축 재료를 수집하고 거기다 수만 명의 장정을 징집하여 일 년여 만에 완공했습니다. 들인 돈과 재물이 얼마나 많았는지 통계를 내기 어려울 정도였고 국고도 그 때문에 텅 비게 되었습니다. 새로운 건축물은 화려함은 물론이고 그 정교함이 자고이래로 없었던 것이었습니다. 사람이 안으로 들어갔다 하면 온종일 헤매도 출로를 찾지 못하는 경우가 다반사였습니다. 수 양제는 항승에게 오품관의 벼슬과 천 필의 비단이라는 후한 상을 내리고 득의양양하게 근신(近臣)들에게 말했습니다. "진짜 신선이 여기에 내려온다 하더라도 틀림없이 길을 잃어버릴 것이니 참으로 미루(迷樓)에 비교할 만하구나." 그리하여 후세 사람들도 그 건축물을 미루라고 불렀습니다.

미루가 다 건축된 후 그 안에서 벌인 수 양제의 방탕한 생활은 차마 눈 뜨고 볼 수 없고 귀로 들을 수 없고 말로 할 수 없었습니다. 나중에는 건강을 크게 해치고 허약해져서 온종일 혼수상태에 빠져 깨어나지 못하기도 했습니다. 여름이 되자 하루에 수백 잔의 물을 마시고 얼굴 앞에 커다란 얼음덩어리를 놓아두었지만 여전히 입이 마르면서 초조하고 불안해했습니다. 결국 수 양제는 또다시 남쪽 양주로 유람을 나섰다가 혁명을 일으킨 백성들에게 붙잡혔습니다. 독주를 마시고 자살하고 싶어 했지만 거절당하고 끝내는 우문화급(宇文化及)의 명으로 목 졸려 죽었습니다.

그러면 낙양의 미루는 어떻게 되었을까요? 당 태종은 군사를 일으켜 경성을 타도한 후에 미루를 보고 이렇게 말했습니다. "이것이 바로 천만 백성들의 피땀과 기름으로 건축한 것이로구나!" 그리하여 미루를 불태우라는 명령을 내렸는데 역시나 몇 개월 동안을 불타고서야 꺼졌습니다. 이 또한 맹자가 말한 "비록 대와 연못과 새와 짐승을 가지고 있은들 어찌 홀로 즐거워할 수 있겠습니까?"라는 데 대한 또 다른 형태의 증거이자 설명이 아니겠습니까! 다만 안타깝게도 당시에는 백성과 함께 즐거워한다는 사상을 충분히 설명해 준 사람이 없었기에 평소 영명하다고 일컬어지던 당 태종도 항우나 청 말의 팔국 연합군처럼 "거문고를 불사르고 학을 삶아버리는〔焚琴煮鶴〕"[25] 살풍경한 일을 저지르고 말았습니다.

방탕이 극에 달했던 그 군주는 극도로 사치스러웠는데, 황실 원림의 즐거움을 한껏 누렸다고 말할 수 있습니다. 하지만 당시에 이미 냉수를 마시고 얼음 대야에 얼굴을 갖다 대는 고통을 당했을 뿐 아니라 목 졸려 죽기까지 했습니다. 그래서 후대의 시인 이상은(李商隱)은 수궁시(隋宮詩)에서 "흥에 겨워 남쪽으로 유람 떠나면서 엄히 경계하지 않으니, 구중궁궐 그 누가 간언의 편지함을 살폈으리. 봄바람 불면 온 나라가 궁의 비단을 마름 질하여, 절반은 말다래[26]를 만들고 절반은 돛을 만들었네[乘興南遊不戒嚴, 九重誰省諫書函, 春風擧國裁宮錦, 半作障泥半作帆]"라고 한탄했습니다. 춘추 시대의 제 경공도 자신의 즐거움을 위해 대(臺)를 건축하고 커다란 종을 만들고 싶어 했는데, 당시의 현명한 재상 안자(晏子)가 반대하면서 간하 기를 "백성에게 거두어들여 종을 만들면 백성이 반드시 슬퍼하니, 슬픔을 거두어들여 도모하면 그 즐거움이 상서롭지 못합니다[斂民作鐘民必哀, 斂哀以謀樂不祥]"라고 했습니다.


## 간악과 송 휘종


이번에는 금나라에 십여 년간 포로로 잡혀 있다가 결국 이방인 오국성 (五國城), 즉 변방 북쪽의 사막 땅에서 죽은 송 휘종(宋徽宗) 황제의 이야 기입니다. 북송의 패망이 바로 "궁실 원림의 즐거움을 홀로 누린" 그의 생 활 때문이라고 말한다 해도 지나치지 않습니다. 비록 당시에 동관(童貫) 과 채경(蔡京) 같은 환관과 간신의 무리 및 기묘한 농간을 부리던 도사(道 士) 들이 정권을 전횡하기는 했지만, 그들이 황제의 총애를 얻어 정권을

---

**25** 거문고는 마음의 여유와 평화를 상징하는 악기이고 학은 우아함과 고고함을 상징하는 새이 다. 따라서 옛 사람들은 거문고와 학을 매우 중시했다. 그러한 거문고와 학을 불사르고 삶아 버렸다는 말은 소중한 사물이나 훌륭한 인재를 없애 버리는 것을 의미한다.

**26** 말을 탄 사람의 옷에 흙이 튀지 않도록 가죽이나 헝겊 같은 것을 말의 안장 양쪽에 늘어뜨려 놓은 기구.

장악할 수 있었던 까닭도 알고 보면 모두 폭군의 즐거움과 밀접한 관계가 있었습니다. 이러한 경우는 진시황이나 수 양제에 비해 한 걸음 더 나아가 정치에까지 위해(危害)를 끼친 예라 하겠습니다.

다른 사람의 심리를 헤아리는 일과 교언영색(巧言令色) 등의 아첨에 뛰어났던 환관 동관이 휘종의 환심을 얻은 후 제일 먼저 한 일은 강소(江蘇)와 항주(杭州) 일대로 달려가 강남의 서화와 골동품 및 각종 기괴하고 진기한 물건을 찾는 것이었습니다. 항주에 머물렀다 하면 몇 달씩 아침부터 밤까지 채경과 함께 빈둥거렸고, 진기한 골동품을 손에 넣으면 사람을 시켜 서울로 보내면서 편지에다 채경을 위한 온갖 좋은 말을 다 썼습니다. 거기다 황후 곁에서 부적을 그리고 주문을 외던 도사 서지상(徐知常)이 가세하고 대학박사 범치허(范致虛)가 서울에서 은밀히 도와, 휘종의 마음속에 채경에 대한 좋은 인상을 심었습니다. 그로부터 북송 패망의 씨앗이 뿌려졌습니다.

나중에 동관이 강남에서 골동품을 수집하는 일이 점차 규모가 커지자 마침내 전문 기관인 '응봉국(應奉局)'을 세워 대규모로 수탈했습니다. 상아와 무소뿔·금은·죽등(竹藤)·장식용 그림·풀로 붙인 것·조각·자수 등의 수공예품을 있는 대로 모두 빼앗아 갔습니다. 매일 수천 명의 사람들이 그곳에서 황제를 위해 의무 노동을 했는데, 거기에 사용된 값비싼 귀한 재료들은 모두 백성들이 부담하고 황실에서는 돈을 대주지 않았습니다. 참으로 백성들은 숨조차 쉴 수 없었습니다.

당시 소주(蘇州)에는 주충(朱沖)과 주면(朱勔) 부자(父子)가 있었습니다. 본래는 죄를 지어 형을 받았던 사람이었는데 채경 밑에서 일하며 환심을 샀습니다. 그리하여 채경의 추천으로 동관 밑에서 심부름을 하다가 벼슬까지 하게 되었습니다. 한번은 동관이 서울로 보낸 화석(花石)을 보고 휘종이 대단히 기뻐했습니다. 궁정의 첩자를 통해 그 소식을 알게 된 채경은 주충에게 명해 절강의 진기한 물건을 비밀리에 수집해 서울로 보내라고 했습니다. 맨 처음에 보낸 것은 세 그루의 회양목이었는데 휘종이 자못 기뻐하면서 칭찬했습니다. 한번 길이 열리자 그 후로 서울로 보내는 화석과 진기한 골동품이 갈수록 많아지고 해마다 증가했으니, 물품을 실어 나르는 배가 변경(汴京)과 회하(淮河) 사이를 끊임없이 왕래하여 사람들이 '화석망(花石網)'이라고 불렀습니다. 그 일로 더욱 휘종의 총애를 얻게 되자 채경은 주충의 아들 주면에게 명하여 동관 밑에서 '응봉국'과 '화석망'을 주관하도록 했습니다.

주면 이 소인배는 득세한 후 세력을 믿고 제멋대로 날뛰었는데 정말로 안하무인이었습니다. 내부(內府)에 재물을 요구하기를, 한번 손을 벌렸다 하면 백만을 넘었고 적어도 수십만이었습니다. 말로는 다 황제를 위해 일을 하는 데 필요한 것이라 했습니다. 황실의 재물을 관리하는 사람들 가운데 어느 누구도 안 된다는 말을 감히 못했고 아무도 그의 미움을 사려 하지 않았으니, 내부(內府)의 돈을 마치 자기 호주머니 속의 돈인 양 여겼습니다. 민간에 대한 수탈은 더욱 가혹했습니다. 큰 것 작은 것 할 것 없이 궁벽진 시골이나 깊은 산골짜기에 숨겨 놓은 물건도 그의 수탈을 피하지 못했습니다. 일반 백성들 집에 있는 돌이나 나무라 할지라도 그것이 조금이라도 감상할 만한 가치가 있으면 병졸들을 보내 황실의 노란 딱지를 붙였습니다. 원래 주인에게 잘 보관할 것을 명하고 만약 손실이 생기면 황제에 대한 불경이라 하여 반드시 죽였습니다. 만약 조금 큰 물건이라 운반이 불편하면 물건 주인의 집도 허물어 버렸습니다. 어떤 사람의 집에 조금이라도 기형적인 물건이 있으면 상서롭지 못하다 하여 그 주인은 죄를 지은 것으로 여겼습니다. 실외나 교외에 있는 물건이라면 그 장소가 산꼭대기가 되었건 골짜기가 되었건 혹은 깊은 연못이 되었건 생명을 아끼지 않고 온갖 수단을 동원하여 찾아왔습니다. 그 물건을 운반하는 선원들도 호가 호위(狐假虎威)하는 식으로 세력을 믿고 다른 사람을 괴롭혔으니, 심지어 주관(州官)이나 현관(縣官)까지도 능욕하곤 했습니다.

그런 상황에서 백성들은 아들을 팔고 딸을 팔았으며 집과 가족을 잃은 사람도 부지기수였습니다. 그러니 훗날 방랍(方臘)이 한바탕 큰 난을 일으켜 나라의 근본을 흔들게 될 씨가 이때 이미 뿌려졌다 하겠습니다.

가장 심각한 문제는 '간악(艮嶽)'의 건축이었습니다. 휘종은 아들이 없었기 때문에 항상 마음이 허전했습니다. 늘 궁을 드나들면서 부적을 그려주고 주문을 외던 유혼강(劉混康)이라는 도사가 어느 날 휘종에게 풍수의 도를 이야기했습니다. 경성의 서북쪽에 천지와 조화를 이루고 음양에 순응하는 장소가 있다고 하면서, 그곳에 산을 만들어 지세를 더욱 높이면 틀림없이 자손이 많아질 것이라고 했습니다. 휘종은 그의 말을 믿고 백성들을 동원해 그곳의 지세를 몇 장(丈)이나 더 높였습니다. 공교롭게도 후궁의 비빈 몇 명이 아들을 낳자 휘종은 더더욱 그를 믿게 되었습니다. 정화(政和) 7년에 이르자 병부시랑 맹규(孟揆)에게 명하여 경성 상청궁(上淸宮) 동쪽에 여항(餘杭) 봉황산(鳳凰山)의 형세를 본떠 만세산(萬歲山)을 쌓으라 하였는데, 마침내 선화(宣和) 4년에 도합 육 년이라는 시간을 들여 산을 완성하고 '간악'이라 이름 붙였습니다.

간악의 규모는 휘종이 지은 「간악기(艮嶽記)」에 개략적으로 기술해 놓았습니다. 아무리 대략적이라고는 하지만 읽고 나면 너무도 놀라 입이 딱 벌어지고 말문이 막힙니다. 현대에 국제적으로 이름난 무슨 공원이나 유원지라 하더라도 '간악'에 비교한다면 훨씬 못 미칠 것입니다. 아방궁이니 미루니 간악이니 하는 역대의 궁실 원림이 오늘날까지 남아 있었다면 중국의 관광 명승지는 아마도 세계에서 첫손가락을 꼽았을 것입니다.

휘종 스스로도 흐뭇하기 짝이 없는 자신의 걸작을 묘사하여 이렇게 말했습니다. "도면에 의거하여 땅을 측량하고 무리를 거느리고 흙과 돌을 쌓아올려, 동정·호구·사계·구지의 깊은 연못과 사빈·임려·영벽·부용의 뭇 산을 만드니, 가장 진기하고 특이한 옥돌의 돌이로다. 고소·무림·명월의 토양과 형초·강상·남월의 들이라. 비파·등유·낭괄·여지 나무와 금아·옥수·호이·봉미·소형·거나·말리·함소 풀을 옮겨 놓았네. 토지가 남다르거나 기풍이 달라서가 아니라 모두 조각한 문지방과 구부러진 난간에서 나서 자랐거나, 돌을 뚫고 틈에서 나와 언덕에 붙어 있구나. 동서로 서로 바라보고 앞뒤로 서로 이어지며 왼쪽에는 산이요 오른쪽에는 물인데, 시내를 따라가고 언덕을 좇아가며 연이어 가득하니 향기로운 산이 골짜기를 품었도다〔按圖度地, 庀徒潺潺, 累土積石, 設洞庭湖口絲縧仇池之深淵, 與四濱林慮靈壁芙蓉之諸山, 最瓌奇特異瑤琨之石. 卽姑蘇武林明月之壤, 荊楚江湘南粤之野. 移枇杷橙柚榔梏荔枝之木, 金峨玉羞虎耳鳳尾素馨渠那茉莉含笑之草. 不以土地之殊, 風氣之異, 悉生成長養於雕闌曲檻, 而穿石出巇, 岡連阜屬. 東西相望, 前後相續, 左山而右水, 沿溪而傍隴, 連綿而彌滿, 香山懷谷〕." 시작하는 문장을 통해 그 산의 거대함과 기백을 볼 수 있습니다. 전국의 명승고적, 기이한 돌과 나무를 모두 그곳에 모아두었습니다.

송나라 장호(張昊)의 기록에는 그 물건들을 각지에서 운반해 오는 상황을 지적했습니다. 모두 강이나 바다를 건너왔고 심지어는 거대한 나무나 돌이 손상되지 않고 통과할 수 있도록 성곽을 뚫기도 했습니다.

남송 때 사천의 승려 조수(祖秀)가 「화양궁(華陽宮)」이라는 기(記)를 지었는데, 거기에 묘사된 '간악'의 경물 중에는 휘종이 쓴 기(記)에서는 언급하지 않은 것들이 대단히 많습니다. 아마도 간악이 완공된 후에 계속해서 수리를 한 듯합니다. 조수 화상의 기(記)에서 마지막 단락인 "천하의 아름다움을 모으고 고금의 명승을 간직하여 여기에 다하였구나〔括天下之美, 藏古今之勝, 於斯盡矣〕"라는 묘사가 모든 것을 다 말해 주었다고 하겠습니다.

휘종이 쓴 기(記)의 맺음말에는 이렇게 적혀 있었습니다. "사면을 두루 두루 배회하면서 위아래로 바라보니, 마치 첩첩 산과 큰 골짜기에 있는 듯하고 깊은 골과 깊숙한 바위의 밑바닥에 있는 듯하니, 서울 땅이 광활하여 넓고 평평한 줄을 모르겠네. 또 성의 외곽이 에워싸고 이리저리 모여들며 쌓아 올려 진 줄을 모르겠네. 참으로 하늘이 만들고 땅이 베풀고 귀신이 도모하고 조화가 힘쓴지라 사람이 할 수 있는 바가 아니거늘, 이는 그 대강만 말하였노라(四面周匝, 徘徊而仰顧, 若在重山大壑, 深谷幽巖之底, 不知京邑空曠, 坦蕩而平夷也. 又不知郛郭寰會, 粉萃而塡委也. 眞天造地設, 神謀化力, 非人所能爲者, 此擧其梗槪焉)." 득의양양한 모습이 "현자도 또한 이것을 즐거워합니까?"라고 말했던 양 혜왕보다 훨씬 거들먹거리고 있음을 알 수 있습니다.

하지만 그가 포로로 잡혀 여진 땅으로 압송되어 갈 때 도중에 역관에서 지은 다음의 시를 「간악기」와 함께 놓고 음미해 보면 참으로 만감이 교차합니다. "밤새도록 서풍은 찢어진 문짝 흔들고, 스산하고 외로운 역관에 등불이 희미하네. 삼천 리 고향땅을 고개 돌려 바라보니, 아득한 남쪽으로 날아가는 기러기도 없구나(徹夜西風撼破扉, 蕭條孤館一燈微, 家山回首三千里, 目斷天南無雁飛)." 이 또한 "어질지 못한 자는 비록 이것을 가지고 있더라도 즐거워하지 못합니다"라고 했던 맹자의 말을 비춰 주는 것이라 하겠습니다.

그리하여 청나라 오초재(吳楚材)는 극히 엄하고 매서운 말로 그에게 적절한 비평을 가했습니다. 그중 한 대목은 이렇습니다. "휘종이 시정잡배들에게 내맡겨 이러한 욕심을 좇아 하늘을 거스르는 일을 행하니, 수 양제나 진 후주[27]와 똑같았다. 그러나 양제의 머리는 우문화급의 손에 베였고 진 후주의 몸은 대성의 욕정에 떨어졌으며, 휘종의 운명은 금나라의 포로로 사막 땅에서 죽음을 맞았다. 하늘이 어찌 일부러 세 군주에게 해독을 끼치려 했겠는가! 스스로 그것을 취한 것이다. 『서경』에 이르기를 '안으로 여색에 빠지고 밖으로 사냥에 빠지며, 술을 달게 여기고 음악을 즐기고 집을 높이 짓고 담장에 조각하네'라고 하였는데, 이 중에 한 가지라도 있으면 망하지 않는 이가 없다. 하물며 세 군주처럼 겸하여 지닌 자이겠는가〔徽宗任市井丐兒, 爲此縱欲逆天之事, 其與隋煬帝陳後主一律也. 然煬帝之頭, 斫於宇文化及之手; 陳後主之身, 隕於臺城辱井之中; 徽宗之命, 歿於金虜沙漠之地. 天豈有意肆毒於三君哉! 無乃自取之也. 書曰: '內作色荒, 外作禽荒, 甘酒嗜音, 峻宇雕牆.' 有一於此, 未或不亡. 況三君兼有者乎?〕."

또 다른 대목에서는 휘종이 간악을 축조한 것에 대해 이렇게 비평했습니다. "토목공사의 성대함이 극에 달하여 억만의 재물을 다 없애니, 하늘이 위에서 노하나 깨닫지 못하고 백성이 아래에서 원망하나 알지 못하였다. 이때 강한 오랑캐가 바깥에 있어 점차로 나라의 근심이 되었으나, 송의 군신들은 침범을 근심하여 예방하는 마음은 보이지 않고, 그저 오늘은 백성의 재물을 거둬들이고 내일은 백성의 힘을 부릴 뿐이니, 자고이래로 방탕한 군주 가운데 그 어리석음이 심하기로 휘종만 한 자가 없었다. 아! 민심이 이미 떠나고 천명이 또한 배반하니, 비록 대와 연못과 새와 짐승을 가지고 있은들 어찌 홀로 즐거워할 수 있겠는가〔極土木之盛, 殫億萬之財, 天怒於上而不悟, 民怨於下而不知, 是時强狄在外, 漸爲國患, 宋之君臣, 曾未見其思犯預防之心, 而徒今日斂民貲, 明日勞民力, 自古荒淫之君, 愚之甚者, 未有如徽宗之甚者也. 噫! 民心旣離, 天命亦叛, 雖有臺池鳥獸, 豈能獨樂哉!〕." 그는 맹자의 말을 사용하여 결론을 맺었는데, 이는 맹자의 두 구절을 풀이해 놓

---

27 남조 진(陳)나라의 마지막 군주 진숙보(陳叔寶)를 가리킨다. 재위할 때 궁실을 크게 짓고 종일 총비(寵妃)와 사신(詞臣)들과 연회를 열면서 정치는 등한시했다. 수나라 군대가 들이닥치자 황비와 함께 경양전 우물에 숨어 있다가 수나라 병사에게 잡혔는데, 사람들이 나중에 그 우물을 욕정(辱井)이라 불렀다.

은 것이나 다를 바 없었습니다.

## 이화원과 청나라 말 자희 태후

바로 두목(杜牧)이 말한 "후인들이 그를 슬퍼하기만 하고 거울삼지 않는다면 역시 자신들의 후인들로 하여금 또다시 슬퍼하게 만들리라" 하는 것과 꼭같습니다. 청나라 사람이 송대 휘종 황제에 대해 이처럼 준엄한 비판을 했지만, 청 왕조 말년에 가서는 그것을 거울삼아 앞에 두고 수시로 대조해 보고 자신이 그런 모습은 아닌지 살펴보지 않았습니다. 그리하여 훗날 자희 태후가 이화원을 건축하느라 대규모 토목 공사를 일으키고 천하를 수탈해 백성들이 안심하고 살 수 없는 상황이 벌어졌습니다. 당시는 서구 열강이 중국을 둘러싸고 호시탐탐 침입하여 이권을 요구하고 땅을 할양해 줄 것과 배상을 요구하던 시기였습니다. 나중에 팔국 연합군이 서양의 견고한 무기를 앞세워 북경으로 진입했을 때 청 조정은 막아 낼 능력이 전혀 없었습니다. 결국 자희 증조모는 어린 황제를 데리고 낭패스럽게 도망가는 수밖에 없었습니다.

마침내 만청의 조종(祖宗)은 이백칠십여 년의 강산을 잃어버리고 말았습니다. 다행히 국민혁명이 정의를 기치로 하였기에 낡은 것을 버리고 새롭게 혁신하는 와중에도 청나라 마지막 황제의 가족을 우대하고 또 백성의 피땀으로 건축한 그 '이화원'도 보존해 두었습니다. 마땅히 후세 만대에 좋은 거울이 되어야 할 것입니다!

## 봉각 용루와 이후주

"안으로 여색에 빠지고 밖으로 사냥에 빠지며 술을 달게 여기고 음악을 즐기며 집을 높이 짓고 담장에 조각한(內作色荒, 外作禽荒, 甘酒嗜音, 峻宇雕牆)" 몇몇 황제들이 원림(園林)의 즐거움을 향유했던 결과를 검토해 보았습니다. 그러고 보니 대단한 시재(詩才)를 지녔던 남당(南唐)의 마지막 황제 이후주(李後主)[28]가 포로로 잡힌 후에 지은 시가 생각납니다.

| | |
|---|---|
| 강남과 강북의 옛 고향 | 江南江北舊家鄉 |
| 사십 년 세월이 한바탕 꿈이로구나 | 四十年來夢一場 |
| 오나라 정원 내궁은 이제 쓸쓸해졌고 | 吳苑宮闈今冷落 |
| 너른 언덕에 전각도 이미 황량하여라 | 廣陵臺殿已荒凉 |
| 구름 자욱한 머나먼 산봉우리에 수천 조각의 수심 어리고 | 雲籠遠岫愁千片 |
| 빗방울 내리치는 외로운 배는 눈물 속에 만 리 여정 오르네 | 雨打孤舟淚萬行 |
| 형제 네 사람에 삼백의 식구들 | 兄弟四人三百口 |
| 차마 어쩌지 못한 채 앉아서 생각에 잠기노라 | 不堪閒坐細思量 |

또 다른 사(詞)에서는 이렇게 읊었습니다.

| | |
|---|---|
| 사십 년 나라와 | 四十年來家國 |
| 삼천 리 산하여 | 三千里地山河 |

---

**28** 오대십국(五代十國) 시기 남당(南唐)의 군주 이욱(李煜)을 가리킨다. 975년에 송나라에 의해 수도가 함락되자 포로가 되어 변경(汴京)으로 끌려가 갇혀 살다가 송나라 태종에게 사약을 받았다. 그는 정치적으로는 무능했지만 서예와 그림, 음악, 시사(詩詞)와 산문까지 모두 상당한 조예가 있었으며 특히 사(詞) 창작에서 뛰어난 재능을 보였다.

| | |
|---|---|
| 봉황 같은 누각과 용 모양의 누대는 하늘에 닿고 | 鳳閣龍樓連霄漢 |
| 옥 같은 나무와 가지들은 무성하게 넝쿨을 지으니 | 玉樹瓊枝作烟蘿 |
| 몇이나 전쟁을 알았으랴 | 幾曾識干戈 |
| 하루아침에 포로가 되고 보니 | 一旦歸爲臣虜 |
| 굽은 허리 흰 살쩍마저 쇠약해져 가네 | 沈腰潘鬢銷磨 |
| 가장 슬픈 건 종묘를 사직하는 날 | 最是倉皇辭廟日 |
| 교방에서는 이별가를 연주하는데 | 教坊猶奏別離歌 |
| 눈물 뿌리며 궁녀들 마주한 일이었지 | 揮淚對宮娥 |

글자마다 눈물이요 구절마다 피가 어려 있습니다. 하지만 오나라 정원 내궁과 너른 언덕에 전각 및 봉황 같은 누각과 용 모양의 누대 등 지난날의 번화함을 백성과 함께 즐기지 못하고 "함께 소유하고 함께 누리는" 사회 복지가 없었기 때문에 그 즐거움은 오래갈 수 없었습니다. 홀로 즐거워하는 것은 불가능합니다.

서방 국가에서도 당시 통치 계급의 사치스러운 모습은 이와 마찬가지였습니다. 심지어 더 심한 곳도 있었습니다. 서방 국가의 함께 소유하고 함께 누리는 사회 복지 제도와 민주 자유 사상은 14세기 문예 부흥 운동 이후에 생겨났으니 지금으로부터 불과 몇 백 년 전의 일입니다.

이런 역사적 사실과 이후주의 문학 작품을 통해서 우리는 맹자가 말한 "현자인 뒤에야 이것을 즐거워할 수 있으니, 어질지 못한 자는 비록 이것을 가지고 있더라도 즐거워하지 못한다"라는 두 구절은 비단 한 나라의 정권에만 적용되는 것이 아니라 한 가정의 흥쇠(興衰)와 개인의 성패(成敗)에도 모두 적용된다는 사실을 알 수 있습니다. 방대한 사업을 벌이고 천만금의 재물을 소유하고 있다 할지라도, 중심 사상이 없고 스스로 입신 처세의 기초로 삼을 도덕적 표준을 세우지 못했다면 아무런 쓸모가 없습니다. 왜냐하면 이러한 유형(有形)의 재물은 잠시 우리에게 속한 것일 뿐 진정으로 소유한 것이 아니기 때문입니다. 두 다리를 쭉 뻗고 눈을 감는 순간이 되면 한 푼의 돈도 우리 것이 아닙니다. 이 또한 맹자가 말한 "현자인 뒤에야 이것을 즐거워할 수 있으니, 어질지 못한 자는 비록 이것을 가지고 있더라도 즐거워하지 못한다"라는 경우입니다.

게다가 물질적 환경이 좋다고 해서 반드시 즐거울 수 있을까요? 이것은 하나의 관념상의 문제이지 결코 절대적이지 않습니다. 물론 물질적 환경의 좋고 나쁨이 사람의 정서와 생각에 영향을 미칠 수는 있습니다. 하지만 고도의 정신 수련을 한 사람은 마찬가지로 자신의 마음으로 환경을 변화시킬 수 있습니다. 공자가 안회를 일러 "어질도다! 회여. 한 대광주리의 밥과 한 표주박의 물로 누추한 마을에 살면, 사람들은 그 근심을 견디지 못하거늘 회는 그 즐거움을 고치지 않으니, 어질구나 회야!〔賢哉! 回也. 一簞食, 一瓢飮, 在陋巷, 人不堪其憂, 回也不改其樂, 賢哉回也!〕"라고 말했던 것과 같습니다. 그는 자신만의 세계가 있었기 때문에 물질적 환경의 영향으로 바뀌지 않았습니다. 만약 중심 사상이 없고 입신처세의 도덕적 표준과 정신적 수양이 없다면, 제 아무리 재물이 많고 물질적 환경이 좋다 할지라도 그의 마음은 결코 즐거울 수 없습니다. 앞에서 우리가 언급한 몇몇 군주의 역사적 사실이 바로 좋은 예증입니다. 현대 서방 국가의 정신 분석학자나 심리학자들이 제시하는 사례를 들어 연구하더라도 실증을 얻을 수 있을 것입니다. "비록 대와 연못과 새와 짐승을 가지고 있은들 어찌 홀로 즐거워할 수 있겠는가."

---

양 혜왕이 말하였다. "과인은 나라에 대하여 마음을 다하고 있습니다. 하내 지방에 흉년이 들면 그 백성을 하동 지방으로 이주시키고 그 곡식을 하내

지방으로 옮깁니다. 하동 지방에 흉년이 들면 또한 그렇게 합니다. 이웃 나라의 정사를 살펴보면 과인처럼 마음을 쓰는 자가 없는데도 이웃 나라의 백성들이 더 적어지지 않으며 과인의 백성들이 더 많아지지 않음은 어째서입니까?" 맹자께서 대답하셨다. "왕께서 전투를 좋아하시니 청컨대 전투를 가지고 비유하겠습니다. 둥둥 북을 쳐서 병기와 칼날이 이미 부딪혔거든, 갑옷을 버리고 병기를 끌고 달아나되, 혹은 백 보를 달아난 뒤에 멈추며 혹은 오십 보를 달아난 뒤에 멈추어서, 오십 보 달아난 것으로 백 보 달아난 것을 비웃는다면 어떻습니까?" 왕이 말하였다. "안 됩니다. 다만 백 보를 달아나지 않았을 뿐 이 또한 달아난 것입니다." 맹자께서 말씀하셨다. "왕께서 이것을 아신다면 백성들이 이웃 나라보다 많아지기를 바라지 마십시오. 농사철을 어기지 않게 하면 곡식을 이루 다 먹을 수 없으며, 촘촘한 그물을 웅덩이와 연못에 넣지 않으면 물고기와 자라를 이루 다 먹을 수 없으며, 도끼와 자귀를 때에 따라 산림에 들어가게 하면 재목을 이루 다 쓸 수 없을 것입니다. 곡식과 물고기와 자라를 이루 다 먹을 수 없고 재목을 이루 다 쓸 수 없으면, 이는 백성으로 하여금 산 사람을 봉양하고 죽은 사람을 장례 치르는 데 있어 유감이 없게 하는 것입니다. 산 사람을 봉양하고 죽은 사람을 장례 치르는 데 유감이 없게 하는 것이 왕도의 시작입니다. 오 무의 집 가장자리에 뽕나무를 심으면 오십 세 된 사람이 비단옷을 입을 수 있습니다. 닭과 돼지와 개를 기름에 새끼 칠 때를 놓치지 않게 하면 칠십 세 된 사람이 고기를 먹을 수 있습니다. 백 무의 토지에 농사철을 빼앗지 않는다면 몇 식구의 집안이 굶주림이 없을 수 있습니다. 『상서』의 가르침을 삼가서 효제의 의로써 거듭한다면 머리가 반백인 사람이 길에서 짐을 지거나 이지 않을 것입니다. 칠십세 된 사람이 비단옷을 입고 고기를 먹으며, 젊은 사람들이 굶주리지 않고 춥지 않게 하고서도 왕 노릇 하지 못하는 사람은 없습니다. 개와 돼지가 사람이 먹을 양식을 먹어도 단속할 줄 모르고, 길에 굶어 죽은 시체가 있어도 창고를 열 줄 모르며, 사람이 죽으면 말하기를 '내가 한 것이 아니요 세월 탓이다' 합니다. 이것은 사람을 찔러 죽이고 말하기를 '내가 한 것이 아니요 병기 탓이다'라고 말하는 것과 어찌 다르겠습니까? 왕께서 죄를 세월에 돌리지 않으시면 이 천하의 백성들이 왕께로 올 것입니다."

梁惠王曰: "寡人之於國也, 盡心焉耳矣. 河內凶, 則移其民於河東, 移其粟於河內. 河東凶亦然. 察鄰國之政, 無如寡人之用心者. 鄰國之民不加少, 寡人之民不加多, 何也?"

孟子對曰: "王好戰, 請以戰喩. 塡然鼓之, 兵刃旣接, 棄甲曳兵而走, 或百步而後止, 或五十步而後止, 以五十步笑百步, 則何如?"

曰: "不可! 直不百步耳, 是亦走也."

曰: "王如知此, 則無望民之多於鄰國也."

"不違農時, 穀不可勝食也. 數罟不入洿池, 魚鼈不可勝食也. 斧斤以時入山林, 林木不可勝用也. 穀與魚鼈不可勝食, 材木不可勝用, 是使民養生喪死無憾也. 養生喪死無憾, 王道之始也."

"五畝之宅, 樹之以桑, 五十者可以衣帛矣. 雞豚狗彘之畜, 無失其時, 七十者可以食肉矣. 百畝之田, 勿奪其時, 數口之家, 可以無飢矣. 謹庠序之敎, 申之以孝悌之義, 頒白者不負戴於道路矣. 七十者衣帛食肉, 黎民不飢不寒, 然而不王者, 未之有也."

"狗彘食人食而不知檢. 塗有餓莩而不知發. 人死, 則曰非我也, 歲也. 是何異於刺人而殺之, 曰: '非我也, 兵也.' 王無歲罪, 斯天下之民至焉."

# 청명상하도[29]의 이면

맹자의 위대한 인격과 고상한 도덕 수양 덕분에 그가 말한 왕도 정치의 정신은 양 혜왕을 감동시켰고 점차 맹자의 말에 귀 기울이게 되었습니다. 그래서 두 사람의 이번 대화는 어기가 앞의 두 번과는 사뭇 다릅니다. "영감, 당신이 이 먼 대량 땅까지 왔는데 내 나라를 이롭게 할 것이 있소?"라는 물음에 "어찌하여 입을 열자마자 이로움을 이야기하십니까, 인의에 대해서 이야기합시다"라고 대답하며 그렇게나 서로 어긋나더니, 이번 대화에서는 이전보다 훨씬 화기애애하게 이야기가 잘 되어 가는 것 같습니다.

양 혜왕이 말했습니다. "터놓고 말해서 나는 내 나라에 마음을 다하고 힘을 다해 다스렸습니다. 예를 들어 국경 안의 황하 안쪽에 가뭄으로 흉년이 들면, 나는 하내의 백성들을 하동으로 이주시키고 동시에 하동에서 양식을 거둬들여 하내로 보내어 그곳 백성들이 굶주리는 고통을 당하지 않게 합니다. 만약 하동에서 무슨 재해를 당하면 마찬가지로 하동의 백성들을 돌아보고 도와주는데, 이 모두 내가 진심으로 백성들을 인애하기 때문입니다. 당신은 인의를 이야기하면서 나에게 인정(仁政)을 펴라고 하는데, 내가 이렇게 하는 것이 바로 당신의 주장에 부합하는 것이 아닙니까? 지금 내 이웃 나라를 보면 그들은 나처럼 하지 않았는데도 그들의 백성이 감소하지 않았고, 또 내가 예전에 당신의 이론대로 했어도 내 백성은 증가하지 않았습니다. 이것은 무슨 이치입니까?"

양 혜왕은 왜 이런 문제를 끄집어냈을까요? 만약 현대의 인구 관념으로

---

**29** 청명상하도(淸明上下圖)는 중국 북송 시대 한림학사였던 장택단(張擇端)이 북송의 수도 변경(汴京)의 청명절 풍경을 그린 그림으로, 평화롭고 여유로운 농촌을 묘사한 풍속화이다. 변경을 흐르는 변하(汴河)를 사이에 두고 주변의 풍물과 인물을 사실적으로 그려 이후 중국 풍속화의 한 화제(畫題)가 되었다.

본다면, 세계 인구가 폭발적으로 늘어나면 각국은 식량 문제 때문에 보편적으로 가족계획을 시행할 것입니다. 다른 나라의 인구는 줄어들지 않고 자기 나라의 인구는 많아지지 않는다고 어디 걱정이나 하겠습니까? 물론 흉년에 대처하는 양 혜왕의 태도는 이치상 당연한 것이며 정부로서 마땅히 책임져야 할 부분입니다. 하지만 방법과 기술적인 면에서 말한다면 힘들게 백성을 이주시키는 것이 가장 훌륭한 조치만은 아닐 것입니다!

그런데 우리는 전국 시대의 문화적 배경을 먼저 이해해야 합니다. 전국 시대의 제후국들은 비록 서양의 봉건 제도와는 달랐지만 백성과 영토와 정권이 모두 제후들의 사유 재산이었기 때문에, 자연히 영토가 넓을수록 백성이 많을수록 실력과 권세가 클수록 국제적 지위가 높을수록 영웅이라 일컬어지고 패자(覇者)라 칭해졌습니다. 당시는 아직 국적 제도가 없었고 이민을 제한하지도 않았으며 여권 같은 것도 없었기에 일반 백성들은 비교적 자유롭게 옮겨 다닐 수 있었습니다. 어느 국가가 부강해서 더 좋은 생활을 누릴 수 있다고 하면 그 나라로 이주하여 그의 국민이 될 수 있었습니다. 전국 시대 당시에 천하 즉 중국 전체의 백성은 겨우 수천만 명에 불과했습니다. 정말로 땅은 넓고 인구는 희소하여 근대의 상황과는 크게 달랐습니다. 그런 상황에서 당시 양 혜왕이 맹자에게 이런 문제를 제기한 것은 나름대로 일리가 있었습니다.

그렇다면 맹자는 어떻게 대답했을까요? 그는 이렇게 말했습니다. "당신 양 혜왕께서는 싸움을 좋아하시니 제가 전쟁으로 비유해서 들려 드리지요. 전투를 벌이고 있을 때 북소리가 울리면 부대는 앞을 향해 돌격하여 쌍방이 접전을 벌입니다. 그런데 죽음을 두려워한 일부 병사들이 전투복을 벗어 버리고 병기를 내던지며 뒤로 도망했습니다. 어떤 병사는 백 보를 도망한 뒤에 멈추어 섰고 어떤 병사는 오십 보를 도망한 뒤에 멈추어 섰습니다. 그런데 오십 보를 도망한 병사가 백 보를 도망한 병사를 보고 간이 작다고 비웃었습니다. 당신 양 혜왕께서는 비웃는 것이 옳다고 생각하십니까?" 맹자의 이런 반문은 올가미를 설치해 놓고 양 혜왕에게 씌우는 것과 똑같습니다. 이것이 그의 뛰어난 대화 기교입니다. 만약 글로 썼다면 일종의 복선을 깔아 두는 수법이라 하겠습니다. 이것을 보더라도 맹자라는 사람은 후세의 멍청한 유생들이 말한 것처럼 그렇게 진부한 사람이 아님을 알 수 있습니다.

과연 양 혜왕은 "물론 다른 사람을 비웃어서는 안 됩니다. 백 보를 도망하지는 않았지만 마찬가지로 도망한 것입니다"라고 말했습니다.

그러자 맹자가 말했습니다. "이러한 이치를 안다면 당신의 백성이 이웃 나라보다 더 많아지기를 바랄 필요가 없습니다."

맹자는 양 혜왕이 전쟁을 좋아한다고 말했습니다. 솔직히 말해서 그 시대에 어느 누가 전쟁을 좋아하지 않았겠습니까? 당시는 전쟁을 하지 않으면 생존하기가 어려웠습니다. 그러지 않았다면 전국 시대라 부르지도 않았을 것입니다. 양 혜왕은 그의 부친인 위 무후와 조부인 위 문후 시대의 휘황찬란했던 국면을 회복시키기 위해 오로지 전쟁에 매달렸습니다. 하지만 전쟁을 지나치게 좋아했던 것은 확실합니다. 예를 들어 방연(龐涓)을 보내 제나라를 침략했던 일은 하지 않아도 될 일이었습니다. 결국 방연은 전사하고 위나라는 크게 패했으니 실로 자업자득이라 아니할 수 없습니다.

하지만 맹자의 말은 그래도 상당히 부드러웠습니다. 그가 비유를 들어 말하고자 했던 뜻은 이러합니다. "당신 양 혜왕께서 흉년이 들면 백성을 이주시키고 양식을 운반하는 것은 물론 훌륭한 일입니다. 하지만 그것은 머리가 아프면 머리를 치료하고 다리가 아프면 다리를 치료하는 방법에 지나지 않습니다. 당신의 이웃 나라가 나쁘기는 하지만 당신이 실행하는 방법, 즉 머리가 아프면 머리를 치료하는 그런 방법 역시 이웃 나라에 비해 조금 더 나을 뿐입니다. 근본적인 것으로부터 착수하여 병의 근원을 제거하지 않는다면, 다시 말해 국가의 천추만세를 생각하여 백년대계를 세우고 장구한 도모를 하지 않는다면 어떻게 이웃 나라의 백성보다 많아질 수 있겠습니까?"

중국의 역사를 보면 맹자의 이 말은 확실히 일리가 있습니다. 전국 시대 이후 진(秦)에서부터 한·당·송·원·명·청까지 역대로 소수의 개국 황제나 중흥 군주만이 표방할 만한 가치가 있는 공적을 세웠을 뿐, 대다수의 군주들은 모두 머리가 아프면 머리를 치료하고 다리가 아프면 다리를 치료하는 그런 잘못을 범했습니다. 극소수만이 국가의 백년대계를 생각했습니다.

맹자는 양 혜왕의 잘못된 생각을 조심스럽게 지적한 다음 계속해서 양 혜왕에게 왕도 정치를 실행할 것을 적극적으로 건의했습니다. 왕도 정치를 시작할 때 마땅히 유의해야 할 기본 정책인 이른바 "농사철을 어기지 않을 것〔不違農時〕" 등에 대해 이야기했습니다. 이 대목은 문장을 읽어 보면 그 소리가 무척 아름다워 낭랑하게 읊조리기 딱 좋습니다. 그 내용은 당시의 농업 경제를 기초로 한 정치에 관한 것으로, 농업의 발전으로 농촌 경제가 번영하고 부유한 국가를 형성하면 거기에서 한 걸음 더 나아가 사회 안정에 도달합니다. 그런 연후에 안정 속에서 중국 문화가 표방하는 정치 정신인 양생(養生)과 상사(喪死)를 실현합니다.

'양생(養生)'에는 인구의 증가, 부단한 생활 개선, 생존 보장 및 생명의 연속이 다 포함됩니다. 현대 서방 국가는 아동 복지 및 노인 복지의 정신을 중시하는데 그것이 바로 '양생'과 '상사'라는 맹자의 이상(理想)입니다. 우리가 오늘날 표방하는「예운(禮運)」'대동(大同)' 편의 대동세계의 이상이기도 합니다. 이른바 "노인들로 하여금 생을 잘 마치게 하고, 장정들로 하여금 잘 쓰여지게 하고, 어린아이들로 하여금 잘 자라게 하고, 홀아비와 과부와 고아와 독거하는 사람과 장애자와 아픈 사람들이 모두 잘 보살핌을 받는〔使老有所終, 壯有所用, 幼有所長, 鰥寡孤獨廢疾者皆有所養〕" 세상이 바로 왕도 정치의 기본 정신입니다.

그런데 맹자의 구체적인 건의를 통해 우리는 당시 맹자의 견문에 한계가 있음을 알 수 있습니다. 왜냐하면 그가 여러 나라를 주유했다지만 중원의 농업 지역에만 가봤기 때문에 돌아본 곳이 많지는 않습니다. 가령 그가 말한 것은 농업과 어업과 임업 이 세 방면의 건설에 관한 것뿐입니다. 만약 그가 신강(新疆)이나 몽고 혹은 중국 서남부의 산악 지역에 갔더라면, "촘촘한 그물을 웅덩이와 연못에 넣지 않으면 물고기와 자라를 이루 다 먹을 수 없다〔數罟不入洿池, 漁鼈不可勝食也〕"라는 대목은 문제가 되었을 것입니다. 그런 지역에 웅덩이와 연못이 어디 있어서 물고기를 잡는다는 말입니까? 또 광서(廣西) 변경과 귀주(貴州)의 일부 지역은 "하늘은 사흘 맑은 날이 없고 땅은 석 자 평평한 곳이 없으며 사람은 석 냥 은자를 가진 자가 없다〔天無三日晴, 地無三尺平, 人無三兩銀〕"라고 하였으니, 평원의 농업 경제가 어떻게 발전할 수 있었겠습니까?

하지만 대우(大禹)의 치수 이후로 농업으로 나라를 세운 중원에서는 아직 소금과 철의 이익을 중시하는 이론이 확립되지 않았고 전국 시대에 크게 행해지지도 않았습니다. 그러니 맹자의 구체적인 의견이 당시의 실제 상황에는 그런대로 들어맞는 것이었습니다. 당시의 경제 구조에 대한 그의 건의는 시간과 공간의 제약을 받는다고 할 수 있습니다. 그런데도 후세에 독서로 정치를 한 지식인들은 맹자의 이러한 관념을 고지식하게 붙잡은 나머지, 농업을 중시하고 상공업은 경시하는 잘못되고 치우친 관념을 형성함으로써 산업이 낙후되고 경제가 쇠퇴하는 결과를 낳았습니다.

# 농사철을 어기지 않다

그런데 여기에서는 "농사철을 어기지 않다〔不違農時〕"라는 말에서 이 '時(시)' 자가 내포한 의미에 특별히 유의해야 합니다. 그냥 글자 뜻만 봐서는 안 됩니다. 문자만 좇아서 뜻을 풀이했다가는 진정한 이치를 알아낼 수 없습니다. 양 혜왕은 일국의 군주 신분이었고 게다가 어리석은 통치자도 아니었는데, 설마하니 농사철도 몰랐겠습니까? 어느 누구도 엄동설한에 씨를 뿌리러 나간다든지 육칠월의 무더운 여름에 수박씨를 심거나, 혹은 채소 씨를 뿌리기에 적합하지 않은 때에 파종을 하지는 않습니다. 그런데도 맹자는 양 혜왕에게 농사에서 세 가지 유의 사항을 건의할 때 첫 번째로 "농사철을 어기지 말 것"을 이야기했습니다. 그러니 어찌 아무런 의미가 없는 것이라 하겠습니까? 만약 우리가 역사와 지리 문제에 유의한다면, 다시 말해 시간(시대 배경)과 공간(지리적 환경)이라는 두 가지 요소를 고려하고서 이 구절을 이해한다면 그 진면목을 볼 수 있을 것입니다.

우리가 알다시피 춘추 전국 시대 각국의 제후들은 끊임없는 정벌을 통해 영웅과 패자(霸者)로 칭해지려는 목적을 이루고자 부국강병의 근시안적인 정책을 실시했습니다. 다시 말해 백성의 힘을 남용했습니다. 모내기를 해야 할 청명과 곡우 기간이든 아니든 상관하지 않았고 또 입추나 처서 같은 수확철에도 백성을 동원해서 한바탕 전쟁을 벌였습니다. 그뿐 아니라 어렵(漁獵)도 때와 장소를 가리지 않았습니다. 원래 새나 짐승이 알을 낳고 새끼를 치는 시기에는 수렵을 하지 않습니다. 어린 물고기를 잡으면 도로 물에 놓아주어야 합니다. 그러므로 어렵 역시 적당한 때에 해야 하고 마음 내키는 대로 마구잡이로 잡아서도 안 됩니다. 현대에도 마찬가지로 전기를 사용해서 물고기를 잡는다거나 독약을 물에 풀어서 "물고기 씨를 말리는" 행위는 법령에 명문화해서 금지하고 있습니다. 요즘 말로 '천연

자원 보호'라고 부릅니다. 임업도 마찬가지로 수시로 벌목해서는 안 됩니다. 안 그랬다가는 직접적인 영향으로 토지가 유실되고 강바닥이 진흙으로 막혀 버립니다. 그렇게 되면 수원(水源)을 확보하고 토양의 침식을 막는 삼림의 기능을 잃어버려 홍수 범람의 재해를 불러옵니다. 간접적으로는 강우량의 감소와 같은 기상(氣象) 방면에까지 영향을 미칩니다. 대만에서는 이 부분에 대해 주의를 기울였습니다. 과거 중국 대륙에는 흔히 '민둥산'이라 부르는 흙산이 곳곳에 많았습니다. 산봉우리가 마치 아직 머리카락이 자라지 않은 어린 아기의 머리처럼 민숭민숭했습니다. 당시 대륙에는 숲을 관리하고 경영하는 산림청 따위가 없어서 일반 국민들이 삼림을 보호할 줄 모르고 마음대로 벌목을 했기 때문입니다.

맹자는 추(鄒) 지방 사람입니다. 추 지방이 노(魯)나라에 있었으니 현재의 산동입니다. 그런데 그가 주유했던 제나라나 위나라 등은 현재의 하남(河南), 산서(山西) 일대의 평원 지역으로 농림업과 소규모 어럽 사회였습니다. 그는 당시 위나라의 양 혜왕을 포함한 천하 각국의 제후들이 모두 자기의 권력과 토지를 확충하여 부국강병을 달성하기 위해 백성들의 생산 시간과 노동력을 수탈하는 것을 보았습니다. 그리하여 이 세 가지 일이 당시 전국 시대에 대단히 중요하고 가치 있는 일임을 강조한 것입니다. 글자만 좇아서 풀이하는 방식으로 읽는다든지 가볍게 넘겨 버려서는 안 될 것입니다.

이 세 가지가 왕도 정치의 시작이라고 했던 그의 주장은 전혀 틀리지 않습니다. 그런 이치를 알고 나면 맹자가 거듭해서 "때를 놓치지 말아야 한다(無失其時)" "때를 빼앗지 말아야 한다(勿奪其時)"라고 하면서 '時(시)' 자를 특별히 중시하고 강조한 까닭을 이해할 수 있습니다.

맹자는 양 혜왕에게 왕도 정치를 실시하여 사회가 안정된 이후에는 가정의 부업(副業)을 제창해야 한다고 건의했습니다. 백성들에게 오 무(畝)

의 택지에 뽕나무를 심어 양잠을 하고 가금과 가축을 기르게 해야 한다고 말했습니다. 그렇게 하면 오십 세 이상의 사람들이 비단옷을 입을 수 있고 칠십 세 이상의 사람들이 매일 고기를 먹을 수 있게 됩니다. 이처럼 풍요로운 소강(小康)의 경지에 이른 다음, 거기서 한 걸음 더 나아가 일반 백성들을 교화하고 효제(孝悌)의 도덕을 발양시키면 연장자들이 고생할 필요가 없어집니다. 맹자는 말합니다. 만약 한 나라가 경제적으로 풍요롭고 정치적 사회적으로 안정되어서, 나이든 사람들이 비단옷을 입고 고기를 먹을 수 있으며 나라 안에 굶주리고 추위에 떠는 사람이 없다면, 그 나라의 군주는 국제 사회에서 정치 지도자가 되어 천하의 맹주가 되지 않을 수 없을 것입니다.

## 난세에 유랑하는 백성을 그린 문학

그다음 단락을 보면 맹자는 당시에 개와 돼지가 사람이 먹을 양식을 먹고 길에 굶어 죽은 시체가 뒹굴고 있는 상황을 지적했습니다. 후세에 "붉은 대문 안에서는 술과 고기 냄새 코를 찌르는데, 길에는 굶어 죽은 백골이 나뒹구네〔朱門酒肉臭, 塗有餓死骨〕"라고 읊었던 사회 상황과 똑같습니다. 이 문장은 부정적인 이면을 보여 주고 있습니다. 또 우리는 이 구절을 통해서도 맹자의 뛰어난 화술을 볼 수 있습니다. 그는 당대 각국 사회의 병적 상태를 지적함으로써 양 혜왕을 자극하여 왕도 정치를 시행할 수 있도록 하려던 것입니다.

맹자는 여기에서 "개와 돼지가 사람이 먹을 양식을 먹고〔狗彘食人食〕" 및 "길에 굶어 죽은 시체가 있고〔塗有餓莩〕"라는 열 자도 안 되는 말로 춘추 전국 시대의 혼란스럽고 병적인 사회 현상을 묘사했습니다. 하지만 심각하고도 비통한 상황임에도 불구하고 난세를 겪어 보지 않은 사람은 어쩌면 이 몇 글자가 상징하는 전국 시대의 비참한 상황을 이해하지 못할지도 모릅니다.

항일 전쟁이 시작된 민국 26년에 사천(四川)에 들어왔던 많은 사람들은 굶어 죽은 사람이 길 가에 즐비한 모습을 직접 목도했습니다. 게다가 시체의 머리는 대부분 흰색 천으로 싸여 있어서 서글픈 분위기가 한층 더했습니다. (당시 사천 사람들은 아랍이나 인도의 풍속처럼 머리를 흰색 천으로 싸기를 좋아했습니다.) 그것은 사천의 군벌들이 이권을 다투느라 연이어 내전을 벌였기 때문이었는데, 말하자면 사천이 만들어 낸 악한 결과였던 셈입니다. 그들이 권리를 다투느라 벌였던 전쟁에 소요된 경비는 모두 일반 국민에게서 착취한 것이었으니 그야말로 백성은 가난해지고 재물은 탕진하는 꼴이었습니다. 그들이 사람들을 착취하는 방법에는 두 가지가 있었습니다. 하나는 징수였는데 백성들의 재물을 일방적으로 강제 징수해 갔습니다. 또 하나는 세금을 매기는 것이었는데 세율을 높이고 또 높이다가 나중에는 미리 거두기까지 했습니다. 전하는 말에는 민국 15년 북벌(北伐)을 전후하여 사천의 군벌들이 거두어들인 세금이 자그마치 민국 50년까지의 세금을 미리 거둔 것이었다고 합니다. 군벌들이 만들어 낸 하늘도 깜짝 놀랄 만한 이 우스꽝스러운 해프닝의 이면에는 수많은 백성들의 눈물과 피땀이 숨어 있었습니다! 하늘이 내린 곳간이라는 별칭을 가진 사천, 그 풍요로운 지방에서 굶어 죽은 시체가 길에 나뒹굴게 된 원인은 바로 무력을 남용하여 전쟁을 일삼은 군벌들로 인해 백성은 가난해지고 재물은 탕진했기 때문입니다.

역사상 이러한 일은 그리 드물지 않았으며 특히 전란의 시기에는 더 심했습니다. 오대(五代) 시기에 남당(南唐)의 후주인 이욱(李煜)의 부친 이경(李景)은 역사에서 남당의 중주(中主)로 일컬어졌습니다. 그는 국가의 세출(歲出)이 부족할 때면 결사적으로 세금을 늘렸습니다. 세율을 높이는 것 외에도 세목(稅目)을 늘려 각종 잡세(雜稅)를 거두어들였는데 항목이 번다해서 헤아리기 어려울 정도였습니다. 심지어 백성들이 집에서 기르는 닭, 오리, 거위 등이 동시에 알을 두 개 낳으면 거기에도 세금을 매겼습니다. 봄에서 여름으로 넘어가는 시기에 마당 앞이나 문밖에 심은 버드나무에서 버들 솜이 바람을 따라 하늘에 휘날릴 때면 버들 솜에 대한 세금까지 거두었습니다. 무거운 세금의 압박을 더 이상 견디지 못한 백성들이 분노하면서도 감히 말하지는 못하자, 자연히 "내 너와 더불어 함께 망하리라〔予及汝偕亡〕" 하는 깊은 원한을 갖게 되었습니다.

이처럼 자신의 권력을 확장시키기 위해 함부로 백성의 힘을 남용하는 군주들은 대부분 사생활에서도 향락을 즐기고 여색과 음악에 탐닉했는데, 궁중에서 배우들을 양성해서 연극과 음악을 즐겼습니다. 그 배우들은 비교적 민간에 가까웠기 때문에 일반 백성들의 고통을 대개 이해하고 있었습니다. 그래서 때로는 무대에서 유머러스하고 우스꽝스러운 방식으로 일반 백성들의 마음의 소리를 황제 앞에서 표현해 냈습니다. 이 중주(中主)가 거위의 쌍란과 버들 솜에까지 세금을 징수하자 어떤 배우는 연기를 하면서 이렇게 노래했습니다. "원하옵건데 온 세상에 경사스러운 일 많아서, 버드나무는 솜을 맺고 거위는 쌍란을 낳기를〔惟願普天多瑞慶, 柳條結絮鵝雙生〕." 이 두 구의 심각한 풍자는 명구가 되어 후세에 길이 전해졌습니다. 다행히 이경은 일부러 못 알아들은 척하면서 당장에는 추궁하지 않았습니다.

맹자가 말한 "개와 돼지가 사람이 먹을 양식을 먹고, 길에는 굶어 죽은 시체가 있다"라는 두 구절을 통해 우리는 당시 위나라의 소위 공부(公府), 즉 양 혜왕과 그의 고위 간부 및 대신들의 생활이 상당히 사치스럽고 호화로웠던 반면에 일반 백성들은 대단히 곤궁했음을 알 수 있습니다.

맹자의 이 두 구절로 오늘날의 미국을 형용한다면 서로 비슷한 점이 조금 있습니다. 미국인들이 개를 키우는 모습을 보면, 개를 치료하는 의사가 별도로 있는 것은 말할 것도 없고 특별히 만든 개 옷과 모자에다 개털을 정리해 주는 애견 미용실까지 있습니다. 개가 먹는 깡통식품을 보면 그 속에 든 소고기나 닭고기는 모두 상등품으로서, 낙후된 지역의 사람들이 먹는 음식에 비해 못하지 않습니다. 근래에는 개 전문 식당도 생겨서 그 "하늘이 내린 오만한 개"들을 위해 그들이 좋아하는 음식을 준비한다고 합니다. 미국에는 굶어 죽는 사람에 관한 이야기는 거의 들을 수 없지만 실업 문제는 아주 심각합니다.

맹자는 양 혜왕에게 당시 위나라의 좋지 못한 정치 풍조를 지적한 다음 어기를 더 강하게 하여 말합니다. "개가 사람이 먹을 양식을 먹는 이런 상황에서도 당신은 조치를 하지 않았습니다. 다시 말해 길에 굶어 죽는 사람이 있는데도 당신은 창고를 열어 양식을 나누어 주며 구제하지 않았습니다." 이 두 구절을 통해 우리는 위나라의 정치가 확실히 훌륭하지 못했음을 알 수 있습니다. 그래서 맹자는 흉년이면 백성을 이주시키고 양식을 나른다고 자랑하던 양 혜왕의 말에 어기를 더 강하게 했던 것입니다. "개가 사람이 먹을 양식을 먹고 길에 굶어 죽은 사람이 있는 이런 상황에서도 당신은 스스로 자랑하여, 하동에 흉년이 들면 백성을 하내로 이주시키고 하내의 양식을 하동으로 보내는 것이 바로 덕정이라 말합니다. 그리고 죽은 사람들에 대해서도 이것은 천재요 흉년 탓이지 결코 정치가 잘못되어 그런 것이 아니라고 말합니다. 이런 논리가 칼로 사람을 죽여 놓고 내가 죽인 것이 아니라 칼이 죽인 것이라고 말하는 것과 무엇이 다릅니까?"

마지막으로 맹자가 말했습니다. "백성들을 고통스럽게 만든 이러한 책임을 천재나 흉년에 돌리지 마십시오. 만약 스스로 검토하여 정치상 진정으로 백성을 위해 복지를 도모하지 못했음을 인정하고 그런 후에 왕도 정치를 향해 노력해 나간다면, 천하의 인심이 되돌아와서 모두 당신을 옹호하고 우러러볼 것이니 당신네 위나라로 오는 백성도 자연히 많아질 것입니다."

이 단락을 읽으면 오대(五代)의 고사가 생각납니다. 당(唐) 말 이후로 변란이 일어날 때면 중원의 지식인과 고위 인사들 가운데 많은 사람들이 남쪽의 광동(廣東)과 복건(福建) 일대로 피란했습니다. 당나라 사람이 시에서 "난리의 땅을 피해 의관을 차려 입고 모두 남쪽으로 향하네〔避地衣冠盡向南〕"라고 말했던 바로 그런 상황입니다. 당 말에 왕심지(王審知)라는 번진(藩鎭)이 군사를 거느리고 복건에서 할거하였는데 그의 후대는 스스로 민왕(閩王)이라 칭했습니다. 왕심지는 워낙 도량이 넓어 북쪽에서 도망 온 문인 명사들을 받아들여 복건에서 정착하게 했는데 유명한 시인 한악(韓偓)이 바로 그 중 하나입니다. 그는 당시에 목도한 당 말의 상황을 시에서 이렇게 읊었는데 얼마나 처량한지 모릅니다. "일천 고을이 한식처럼 스산하니, 밥 짓는 연기는 보이지 않고 꽃만 보이네〔千村冷落如寒食, 不見人烟只見花〕."(옛날에는 청명절 이틀 전을 한식이라 하여 사흘간 불을 금했는데, 전국에서 밥 짓는 불도 지피지 않았습니다.) 천이 넘는 촌락을 두루 다녀도 마치 한식 절기처럼 밥 짓는 연기는 보이지 않고 들판에는 꽃만 활짝 피어 있습니다. 하지만 꽃을 감상하는 사람도 없어 더더욱 적막하기만 합니다. 시인이 써 내려간 풍광만으로도 코끝이 시큰거리게 만들기 충분합니다.

명대 장식(張式)이 민(閩) 지방을 다스릴 때에도 "섣달그믐에도 폭죽을 터트리지 못하는데, 사천의 봉화만이 사람을 붉게 비추네〔除夕不須燒爆竹, 四川烽火照人紅〕"라는 시구가 전란의 광경을 묘사했습니다.

오대(五代)의 시인 두순학(杜荀鶴)의 시는 전란을 겪는 백성들의 고난을 더욱 상세하고 심도 있게 그려 냈습니다. 여기에서는 그의 「시세음(時世吟)」 열 수 가운데 두 수를 소개하겠습니다.

| 병란으로 폐허 된 집 지키느라 | 夫因兵亂守蓬節 |
|---|---|
| 삼베 속옷에 머리카락은 그슬렸지 | 麻苧裙衫鬢髮焦 |
| 뽕나무밭 황폐해져도 여전히 세금 매기고 | 桑柘廢來猶納稅 |
| 전원이 온통 황무해도 싹에다 징수하는구나 | 田園荒盡尚徵苗 |
| 끼니마다 들판에서 풀과 뿌리 캐다 끓이고 | 時挑野菜和根煮 |
| 생 땔나무 베고 나뭇잎을 가져다 태우네 | 旋砍生柴帶葉燒 |
| 깊은 산 더 깊은 곳에서 산다 할지라도 | 任是深山更深處 |
| 조세와 부역을 피할 방법이 없으리라 | 也應無計避征徭 |

| 팔십의 늙은이 허물어진 마을에 사노니 | 八十衰翁住破村 |
|---|---|
| 마을의 적막함을 이루 말로 못하겠구나 | 村中牢落不堪論 |
| 요새에 재목 대느라 뽕나무는 다 잘렸고 | 因供寨木無桑柘 |
| 향병을 동원하느라 자손이 끊어졌다네 | 爲點鄕兵絕子孫 |
| 승평 시대라도 되는 양 세금을 재촉하니 | 還似昇平催賦稅 |
| 사방 어디에도 편안히 거처하지 못하네 | 未曾州縣略安存 |
| 이제는 닭과 개도 별처럼 사방으로 흩어지니 | 至今鷄犬皆星散 |
| 서산에 해질 때 대문에 기대어 슬피 우노라 | 落日西山哭倚門 |

문예의 시각에서 보면 이 두 수의 칠언율시는 시 속에 그림이 있을 뿐 아니라 그림 속에 피눈물이 있습니다. 맹자가 양 혜왕을 만났을 때 "개와 돼지가 사람이 먹을 양식을 먹고, 길에 굶어 죽은 시체가 있다"라고 말한 것을 확대해 보여 준 것이라 하겠습니다. 청(淸) 말에 일본이 점거하던 시기에 대만 시인 왕송(王松)이 "시의에 맞지 않은 일 참으로 많지마는, 난세를 만나 사람 노릇 하기가 어렵다네[不合時宜知多少, 生逢亂世作人難]"라고 말한 것과 꼭 같습니다.

오대(五代)의 시에 관해 이야기하다 보니 오대 시기 풍도(馮道)의 전고가 생각납니다. 풍도라는 사람에 대해서는 후대에 비평하기를 부끄러움을 모르는 사람이라고들 합니다. 스스로 유자(儒者)라 칭하면서 "젖이 있으면 다 어머니"라는 식으로 후당(後唐), 후진(後晉), 후한(後漢), 후주(後周)의 네 왕조 열 명의 황제 밑에서 벼슬했던 것을 질책해서입니다.

하지만 풍도의 시문 및 그가 관직에 있을 때의 행동을 깊이 있게 자세히 연구해 보면 그의 심중을 들여다볼 수 있습니다. 오대 시기의 군주들은 하나같이 충성을 바칠 가치가 없었습니다. 그가 대대로 관직에 나갔던 목적은 자신의 부귀를 탐해서가 아니었습니다. 그들 오대의 외족(外族) 황제들이 중원으로 마구 들어와서 중화 문화를 훼손할까 두려웠기 때문이었습니다. 중화 민족의 전통문화를 보존하기 위해 부득이 난세 중의 벼슬길에 몸을 의탁했고, 심지어는 천하에 나쁜 짓이라는 후세의 오해를 받으면서까지 벼슬을 했습니다.

이는 일부러 그를 추켜세우려는 것이 아니라 그럴 만한 사적이 있습니다. 후당(後唐)의 명종(明宗) 이사원(李嗣源)은 원래 낫 놓고 기역자도 모르는 사람이었습니다. 각지에서 오는 상주문도 읽을 줄 몰라 다른 사람에게 읽으라고 시켰습니다. 그런데 이 촌스러운 황제가 즉위한 후 삼년 째 되던 해에 전국에 풍년이 들자 너무나 기쁜 나머지, 더 이상 예전의 거칠고 상스러운 모습이 아닌 고상하고 부드러운 태도로 국내에 풍년이 들고 사방이 무사태평한 즐거운 일을 풍도에게 이야기했습니다.

그때 풍도는 결코 명종의 말에 매끄럽게 맞장구치지 않고 오히려 이렇게 말했습니다. "제가 이전에 선제이신 장종(莊宗)의 막부에서 일할 때였습니다. 한번은 명을 받들어 중산(中山)에 가느라 정형현(井陘縣)을 지나게 되었는데, 그곳의 지형은 대단히 험악하고 길도 울퉁불퉁하니 좋지 않았습니다. 저는 말에서 굴러 떨어져 죽을까 봐 겁이 나서 두 손으로 말고

삐를 꽉 틀어쥐고 두 다리는 힘껏 말 몸에 붙이고 조심조심 지나갔습니다. 그 덕분에 다행히 아무런 일도 일어나지 않았습니다. 그렇게 험한 길을 지나서 드디어 평탄한 대로에 이르자 제 마음은 안도하게 되었고 손도 발도 자연히 느슨해졌습니다. 그런데 뜻밖에도 그 평탄한 대로에서 오히려 낭패스럽게 말에서 굴러 떨어져 다리를 크게 다쳤습니다. 그래서 저는 생각했습니다. 국가의 지도자는 천하와 국가의 대업에 종사할 때 언제나 조심해야 한다고 말입니다."

그는 이렇게 명종의 머리에 찬물을 휙 끼얹었습니다. 물론 감히 직접적으로 찬물을 뿌리지는 못하고 화를 면하기 위해 빙빙 돌려서 말하기는 했습니다. 이것을 보더라도 그가 벼슬한 속내가 어디에 있었는지 확실히 알 수 있습니다.

이 무식한 황제는 다행히 도량이 커서 풍도의 빈정거림을 듣고도 화를 내지 않았습니다. 오히려 풍도의 말이 이치에 맞는다 생각하여 풍도에게 좋은 감정을 갖게 되었습니다. 그래서 이렇게 물었습니다. "올해는 풍년이 들었으니 백성들의 양식이 충분하겠지?" 이런 태도는 방금 전의 득의만만하던 모습과는 달리 나라를 걱정하고 백성을 걱정하는 모습입니다.

그런데 풍도는 여전히 아첨하는 말을 하지 않고 실제 상황에 대한 정확한 도리를 이야기했습니다. "흉년이 들면 농가에서는 굶어 죽게 됩니다. 풍년이 들어도 이른바 곡식 값이 떨어져 농가를 힘들게 한다는 말처럼, 쌀이 많으면 제값에 팔 수가 없어 손해를 보게 됩니다. 따라서 풍년이 들든 흉년이 들든 농민의 생활은 여전히 고달픕니다. 제가 알기로 진사 섭이중(聶夷中)은 이런 시를 지었습니다. '이월에 새 실을 팔고 오월에 새 곡식을 내어서[30], 눈앞의 부스럼은 치료했으나 마음의 살을 깎아 내는구나[二月賣新絲, 五月糶新穀, 醫得眼前瘡, 剜却心頭肉].'"

이 시는 쉬운 백화로 되어 있어서 문학적 가치는 별로 없지만 농사짓는 사람들의 실제 모습을 완곡하게 묘사했습니다. 사농공상(士農工商) 가운데 농민이 가장 고생하고 가장 힘들다는 사실을 군주 된 사람은 반드시 알아야 합니다.

명종은 그의 말을 듣자 크게 기뻐하면서 즉시 곁에 있던 사람에게 명을 내려 섭이중의 시를 기록해 놓고 늘 낭송해서 자신에게 들려주라고 했습니다.

이런 역사 고사들을 인용한 다음에 맹자의 정련(精練)된 구절을 보면 그제야 그 속에 담긴 의미를 깊이 깨달을 수 있습니다. 그리고 중국 정치 철학에서 맹자의 중요성을 알게 되어 그의 말이 무미건조하고 평이하게만 느껴지지 않을 것입니다.

또 역사와 경서를 종합해서 연구해 보면 중국 역사 수천 년간의 큰 결점이 바로 농사의 수리(水利) 문제에 있음을 발견할 수 있습니다. 이 문제는 현대에 이르기까지 철저하고 원만하게 해결하지 못했습니다. 풍도가 "풍년과 흉년을 모두 병으로 여기는 것은 오로지 농가에서만 그러하네[豊凶兩病, 惟農家爲然]"라고 말했던 것 같은 농촌의 상황을, 한·당·송·원·명·청의 각 시대마다 극히 짧은 시기를 제외하면 모든 농촌에서 그러한 고통을 당했고 해법을 얻지 못했습니다.

다만 현대에 들어와서 삼십여 년간 적극적으로 토지를 개량하고 댐과 저수지를 건설하고 비료를 주는 등 시설과 농업 기술을 향상시킴으로써 비로소 흉년을 면하게 되었습니다. 풍년이 들면 높은 시가(市價)를 표준 가격으로 하여 남은 곡식을 사들임으로써 곡물 값이 떨어져 농촌이 피해를 입는 병폐를 없앴습니다. 이는 분명 중국 역사상 훌륭한 정책입니다.

---

30 누에를 쳐서 새 실이 나오면 갚기로 하고, 또 가을 추수한 후에 곡식으로 갚기로 하고 미리 돈이나 곡식을 빌리는 상황을 묘사했다.

하지만 농촌 경제는 현대화된 상공업 발전의 타격을 받아 새로운 문제가 또다시 생겨나고 있습니다.


## 도강언을 만든 이빙 부자

과거 수천 년 이래로 농경지의 수리(水利) 문제는 줄곧 해결하지 못했습니다. 특히 황하의 수해는 천여 리(里)에 달하는 경작지와 가옥과 묘지를 폐허로 만들기 일쑤였습니다. 농사를 짓는 농토와 거주하는 집, 심지어는 조상의 분묘까지도 보전하지 못했으니 이는 맹자가 말했던 "산 사람을 봉양하고 죽은 사람을 장례 치르는 데 있어 유감이 없게 하는" 중국 정치 철학의 원칙에도 위배되었습니다. 이런 폐해를 만들어 낸 데는 수리(水利)를 제대로 못한 원인이 컸습니다.

대우(大禹)가 치수를 한 이후로 근 삼천 년 동안 수시로 수해가 났지만 황하와 양자강 두 하천이 특히 심했습니다. 황하의 수리 공사는 근본적으로 제대로 된 적이 없었습니다. 양자강의 수리 공정은 성공을 거둔 적이 있기는 하지만 상류의 서쪽 한 곳에 불과했습니다. 바로 그 옛날 진시황 시대에 만든 도강언(都江堰)입니다. 그것은 사천(四川) 청성산(青城山) 아래에 위치한 관현(灌縣) 관할의 협곡으로서 그 이름을 관구(灌口)라 했습니다. 두보의 시에 "금강의 봄빛은 천지에 가득하고, 옥루산에 뜬구름은 시절 따라 변하네〔錦江春色來天地, 玉壘浮雲變古今〕"라고 했던 소위 '옥루(玉壘)'와 '이퇴(離堆)' 등의 명승지가 그곳에 있습니다. 그 땅에 제방을 쌓고 제방 위에 이랑묘(二郎廟)라는 사당을 지어 신상(神像)을 모셔 두었는데, 소설『봉신방(封神榜)』에 등장하는 이랑(二郎) 양전(楊戩)이 아니라 진소왕(秦昭王) 때 도강언을 건축한 촉(蜀) 태수 이빙(李冰) 부자(父子)를 말합니다.

이빙 부자의 말이 나왔으니 청나라 사람 전무(錢茂)가 쓴『역대도강언 공소전(歷代都江堰功小傳)』에 나온 그들에 대한 간략한 서술을 살펴보도록 하겠습니다.

진나라 이빙

이빙은 전국 시대 사람이다. 천문과 지리를 잘 알았고 민산과 아미산에 은거하면서 귀곡자와 벗하였다. 당시 장약이 촉의 태수였는데 장의와 함께 성을 쌓다가 완성하지 못하고 수해로 고생하자 이에 이빙을 천거하여 장약을 대신하게 하였다.

이빙은 군을 다스리면서[31] 신령스러운 거북을 불러내고 이퇴를 뚫어서 말수의 해를 피하였다. 강을 막아 둑을 만들고 비강과 검강의 두 강을 열어 별도로 지류를 만들어 군 아래로 흐르게 하여 배가 다니게 하였다. 민산에는 가래나무와 측백나무와 큰 대나무가 많았는데 물의 흐름을 잘 좇아서 이로움을 얻었다. 또 그 물을 끌어다 농경지에 물을 대니 그 수가 엄청났다. 가물면 물을 끌어다 적시고 비가 오면 수문을 막았는데, 돌에 새겨서 규칙을 정하고 한도를 벗어나지 않게 하였다. 큰 둑을 만들어 물이 흐르는 길목을 막아 물을 가두기도 하고 흐르게도 하니 도안언이라 일컬었다. 즉 지금의 도강언이다. 촉 지방은 이로써 기근이 없어지고 하늘이 내린 창고라 불리게 되었다.

이빙은 다시 낙통산 낙수를 끌어다가 비현의 별강과 신진현의 대도하에서 만나게 하였고, 광도의 염정 등 여러 방죽을 개통하고 남안의 혼애를 뚫

---

**31** 주(周)나라에서는 군(郡)이 현(縣) 아래에 속했으나 진(秦)나라에 이르러는 천하를 36군(郡)으로 나누고 현(縣)은 그 아래에 속하게 하였다.

음으로써 말수의 세력을 죽여 세상이 모두 그 이로움을 누리게 하였으나 도강언이 비교적 두드러진 것이었다.

둑을 만들면서는 대나무를 쪼개어 통발을 만들고 돌을 그 안에 채우거나 혹은 돌로 만든 소의 형상과 사람의 형상으로 메웠으며, 학공치 낚시터와 호안[32]을 설치하였다. "여울을 준설할 때에는 깊이하고 둑을 만들 때에는 낮게 한다"라는 여섯 글자를 돌에 새겨 놓았는데, 더욱이 마음으로 전해진 오묘함에 역대로 그 법을 존중하고 그 덕을 기리어 사당을 세우고 제사를 드리니, 원 지순 원년에 성덕영혜왕에 봉하였다. 청조에 이르러 부택홍제 통우왕에 봉하고 사전에 기재하였다.

李冰, 戰國時人. 知天文地理, 隱居岷峨, 與鬼谷友. 時張若守蜀, 與張儀築城不就, 兼苦水患, 乃薦冰代若.

冰營郡治, 致神龜, 鑿離堆, 以避沬水之害. 壅江作堋, 穿郫檢兩江, 別支流過郡下, 以行舟船. 岷山多梓柏大竹, 頹隨水流, 坐收其利. 又引漑田疇, 以萬億計. 旱則引水浸潤, 雨則杜塞水門, 鐫石定水則, 俾無失度. 作大堰以扼蓄洩咽喉, 稱都安堰. 卽今都江堰. 蜀以此無饑饉, 號天府焉.

冰復導雛通山雒水, 與郫別江會新津大渡, 穿廣都鹽井諸陂池, 鑿南安溷崖, 以殺沬水, 世咸饗其利, 都江堰乃其較著者也.

其作堰, 破竹爲籠, 以石累其中, 或鎭以石牛石人, 設象鼻魚釣護岸. 有石刻'深淘灘, 低作堰' 六大字, 尤心傳之妙者, 歷代尊其法, 食其德, 立祠致祭, 元至順元年, 封聖德英惠王. 至國朝, 封敷澤興濟通祐王, 載在祀典.

---

32 강이나 바다의 기슭이나 둑 따위를 무너지지 않도록 보호(保護)하는 일이나 그 장치(裝置)를 가리킨다.

이이랑과 왕철

이이랑은 이빙의 둘째 아들로서 말을 달려 사냥하기를 좋아하였는데, 역사에는 그 사적이 빠져 있어서 이름을 찾을 수가 없으며 세상에 여러 가지 기이한 행적이 전해져 신분이 높은 사람들은 그에 관해 말하기를 꺼려 한다. 오로지 분명한 것은 돌로 다섯 마리의 물소를 만들어 수중 괴물을 진압하고 강의 남쪽으로 석서계를 열어 서우리라 일컬었으며 친구 일곱과 함께 교룡을 베었다는 사실이다. 또 거짓으로 미녀인 양 꾸며서 요괴와 혼인하여 사당에 들어가 술을 권하였다고 한다. 혹자는 말하기를 이빙이 소가 되어 싸우다 강신을 찔러 죽인 일이 그렇게 전해진다고 하는데 상세한 것은 『수경주』에 보인다.

그러나 고정[33] 주자는 말하기를 "이랑과 문창[34]은 촉의 지경을 나누어 차지하였는데, 이랑이 선조의 공덕을 실행하여 전 촉인의 마음을 얻은 일이 본디 있었다"라고 하였다. 원 지순 원년에 영렬소혜령현인우왕에 봉해졌다. 청조에 이르러 승적광혜현왕에 봉해졌다.

왕철의 사적은 남아 있지 않지만 촉전 『성원운보』에는 이빙과 동시기의 사람이라고 하였다. 방씨의 『통아』에는 왕철로 표기하고 이빙과 함께 두 강을 개통했다고 하였는데, 나머지는 전해지는 바가 없다. 혹은 이빙의 뛰어난 보좌관이었다고도 한다.

二郞爲李冰仲子, 喜馳獵, 史軼其事, 名字無考, 世傳種種異蹟, 薦紳先生難言之. 可徵者, 惟作五石犀, 以厭水怪, 穿石犀溪於江南, 命曰犀牛里, 與其友七

---

**33** 고정(考亭)은 주희(朱熹)의 호이다.

**34** 문창신(文昌神) 혹은 문창제군(文昌帝君)은 북두칠성의 첫 번째 별부터 네 번째 별 사이에 있는 여섯 별을 신격화한 것이라고 한다. 또 일설에는 황제(黃帝)의 아들인 휘(揮)가 문창제군이라고도 한다. 휘는 주(周)나라 때부터 원(元)나라 때까지 구십일곱 차례나 이 세상에 태어났으며, 학문에 뜻을 가진 사람들을 위해 많은 도움을 주었다고 한다. 명·청 시대에 과거 시험을 준비하는 사람들에게 시험의 신으로 인기가 많았다고 한다.

人斬蛟. 又假飾美女, 就婚蠻鱗, 以入祠勸酒. 或謂卽冰爲牛鬥刺殺江神事傳會之, 詳見水經注.

然考亭朱子云: 二郞與文昌, 分踞蜀境, 是二郞克迪前光, 以得全蜀人心者, 固有在也. 元至順元年, 封英烈昭惠靈顯仁祐王. 國朝封承績廣惠顯王.

王叕事軼, 蜀典姓源韻譜, 謂與李冰同時人. 方氏通雅作王叕, 謂與冰同穿二江. 其他無聞焉, 或亦冰之良佐也.


원래 관구(灌口)라는 지방은 강바닥이 구불구불했는데, 매년 늦봄에서 초여름이 되면 강 상류에 자리잡은 설산(雪山)에서 겨우내 쌓였던 눈이 녹기 시작합니다. 광활한 설산 산맥의 수많은 봉우리에서 세차게 흘러 내려온 눈 녹은 물이 관구라는 좁은 길목에 모여들면, 파도가 더욱 사나워져서 그 소리가 천둥 치는 소리 같았습니다. 그 웅장한 기세와 거대한 힘은 오늘날 석문(石門)댐[35]이 수문을 열어 물을 뺄 때의 상황과 비교해 더하면 더했지 조금도 덜하지 않았습니다. 만약 적당한 시설을 하지 않았다면 그 재해의 규모는 사천성에만 그치지 않고 하류의 각 지방에 두루 미쳤을 것이니, 황하의 수재와 서로 막상막하였을 것입니다.

일찍이 수천 년 전에 이미 이빙 부자는 "여울을 준설할 때에는 깊이하고 둑을 만들 때에는 낮게 한다〔深淘灘, 低作堰〕"라는 여섯 글자의 진언(眞言)을 생각해 내었고, 유롱(流籠)을 던지는 방법으로 도강언을 건축하여 이곳에 홍수가 범람하지 못하도록 했습니다.

이른바 유롱이란 다음과 같이 만든 것을 말합니다. 먼저 푸른 대나무를 쪼갠 다음 오동 기름이나 석회를 발라 섬유의 장력 및 물때를 예방하는 부

---

35 대만(臺灣) 북부에 있는 댐으로 댐 높이는 일백삼십오 미터, 댐 길이는 삼백육십 미터이다. 대북(臺北) 남서쪽에 있는 도원현(桃源縣)을 흐르는 대한강(大漢江)의 중류에 있다.

식력을 증가시킵니다. 이런 처리를 거친 푸른 대나무를 가지고 직경이 일 미터나 되고 속이 텅 빈 육각형의 대나무 통발을 짠 다음, 거위 알 비슷하게 생긴 크고 작은 둥근 돌을 그 대나무 통발에 채워 넣으면 유롱이 완성됩니다.

이런 유롱을 규칙적으로 배열하면서 쌓아 제방을 만듭니다. 홍수가 밀려와서 유롱을 만나게 되면 거세게 날뛰던 물의 세력이 장애물에 가로막히는데, 통발과 통발 사이 및 통발 속의 돌멩이들 사이의 빈틈을 통과하는 동안에 그 세력이 약해지는 효과를 거두게 됩니다. 제방이 홍수에 휩쓸려 가지도 않고 제방 아래쪽에 구멍이 날 위험도 없습니다. 단지 해마다 검사해서 썩은 유롱이 있으면 새것으로 바꿔 주기만 하면 됩니다.

이 도강언은 그런 식으로 진대(秦代)에서 현재에 이르기까지 수천 년을 사용했는데 제방이 무너지지 않았고 그 기능이 줄어들지 않았습니다. 항전 시기에 독일·영국·프랑스·미국 등 많은 서양 국가의 현대 수리학자(水理學者)와 댐 전문가들이 도강언에 와서 공동으로 참관하고 연구를 했습니다. 그들은 수시로 유롱을 교환하는 것이 너무 번거롭다고 여겨 서양의 현대식 역학 방법을 사용하여 시멘트 제방으로 바꾸었습니다. 그런데 뜻밖에도 그 시멘트 제방은 단번에 무너져 버렸습니다. 결국 수천 년 전에 이빙 부자가 고안해 낸 방법을 사용하여 원래대로 되돌려 놓았지요. 이런 유롱을 현재 대만에서는 그대로 수리 공정에 사용하고 있습니다. 하지만 이 유롱을 황하에서 사용한다면 효과를 거두지 못합니다. 황하의 물은 혼탁하고 흙과 모래가 대량 섞여 있어서 유롱을 통과할 때 흙과 모래가 돌 틈으로 가라앉거나 쌓려 금방 막혀 버리기 때문입니다. 그렇게 되면 물의 세력을 완화시키는 기능을 잃어버리고 결국은 흐르는 물에 휩쓸려 무너지고 맙니다.

역사상 유일하게 성공한 수리 공사인 도강언은 중국 수천 년의 정치를 반영해 주는 것이기도 합니다. 경제 건설 방면이나 상공업 발전 방면은 잠시 논외로 하고 농업으로 나라를 세운 국가에서 경작지의 수리 문제를 끝내 해결하지 못했습니다. 지금도 중국에서는 수많은 수리 공사를 일으키고 있지만 여전히 문제가 산적해 있습니다.

그러고 보니 우리는 맹자의 이 간략한 몇 마디를 통해 중국 역사의 비극적인 일면을 보게 됩니다. 이처럼 수많은 문제가 존재했지만 지금까지 줄곧 맹자가 말했던 "백성들로 하여금 산 사람을 봉양하고 죽은 사람을 장례 치르는 데 있어 유감이 없게 하는" 정도에 이르지 못했습니다. 그와 동시에 "백성들로 하여금 산 사람을 봉양하고 죽은 사람을 장례 치르는 데 있어 유감이 없게 하는 것"이 국부(國父) 손중산(孫中山) 선생이 제안했던 민생(民生)의 문제임도 알게 됩니다. 현재 세계 각국의 각종 정치사상과 철학은 모두 민생 문제의 해결을 중심으로 삼고 있습니다. 민주주의가 되었건 사회주의가 되었건 심지어는 공산주의가 되었건 그들이 어떤 주장을 하고 어떤 방법을 제시하든지 상관없이 결국은 민생 문제를 해결하는 것에서 벗어나지 않습니다. 결국 어떤 정도에 도달하고자 하든지 간에 각자의 사상이 있고 각자의 목표가 있습니다. 물론 현재의 민주주의가 공맹이 제안했던 중국 문화 대동 세계의 이상을 계승한 것이기는 합니다. 하지만 오늘날의 실제 상황을 보면 대동의 이상을 실현하기 위해서는 각 방면에 걸친 더 많은 노력이 필요합니다.

## 비유와 은유를 통해 양 혜왕을 설득하다

양혜왕이 말하였다. "과인은 마음을 편안히 하여 가르침을 받기 원합니다."

맹자께서 대답하셨다. "사람을 죽임에 몽둥이와 칼날을 사용하는 것이 차이가 있습니까?"

양혜왕이 말하였다. "차이가 없습니다."

"칼날과 정사를 가지고 사람을 죽이는 것이 차이가 있습니까?"

맹자께서 말씀하셨다. "차이가 없습니다."

맹자께서 말씀하셨다. "푸줏간에 살진 고기가 있고 마구간에 살진 말이 있으면서 백성들은 굶주린 기색이 있고 들에는 굶어 죽은 시체가 있다면, 이것은 짐승을 몰아서 사람을 잡아먹게 한 것입니다. 짐승끼리 서로 잡아먹는 것도 사람들은 미워하는데, 백성의 부모가 되어 정사를 행하되 짐승을 몰아 사람을 잡아먹게 함을 면치 못한다면 백성의 부모 된 것이 어디에 있습니까? 중니께서 말씀하시기를 '처음으로 토용을 만든 자는 그 후손이 없을 것이다!' 하였으니, 이는 사람을 형상화하여 장례에 사용하였기 때문입니다. 어찌하여 이 백성으로 하여금 굶주려 죽게 한단 말입니까?"

梁惠王曰: "寡人願安承教."

孟子對曰: "殺人以梃與刃, 有以異乎?"

曰: "無以異也."

"以刃與政, 有以異乎?"

曰: "無以異也."

曰: "庖有肥肉, 廐有肥馬, 民有飢色, 野有餓莩. 此率獸而食人也. 獸相食, 且人惡之, 爲民父母行政, 不免於率獸而食人, 惡在其爲民父母也. 仲尼曰: '始作俑者, 其無後乎!' 爲其象人而用之也, 如之何其使斯民飢而死也."

---

양 혜왕이 맹자의 영향을 받아 대화를 나눌 때마다 태도가 조금씩 좋아져 간다는 사실은 이 문장을 통해서도 드러납니다. 이번 대화는 이전의 대화에 비해 훨씬 좋아졌습니다. 그는 입을 열자마자 대뜸 "저는 마음을 비

우고 정성을 다해 당신에게 가르침을 청하고 맹 선생의 의견을 듣기 원합니다"라고 말했습니다. 그래서 어떤 문제도 질문하지 않고 그저 맹자가 자신에게 앞으로 어떻게 나라를 다스려야 하는지에 관해 의견을 들려주기만을 바랐습니다. 이러한 태도는 확실히 마음을 비우고 성실하게 맹자에게 가르침을 청하는 것으로 보입니다.

맹자는 그런 성실한 모습을 보고 양 혜왕의 말에 똑같이 성실하고 진실하게 대답했는데, 조금의 거짓이나 인사치레도 없었습니다. 그는 대답 대신에 질문을 던졌습니다. "어떤 사람이 몽둥이로 사람을 죽인 것과 칼로 사람을 죽인 것에 무슨 차이가 있습니까?" 맹자의 이 질문은 문제라고 할 수도 없는 것이었기에 양 혜왕은 생각할 필요도 없이 즉시 대답했습니다. "물론 아무런 차이가 없지요!" 비록 사용한 흉기는 다르지만 살인을 저지른 마음과 사람을 죽였다는 결과는 똑같으니 무슨 차이가 있겠습니까?

여기에서도 우리는 맹자의 뛰어난 대화 기술을 볼 수 있습니다. 정말로 누에고치를 벗겨서 실을 뽑아내듯이 조금씩 조금씩 깊숙하게 들어갑니다. 양 혜왕이 자신의 질문에 수긍을 하자 갑자기 말머리를 돌려서 한 단계 더 나아가 묻습니다. "좋습니다. 왕께서는 몽둥이를 사용하거나 칼을 사용하거나 똑같은 살인이라고 말씀하셨습니다. 그렇다면 제가 다시 가르침을 청하겠습니다. 칼을 사용하여 사람을 죽이는 것과 포학한 정치를 사용하여 사람을 죽이는 것에는 무슨 차이가 있습니까?"

맹 선생님의 다그침에 양 혜왕은 빠져나갈 수 없었습니다. 어쩌면 기습적인 질문에 어리둥절하기는 했어도 양 혜왕의 속마음은 자신이 포학한 정치를 시행하고 있음을 인정하지 않았을 수도 있습니다. 단지 자기 자신이 정사를 펴는 일국의 군주 된 몸인지라 눈만 껌뻑거리며 고개를 저었습니다. "당연히 아무런 차이가 없습니다!"

됐습니다. 두 가지 질문을 던져서 양 혜왕을 단단히 옭아맨 후에 이제 드디어 본론이 나옵니다. 맹자는 마침내 이렇게 말했습니다. "지금 군주들은 주방에 살진 고기들을 많이 넣어 두고 마구간에 크고 건장한 말을 기르고 있습니다. 그런데 백성들은 배불리 먹지 못해 얼굴이 누렇게 뜨고 말랐으며 도성 밖 교외에는 굶어 죽은 시체들이 길에 있습니다. 이러한 상황을 대조해 보면 금수(禽獸)를 몰아다가 사람을 잡아먹게 하는 것과 다를 바가 있습니까?"

오늘날 풍요로운 사회에서 안정된 생활을 하는 사람이나 혹은 그런 비참한 상황을 겪어 보지 않은 사람들은 '아이스박스 안에 고기가 좀 많이 들어 있고 말 몇 마리 키운다고 해서 뭐 그리 대수인가?' 하고 생각할 것입니다. 하지만 그건 모르는 소리입니다. 고대에는 냉장고도 없었고 아이스박스도 없었습니다. 궁에는 사람이 많아서 창고에 보관해 놓은 고기도 많을 수밖에 없었습니다. 얼마 지나지 않아 고기가 변질되어 냄새가 났습니다. 그렇게 되면 내다 버릴 수밖에 없었는데, 바로 "붉은 대문 안에는 술과 고기 썩는 냄새"라는 것입니다. 말을 기르는 것도 그렇습니다. 요즘은 사람들이 자동차를 타기 때문에 말을 기르는 데 경비가 얼마나 들어가는지 모릅니다. 예전에 건장한 말 한 필을 기르려면 열 사람의 생활비보다 훨씬 더 들었습니다. 말에게 좋은 콩과 달걀을 주어야 하고 거기다 술도 마시게 합니다. 가끔은 아주 좋은 명주(名酒)를 주기도 합니다. 경마장의 경주마 같은 경우는 인삼을 뿌리째 먹이기도 합니다. 전투마는 당연히 잘 먹여야 합니다. "말은 밤에 풀을 먹지 않으면 살찌지 않는다〔馬無夜草不肥〕"라는 말처럼 한밤중에 말을 데리고 산책해야 하고 또 목욕도 시켜야 합니다. 정말로 큰 경비가 드는 일입니다. 현대에도 매달 들어가는 기름 값과 보험료가 너무 비싸서 자동차를 사지 않는 사람들이 있습니다. 하지만 말을 기르는 것과 비교하면 자동차에 드는 비용은 훨씬 적습니다. 하물며 당시의 제후들은 말을 한 마리만 기른 것이 아니었습니다. 대부(大夫)

들조차 수천수만 마리의 전투마를 길렀습니다. 이러한 상황을 알고서 거기에 든 비용을 계산해 보면 맹자가 말한 "짐승을 몰아 사람을 잡아먹게 한다"라는 말이 조금도 거짓이 아님을 알 수 있습니다.

맹자의 말은 춘추 전국 시대 당시의 정치와 사회 상황의 대략을 반영하고 있습니다. 그와 동시에 양 혜왕과 그 아래 대신과 간부들을 교묘하게 질책하고 있습니다. "짐승을 몰아 사람을 잡아먹게 한다"라는 말의 의미는 이렇습니다. "당신 양 혜왕의 대신들은 맹수와 다를 바 없으니, 당신은 야수 무리를 거느리고 백성들의 골육을 삼키고 있는 것이나 마찬가지입니다." 그래서 그는 양 혜왕에게 이렇게 권합니다. "우리는 금수가 서로를 죽이고 약육강식하는 모습을 보면 너무나 싫고 미워서 죽여 버리고 싶습니다. 우리 민족 문화는 백성들에게 그들의 군주를 세우고 스승을 세우고 어버이를 세우는데, 당신은 일국의 군주이니 모든 백성의 부모나 마찬가지입니다. 그러니 자신의 자녀에게 하듯 백성을 사랑하고 돌봐주어야 마땅합니다. 그런데 당신이 지금 하는 정치는 맹수 무리를 거느리고 사람을 잡아먹는 것 같은 폭정을 면치 못하고 있으니, 백성들이 어떻게 염증을 느끼지 않을 수 있으며 또 어떻게 당신을 백성의 부모 된 관리라 할 수 있겠습니까?"

맹자는 시종 공자의 학설을 받들었는데 마지막으로 공자의 말을 인용하여 결론을 삼았습니다.

먼저 주제에서는 조금 벗어난 이야기를 좀 해 보겠습니다. 원문을 보면 맹자는 공자의 말을 인용하면서 "중니께서 말씀하시기를(仲尼曰)"이라는 세 글자를 사용했습니다. 왜 "공구께서 말씀하시기를(孔丘曰)" 혹은 "구께서 말씀하시기를(丘曰)"이라고 하지 않았을까요? 우리가 알다시피 공구는 공자의 이름이고 중니는 공자의 자(字)입니다. 고례(古禮)에 따르면 어른에 대해서는 자(字)나 호(號)로 부를 수 있는데, 심지어는 동년배끼리도 자호(字號)로 부르고 이름을 부르지 않았습니다. 더욱이 성과 이름을 같이 붙여서 부르는 것은 절대 금물입니다. 공자는 춘추 시대 사람이고 맹자는 전국 시대 사람이니 시간상으로 보면 맹자가 후배입니다. 게다가 맹자는 자사(子思) 문인의 학생이고 자사는 또 공자의 손자이니, 맹자는 공자에 비하면 한참 후배라고 하겠습니다. 그러니 공자의 자호를 부르는 것이 마땅합니다. 『예기』에서도 자사가 공자를 칭해 중니라 불렀습니다. 이것이 바로 중국의 고례입니다. 그런데 후대로 오면서 점차 어른에 대해 자호로 부를 수 없게 되었습니다. 심지어 자기 부친이나 조부에 대해서도 직접 이름을 부르니 듣는 사람이 오히려 어찌할 바를 모를 지경입니다.

맹자는 이번 대화 중에서 공자의 말을 인용했습니다. "공자께서는 일찍이 말씀하시기를 '맨 처음 흙으로 인형을 만들어서 순장했던 사람은 후손이 없을 것이다!'라고 하셨다." 왜냐하면 비록 산 사람을 순장한 것은 아니었지만 그가 만들었던 순장용 토용(土俑)이 살아 있는 사람과 똑같아 심리적으로 산 사람을 순장하는 상상을 하기 때문입니다. 이는 마치 채식을 표방하는 사람들이 채식 식당에 가서 채소로 만든 고기를 먹는 것과 똑같습니다. 물론 그들이 먹는 것은 두부·두부 피(皮)·말린 두부에 밀가루 종류입니다. 하지만 심리적으로 닭고기를 먹고 오리고기를 먹는다는 생각을 했다면 이는 고기를 먹은 것과 다를 바 없습니다. 대체품을 사용했다 할지라도 살아 있는 사람을 순장하려는 심리가 조금이라도 있었기 때문에 안 된다는 것입니다. 그런데 멀쩡하게 살아 있는 백성들을 어떻게 굶겨 죽인다는 말입니까?

사실 맹자는 양 혜왕에게 위 대들보가 바르지 않아서 아래 대들보가 비틀어졌다고 지적한 것입니다. 앞장서서 짐승을 몰아 사람을 잡아먹게 한 사람은 바로 양 혜왕 자신이었습니다. 다만 직접적으로 지적하지 않고 공자의 "맨 처음 토용을 만든 자"를 인용하여 양 혜왕이 백성을 다스리는 방법이 좋지 않음을 은유로 질책한 것입니다. 왕궁 안에서 그렇게 사치스럽게 생활하고 또 대신들을 이끌고서 서로 다투어 낭비하게 하면서 백성들은 먹을 것이 없어 끝내 굶어 죽게 만들었습니다.


## 양 혜왕이 괴로움을 호소하다

양 혜왕이 말하였다. "진나라가 천하에 막강함은 노인장께서도 아시는 바입니다. 그러나 과인의 몸에 이르러 동쪽으로 제나라에게 패배하여 장자가 전사였고, 서쪽으로는 진나라에게 땅을 칠백 리나 잃었고, 남쪽으로는 초나라에게 모욕을 당하였습니다. 과인이 이것을 부끄러워하여 전사한 자를 위해서 한번 설욕하기를 원하오니 어떻게 하면 되겠습니까?"

맹자께서 대답하셨다. "땅이 사방 백 리만 되어도 왕 노릇 할 수 있습니다. 왕께서 만일 백성에게 인정을 베푸시어 형벌을 줄이고 세금을 적게 거둔다면, 백성들은 깊이 밭 갈고 쉽게 김매고 장성한 자들은 여가를 이용하여 효제와 충신을 닦아서, 들어가서는 부형을 섬기고 나가서는 웃어른을 섬길 것이니, 이들로 하여금 몽둥이를 만들어 진나라와 초나라의 견고한 갑옷과 예리한 병기를 매질하게 할 수 있을 것입니다. 저들이 백성의 농사철을 빼앗아 백성들로 하여금 밭 갈고 김매어 그 부모를 봉양하지 못하게 하면 부모는 얼고 굶주리며 형제와 처자는 흩어질 것입니다. 저들이 그 백성을 함정에 빠뜨리고 도탄에 빠뜨리거든 왕께서 가서 바로잡으신다면 누가 왕과 대적하겠습니까? 그러므로 '인자는 대적할 사람이 없다' 한 것이니 왕은 청컨대 의심하지 마소서!"

梁惠王曰: "晉國, 天下莫强焉, 叟之所知也. 及寡人之身, 東敗於齊, 長子死

焉, 西喪地於秦七百里, 南辱於楚. 寡人恥之. 願比死者一洒之, 如之何則
可?"

孟子對曰: "地方百里, 而可以王. 王如施仁政於民, 省刑罰, 薄稅斂, 深耕易
耨, 壯者以暇日, 修其孝悌忠信, 入以事其父兄, 出以事其長上. 可使制梃, 以
撻秦楚之堅甲利兵矣. 彼奪其民時, 使不得耕耨以養其父母, 父母凍餓, 兄弟
妻子離散. 彼陷溺其民, 王往而征之, 夫誰與王敵? 故曰仁者無敵. 王請勿
疑!"

---

그들의 이 대화는 사마천이 『사기』 「위세가」 양 혜왕 부분에서 일부 언
급해 놓았는데 말뜻은 똑같지만 문자는 조금 다릅니다. 여기에서 양 혜왕
은 진(晉)나라를 거론했습니다. 원래 한(韓), 위(魏), 조(趙) 세 나라의 조
상은 역대로 진나라의 신하였습니다. 나중에 그들이 진나라의 토지를 나
누어 차지하고는 스스로 왕이라 칭했습니다. 지금 양 혜왕은 자칭 진나라
의 전통을 이어받았으며 진나라가 자신의 조국이나 마찬가지라고 말합니
다. 그래서 맹자에게 자신의 조국에 대한 이야기를 꺼내었습니다.

양 혜왕이 말했습니다. "나의 종주국은 일찍이 진 문공(晉文公) 때 패자
(覇者)라 불리면서 역사상 강성한 국면을 형성하였음을 선생님 당신도 알
고 있습니다. 그런데 내 대에 와서 말하기도 부끄럽지만 엉망이 되고 말았
습니다. 서쪽으로는 강한 진나라에게 칠백 리의 땅을 떼어 주면서 화해를
요청했습니다. 또 남쪽으로는 초나라에게 늘 멸시를 당하고 위협을 받고
있습니다. 나는 이런 국치(國恥)를 정말로 참아낼 수가 없습니다. 나라를
위해 희생한 선열들을 위해 치욕을 씻기 원하는데 내가 어떻게 해야 좋겠
습니까?"

양 혜왕은 먼저 조상의 영광스러운 역사를 언급했습니다. 사실 춘추대

의(春秋大義)를 가지고 말한다면 위나라는 진나라를 배반했으니 영광이라는 말을 갖다 붙일 수는 없습니다. 하지만 당시 중원 일대에서 삼진(三晉)은 확실히 강성한 나라였습니다. 그런 것은 차치하더라도 이번에 양 혜왕이 맹자에게 언급한 것이 그에게는 중요한 문제였음을 우리는 역사를 통해서도 알 수 있습니다. 그때 위나라 정치의 중심 과제는 치욕을 씻고 부강해지는 것이었습니다. 양 혜왕이 추연이나 순우곤 같은 모사들을 정중한 예로 초청했던 것도 다 그런 이유였습니다. 당시 각 나라들이 부국강병의 노선을 달렸던 것도 대부분 치욕을 씻고 부강해지기 위해서였습니다. 그것은 전국 시대 국제 사회에서 공통된 상황이었습니다. 개인으로 치면 원한을 갚기 위한 것이었다고 하겠습니다. 복수가 복수를 부르는 식으로 수백 년간 국제적인 전란이 계속되었는데, 이것은 우리가 유의할 만한 일입니다.

## 인정의 도

양 혜왕의 원대한 계획에 대해 맹자는 말했습니다. 백 리의 작은 영토만 소유하고 있더라도 잘 다스리기만 한다면 마찬가지로 국제 사회의 리더가 될 수 있고 왕도로써 천하를 통치하는 목적을 달성할 수 있다고 말이지요. 그는 계속해서 양 혜왕에게 치국의 도에 대해 말했습니다. 왕도(王道)와 인정(仁政)을 시행하려는 정신을 가져야지 다른 사람을 통치하려는 패도(覇道)의 사상을 품어서는 안 됩니다. 따라서 양 혜왕에게 먼저 인정을 실시하고 그다음 교화에 치중하라고 말했습니다.

그렇다면 어떻게 인정(仁政)을 실시합니까? 맹자는 양 혜왕에게 인정을 실시하는 몇 가지 방법을 예로 들었습니다. 물론 이것은 단지 인정의 방법일 뿐 인정의 최고 목적은 아닙니다.

맹자가 열거한 인정의 요점 가운데 첫 번째는 형벌을 줄이는 것이었습니다. 형(刑)과 벌(罰)은 법치에서 두 가지 정신이며 서로 다르기는 해도 보완하는 역할을 합니다. 맹자가 여기에서 양 혜왕에게 말하고자 한 것은, 형벌을 시행함에 있어서는 간소화하는 것이 가장 좋으며 너무 가혹해서는 절대 안 된다는 것이었습니다. 법치는 왕도와 완전히 상반된 것이 아닙니다. 법치 역시 왕도로 나라를 다스리는 통치술 가운데 하나입니다. 그러나 왕도 정신하에서 법치는 간략해야지 번다하고 가혹해서는 안 됩니다. 왕도는 인의(仁義)를 근본으로 해야 합니다.

후세 유학자들 가운데 어떤 사람은 오로지 인의만 강조하고 형벌은 사용하지 말아야 한다고 주장했습니다. 또 어떤 법가(法家)는 나라를 다스림에 인의를 사용해서는 안 된다고 주장했습니다. 이는 모두 한쪽으로 치우친 것입니다. 그래서 당대(唐代)의 학자 조유(趙蕤)는 『장단경』「정체(政體)」편에서 엄한 형벌에 대해 공자의 말을 인용하여 다음과 같이 평론했습니다.

공자께서 말씀하시길 "윗사람이 그 도를 잃어버리고서 아랫사람을 죽이는 것은 예가 아니다" 하였다. 그러므로 삼군이 크게 패하였다고 죽여서는 안 되며 감옥이 다스려지지 않는다고 형벌을 가해서는 안 된다. 어째서인가? 윗사람의 교화가 행해지지 않았음이지 죄가 사람에게 있는 것이 아닌 까닭이다. 제멋대로 명을 내려 처벌에 삼가지 않는 것은 도적이다. 세금으로 거두어들임에 정해진 때가 없는 것은 포악함이다. 성실히 책임을 다하지 않는 것은 학대이다. 정치에 이 세 가지가 없어진 후에 형벌을 내림이 가하다. 도덕을 베풀어 먼저 마음으로 복종하게 하고, 여전히 안 되면 어진 자를 숭상하여 그것을 권면하고, 그것도 또 안 되면 할 수 없는 자를 폐하여 그것을 꺼리게 하고, 그런데도 바르지 못한 자들이 있어서 교화를 좇지 않는다면 그런 연후에 형벌로써 대처할 것이다. 원자가 말하기를 "인의예지는 법의 근본이요 법령과 형벌은 다스림의 말단이다. 근본이 없으면 서지 않고 말단이 없으면 이루어지지 않는다" 하였다. 어째서인가? 예교의 법은 인의를 앞세우고 예양으로 시법을 보여 선으로 옮겨 감에 있어서 날마다 사용하되 스스로는 알지 못한다. 유자들은 그와 같음을 보았기 때문에 말하기를 "나라를 다스림에 형법은 필요치 않다" 말한다. 하지만 형법이 아래에서 이어진 연후에 인의가 위에서 일어남은 알지 못한다. 법령이라는 것은 선을 권장하고 음란함을 금하여 도리의 핵심에 거하게 한다. 상앙과 한비자는 그와 같음을 보았기 때문에 말하기를 "나라를 다스림에 인의를 본체로 삼지 않기 때문에 법령이 아래에까지 행해진다" 하였다. 따라서 형법만 있고 인의가 없으면 사람들이 원망하고, 원망하면 분노하게 된다. 인의만 있고 형법이 없으면 사람들이 방만해지고, 방만하면 간사함이 일어난다. 인으로 근본을 삼고 법으로 이루어 나가서 두 가지 도에 치우침이 없게 하는 것이 다스림의 지극함이다. 그러므로 중장자가 말하기를 "옛날 진나라가 상앙의 법을 사용하여 하늘에 가득 차는 그물을 펼쳤더니 진섭이 잡초 무성한 연못 가운데서 크게 부르짖고 천하가 호응하였다. 사람이 그렇게 하지 않았으면 원망과 독이 천하에 맺혔을 것이다" 하였다. 환범이 말하기를 "걸주가 형벌을 사용함에 있어서 혹은 사람의 살과 피부로 포를 뜨거나 식혜를 담고 혹은 사람의 심장과 배를 갈랐으니, 이에 반역하는 무리가 많아지고 마침내 기울어 위태로워진 것은 인의를 근본으로 사용하지 않았기 때문이다" 하였다. 그러므로 말하기를 "인이라는 것은 법의 관대함이고 의라는 것은 법의 단호함이다. 인의를 아는 것이 형벌의 근본이다" 하였다. 그러므로 손자가 말하기를 "문으로 명령을 내리고 무로 다스림은 반드시 취할 바이다" 하였는데, 이것을 말한 것이다.

孔子曰, 上失其道, 而殺其下, 非禮也. 故三軍大敗, 不可斬. 獄犴不治, 不可刑. 何也? 上敎之不行, 罪不在人故也. 夫慢令謹誅, 賊也. 徵斂無時, 暴也. 不誠責成, 虐也. 政無此三者, 然後刑卽可也. 陳道德以先服之, 猶不可; 則尙賢以勸之, 又不可; 則廢不能以憚之, 而猶有邪人不從化者, 然後待之以刑矣. 袁子曰: "夫仁義禮智者, 法之本也; 法令刑罰者, 治之末也; 無本者不立, 無末者不成." 何則? 夫禮敎之法, 先之以仁義, 示之以禮讓, 使之遷善, 日用而不知. 儒者見其如此, 因謂治國不須刑法. 不知刑法承於下, 而後仁義興於上也. 法令者, 賞善禁淫, 居理之要. 商韓見其如此, 因曰治國不待仁義爲體, 故法令行于下也. 故有刑法而無仁義, 則人怨, 怨則怒也; 有仁義而無刑法, 則人慢, 慢則姦起也. 本之以仁, 成之以法, 使兩道而無偏重, 則治之至也. 故仲長子曰: "昔秦用商君之法, 張彌天之網, 然陳涉大呼於沛澤之中, 天下響應. 人不爲用者, 怨毒結於天下也." 桓範曰: "桀紂之用刑也, 或脯醢人肌肉, 或剖割人心腹, 至乃叛逆衆多, 卒用傾危者, 此不用仁義爲本也." 故曰: "仁者法之恕, 義者法之斷也. 是知仁義者乃刑之本." 故孫子曰: "令之以文, 齊之以武, 是謂必取" 此之謂也.

조유가 인용한 공자와 여러 사상가의 말은 왕도 정치에서 형벌과 인의 도덕의 관계에 대한 논의입니다. 그 둘은 서로 보완하는 기능을 지니며 체(體)와 용(用) 혹은 본(本)과 말(末)의 작용을 한다고 했습니다. 실로 맹자가 여기에서 말한 "형벌을 줄이다〔省刑罰〕"라는 세 글자를 잘 설명해 놓았다고 할 수 있습니다. 왕도 정신은 결코 형벌을 배척하지 않습니다. 인의를 본(本)으로 삼되 형법을 용(用)으로 삼아 인의 교화의 부족한 부분을 보완해야 한다는 논지를 가장 잘 설명해 놓았습니다. 입만 열면 인의를 들먹이는 맹자가 양 혜왕에게 인정(仁政)을 설명하면서 형벌을 '줄이라〔省〕'고만 말하고 형벌을 '없애라〔去〕'고 말하지 않은 까닭을 이것을 통해서도 알 수 있습니다. 이른바 "나라를 다스림에 형벌은 필요치 않다〔治國不須刑罰〕"라는 말은 진·한 이후 썩어빠진 유생들의 고지식한 견해일 뿐입니다.

맹자가 지적한 인정(仁政)의 두 번째 조치는 "세금을 줄이다〔薄稅斂〕"라는 것이었습니다. 국가의 경상 세금을 경감시키고 공부(公府)의 공적인 경비와 관례적인 경비 및 임시 징수를 줄여야 합니다. 진시황이 아방궁을 건축하고 송 휘종이 간악을 세우느라 백성의 재물을 징발하여 쓴 것이 바로 '거두어들임〔斂〕'이고 백성의 노동력을 징발하여 쓴 것이 바로 '때를 빼앗음〔奪時〕'입니다. 정해진 것 외의 그러한 부담과 경상 세금을 모두 경감시켜야 합니다. 그렇게 하지 않고 거두어들이는 것이 너무 많고 무거우면 이는 닭을 죽여 달걀을 얻으려는 것과 똑같습니다. 백성이 가난해지고 재물은 탕진해서 길에 굶어 죽은 시체가 있다면 거두어들일 수가 없습니다. 세금을 줄여서 백성이 풍요해지면 국가는 자연히 부유해지고 국고도 가득 차게 됩니다. 요즘 말로 이른바 "세원을 늘린다〔培養稅源〕"라는 것이 바로 세금을 줄이는 이치입니다.

인정(仁政)의 세 번째 중요한 조치는 맹자가 제시한 "깊이 밭 갈고 쉽게 김매다〔深耕易耨〕"라는 네 글자입니다. 이것은 농업 기술상의 문제입니다. '깊이 밭 갈고〔深耕〕'는 진흙을 더 깊이 가는 것을 말합니다. 그렇게 하면 식물이 더 많은 영양분을 흡수하여 더 잘 성장합니다. '쉽게 김매다〔易耨〕'에서 '耨(누)'는 강남 일대에서 이른바 '김을 맨다'고 하는 것으로 '풀을 벤다'고도 합니다. 모를 심은 후 일정 시간이 지난 후에, 대부분은 곡우(穀雨)가 지난 후에 모 주위에 자라난 잡초를 뽑아 주는 것입니다. 그렇게 해서 잡초가 토지의 영양분을 소모하지 못하게 함으로써 모가 더 잘 자라게 하는 것입니다. 대만에서는 항상 늦봄이면 농민들이 논에 쪼그리고 앉아 모 주위의 잡초를 뽑는 광경을 보게 됩니다. 마치 두 손으로 땅에 동그라미를 그리는 것처럼 보이지만 잡초를 뽑아 줌으로써 잡초의 해를 없앨

뿐 아니라, 그것이 썩어서 유익한 비료가 되는데 그것이 바로 김매기입니다. 이른바 '쉽게 김매다'라는 말은 윤작(輪作)의 의미를 포함하고 있습니다. 동일한 토지에 매년 똑같은 농작물을 심으면 잘 자라지 않습니다. 만약 다른 농작물로 바꾸어 주어 올해는 벼를 심고 내년에는 채소를 심으면 두 종류의 식물이 모두 비교적 잘 자랍니다. 이것은 옛사람들이 일찌감치 지니고 있었던 상식입니다. 농업 방면에는 많은 기술이 있지만 지금 이것은 간결한 고대 문학이기 때문에 단지 네 글자로 농업 기술을 표현했습니다. 이른바 농사의 때를 빼앗지 않는다는 말을 요즘 말로 하면, 백성들로 하여금 적절한 시기에 부지런히 경작하고 농업 기술을 개량하여 생산을 증가시키게 한다는 말입니다.

이상의 세 가지를 종합해 보면 왕도 정치의 핵심은 첫 번째는 법치이고 두 번째는 재정이며 세 번째는 경제 건설입니다. 여기에서 맹자가 말했던 내용은 이러합니다. 법치에서는 형벌을 줄이고 재정에서는 세금을 줄이며 농업 건설에서는 생산을 증가시키면, 사회가 안정되고 의식(衣食)이 풍족해집니다. 그런 후에 한걸음 더 나아가 교육 수준을 제고시켜야 한다고 했습니다.

소년과 청년들이 한가한 때에, 즉 공자가 『논어』에서 "백성을 부리되 때로써 한다〔使民以時〕"라고 했던 가장 적당한 시기가 바로 앞에서 "농사철을 빼앗지 않는다〔不奪時〕"라는 말과 같으니, 경작하는 데 지장이 없는 농한기에는 소년과 청년들을 교화하여 효제충신(孝悌忠信)의 수양과 행동을 갖추게 합니다. 개인의 품성과 덕에 있어서 부모와 어른에게는 효도를 다할 수 있게 하고, 형제자매와 동년배 친구들에게는 우애의 정신을 발휘할 수 있게 하며, 사람이나 사물에게는 지혜와 사려를 다해 가장 타당한 행동을 할 수 있게 하고 거짓으로 속이지 않으며 말에 신의가 있게 해야 합니다. 모든 사람이 이처럼 부끄러움을 알고 자립자강(自立自强)할 수 있어서, 집에 있을 때에는 부모 형제에게 효와 우애를 다하고 사회에 나가서도 그런 품성과 덕으로 다른 사람을 대하고 처세한다면 효제충신이 넘치는 대가족을 형성하게 될 것입니다. 각 가정이 그와 같다면 효제충신이 넘치는 사회를 이루게 됩니다. 그것을 더 확충시키면 바로 효제충신이 넘치는 국가인 것입니다.

그러한 때가 되면 병기를 들고 전쟁을 벌여 사람을 죽일 필요 없이 문화전(文化戰), 정치전(政治戰)에서 이미 큰 승리를 거둔 것입니다. 만약 군이 전쟁이 필요한 때가 되면, 설사 백성들에게 몽둥이를 들고 가서 견고한 갑옷과 날카로운 병기를 지닌 진나라나 초나라와 싸우라고 해도 그들은 용감하게 앞으로 달려 나갈 것입니다.

맹자는 양 혜왕에게 인정을 펴는 방법을 말해 준 후에 화제를 바꿔 당시 이웃한 적국의 사정을 분석해서 양 혜왕에게 이야기합니다. "지금 그 나라들은 하나같이 백성들이 죽든 살든 상관하지 않고 백성의 노동력을 마구 사용합니다. 농번기이든 아니든 불문하고 전쟁을 하자는 말만 나오면 수시로 백성을 징벌해서 전쟁터로 내몹니다. 그 바람에 백성들은 농사를 지을 수 없어서 농업 사회의 안정된 생활을 영위할 수가 없습니다. 결국 집집마다 파산을 하게 되어 위로는 부모를 봉양하지 못하고 추위에 얼어 죽거나 굶어 죽게 됩니다. 또 강제로 전쟁에 몰아넣어 형제 처자와 헤어지게 만듭니다. 이런 형국이니 자신의 백성을 물에 빠뜨려 죽이거나 깊은 구덩이에 밀어 넣고 산 채로 매장해 버리는 것과 다를 바가 없습니다."

그러한 부역의 고통에 대해서는 후세에 당대(唐代)의 두보(杜甫)가 「병거행(兵車行)」과 「석호리(石壕吏)」 같은 시에서 상세하게 묘사했는데, 사람들이 익히 외우고 있는 시편들입니다. 명(明) 말에 진사 양사총(楊士聰)의 「흉년사음(凶年四吟)」에서도 심각하게 묘사하였는데, 그 가운데 두 수를 보겠습니다.

| 이름난 장수께서는 위신도 높으시니 | 名將重威信 |
| 뛰어난 군사들이 잠자리를 수종드네 | 過師從枕席 |
| 평일에 병기를 어루만져 훈련함이 적으면 | 平日少撫練 |
| 전쟁에 임했을 때 탄식과 책망이 많아지지 | 臨戎增嘆嘖 |
| 적의 화염은 이미 불타오르건만 | 賊焰旣已熾 |
| 징발한 군사는 주객이 섞였구나 | 調發雜主客 |
| 강한 자들은 너무나 사납고 포악한데 | 强者太猙獰 |
| 약한 자들은 갑옷도 감당 못하네 | 弱者不任革 |
| 마을을 따라가며 백성의 재물을 노략하니 | 緣村掠民蓄 |
| 누구라서 스스로를 지킬 책략을 세우랴 | 孰操自完策 |
| 가난한 백성은 송곳 꽃을 땅도 없건만 | 貧民無立錐 |
| 거듭거듭 기이한 재액만 만나네 | 更復遭奇阨 |
| 웃으며 말하기를 네 머리를 가져다가 | 談笑借汝頭 |
| 머리 벤 숫자나 채워 볼까 하는구나 | 聊以充斬馘 |

| 죽을 운이 산 사람을 진멸하니 | 殺運殄生人 |
| 하찮기가 눈에놀이 곤충 같구나 | 輕細如螻蟻 |
| 전란으로 이미 절반이 죽었거늘 | 兵荒已半死 |
| 병의 재앙은 어이 감당하리오 | 豈堪罹病藥 |
| 봄이 오니 차츰 역병이 많아지나 | 春來漸多疫 |
| 열에 아홉은 생사의 길 서두르네 | 什九劇綿惙 |
| 흉사가 꿈틀대니 풀은 시들었고 | 蠹凶旣草萎 |
| 상서로움이 삼가니 난초는 꺾였구나 | 良謹或蘭折 |
| 길에는 새로운 귀신이 계속 출몰하고 | 道路續新鬼 |
| 친척들 거푸거푸 죽음으로 이별한다 | 親屬累死別 |

| | |
|---|---|
| 가난한 백성들은 염해 줄 관이 없으니 | 貧民無棺斂 |
| 내다버리고 부질없이 괴로워하네 | 委棄空痛結 |
| 횡사한 시체 길거리에 내버려 두어 | 橫屍陳道衢 |
| 까마귀와 솔개 먹잇감이 되는구나 | 端爲烏鳶設 |

두 수의 시가 지닌 문예적인 경지가 어떠한지는 논외로 하고 그 내용만 본다면 상당히 침통합니다. 예를 들어 "웃으며 말하기를 네 머리를 가져다가, 머리 벤 숫자나 채워 볼까 하는구나"라는 구절은, 백성의 머리를 베어다가 자신의 공적으로 삼는다는 말입니다. 만청(晚淸) 시대에 "어르신의 모자는 피로 붉게 물들었네"[36]라고 말했던 것처럼 말이지요. 또 "횡사한 시체 길거리에 내버려 두어 까마귀와 솔개 먹잇감이 되는구나"라는 구절은 무력을 남용하여 전쟁을 일삼은 결과이니, 비참한 세상을 표현해 놓은 한 장면이라 하겠습니다. 오늘날 백여 년 이래로 중화 민족은 자주 이러한 큰 재앙에 뒤덮여서 국가에는 어려운 일이 많고 국민들은 불행했습니다. 참으로 개탄스러운 일이 아닐 수 없습니다!

그 밖에 앞에서 인용했던 오대(五代) 주량(朱梁) 시기의 시인 두순학(杜荀鶴)도 "그 백성을 함정에 빠뜨리고 도탄에 빠뜨리는" 폭정이 만들어 낸 사회 현상을 한탄하는 시를 두 수 지었습니다. 그는 친구 장추포(張秋浦)에게 주는 시에서 이렇게 읊었습니다.

| | |
|---|---|
| 인사란 돌고 돌다 중요한 지점에서 멀어지니 | 人事旋生當路縣 |
| 관리의 재주는 전쟁 때 펼치기 어렵다네 | 吏才難展用兵時 |

---

**36** 청대 관리들의 관모(官帽) 꼭대기에는 등급을 나타내는 구슬을 붙여 놓았다. 따라서 이 말은 백성들의 피로 등급이 높아졌음을 비꼬는 말이라고 생각된다.

농부의 등에는 군호를 써 놓았고          農夫背上題軍號

장사치 뱃머리엔 전투 깃발을 꽂았구나     賈客船頭揷戰旗

"백성의 농사철을 빼앗는" 모습을 날카로운 필력으로 묘사했습니다. 「우군에서 정박하다 난을 만나다〔旅泊遇郡中亂〕」라는 제목의 시에는 이렇게 씌어 있습니다.

손을 맞잡고 바라보지만 누가 감히 말하랴     握手相看誰敢言

군인 집안의 검이 허리춤에 있구나         軍家刀劍在腰邊

보화를 두루 찾아도 숨겨둔 곳이 없으니      徧搜寶貨無藏處

하늘 두려워 않고 함부로 백성들을 죽이네     亂殺平人不怕天

오래된 절을 부수어서 성채를 수리하고      古寺拆爲修寨木

황폐한 무덤을 파서 성벽의 벽돌로 쓰네      荒墳掘作甃城磚

군후들이 쓸데없는 일이나 경쟁하니       君侯逐去渾閒事

천자의 수레가 촉으로 행차하던 해로구나     正是鑾輿幸蜀年

맹자는 일찌감치 이렇게 말했습니다. "결사적으로 무력을 확장하던 당신의 이웃 나라들은 사회를 그런 꼴로 만들고 백성들을 도탄에 빠뜨렸습니다. 만약 당신이 인정(仁政)을 실시해서 법치가 궤도에 오르고 재정 경제가 풍족해지며 국민의 교육 수준이 높아져 모든 사람이 자립자강(自立自强)한 연후에 이웃 나라를 정벌한다면, 자연히 천하에 대적이 없을 것입니다. 이른바 '인자는 대적할 사람이 없다〔仁者無敵〕' 하였으니, 인의로써 나라를 다스리는 최고 원칙에 대해 의심하지도 말고 주저하지도 말고 인의의 큰 길을 걸어가십시오!"

'인정(仁政)', 맹자의 이 주장은 현대에도 여전히 올바릅니다. 만약 '인정'을 시행하여 모든 사람이 국치(國恥)를 분명히 알고 분발할 수 있다면, 국가와 국민이 부강해질 것이고 "인자는 대적할 사람이 없으므로" 최후에는 반드시 승리를 거둘 것입니다.

맹자와 양 혜왕은 첫 번째 만남에서 시작해 여기에서 일단락을 고합니다. 그 두 사람의 몇 차례에 걸친 담화로부터 우리는 다음의 사실을 알 수 있습니다. 맹자는 시종 중국의 전통 문화를 받들어 시행하였는데, 특히 공자의 학설과 사상 가운데 인의(仁義)를 추진하고 인정(仁政)을 강조하여 천하가 태평하고 백성들이 잘 살아가기를 바랐습니다. 당시의 책사들인 이른바 종횡가(縱橫家)니 모략가(謀略家)니 하는 소진(蘇秦) 같은 유세지사(遊說之士)들은 부귀공명을 얻기 위해 권력 확충에 혈안이 된 군주들의 환심을 사려고만 들었지 백성들의 사활은 거들떠보지도 않았습니다. 맹자는 몰랐던 것이 아니라 알고도 그렇게 하지 않았습니다. 그렇게 하기를 원하지 않았던 것입니다.


## 인품과 재능의 평가

그런데 맹자는 운이 상당히 좋지 않았습니다. 양 혜왕과의 대화가 서서히 무르익어서 이제는 "왕께서는 또한 인의를 말씀하실 뿐이라〔王亦曰仁義而已矣〕"는 맹자의 도리를 의심할 필요 없이 망설이지 말고 인정(仁政)을 시행하라고 권할 수 있게 되었는데, 불행하게도 양 혜왕이 죽어 버리고 새 왕인 양 양왕(梁襄王)이 즉위했습니다. 그때 맹자는 위나라를 떠나려고 했습니다. 왜냐하면 새 왕이 왕좌에 올라서 모든 형편이 달라져 버렸기 때문입니다. 아래의 대화는 맹자가 그 새 왕을 만난 후의 상황입니다.

맹자께서 양 양왕을 만나셨다. 나와서 사람들에게 말씀하셨다. "바라보아도 군주 같지 않고 그 앞으로 나아가도 두려워할 만한 바를 발견할 수 없었다. 갑자기 묻기를 '천하가 어떻게 정해지겠습니까?' 하기에 내 대답하기를 '하나에 정해질 것입니다' 하였다. '누가 통일시킬 수 있습니까?'라고 묻기에 대답하기를 '사람 죽이기를 즐기지 않는 자가 통일시킬 수 있습니다' 하였다. '누가 그에게 돌아갈 수 있습니까?'라고 묻기에 대답하기를 '천하에 돌아가지 않는 이가 없을 것입니다. 왕께서는 벼 싹을 아십니까? 칠팔월 사이에 날씨가 가물면 벼 싹이 마릅니다. 하늘이 뭉게뭉게 구름을 일으켜 주룩주룩 비를 내리면 벼 싹이 쑥쑥 자라납니다. 이와 같으면 누가 그것을 막을 수 있겠습니까? 지금 천하의 군주들은 사람 죽이기를 즐기지 않는 자가 없습니다. 만일 사람 죽이기를 즐기지 않는다면 천하의 백성들이 모두 목을 빼고 바라볼 것입니다. 진실로 이와 같다면 백성들이 그에게 돌아감은 물이 아래로 흐르는 것과 같을 것이니 그 도도함을 누가 막을 수 있겠습니까?' 하였다."

孟子見梁襄王. 出. 語人曰: "望之不似人君, 就之而不見所畏焉. 卒然問曰: '天下惡乎定?' 吾對曰: '定于一.' '孰能一之?' 對曰: '不嗜殺人者能一之.' '孰能與之?' 對曰: '天下莫不與也. 王知夫苗乎? 七八月之間旱, 則苗槁矣. 天油然作雲, 沛然下雨, 則苗浡然興之矣! 其如是, 孰能禦之? 今夫天下之人牧, 未有不嗜殺人者也. 如有不嗜殺人者, 則天下之民, 皆引領而望之矣. 誠如是也, 民歸之, 由水之就下, 沛然誰能禦之?'"

이 대목은 정말 잘 쓴 문장입니다. 고문 중에서도 이처럼 생동감 있고 유머가 넘치는 작품이 드물거니와, 현대에 백화문으로 쓴다 하더라도 이처럼 역동적이면서도 꼭 알맞게 쓰기란 그리 쉽지 않습니다. 글자 사이사이와 행간에서 그런 것을 느껴 본다면 정말 재미있을 것입니다.

위나라의 새 왕인 양왕(襄王)이 즉위하고 처음으로 맹자를 불러서 만났습니다. 하지만 두 사람이 만나서 대화를 나눈 상황과 내용에 대해서는 객관적이고 직접적인 기술이 남아 있지 않습니다. 그저 맹자가 양왕을 만난 후에 밖으로 나왔다고만 말했을 뿐입니다. 그 후에 당사자 가운데 하나인 맹자가 다른 사람에게 이렇게 말했습니다. "그 새 왕은 한눈에 보기에도 사람들에게 주는 첫 인상이 황제 같지 않았다." 여기서 "바라보아도 군주 같지 않다〔望之不似人君〕"라는 이 말은 명언이 되어 사람들이 흔히 쓰는 말이 되었습니다. 수천 년간 오늘까지도 사람들은 이 말로 다른 사람을 비평하곤 하는데, 그럴 때 자신의 심리와 정서가 어떤 상태인지는 각자 느껴 보는 것이 좋을 것 같습니다. 그때의 심리 상태는 자못 복잡하고 미묘해서 말로 형용하기 어렵습니다.

맹자는 거기다 한 마디 더 보충해서 덧붙였습니다. "가까이 가서 더 자세히 보니 그에게는 겸허한 덕은 조금도 찾아볼 수 없었고 두려워하고 조심하는 기색도 전혀 없었다." 우리가 알다시피 덕을 지닌 사람은 그의 지위가 높을수록 일을 맡았을 때 더 두려워하고 조심스러워 합니다. 더욱이 당시의 위나라는 전략적 지리상 사방에서 강한 나라들이 호시탐탐 노리는 사전지지(四戰之地)에 처해 있었습니다. 이미 전쟁에서 몇 차례나 크게 패해 나라의 세력이 위축된 때임을 그도 알고 있었을 것인데, 이 군주는 그다지 잘 대처하지 못하고 있었습니다. 그런 국제 현실은 차치하더라도, 천하가 태평해도 신분이 그처럼 높다면 마땅히 두렵고 떨려야 하는 것이 옳습니다. 그런데 양 양왕은 부잣집 도련님 같은 태도로 어떤 것도 아랑곳하지 않는 모습이었습니다. 그래서 맹자는 "그 앞으로 나아가도 두려워할 만한 바를 발견할 수 없었다"라고 말했던 것입니다. 일국의 군주가 매사에 조심하고 두려워해야 하는 것은 물론이고 설사 평민이라 할지라도 평소에 처신할 때 마땅히 그리해야 합니다. 그러지 않으면 약간의 수확만 있어도 득의만만해 하고 십만 원을 벌면 기뻐서 밤에 한숨도 자지 못합니다. 이것을 일러 "그릇이 작으면 쉽사리 가득 찬다〔器小易盈〕"라고 말합니다. 마치 작은 술잔은 약간의 물만 더 부어도 가득 차서 넘치는 것과 같으니, 그런 사람은 아무런 일도 해내지 못합니다.

이 두 구절은 맹자가 양 양왕을 관찰한 후에 얻은 인상을 서술한 것으로서 흡사 양 양왕의 관상을 본 듯합니다. 물론 이 관상은 눈이 어떻고 코가 어떻고 운수는 또 어떤지를 보는 것이 아닙니다. 그런 것은 강호의 술사들이나 보는 관상술입니다. 중국의 전통문화에는 '사람을 알아보는〔識人〕' 학문에 관한 책이 여러 권 전해지는데, 한(漢) 말 유소(劉劭)의 『인물지(人物志)』가 그런 책입니다. 가장 가까운 시기로는 청대(淸代) 증국번(曾國藩)의 『빙감(冰鑑)』이 있습니다. 『인물지』는 관상을 보기 위한 책이라고 하는데, 사람을 알아보는 학문인 셈입니다. 이른바 형명(形名)의 책은 현대에 인사 관리를 연구하기 위해서도 읽지 않으면 안 되는 것입니다. 그 내용은 사람의 용모, 도량, 태도 등의 문제를 토론한 것입니다. 관상 이야기가 나왔으니 말인데 중국에는 일찍이 전국 시대에 관상이 존재했습니다. 한대(漢代)에 허부(許負)라는 유명한 관상쟁이가 있었는데, 그 명성이 조야에 널리 퍼졌고 관상도 아주 정확하게 봤습니다. 물론 아첨만 늘어놓는 소인들은 다른 사람에게 듣기 좋은 말만 하고 비위를 맞추는데, 그건 또 다른 문제입니다. 한 사람의 외형적인 말과 행동거지로부터 그 사람의 내재적인 덕성과 수양을 알아낸다는 것은 매우 어려운 일입니다. 요즘 말로 하면 품질의 문제입니다. 현대의 공산품은 품질 관리를 강화해야 합니다. 모든 생산품에는 그 나름의 일정한 규격이 있습니다. 그런 규격이 바로 최소한의 품질입니다. 생산품이 지녀야 하는 일정한 품질은 출고 전에 과학적 방법으로 정밀하게 감정해야 합니다. 표준 규정을 넘어서면 품질이 우수한 생산품이지만 미치지 못하면 품질이 불량하므로 도태되어야 합니다. 사람도 제각기 품질을 지니고 있습니다. 사람이 성공하는 까닭은 자기 자신이 재능이 있고 우수한 품질을 지니고 있기 때문입니다. 어떤 사람의 재능이 훌륭한지 아닌지를 알아내는 것은, 마치 물건의 품질이 좋은지 아닌지를 감정할 때 그 외형을 보고 알아내는 것처럼 그 사람의 말과 행동거지를 통해 기질이 어떠한지를 알아낼 수 있습니다. 이른바 "봉황의 자태와 하늘의 해 같은 모습〔鳳凰之姿, 天日之表〕"이라는 제왕에 대한 평어는 바로 그 용모에 관한 묘사입니다. 한 고조를 형용하는 융준(隆準)이니 용안(龍顏)이니 하는 말은 그의 외모가 용 같았다는 뜻인데, 콧대가 높고 코끝은 커다란 마늘처럼 생겼으며 입술은 귀밑까지 쭉 찢어졌고 두 눈은 부릅뜨고 있다면 그런 얼굴이 보기 좋을까요, 그렇지 않을까요? 그건 그렇다 칩시다. 어떤 사람은 명 태조 주원장의 얼굴이 돼지 같았다고 하면서, 현재 고궁박물관에 소장된 주원장의 초상화는 가짜이며 여산(廬山) 천지사(天池寺)에 있는 것이 진짜라고 합니다. 저도 여산 천지사에 있는 진짜 명 태조의 초상화라고 하는 그림을 본 적이 있는데, 정말로 돼지머리 같습니다. 이른바 오악이 하늘을 향하고〔五嶽朝天〕[37] 입술이 유달리 두텁습니다. 제가 볼 때는 여산에 있는 그 그림이 가짜이고 고궁에 있는 그림이 진짜입니다. 그렇지 않고 황제라는 사람이 정말로 그런 돼지머리 모습이었다면 참으로 봐주기 곤란했을 것입니다! 사실 가능하지도 않습니다. 쓸데없는 역사 고사인 셈입니다.

이 밖에도 역사에는 사람의 외양에 관한 두 가지 고사가 있습니다. 그를 통해 사람의 외양이 확실히 그의 내적 수양과 기질의 표현임을 증명해 줍

---

**37** 오악(五嶽)은 얼굴에서 높이 솟은 다섯 군데 즉 이마, 코, 양쪽 관골, 턱을 가리킨다.

니다. 진(晉) 왕조의 유명한 간웅(奸雄)이자 역사상 절반만 성공한 인물인 환온(桓溫)이 촉을 정벌하기 위해 천동(川東)을 칠 때의 일입니다. 그는 백제성(白帝城)에서 돌무더기를 몇 개 보았는데, 전해지는 말로는 제갈량이 전쟁을 하던 그때에 기문둔갑(奇門遁甲)으로 적을 제압하려고 벌여 놓은 팔진도(八陣圖)라고 했습니다. 당시 환온은 스스로를 대단하게 여겼기 때문에 '제갈량도 이 정도밖에 안 되는구나' 하고 생각했습니다. 그래서 자신만만한 태도를 취하면서 자기 곁에 서 있던 노병에게 말했습니다. 그 노병은 젊은 시절에 제갈량을 곁에서 모신 적이 있는 사람이었습니다. "너는 제갈 승상을 모신 적이 있지. 네가 보기에 오늘의 나와 제갈공을 비교해 보면 어떠하냐?" 그 노병은 처음에는 연달아 말했습니다. "비슷합니다! 비슷해요! 위풍이 거의 비슷합니다. 하지만…" 잠시 멈추더니 그는 한숨을 내쉬며 말했습니다. "제가 제갈 승상을 모신 것이 여러 해였는데 제갈 승상이 돌아가신 후 수십 년이 흘렀고 또 수많은 사람들을 보아 왔지만 제갈 승상보다 뛰어난 사람은 한 명도 없었습니다." 그 노병의 결론을 들은 환온은 얼굴이 온통 새하얘졌습니다.

환온은 평소 자신의 씩씩한 자태와 풍모와 기질에 스스로 흡족해하면서 진 선제(晉宣帝)니 유곤(劉琨)이니 하는 사람들의 기질과 비교해 그 우열을 가릴 수 없으리라 자부했습니다. 진(秦)나라를 정벌하고 돌아올 때 나이 많은 여종 하나를 사와서 심문을 했는데, 그 여종은 예전에 유곤의 여종이었습니다. 당연히 유곤을 잘 알고 있었지요. 그 늙은 여종은 환온을 보자마자 눈물을 참지 못하고 울기 시작했습니다. 그러면서 환온에게 이렇게 말했습니다. "당신은 유 사마를 아주 닮았습니다." 그녀의 말이 마음에 쏙 들었던 환온은 너무나 기뻤습니다. 그러나 여전히 만족을 못하고 다시 모자를 바르게 쓰고 옷매무새를 바로잡아 단정하게 만든 후에 그 여종에게 물었습니다. "너는 다시 나를 자세히 보거라. 도대체 유 사마를 어느 정도까지 닮았느냐?"

그러자 여인은 그를 자세히 바라보면서 이렇게 말했습니다. "모습은 아주 닮았지만 얼굴 피부가 약간 얇아서 유 사마처럼 복스럽지는 않군요. 눈도 아주 닮았지만 애석하게도 약간 작네요. 조금만 더 컸으면 좋았을 텐데요. 음, 수염도 아주아주 닮았습니다. 다만 안타깝게도 당신의 수염은 붉은색이라서 유 사마의 검고 빛나는 수염만은 못하네요. 몸집도 거의 비슷한데 당신이 조금 작아요. 목소리도 비슷합니다. 다만 당신 목소리는 좀 여성스럽네요." 그 여종은 명을 받들어 머리에서 발끝까지 품평하느라 한참을 이야기했습니다. 어디가 어떻게 닮았다고 자세하게 이야기했지만 하나같이 약간 못하다는 것이었습니다. 화가 난 환온은 두루마기를 벗어버리고 모자를 집어던지고 나서 얼른 내실로 뛰어가 이불을 머리까지 덮고 실컷 잤습니다. 하지만 여러 날이 지나도 마음이 풀리지 않았습니다.

그 밖에 허소(許劭)가 조조(曹操)를 보고서, 조조는 "잘 다스려지는 세상의 유능한 신하요 혼란스러운 세상의 간교한 영웅이다〔治世之能臣, 亂世之奸雄〕"라고 말했던 것도 있습니다. 조조가 배잠(裴潛)에게 "경은 지난날 유비와 함께 형주에 있었다. 경이 보기에 유비의 재능은 어떠한가?"라고 묻자 배잠이 말했습니다. "중국에 거하게 하면 사람들을 어지럽힐 수는 있어도 다스릴 수는 없습니다. 만약 변경에서 위험을 지키게 한다면 한 지역의 주인은 될 만합니다." 이러한 역사적 인물들의 평가와 감정은 총명이 절정에 달한 사람이 방관자로서 사물을 냉정히 바라보는 데서 나온 지혜로운 말이었으니, 코나 눈 같은 오관(五官)[38]을 들여다보는 관상법에 의지해서 인물을 논하는 것이 결코 아니었습니다.

---

**38** 얼굴에 있는 눈, 혀, 입, 코, 귀의 다섯 개의 감각기관을 오관이라 한다.

# 역시 관상법이라

대인배의 상황만 그러한 것이 아니라 소인배 역시 그 나름의 기질을 지니고 있습니다. 청나라 말년에 국고가 텅 비자 마침내 관작(官爵)을 팔기에 이르렀는데, 아예 담당하는 기구를 설립하고 가격을 정하여 돈을 얼마 기부하면 그에 상응하는 관직을 주었습니다. 그렇게 해서 돈을 거두어들였습니다. 당시 갑자기 큰돈을 번 뱃사람이 많은 돈을 기부하고 칠품의 벼슬을 얻었습니다. 그렇더라도 예부(禮部)에서 예를 배워야 했으니, 아마도 일정 기간 힘들여 공부해야 현장에서 관리티를 낼 수 있기 때문이었을 것입니다. 하루는 같은 계층의 관원들과 함께 식사를 하게 되었습니다. 그런데 이 기부금 출신의 나리가 젓가락으로 반찬을 집어 들기 전에 자기도 모르게 배에서 식사하던 습관대로, 오른손에 든 젓가락으로 왼손 손바닥을 콕 쳐서 젓가락 끝을 가지런하게 만들었습니다. 동석했던 사람들은 그의 사소한 동작을 보고는 단번에 그가 기부금 출신이며 아마도 예전에 뱃사람이었을 것이라고 추측했습니다. 그건 그래도 사소한 일이었습니다. 식사 후에 모두들 앉아서 차를 마시며 한담을 나누었는데, 그 중에 진사 출신의 청렴한 현지사(縣知事)가 해진 신발을 신고 있었습니다. 하지만 그는 조금도 부끄러운 기색 없이 발을 앞으로 내밀어 여덟 팔(八)자 모양으로 벌여 놓았습니다. 기부금 출신의 뱃사람이 그것을 보고 말했습니다. "모 나리! 당신의 신발이 해졌습니다." 이 말을 들은 그 현지사는 부끄러워하기는커녕 도리어 발을 들어 올리면서 이렇게 말했습니다. "내 이 신발의 얼굴은 비록 해졌지만 바닥은 아주 훌륭합니다." 이 말은 쌍관어(雙關語)로서 그 말뜻은 이러했습니다. "나의 이 현관(縣官) 벼슬은 그 근본이 학문으로 시험을 통과해서 얻은 것입니다. 노형 당신처럼 돈으로 산 벼슬이 아니오." 결국 얼굴이 벌개져서 고개를 숙인 사람은 다른 사람의 해진 신발을 비웃었던 뱃사람이었습니다. 이것이 바로 자질의 차이입니다.

그런데 사람의 됨됨이를 파악하는 것이 때로는 간단하지가 않습니다. 저 뱃사람 나리가 손바닥을 사용해서 젓가락을 가지런히 한 것은, 겉으로 분명히 드러나는 이른바 직업적인 관성입니다. 하지만 때때로 그럴듯하지만 그렇지 않은 것의 겉모습은 별도의 혜안으로 판별해야만 합니다. 『여씨춘추(呂氏春秋)』에 말했듯이 말입니다.

옥을 가리는 사람은 돌이 옥과 비슷할까 근심한다. 검을 감별하는 사람은 검이 오나라 간장과 비슷할까 근심한다. 현명한 군주는 말 잘하는 자가 통인과 비슷할까 근심하니, 망국의 군주는 지혜로운 것 같고 망국의 신하는 충성스러운 것 같다.
相玉者, 患石似玉. 相劍者, 患劍似吳干將. 賢主患辨者似通人, 亡國之君似智, 亡國之臣似忠.

사람을 알아보는 것은 사물을 변별하는 것과 같습니다. 보기에는 비슷해 보이지만 사실은 가짜인 것들이 가장 사람을 힘들게 합니다. 옥과 돌은 구별하기 쉬운 것입니다. 하지만 옥과 아주 비슷한 돌을 만나게 되면 보석가게의 전문가들도 골치 아파합니다. 보검을 평가하는 것도 마찬가지여서 평범한 철로 만든 것은 칼날이 예리하지 않기 때문에 한눈에 알아볼 수 있습니다. 하지만 그 모양이 간장(干將)이니 막야(莫耶)[39]니 하는 고대의 명검과 비슷하다면 골동품 상인도 골치가 아플 것입니다. 사물이 그러할진대 사람을 알아보는 것은 더욱 어렵습니다. 왜냐하면 사람은 살아 있어

---

**39** 간장과 막야는 춘추 시대 오(吳)나라의 도장(刀匠)인 간장(干將)이 만든 한 쌍의 명검으로, 막야는 그의 아내 이름이다.

서 움직이며 스스로를 꾸밀 줄 알기 때문입니다. 그래서 현명하고 유능한 군주는 입으로만 선한 도를 떠들어 대는 변사(辯士)를 박학다재한 통인 (通人)으로 오해하여 그를 중용함으로써 끝내 나라를 망치게 될까 봐 두려워합니다. 역사상 수많은 망국의 군주들은 겉으로 보기에 대단히 총명했으며 일부 망국의 신하들은 겉으로 보기에 충성심이 대단했습니다. 예를 들어 모든 사람이 숭배하는 제갈량 역시 마속(馬謖)을 잘못 판단하여 나중에 자신은 사람을 알아보는 것이 유비만 못하다고 스스로 한탄하기도 했습니다.

사람을 평가하는 일은 그 사람의 도량을 헤아리는 것이 가장 어렵습니다. 설사 말과 행동거지를 통해 알아냈다고 해도 그것만으로는 충분치 않습니다. 반드시 더 깊이 들어가서 그의 개성을 이해해야 합니다. 후한(後漢) 시대 학자 순열(荀悅)의 『신감(申鑒)』 가운데는 기백과 도량의 이면에 있는 개성을 토론해 놓은 대목이 있습니다.

"사람의 성정이 높은 산처럼 조용한 사람은 임시변통을 못하는 병폐가 있다〔人之性, 有山峙淵渟者, 患在不通〕." 산악처럼 안정되고 너무나 진중한 사람은 일을 할 때 임기응변을 잘 못하는 경우가 많습니다. "엄하고 강하여 다 끊어 버린 사람은 인재를 다치게 하는 병폐가 있다〔嚴剛貶絶者, 患在傷士〕." 처세가 너무 근엄하고 강해서 나쁜 것은 철저히 없애 버리는 사람은 작은 실수를 용납하지 못해서 인재를 다치게 하는 경우가 많습니다. "넓고 커서 활달한 사람은 단속함이 없는 병폐가 있다〔廣大闊蕩者, 患在無檢〕." 지나치게 관대한 사람은 스스로를 단속할 줄 몰라 게으르고 대충 처리히는 경우가 많습니다. "온화하고 유순하며 공손히 삼가는 사람은 결단이 적은 병폐가 있다〔和順恭愼者, 患在少斷〕." 사람에 대해 예의 바르고 마음속으로 특별히 조심하고 근신하는 사람은 긴급한 상황에서 중요한 관건에 대해 즉시 결단을 내리는 박력이 없습니다. "단정하고 성실하며 맑고 깨끗한 사람은 좁은 병폐가 있다〔端慤淸潔者, 患在狹隘〕." 사람됨이 반듯하여 구차히 취함이 조금도 없는 사람은 또한 제약을 받아 재능을 발휘하지 못하는 결점을 지니고 있습니다. "구변이 능통하여 언사가 뛰어난 사람은 말이 많은 병폐가 있다〔辯通有辭者, 患在多言〕." 말재주가 있는 사람은 늘 말이 많아 과오를 범하게 되고, 말이 많다 보면 반드시 실수하게 되므로 말이 많아서는 안 됩니다. "평온하고 침착하며 진중한 사람은 세상에 뒤처지는 병폐가 있다〔安舒沈重者, 患在後世〕." 현실에 안주하는 사람은 반드시 아무렇게나 하지는 않지만 시대를 좇아가지 못하는 낙오자가 되는 경우가 많습니다. "옛것을 좋아하고 경전을 고수하는 사람은 변하지 않는 병폐가 있다〔好古守經者, 患在不變〕." 전통을 존중하고 예(禮)와 상도(常道)를 지키는 사람은 또한 옛것만 고집하여 변화하지 않고 오래된 교조(敎條)만 사수함으로써 진보하기 어려운 경우가 많습니다. "용감하고 굳세며 과감한 사람은 위험한 해를 당하는 병폐가 있다〔勇毅果敢者, 患在險害〕" 요즘 말로 저돌적이고 열정적인 사람은 위험한 재해를 입기 쉬운 상반된 일면이 있습니다.

그러므로 한 사람의 도량을 제대로 파악하기 위해서는 그런 도량이 지닌 이면의 결함까지 동시에 알아야 합니다. 그렇게 "일에 있어서도" 좋고 "기용하기에도" 좋다면 비로소 인재를 제대로 알고 일을 맡긴다는 목적에 도달할 수 있습니다.

맹자는 양 양왕을 만나자마자 그가 "바라보아도 군주 같지 않다〔望之不似人君〕"라고 말했습니다. 이것은 맹자가 사람을 알아보는 데 뛰어났다는 말입니다. 역사에는 확실히 황제 같지 않은 직업 황제들이 많았습니다. 특히 태어나자마자 곧바로 태자가 된 경우에는 제대로 된 사람이 거의 없었습니다. 야사(野史)에 따르면 주원장이 천하를 통일한 후에 한번은 원 왕조의 마지막 황제 초상화를 보면서 이렇게 말했다고 합니다. "이리 보고

저리 보고 아무리 봐도 소 의사 같구나. 어디를 봐서 천하를 군림하는 황제의 상 같으냐.” 소 의사는 수의사라는 말입니다. 청대의 마지막 황제인 선통제(宣統帝)는 많은 사람들이 직접 만나보기도 했고 거의 대부분의 사람들이 그의 사진을 보았습니다. 비록 용모가 잘생기기는 했지만 어딘가 모르게 ‘가엾은’ 느낌을 주니 확실히 “바라보아도 군주 같지 않은” 또 하나의 전형입니다.

“바라보아도 군주 같지 않고 그 앞으로 나아가도 두려워할 만한 바를 발견할 수 없었다”라는 두 구절을 통해 우리는 맹자의 심중을 알 수 있습니다. 그는 이미 이 위나라의 새 왕은 보필할 수 없는 사람임을 알았습니다. 이때 이미 위나라를 떠나야 할 맹자의 운명은 정해진 셈입니다.


## 천하가 하나에 정해지다

맹자가 다른 사람에게 말하기를 “그 위나라의 새 왕과 더 묘한 일도 있었다”라고 했습니다. 맹자는 아마 이 말을 그의 학생에게 했을 것입니다. 양 양왕은 맹자를 만나자마자 안부를 묻기는커녕 예의도 갖추지 않았습니다. 인사도 하지 않았으니 ‘영감님’ 소리조차 하지 않았던 것입니다. 조금의 사양함도 없이 다짜고짜 두서없는 질문을 툭 던졌습니다. “천하는 어떻게 정해집니까?” 맹자는 이렇게 대답할 수밖에 없었습니다. “하나에 정해집니다〔定於一〕.”

이 ‘하나〔一〕’는 무엇을 말하는 것일까요? 한 사람? 한 사건? 한 원칙? 한 전략? 혹은 한 국가? 도대체 ‘하나’가 무엇일까요? 마치 불가의 참선 화두 같아서 확실한 의미가 잡히지 않습니다. 여러분이 생각하고 싶은 대로 생각하십시오!

그런데 "두려워할 만한 바를 발견할 수 없는" 이 부잣집 도련님이 생각한 것은 한 사람이었습니다. 그것도 바로 양왕 자기 자신이었습니다. 그래서 얼른 맹자에게 다시 물었습니다. "어떤 사람이 천하를 평정할 수 있습니까?" 맹자는 한 사람이라 생각한 양왕의 말에 맞추어 그에게 대답했습니다. "사람 죽이기를 좋아하지 않는 그런 사람만이 천하를 평정할 수 있습니다." 그때시야 비로소 양왕은 맹자가 말한 천하를 평정할 사람이 양왕 자신이 아니라 사람 죽이기를 좋아하지 않는 사람이라는 것을 알게 되었습니다.

사람을 죽이지 않는 사람이 천하를 평정할 수 있습니다. 만약 지금 같은 시대에 우리가 문자만 가지고 뜻을 해석한다면 이 구절은 의미가 통하지 않고 이치에 맞지 않는 것처럼 생각됩니다. 사람 죽이기를 좋아하지 않는다고 말할 것도 없이 닭 한 마리 죽이는 것도 두려워한다면 그런 사람이 어떻게 천하를 평정할 수 있겠습니까? 정말 그렇다면 모든 사람이 천하를 평정할 수 있을 것입니다. 물론 그렇게 해석해서는 안 됩니다. 맹자의 이 말은 당시의 군주들을 가리켜 한 말이었습니다. 전국 시대의 군주는 백성의 가장으로서 자신의 뜻에 따라 임의로 사람을 죽일 수 있었습니다. 사람을 죽일 수 있는 절대적인 권리는 주어졌어도 권리와 능력을 구분하는 법령이나 합리적인 규칙이 없었습니다. 군주는 법을 지킬 필요가 없었으니 사람을 살릴 수도 있고 죽일 수도 있었습니다. 그러므로 맹자의 이 말은 당시에 사람을 죽이는 특권을 지니고 있었던 군주들에게 한 말이었습니다.

양 양왕이 말했습니다. "만약 어떤 군주가 사람을 죽이지 않는다면 누가 그와 함께하고 그를 도우려 하겠습니까?" 아마도 전국 시대에는 각국의 군주들이 사람 죽이기를 힘쓰고 사람 죽이는 것으로 위엄을 세워 다른 사람들을 두렵게 만들었을 것입니다. 사람들은 죽임을 당할까 두려워서 그를 좇았습니다. 어려서부터 마음대로 사람을 죽일 수 있다는 생각을 하며 성장한 양 양왕으로서는 사람을 죽이지 않는 사람이 천하를 평정할 수 있다는 맹자의 말을 듣고 의외라고 생각했기 때문에 "누가 그에게 돌아갈 수 있습니까?"라고 물었던 것입니다.

맹자는 이 무지한 질문을 듣고도 그를 깨우쳐 주고자 이렇게 말했습니다. "만약 지금 세상에 백성을 사랑하여 함부로 사람을 죽이지 않는 군주가 있다면 천하의 백성들이 모두 그와 함께할 것입니다." 맹자는 그래도 그가 이 이치를 알아듣지 못할까 봐 비유를 사용해서 설명했습니다. "당신은 논에서 벼 싹이 성장하는 상황을 분명 잘 아실 것입니다. 해마다 칠팔월이 되었을 때 오랫동안 비가 내리지 않으면 논바닥이 바짝 마르고 벼도 물이 부족해 눈으로 보기에도 시들시들합니다. 마침 그때 이글거리는 태양이 높이 떠 있는 만 리 창공에서 갑자기 물기를 가득 머금은 구름이 몰려오더니 어느새 억수 같은 비가 쏟아지기 시작합니다. 고개를 숙인 채 구부정한 모습으로 곧 말라 버리려던 벼가 금방 생기를 되찾아서 볏대가 쭉쭉 뻗어나가며 생기발랄하게 성장하기 시작합니다. 이런 충만한 자생력은 자연의 법칙이니 그 누가 막을 수 있겠습니까?"

한탄스럽게도 맹자가 설명한 시들어 가는 벼의 비유는 난세의 실패한 정치, 이를테면 전국 시대 백성들의 상황을 기가 막히게 잘 묘사했습니다. 고대 역사에서는 난세를 만나면 사람의 생명이 정말로 시들어 가는 벼나 풀 같았습니다. 야심을 지닌 제후들은 대부분 "백성을 죽여서라도 목적을 이루는〔殘民以逞〕" 즉 자신의 사리사욕을 만족시키는 노선을 걸어갔습니다. 맹자의 이 대목을 읽으면 난리 통에는 사람의 목숨이 시들어 가는 벼나 풀과 같이 생각되어 명내 심명신(沈明臣)의 시구가 떠오릅니다. "사람을 죽임이 풀과 같아서 소리도 들리지 않네〔殺人如草不聞聲〕." 묘사가 참으로 침통하기 짝이 없습니다.

이어서 맹자는 또 말합니다. "지금 백성을 다스리는 군주들은 공명심에 불타지 않는 사람이 하나도 없으니, 진저리가 나도록 사람을 죽이면서도 마음에 아무런 느낌도 없습니다. 만약 그러한 속에서 크게 인하고 의로운 군주가 나타나서 인정을 시행하고 백성을 가엾이 여기며 함부로 정벌 전쟁을 일으키지 않는다면, 천하의 백성들이 하나같이 목을 쭉 빼고 바라보면서 그 군주가 다스려 주기를 기대할 것입니다. 만약 어느 날 정말로 그러한 군주가 출현하여 그런 상황이 생긴다면 백성들은 아래로 쏟아져 내리는 거대한 물줄기처럼 그에게 돌아갈 것입니다. 그 자연스러운 추세를 어떻게 사람의 힘으로 막을 수 있겠습니까? 그러면 사람 죽이기를 좋아하지 않는 군주는 당연히 천하를 통일할 수 있게 됩니다.”

이 단락은 맹자의 일기나 마찬가지로서 그 자신의 역사적 기록입니다. 위나라를 떠나기 직전 맹자의 상황은 참으로 운수 사나웠습니다. 양 혜왕의 경우에 처음에는 말이 안 통했지만 어느 정도 이야기가 진행되자 적어도 말은 꺼내 볼 수 있었습니다. 그런데 지금 이 새 왕은 도대체가 “바라보아도 군주 같지 않으니” 이야기를 꺼낼 필요도 없이 그냥 자리를 걷어서 떠나는 수밖에 없었습니다.

이 단락을 읽어 보면 양 양왕의 질문은 그 내용이 좋지도 않고 예의도 없습니다. 하지만 맹자가 그에게 대답한 내용은 지극한 진리를 담은 명언이요 진정한 이치였습니다. 일국의 군주가 되고 싶어 하는 사람이라면 모두 그러한 포부와 도량을 지녀야 합니다. 거꾸로 맹자가 양 양왕은 “바라보아도 군주 같지 않다”라고 말한 이유도 잘 설명되어 있습니다. 양 양왕에게는 그러한 포부가 없었습니다. 그러면 사람들이 그를 보았을 때 숙연한 존경심이 생겨날 수가 없습니다. 그의 도량과 포부는 사람들로 하여금 신하가 되어 그를 돕고자 하는 마음이 생겨나게 할 만한 기세가 조금도 없었습니다.

## 맹자와 소진의 대조

맹자는 양 양왕을 만나고 나와서 다른 사람에게 양 양왕이 "바라보아도 군주 같지 않다"라고 말한 이후 곧바로 위나라를 떠났습니다. 이는 양 혜왕이 세상을 떠나고 양왕이 즉위한 그해의 일이었을 것입니다. 양 양왕 2년, 소진(蘇秦)은 맹자가 떠난 후에 위나라에 왔습니다. 게다가 합종(合縱)의 책략을 가지고 양 양왕을 설득하여 여섯 나라가 합종해 진나라에 대항하자는 소진의 계획에 동참하게 했습니다. 물론 정확한 고증은 하기 어렵습니다.

이번에 소진이 위나라를 방문하여 양 양왕과 대화를 나눈 경과에 대해서는 『사기』와 『전국책』에 모두 기록되어 있고 그 내용도 비슷합니다. 다만 『전국책』의 기록이 비교적 상세하고 정채롭기 때문에 여기에 인용하여 함께 연구해 보도록 하겠습니다.


## 『전국책』원문, 소진이 위나라에 합종을 유세하다

소진이 조나라를 위해 위 양왕에게 합종을 유세하여 말하였다. "대왕의 국토는 남쪽으로는 홍구(즉 낭탕거狼蕩渠이니 하남河南 형양滎陽의 동쪽에 있으며 남쪽으로 진陳에 이르러 영穎으로 흘러 들어갑니다. 송 이전의 변하汴河가 그 길이며 지금은 가로하賈魯河라고 부릅니다. 형양에서 하음河陰, 개봉開封 등의 현을 거쳐 남쪽으로 상수현商水縣에 이르러 여수汝水와 합쳐집니다), 진, 여(여수汝水는 지금의 하남 숭현嵩顯 남산南山에서 나옵니다. 북동쪽으로 이양伊陽, 임여臨汝를 지나고 또 남동쪽으로는 겹현郟縣, 보풍寶豐, 양성襄城, 언성鄢

城을 경유하며 또 남동쪽에서 과하灉河가 됩니다. 옛날에는 언성 남쪽에서 서평 西平, 상채上蔡, 원계元季에 이르기까지 물이 넘쳐서 해를 끼쳤는데, 과하에서 그 흐름을 끊어서 물을 동쪽에 모으니 서평 상채의 물을 이에 여수라 일컬었습니다. 위나라 땅이 진陳에는 이르지 않는데 아마도 과장하였을 것입니다)가 있고, 남쪽으로는 허, 언(즉 언릉鄢陵입니다), 곤양, 소릉(즉 소릉召陵입니다), 무양(지금의 현으로 여양도汝陽道이지만 옛 성이 현의 남쪽에 있습니다), 신처 (옛 성이 지금의 안휘安徽 부양현阜陽縣 남동쪽에 있습니다)가 있고, 동쪽으로는 회수(위나라 땅이 회수에는 이르지 않으니 과장해서 말한 것입니다), 영수 (강의 근원이 하남 등봉현登封縣에서 비롯됩니다. 남동쪽으로 흘러 개봉과 허창許昌 등의 현을 지나서 대사하大沙河와 합쳐집니다. 또 남동쪽 안휘 부양현으로 흘러 들어가 소사하小沙河와 합쳐져서 수현壽縣에 이르러 회수로 흘러 들어갑니다), 기, 황, 자조(옛 성이 지금 산동 하택현菏澤縣 서쪽에 있습니다), 해염 (『사기』에는 해염海鹽이라는 글자가 없습니다), 무소(『사기』에는 소疎를 서胥라 하였습니다)가 있고, 서쪽으로는 장성을 경계로 하고(정鄭의 빈락濱洛 이북으로부터 고양固陽에 이릅니다. 진나라와 위나라의 경계입니다. 지금의 섬서 화현華縣의 서쪽과 부鄜의 남서쪽에 옛 장성이 남아 있으니, 곧 여섯 나라 시절의 유적입니다), 북쪽으로는 황하의 바깥(황하의 남쪽에 곡옥曲沃, 평주平周 등의 땅이 있습니다. 제 생각에 지금의 하남 겹현郟縣에 남아 있는 곡옥의 옛성은 전국 시대 위나라 땅이며 진晉의 도읍 곡옥이 아닙니다. 평주는 읍명邑名이며 지금의 산서 개휴현介休縣에 있습니다), 권(위나라 읍으로 지금의 하남 원무현原武縣에 있습니다), 연(옛 연성衍城으로 지금의 하남 정현鄭縣 북쪽에 있습니다), 산조(옛 성이 지금의 연진현延津縣 북쪽에 있습니다)가 있습니다. 땅이 사방 천 리인데, 명목상으로는 비록 작지만 마을과 농지가 매우 밀집되어 있어 목축할 만한 곳도 없습니다. 백성이 많고 수레와 말이 많아서 밤낮으로 왕래하여 끊일 사이가 없으니 삼군의 병사가 행진하는 것과 다르지 않습니다. 제가 삼가 헤아려 보니 대왕의 국가가 초나라보다 작지 않습니다.

그러나 연횡을 주장하는 사람들은 대왕에게 모의하기를, 밖으로 호랑이나 이리처럼 강한 진나라와 교류하여 천하를 침략하면 마침내 나라의 환란이 있더라도 그 화를 입지 않을 것이라고 합니다. 강한 진나라의 세력에 의지하여 안으로 그 군주를 위협하니 이보다 심한 죄는 없습니다.

또한 위나라는 천하의 강국이며 대왕은 천하의 현명한 군주이십니다. 지금 대왕께서 서쪽으로 진나라를 받들 뜻이 있어 자칭 진나라의 동쪽 속국이라고 하며, 황제의 궁을 건축하고(진나라를 위해 궁전을 건축하는 것을 말하는데, 순수巡狩를 대비하여 집을 짓기 때문에 황제의 궁이라 하였습니다) 복식을 받아들이며(복식 제도에 있어서 진나라의 법을 받아들였습니다), 봄가을마다 제사를 올리신다면(봄가을마다 진나라에 조공을 바쳐 진나라의 제사를 도왔습니다) 신은 남몰래 대왕을 위해 치욕을 느낄 것입니다.

저는 월왕 구천이 피로한 병사 삼천 명으로 부차를 간수(즉 간수干隧입니다. 오왕 부차가 자진한 곳이니, 지금 강소 오현吳縣 북서쪽 만안산萬安山에 있으며 일명 진여항산秦餘杭山, 양산陽山, 서비산西飛山이라고 합니다. 산의 다른 언덕을 수산隧山이라 하는데 곧 그 땅입니다. 오왕이 제나라를 정벌한 후에 진晉나라와 황지黃池에서 회합하니 마침내 월왕 구천이 오나라를 습격하였습니다. 당시는 경왕敬王 38년이었습니다. 원왕元王 3년에 이르러 월나라가 오나라를 멸하였습니다)에서 사로잡았고, 주 무왕은 병사 삼천 명과 병거 삼백 승을 가지고 목지야(지금의 목야牧野이니 지금의 하남 기현淇縣 남쪽에 있습니다)에서 은 주왕을 베었다고 들었습니다. 어찌 그들이 병사의 수가 많은 것에 의지하였겠습니까? 진실로 그들은 자신들의 위력을 충분히 발휘하였을 뿐입니다.

이제 남몰래 대왕의 군사 역량을 들으니, 정예병이(『사기』에서는 무사武士라 하였는데 군사입니다. 『한서漢書』 형법지刑法志에 따르면 위나라 군사들은 삼속三屬의 갑옷을 입고 십이 석石의 노弩를 다루고 화살 오십을 짊어지고 그 위에 창을 놓았으며, 갑옷을 입고 검을 지니고 사흘치 양식을 지고 하루에 백 리를 달렸다고 합니다. 시험에 합격하면 그 집을 회복시키고 택지를 더해 주었습니다) 이십여 만 명이고, 푸른 머리(푸른 두건으로 머리를 싸서 일반 백성들과는 달랐습니다)가 이십만 명이며, 돌격 부대(군사들 가운데 빼앗고 공격할 수 있는 자) 십만 명, 잡역부 십만 명, 병거 육백 승, 군마 오천 필이 있다고 하였습니다. 이것은 월왕 구천과 주 무왕의 병력을 훨씬 뛰어넘는 것입니다.

지금 대왕께서는 치우친 신하(잘못되고 치우친 신하)의 말을 듣고 신하의 신분으로 진나라를 섬기려고 하십니다. 만일 진나라를 섬기려면 반드시 땅을 쪼개고 인질을 바쳐야만 하는데, 이것은 무력을 사용하지도 않고 국가의 역량이 줄어드는 것입니다. 무릇 신하들 중에서 진나라를 섬길 것을 건의하는 자들은 모두 간신이지 충신이 아닙니다.

다른 사람의 신하가 되어서 그 군주의 땅을 나누어 외교로써 일시적인 성공만을 몰래 취하고 그 후의 결과는 돌아보지 않으며, 국가의 이익을 파괴하여 개인적인 성취를 이루고, 밖으로는 강한 진나라의 세력에 의지하고 안으로는 자기의 군주를 위협하여 땅을 쪼개어 줄 것을 구하니, 원하옵건대 대왕께서는 이를 자세히 살펴보십시오.

『주서』에서 말하기를 '처음에 싹을 자르지 않아 덩굴이 기다랗게 얽히는 것을 어떻게 하겠는가? 작을 때 뽑지 않으면 장차 도끼를 사용하여야 한다. 사전에 깊이 생각하지 않았다가 나중에 큰 환란이 생기면 어떻게 하겠는가?' 하였습니다. 대왕께서 진실로 저의 의견을 들으시어 육국이 합종으로 화친하고 전심으로 힘을 합친다면 반드시 강한 진나라의 환란을 당하지 않을 것입니다. 그 때문에 조나라 왕께서 저를 사신으로 보내시어 어리석은 계책을 바치고 분명한 공약을 받들도록 하였으니 대왕의 분부에 따르겠습니다."

위나라 왕이 말하였다. "과인은 불초해서 일찍이 훌륭한 가르침을 들은 적이 없었으나, 이제 당신이 조나라 왕의 분부로 나에게 고하였으니 삼가 온 나라로써 따르겠소."

蘇子爲趙合從, 說魏王曰: "大王之地, 南有鴻溝陳汝. 南有許鄢昆陽邵陵舞陽新郪. 東有淮潁沂黃煮棗海鹽無疎. 西有長城之界. 北有河外卷衍酸棗. 地方千里, 地名雖小, 然而廬田廡舍, 曾無所芻牧牛馬之地. 人民之衆, 車馬之多, 日夜行不休, 已無以異於三軍之衆. 臣竊料之量, 大王之國, 不下於楚.

然橫人謀王, 外交强虎狼之秦, 以侵天下, 卒有國患, 不被其禍. 夫挾强秦之勢, 以內劫其主, 罪無過此者.

且魏, 天下之强國也. 大王, 天下之賢王也. 今乃有意西面而事秦, 稱東藩, 築帝宮, 受冠帶, 祠春秋, 臣竊爲大王媿之.

臣聞越王句踐以散卒三千, 禽夫差於干遂. 武王卒三千人, 革車三百乘, 斬紂於牧之野. 豈其士卒衆哉? 誠能振其威也.

今竊聞大王之卒, 武力二十餘萬, 蒼頭二十萬, 奮擊十萬, 廝徒十萬, 車六百乘, 騎五千匹. 此其過越王句踐武王遠矣. 今乃劫於辟臣之說, 而欲臣事秦. 夫事秦, 必割地效質, 故兵未用而國已虧矣. 凡羣臣之言事秦者, 皆姦臣, 非忠臣也.

夫爲人臣, 割其主之地, 以外交偸取一旦之功, 而不顧其後, 破公家而成私門, 外挾强秦之勢, 以內劫其主, 以求割地, 願大王之熟察之也.

周書曰: '綿綿不絶, 縵縵奈何! 毫毛不拔, 將成斧柯. 前慮不定, 後有大患. 將奈之何!' 大王誠能聽臣, 六國從親, 專心幷力, 則必無强秦之患. 故敝邑趙王使使臣獻愚計, 奉明約, 任大王詔之."

魏王曰: "寡人不肖, 未嘗得聞明教. 今主君以趙王之詔詔之, 敬以國從."

소진이 합종책을 제안한 조나라의 이름으로 위나라에 와서 유세하기는 했지만 실제로는 자신의 부귀공명을 쟁취하기 위한 것이었습니다. 그는 양 양왕이 군주 같든 아니든 상관하지 않고, 말을 꺼내자마자 위나라의 지리 형세로부터 시작해서 전략적인 지세(地勢)를 자세히 이야기했습니다. 거기다 약간의 과장을 섞어서 위나라 사면의 경계를 아주 열정적으로 설명하고, 위나라의 백성이 얼마나 많은지를 이야기하면서도 허풍을 쳐서 양 양왕을 들뜨게 만들었습니다. 이것이 바로 맹자와 소진이 서로 다른 부분이었습니다. 이른바 모사(謀士)니 세객(說客)이니 종횡지사(縱橫之士)니 하는 사람들은 모두 칭찬과 아첨으로 다른 사람을 들뜨게 만들었습니다. 소진은 위나라가 초나라보다 못하지 않다고 말했지만 사실 당시 남방의 초나라는 국토의 면적과 지리적 환경 등에서 위나라보다 훨씬 강대했습니다.

이어서 양 혜왕과 양 양왕 부자 아래에 있던 대신들을 욕했습니다. 소진은 그들이 "강한 진나라의 세력을 의지하여 안으로 그 군주를 위협하니 이보다 심한 죄는 없습니다"라고 말했습니다. 이 말은 그 의미가 아주 심각한 것이었으니, 양 혜왕의 간부들이 하나같이 충성을 다하지 않는다는 말이나 똑같았습니다. 소진의 이 한 수는 확실히 정곡을 찔렀는데, 그의 질타에 양 양왕 아래에서 의견을 내놓고 싶어 했던 사람들은 단번에 그 입을 다물고 말았습니다.

하지만 양 양왕에 대해서는 칭찬의 강도를 점차 높여 갔습니다. "천하의 강국입니다" "천하의 현명한 군주십니다" 하면서 비위를 맞췄습니다. 어쨌든 세상일은 이러니저러니 해도 칭찬이 최고입니다. 현대의 세일즈맨처럼 어떤 방법을 써서라도 고객을 설득시켜야 합니다. 설득의 도에 있어서 칭찬을 하는 것보다 안전하고 효과적인 것은 없습니다. 아첨을 늘어놓아 상대방이 정신을 못 차리는 순간에 얼른 한쪽 귀에다 대고 속삭입니다. "양 양왕께서는 이렇게 큰 강국을 소유하고 있으면서도 노비처럼 다른 사람에게 고개를 숙이려고 하시니 이 어찌 크게 부끄러운 일이 아니겠습니까!"

## 소진의 권모술수

이때 소진은 과거 역사에서 오나라와 월나라의 전쟁 이야기를 들먹이면서 위나라의 국력을 분석하여 그가 합종을 주장하는 데 기초로 삼았습니다. 우리는 소진이 첫 번째 유세에서 실패하고 집으로 돌아간 후 몇 년간 『음부경』을 공부하여 학문을 터득하였다고 생각해서는 안 됩니다. 예를 들어 오늘날 초등학교에서 대학까지 십육 년을 공부하고 사회로 나아가서 곧바로 좋은 직장을 잡는다는 것은 그리 쉬운 일이 아닙니다. 소진이 여기에서 열거한 위나라의 국력은 결코 그가 방문 닫아걸고 머리카락을 대들보에 매단 채 송곳으로 허벅지를 찔러 가면서 공부한 것이 아니었습니다. 그는 그 시간에 정보를 수집하여 국제 사회에서 각국의 실력을 손금 보듯 정확하게 파악했습니다. 우리는 공부할 때 그저 책벌레가 되어서는 안 됩니다. 소진이 첫 번째 나가서 유세할 때에는 확실히 책벌레 수준이었습니다. 하지만 두 번째 나가서 유세할 때에는 완전히 달랐습니다. 그는 각 나라의 국방상 기밀 정보를 이미 훤하게 꿰고 있었습니다.

소진의 설명을 통해 우리는 당시 위나라가 어떤 형편이었는지 알 수 있습니다. 그런데 맹자는 양 혜왕을 만나 그들에게 인의의 도를 시행하는 인정(仁政)을 펼 것을 요구했으니, 이는 비유하자면 병으로 노쇠해진 노인에게 보약을 먹을 필요가 없고 주사도 맞을 필요가 없다고 말하는 것과 같습니다. 그러니 틀림없이 그 말을 따르려고 하지 않을 것입니다.

소진은 양 양왕의 면전에서 자기 집의 보물을 헤아리듯이 당시 위나라의 상황과 전비(戰備)의 상세한 숫자를 막힘없이 진술했습니다. 이어서 왕의 아래에 있는 대신과 간부들을 욕했습니다. 양 양왕 가까이에서 신임을 받는 사람들은 모두 말만 잘하는 신하로서, 오로지 왕의 비위만 맞출 줄 알고 나라를 위해 도모할 줄 모르는 간신일 뿐 충신이 아니라고 말했습니다. 소진은 일개 외국인의 신분으로 위나라에 왔을 따름입니다. 그런데 의외로 위나라 군주의 면전에서 감히 그의 신임을 받는 대신들을 크게 욕하고 있습니다. 우리는 이 대목에서 당시 그의 형편을 짐작해 볼 수 있습니다.

소진이 처음으로 유세에 나섰을 당시에는 비록 집안의 돈을 다 써 가며 수레도 사고 말도 사고 겉옷도 사고 그럴듯하게 행색을 꾸미기는 했지만, 어차피 단기(單騎)로 창 들고 적진에 뛰어든 꼴이었습니다. 머리를 손에 들고 있다가 자칫 잘못하면 언제든 떨어뜨릴 수 있는 상황이었던 것입니다. 적어도 1977년 11월 20일에 이스라엘을 방문한 이집트 대통령 사다트처럼 사람들에게 쫓겨날까 싶어 마음을 졸였을 것입니다. 하지만 이번의 소진은 예전에 비해 몇 배나 더 훌륭한지 모릅니다. 그는 먼저 조왕(趙王)을 설득하여 자신의 합종 계획을 받아들이게 한 후에 조나라를 대표해 가서 양 양왕을 설득했습니다. 이때 소진은 조수와 호위병을 한 무리 거느렸을 뿐 아니라 조나라를 후원자로 삼았기 때문에 말하는 태도도 달랐습니다. 정의롭고 근엄하게 위나라의 대신들을 지적하기를, 군주의 땅을 가지고 외국과 교류를 맺어 눈앞의 공(功)만 탐하고 훗날의 결과는 돌아보지 않는다고 했습니다. 사실 이러한 지적들은 모두 양 양왕을 욕하는 말이었습니다. 다만 소진은 외교관이자 모략가의 신분이었기에 자신이 설득하고 농락하고자 하는 군주를 직접적으로 대놓고 욕할 수 없었습니다. 그래서 그런 지적과 책임을 전적으로 국가의 간부들에게 전가시킴으로써 상대방으로 하여금 운신할 수 있는 여지를 주었던 것입니다.

소진의 이번 수는 상당히 지독하고 심했습니다. 그가 지적했던 "외교로써 일시적 성공만을 몰래 취한다"라는 평가는 몇 년 전 미국의 국무장관 키신저의 상황과 완전히 똑같습니다. 사실은 어떻습니까? 소진 자신도 역시 "외교로써 일시적 성공만을 몰래 취하지" 않았던가요? 이것을 통해 보건대 천하의 시비(是非)는 대부분 한 시기 한 장소에서만 잠시 보류할 수 있을 뿐, 그것이 영원히 "공정한 시비〔公是公非〕"가 되기는 어렵습니다.

그런 다음 그는 다시 경전을 인용하였는데『주서(周書)』의 이론을 설명했습니다. 당시는 출판 사업이 없었고 서적이 모두 죽편(竹片)에 새긴 것이어서 대단히 희소하고 진귀했습니다. 소진이 경전을 인용한 것은, 자신은 대단히 학문이 뛰어나서 일반 사람들은 쉽게 접하지도 못하는 책을 읽었다는 것을 암시하고 있습니다. 또 한편으로는 자신의 계획이 근거가 있음을 드러냈는데, 결국에는 여섯 나라가 세로로 화친해야 한다는 자신의 계획을 말한 다음 양 양왕이 결정을 내리도록 예의 바르게 청했습니다.

그렇다면 맹자가 "바라보아도 군주 같지 않다"라고 표현했던 그 양 양왕은 소진의 말을 듣고 어떻게 했을까요? 스스로를 못났다고 자책한 다음, 이제껏 이렇게 훌륭한 견해는 들은 적이 없다면서 즉시 협약을 맺고 끝까지 있는 힘을 다해 지지하겠노라 약속했습니다.

그러나 훗날 소진이 죽은 후 장의(張儀)도 양 양왕을 만나러 와서는 연횡(連橫)의 계책을 제창하면서 또 다른 이론으로 소진의 논리를 반박했습니다. 이 두 편의 문장을 만약 신문이나 잡지에 실었다면 사설체(社說體) 문장 구조의 훌륭한 저본이 되었을 것입니다.

우리가 책을 읽는 것은 옛날을 끌어다가 오늘을 증명하기 위함인데, 또한 오늘을 통해 옛날을 비추어 볼 수도 있습니다.『전국책』의 이 글 하나만 보더라도 소진이 위나라 양왕에게 유세한 이야기를 기록해 놓았는데, 당시의 정황과 완전히 일치하는지는 알 수 없습니다. 하지만 후대의 기록은 대부분 사실을 크게 벗어나지 않습니다. 이 글을 보면 당시가 아주 시끌시끌했음을 알 수 있습니다.

우리는 이 글을 통해 양 혜왕과 양 양왕 시대, 즉 맹자가 위나라에 갔던 그 시기에 위나라가 처했던 국제적 지위와 전략적 환경 및 그 역사적 배경과 당시의 국내 상황을 알 수가 있습니다. 그런 것들을 알고 난 후에 현대적 입장에서 한번 생각해 보십시오. 양 혜왕과 양 양왕이 전국 시대라는 그 시기에 만약 맹자가 제안한 인정(仁政)을 실시하는 왕도 정신을 채택했더라면 그것이 과연 통했을지 통하지 않았을지를 말이지요.

물론 맹자가 양 혜왕에게 건의한 것은 정치 철학상의 최고 원칙일 뿐, 결코 소진이나 손자 같은 병가(兵家)와 모략가(謀略家)처럼 '합종'이니 '연횡'이니 하면서 즉시 실행할 수 있는 구체적인 방법을 제안한 것은 아니었습니다. 그러나 양 혜왕이나 다른 군주가 마치 노나라가 공자의 의견을 받아들이고 아울러 공자에게 권위를 주었던 것처럼 맹자의 정치 철학적 최고 원칙을 받아들였다면, 맹자는 권위를 지니게 된 이후 자연스럽게 구체적 방법을 제안했을 것입니다. 그러므로 우리는 함부로 '책벌레'라는 꼬리표를 맹자에게 갖다 붙여서는 안 됩니다.


## 맹자가 말끝을 돌리다


설사 양 양왕이라는 사람이 "바라보아도 군주 같지 않다"라고 맹자가 말하기는 했어도, 이어지는 내용을 보면 그 속에는 중국 전통문화의 정치 철학상 큰 이치가 담겨 있으므로 특별히 유의해야 합니다. "바라보아도 군주 같지 않다"라는 한 마디의 평가 때문에 맹자가 양 양왕의 질문에 성의 없이 대답했을 것이라고 가볍게 속단해서는 안 됩니다. 사실 맹자가 양 양왕이 군주 같지 않다고 말한 것과 그가 성실하게 다른 사람을 교화하는 것은 별개의 일입니다.

첫 번째는 당연히 양 양왕이 "천하가 어떻게 정해지겠습니까?"라고 언급했던 것으로, 천하를 정하는〔定天下〕 문제입니다. 그의 질문은 어떻게 천하를 '정하느냐〔定〕' 하는 것이었지 결코 어떻게 천하를 '안정시키느냐〔安〕' 하는 것이 아니었습니다. 글자의 의미로만 본다면 '정(定)' 자와 '안(安)' 자는 여기에서 큰 차이가 있습니다. 가령 증자가 쓴『대학』을 가지고 말하면, "정한 뒤에야 편안할 수 있다〔定而後能安〕"라는 말에서도 둘은 단계상의 차이가 있습니다.

우리는 앞에서 양 혜왕이 말했던 자기 나라의 처지와 자기 개인의 심리상의 번뇌를 이해하기만 해도, 양 양왕 부자가 전국 시대 당시 서로를 집어삼키려는 형세 속에서 얼마나 어려움과 불안을 느꼈는지 알 수 있습니다. 소진이 양 양왕에게 유세하면서 위나라의 당시 정세를 분석해 놓은『전국책』의 기록을 다시 보기만 해도 양 양왕이 맹자에게 했던 "천하가 어떻게 정해지겠습니까?"라는 질문이 잘못된 것이 아님을 알 수 있습니다. 잘못이라면 그가 맹자에게 이 질문을 했을 때의 성실함과 태도가 문제였을 뿐입니다.

우리 모두가 즐겨 감상하는『삼국지연의』에서 유비가 세 번이나 초가를 찾아가서 제갈량에게 계책을 묻는 대목의 묘사가 바로 양 양왕 당시의 모습과 똑같다고 하겠습니다. 다만 유현덕(劉玄德)은 차갑고 매서운 눈보라를 무릅쓰고 제갈량의 초가를 세 번이나 찾아갔으니, 그가 보여 준 간절함과 겸손함은 무엇보다도 '군주의 도량'과 '큰 덕을 지닌' 탁월한 풍모를 갖추었습니다. 결국 융중(隆中)에 은거하고 있던 제갈공명도 지기(知己)를 만난 감동에 어쩔 수 없이 파격적으로 출사하고 말았습니다.

양 양왕이 질문한 "천하가 어떻게 정해질 것이냐" 하는 문제는 주(周)·

진(秦) 이후 천여 년간 난세를 만났을 때 무력과 야심을 지닌 모든 자들의 최초 동기였으며 이른바 패업(霸業) 사상의 원동력이었습니다. 천하가 정해지면 한 집안이 나라를 다스리게 되어 "사해 안에 왕의 영토가 아닌 곳이 없고, 땅 끝까지 왕의 신하가 아닌 자가 없다〔四海之內, 莫非王土, 率土之濱, 莫非王臣〕"라는 가천하(家天下)의 권위가 이로 말미암아 세워집니다. 유방은 황제가 된 후 자신의 아버지에게 "제가 벌어들인 재산이 형보다 많지요?"라고 물었고, 이세민은 반란을 일으키기 위해 자신의 아버지 이연을 설득하면서 "아버지께서 난을 일으키셔서 한 집안이 나라를 다스릴 수 있게 되기를 바랍니다"라고 말했습니다. 이러한 관념이 모두 "천하를 정한다〔定天下〕"라는 하나의 관념에서 나왔습니다.

맹자는 이러한 심리가 잘못된 것임을 잘 알고 있었습니다. 그래서 그는 패업 사상을 좇아서 어떻게 "천하를 정할 것인가" 하는 양 양왕의 질문에 대답하지 않았습니다. 그는 왕도 사상을 좇아서 양 양왕이 인정(仁政)을 시행하도록 유도했습니다. 그러므로 겉으로 보면 소 대가리에 말 주둥이가 서로 어울리지 않는 것처럼 질문과 답이 서로 어긋났기 때문에 자연히 당시 군주들의 구미에는 맞아떨어지지 않았습니다. 고문의 글쓰기는 농축과 간략화를 중시하기 때문에 이 부분에 대해서도 상세하게 설명하지 않았습니다. 그러므로 여기에서 약간의 설명을 덧붙여야만 맹자가 널리 펴고자 했던 전통의 왕도 학술 사상의 정신을 더욱 명확히 드러낼 수 있습니다.

두 번째 문제는 바로 맹자가 언급한 천하가 "하나에 정해진다〔定於一〕"라는 중요한 핵심입니다. 맹자는 천하가 하나에 정해진다고만 말했지, 결코 한 사람에 의해 정해진다거나 어떤 '하나' 위에 정해진다고 말하지 않았습니다. 이 구절은 얼핏 보기에는 상당히 모호하기 때문에 어리둥절해진 양 양왕이 그 논리를 거꾸로 뒤집어서 "어떤 사람이 하나로 정할 수 있습니까?"라고 물었던 것입니다. 결국 맹자는 양 양왕의 착오를 그냥 받아 주는 수밖에 없었습니다. 그는 "바라보아도 군주 같지 않은" 양 양왕이 이러한 높고 심오한 정치 철학을 이해할 수 없음을 알았습니다. 그래서 당시의 시대병에 꼭 필요한 소염제를 처방해 주고 그가 인정(仁政)을 시행하기를 희망했습니다. 맹자는 "사람 죽이기를 즐기지 않는 자가 통일시킬 수 있습니다"라고 말했습니다. 사실 이 세상에 진정으로 사람 죽이기를 좋아하는 사람은 많지 않습니다. 감히 사람을 죽이지 못하는 사람과 사람 죽이기를 좋아하지 않는 사람은 많습니다. 그렇다고 해서 설마하니 사람 죽이기를 좋아하지 않는 그 사람들이 모두 천하를 통일시킬 수 있다는 말일까요? 여기에 대해서는 앞에서 이미 간략하게 언급했으므로 중복할 필요는 없을 듯합니다.

만약 진술하게 말하려고 한다면 고문 글쓰기의 문법과 논리는 정말로 진지합니다. 단지 고금의 문법 활용이 서로 달라서 그 논리도 약간의 모순이 드러납니다. 특히 고대에는 인쇄술이 발달하지 못했기 때문에 고문은 가능한 한 자구(字句)를 간략하게 줄여야 했습니다. 한 글자가 하나의 관념을 나타내는 경우가 많았고 그 의미가 깊고도 다양해서 후세 사람들이 이해하기가 어렵습니다.

송대의 구양수(歐陽修)가 명을 받들어 당사(唐史)를 쓸 당시의 일을 예로 들어 보겠습니다. 어느 날 그가 자신을 돕던 한림학사들과 산보를 나섰는데 말 한 필이 미쳐 날뛰다가 길에서 개 한 마리를 밟아 죽이는 것을 보았습니다. 구양수는 그들의 문장 수법을 시험해 보고 싶어서 눈앞의 일을 하나의 제목으로 요약해 보라고 시켰습니다. 한 사람이 이렇게 말했습니다. "개가 큰 길에 누웠다가 달리는 말이 그것을 밟아 죽이다〔有犬臥於通衢, 逸馬蹄而殺之〕." 다른 사람은 이렇게 말했습니다. "말이 길에서 달리니 누워 있던 개가 그것을 만나 죽다〔馬逸於街衢, 臥犬遭之而斃〕." 그러자 구양수가 말했습니다. "그렇게 글을 지어서 역사를 썼다가는 일만 권을 써도 완성하지 못할 것이다." 그들이 구양수에게 물었습니다. "그렇다면 당신은 어떻게 쓰시겠습니까?" 구양수가 말했습니다. "달리던 말이 길에서 개를 죽이다〔逸馬殺犬於道〕." 여섯 글자로 분명하게 표현했습니다. 이것이 바로 고금의 문자가 서로 다름을 보여 주는 일례입니다. 첫 번째 사람의 문구를 보면 명대(明代)의 일반적인 구법(句法) 같습니다. 두 번째 사람의 것은 송대(宋代)의 구법 같습니다. 사실 시대가 뒤로 갈수록 사상이 더욱 복잡해져서 문자의 활용도 더욱 다양해집니다.

## 하나에 정해지다

이 단락에서 "하나에 정해진다〔定於一〕"라는 대답은 대단히 재미있으면서도 심원한 의미가 내포된 것으로 중국 정치 철학의 지극히 높은 원칙을 이야기하고 있습니다. 한 사람 혹은 한 가지 일을 가리키는 것이 아니며 어떤 한 가지 방법을 말하는 것은 더더욱 아닙니다. 단순히 인(仁) 혹은 의(義)를 가리키는 것도 물론 아닙니다. 왜냐하면 인과 의는 단지 정치 행위의 하나로서, 하나의 정치사상을 실행하는 고도의 도덕적 행위일 뿐이기 때문입니다. 전국 시대 당시에 혹은 어떠한 혼란의 시대에도 그것은 천하 사람들의 마음이 돌아갈 만한 행위였습니다. 만약 현대 민주 사상의 시각에서 본다면 그것은 말할 필요도 없는 당연한 이치입니다. 살인을 좋아하는 폭력주의자나 오늘날 국제 사회에서 웃음거리가 되고 있는 아프리카의 잔혹한 독재자 이디 아민 같은 경우는 말할 거리도 못 됩니다.

그런데 "하나에 정해진다"라는 대답이 양 양왕의 귀에 들어가자 그의 머릿속의 관념과 반응하여 그만 "천하는 한 사람의 손에서 정해질 수 있다"라는 말로 바뀌고 말았습니다! 그래서 그는 지체하지 않고 얼른 어떤 사람이 천하를 통일할 수 있는가 하는 질문을 던진 것입니다. 생각해 보십시오. 이 얼마나 재미있는 오해입니까? 결국 맹자는 "하나에 정해진다"라는 고도의 철학적 이론에 대해 더 이상 설명할 수 없게 되어, 양 양왕이 이해할 수 있는 방향으로 화제를 전환하여 "사람 죽이기를 즐기지 않는 자가 천하를 통일할 수 있다"라는 답을 해 주고 말았습니다.

저는 말주변이 부족해서 이 말에 대해 논리적인 분석을 명확히 못할 수도 있습니다. 게다가 번역해 놓은 서양 논리학의 명사와 술어들을 인용해서 표현하는 것도 그다지 내키지 않기에 여러분 스스로 깨닫는 부분이 있기를 바랄 뿐입니다. 다만 참고할 만한 당대(唐代) 선종 대사들의 고사를 인용하고자 합니다.

"집안 가득한 꽃향기에 삼천의 손님이 취하고, 검광 하나에 십사 주가 서늘해지네〔滿堂花醉三千客, 一劍光寒十四州〕"라는 당(唐) 말의 유명한 시승(詩僧) 관휴(貫休)가 월왕(越王) 전류(錢鏐)를 위해 지은 명구입니다. 이 것을 본 전류는 대단히 기뻐했지만 십사 주를 사십 주로 고쳐 달라고 했습니다. 하지만 관휴는 거절하면서 이렇게 말했습니다. "주(州)는 더 보탤 수 없고 시(詩)도 고칠 수 없습니다." 이 때문에 그는 전류와 사이가 나빠졌고, 천 리나 떨어진 사천으로 가서 촉왕(蜀王) 왕건(王建)에게 의탁하게 되었으며 "병 하나와 바리때 하나로 살면서 늙어지다 보니, 여러 갈래의 내와 많은 산이 분명하게 다가오는구나〔一瓶一鉢垂垂老, 萬水千山的的來〕"라는 천고의 명구를 써냈습니다. 한번은 자신이 보기에도 아주 만족스러운 시를 쓰게 되있습니다. 그 중에 "선객들 서로 만나면 오직 손가락만 튕기니, 이 마음은 몇 사람만 알 수 있다네〔禪客相逢唯彈指, 此心能有幾人知〕"라는 명언이 있었습니다. 그는 당시의 유명한 선종 대사인 석상(石霜) 선사에게 가져가 보여 주면서 자신이 명심견성(明心見性)으로 깨닫고 지은 것이라고 했습니다. 석상은 시를 보자 곧바로 한쪽에 놓더니 몸을 돌려 그에게 물었습니다. "어떤 것이 이 마음이냐?" 그러자 관휴 스님은 말문이 막혀 아무런 대답도 못했습니다. 그러자 석상 선사가 말했습니다. "네가 모르면 나에게 묻거라." 관휴가 자신도 모르게 묻고 말았습니다. "어떤 것이 이 마음입니까?" 석상 선사는 빙그레 웃으면서 대답했습니다. "몇 사람만 알 수 있다." 이제 이러한 논리 활용의 방식을 이해하면 천하가 "하나에 정해진다"라는 문제를 둘러싼 양 양왕과 맹자의 문답의 요점을 이해할 수 있을 것입니다.

## 근원이 같은 유가와 도가의 천하통일

이쯤 하고 다시 중국 정치학의 "하나에 정해진다[定於一]"라는 문제로 돌아가서 논의하도록 하겠습니다. 사실 이야기하자면 건드리게 되는 부분이 대단히 많고 매우 어렵기도 합니다. 맹자가 언급한 "하나에 정해진다"라는 문제와 관련해서 후세의 자칭 정통 유가들이 그다지 동의하지 않는 도가의 조상인 노자(老子)의 말을 옮겨다가 살펴보면 그에게도 마찬가지로 중국 정치 철학과 연관 있는 '하나[一]'의 사상이 있습니다. 노자는 일찍이 이렇게 말했습니다. "하늘은 하나를 얻어서 맑다. 땅은 하나를 얻어서 평안하다. 제후는 하나를 얻어서 천하를 평정한다[天得一以淸. 地得一以寧. 侯王得一以天下平]." 노자가 말한 "하나를 얻어서 천하를 평정한다"라는 것과 맹자가 거두절미하고 던진 "하나에 정해진다"라는 말은 과연 똑같은 것일까요? 참으로 깊이 생각하고 명확히 판별해 볼만한 문제입니다.

이 '하나[一]'의 문제를 내성외왕(內聖外王)의 학문인 『대학』과 『중용』의 내성(內聖)의 학문과 함께 논해 본다면, 『대학』의 '명덕(明德)'과 '신독(愼獨)' 및 『중용』의 '중화(中和)'와 '성명(誠明)'과 하나로 관통되면서 서로를 설명해 줄 수 있으니 어찌 하나의 전문적인 논의가 아니라 하겠습니까? 그렇기는 하지만 여기에서 맹자가 말한 '하나'는 그의 중심 사상인 인정(仁政)을 실행하는 왕도 정치 사상이라고도 말할 수 있습니다.

그런데 외왕(外王)의 학문으로까지 확대시켜서 말한다면, 맹자가 말한 천하가 "하나에 정해진다"라는 이치는 중국 역사 철학의 불이법문(不二法門)[40] 즉 "천하가 통일되어야만" 비로소 장구하게 안정될 수 있다는 말입니다. 우리가 진·한 이후의 역사를 자세히 연구해 보기만 하더라도 통일을 얻지 못한 시대는 그 재앙과 환란으로 끝내 평정을 얻지 못했음을 알 수 있습니다. 이것은 이미 중국 역사상 영원히 변하지 않는 법칙입니다. 따라서 맹자 이후로 이천 년 중국 역사상 제왕 정치는 하나같이 맹자의 이 논단적인 관념을 좇아 행해졌습니다. 심지어 반동적인 사람들조차 이것으로 자신의 구호로 삼았습니다.

올바르건 반동적이건 상관없이, 거짓으로 빌려 와서 호소하건 진심으로 국가와 천하를 위하건 상관없이 "하나에 정해진다"라는 이론은 당연히 나무랄 데가 없습니다. 사실 모든 진리는 불이법문으로서 당연히 나무랄 데가 없습니다. 하지만 이천 년간 제왕의 전제 정치는 하나같이 공맹의 학문을 빙자한 큰 도둑이었으니, 정말로 장자(莊子)의 말처럼 그들은 인의(仁義)의 도조차 도둑질해서 사용했습니다. 그것은 무슨 이유에서였을까요? 맹자는 천하가 "하나에 정해진다"라고만 말했지 결코 한 사람에게 정해진다고 말하지 않았습니다. 그런데 역대의 제왕들은 "하나에 정해진다(定於

---

40 상대적이고 차별적인 것을 모두 초월하여 절대적이고 평등한 진리를 나타내는 가르침을 뜻하는 불교 용어.

一)"라는 세 글자를 무턱대고 받아들여서 "한 사람에게 정해진다"에다 끌어다 붙일 뿐 아니라 그것도 반드시 "나에게 정해진다"라고 고집했습니다. 보십시오, 이 얼마나 우스운 일입니까!

이야기가 너무 멀리까지 가서 맹자의 본의와 서로 큰 차이가 생길 수도 있으니 이쯤에서 그만두도록 하겠습니다. 쓸데없는 이야기만 늘어놓았는데, 맹자가 이번 대화에서 말머리를 돌리는 대목에 여러분이 대충 넘어가지 말고 주의를 기울였으면 해서였습니다.

수천 년 중국 문화에서 "잘못된 것은 올바른 것을 이기지 못한다(邪不勝正)"라는 중심 사상은 하나의 진리이며, 이미 가가호호 모든 사람이 알고 이야기하는 명언입니다. 하지만 자고이래로 어느 시대이든 정도(正道)를 행하기는 대단히 어려웠습니다. 맹자는 시종일관 정도를 행하고자 했기 때문에 그의 이상을 실현하기가 어려웠던 것입니다. 그런데 소진 같은 사람들이 행한 것이 사도(邪道)라고 말한다면 도대체 어느 정도까지 잘못되었을까요? 그 또한 단정 짓기가 매우 어렵습니다. 그들의 주장은 오로지 당장의 이해관계에서 나온 것이었습니다. 눈앞에 펼쳐진 현실적인 이익은 지혜롭건 어리석건 현명하건 못났건 상관없이 모두가 쉽게 알아볼 수 있고 모든 사람이 취할 수 있습니다. 만약 즉각적으로 효과를 본다면 모든 사람이 기꺼이 하려고 들 것입니다. 그러나 맹자가 제창한 왕도(王道)와 인정(仁政)은 큰 이익이요 먼 이익이요 백년대계(百年大計)였습니다. 어쩌면 백 년보다 훨씬 이후일 수도 있습니다. 오늘 농사를 짓는 사람이 반드시 그 성과를 누릴 수 있다고 말할 수가 없습니다.

사람이라면 나라를 위해서건 집안을 위해서건 자기 자신을 위해서건 어떤 경우에도 자신이 노력한 성과를 눈으로 보고 직접 누리기를 원합니다. 이것은 인지상정이기도 합니다. 맹자와 소진 두 사람이 위나라 군주에게 제안했던 견해 및 거두어들인 확연히 다른 결과를 대비해 보면, 인류는 어쨌든 눈앞의 이익에만 급급하다는 사실을 분명히 알 수 있습니다. 거기에 대해서는 탄식만 나올 뿐입니다!

맹자가 양 양왕에 대해 "바라보아도 군주 같지 않다"라고 말한 것은 그에게 사람다운 모습이 없다는 뜻이 아니라 단지 군주가 될 만한 태도가 보이지 않는다는 말입니다. 아마도 남당(南唐)의 이후주(李後主)나 촉주(蜀主) 맹창(孟昶) 같은 부류의 인물이었던 것 같습니다. 풍류가 넘치고 멋스러운 것이 명사(名士)가 될 수는 있어도 군주가 될 수는 없습니다. 진 무제(晉武帝) 사마염(司馬炎) 시대에 발굴된 양 양왕의 분묘에서 출토된 자료에 따르면 그가 묻힌 무덤에는 상당히 볼만한 고전 경서가 함께 매장되어 있었다고 합니다. 이로 보건데 그 역시 독서광이었던 것 같습니다. 삼국 시대 강하(江夏)의 유표(劉表)처럼 『역경』 전문가였는지도 모릅니다! 그러고 보니 제 유년 시절의 선생님 한 분이 지은 시가 생각납니다. "수양제는 불행히도 천자가 되었고 왕안석은 가엾게도 재상을 지냈구나. 두 사람이 늙도록 궁했더라면 한 사람은 명사에 한 사람은 문웅이 되었을 것을[隋煬不幸爲天子, 安石可憐做相公. 若使二人窮到老, 一爲名士一文雄]." 아마 양 양왕도 군주가 되기에는 적당하지 않은 그런 유형의 사람이었던 것 같습니다.


## 인애의 확장

제 선왕이 물었다. "제 환공과 진 문공의 일을 들을 수 있겠습니까?" 맹자께서 대답하셨다. "중니의 문도들은 제 환공과 진 문공의 일을 말한 자가 없으니, 이 때문에 후세에 전해진 것이 없어 신은 아직 듣지 못하였습니다. 그만두지 말라 하신다면 왕도를 말하겠습니다." 왕이 물었다. "덕이 어떠하

면 왕 노릇 할 수 있습니까?" 맹자께서 대답하셨다. "백성을 보호하여 왕
노릇 하면 이것을 막을 자가 없습니다." 왕이 물었다. "과인과 같은 자도 백
성을 보호할 수 있습니까?" 맹자께서 대답하셨다. "가능합니다."

齊宣王問曰: "齊桓晉文之事, 可得聞乎?" 孟子對曰: "仲尼之徒, 無道桓文
之事者, 是以後世無傳焉, 臣未之聞也. 無以, 則王乎?" 曰: "德何如? 則可
以王矣?" 曰: "保民而王, 莫之能禦也." 曰: "若寡人者, 可以保民乎哉?"
曰: "可."

---

맹자가 양 혜왕과 양 양왕 부자를 만나 대화한 내용을 『맹자』 이 책의
맨 앞에 둔 것은 그 대화들이 맹자 정치 철학의 중심 사상이기 때문에 그
중요성을 드러내고자 해서였습니다. 맹자가 제 선왕을 만난 것은 양 혜왕
을 만나기 전의 일이었습니다. 하지만 『맹자』의 시간 연대에 관한 문제는
역대로 의견이 갈라지고 제각기 고증의 이유가 있어서 확정 짓기가 매우
어렵습니다. 이 장 뒷부분에서 제 선왕을 다시 이야기하는 것은 현대 소설
의 작문법 가운데 이른바 도치법과 같습니다.

제 선왕은 맹자를 만나자 처음부터 이렇게 묻습니다. "춘추 시대 제 환
공과 진 문공은 모두 앞뒤로 천하에서 패자(覇者)라 칭해졌는데, 그들은
어떻게 천하의 맹주가 될 수 있었습니까? 그 이치를 당신이 나에게 들려
줄 수 있습니까?"

하지만 맹자는 제 환공과 진 문공이 패자라 일컬어졌던 이유가 어디에
있는지 말하지 않았습니다. 왜냐하면 그는 공자의 손자인 자사(子思) 계
열의 학생으로서 평생 공자의 학설을 받들고 따랐기 때문입니다. 그래서
그는 자신의 학술적 입장에 서서 이야기했습니다. 맹자가 말했습니다.
"공자의 제자들은 지금껏 제 환공과 진 문공이 패자라 칭해진 사정에 관

해 이야기한 적이 없습니다. 따라서 후세에 전해지지 않았고 저 역시 저의 선배들에게 그 일에 관해서 들은 적이 없습니다. 제 선왕 당신이 어떻게 천하를 영도하는지에 관해 꼭 알고 싶으시다면, 왜 굳이 제 환공과 진 문공이 패자라 칭해졌는지의 이치를 알고자 하십니까? 그들은 별로 대단하지도 않았고 패자라 칭해졌을 따름입니다. 진정으로 국가를 잘 다스려서 그 명성을 천하에 전하고 싶다면 어찌하여 천하에 왕자(王者)라 칭해지는 왕도에 관해 이야기하지 않습니까?"

여기에서 우리는 맹자가 계속해서 왕도의 시행을 강조하였음을 알 수 있습니다. 그런데 맹자는 "중니의 문도들은 제 환공과 진 문공의 일을 말하지 않았다[仲尼之徒, 無道桓文之事]"라고 했습니다. 이 말을 잘 이해하고 깨닫지 못한다면 마치 대추를 잘 씹지 않고 통째로 삼키면 먹어도 소화가 되지 않는 것처럼 우스운 이야기가 되고 말 것입니다. 만약 정말로 그랬다면 공자의 삼천 제자는 놔두고 칠십이 현인만 놓고 말하더라도, 제 환공과 진 문공의 일도 모른다면 그들의 학식이 너무 얕고 좁지 않습니까? 하물며 공자는 춘추 시대 사람으로 자신이 쓴 『춘추』라는 책에 제 환공과 진 문공을 언급한 곳이 얼마나 많은데 공자의 학생들이 어떻게 스승이 쓴 책도 읽지 않을 수 있습니까? 정말 우스운 이야기가 아닐 수 없습니다!

솔직히 말해서 당시의 맹자는 제 선왕에게 패도를 이야기하고 싶지 않아서 일부러 회피했습니다. 그는 제 선왕에게 자신의 왕도 정치를 말하고 싶을 뿐이었습니다. 이것을 통해서도 우리는 맹자가 맹자인 까닭, 유가에서 표방하는 성인이 성인인 까닭을 알 수 있습니다. 바로 그처럼 올곧고 조금도 에두르지 않았던 것입니다. 만약 종횡가 같은 부류였다면 틀림없이 제 선왕의 뜻을 좇아 먼저 제 환공와 진 문공의 일을 이야기하고, 이어서 왕도의 이치를 말한 다음 그 둘의 이익을 비교하고 마지막으로 왕도를 행할 것을 권했을 것입니다. 하지만 맹자는 처음부터 끝까지 성(聖)을 고집하여 숨기지 않고 솔직히 말했습니다.


## 차마 소를 죽이지 못했던 제 선왕의 인술

그러자 제 선왕이 맹자에게 물었습니다. "그렇다면 내가 덕정(德政)을 행하고 덕행(德行)을 중시한다면 천하에 왕 노릇 할 수 있습니까?" 여기에서 제 선왕은 오직 덕(德)을 언급했을 뿐입니다. 진·한 이전의 고대에는 '덕(德)'과 '도(道)'가 서로 다른 개념이었습니다. 따라서 진·한 이전의 고서에서는 대부분 두 글자가 나뉘어 있습니다. 그러던 것이 후세에 와서야 비로소 '도'와 '덕' 두 글자를 합쳐서 쓰게 되었고 '도덕'이라는 통일된 개념이 생겼습니다. 여기에서 제 선왕은 덕을 닦고 덕정을 행하는 것에 대해 물었습니다. 하지만 맹자는 여전히 직접적인 대답을 하지 않고 제 선왕에게 이렇게만 말했습니다. "당신이 만약 백성들을 보호하고 사랑할 수 있다면 왕자라 칭해질 수 있을 것이며 당신을 거스를 사람이 없을 것입니다." 제 선왕은 한 걸음 더 나아가 이렇게 물었습니다. "당신 맹 선생이 보기에 나 같은 사람이 백성들을 보호하는 인정(仁政)을 실행할 수 있겠습니까?" 맹자는 "물론입니다"라고 말했습니다.

---

왕이 물었다. "무슨 이유로 나의 가능함을 아십니까?" 맹자께서 대답하셨다. "신이 다음과 같은 내용을 호흘에게 들었는데 '왕께서 당상에 앉아 계시는데 소를 끌고 당하로 지나가는 자가 있었습니다. 왕께서 그것을 보시고 「소가 어디로 가는가?」하고 물으시자 대답하기를 「장차 종의 틈을 바르는 데 쓰려고 해서입니다」하였습니다. 왕께서 「놓아주어라. 내가 그 두려워 벌벌 떨며 죄 없이 사지로 나아감을 차마 볼 수 없다」하시니, 대답하기

를 「그렇다면 흔종을 폐지할까요?」 하자 왕께서 「어찌 폐지할 수 있겠는가? 양으로써 바꾸어 쓰라」 하셨습니다'라고 하였습니다. 알지 못하겠지만 그런 일이 있었습니까?" 왕이 대답하였다. "그런 일이 있었습니다." 맹자께서 말씀하셨다. "이 마음이면 왕 노릇 할 수 있습니다. 백성들은 모두 왕께서 재물을 아꼈다고 여기지만 신은 진실로 왕께서 차마 못하심을 알고 있습니다." 왕이 말하였다. "그렇습니다. 진실로 그런 백성이 있습니다마는 제나라가 비록 좁고 작으나 내가 어찌 한 마리 소를 아끼겠습니까? 그 두려워 벌벌 떨며 죄 없이 사지로 나아감을 차마 볼 수 없었기 때문에 양으로써 바꾸게 한 것입니다." 맹자께서 말씀하셨다. "왕께서는 백성들이 왕더러 재물을 아꼈다고 여김을 괴이하게 여기지 마십시오. 작은 것으로써 큰 것과 바꾸었으니 저들이 어찌 이것을 알겠습니까? 왕께서 만일 그 죄 없이 사지로 나아감을 측은히 여기셨다면 소와 양을 어찌 구별하셨습니까?" 왕이 웃으며 말하였다. "이것이 진실로 무슨 마음이었던가? 내가 재물을 아껴서 양으로써 바꾸게 한 것이 아니지만 당연히 백성들은 나더러 재물을 아꼈다고 말하겠구나." 맹자께서 말씀하셨다. "나쁠 것이 없으니 이것이 바로 인을 행하는 방법입니다. 소는 보았고 양은 아직 보지 못하였기 때문입니다. 군자는 금수에 대해서 산 것을 보고는 차마 그 죽는 것을 보지 못하며, 그 소리를 듣고는 차마 그 고기를 먹지 못합니다. 이 때문에 군자는 푸줏간을 멀리하는 것입니다."

曰: "何由知吾可也?" 曰: "臣聞之胡齕曰: '王坐於堂上, 有牽牛而過堂下者, 王見之, 曰: 牛何之? 對曰: 將以釁鐘. 王曰: 舍之, 吾不忍其觳觫, 若無罪而就死地. 對曰: 然則廢釁鐘與? 曰: 何可廢也? 以羊易之.' 不識有諸?" 曰: "有之." 曰: "是心足以王矣. 百姓皆以王爲愛也, 臣固知王之不忍也." 王曰: "然. 誠有百姓者, 齊國雖褊小, 吾何愛一牛? 即不忍其觳觫, 若無罪而

就死地, 故以羊易之也." 曰: "王無異於百姓之以王爲愛也. 以小易大, 彼惡
知之? 王若隱其無罪而就死地, 則牛羊何擇焉?" 王笑曰: "是誠何心哉? 我
非愛其財而易之以羊也, 宜乎百姓之謂我愛也." 曰: "無傷也, 是乃仁術也,
見牛未見羊也. 君子之於禽獸也, 見其生不忍見其死, 聞其聲不忍食其肉, 是
以君子遠庖廚也."

---

　제 선왕은 맹자가 자신이 백성을 보호하여 천하에 왕 노릇 할 수 있다고
말하자, 맹자에게 "당신은 어떻게 내가 할 수 있음을 아십니까?"라고 반문
했습니다. 제 선왕은 어쩌면 맹자의 말을 듣고 대단히 기뻐서 듣기 좋은 말
을 더 듣고 싶었을 수도 있습니다. 혹은 자기는 그렇게 할 자신이 없는데
맹자의 대답이 건성이라 생각하여 추궁했는지도 모릅니다. 맹자는 이유를
설명해 주지 않을 수 없었습니다. 그래서 사실을 들어서 증명했습니다.

　맹자가 말했습니다. "저는 당신의 신하인 호홀이 저에게 이야기해 준
것을 들었습니다. 당신 제 선왕께서 한번은 묘당의 자리에 앉아 계셨는데,
어떤 사람이 소 한 마리를 끌고 그 아래를 지나갔습니다. 그것을 본 왕께
서 그에게 소를 어디로 끌고 가느냐고 물었습니다. 그가 당신에게 말해 준
것은, 소를 끌고 가서 죽여 그 피를 받아 종에 바른다는 것이었습니다. (고
대에 종을 주조할 때에는 가축을 희생하여 그 피를 발라서 제사를 지냈습니다.)
그의 보고를 들은 후에 당신은 그 소를 놓아주라고 명했습니다. 그 소가
벌벌 떠는 모습을 보니 마치 죄 없이 잡혀가서 죽임을 당하는 사람 같아
너무나 가엾으니 차마 죽이지 못하겠다는 것이었습니다. 그러자 소를 끌
고 가던 그 사람이 당신에게 묻기를, 새로 주조한 종에 희생의 피를 바르
지 않아도 되느냐고 했습니다. 당시 왕께서는 또 말하기를 '그렇다고 해
서 어떻게 피를 바르지 않을 수 있겠느냐? 양 한 마리로 바꾸면 된다'라고

하셨습니다."

"제가 들은 이 일이 진실인지 저는 잘 모르겠습니다." 그러자 제 선왕이 말했습니다. "그런 일이 있었습니다!" 그러자 맹자가 말했습니다. "'그 벌벌 떠는 모습을 차마 보지 못하겠다'는 당신의 심리를 근거로 해서 확대해 보면 당신은 왕도를 실행하실 수 있습니다. 비록 당신의 백성들은 당신이 쩨쩨하기 때문에 큰 소를 죽여서 피를 받아 종에 바르기가 아까워서 그보다 더 작은 양으로 바꾸라고 했다고 말합니다. 하지만 저는 소는 크고 양은 작기 때문이 아니라 당신에게 차마 하지 못하는 마음이 있기 때문임을 알고 있습니다."

제 선왕이 말했습니다. "당신의 말이 맞습니다. 과연 내 백성들은 내가 그 소를 죽이기 아까워 작은 양으로 바꾸었다고 오해하고 있습니다. 하지만 당신도 알다시피 우리 제나라가 비록 천하를 통일하지 못했고 아주 크다고 말할 수는 없지만, 그렇다고 아주 작은 국가도 아니니 소 한 마리가 아까워서 죽이지 못할 정도는 아닙니다. 정말로 나는 그 소가 벌벌 떠는 모습이 마치 죄 없는 사람이 끌려가 죽는 것처럼 가엾어서, 마음속으로 차마 볼 수가 없어서 양 한 마리로 바꾸었던 것입니다."

그러자 맹자가 이어서 말했습니다. "왕께서는 당신의 백성들이 당신은 소 한 마리를 아낀다고 오해하더라도 이상히 여길 필요가 없습니다. 왜냐하면 소는 비교적 값이 나가기 때문입니다. 사실 소는 크고 양은 그보다 작으니, 당신이 작은 양으로 큰 소와 바꾸면 그 값이 현저하게 차이 납니다. 당신에게 다른 원인이 있었음을 그들이 어떻게 알겠습니까? 또 굳이 말하자면, 만약 당신이 소가 벌벌 떠는 모습을 보고 차마 죽이지 못해서 양으로 바꾼 것이라면 양도 똑같은 생명이 아닙니까? 이것은 또 어떻게 설명하시겠습니까? 그러니 백성들이 어떻게 이해할 수 있겠습니까?"

이 말을 듣자 제 선왕은 웃음을 터트리면서 말했습니다. "그렇군요! 이것은 도대체 무슨 심리일까요? 사실대로 말해서 당시 나는 소가 크고 비교적 값이 나가기 때문에 죽이기 아까워서 양으로 바꾼 것이 아니었습니다. 하지만 당신의 말을 듣고 보니 내 백성들이 나를 쩨쩨하다고 오해하는 것도 무리가 아니군요."

이어지는 맹자의 대답을 보면서 우리는 새삼 맹자의 훌륭함을 알 수 있습니다. 당시는 군주 시대였습니다. 차마 소를 죽이지 못했던 제 선왕의 좋은 마음을 백성들이 이해하지 못했을 뿐 아니라 오히려 쩨쩨하다고 말했으니, 자칫 잘못 했다가는 군주가 그 일로 화가 나서 몇 사람을 죽일 수도 있습니다. 그래서 맹자는 제 선왕의 마음을 풀어 주기 위해 해명을 했습니다.

그런 다음 맹자는 제 선왕이 자신의 의견을 받아들여 왕도의 인정(仁政)을 시행하도록 하기 위해 이쯤에서 가볍고 유머러스한 어조로 말머리를 살짝 돌렸습니다. "이것은 작은 일에 불과하니 백성들의 오해는 당신에게 아무런 손해나 방해가 되지 않습니다. 이것이 바로 당신의 인술(仁術)입니다. (다만 유의할 점은, 맹자는 제 선왕에게 인술仁術이라고 말했지 인심仁心이라고 말하지 않았다는 사실입니다. 책을 읽을 때 이 '술術' 자를 가볍게 넘겨서는 안 됩니다.) 왜냐하면 당시 왕께서는 소가 벌벌 떠는 모습을 보았을 뿐 양이 눈물을 흘리는 모습은 보지 못했기 때문입니다. 군자는 금수가 살아 있는 모습을 보기 원할 뿐 그것이 죽임을 당하는 참상은 차마 보지 못합니다. 만약 그것들이 죽으면서 내지르는 비명소리를 듣게 된다면 그 고기는 차마 먹지 못합니다. 그래서 군자는 푸줏간을 멀리한다고 말하는데 바로 그런 이치입니다! 또 당신이 양으로써 소와 바꾼 심리와도 완전히 똑같습니다!"

그런데 군자는 푸줏간을 멀리한다는 이 말이 후세에 잘못 이해되어서, 근대의 젊은이들은 부인이 주방에 와서 좀 도와달라고 하면 이 말로 방패를 삼습니다. "부인, 용서해 주시오! 맹 선생님께서 말씀하시기를 '군자는 푸줏간을 멀리한다' 하셨다오. 나는 군자가 되고 싶소. 당신의 남편이 소인이 되면 안 되지 않겠소!" 그러고는 거실 소파에 앉아 텔레비전만 보면서 부인이 따끈따끈한 식사를 들고 오기를 기다립니다. 물론 이것은 우스갯소리입니다만 후세에 옛사람의 명언을 곡해하여 잘못된 행동의 핑계거리로 삼는 사례가 정말 적지 않습니다.

## 인애의 심리 행위

『맹자』의 이 대목에서는 소 한 마리의 문제를 건드리고 있습니다. 중국 고대에 군주나 제왕을 이야기하는 경우에는 대부분 용을 가지고 비유합니다. 이번에 맹자가 제 선왕과 만나서 소에 관해 이야기한 것은 역사상 상당히 재미있는 일입니다. 하지만 이번 대화에서 토론한 내용은 제 선왕이 소 한 마리를 차마 죽이지 못해서 양으로 바꾸어 죽였다는 것입니다. 이 일은 후세 학자들이 맹자의 사상을 연구할 때 중요한 문제의 하나로 삼아 특별히 토론하는 것입니다. 이 일을 통해 우리는 적어도 두 가지 문제를 발견할 수 있습니다. 첫 번째는 인애(仁愛)의 심리 행위 문제이고 두 번째는 지도자가 인정(仁政)을 행하는 방법의 문제입니다. 말하자면 고대의 제왕 및 현대 민주 국가의 정치 지도자가 인정을 실행하는 방법의 문제입니다.

먼저 심리 행위의 문제를 이야기하도록 하겠습니다. 맹자는 소 한 마리가 죽임을 당하기 전에 떠는 모습을 보고 차마 죽일 수 없었다는 제 선왕의 말을 듣자, 그것이 바로 인류의 인자(仁慈)한 심리의 근본이라고 말했습니다.

이러한 인자한 심리는 평소에 보면 마치 모든 사람이 다 지니고 있어서 뭐 그리 대단하지도 않은 것처럼 보입니다. 하지만 심리학을 연구해 보면 정치 심리학이 되었든 혹은 종교 심리학이 되었든 상관없이 제 선왕이 양으로써 소와 바꾼 이야기는 후세 사람들이 곧잘 인용하고 모두가 잘 알고 있는 속어(俗語)인 '여인네의 인[婦人之仁]'이라는 말로 표현할 수 있습니다. 여자들은 쉽게 눈물을 흘립니다. 그 때문에 사소하고 보잘것없는 일에도 슬퍼하며 눈물을 보입니다. 제 생각에 옛사람들이 여인네의 인이라는 말을 했던 의도는, 사람들의 자비가 작은 노선을 걷지 말고 큰 자비를 펼쳐서 대인대애(大仁大愛)를 지니라는 데 있었다고 생각합니다. 그래서 여인네의 인이라는 말을 사용해서, 즉 피 한 방울만 보면 날카로운 비명을 지르는 '인'을 가지고서 대비시켜 표현한 것입니다. 하지만 실제로 여인네의 인은 진정한 자비심의 표현이기도 합니다. 제 선왕이 소 한 마리가 벌벌 떠는 모습을 보고 차마 죽이지 못했는데, 그 마음을 확대시키면 그것이 바로 대자대비(大慈大悲)요 대인대애(大仁大愛)인 것처럼 말입니다. 다만 안타까운 것은 그것을 확대시키지 않았다는 사실입니다.

일반적인 여인네의 인이라 할지라도 만약 그것을 확대시킨다면 인(仁)의 사랑[愛]이니 그 자체로 대단히 위대합니다. 게다가 여러 종교의 대표적인 인물들을 보면 인자한 모성의 위대함을 알 수 있습니다. 불교에서 가장 환영 받는 인물은 관세음보살입니다. 불경의 원시 기록에 따르면 그는 남성이지만 항상 여자의 몸으로 출현합니다. 그래서 후세 사람들도 그가 여성의 자태로 출현한 모습에 엎드려 절하기를 좋아합니다. 그것이 대대로 전해져서 지금까지도 그는 자애로운 모성의 상징이 되었습니다. 천주교의 성모 마리아 역시 위대한 모성애의 상징입니다. 도교에서 표방하는 인물로는 요지(瑤池)에 산다는 서왕모가 있습니다. 인류의 각종 종교의 교규(敎規), 교조(敎條), 교의(敎義)는 남존여비입니다만 마지막에는 여전히 여성의 위대함을 숭상합니다. 참으로 재미있는 현상입니다.

심리 행위의 수양을 이야기하자면 제 선왕은 소가 벌벌 떠는 모습을 보고 차마 죽이지 못했습니다. 우리는 길에서 개나 고양이가 맞아 죽거나 혹은 차에 치여 죽는 것을 보게 됩니다. 주위에 있던 사람들이 마치 감상하듯이 바라보거나 심지어 개중에는 박수를 치는 사람도 있는데, 그런 사람들은 틀림없이 나쁜 사람이라고 말한다면 꼭 그렇지만은 않습니다. 그들이 다른 일에서는 오히려 아주 인자합니다. 사람의 심리는 계속 변하기 때문에 어떤 한 가지 일만으로 그가 인자하다 혹은 인자하지 않다고 단정 짓기는 어렵습니다. 어떤 사람은 편애가 있어서 소는 죽여도 돼지는 죽이고 싶어 하지 않을 수도 있습니다. 가령 인도 사람들은 소를 숭배하기 때문에 소는 절대로 죽이지 않지만 돼지는 죽입니다. 반면에 회교도들은 돼지를 싫어해서 돼지고기를 먹지 않습니다. 대신 소를 죽이고 양을 죽여서 소고기와 양고기를 먹습니다. 이것은 또 어떻게 설명해야 할까요?

## 소를 놓고 마음을 이야기하다

중국 역사에서 소에 관한 이야기는 아주 많습니다. 오대(五代) 시기의 또 한 사람의 재주꾼 황제인 전촉(前蜀)의 후주(後主) 왕연(王衍)은 그의 취사(醉詞)에서 "이쪽으로 달리고 저쪽으로 달림은 오직 기녀를 찾고자 해서요, 저쪽으로 달리고 이쪽으로 달림은 금 술잔의 술에 질리지 않아서라네〔者邊走, 那邊走, 只是尋花柳, 那邊走, 者邊走, 莫厭金杯酒〕"라는 인구에 회자되는 명구를 남겼습니다. 그는 문학을 애호하고 연극 보기를 즐겼습니다. 스스로 연극 대사를 노래하기도 했는데 배우들이 항상 주변에서 그를 즐겁게 해 주었습니다. 남당(南唐)의 중주(中主) 이경(李璟) 역시 취향이 같았습니다. 한번은 흥이 한창 올랐을 때 들판에 소 한 마리가 한가롭게 풀을 뜯고 있는 것을 보았습니다. 그 모습이 아름다워서 자신도 모르게 소가 매우 살쪘다고 칭찬했습니다. 요즘은 스타라고 부르는 만당 이후의 배우들 가운데는 정말로 재주가 대단한 사람들도 있었습니다. 그때 곁에 있던 이가명(李家明)이라는 배우가 소를 칭찬하는 황제의 말을 듣고 곧바로 소를 읊은 시를 지었습니다. "일찍이 영척은 소뿔을 두드리며 노래하였고 전단은 소꼬리에 불을 붙였거늘, 석양에 한가로이 시든 풀 뜯어도 근자에는 왜 헐떡이는지 묻는 이 없네〔曾遭甯戚鞭敲角, 又被田單火燎身, 閒向斜陽嚼枯草, 近來問喘更無人〕."

네 구 가운데 세 구가 소에 관한 전고(典故)로서 모두가 잘 알고 있는 내용입니다. 제나라의 명재상 영척(甯戚)은 입신출세하기 전에 다른 사람의 소를 먹였습니다. 어쩌면 목동 생활을 하면서 스스로를 연마했을지도 모릅니다. 또 어쩌면 소를 통해 얻은 깨달음을 통해 마침내 명신이 되었을 수도 있습니다. 거꾸로 말하면 소가 영척에게 공헌한 바가 있었다고 하겠습니다. 다음 구는 전단(田單)의 고사입니다. 화우진(火牛陣)[41]을 이용해서 일거에 나라를 회복시켰으니 소의 공로가 정말 컸다고 하겠습니다. 세 번째 구는 바로 눈앞의 그 소를 가리킵니다. 불쌍하게도 해 저무는 황혼녘에 석양빛을 받으며 풀을 씹고 있지만 온통 말라비틀어진 풀뿐이고 연한 풀은 찾아볼 수도 없습니다. 마지막 한 구가 가장 참담합니다. "근자에는 왜 헐떡이는지 묻는 이 없네"라는 내용은 한대(漢代)의 명재상 병길(丙吉)의 고사입니다. 병길이 길을 가다가 살인 사건을 만났는데 그는 거들떠보

---

**41** 제나라 장수 전단이 연나라와의 전투에서 사용한 기발한 전법. 천 마리의 소에게 용 그림이 그려진 붉은 천을 덮고 뿔 옆에 날이 선 장검을 달게 하고 소꼬리에는 기름을 먹인 갈대를 매 달았다. 그런 다음 소꼬리에 불을 붙여 연의 본진을 향해 들여보내고 소수 정예병을 뒤따르게 해서 우왕좌왕하는 연나라 군사들을 전멸하였다.

지도 않았습니다. 그런 후 어느 날 소 한 마리가 길에서 숨을 헐떡거리고 있는 것을 보자 즉시 수레를 멈추고 내려서 그 소가 왜 숨을 헐떡이는지 물었습니다. 나중에 어떤 사람이 그에게 묻기를, 왜 소의 생명에는 관심을 두고 사람의 생명에는 관심을 두지 않느냐고 했습니다. 그러자 병길이 말 했습니다. "길에서 사람을 죽이면 그 지방 관리가 가서 처리할 것이니 굳이 내가 나서서 물을 필요가 없다. 하지만 소가 이상하게 숨을 헐떡인다면 그것은 소의 전염병이 발생했거나 혹은 민생의 질고와 관련된 다른 문제일 수 있는데, 지방 관리는 그것에 별로 주의를 기울이지 않을 것이므로 당연히 내가 가서 명확한 이유를 알아봐야 하지 않겠는가?" 그리하여 그는 소가 숨을 헐떡거린 일을 자세히 살펴서 처리하였고 마침내 그 명성이 전해져 훌륭한 재상이라 일컬어지게 되었습니다.

이가명의 이 시는 당시 남당에는 안타깝게도 병길 같은 현명한 재상이 없음을 말하고 있습니다. 따라서 이 시는 이경에 대한 이가명의 풍간(諷諫)인 셈입니다. 어떤 면에서 보면 이경 곁에 있던 이 배우가 대담하게 당시 조정의 대신들을 욕한 것이기도 합니다. 그는 이 풍류 재자형 황제가 마음을 다잡고 정치를 잘하기를 바랐던 것입니다.

한번은 레스토랑에서 식사를 하게 되었는데 스테이크를 받쳐 들고 오는 것을 보자 문득 앞의 시가 생각나서 저도 한 수 지었습니다. 제목은 「스테이크를 먹다가 감회가 있어서」입니다. 웃으면서 들어 보십시오. "보랏빛 기운을 싣고 함곡관을 떠났으나, 석양빛에 향기로운 풀을 좇아 다시 돌아왔네. 소뿔에 책 걸고 공부하여 성공하더니, 분골쇄신하였어도 누가 있어서 슬퍼해 주나[曾馱紫氣函關去, 又逐斜陽芳草回. 掛角詩書成底事, 粉身碎骨有誰哀]." 노자는 함곡관을 나갈 때 교통수단이 없어서 소를 타고 떠났습니다. 또 수·당 사이의 이밀(李密)은 어린 시절에 집은 가난한데 공부를 좋아해서 소 등에 앉아 책을 읽었습니다. 매번 집을 나설 때면 책을 소뿔

위에 걸어두었는데, 이것이 바로 후세에 "뿔에 걸어두고 책을 읽었다(掛角讀書)"라는 전고입니다. 그날 저는 사람들이 스테이크를 먹는 모습을 보면서 문득 소에 대한 감격이 올라왔습니다. 지금 전 세계 사람들은 동물보호협회를 만들고 동물을 보호하자는 운동을 벌이고 있습니다. 영화나 서적 및 각종 광고 수단을 이용해서 널리 선전하고 제창하고 있지만 소를 공경하는 모임을 만드는 사람은 없습니다. 왜 소를 공경해야 할까요? 지금전 세계 사람들은 모두 소고기를 먹고 우유를 마시고 소가죽을 입습니다. 하지만 인도에서 소를 지나치게 공경해 소를 신성시하는 것을 제외하면전 인류는 소가 우리에게 주는 은혜에 대해 감사하지 않습니다. 보아하니소를 위해 동정의 눈물을 한 방울 흘릴 만합니다.

동시에 어떤 선배가 의미심장한 우스갯소리를 들려주었던 것이 생각났습니다. 그의 말이 세상에서 소고기를 좋아하고 뾰족한 모자를 즐겨 쓰는민족은 모두 다른 사람을 정복하기를 좋아한다는 것입니다. 반대로 소고기를 먹지 않고 납작한 모자나 둥근 모자를 쓰는 민족은 비교적 평화를 사랑한다고 했습니다. 그가 말했습니다. "자네가 믿지 못하겠거든 세계 역사를 한번 연구해 보게." 그의 말은 비록 유머이기는 했지만 나름대로 일리가 있습니다. 다만 큰 예외가 하나 있습니다. 납작한 모자를 쓰는 일본인은 예전에 우리에게 그처럼 중대한 침략 전쟁을 일으켰습니다.

그 밖에 좋은 측면에서 불교 혹은 다른 종교나 학설에서 수양을 이야기하면서 소를 이야기하기도 합니다. 사천 아미산에는 우심사(牛心寺)라는이름의 불교 사찰이 있습니다. 제가 그 절의 스님에게 사찰 이름의 내력을물어봤더니 그 절 앞에 있는 시내에 큰 바위가 있는데 우심석(牛心石)이라불린다고 했습니다. 그래서 그 이름을 따서 사찰도 우심사라고 붙였다는것입니다. 사실은 그렇지 않을 것입니다. 왜냐하면 불교에서는 소에 대해자주 이야기하기 때문입니다. 선종의 대사들 가운데도 소를 들어 설법한

분이 여럿 있습니다.

　불학에는 원래 소를 가지고 심성에 비유한 이야기가 있습니다. 당대(唐代)의 저명한 선종 대사인 백장(百丈) 화상이 한번은 그의 제자인 장경(長慶) 선사에게 대답하면서 소를 들어 비유했습니다. 장경이 물었습니다. "배우는 사람이 부처를 알고자 한다면 어떻게 하는 것이 옳습니까?" 백장이 대답했습니다. 너의 이 질문은 "소를 타고서 소를 찾는 것과 크게 비슷하다." 장경이 다시 물었습니다. 그렇다면 만약 "알게 된 후에는 어찌합니까?" 백장이 대답했습니다. "사람이 소를 타고 집에 도착한 것과 같다." 장경이 다시 물었습니다. "처음과 끝을 알지 못하니 어떻게 유지합니까?" 백장이 대답했습니다. "소를 치는 사람과 같으니, 지팡이를 잡고 지켜보면서 다른 사람의 모종을 범하지 않게 해야 한다." 결국 장경은 "이 마음이 곧 부처〔此心卽佛〕"라는 요지를 깨달았고 더 이상은 바깥에서 불법(佛法)을 찾지 않게 되었습니다. 훗날 장경 선사 역시 다른 사람을 교화하면서 자주 소를 이용해서 비유를 들었습니다.

　송·원 이후로 선종에서 보명(普明) 화상이라는 사람이 나와서 심성의 수양을 소 치는 것에 비유하였는데, 그 수양의 단계를 들소 한 마리에서 물아쌍망(物我雙忘)에 이르기까지 열 개로 나누었습니다. 첫 번째는 '미목(未牧)'이니 마음대로 포효하면서 벼 싹을 함부로 밟고 다니는 들소입니다. 두 번째는 '초조(初調)'이니 이미 코를 뚫어서 사람의 뜻대로 끌고 다닙니다. 세 번째는 '수제(受制)'이니 더 이상 함부로 돌아다니지 않기 때문에 고삐를 조금 느슨하게 해도 됩니다. 네 번째는 '회수(迴首)'이니 날뛰던 심경이 비교적 유순해졌지만 여전히 코를 끌어당겨야 합니다. 다섯 번째는 '순복(馴伏)'이니 끌어당길 필요 없이 자연스럽게 내버려 두어도 됩니다. 여섯 번째는 '무애(無礙)'이니 움직이지 않고 안정되어 마음을 쓸 필요가 없습니다. 일곱 번째는 '임운(任運)'이니 목동이 잠을 자도 됩니다. 여

양혜왕상 ❀ 235

덟 번째는 '상망(相忘)'이니 목동과 소 둘 다 무심(無心)의 경지입니다. 아홉 번째는 '독조(獨照)'이니 소가 없는 경지에 이르러서 사람의 모든 망심(妄心)이 사라집니다. 마지막은 '쌍민(雙泯)'이니 사람도 보이지 않고 소 즉 마음도 보이지 않습니다.

하지만 가장 오묘한 비유는 뭐니 뭐니 해도 유명한 소설 『서유기』에 나오는 우마왕(牛魔王)입니다. 모두가 잘 알다시피 『서유기』는 수도(修道)에 관한 소설입니다. 손오공은 뜻을 품고 선(善)을 향해 나아가면서 노력으로 잘못을 고쳐 가는 사람의 마음을 상징합니다. 반면에 우마왕은 손오공의 의형제인데 아무데서나 마구 날뛰어 길들이기 어려운 사납고 미친 마음을 나타냅니다. 우마왕은 사나운 데다 천장(天將)이기 때문에 제아무리 손오공이라 할지라도 그를 만나면 방법이 없습니다. 우마왕도 무섭지만 더 무서운 이는 우마왕의 부인인 철선(鐵扇) 공주입니다. 그녀가 무서운 까닭은 그 입 속에 있는 법보(法寶) 즉 어금니 사이에 감춰 둔 파초선 때문입니다. 그 부채가 바로 그녀의 법보입니다. 꺼내서 크게 키우면 위로는 하늘을 가리고 아래로는 땅을 덮을 수 있습니다. 그게 다가 아닙니다. 더 무서운 것은 그녀가 그 부채를 가지고 정면으로 한 번 부치면 천하가 맑아지고, 반대로 한 번 부치면 온 세상이 불길에 휩싸이게 된다는 사실입니다. 그러므로 우마왕과 함께 부부가 힘을 합하면 손오공도 얼른 달아납니다. 안 그랬다가는 온몸의 원숭이털이 홀랑 다 타버릴 테니까요.

『서유기』의 이런 이야기들이 바로 심리 행위를 분석해 놓은 것입니다. 안타깝게도 맹자 당시에는 『서유기』 같은 소설이 아직 나오지 않았습니다. 그러지 않고 맹자가 『서유기』를 보았더라면 제 선왕에게 소에 관해 훨씬 재미있게 이야기해 주었을 것입니다. (웃음)

# 정치 지도자의 비정상적 심리

제가 어린 시절에 공부할 때에는 이 대목을 읽고서 이런 생각을 했습니다. 한 분의 성인과 한 분의 황제가 대화를 하면서 천하와 국가의 대사는 이야기하지 않고 기껏 작은 양을 가지고 큰 소를 대신하는 일에 대해서만 이야기하다니, 맹 선생님은 사소한 일을 가지고 떠들썩하게 만드는 분이로구나 하고 말이지요. 그런데 수십 년의 인생 경력이 쌓이고 거기다 독서와 처세가 누적되고 보니, 비로소 모든 사람이 그런 심리 행위의 범위를 벗어날 수 없다는 것을 알게 되었습니다.

제 선왕만 그런 것이 아니라 세상의 어떤 사람도, 설사 가장 나쁜 사람이라 할지라도 심리 행위에서는 모두 선의(善意)를 지니고 있습니다. 다만 동일한 일에 모두 똑같이 반응하지 않을 수는 있습니다. 어떤 때에는 다른 일에서 그런 선의가 자연스럽게 흘러나오기도 합니다. 흔히 하는 말로 호랑이가 독해도 자식은 잡아먹지 않는다고 하는데, 동물이 그렇고 인류 역시 그러합니다. 다만 보통 사람들은 현실 생활에서 물질적 필요 때문에 생겨나는 욕망이 이 착한 생각을 가려 버리고 덮어 버립니다. 그 가운데서도 가장 심각한 것은 방금 말했던 『서유기』의 우마왕입니다. 바로 사람의 성질이지요. 우리는 그것을 황소고집이라고 부르기도 하는데, 사람은 한번 성질이 나면 이지(理智)도 감정을 이기지 못합니다. 그런 까닭에 모든 종교 신앙과 종교 철학 그리고 공맹 학설까지도 사람에게 다음과 같이 가르칩니다. 이성과 이지에 있어서 이러한 선의를 확충시켜 현실적이고 물질적인 욕망과 기질을 바꾸어 놓고, 내재적인 심성 수양으로 하여금 모든 것을 초월하여 성스러운 경지에 도달하게 할 것을 요구합니다. 따라서 "그 벌벌 떠는 모습을 차마 보지 못하여" 소를 놓아준 제 선왕의 선한 생각을 맹자가 때를 놓치지 않고 포착한 것도 바로 이러한 심리 행위의 이치에 기초했습니다.

『여씨춘추』에서 "도를 지닌 선비는 가까운 것을 가지고 먼 것을 알고, 오늘을 가지고 옛날을 알고, 본 것을 가지고 보지 못한 것을 안다. 그러므로 집 그림자를 살펴서 일월의 운행을 안다. 병속의 물이 언 것을 보고 세상이 추워졌음을 안다. 저민 고기 한 조각으로 큰 솥의 맛을 안다〔有道之士, 以近知遠, 以今知古, 以所見知所不見. 故審堂下之陰, 而知日月之行. 瓶水之冰, 而知天下之寒. 一臠之肉, 而知一鑊之味〕"라고 했습니다. 이 또한 심리 행위학적 측면에서 맹자가 제 선왕이 소를 양으로 바꾼 그 일을 보고서 제 선왕에게 선한 생각이 있고 인자한 마음이 있다는 것을 알았음을 설명해 줍니다. 공손문자(公孫文子)가 "마음이라는 것은 뭇 지혜의 요체이니 만물은 모두 마음에서 구한다〔心者, 衆智之要, 物皆求於心〕"라고 말한 것도, 심리가 인류의 행위에 중요한 영향을 끼친다는 사실을 더욱 강조한 것이라고 할 수 있습니다. 더욱이 불가에서는 유심(唯心)을 주장합니다. 다만 여기에서는 오로지 맹자를 이야기하므로 다른 방면의 사상은 건드릴 필요가 없으니 제 선왕의 선한 생각과 심리 행위의 문제만 토론하도록 하겠습니다.

다음은 지도자의 심리 행위 문제입니다. 우리가 심리 철학적 관점에서 역대 제왕을 보면 수많은 사람이 많든 적든 심리적 비정상이나 심리의 병적 상태를 지니고 있었습니다. (제가 지금 말씀드리는 '심리 철학'이라는 명사는 어떤 사람들은 반대하고 비판하거나 질책할 수도 있습니다. 하지만 실제로 어떤 하나의 전문 학설이 막 등장하면 반드시 그런 반응에 부딪치게 됩니다. 그런 후에 사람들은 그 학설을 서서히 이해하고 받아들입니다. 만약 학교에서 이런 강좌를 열 기회가 생긴다면 '심리 철학'이라는 학설의 온전한 체계를 세울 수 있을 것입니다.) 명대의 개국 황제인 명 태조 주원장은 만년에 이르렀을 때 살인을 좋아했습니다. 이는 심리의 병적 상태의 일종으로 다른 황제에게도 나타나는데, 의학상 병적 심리 혹은 병태라고 불리는 증상이며 사람마다 제각기 다를 뿐입니다. 어떤 황제는 살인을 좋아하고 어떤 황제는 호색하고 어떤 황제는 재물을 좋아하는 등 모두 심리적 비정상 혹은 병적 증상을 갖고 있습니다. 만약 그런 황제를 만나면 정말 불행해집니다. 백성들이 안심하고 살아갈 수 없게 되고 심지어는 나라를 잃고 자신은 죽음에 이르게 되는 경우도 많습니다.

역사에는 그런 유의 예가 아주 많습니다. 그래서 수천 년 이래로 중국의 고유문화는 심성의 수양을 중시해 왔고 내성외왕(內聖外王)의 도를 강조해 왔습니다. 특히 천하에 군림하는 정치 지도자들에게는 더욱 엄격하게 요구해 왔습니다. 이는 대단히 일리가 있습니다. 여기에서 맹자는 적절한 기회를 포착하여 제 선왕에게 소를 양으로 바꾼 그 인한 마음과 선한 생각을 확대하여 백성을 보호하고 나라를 다스려야 한다고 말했습니다. 이것은 바로 제 선왕에게 지도자의 심리 행위학을 이야기한 것입니다. 다만 당시에는 아직 그런 전문 학문이 성립되지 않았고 그런 명사도 없었을 뿐입니다.

고대에만 지도자의 심리 행위를 중시해야 하는 것이 아닙니다. 현대에는 더욱 이런 학문을 중시해야 합니다. 오늘날 세계를 보면 수많은 국가의 지도자들, 예를 들어 우간다의 아민 대통령이 용기가 있어서 심리 전문 의사에게 가서 진찰을 받는다면 아마도 진단서에 기재된 내용이 상당히 심각할 것입니다. 나폴레옹, 히틀러, 무솔리니 등은 이미 그들의 심리가 건전하지 못하다고 세상 사람들에게 공인되었으며 닉슨과 카터도 장차 어떠할지 아직은 단정 짓기 어렵습니다. 이 문제는 이쯤에서 끝내도록 하겠습니다.

현대의 문제에서 다시 중국의 고대로 돌아가자면 앞에서 말했던 오대(五代)의 촉주(蜀主) 왕연(王衍)을 예로 들 수 있습니다. "오직 기녀만 찾아다니고" "금 술잔의 술에 질리지 않던" 재주꾼 황제는 항상 기이한 복장을 즐겨 하였는데, 작은 두건으로 머리를 원추형으로 싸서 정수리를 뾰족하게 만들었습니다. 마치 수천수만의 관중들 앞에서 연극하는 사람이 머리에 쓰고 있는 그런 뾰족한 모자와 비슷했습니다. 이 풍류 황제는 자신이 거느린 궁의 수많은 기녀들에게 여도사의 옷을 입게 하고 머리에는 연꽃 모자를 쓰고 얼굴에는 연지를 빨갛게 바르게 했는데, 그런 분장을 취장(醉粧)이라고 불렀습니다. 그런 다음 후궁에서 도에 지나친 향연을 즐겼습니다. 당시 그의 심리는 수 양제가 운하를 개통하고 강남의 양주로 유람을 떠날 때의 상황과 똑같았습니다. 당시 수 양제는 거울을 보면서 자신의 목을 툭툭 치더니 혼잣말로 중얼거렸습니다. "이 멋진 머리를 누가 벨 수 있으랴!" 그는 그때 이미 자신의 행위가 좋은 결과에 이르지 못하리라는 것을 분명히 알았습니다. 그러기에 그런 탄식을 내뱉은 것입니다. 그는 자신이 그렇게 하는 것이 좋지 않은 결과를 낳으리라는 것을 분명히 알면서도 자기 방식을 고집하여 그대로 밀고 나갔습니다. 이것이 바로 병적 심리 상태입니다. 이것은 정치적인 병적 상태가 아니라 그의 심리에 증상이 생긴 것입니다.

당시 왕연도 수 양제와 똑같은 심리 증세를 지니고 있었습니다. 그런 생활이 옳지 않다는 것을 명백히 알면서도 끊임없이 무너져 갔습니다. 궁의 기녀들과 함께 술을 마시며 풍류를 즐길 때면 자신도 유명한 시인 한종(韓琮)의 「유지사(柳枝詞)」를 노래했습니다. "양의 정원과 수의 제방은 이미 헛된 일이 되었으나, 만 가닥 버들가지는 여전히 춘풍에 춤을 추네. 천년의 일을 생각하면 무엇 하리오, 버들 솜 한궁으로 날아들어 가는 것을 누가 보았으랴〔梁苑隋堤事已空, 萬條猶舞舊春風, 何須思想千年事, 誰見楊花入漢宮〕." 이러한 「유지사」를 노래할 수 있었으니 어떤 면에서는 그 역시 수 양제와 마찬가지로 상당히 총명한 사람이었다고 하겠습니다. 그는 자신의 잘못을 볼 수 있었고 장차 다가올 나쁜 결과를 알았음에도 불구하고 어찌해서인지 고치려 들지 않았고 고치기를 원하지 않았습니다.

왕연이 한종의 「유지사」를 노래할 때 마침 그의 곁에는 학문이 뛰어났던 내시 송광부(宋光溥)가 있었는데, 그가 호증(胡曾)이 지은 오월(吳越)의 전쟁에 관한 시를 읊었습니다. "오왕이 패도를 믿고 훌륭한 인재 버리더니, 고소대에서 음주만 탐하였네. 어느 날 전당강에 달이 뜨자, 하룻밤 파도에 월나라 병사 몰려왔네〔吳王恃霸棄雄才, 貪向姑蘇醉綠醅. 不覺錢塘江上月, 一宵波送越兵來〕." 당시 오왕 부차(夫差)는 스스로 천하에 패자라 칭하면서 오자서(伍子胥)라는 영웅호걸을 기용하지 않았습니다. 심지어 그를 살해하기까지 하고 아침부터 밤까지 고소대(姑蘇臺)에서 서시(西施)와 함께 술 마시고 즐기다가 결국 급속히 패망하고 말았습니다. 이것은 송광부의 권간(勸諫)이기도 했는데, 이 시를 들은 왕연은 크게 화를 내면서 연회를 끝내 버렸습니다. 이것이 어찌 왕연의 병적 심리가 아니겠습니까? 도를 넘은 향연을 즐기는 와중에 왕연은 어렵사리 스스로를 아는 명철함을 발휘하여 한종의 유지사를 노래했고, 그의 영명함이 나타나는 순간을 놓치지 않은 송광부는 간언을 올릴 기회를 재빨리 포착하여 황제를 돌이키고 전촉의 강산을 구해 낼 수 있기를 희망했습니다. 하지만 뜻밖에도 왕연은 또다시 흐리멍텅한 상태로 되돌아가서 화를 벌컥 냈습니다. 술 마시는 동안에 일어난 이러한 정서의 변화와 감정의 기복이 어찌 심리적 비정상이나 병적 상태가 아니라 하겠습니까?

역사에는 이런 유의 고사가 참으로 많습니다. 연구해 보면 그것만으로 하나의 전문 주제를 삼아 책을 써서 토론할 만합니다. 젊은 사람들은 읽을 만한 책이 없다고 생각하지 말고, 이 세상의 책을 다 읽을 수 없을 때는 하나의 주제만 붙잡더라도 반평생을 충분히 연구할 수 있습니다. 여기에서는 길게 설명하지 않겠습니다. 다시 맹자의 원문으로 돌아가도록 하지요.

# 맹자의 행위 심리학

왕이 기뻐하며 말하였다. "『시경』에 이르기를 '타인이 가지고 있는 마음을 내가 헤아리네'라 하였으니, 선생님을 두고 말한 것입니다. 내가 행하고서 돌이켜 찾았으나 내 마음을 알지 못하였는데, 선생님이 말씀해 주시니 내 마음이 뭉클합니다. 이 마음이 왕도에 부합되는 것은 어째서입니까?"

王說曰: "詩云: '他人有心, 予忖度之.' 夫子之謂也. 夫我乃行之, 反而求之, 不得吾心. 夫子言之, 於我心有戚戚焉. 此心之所以合於王者, 何也?"

맹자는 제 선왕이 소를 양으로 바꾼 일을 들어서 그가 인술(仁術)을 지닌 군주라고 지적했습니다. 제 선왕은 그 말을 듣자 대단히 기뻐하면서 맹자에게 말했습니다. "훌륭합니다. 『시경』에서 말하기를 '다른 사람이 어떤 마음을 품었든 나는 다 헤아려서 추측할 수 있다네'라고 하였는데, 그 말이 마치 맹 선생님 당신을 두고 한 말 같습니다. 제가 당시에 양을 가지고 소와 바꾼 것이 어디 가격 때문이었겠습니까? 오직 한 조각 자비심 때문에 그렇게 한 것입니다.

당시 그 소가 벌벌 떠는 모습을 보자 그냥 아무 생각 없이 소를 죽이지 말고 양으로 바꾸라고 명했습니다. 나중에 스스로 곰곰이 생각해 봤지만 '왜 그렇게 했을까?' '어떻게 그런 마음이 생겨났을까?' '무슨 이유로 내가 그렇게 했을까?' 아무리 해도 그 이유를 알 수 없었습니다. 지금 선생이 당시 내가 그렇게 했던 심리 상태 및 이유를 이렇게 설명해 주시니 확실히 당시 내 심경과 꼭같습니다. 돌이켜 생각해 보니 지금도 여전히 그런 느낌을 갖고 있는 것 같습니다. 그런데 당신은 나의 이런 심리라면 왕도를 실행하여 천하에 명성을 날릴 수 있다고 말하는데, 그것은 또 무슨 이치입니까?"

제 선왕은 자신이 당시에 소를 양으로 바꾼 심리를 잘 알지 못했습니다. 당시에는 아직 심리학이라는 학문이 없었으니까요. 만약 그가 현대에 태어나서 심리학을 공부했더라면 맹자가 지적해 주지 않더라도 스스로 알게 되었을 것입니다. 물론 다 그렇지만은 않습니다. 정신과 의사나 심리학을 배우는 사람 가운데는 자신이 심리적으로 질병을 앓고 있는 사람들이 있습니다. 이어서 맹자는 "이 마음이면 왕 노릇 할 수 있다"라고 그에게 말했는데, 이것은 바로 그에게 정치 심리학을 이야기한 것입니다. 맹자가 어떻게 대답했는지 보도록 하겠습니다.

맹자께서 말씀하셨다. "왕에게 아뢰는 자가 말하기를 '제 힘이 백 균을 들을 수 있으나 깃털 하나를 들 수 없으며, 시력이 가을 터럭의 끝을 살필 수 있으나 수레에 실은 땔나무를 볼 수 없습니다'라고 한다면 왕께서는 이것을 인정하시겠습니까?"
왕이 말하였다. "아닙니다."
맹자께서 말씀하셨다. "지금 은혜가 금수에 미칠 수 있으나 공적이 백성에게 이르지 않음은 유독 어째서입니까? 그런즉 깃털 하나를 들지 못함은 힘을 쓰지 않음이며, 수레에 실은 땔나무를 보지 못함은 시력을 쓰지 않음이며, 백성이 보호를 받지 못함은 은혜를 쓰지 않음입니다. 그러므로 왕께서 왕 노릇 하지 못하는 것은 하지 않음이지 할 수 없음이 아닙니다."

曰: "有復於王者曰: '吾力足以擧百鈞, 而不足以擧一羽; 明足以察秋毫之末, 而不見輿薪.' 則王許之乎?"
曰: "否."
"今恩足以及禽獸, 而功不至於百姓者, 獨何與? 然則一羽之不擧, 爲不用力

焉; 輿薪之不見, 爲不用明焉; 百姓之不見保, 爲不用恩焉. 故王之不王, 不
爲也; 非不能也."

---

제 선왕의 질문이 여기에 이르자 맹자는 비유를 들어서 질문에 대답했
습니다. 맹자가 말했습니다. "만약 어떤 사람이 당신에게 이렇게 말했다
고 합시다. '제 두 손의 힘으로 일백 균을 들어 올릴 수 있습니다.' 사실 그
는 엄청난 힘을 가지고 있습니다. 하지만 그에게 깃털 하나를 주워 올리라
고 했는데 할 수가 없다고 말합니다. 또 그의 시력은 가을날 조류가 털갈
이를 할 때 몸에 막 자라는 가늘고 부드러운 털의 끝조차 또렷이 볼 수 있
습니다. 그런데 수레에 가득 실은 땔나무는 보이지 않는다고 말합니다. 제
선왕 당신께서는 그렇게 말하는 그 사람을 믿으시겠습니까?"

제 선왕이 말했습니다. "아닙니다! 당연히 믿지 않습니다. 세상에 어떻
게 그런 일이 있으며 그런 사람이 있을 수 있습니까?" 물론 맹자는 제 선
왕 역시 그것은 불가능한 일이며 논리에 맞지 않는다고 할 줄 알았습니다.
하지만 그는 제 선왕이 자신의 입으로 이러한 논리에 맞지 않는 가정을 부
정하게 만들어야 했습니다. 그래야만 한 단계 더 깊이 들어가서 말할 수
있기 때문입니다.

제 선왕이 비유의 가능성을 부정하자 맹자는 얼른 다음과 같이 말했습
니다.

"좋습니다. 백 균을 들 수 있는 사람이라면 깃털을 들 수 없다는 것이
불가능하고, 가을 터럭을 살필 수 있는 사람이라면 수레에 실은 땔나무가
보이지 않는다는 것이 불가능합니다. 그런데 사실상 지금 제 선왕 당신은
소를 양으로 바꿈으로써 그 은혜가 금수에 널리 미칠 수 있는데, 당신의
공적과 성과를 오히려 백성들은 나누어 받아서 누리지 못하고 있습니다.

우리가 알다시피 백 균을 들 수 있는 사람이 깃털 하나를 들지 못한다고 말한다면, 그것은 그가 힘을 쓰고 싶어 하지 않기 때문입니다. 시력이 가을 터럭의 끝을 볼 수 있는 사람이 수레에 가득한 땔나무가 보이지 않는다고 말한다면, 이는 그가 시력을 쓰고 싶어 하지 않기 때문입니다. 제 선왕 당신은 소 한 마리에 대해 자비를 발하여 죽이지 말라고 명했지만 당신의 백성들은 편안하고 즐거운 생활을 영위하지 못하고 있습니다. 그들이 당신의 보양과 보호를 잘 받지 못하는 것은 당신이 그들을 염려하고 돌아보지 않았기 때문입니다. 따라서 왕도 정치를 실행하지 않은 것이지 당신에게 왕도를 실행할 능력이 없는 것이 아닙니다.

---

왕이 말하였다. "하지 않는 것과 할 수 없는 것의 형상이 어떻게 다릅니까?"

맹자께서 말씀하였다. "태산을 옆에 끼고 북해를 뛰어넘는 것을 사람들에게 말하기를 '나는 할 수 없다' 한다면 이것은 진실로 할 수 없는 것이거니와, 윗사람을 위하여 나뭇가지를 꺾는 것을 사람들에게 말하기를 '나는 할 수 없다' 한다면 이것은 하지 않는 것이지 할 수 없는 것이 아닙니다. 그러므로 왕께서 왕 노릇 하지 못하는 것은 태산을 끼고 북해를 뛰어넘는 부류가 아니라, 왕께서 왕 노릇 하지 못하는 것은 나뭇가지를 꺾는 부류입니다. 내 노인을 노인으로 섬겨서 남의 노인에게까지 미치며, 내 어린이를 어린이로 사랑해서 남의 어린이에게까지 미친다면 천하를 손바닥에 놓고 움직일 수 있습니다. 『시경』에 이르기를 '덕이 부족한 처에게 모범이 되고 형제에 이르고 그로써 집과 나라를 다스린다' 하였으니, 이 마음을 들어서 저기에 더할 뿐임을 말한 것입니다. 그러므로 은혜를 넓히면 족히 사해를 보호할 수 있고 은혜를 넓히지 못하면 처자도 보호할 수 없는 것입니다. 옛사람이 일반인보다 크게 뛰어난 까닭은 다른 것이 없으니 그 하는 바를 잘 넓혀

갔을 뿐입니다. 지금에 은혜가 족히 금수에까지 미쳤으되 공적이 백성들에게 이르지 않음은 어째서입니까? 저울질을 한 뒤에야 경중을 알며 재어 본 뒤에야 장단을 알 수 있습니다. 사물이 다 그러하지만 그 중에도 마음이 유독 심합니다. 왕께서는 청컨대 이것을 헤아리소서! 아니면 왕께서는 군사를 일으켜 신하들을 위태롭게 하고 제후들과 원한을 맺은 뒤에야 마음이 흡족하시겠습니까?"

曰: "不爲者與不能者之形, 何以異?"

曰: "挾太山以超北海, 語人曰 '我不能', 是誠不能也, 爲長者折枝, 語人曰 '我不能', 是不爲也, 非不能也. 故王之不王, 非挾太山以超北海之類也; 王之不王, 是折枝之類也. 老吾老, 以及人之老, 幼吾幼, 以及人之幼, 天下可運於掌. 詩云: '刑于寡妻, 至于兄弟, 以御于家邦.' 言擧斯心, 加諸彼而已. 故推恩足以保四海, 不推恩無以保妻子. 古之人所以大過人者, 無他焉, 善推其所爲而已矣. 今恩足以及禽獸, 而功不至於百姓者, 獨何與? 權, 然後知輕重; 度, 然後知長短. 物皆然, 心爲甚. 王請度之! 抑王興甲兵, 危士臣, 構怨於諸侯, 然後快於心與?"

---

맹자가 제 선왕에게는 왕도의 노선을 걸어갈 능력이 있지만 왕도를 실행하지 않았을 뿐이라고 말하자 제 선왕이 질문을 던졌습니다. 그러자 맹자는 '하지 않는 것[不爲]'과 '할 수 없는 것[不能]'의 문제에 대해 진일보한 설명을 했습니다. 이 설명은 또한 논리상의 문제이기도 했습니다.

제 선왕이 반문했습니다. "당신이 말한 '하지 않는 것'과 '할 수 없는 것'이라는 두 가지 상황에는 어떤 차이가 있습니까? 구체적으로 어떠한 상황이 '하지 않는 것'입니까? 구체적으로 어떠한 사실이 '할 수 없는 것'입니까?"

언뜻 보면 하지 않는 것과 할 수 없는 것도 구분 못하는 제 선왕이라는 군주가 너무 부족하고 너무 유치한 것 같습니다. 그런데 이런 생각으로 이 구절을 읽어서는 안 됩니다. 그랬다가는 부족하고 유치한 쪽은 오히려 우리가 될 것입니다. 무엇보다 우리가 알아야 할 것은 당시의 제나라가 여러 나라들 가운데 상당히 부강한 나라의 하나였다는 사실입니다. 마치 현대의 미국처럼 말이지요. 전국 시대에는 학문을 지닌 선비들이 모두 제나라로 몰려갔습니다. 맹자나 추연 같은 사람들만 제나라에 간 것이 아니라 훗날의 순자 역시 제나라에 가서 살았습니다. 그러므로 고서를 공부하려면 깊이 생각해야 하고 경전과 역사서를 함께 참고해야 합니다. 요즘의 일부 청년들이 독서하듯 표면적인 문자 해석만 할 것이 아니라, 매 구절 매 글자를 신중하게 다루어야 합니다.

제 선왕은 당시 마음속으로 이렇게 생각했습니다. '우리 제나라가 이처럼 부강하니 내가 해야 할 것은 모두 다 했어. 그런데 당신은 나더러 아무것도 하지 않았다고 말하는군. 그렇다면 도대체 어떻게 해야 비로소 한 것이라고 쳐준다는 거지?' 우리가 깊이 생각해 보고 당시 제나라의 배경을 이해한다면 제 선왕의 이 질문이 상당히 깊이가 있고 또 자못 교양이 있음을 알 수 있습니다. 그는 맹자와 정면으로 변론을 하고 싶지 않았기 때문에 이런 질문을 던진 것입니다. 일리가 있는 질문이었습니다.

## 권능의 문제

맹자가 대답했습니다. "만약 어떤 사람에게 태산을 겨드랑이에 끼고 북해를 뛰어넘으라고 했는데, 그 사람이 말하기를 '이런 일은 내가 할 수 없습니다'라고 했다면 이것은 할 수 없는 것입니다. 능력이 부족한 것이지하기를 원하지 않는 것이 아닙니다." 마치 우리가 세계 권투왕 알리에게 일본의 후지산을 끼고 태평양을 뛰어넘어서 미국 서해안에 떨어지라고 하면, 알리가 말하기를 "나는 할 수 없습니다"라고 하는 것과 똑같습니다. "만약 어떤 사람에게 노인을 위해 나뭇가지를 꺾으라고 했는데, 그 사람이 말하기를 '저는 꺾을 수 없습니다'라고 했다면 그 사람은 하지 않으려는 것이지 능력이 없는 것이 아닙니다."

맹자는 이런 비유를 인용했는데 얼핏 보면 동화 같은 이야기로 대수롭지 않아 보입니다. 하지만 사실은 그 의미가 대단히 깊습니다. 보통 사람은 당연히 "태산을 끼고 북해를 뛰어넘을" 수 없습니다. 하지만 지도자가 나서서 온 국민의 혹은 천하 사람들의 힘을 모은다면 그것은 별개의 논의가 될 것입니다. 거기에서 진일보해서 말한다면, 보통 사람이라면 손을 들어 나뭇가지를 꺾는 작은 일쯤은 당연히 해낼 수 있습니다. 단 그가 하려고 하지 않는다면 그것은 또 다른 문제가 됩니다. 이것은 맹자가 제 선왕에게 이렇게 암시한 것입니다. "당신에게는 이런 권능이 있으니 할 수 있느냐 할 수 없느냐의 문제가 아니라 단지 하려고 하느냐 하지 않느냐의 문제일 뿐입니다."

그래서 제 선왕에게 이 문제를 대답한 후 곧바로 단도직입적으로 사실을 지적했습니다. "만약 제 선왕 당신이 왕도의 길을 걸어가고 왕도 정치를 시행하려고만 든다면, 당신이 지금 지니고 있는 국력과 처한 정치적 환경을 가지고 말하면 태산을 끼고 북해를 뛰어넘는 것만큼 어렵지는 않으니, 왕도 정치를 시행할 능력이 없는 것이 결코 아닙니다. 웃어른을 위해 나뭇가지를 꺾는 것을 원하지 않는 것처럼 당신이 실행하려고 하지 않는 것이지 실행할 능력이 없는 것이 아닙니다."

맹자는 제 선왕이 끼어드는 것을 기다리지 않고 계속해서 제 선왕에게 중국 전통 정치 철학의 최고 이상인 대동 세계를 목표로 하는 왕도(王道)

와 인정(仁政)을 권합니다. 그가 말했습니다. "만약 제 선왕 당신이 인정을 시행한다면 당신 자신부터 시작한 다음에 전국의 백성들에게 미쳐야 할 것입니다. 모든 사람이 먼저 자신의 부모와 연장자를 공경한 후에 미루어 넓혀서 다른 사람의 부모와 연장자를 공경해야 합니다. 모든 사람이 자기 자제(子弟)를 아끼고 사랑한 후에 그 마음을 넓혀서 다른 사람의 자제를 사랑해야 합니다. 당신이 이런 정도까지 해낼 수 있게 되면 천하는 당신의 손바닥 위에서 움직일 수 있을 것입니다."

"『시경』「대아」'사제(思齊)'편에서 말한 것처럼, 먼저 하나의 모범을 만들어 자신의 부인에게 보여 주어서 그녀로 하여금 그렇게 행하도록 하고 그런 후에는 자신의 형제에게까지 넓히고 더 나아가 전 가족을 교화하고 하나의 국가를 통치하는 데까지 이르러야 합니다." 이 몇 구절의 의미는 이렇습니다. 우리는 자기의 마음으로 미루어 남까지 헤아려야 합니다. 내 노인을 노인으로 섬겨서 남의 노인에게까지 미치며 내 어린이를 어린이로 사랑해서 남의 어린이에게까지 미치는 그런 인(仁)한 마음을 확충시켜야 합니다. 만약 인한 마음을 확대시켜서 은혜를 두루 미치게 하여 사해의 백성을 보호할 수 있다면 천하를 보유할 수 있습니다. 그러지 않고 오직 자신의 권위와 이익만 돌아보아 각박하고 은혜가 부족하다면 그것이 되돌아와서 자신의 처와 자식들도 지켜 내지 못할 것입니다.

역사에는 각박하고 은혜가 부족했던 정치 지도자들이 적지 않았는데, 그들은 하나같이 끝을 잘 맺지 못했습니다. 고대 사람들 가운데 요·순·우·탕·문왕·무왕·주공·공자는 물론 제 환공과 진 문공 같은 사람들이 사상과 공적에서 보통 사람들을 크게 뛰어넘어 타인들이 따라가지도 못한 것은, 무슨 특별한 능력이 있어서가 아니라 그들이 자신의 인한 마음을 미루어 넓히는 데 뛰어났기 때문입니다. 그것은 공자가 말했던 자신의 마음으로 미루어 남까지 헤아리는 서(恕)의 도이기도 합니다. 가령 당신이 맛있는 음식을 먹고 싶고 좋은 옷을 입고 싶으면 다른 사람도 맛있는 음식을 먹고 좋은 옷을 입게 해 주어야 합니다. 심리로부터 서(恕)의 도를 세우고 인정(仁政)을 행하는 것은 바로 이렇게 하는 것입니다.

"그런데 지금 제 선왕 당신은 한 마리 소가 벌벌 떠는 것을 보고는 그토록 자비가 생겨나서 차마 죽이지 못했으면서, 당신의 백성들에게는 이 소에 대한 것 같은 사랑하는 마음이 없습니다. 당신의 은혜가 백성들의 몸에는 베풀어지지 않아서 그들은 당신에게서 어떤 이익도 얻지 못했습니다. 그렇다면 이것은 무슨 까닭에서입니까? 왜 금수에게는 은혜를 베풀면서 유독 백성들에게는 은혜를 베풀지 않습니까?" 이것이 바로 맹자가 심리 행위를 통해 제 선왕을 분석한 내용입니다.

이어서 맹자는 물리적 사례를 들어 하나의 논리를 설명합니다. "예를 들어 물건은 저울을 사용해서 달아보아야 비로소 그 무게를 알 수 있고, 자를 사용해서 재어 보아야 그 길이를 알 수 있습니다. 세상 만물이 모두 그러하니 어떤 표준을 사용해서 재어 보아야 그 결말을 알 수 있습니다. 한 사람의 심리도 그와 마찬가지라서 항상 반성하고 재어 보아야 스스로를 인식하고 스스로를 개선할 수 있습니다."

우리는 맹자의 이 말에 유의해야 합니다. 사람의 심리 행위는 마땅히 항상 스스로 검토해야 합니다. 이것이 바로 『논어』에서 증자가 "나는 날마다 세 가지로 내 자신을 반성한다〔吾日三省吾身〕"라고 말한 것입니다. 우리가 만약 수시로 반성하지 않는다면 잘못되고 맙니다. 도덕 수양에서 심리적 반성의 중요성은 측정에서 저울과 자가 차지하는 무게와 마찬가지로 중요합니다. 따라서 자기 자신의 행위를 검토하고 반성하면 자신이 도덕의 표준에 합치되는지 아닌지를 알 수 있습니다. 만약 반성하지 않는다면 자신의 생각과 심리에서 어떤 부분을 고쳐야 하는지 또 어떤 부분을 더 발전시켜야 하는지 알 수가 없습니다. 마치 제 선왕이 소를 풀어 주고도 자신이 왜 그렇게 했는지를 모르는 것과 마찬가지입니다. 불가의 유식학 (唯識學)에서는 이런 반성의 수련을 '비량(比量)'[42]이라고 부르지만 불학 심리의 최고 경지는 아닙니다. 사실 엄격하게 말한다면 '비량(比量)'은 '비량(非量)'이기도 합니다. 하지만 이것은 형이상적 본체에 대한 표현입니다. 형이하적으로 사용하고자 한다면 '비량(比量)'을 사용하지 않을 수 없습니다.

맹자는 심리를 재는 것이 물질을 재는 것보다 더 중요하다고 하면서 제 선왕에게 자기 자신의 심리를 자세히 살펴보라고 말했습니다. 그리고 한 걸음 나아가서 제 선왕에게 이렇게 질문했습니다. "설마 당신은 군사를 일으켜 전쟁을 일으킴으로써 자기 나라의 관원과 백성들로 하여금 전란의 위협을 받게 만들고, 그와 동시에 국제 사회에 긴장된 적대 정세를 만들어야 통쾌하게 여기시는 것은 아니겠지요?" 바꾸어 말하면 "소 한 마리 죽이는 것은 차마 하지 못하여 마음으로 자비를 발하면서 설마하니 흉악한 전쟁을 발동하는 것은 도리어 마음으로 통쾌하게 여기는 것은 아니겠지요?" 하는 말입니다.


## 세상에는 사람처럼 음험한 것이 없다

왕이 말하였다. "아닙니다. 내 어찌 이것을 흡족해하겠습니까? 장차 나의 크게 하고자 하는 바를 구하려고 해서입니다."

---

**42** 불학에는 대상을 인식하는 삼량(三量)이 있는데, 비량(比量)은 이미 아는 사실로 아직 알지 못하는 사실을 추론하는 것으로 유추와 추리로 사물을 인식함을 말한다. 비량(非量)은 잘못된 인식을 말하고, 현량(現量)은 비판과 분별 없이 사물과 현상을 그대로 깨달아 아는 것을 말한다.

맹자께서 말씀하셨다. "왕께서 크게 하고자 하는 바를 얻어 들을 수 있겠습니까?" 왕이 웃으면서 말하지 않았다.

맹자께서 말씀하셨다. "살지고 단 음식이 입에 부족해서입니까? 가볍고 따뜻한 옷이 몸에 부족해서입니까? 아니면 채색이 눈으로 보기에 부족해서입니까? 아름다운 음악이 귀로 듣기에 부족해서입니까? 총애하는 사람들을 앞에서 부리기에 부족해서입니까? 왕의 여러 신하들이 모두 충분히 이것을 공급하니 왕이 어찌 이 때문이겠습니까?"

왕이 말하였다. "아닙니다. 나는 이 때문이 아닙니다."

맹자께서 말씀하셨다. "그렇다면 왕이 크게 하고자 하시는 바를 알 수 있겠습니다. 토지를 개척하며 진나라와 초나라에게 조회를 받고 중국에 임하여 사방의 오랑캐들을 어루만지고자 하시는 것입니다. 이와 같은 소위로써 이와 같은 소원을 구하신다면 나무에 올라가서 물고기를 구하는 것과 같습니다."

왕이 말하였다. "이와 같이 심합니까?"

맹자께서 말씀하셨다. "이보다도 더 심함이 있습니다! 나무에 올라가서 물고기를 구함은 비록 물고기를 얻지 못하더라도 뒤에 재앙은 없습니다. 이와 같은 소위로써 이와 같은 소원을 구한다면 마음과 힘을 다하여 하더라도 뒤에 반드시 재앙이 있을 것입니다."

王曰: "否. 吾何快於是! 將以求吾所大欲也."

曰: "王之所大欲, 可得聞與?" 王笑而不言.

曰: "爲肥甘不足於口與? 輕煖不足於體與? 抑爲采色不足視於目與? 聲音不足聽於耳與? 便嬖不足使令於前與? 王之諸臣, 皆足以供之, 而王豈爲是哉?"

曰: "否! 吾不爲是也."

曰: "然則王之所大欲可知已. 欲辟土地, 朝秦楚, 蒞中國而撫四夷也. 以若所爲, 求若所欲, 猶緣木而求魚也."

王曰: "若是其甚與?"

曰: "殆有甚焉! 緣木求魚, 雖不得魚, 無後災. 以若所爲, 求若所欲, 盡心力而爲之, 後必有災."

---

　맹자가 제 선왕에게 전쟁을 일으켜야 통쾌하시겠느냐고 묻자 제 선왕은 이렇게 대답했습니다. "아닙니다. 내가 어떻게 전쟁을 발동시켜서 내 마음을 흡족하게 하고자 하겠습니까? 다만 나에게는 큰 소원이 하나 있어서 그것을 실현할 수 있기를 희망할 뿐입니다." 제 선왕은 그의 이상이 무엇인지 직접적으로 말하지 않았습니다. 그러자 맹자가 물었습니다. "당신의 그 소원이 어떤 큰 소원인지 들려주실 수 있겠습니까?"

　제 선왕은 그 문제에 대해 그저 웃기만 하고 대답하지 않았습니다. 그의 웃는 모습 속에는 어쩌면 일부러 만들어 낸 신비로운 느낌이 들어 있었는지도 모릅니다. 어쩌면 "당신이 한번 알아 맞혀 보시오"라는 반문의 눈빛을 내비쳤을 수도 있습니다. 어쩌면 아예 맹 선생님에게 말하고 싶지 않았는지도 모릅니다. 어쨌든 현장에 없었던 우리로서는 알 수가 없습니다. 만약 이 고사를 현대의 연극으로 표현한다면 무대 위의 제 선왕의 표정과 눈빛과 웃음소리, 소리 없는 웃음일 수도 있고 하하하 웃으며 고개를 흔들고는 아무 말도 안했을 수도 있습니다. 아무튼 제 선왕의 당시 심리 상태와 정서를 어떻게 표현할 것인가는 감독의 생각과 지시에 달렸습니다.

　어쨌든 제 선왕은 말하지 않았습니다. 제 선왕이 자신의 큰 소원을 직접 말하지 않았기 때문에 맹자는 별 수 없이 스무고개를 하듯이 물었습니다. "설마 먹는 방면에서 만족하지 못하기 때문에 더 좋은 것을 먹고 싶은 것입니까? 혹은 몸에 걸치는 옷이 마음에 들지 않아서입니까? 충분히 부드럽지 않고 충분히 따뜻하지 않고 충분히 가볍지 않습니까? 혹은 보기 좋은 것을 가지고 싶거나 듣기 좋은 것을 가지고 싶어서입니까?" 현대의 시청각 장비로 말한다면, "다른 사람은 비디오 설비를 가지고 있는데 당신은 아직 거실에 컬러텔레비전밖에 없어서입니까? 혹은 당신은 다이아몬드바늘이 달린 구식 유성기밖에 없는데 최신식 서라운드 입체 음향 설비를 가지고 싶어서입니까?"라는 식입니다. 고문과 현대어를 대조해 보면 옛날과 오늘날의 글쓰기의 차이를 알 수 있습니다. 고문(古文)은 간략한 몇 글자에 포함된 의미가 아주 넓은데, 현대에는 텔레비전과 녹음기라는 두 종류의 시청각 설비를 이야기하려고 해도 한참을 말해야 합니다. 이것은 문학 방면에서 옛날과 오늘날의 서로 다른 점을 이야기한 것인데 그 나머지는 여러분 스스로가 문학적 가치를 느껴 보십시오. 이제 다시 원문으로 돌아갑시다!

맹자는 물질과 소리와 색의 향수(享受)에 대해 이야기한 다음 계속해서 인사(人事)의 문제를 언급합니다. 그가 말했습니다. "만약 당신에게 이런 물욕(物欲)의 향수가 결핍된 것이 아니라면 당신 곁에서 당신을 시중드는 신복(臣僕) 및 총애하는 남녀 궁인(宮人)이 마음에 차지 않는 것입니까? 사실 지금 있는 대소(大小) 신복들과 남녀 궁인들만 해도 이미 당신이 부리기에 충분하고 당신을 편안하게 모실 수 있는데, 설마하니 그들로 만족하지 못하시는 것입니까?"

제 선왕이 말했습니다. "아닙니다! 이런 것들은 내가 추구하고자 하는 바가 아닙니다."

그제서야 맹자는 제 선왕의 마음을 단도직입적으로 말했습니다. 사실 지금 우리가 보면 맹자는 일찌감치 제 선왕의 큰 욕망이 무엇인지 알고 있었음이 틀림없습니다. 처음부터 터놓고 말하면 쌍방이 모두 난처해지고 어쩌면 제 선왕이 부인할 수도 있었습니다. 그래서 먼저 물건이니 소리니 색이니 하는 자잘한 일부터 늘어놓아서 제 선왕을 유인하고 그로 하여금 먼저 그런 것들을 부정하게 만든 다음, 비로소 진짜 화살을 날려 정곡을 찔러서 그의 내심 깊은 곳에 있는 것을 말하게 했습니다. "이런 것들이 모두 당신의 큰 욕망이 아니라면 이것을 제외한 당신의 큰 욕망을 상상할 수 있겠습니다. 그것은 바로 영토를 확장하고 국력을 증강하여 현재 국제 사회에서 가장 강성한 진나라와 초나라로 하여금 당신에게 고개를 숙여 조회하고 조공을 바치게 하기를 희망하는 것입니다. (전국 시대 당시로 말하면 영토를 확장하는 것은 자연히 다른 제후의 토지를 약탈하여 자신의 판도에 집어넣는 침략 행위입니다. 맹자는 대놓고 침략임을 지적하지는 않고 그저 함축적으로 확장이라고만 말했습니다. 그래서 '벽辟' 자를 사용하고 '탈奪' 자를 사용하지 않았습니다.) 그렇게 되면 당신은 패주(霸主)의 입장에서 중국의 주인이라는 지위를 가지고 사방의 오랑캐를 어루만지게 될 것이고, (사방의 오랑캐는 동쪽의 이족夷族, 서쪽의 융족戎族, 남쪽의 만족蠻族과 북방의 적족狄族을 말합니다.) 문화가 없거나 문화가 낙후한 이들 민족은 모두 와서 당신에게 귀순할 것입니다." 바꾸어 말하면 "당신의 큰 욕망은 전 중국의 지도자가 되고자 하는 것입니다. 하지만 당신이 지금 하는 방법으로 당신의 그러한 이상을 실현시키고 당신의 그러한 욕망을 만족시킬 수 있기를 바란다면, 그것은 나무에 기어올라 가서 물고기를 잡으려는 것에 비유할 수 있으니 영원히 소원을 이루지 못할 것입니다."

　제 선왕이 여기에서는 크게 하고자 히는 바〔人欲〕 즉 큰 욕망이 있다고 말했지만, 뒤에서는 아주 솔직하게 자신이 용맹을 좋아하고 재물을 좋아하고 여색을 좋아하는 등 사사로운 욕망을 지니고 있다고 말했습니다. 그런 것들은 여기에서 말한 군주로서 중국에 군림하고 싶다는 큰 욕망과는 차이가 있습니다. 맹자가 앞에서 말했던 옷과 음식과 소리와 색 등을 누리고 싶어 하는 것 역시 작은 욕망일 뿐입니다. 사실 여기에서 말하는 큰 욕망과 작은 욕망은 단지 비교에서 나온 것일 뿐입니다.

인류의 욕망에 대해 말한다면 『예기』에 기록된 공자의 말이 있습니다. "음식과 남녀에 사람의 큰 욕망이 존재한다[飮食男女, 人之大欲存焉]." 이것은 위로는 제왕에서부터 아래로 백성에 이르기까지 사람이라면 모두 지니고 있는 큰 욕망입니다. 다만 우리가 알아야 할 것은 사람의 욕망에는 한계가 없기 때문에 한 사람이 어떤 지위, 어떤 환경, 어떤 시간, 어떤 공간에 이르렀다 하더라도 그의 욕망은 계속 변하며 끊임없이 늘어난다는 사실입니다. 특히 군주가 된 사람에게는 음식과 남녀라는 기본적인 욕망 이외에도 천하에 군림하여 보다 큰 권세를 잡으려는 큰 욕망이 있습니다. 보통 사람들은 음식과 남녀에 만족하면 부귀공명을 추구합니다. 요즘 말로 하면 사업을 발전시켜서 성공하면 권력을 가져서 다른 사람을 지배하려고 합니다. 권력이 생기면 천하에 군림하기를 원합니다. 천하에 군림한 다음에도 여전히 만족하지 못합니다. 그러면 불로장생해서 영원히 살면서 그 권력을 장악하려고 합니다. 그래서 진시황은 삼신산(三神山)에 사람을 보내 불로장생의 약을 구해 오게 했습니다. 물론 구하지 못했지만 그렇더라도 계속해서 요구합니다. 또 한 집안이 천하를 소유하는 가천하(家天下)의 지배욕을 더 확장시켜서 이러한 기득권을 자신의 자손만대에 전해 주어 영원히 장악해 나가기를 희망합니다.

명(明)·청(淸) 사이에 『해인이(解人頤)』라는 심심풀이 책이 있었습니다. 이 책의 이름을 풀이하자면 그저 사람으로 하여금 파안대소(破顔大笑)하게 한다는 뜻입니다. 딱딱하게 굳은 얼굴을 느슨하게 풀고 입을 활짝 벌려 웃는다는 말이지요. 그 책에는 확실히 사람들로 하여금 회심의 미소를 짓게 하는 부분이 많이 있습니다. 하지만 그 역시 『요재지이(聊齋志異)』처럼 대부분의 내용이 여우나 귀신에 관한 이야기를 가지고 세상을 풍자하는 것이었습니다. 거기에 모아진 수많은 재미있는 글들은 웃음 속에 피가 들어 있거나 혹은 눈물이 들어 있는데, 사람으로 세상을 살아가는 이치를 품고 있어서 사람들의 양지(良知)를 계발합니다. 당시에 깊은 교육적 의의를 지니고 있던 심심풀이 책이 틀림없습니다.

그 『해인이』 가운데 철학적 의미가 담긴 것으로, 인류의 끝없는 욕망을 묘사한 백화시가 한 수 있습니다.

| | |
|---|---|
| 종일토록 분주한 것은 오직 배고픔 때문이나 | 終日奔波只爲饑 |
| 배가 부르니 옷이 생각나는구나 | 方纔一飽便思衣 |
| 입을 것 먹을 것이 모두 넉넉해지니 | 衣食兩般皆具足 |
| 또 아름다운 아가씨를 아내 삼고 싶네 | 又想嬌容美貌妻 |
| 아름다운 아내 얻고 자식을 낳으니 | 娶得美妻生下子 |
| 전지가 없어 터전이 적음이 한스럽네 | 恨無田地少根基 |
| 전원을 사들이니 드넓은 땅 많건만 | 買到田園多廣濶 |
| 출입에 배가 없고 말 탄 자 적구나 | 出入無船少馬騎 |
| 먹이통에 노새와 말을 묶어 두니 | 槽頭扣了騾和馬 |
| 관직이 없어 사람들 업신여기는구나 | 嘆無官職被人欺 |
| 현승이나 주부는 낮아서 싫으니 | 縣丞主簿還嫌小 |
| 조정에 들어가 자색 옷 걸치려 하네 | 又要朝中掛紫衣 |
| 황제가 되고서는 신선이 되기를 구하니 | 作了皇帝求仙術 |
| 하늘에 올라 학 타고 날고 싶구나 | 更想登天跨鶴飛 |
| 세상 사람들 마음으로 만족하고자 한다면 | 若要世人心裏足 |
| 남쪽 나뭇가지 아래의 한바탕 꿈밖에 없으리라 | 除是南柯一夢西 |

이 중에서 "황제가 되고서는 신선이 되기를 구하니, 하늘에 올라 학 타

고 날고 싶구나"라는 두 구절은 제가 덧붙여 쓴 것입니다. 작가가 이 백화
시를 쓸 당시는 군주제 시대였기 때문에 당연히 황제라는 말을 감히 쓰지
못했을 것입니다. 하지만 역사적 사실로 보더라도 진시황이나 한 무제처
럼 황제가 되고 나서 불로장생을 꿈꾼 예는 적지 않습니다. 그러므로 제
선왕이 비록 이미 일국의 군주이기는 하지만 천하에 군림하고 싶어 한 것
도 자연스러운 추세입니다.

이 칠언 운문의 백화시는 인류의 욕망이 무궁하며 욕망의 골짜기는 메
우기 힘들다는 것을 잘 말해 주고 있습니다. 원래 아무것도 가진 게 없는
빈털터리라서 밥 먹기도 힘들었고 아침부터 밤까지 악착같이 일했습니
다. 어쩌면 생활보호 대상으로 등록되어 길거리를 청소하고 도랑을 파는
일을 했는지도 모릅니다. 어렵사리 번 돈으로 배불리 먹었더니 이제는 몸
에 걸친 옷이 문제입니다. 벌써 십 년을 넘게 입느라 하도 여러 번 빨았더
니 따뜻하지도 않고, 나가서 친구라도 만날라치면 체면이 말이 아닙니다.
그리하여 이제부터는 옷을 중요시하게 되었습니다. 의식(衣食) 두 가지
문제가 해결된 후에는 속어에 "배부르고 따뜻하면 음욕이 일어난다"라는
말처럼 아름다운 아가씨를 아내로 맞아들이고 싶습니다. 나중에 아내도
맞아들이고 아이도 태어나서 일가가 화목하게 잘 살게 되었지만 여전히
만족하지 못합니다. 생각해 보니 집안에 재산이 없지 않습니까! 그래서 집
도 사고 논밭도 사서 오랜 생산의 방법을 마련합니다. 경제적 기초를 다져
놓으면 남은 생애를 편안하게 살 수 있고 자손들도 먹고 입을 것을 걱정하
지 않아도 됩니다. 이런 것들이 해결되고 나면 이제는 자동차를 사고 싶습
니다. 배기통이 여덟 개 있는 전자동 고급 자동차를 타고 다니는데, 어제는
경찰이 교통 법규를 위반했다며 빨간 스티커를 발급했습니다. 세무원의
얼굴은 그다지 보기 좋지 않습니다. 그러고 보니 친구 하나가 관직에 있는
데 비교적 먹고살 만합니다. 역시 관직에 있어야 무시를 당하지 않는다는

생각에, 경선에 나가든 세력가의 집을 들락거리든 어떻게 해서든 관리가 되었습니다. 관리가 되긴 했는데 구청의 과장이나 비서라는 직책은 자신이 지휘할 수 있는 사람은 너무 적고 자신을 지휘하는 사람은 많아서 여전히 성에 차지 않습니다. 무슨 수를 써서라도 높은 관리가 되어야겠다고 생각합니다. 그렇게 위로 기어올라 가다가 마침내 황제가 되었는데, 그래도 욕망이 있어서 신선이 되어 하늘에 올라 불로장생하기를 또다시 희망합니다. 그래서 이 작가의 최후 결론은, 인류의 끝없는 욕망은 죽음에 이르러야 끝난다는 것입니다. 사실 사람의 욕망은 죽어도 끝나지 않습니다.

## 꿈같은 인생

중국 문학에는 아름답고 유명한 꿈 이야기가 세 가지 나오는데, 인생의 철학을 일깨워 주는 아름다운 문장입니다. 하나는 장자(莊子)의 호접몽(胡蝶夢)이고 하나는 한단몽(邯鄲夢)이며 나머지 하나는 당나라 사람 이공좌(李公佐)가 쓴 남가몽(南柯夢)입니다. 설사 남가몽에서 깨어나더라도 사람의 욕망은 끝이 없으며 멈추려 하지 않습니다. 죽더라도 천당에 올라가거나 불국(佛國)에 가고 싶어 합니다. 어쩌면 거기서는 이 세상에서 만족시킬 수 없었던 욕망을 충족할 수 있을지도 모르겠네요!

그 가운데 당대 문학에서 유명한 꿈은 바로 한단몽입니다. 노(盧)씨 성을 가진 서생이 서울로 가서 과거 시험을 보려고 한단(邯鄲) 길을 걸어가다가 피곤한 나머지 잠시 쉬었습니다. 그 옆에서 조를 씻어서 솥단지를 걸고 막 밥을 지으려던 어떤 노인이 노생에게 베개를 빌려 주었습니다. 노생(盧生)은 그가 준 베개를 베고 깊이 잠이 들었는데, 잠을 자면서 꿈을 꾸었습니다. 꿈에서 그는 과거 시험에 합격하여 공명을 얻고 진사(進士)가 되었고 아내를 맞아들여 자식을 낳았습니다. 또 아주 빨리 재상이 되어 사십 년간 부귀공명을 누리며 한때를 떠들썩하게 지냈습니다. 하지만 결국 죄를 지어 진(秦) 2세의 재상 이사(李斯)처럼 동문으로 끌려가 목이 잘렸습니다. 놀라서 깨어 보니 곁에 있던 노인의 조밥이 아직 채 익지 않았습니다. 노인은 그가 깨어난 것을 보더니 웃으면서 말했습니다. "사십 년의 부귀공명이면 만족하셨지!" 그는 퍼뜩 '아! 내가 꿈을 꾸었구나. 그런데 이 노인이 어떻게 알지? 그는 분명 나를 깨우쳐 주러 온 신선일 거야'라는 생각이 들었습니다. 그리하여 시험에 합격해 공명을 얻으려던 꿈을 버리고 노인을 따라 가서 수도했습니다.

어떤 사람은 이 한단몽의 주인공이 바로 역사상 유명한 신선 여순양(呂純陽)이며 그 노인은 그의 스승인 종리권(鍾離權)이라고 말합니다. 이 고사가 교화의 성격을 띠든 종교 철학의 성격을 띠든 사람으로 하여금 인생을 돌아보게 합니다. 그래서 후세 문학과 시사(詩詞)에서 "조밥이 덜 익었다[黃粱未熟]"라든가 "황량의 꿈에서 깨어나다[黃粱夢覺]"라는 표현을 많이 언급합니다.

하지만 훗날의 어떤 독서인은 상반된 의견을 제시했습니다. 그도 실의에 빠진 채 한단에 이르렀는데 문득 이 고사가 생각나서 이런 시를 지었습니다. "사십 년간 높은 벼슬 지냈으니 설사 꿈이라도 풍류가 넘치는구나. 내 이제 실의하여 한단을 지나노니 선생에게 베개를 빌리고 싶구나[四十年來公與侯, 縱然是夢也風流. 我今落魄邯鄲道, 要向先生借枕頭]." 설사 꿈속의 일이라 해도 그를 통해 부귀의 욕망을 채워 볼 수 있습니다. 이 시는 사람의 욕망을 참으로 통쾌하기 그지없이 잘 묘사해 놓았습니다.

지금까지 『해인이』 속의 백화시를 인용하여 천하에 군림하고 싶은 제 선왕의 욕망이 사람의 인성이라는 측면에서 자연스러운 것임을 설명했습니다. 다음으로 우리는 역사라는 측면에서 제나라 당시의 배경과 국정(國

情)과 환경을 살펴봄으로써 그의 욕망의 유래를 알아보려고 합니다.

역사의 기록에 따르면 제 선왕이 즉위한 다음해에 위(魏)나라의 양 혜왕이 전쟁을 일으켰는데, 그는 방연(龐涓)을 대장으로 삼아 군사를 거느리고 조(趙)나라를 치게 했습니다. 이 전쟁에서 조(趙)나라와 한(韓)나라가 연맹하였고 한나라는 제나라에 도움을 청했습니다. 제나라는 손무자(孫武子)의 손자인 손빈(孫臏)의 전쟁 계획을 채택하여 위나라의 명장 방연을 섬멸하였고, 위나라를 패배시킨 후 근 이십 년의 안정된 생활을 영위했습니다. 당시로서는 아주 복 받은 군왕이었다고 할 수 있습니다. 그는 안정 가운데 내정(內政)도 그런대로 잘 했습니다. 그렇게 제나라를 잘 경영해서 국제 사회에서 거의 패주(覇主)의 기세를 지니고 있었으므로 당연히 중국에 군림하려는 큰 욕망이 자연스럽게 형성되었을 것입니다. 그가 이십 년 동안 그런 욕망을 지니고 있었다 할지라도 대규모의 침략 전쟁을 일으킨 적은 없었습니다. 오직 북방의 연(燕)나라에 대해서만 그다지 크지 않은 전쟁을 한 차례 일으켰습니다. 『맹자』를 보면 뒷 문장에서 제 선왕 만년의 일을 기록해 놓았습니다. 그의 아들 민왕(湣王)의 시대에 연나라의 작은 땅을 빼앗아 차지했는데, 훗날 연나라의 악의(樂毅)가 제나라 칠십여 성을 연속으로 함락시켜 거의 망국에 이를 뻔한 원한의 씨앗을 묻은 셈이 되었습니다. 다행히 전단(田單)이 거(莒)와 즉묵(卽墨) 두 성에서 반격하여 나라를 회복했습니다. 그런데 맹자가 제나라에 있던 그 당시는 소진(蘇秦)이 제나라에서 합종을 유세하던 때였습니다. 『전국책』 가운데 "소진이 조나라를 위해 제 선왕에게 합종을 유세하다〔蘇秦爲趙合從說齊宣王〕"라는 기록을 보면 맹자가 제 선왕을 만났을 당시의 제나라의 국정(國情)을 알 수 있습니다.

# 제나라의 부강을 묘사하다

「소진이 조나라를 위해 제 선왕에게 합종을 유세하다」 원문

소진이 조나라를 위해 제 선왕에게 합종을 유세하여 말하였다. "제나라는 남쪽으로는 태산이 있고 동쪽으로는 낭야산(산 이름으로 지금의 산동 제성현諸城縣 남동쪽에 있습니다)이 있으며 서쪽으로는 청하(『사기정의史記正義』에 의하면 패주貝州입니다)가 있고 북쪽으로는 발해가 있으니(아래에서 사면이 요새인 나라라고 말한 것은 태산, 낭야산, 청하, 발해를 말합니다. 산천의 형세를 가지고 말한 것은 군이나 읍으로 하면 잘못될까 봐 해서입니다. 『방여기요方輿紀要』에 이르기를, '제나라 서쪽으로는 청하가 있으니 곧 제수濟水이다' 하였습니다. 마땅히 제수가 맞습니다), 이것은 이른바 사면이 모두 천연의 요새인 나라입니다.

제나라의 토지는 사방 이천여 리이고 무장한 병사는 수십만 명이며 비축한 식량은 산더미 같습니다. 제나라 수레의 훌륭함과 다섯 집안의 병사는 빠른 화살(작은 화살인데 군세고 빠름을 비유합니다)처럼 날카롭습니다. 전투할 때에는 우레와 같고 물러날 때에는 비바람 같습니다. 설사 군사 행동이 있더라도 태산을 등지거나 청하를 끊거나 발해를 건넌 적이 없습니다.

임치(제나라의 수도로 옛 성이 지금의 산동 임치현 북쪽에 있습니다) 가운데 칠만 호가 있습니다. 신이 헤아려 보아도 집집마다 남자 세 명이 있다고 가정하면 이십일만 명이나 되니, 먼 곳의 현에서 병사들을 징발할 필요도 없이 임치의 병사만으로도 이미 이십일만 명이 됩니다.

임치는 매우 부유하고 실속 있어서 그 백성들은 큰 생황을 불고 거문고를 타며, 축을 두드리고 가야금을 타며, 닭싸움을 붙이고 개 경주를 즐기며, 윷놀이와 공차기를 즐기지 않는 자가 없습니다. 임치의 도로는 수레바퀴끼리 서로 부딪치고, 사람들은 어깨와 어깨끼리 비비게 되며, 옷깃을 연이으면 휘

장을 이루고, 옷소매를 들면 장막을 이루며, 사람들이 땀을 뿌리면 비가 될 것 같습니다. 집집마다 돈독하고 부유하며 뜻이 높아 의기가 양양합니다.

대왕의 현명하심과 제나라의 강대함에 천하의 누구도 대항할 수 없습니다. 그런데 지금 대왕께서 서쪽으로 진나라를 섬기고자 하시니 저는 대왕을 위해 치욕스럽게 생각합니다.

또 한나라와 위나라가 진나라를 두려워하는 까닭은 그들이 진나라와 인접해 있기 때문입니다. 군대가 출동해서 정면으로 맞닥뜨리면 열흘을 넘기지 않아 승패의 관건이 결정될 것입니다. 한나라와 위나라가 전쟁에서 진나라를 이긴다면 자신의 병력 또한 절반을 잃게 되어 사방의 국경을 수비할 수 없게 될 것입니다. 전쟁에서 이기지 못한다면 멸망이 뒤따르게 될 것입니다. 이런 까닭에 한나라와 위나라는 진나라와 싸우기를 꺼려 하고 가볍게 진나라의 신하가 되려고 하는 것입니다.

지금 진나라가 제나라를 공격한다면 이와 같지 않을 것이니, 진나라는 한나라와 연나라의 토지를 등지고 위나라의 양진(옛 성이 지금의 산동 조현朝縣 북쪽에 있으니 위나라 땅입니다)의 길을 지나 항보(옛 성이 지금의 산동 제녕현濟寧縣 남쪽에 있으니 제나라 땅입니다)의 요새를 지나야만 합니다. 그곳은 전쟁용 수레가 지나갈 수 없고 기병이 나란히 걸어갈 수 없는 곳으로, 백 명이 요새를 지키면 천 명도 통과할 수 없습니다. 진나라가 비록 깊숙이 들어가고 싶지만 이리처럼 퇴로를 돌아보는 것은, 한나라와 연나라가 배후에서 위협할까 두려워서입니다.

이런 까닭에 두려움과 의심을 갖고 있으면서 허황되고 과장되게 소리를 높이며, 교만하고 세멋대로이면서도 감히 전진하지 못하고 있으니, 진나라가 제나라를 위태롭게 할 수 없음이 또한 분명합니다. 진나라가 우리를 어떻게 할 수 없음을 깊이 생각하지도 않고 서쪽으로 진나라를 섬기려고 한다면 이는 대왕의 신하들의 계책이 잘못되었음입니다. 이제 신하로써 진나라를 섬기는 오명은 얻지 않으면서 국가를 부강하게 하는 실리는 얻는 것, 신은 진실로 대왕께서 이 문제를 유념해 보시기를 원합니다."

제나라 왕이 말하였다. "나는 어리석은 사람이오. 지금 당신이 조나라 왕의 지시로 나를 깨우쳤으니 삼가 사직을 받들어 당신의 의견에 따르겠소."

「蘇秦爲趙合從說齊宣王」原文

蘇秦爲趙合從, 說齊宣王曰: "齊南有太山, 東有瑯邪, 西有淸河, 北有渤海, 此所謂四塞之國也.

齊地二千里, 帶甲數十萬, 粟如丘山, 齊車之良, 五家之兵, 錐如疾矢, 戰如雷電, 解如風雨. 卽有軍役, 未嘗倍太山, 絶淸河, 涉渤海也.

臨淄之中七萬戶. 臣竊度之, 下戶三男子, 三七二十一萬, 不待發於遠縣, 而臨淄之卒, 固已二十一萬矣.

臨淄甚富而實, 其民無不吹竽鼓瑟, 擊築彈琴, 鬪鷄走犬, 六博蹹踘者. 臨淄之途, 車轂擊, 人肩摩, 連衽成帷, 擧袂成幕, 揮汗成雨, 家敦而富, 志高而揚.

夫以大王之賢, 與齊之强, 天下不能當. 今乃西面事秦, 竊爲大王羞之.

且夫韓魏之所以畏秦者, 以與秦接界也. 兵出而相當, 不出十日, 而戰勝存亡之機決矣. 韓魏戰而勝秦, 則兵半折, 四境不守. 戰而不勝, 以亡隨其後. 是故韓魏之所以重與秦戰而輕爲之臣也.

今秦攻齊, 則不然, 倍韓魏之地, 過衛陽晉之道, 徑亢父之險. 車不得方軌, 馬不得並行, 百人守險, 千人不能過也. 秦雖欲深入則狼顧, 恐韓魏之議其後也.

是故恫疑虛揭, 高躍而不敢進, 則秦之不能害齊, 亦已明矣. 夫不深料秦之不柰我何也, 而欲西面事秦, 是羣臣之計過也. 今無臣事秦之名, 而有强國之實, 臣固願大王之少留計."

齊王曰: "寡人不敏. 今主君以趙王之敎詔之, 敬奉社稷以從."

이 자료는 시작하자마자 첫대목에서 제나라가 전략상 극히 유리한 지리적 형세를 지니고 있음을 지적하고 있습니다. 국내는 큰 평원이지만 사면의 경계에 모두 큰 산과 하천 혹은 바다가 있어서 험준했습니다. 이른바 "사면이 천연의 요새인 나라〔四塞之國〕"여서 방어하기 쉬우므로 외적이 쉽게 침입할 수 없었습니다.

다음 단락에서는 제나라의 부국강병의 실제 상황을 지적했습니다. 소진은 제나라의 병력을 대단히 자세하게 알고 있었습니다. 그의 지적에 따르면 제나라는 마치 오늘날의 강국과 마찬가지로 수십만에 이르는 군대를 소유하고 있었습니다. 또 비축해 둔 양식은 산처럼 높이 쌓여 있었습니다. 강성한 군대와 첨예한 공격력과 신속한 행동은 우레나 질풍에 비유할 만했습니다. 이것은 물론 소진이 과장해서 묘사한 것이기는 합니다. 그렇더라도 제나라의 군사력이 대단했음을 알 수 있습니다. 소진은 그와 동시에 이렇게 강대한 무력이라면 어느 날 갑자기 적이 침략해 오더라도 자기 나라 국경을 떠나지 않고 적을 격퇴시켜 적이 국경을 한 걸음도 넘지 못하게 할 수 있다고 지적합니다.

이어서 그는 제나라 수도인 임치의 상황을 서술했습니다. 당시 인구는 칠만 호(戶)인데, 만약 전국 시대의 인구 비율로 말한다면 당시의 칠만 호는 대략 오늘날 국제 도시인 뉴욕의 인구에 상당합니다. 소진의 계산에 따르면 한 가구에는 병역이 가능한 연령의 남자가 세 명이 있습니다. 그렇다면 임치는 하룻밤 사이에 이십일만 명의 병사를 동원할 수 있으므로 다른 현에서 병사를 징발할 필요가 없습니다. 수도의 군사력이 충분하다는 뜻입니다.

임치의 번영과 경제적 풍요로움이 백성들의 일상생활에 표현된 상황을 보면 정말로 풍족하기 짝이 없습니다. 사회가 안정되고 경제가 부유해지면 사회적 추세가 반드시 변하기 마련인데, 먹고 마시고 즐기는 문화가 발달합니다. 혹은 생황이나 축이나 거문고나 가야금을 타고 혹은 닭싸움이

나 말 타기나 공차기 및 각종 도박성 오락을 즐깁니다. 길에는 수레가 너무 많아서 바퀴들이 서로 부딪칩니다. 물론 길 가는 행인은 수레보다 훨씬 많아서 붐비는 걸로 치면 오늘날 대북의 서문정 거리처럼 걸어가기가 곤란할 정도였습니다. 그 사람들이 옷자락을 펼쳐 연결하거나 소매를 들어서 이으면 거대하고 촘촘한 휘장을 만들었을 것입니다. 그때 사람들이 동시에 땀을 흘렸다면 비가 오는 것 같았을 것입니다.

안정되고 부유한 생활을 했기 때문에 사람들이 모두 득의만만한 모습을 하고 있었습니다. "家敦而富, 志高而揚(집집마다 돈독하고 부유하며 뜻이 높아 의기가 양양하다)"라는 여덟 글자는 소진이 임치 거주민들의 생활을 묘사한 것인데, 오늘날 우리가 역사를 읽을 때면 이 여덟 글자에 특히 유의해야 합니다. 또 다른 측면에서 보면 이 여덟 글자는 폐해의 근원이기도 합니다. 따라서 나라 경제가 안정되고 사회가 번영하여 국민의 수입이 증가하면 낭비로 흐르기 쉽습니다. 생활 방식이 대부분 사치와 방탕으로 치닫고 정신적 측면에서는 도덕이 타락하고 우월감이 생겨서 다른 사람을 무시합니다. 이것이 바로 당시 제나라의 상황이니 오늘날 미국의 모습과 흡사합니다.

소진이 말했습니다. "제 선왕 당신이 영명함으로 국가를 잘 이끌어서 이런 경지에 이르렀으니 각국의 제후들 가운데 당신과 비교할 수 있는 사람이 없습니다. 그런데도 당신이 서쪽의 진나라에게 머리를 숙이고 그의 말을 듣고자 한다면, 나 소진은 정말로 당신을 위해 속으로 부끄러울 따름입니다. 참으로 그럴 필요가 없습니다!"

소진의 이러한 논조는 당시의 제 선왕에게는 실로 자극적이었습니다.

소진은 당시 제나라가 소유한 천연적인 지리상의 우세함 및 넘치는 군사력과 경제력을 지적한 다음, 한 걸음 더 나아가 제 선왕에게 당시의 국제 정세를 분석해 주었습니다. "한나라와 위나라가 진나라를 두려워하는 원인은 그들의 국경이 진나라의 국경과 맞닿아 있기 때문입니다. 만약 전쟁을 시작해서 쌍방이 군대를 출병하면 힘이 서로 비슷하기 때문에 열흘을 넘기지 않고 승패가 결정 날 수 있습니다. 한나라와 위나라 두 국가가 만약 진나라를 패배시킨다면 이 전쟁은 틀림없이 아주 자극적일 것입니다. 하지만 설사 이긴다 하더라도 절반의 국력을 잃어버리게 될 것이므로 나머지 절반의 힘으로는 강토를 지킬 수 없습니다. 국방의 실력에서 공허하고 위험한 상태에 처하게 될 것입니다. 만약 전쟁에서 진다면 당연히 더 참담할 것이니 뒤따르는 것은 오로지 망국의 운명뿐일 것입니다. 이처럼 불리한 형세 때문에 한나라와 위나라는 진나라와의 전쟁을 심각한 문제로 간주하여 피하고, 쉽게 진나라에 조공을 바치고 신하라 칭하면서 화평을 도모할 수밖에 없는 것입니다."

소진의 이러한 분석은 상당히 일리가 있었습니다. 그가 허벅지를 찔러가면서 공부한 것이 『음부경』 한 권만은 아니었음을 증명해 줍니다. 하지만 『음부경』에서 계시를 얻었기 때문에 각국의 형세에 유의하고 국제 자료를 수집해야 한다는 사실을 알게 되었고, 각 나라의 형편과 국제 사회의 정세를 이해하게 되었습니다. 오늘날 젊은이들이 책을 읽을 때에도 이런 부분을 잘 파악해야 죽은 독서가 되지 않고 책벌레로 전락하지 않을 것입니다.

소진은 국제 형세를 분석한 다음 한 걸음 더 나아가 제나라의 국제 관계를 분석해서 제 선왕에게 들려주었습니다. "진나라가 큰 욕망을 지니고 중국에 군림하고 싶어 하는 것도 당연합니다. 하지만 만약 진나라가 제나라를 공격한다면 상황은 달라질 것입니다."

"첫째, 제나라와 진나라 사이에는 한나라와 위나라 두 국가가 가로막고 있어서 위(衛)나라의 양진(陽晉)에 길을 빌려야 하고 또 항보(亢父) 일대의 험난한 산을 지나가야 합니다. 그 길은 전차가 순조롭게 통과할 수 없고 말도 나란히 지나갈 수 없습니다. 단지 백 명만 보내서 그곳을 지키게 하면 천 명의 병력이 공격해 올 수 없는, 열 배의 병력이 공략하지 못하는 전쟁의 사각지대인 셈입니다."

"게다가 설사 진나라가 극도의 위험을 무릅쓰고 내지로 깊숙이 쳐들어 온다 할지라도 이리처럼 계속해서 뒤돌아봐야만 합니다. 즉 한나라와 위나라가 머리를 써서 진나라가 당신네 제나라를 공격할 때를 틈타 배후에서 공격하지 않을까 주의를 기울여야 합니다."

중국의 관상법 가운데 '낭고(狼顧)'라는 것은 간사함의 상징입니다. 이리가 길을 걸어갈 때면 고개를 숙이고 눈은 좌우로 향한 채 주위를 돌아보기 때문입니다. '응시(鷹視)'라는 말은 목표를 발견하면 눈을 크게 뜨고 노려보는데, 그 눈빛에 탐욕스러운 약탈의 욕망이 담겨 있다는 뜻입니다. 때로는 '낭고'와 '응시'를 함께 쓰기도 하는데, 사람이 간사하고 탐욕스럽고 또 악독함을 묘사합니다.

"진나라가 제나라를 공격하게 되면 불리한 전략적 형세에 놓일 뿐 아니라 뒤를 돌아봐야 하는 염려도 있습니다. 그러므로 그것은 사람을 겁주려는 심리 전술일 뿐입니다. 비록 진나라가 호시탐탐 노리고는 있지만 감히 경거망동을 하지는 않을 것입니다. 진나라가 당신네 제나라를 위협하지 못할 것은 분명한 일입니다."

소진은 이렇게 정세를 분석한 다음 최후의 결론을 내립니다. 제 선왕을 향한 진언(進言)이기도 했습니다. "이제 당신은 스스로를 낮게 평가하여 진나라가 당신네 제나라를 어찌해 볼 수 없어서 감히 공격하지 못할 것이라는 생각은 하지도 않고 도리어 진나라의 말을 듣고 뒤따르려 합니다. 당신을 도와 의견을 냈던 대신들은 정말로 잘못 판단한 것입니다. 지금 만약 저의 의견을 좇아 합종하신다면 제나라는 명목상으로 진나라에 신하를 칭할 필요가 없고 실질상으로도 진정한 강성(强盛) 독립 자주국이 될 것입니다. 저는 당신께서 많이 생각해 볼 것을 희망합니다."

제 선왕은 다 듣고 나서 "삼가 사직을 받들어 따르겠다"라는 말로써 합종의 국제 조직에 가입했습니다.

여기에서도 우리는 소진이 여섯 나라 재상의 인장을 동시에 허리에 찰 수 있었던 것이 결코 간단한 일은 아니었음을 알 수 있습니다.

소진의 유세를 통해서도 제나라의 사정을 알 수 있듯이, 제 선왕은 손빈을 기용해서 위나라를 굴복시킨 후 이십 년의 경영을 통해 강하고 부유한 나라를 만들었습니다. 소진은 "신하로써 진나라를 섬기는 오명은 얻지 않으면서 국가를 부강하게 하는 실리는 얻는다〔無臣事秦之名, 而有强國之實〕"라는 두 마디 말로써 제 선왕을 움직여 합종에 가맹하게 했습니다. 이것은 맹자가 제 선왕을 만났을 때가 그가 한창 천하에 패자라 칭해지고 싶은 마음을 지니고 있었을 때였음을 증명해 줍니다. 그것이 바로 그가 "웃으면서 대답하지 않았던" 큰 욕망이기도 했습니다.

당시 천하에서 이름이 알려진 지식인들 대다수가 제나라에 거주하고 있었습니다. 마치 오늘날의 미국처럼 말이지요. 제 선왕이 영토를 확장하고 진나라와 초나라의 조회를 받고 나아가 천하를 평정하고 싶어 한 것은 아주 자연스러운 일입니다. 맹자는 물론 그에게 그런 야심이 있음을 알고 있었지만, 여기에서 음식이니 성색(聲色)이니 하는 기본적인 욕망을 가지고 그의 속마음을 떠본 것은 그가 인정(仁政)을 행하도록 유도하기 위해서였습니다. 맹자는 제 선왕의 그런 욕망을 저지하지 않았습니다. 다만 지금의 정치적 방법으로 그러한 이상을 실현시키려고 한다면, 그것은 나무에 올라가서 물고기를 잡으려는 것과 같아 절대로 해낼 수 없다고 말했습니다. 그가 생각하기에 제 선왕의 행위와 이상은 서로 어긋나는 것이었습니다.

그러자 제 선왕이 말했습니다. "당신이 그렇게 말씀하시니 내가 지금 하는 행위들이 그렇게 잘못되었다는 말입니까?" 맹자가 말했습니다. "사실상 당신의 행위는 나무에서 물고기를 구하는 것보다 훨씬 심각합니다. 나무에 올라가서 물고기를 구하는 행위는, 물고기를 잡지 못하면 나무에서 내려오면 그만입니다. 나중에 후유증이 발생하거나 무슨 재해가 생기지는 않습니다. 하지만 당신의 지금 상황은 그렇지 않습니다. 지금의 방법으로 중국에 군림하여 사방의 오랑캐를 어루만지려는 큰 욕망을 추구한다면, 설사 당신이 마음과 힘을 다한다고 할지라도 목적을 달성할 수 없을 것입니다. 그뿐 아니라 후유증과 부작용이 생기고 재앙을 불러올 것입니다."

## 연목구어

왕이 말하였다. "얻어 들을 수 있겠습니까?"

맹자께서 말씀하셨다. "추나라 사람이 초나라 사람과 싸운다면 왕께서는 누가 이기리라 여기십니까?"

왕이 말하였다. "초나라 사람이 이길 것입니다." 맹자께서 말씀하셨다. "그렇다면 작은 나라는 진실로 큰 나라를 대적할 수 없으며, 적은 사람은 진실로 많은 사람을 대적할 수 없으며, 약한 자는 진실로 강한 자를 내적힐 수 없는 것입니다. 천하의 땅 가운데 사방 천 리가 되는 것이 아홉인데 제나라가 그 하나를 모아서 소유하였습니다. 하나를 가지고 여덟을 복종시키려는 것이 어찌 추나라가 초나라를 대적함과 다르겠습니까? 또한 그 근본으로 돌아가야 합니다.

지금 왕께서 훌륭한 정치를 펴고 인을 베푸시어 천하에 벼슬하는 자들로 하여금 모두 왕의 조정에서 벼슬하고자 하게 하며, 농사짓는 자들로 하여금 모두 왕의 들에서 농사짓고자 하게 하며, 장사꾼들로 하여금 모두 왕의 시장에 물건을 저장하고자 하게 하며, 여행하는 자들로 하여금 모두 왕의 길에 나오고자 하게 한다면, 천하에 그 군주를 미워하는 자들이 모두 왕에게 달려와 하소연하고자 할 것입니다. 이와 같다면 누가 그것을 막을 수 있겠습니까?"

曰: "可得聞與?"

曰: "鄒人與楚人戰, 則王以爲孰勝?"

曰: "楚人勝." 曰: "然則小固不可以敵大, 寡固不可以敵衆, 弱固不可以敵彊. 海內之地, 方千里者九. 齊集有其一. 以一服八, 何以異於鄒敵楚哉? 蓋亦反其本矣.

今王發政施仁, 使天下仕者皆欲立於王之朝, 耕者皆欲耕於王之野, 商賈皆欲藏於王之市, 行旅皆欲出於王之塗, 天下之欲疾其君者, 皆欲赴愬於王. 其若是, 孰能禦之?"

---

제 선왕은 다년간에 걸친 경영으로 제나라가 『전국책』에 묘사된 부강한 모습에 도달한 것에 대해 맹자가 그토록 심각하게 말하고 게다가 후유증이 있을 것이라고 말하자 불가사의함을 느끼고 맹자에게 말했습니다. "당신이 그렇게 심각하게 말하니 도대체 어떤 일들이 일어나게 될지 나에게 들려주시겠소?"

맹자가 말했습니다. "만약 저의 고국인 추나라와 지금 남쪽의 강국인 초나라가 전쟁을 벌인다면 당신이 보시기에 어느 쪽이 승리하겠습니까?"

제 선왕이 말했습니다. "그거야 물론 초나라가 승리할 것입니다."

그러자 맹자가 말했습니다. "이것은 아주 알기 쉬운 이치입니다. 작은 나라는 당연히 큰 나라를 대적할 수 없고, 병사가 적은 나라는 병사가 많은 나라와 싸울 수 없고, 힘이 약한 나라는 힘이 강한 나라에 대항할 수 없으니, 이것은 불변의 원칙입니다. 지금 당신의 제나라가 비록 천 리에 달하는 넓은 토지를 소유하고는 있지만 단지 천하의 구분의 일을 차지하였을 따름입니다. 이제 당신이 구분의 일의 힘으로 나머지 구분의 팔의 힘을 정복함으로써 천하에 패자라 칭해지고 중국을 통일하는 목적에 도달하고자 한다면, 이는 추나라가 초나라와 전쟁을 벌이는 것과 똑같아서 결국에는 틀림없이 실패할 것이며 실패의 결과는 심각할 것입니다. 그러므로 당신이 지금 할 수 있는 가장 좋은 방법은 근본 사상에서 돌이키고 다시 생각하는 것입니다. 무력으로 천하를 통일하려는 생각을 버리고 국책(國策)을 변경하여 인정(仁政)을 실시해야 합니다. 그렇게 하면 천하의 독서인 즉 지식인 가운데 벼슬을 하고 싶은 사람은 모두 당신의 간부가 되기를 원할 것입니다. 모든 농부는 제나라로 와서 농사짓고 싶어 할 것입니다. 모든 상인은 제나라로 와서 장사를 하고 싶어 할 것입니다. 관광객들은 모두 제나라로 와서 유람하기를 원할 것입니다. 국제 사회에서 자신의 지도층에 만족하지 못하는 모든 사람이 제나라로 와서 당신에게 기댈 것입니다. 그런 경지에 이른다면 비록 당신이 병사 하나 움직이지 않더라도 누가 당신에게 대항할 수 있겠습니까?"

맹자의 이러한 주장은 연목구어(緣木求魚)에 반대한 것입니다. 그는 제선왕의 방법을 연목구어에 비유하였는데 확실히 질묘했습니다. 그래서 이 이야기는 후세 수천 년간 사람들이 자주 인용하는 성어(成語)가 되었습니다.

연목구어 이야기가 나오니 "백척간두에서 한 걸음 더 나아간다(百尺竿頭, 更進一步)"라는 또 다른 성어가 생각나는군요. 모두가 알다시피 이것은 다른 사람을 격려하는 말로서 연목구어와는 그 의미가 다르고 용법도 서로 다릅니다. 보통 사람들은 "백척간두에서 한 걸음 더 나아가라"라는 말을 들으면 대단히 기뻐하면서 칭찬과 격려를 받았다고 생각합니다. 그런데 왜 백척간두에서 한 걸음 더 나아가라고 말하는지는 자세히 생각해 보지 않습니다. 생각해 보십시오. 지상으로부터 백 척 높이의 장대가 세워져 있고 어떤 사람이 지면에서부터 위로 기어올라 가서 백 척 장대의 꼭대기에 도달했습니다. 이미 정점에 이르렀는데 한 걸음 더 나아가라고 그 사람을 격려하다니요? 그 한 걸음은 어디로 나아가라는 말입니까? 한 걸음 더 나아가면 허공이니 결국 땅바닥으로 떨어져 모든 것이 물거품이 되어 버리지 않겠습니까? 그러므로 이 말의 의미는 숭고함으로부터 평범함으로 돌아가도록 사람을 격려한다는 뜻입니다. 『중용』에서 말한 "높고 밝음을 다한 연후에 중용의 길을 걷는다〔極高明而道中庸〕"라는 의미이기도 합니다. 한 사람의 인생은 현란함 후에는 반드시 평담함으로 돌아가야 합니다.

명나라 사람의 기록 가운데 "백척간두에서 한 걸음 더 나아간다"라는 말과 유사한 이야기가 있습니다. 어떤 도학자가 구도(求道)하는 이야기입니다. 그 도학자는 수도하면서 여러 해 연구했지만 끝내 성과를 거두지 못하고 도를 얻지 못하자 큰 고민에 빠졌습니다. 그러던 어느 날 이름난 스승을 찾아가기 위해 약간의 은자를 챙겨서 집을 나섰습니다. 그런데 뜻밖에 길에서 사기꾼을 만나게 되었습니다. 사기꾼은 이내 그가 도를 구하려고 스승을 찾아 나선 길이며 몸에 은자를 많이 지니고 있다는 것을 알아차렸습니다. 그의 생각을 알아내려고 온갖 방법을 동원해서 그에게 접근했던 것이지요. 물론 사기꾼은 아주 영리해서 그와 한나절 이야기를 주고받더니 두 사람은 곧 말이 통하는 사이가 되었습니다. 그런데 자신을 득도한 도학자인 양 가장한 사기꾼이 아무리 그 책벌레 도학자로 하여금 자신을 흠모하게 만들어도 그의 돈을 가로챌 수 없었습니다. 마침내 나루터에 도착하여 강을 건너게 되었습니다. 사기꾼은 머리를 굴려서 도학자에게 말하기를, 이제 도를 전해 줄 것이며 그것도 배에서 도를 전해 주겠노라고 말했습니다. 도를 얻을 수 있게 된 도학자는 대단히 기뻤습니다. 두 사람은 배에 올랐고 그 사기꾼은 도학자에게 돛대의 꼭대기까지 기어올라 가면 도를 얻게 될 것이라고 말했습니다. 도를 얻는 데만 마음이 간절했던 도학자는 도를 얻기 위해 돛대에 기어오르기 편하도록, 그동안 잠시도 몸에서 떼놓지 않았던 은자가 든 보따리를 이때만큼은 내려놓지 않을 수 없었습니다. 돛대 꼭대기까지 기어올라 가서 이제 더 이상은 올라갈 곳이 없는데도 무슨 도 같은 것이 보이지 않자, 고개를 돌려 도를 전해 준다던 도인을 향해 가르침을 청했습니다. "도는 어디에 있습니까?" 그런데 그 사기꾼은 일찌감치 그가 갑판에 남겨 둔 보따리를 챙겨들고 흔적도 없이 달아나 버렸습니다. 배에 있던 나머지 승객들이 모두 박수를 치면서 비웃기를 사기꾼에게 속아 넘어갔다고 말했습니다. 하지만 그 도학자는 모두가 박수를 치면서 자신을 비웃을 때 돛대 꼭대기에서 갑자기 참으로 깨달았습니다. 도라는 것은 평범한 곳에 있는 것이지 결코 높디높은 저 위에 있는 어떤 것이 아니라는 사실을 말이지요. 그리하여 얼른 돛대에서 내려와 사람들에게 말했습니다. "그는 사기꾼이 아니라 확실히 식견이 뛰어납니다! 참으로 저의 스승입니다!" 그는 기뻐하면서 돌아갔습니다.

비록 도학가의 우매함을 풍자한 우스갯소리이지만 그 속을 꿰뚫어 보면 진실로 지극한 이치가 들어 있습니다. "백척간두에서 한 걸음 더 나아간다"라는 말의 의미와 마찬가지로 도는 평범함과 평담함 가운데 있습니다. 높고 밝음을 다한 연후에 중용의 길을 걷는다는 이치이기도 합니다.

우스갯소리도 했으니 이제 다시 맹자 본문으로 돌아가겠습니다. 맹자는 대원칙에 있어서 무력을 사용하지 말고 인정(仁政)으로써 천하 사람들의 마음이 돌아오게 해야 한다고 제 선왕에게 말했습니다. 그렇게 되면 각 업종 각 계층의 사람들이 모두 제나라로 와서 제나라의 신민(臣民)이 되기를 원할 것이고, "중국에 군림하여 사방의 오랑캐를 어루만지기" 원했던 제 선왕의 큰 욕망을 이룰 수 있을 것입니다. 이것은 물론 잘못된 말이 아닙니다.

하지만 소진(蘇秦)이나 장의(張儀) 같은 이른바 종횡가들이 유세하면서 설명했던 각국의 정세, 지리적 환경, 시대 배경, 전략적 지위, 그리고 그것들과 국제 관계를 결합시켜서 살펴보면 맹자의 말과는 차이가 있습니다.

전략(戰略)이나 정략(政略)의 문제를 토론할 것 같으면 손무자(孫武子)가 쓴 병법에 나온 기록을 인용해 보는 것이 도움이 될 것입니다.

손자가 말하였다. "병이라는 것은 나라의 큰일이니, 생사의 땅과 존망의 길에서 잘 살피지 않을 수 없다."

"병이라는 것은 속임의 도이다."

"무릇 군사를 쓰는 법은 전투 수레 천 대와 수송 수레 천 대와 무장 군사 십만과 천 리에 달하는 식량, 즉 안팎으로 드는 비용과 외교에 드는 비용과 아교와 옻칠의 재료와 수레와 갑옷의 유지를 위해 하루에 천 금이 소비되므로, 이러한 것들이 준비된 후라야 십만의 군사를 일으킬 수 있다. …… 무릇 전쟁이 오래 지속되어서 나라가 이로웠던 적은 없다. 그러므로 용병의 해로움을 다 알지 못한다면 용병의 이로움을 다 알 수 없다."

孫子曰: "兵者, 國之大事, 生死之地, 存亡之道, 不可不察也."

"兵者, 詭道也."

"凡用兵之法, 馳車千駟, 革車千乘, 帶甲十萬, 千里饋糧, 則內外之費, 賓客之用, 膠漆之材, 車甲之奉, 日費千金, 然後十萬之師擧矣. …… 夫兵久而國利者, 未之有也. 故不盡知用兵之害者, 則不能盡知用兵之利也."

만약 손자(孫子)가 제 선왕과 만났다고 가정해 본다면 그는 아마도 위와 같은 말을 했을 것입니다. 이것을 보면 십만의 군사를 유지하는 데 들어가는 전비(戰費)가 얼마나 방대한지를 알 수 있습니다. 그러므로 전쟁을 하느라 군사를 부리는 일이 오래 지속되면 절대로 국가에 유리할 수 없습니다. 후인들도 "군사는 신속성이 최우선이다〔兵貴神速〕"라고 말했습니다. 전쟁을 오래 끌면 좋은 점이 하나도 없습니다. 항전 기간에 일본인들은 말하기를 삼 개월이면 중국을 정복할 수 있다고 했습니다. 반면에 일본인에 대한 중국의 전략은 공간으로써 시간을 바꾸어 취하는 것이었으니, 온갖 힘과 방법을 다해 전쟁을 질질 끌었습니다. 태평양을 건너 전쟁을 하던 일본인 부대는 피로에 지쳐 패망이라는 쓴 열매를 맛보게 되었습니다. 그러므로 전쟁의 해로움을 정확히 알지 못하면 용병을 알 수 없고 당연히 전쟁에서 승리를 거둘 수 없습니다. 그러므로 전쟁을 벌이는 것은 결코 그렇게 쉬운 일이 아닙니다. 이것은 또 다른 하나의 논점입니다.

## 경제와 정치

왕이 말하였다. "나는 어리석어서 이런 경지에 나아갈 수 없습니다. 원컨대 선생님께서 나의 뜻을 도와서 밝게 나를 가르쳐 주십시오. 내가 비록 못났지만 한번 시험해 보겠습니다."

맹자께서 말씀하셨다. "변함없는 생업이 없으면서도 변함없는 마음을 가지고 있는 자는 오직 선비만이 가능합니다. 백성으로 말할 것 같으면 변함없는 생업이 없으면 그로 인해 변함없는 마음이 없어집니다. 만일 변함없는 마음이 없어진다면 방탕하고 치우치고 간사하고 사치한 행위를 하지 않음이 없을 것입니다. 죄에 빠진 후에 그것을 따라서 형벌한다면 이것은 백성을 그물질하는 것입니다. 어찌 인한 사람이 지위에 있으면서 백성을 그물질하는 짓을 할 수 있겠습니까?

이런 까닭에 현명한 군주는 백성의 생업을 제정해 주되 반드시 위로는 부모를 섬길 만하며 아래로는 처자를 기를 만하여, 풍년에는 일생을 배부르고 흉년에는 사망을 면하게 하고 그런 뒤에 백성들을 몰아서 선에 나아가게 하므로 백성들이 그를 따르기가 쉬운 것입니다.

지금에는 백성의 생업을 제정해 주되 위로는 부모를 섬기지 못하며 아래로는 처자를 기를 수 없어서, 풍년에는 일생을 고생하고 흉년에는 사망을 면하지 못합니다. 이것은 오직 죽음을 구제하기에도 부족할까 두려워함이니 어느 겨를에 예의를 다스리겠습니까?

왕께서 이것을 행하고자 하신다면 어찌하여 그 근본으로 돌아가지 않습니까?"

王曰: "吾惛, 不能進於是矣. 願夫子輔吾志, 明以教我, 我雖不敏, 請嘗試之."

曰: "無恒産而有恒心者, 惟士爲能. 若民, 則無恒産, 因無恒心; 苟無恒心, 放辟邪侈, 無不爲已. 及陷於罪, 然後從而刑之, 是罔民也. 焉有仁人在位, 罔民而可爲也?

是故, 明君制民之産, 必使仰足以事父母, 俯足以畜妻子, 樂歲終身飽, 凶年免於死亡, 然後驅而之善, 故民之從之也輕.

今也, 制民之産, 仰不足以事父母, 俯不足以畜妻子; 樂歲終身苦, 凶年不免於死亡. 此惟救死而恐不贍, 奚暇治禮義哉?

王欲行之, 則盍反其本矣."

---

인정(仁政)을 시행하라는 맹자의 왕도(王道) 이론을 들은 제 선왕은 미치 말귀를 알아듣기라도 한 것처럼 맹자에 대한 태도가 공손해졌습니다. 그를 '노인장[叟]'이라고 불렀던 양 혜왕과는 달리 '선생님[夫子]'이라고 불렀습니다. 그가 맹자에게 말했습니다. "나는 정말로 어리석어서 당신처럼 그렇게 멀리 보지 못했습니다. 이 방면에서 무슨 더 높고 깊은 이치가

있다면 당신이 나를 도와서 명백하게 말해 주기를 바랍니다. 내 비록 총명하지는 않지만 혹 당신의 방법을 듣고 시험 삼아 해 볼 수는 있습니다."

그리하여 맹자가 하나의 원칙을 제시했는데 후세에 천고의 명언이 되었습니다. 하지만 아무리 명언이라 할지라도 때로는 사실과 동떨어질 수도 있습니다. 어떤 특정한 시대나 상황 혹은 어떤 특수한 요소라는 각종 객관적 조건하에서 현실과 이론은 상호 배치되기도 하기 때문입니다.

맹자의 이 명언의 의미는 변함없는 생업 즉 항산(恒産)을 가진 사람이라야 비로소 변함없는 마음 즉 항심(恒心)을 가진다는 것입니다. 그는 "변함없는 생업이 없으면서도 변함없는 마음을 가지고 있는 자는 오직 선비만이 가능합니다"라고 말했습니다. 어떤 사람이 경제적으로 안정된 기초가 없는데도 일이나 생각 혹은 중심 사상 하나를 전심으로 받들어 행할 수 있어서, 어려움 속에서도 중도에 자신의 절조를 바꾸지 않고 색다른 것을 보고도 마음이 쏠리지 않는다고 할 것 같으면, 그런 것은 오직 품격이 훌륭하고 학문과 수양을 갖춘 사람만이 해낼 수 있습니다. 보통 사람은 반드시 경제적으로 안정된 기초를 지닌 후에야 비로소 공무를 중히 여기고 법을 지킬 수 있으며 예의와 염치를 중시할 수 있습니다. 사천에 사는 친구가 이런 속담을 말해 주었습니다. "최고로 궁한 것은 빌어먹는 것이니 죽지 않으려고 고개를 내밀기 마련이다." 사람이 가난해져서 빌어먹는 시경에 이르면 그에게 무슨 생각의 여지가 있겠습니까? 그때는 명예도 중요하지 않고 무슨 지조니 인격이니 하는 것은 더더욱 상관없습니다. 배를 채우기 위해, 목숨을 연명하기 위해 무슨 일이든 합니다. 대개 일정한 업이 없는 사람은 변함없는 마음이 없고 중심 사상이 없기 때문에, 평소에 행동하는 방식이 마음 내키는 대로 하거나 혹은 괴팍하고 기괴하거나 혹은 가볍게 건들거리거나 합니다. 정해진 업이 없는 사람의 심리는 아무튼 돈이 조금이라도 생기면 쓰고 보자 누리고 보자라고 생각합니다. 그래서 돈이 없는 사람이 오히려 아까워하지 않고 돈을 씁니다. 돈을 쓰는 것이 습관이 되면 허영심이 점점 커져서 결국 언젠가는 쓸 돈이 부족하게 느껴지고, 끝내 마음으로 요행을 바라거나 머리를 써서 범죄를 저지르는 등 못하는 것이 없게 됩니다. "그들이 죄를 지은 후에 제 선왕 당신이 법령을 이용해서 그들을 잡아가고 그들을 처벌하는 것은 정해진 과정이요 이치일 것입니다. 당신의 정책을 개선함으로써 그들로 하여금 범죄의 길을 걷지 않도록 하지는 않고 오로지 그들이 죄를 지은 후에 그들을 처벌할 줄만 안다면, 이는 당신이 범죄의 함정을 파서 그들을 빠뜨려 놓고 그것을 벌하는 것과 다를 바 없습니다. 바로 당신이 그들을 불의(不義)에 빠뜨린 것입니다. 진정으로 인정(仁政)을 행하는 지도자는 결코 그런 식으로 백성들을 대하지 않습니다."

이 단락을 다 읽고 나면 우리는 몇 가지 사실을 알 수 있습니다.

첫째, 『전국책』에서 소진이 묘사한 제나라 특히 수도 임치의 모습은 그토록 번화하고 그토록 사치스러운데, 그런 사회의 내재적 정신은 또한 무엇일까요? 거기에 표현된 것은 어떤 사회 심리일까요? 바로 맹자가 여기에서 말한 "방탕하고 치우치고 간사하고 사치한 행위를 하지 않음이 없다"라는 것입니다. 그리하여 결국은 "죄에 빠지고 마는" 사회 심리와 시대정신은 비정상적이며 건강하지 못합니다. 현대의 이론으로 제 선왕 시대의 사회를 저울질해 보면 진정한 민생주의(民生主義)를 실행한 것이 아니었습니다. 모든 국민과 모든 가정이 풍족하고 안락하고 화목하고 건강한 생활을 누렸지만 그것은 표면적인 번화함에 지나지 않았습니다. 이른바 '부화(浮華)한' 사회는 결코 바람직한 방향으로 안락하고 건강한 사회가 아닙니다.

둘째, 맹자의 이 말은 비록 제 선왕에게 한 것이었지만 비단 제나라만 그런 것은 아니었습니다. 전국 시대 각국의 상황도 모두 그와 같았습니다.

특히 강국이 더욱 그러했습니다. 그러므로 맹자의 말은 전국 시대 전체에 대한 것이라고 할 수 있습니다.

셋째, 어느 시대 어떤 정권하에서도 정치가 궤도에 오르지 않고 사회가 비정상적인 상태가 되면 이런 현상들이 생깁니다.

그렇다면 어떻게 해야 부국강민의 정치를 펴서 안락하고 건강한 사회를 만들 수 있을까요? 맹자는 계속해서 자신의 의견을 말했습니다. 지금으로 말하면 민생주의의 중요성을 지적한 것입니다. 맹자의 주장은 먼저 개인의 경제가 안정되고 가정 경제가 부유해진 후에 사회의 부유와 국가의 부강에 도달해야 한다는 것입니다. 인정(仁政)은 반드시 경제의 안정과 안락하고 건강한 사회를 기초로 해야 합니다. 당시에는 현대처럼 전문적인 용어로 이러한 정치의 경계를 표현할 수 없었기 때문에 맹자는 구체적인 상황으로 설명하는 수밖에 없었습니다.

그래서 맹자는 이렇게 말했습니다. "훌륭한 정치 지도자가 안락하고 건강한 사회를 건설하려면 모든 국민이 위로는 부모를 충분히 봉양할 수 있고 아래로는 아내를 맞아 자녀를 낳고 양육할 수 있는 능력을 지닐 수 있게 해야 합니다. 더 중요한 것은 풍년이 들면 모두가 배불리 먹을 수 있어야 하고 설사 흉년이 들더라도 굶어 죽거나 유랑하는 고통을 겪게 해서는 안 됩니다. 사회 건설이 그 정도에까지 이르면 모든 국민이 안락하게 살 수 있게 되는데, 그런 뒤에 교화를 펴서 백성들이 좋은 방향으로 노력하고 진보하게끔 해야 합니다. 이런 것들이 다 시행된다면 유사시에 당신이 명령만 내리면 백성들은 자연스럽고도 즐겁게 따를 것입니다."

"지금 제 선왕 당신이 민생 문제에서 취한 시책은 어떠합니까? 당신은 무력이 최우선이라는 군국주의 노선을 취하여 오로지 국가의 강대함만을 추구하고 있으며, 전제적이고 독재적인 정치를 펴고 있습니다. 죽어라 백성을 착취하여 국가의 무력 군비를 확충하면 결국 백성들은 부모와 처자를 봉양하지 못해 가정이 파괴되고 맙니다. 풍년이 들어 농작물을 풍성하게 수확한다 해도 독재 정권이 세금으로 거둬들여 군비를 충실히 하는 데다 써버리면 백성들은 여전히 배불리 먹지 못합니다. 흉년이라도 들어 수확량이 적어지면 더 비참해져서 굶어 죽는 수밖에 없습니다. 그런 지경에 이르면 목숨도 부지하기 어려운 마당에 무슨 교육이니 예의니 하는 것을 찾겠습니까? 그러니 제 선왕 당신이 만약 인정을 시행하여 온 국민이 당신에게 즐겁게 복종하게 하고 그런 후에 왕도로써 천하를 다스리고자 하신다면 반드시 지금의 방식에서 돌이켜 근본 원칙으로 되돌아가서 검토하고 고치셔야만 합니다."

우리는 맹자의 이런 주장을 통해 유가의 공맹의 도가 후세 유생들이 말한 것처럼 앉아서 쓸데없는 이야기나 늘어놓으면서 도를 이야기하는 것이 아님을 알 수 있습니다. 심성미언(心性微言)만 들이파고 공맹 이학을 전수해 준답시고 하루 종일 가만히 앉아서 눈으로 코를 관하고 코로 마음을 관하고 있다가는 "풍년에는 일생 고생하고 흉년에는 사망을 면하지 못합니다." 그런 것이야말로 정말 도를 그르치고 재앙을 만들어 냅니다. 공맹의 도는 세상을 구하고 백성을 제도하는 것으로서 "창고가 가득 찬 후에 영욕을 알게 되고 의식이 풍족한 후에 예의가 일어난다〔倉廩實, 而後知榮辱. 衣食足, 而後禮義興〕"라고 했던 관자(管子)의 명언과 꼭 같습니다. 먼저 개인의 경제가 충족되어야 안락하고 건강한 사회가 이루어지고 그런 후라야 문화 교육을 말하고 예악을 이야기할 수 있습니다. 맹자도 그렇게 말했으니 절대로 맹자에게 억울한 누명을 씌워서는 안 됩니다. 가만히 앉아서 눈으로 코를 관하고 코로 마음을 관하면서 호연지기(浩然之氣)나 이야기하고 진심으로 수도(修道)해야 한다는 말이나 했다고 여겨서는 안 될 것입니다.

# 행하면서 소유하지 않는 농민

"오 무의 집 가장자리에 뽕나무를 심으면 오십 세 된 사람이 비단옷을 입을 수 있습니다. 닭과 돼지와 개를 기름에 새끼 칠 때를 놓치지 않게 하면 칠십 세 된 사람이 고기를 먹을 수 있습니다. 백 무의 토지에 농사철을 빼앗지 않는다면 여덟 식구의 집안이 굶주림이 없을 수 있습니다. 『상서』의 가르침을 삼가서 효제의 의로써 거듭한다면 머리가 반백인 사람이 길에서 짐을 지거나 이지 않을 것입니다. 늙은 사람이 비단옷을 입고 고기를 먹으며, 젊은 사람들이 굶주리지 않고 춥지 않게 하고서도 왕 노릇 하지 못하는 사람은 없습니다."

"五畝之宅, 樹之以桑, 五十者可以衣帛矣. 雞豚狗彘之畜, 無失其時, 七十者可以食肉矣. 百畝之田, 勿奪其時, 八口之家可以無飢矣. 謹庠序之敎, 申之以孝悌之義, 頒白者不負戴於道路矣. 老者衣帛食肉, 黎民不飢不寒, 然而不王者, 未之有也."

이 대목은 앞에서 맹자가 양 혜왕을 만났을 때의 기록에서도 이미 나왔습니다. 다만 "몇 식구의 집안[數口之家]"이 여기에서는 "여덟 식구의 집안[八口之家]"으로 되어 있고, "칠십 된 사람이 비단옷을 입고 고기를 먹으며[七十者衣帛食肉]"가 여기에서는 "늙은 사람이 비단옷을 입고 고기를 먹으며[老者衣帛食肉]"로 되어 있을 뿐입니다. 이것은 구체적인 숫자가 다를 뿐 의미상으로는 아무런 차이가 없습니다. 따라서 자구의 해석은 다시 하지 않겠습니다.

제 선왕은 제 환공과 진 문공의 일을 질문한 데서 시작하여 이 대목의 끝까지 맹자와 여러 차례 오르락내리락 변화무쌍한 대화를 나눴습니다.

이제 이 짧은 단락에서 우리는 몇 가지 토론해 볼 만한 요점을 찾을 수 있습니다.

후세에 자주 인용되는 맹자의 명언과 명구인 "군자는 푸줏간을 멀리 한다[君子遠庖廚]", "시력이 가을 터럭의 끝을 살필 수 있으나 수레에 실은 땔나무를 볼 수 없다[察秋毫之末而不見輿薪]", "하지 않는 것이지 못하는 것이 아니다[是不爲也, 非不能也]", "나무에 올라가서 물고기를 구한다[緣木求魚]", "추나라 사람이 초나라 사람과 전쟁하다[鄒人與楚人戰]", "변함 없는 생업이 없으면 변함없는 마음이 없어진다[無恒産, 無恒心]" 및 "풍년에는 일생 고생하고 흉년에는 사망을 면하지 못한다[樂世終身苦, 凶年不免於死亡]" 등은 문학상의 명구일 뿐 아니라 학술 사상에서도 명언입니다. 정치와 경제, 사회를 연구하는 데는 말할 것도 없고 민생 문제와 토지 개혁 및 심리 건설과 문화 교육 등을 연구하는 데 이르기까지 각종 분야에서 참고할 가치가 있는 명언이요 최고의 원칙입니다. 그것이 포괄하고 있는 의미는 상당히 광범위해서 더욱 깊이 있는 연구가 필요합니다.

다음으로 제나라 당시의 사회 특히 수도인 임치의 광경을 보면, 겉으로 보기에 상인과 나그네가 넘쳐나고 경제가 번영한 모습이 마치 유럽의 로마가 전성기일 때와 비슷하고 오늘날 신대륙의 뉴욕과도 비슷합니다. 하지만 이러한 번영의 모습이 진실된 것일까요? 겉과 속이 일치하는 것일까요? 그렇지 않습니다! 전국 시대 제 선왕의 정체(政體)는 일반적인 학설로 봉건 제도라고 칭해집니다. 이것은 중앙 정부의 주(周) 천자에 대한 표현입니다. 만약 제후국 내부의 실제 정치나 제후와 백성들 사이 권리 의무의 측면에서 말할 것 같으면 진(秦) 이후의 전제(專制) 정체와 똑같았습니다. 그러므로 일반적으로는 진(秦) 상앙(商鞅)의 변법 이후로 사유 재산제가 출현했다고 생각하지만 실제로 춘추 시대의 제후국들은 이미 사유 재산제로 변해 있었습니다. 맹자가 양 혜왕과 제 선왕에게 "오 무의 땅에 뽕나무를 심음"으로써 농촌의 부업을 발전시켜 "위로는 부모를 섬길 수 있고 아래로는 처자를 부양할 수 있게" 하자고 건의한 것을 통해서도 당시의 사유 재산제를 증명할 수 있습니다. 단지 상앙은 당시에 이미 변화를 거쳐 형성된 사실을 가지고 보다 완전한 법령 제도로 만들어 세금을 징수하기 편하도록 했을 뿐입니다. 당시 각국의 재정과 군용(軍用)은 모두 백성에게서 징수한 것에 의존했습니다. 그리고 징수의 대상은 오로지 토지를 통해 끊임없이 압력이 가해졌으며 농산품을 징수해 갔습니다.

전국 시대만 그런 것이 아니라 후세 이천 년 동안에도 마찬가지였습니다. 한(漢) 이후로 소금과 철 같은 자원을 개발하여 생산의 영역을 확대하고, 이 두 방면 및 기타 상업 방면에서 세금 수입이 늘기는 했지만 중국은 여전히 농업을 나라의 기반으로 삼았기 때문에 농민이 국가 재정의 무거운 부담을 짊어졌고 주요 징수 대상이었습니다. 특히 전국 시대에는 앞에서 손자가 말했던 것처럼 국가에서 군사를 일으키면 막대한 군비 지출과 비참한 인력 소모는 모두 농민들이 감당해야 할 고통이었습니다.

그러므로 "풍년에는 일생 고생하고 흉년에는 사망을 면하지 못한다"라는 맹자의 말은 제 선왕에게만 해당되는 것이 아니라 당시의 모든 제후국에게 말한 것이었습니다. 전국 시대만 그러했던 것이 아니라 후세 수천 년의 사실이 대체로 그러했습니다. "풍년에는 일생 배부르고 흉년에는 사망을 면하기" 원했던 맹자의 바람은 수천 년 동안 국민들이 공유했던 희망이기도 했습니다. 수천 년의 역사에서 아무리 농민을 노래하고 농민을 송축했다 할지라도 농사짓는 사람이 땅을 소유하는 평균 지권(平均地權)[43] 정책을 실시하기 이전의 농민 생활은 언제나 보장받지 못했으며 끝내 문제가 되었습니다.

---

43 중국의 삼민주의(三民主義) 가운데 민생주의의 핵심으로서 토지 소유의 균등화를 꾀한 것이다.

# 백성들이 어찌 즐거이 나무 하고 풀 베랴[44]

다음으로 우리가 정치를 연구하든 사회를 연구하든 군사를 연구하든, 역대 왕조의 교체는 정부의 착취에 불만을 품은 농민이 혁명을 일으켜서 말미암았다고 말합니다. 혹 어떤 사람은 농민과 지식인이 결합하여 봉기했다고 말합니다. 하지만 사실은 그렇지 않습니다. 농민들은 결코 현실에 불만을 품어 난을 일으키지 않았습니다. 농민들은 원래 아주 순종적이기 때문에 그런 일이 없었습니다. 다만 농촌의 유랑민과 지식인이 결합하여 난을 일으킨 일은 있었습니다. 사실대로 말하면 민간의 질고를 아는 농촌 출신이 지식인과 결합하여 혁명을 일으킨 일은 있지만 농민 스스로 혁명을 일으킨 적은 없습니다. 물론 한 고조와 주원장이 일찍이 농사를 지은 적이 있기는 하지만 짧은 시기에 불과하므로 진정한 농민이라고 할 수는 없습니다. 하지만 중국의 농업 사회는 수천 년 이래 "풍년에는 일생 고생하고 흉년에는 사망을 면하지 못하는" 상태에 머물러 있었기 때문에, 누군가 나서서 선동하기만 하면 사회는 곧 혼란스러워졌습니다.

이상은 중국의 상황이고 세계 각국을 보면 또 차이가 있습니다. 예를 들어 유럽의 고대 그리스와 스페인 등의 국가는 태생적으로 농업이 발전할 수 없었기 때문에 오로지 상업에서 출로를 찾을 수밖에 없었습니다. 상업의 가장 좋은 출로는 배를 타고 다른 섬이나 육지로 가서 장사를 하는 것이었는데, 해운(海運)이 발달한 것은 그 때문이었지요. 당시의 이른바 해운은 솔직히 말해서 왕법(王法)이 있는 육지에서는 무역이었지만 일반 사

---

**44** "백성이 어찌 즐거이 나무 하고 풀 베랴(生民何計樂樵蘇)"라는 말은 당나라 조송(曹松)의 「기해세(己亥歲)」라는 시구절이다. 기해년은 황소(黃巢)가 난을 일으킨 해이다. 시의 전문은 이러하다. "나라가 전쟁에 빠져드니 백성이 어찌 즐거이 나무 하고 풀 베랴. 그대에게 부탁하노니 제후를 봉하는 일 말하지 마시게, 한 장수가 공을 이루면 만 명의 뼈가 마르다오(澤國江山入戰圖, 生民何計樂樵蘇, 憑君莫話封侯事, 一將功成萬骨枯)."

람들이 볼 수 없는 해상에서는 해적이었습니다. 노예 매매와 여성 노예의 약탈에서부터 신대륙에서의 악랄한 행적에 이르기까지 모두 역사에서 찾아볼 수 있습니다. 대략 십육 세기 이전의 유럽 국가는 부유하지 않았고 황금도 별로 없었습니다. 대부분은 이들 해적이 인도에서 강탈하고 중국을 속이는 방식으로 동양에서 약탈해 간 것이었습니다.

유럽의 산업혁명이 일어난 이후 기계가 사람의 힘을 대신하고 자본이 집중되어 대량 생산이 가능해지면서 자본가의 재산은 갈수록 많아지고 노동자는 갈수록 힘들어졌습니다. 그때 눈앞의 광경을 본 마르크스가 노동 제일과 노동 신성 등을 제기하면서 공산주의 사상이 싹텄습니다.

하지만 유럽이 되었든 아메리카가 되었든 세계 어느 지역이 되었든 농업 국가나 상공업 국가를 불문하고, 과거 역사에서 일반 백성은 언제나 "풍년에는 일생 고생하고 흉년에는 사망을 면하지 못하는" 생활을 했습니다.

앞으로는 어떻게 될까요? 경제는 끊임없이 발전하고 사회 복지도 쉼 없이 확장되어 사람들은 모두 전 인류가 "풍년에는 일생 배부르고 흉년에는 사망을 면하도록" 하는 데 급급했습니다. 하지만 결과는 어떻습니까? 문제가 결코 단순하지도 낙관적이지도 않은 것 같습니다. 왜냐하면 복잡한 심리 문제를 처리해야 하기 때문입니다. 심령의 수양에서 상당한 정도에 도달함으로써 정신과 물질 두 측면에서 모두 만족해야 인류는 안정을 얻을 수 있습니다. 그러지 않았다가는 여전히 "풍년에는 일생 고생하고 흉년에는 사망을 면하지 못하는" 고통을 만들어 낼 것입니다.

맹자와 제 선왕의 대화 속에서 우리는 그들 두 사람의 사상이 최대의 분기점에 이르렀음을 발견할 수 있습니다. 맹자는 성현입니다. 성현의 사상은 어디서든지 대다수 사람을 위하고 있습니다. 보편적이고 평등하고 장구한 이익을 위해 생각하고 모든 사람이 "풍년에는 일생 배부르고 흉년에는 사망을 면할 수 있기를" 바랍니다. 반면에 제 선왕은 군주 특히 전국 시대의 전형적인 군주였습니다. 그의 위정(爲政)은 혼자 웃으며 대답하지 않고 마음속에 감춰 두었던, "중국에 군림하여 사방의 오랑캐를 어루만지는" 개인적인 큰 욕망을 위한 것이었습니다. 그러므로 제가 앞에서도 말했듯이 역대 제왕들이 나와서 천하를 뺏으려 한 것은, 입으로는 하나같이 거꾸로 매달린 백성들의 고통을 해결해 주겠다고 말했지만 사실은 그들 개인의 권력욕을 만족시키기 위해서였습니다. 과거에 영웅주의에서 출발하여 제왕의 보좌에 올랐던 제왕과 강도는 모두 똑같이 사회의 불안과 혼란을 조성했습니다.

원대(元代)의 어떤 사람은 이런 시를 썼습니다. "중원 땅에 살아 있는 강도를 보내지 마시게. 강도가 살아 있을 때에는 어찌 제거할 수 있으리. 한 강도를 제거하면 여러 강도가 일어나니 공신들이 원래는 강도의 근원이라네〔中原莫遣生強盜, 強盜生時豈可除? 一盜旣除群盜起, 功臣原是盜根株〕."

또 원대의 어떤 사람은 제왕 정치 시대의 관리 사회를 풍자하는 백화시를 지어 이렇게 말했습니다. "도적을 소탕하면 징소리 한 번에 북소리 한 번, 관리를 맞이하면 북소리 두 번에 징소리 한 번, 징소리와 북소리 똑같아 보이는 것은 관리와 도적이 다투지 않아서라네〔解賊一金幷一鼓, 迎官兩鼓一聲鑼. 金鼓看來都一樣, 官人與賊不爭多〕." 징은 금속으로 만들기 때문에 금(金) 자 역시 징을 나타냅니다.


## 감히 천하를 위해 나서지 않았던 후세의 유생

여기까지 『맹자』를 연구하고 보면 기록 순서를 통해 맹자가 이미 양 혜왕, 양 양왕, 제 선왕이라는 세 명의 군주를 만났음을 알 수 있습니다. 세 사람의 사상과 처지 및 소양은 모두 달랐습니다. 하지만 맹자는 그들에게 일관되게 왕도 정치의 철리(哲理)와 정책을 강조했습니다.

맹자와 이 세 명 군주와의 대화를 통해 우리는 다음의 사실을 알 수 있습니다. 맹자는 교육의 방법이라는 측면에서 보면 유도(誘導)의 방식을 사용하였고, 교화의 입장에서 말하면 시종일관 사도(師道)와 신도(臣道) 사이의 노선을 걸었습니다. 예를 들어 그가 제 선왕에게 말한 내용을 보면 이야기를 시작하자마자 차마 소를 죽이지 못했던 제 선왕의 선한 생각을 놓치지 않고 붙잡은 다음, 그에게 그런 마음을 확충시켜서 사람을 사랑하고 세상을 사랑하라고 가르쳤습니다. 이것은 그 사람이 생각하고 행동한 것을 좇아서 유도해 나가는 방식입니다. 시비와 선악을 판별하는 방식을 써서 해도 되는지 해서는 안 되는지와 같은 선량과 죄악이라는 각종 대비 속에서 강제성을 띠는 일반 종교나 다른 설교 이론과는 다릅니다. 먼저 상대의 의견에 동의하고 찬성한 후에 상대를 유도해서 그로 하여금 자신이 좋아하는 것은 다른 사람도 좋아하고 자신이 원하는 것은 다른 사람도 원한다는 사실을 알게 합니다. 이것이 바로 공자가 말한 "나를 미루어 상대를 헤아린다〔推己及人〕"라는 서(恕)의 도이며, 인의의 도를 실행하는 방법이기도 합니다. 따라서 나중에 제 선왕이 자신은 음악을 좋아하고 용맹을 좋아하고 여색을 좋아하고 재물을 좋아한다고 말했을 때, 맹자는 그런 것은 모두 상관없다고 말했습니다. 다만 그것을 확충시켜서 천하 사람들이 모두 부강하고 안락한 생활수준에 도달할 수 있게 해야 한다고 했습니다.

이러한 맹자의 교화 방식을 보면 대단히 재미있는 문제가 떠오릅니다. 주지하다시피 이천여 년 이래 공맹의 도는 줄곧 중국 문화의 중심이었으며 유가 사상의 핵심이었습니다. 그런데 수천 년간 유가가 왕도 정치를 추진하고 인도(仁道) 정신을 발휘하는 방식에는, 비록 사도(師道)의 원칙을 견지했다고는 하지만 사실은 시종일관 신도(臣道)의 노선을 걸었습니다.

바꾸어 말하면 "풀에 의지하고 나무에 붙는다[依草附木]"라는 식으로, 기성의 힘을 빌려 왕도의 이상을 추진하려 했던 것입니다. 유가가 표방한 것은 요·순·우·탕·문·무 역대 제왕의 성덕(盛德)이었지만, 그들이 걸어간 노선은 모두 기성의 힘에 의지하여 자신들의 이상을 추진하는 것이었습니다. 독자적인 길을 걸어가거나 스스로 세워 나가는 것이 아니라 다른 사람의 출입문에 의지하여 자신들의 이상을 실현시키려 했습니다.

핵심만 간단하게 말하면 유가는 지금까지 자신이 요임금이 되고 순임금이 되려고는 생각하지 않았습니다. 그렇게 한 적도 없었습니다. 그들은 다만 이미 재위에 오른 제왕들이 요임금으로 변하고 순임금으로 변할 수 있기를 바랐을 뿐입니다. 이것이 후세 이천 년의 유가 사상에 영향을 미쳐 유가는 영원히 신도(臣道)의 노선을 걸어갔습니다. 오로지 "군주를 요순처럼 되게 하여[致君堯舜]" 요순처럼 인정(仁政)을 시행할 수 있기를 바랐습니다.

하지만 "군주를 요순처럼 되게 하기"가 말처럼 쉬운 일은 아니었습니다! 진·한 이후의 역대 제왕들은 기본 소양에서 결코 요순의 근본을 갖추지 못했습니다. 그뿐 아니라 하나같이 정복으로 집안을 일으킨 사람들이었습니다. 두보가 「소릉[45]을 지나며[過昭陵]」라는 시에서 말했던 것과 꼭 같았습니다. "어지러운 때에 영웅들 일어나는데, 백성들 찬양에 천자 될 운세 돌아왔네. 전쟁 먼지 속에 삼 척의 칼을 집고, 한 번 군복 입어 사직을 안정시켰도다[草昧英雄起, 謳歌歷數歸. 風塵三尺劍, 社稷一戎衣]."

첫 번째 "어지러운 때에 영웅들 일어나는데[草昧英雄起]"라는 구의 의미는 이러합니다. 난세를 만나면 영웅들이 초야에서 일어나는데, 성공해서 왕이 될지 실패해서 도적이 될지는 단언하기 어렵습니다. 성공하면 천

---

하 사람들이 찬양하면서 천명이 그에게 돌아갔다고 말하는데, 세대가 여러 번 바뀌면 의심할 수 없는 진짜 천자가 됩니다. 사실 그들은 하나같이 전쟁 먼지 속에서 일어났습니다. 예를 들어 한 고조는 삼 척의 칼을 들고 백사(白蛇)를 베어 집안을 일으켰습니다. 군복을 입고 군웅(群雄)을 평정한 후에는 강산과 사직이 한 집안 한 성씨의 천하가 되어 버렸습니다. 두보는 당 태종의 창업을 보고 한 고조 등 역대 제왕들이 거의 모두 하나의 모식(模式)에서 나왔음이 떠올랐던 것입니다.

하지만 "이에 천하의 어른이 되어[乃翁天下]" 즉 말 위에서 천하를 얻기는 했지만 그렇다고 말 위에서 천하를 다스릴 수는 없었습니다. 그리하여 후세에 유가를 표방하는 독서인들에게 차례가 돌아가서, 앉아서 도를 논하고 세상을 다스리는 학문과 공맹의 도를 이야기하게 되었습니다. 사실 그 천자들은 요순의 자질을 지니고 태어나지 않았으니, "군주를 요순처럼 되게 하기"가 어찌 황당무계한 소리가 아니겠습니까? 역사에는 극소수의 비교적 괜찮은 황제가 나오기도 했지만 그렇더라도 공맹이 표방한 선왕(先王)의 도와는 거리가 멀어도 너무 멀었습니다. 가련한 후세의 유생들은 글에서는 결사적으로 "군주를 요순처럼 되게 하기[致君堯舜]"를 진술하였지만, 실제로는 과거에 합격하여 공명을 얻은 후 "자신이 부귀하게 되기[致身富貴]"를 바랐을 뿐입니다.

맹자가 왕도의 길을 걷도록 제 선왕을 유도했던 것처럼 극진히 애썼지만 결과적으로는 아무런 효과를 거두지 못했습니다. 게다가 공맹의 재주도 공맹의 성스러움도 지니지 못했으니 어떻게 가능했겠습니까? 이 때문에 과거의 중국 문화 역사는 시종일관 제왕의 전제 정치하에서 "안으로는 황제 노자를 이용하고 밖으로 유가 학술을 표방하는[內用黃老, 外示儒術]" 하나의 모식을 가지고 이천 년을 지나왔습니다. 공맹의 도통(道統) 정신 또한 풀에 의지하고 나무에 붙는 식으로 제왕 정치를 붙잡고 이천 년간 지속되었습니다.

　예전에 제가 『맹자』를 공부할 적의 일이지만, 옛 성현들을 위해 동정의 한숨을 쉬기도 했고 재주도 안 되는 시 한 수를 짓기도 했습니다. "예악으로 역사의 흥망을 논하며 유가와 묵가는 쟁변으로 바쁘구나. 요순은 오지 않고 주공과 공자는 멀기만 하니, 고금의 인사가 아득하구나〔千秋禮樂論興亡, 儒墨家家爭辯忙. 堯舜不來周孔遠, 古今人事莽蒼蒼〕." 제가 재주도 안 되는 시라고 말한 것은 솔직한 말이지 결코 겸손이 아닙니다.

　문예와 철학이 서로 응결되어 있는 당시(唐詩)에는 앞서 보았던 두보의 「소릉을 지나며」라는 오언절구가 있는가 하면 당언겸(唐彦謙)의 「장릉<sup>46</sup>을 지나며〔過長陵〕라는 칠언절구가 있습니다. 역사 철학을 잘 반영하고 있을 뿐 아니라 전형적인 온유돈후(溫柔敦厚)한 시인의 풍격을 지니고 있지요. "귀로는 명군이 삼 척의 칼을 잡았다 들었거늘, 눈으로는 어리석은 백성이 무덤 흙 훔치는 것을 보네. 천고에 썩은 유생들 말라빠진 말을 타고, 파릉의 석양 받으며 자꾸만 고개 돌리는구나〔耳聞明主提三尺, 眼見愚民盜一坏. 千古腐儒騎瘦馬, 灞陵斜日重回頭〕."

　첫 번째 "귀로는 명군이 삼 척의 칼을 잡았다 들었거늘"이라는 구는 역사를 통해 알 수 있듯이 개국 제왕들은 대부분 무공(武功)으로 천하를 얻었음을 말합니다. 이 구는 두보 시의 의미와 같습니다. 두 번째 "눈으로는 어리석은 백성이 무덤 흙 훔치는 것을 보네"라는 구의 전고는, 한 문제(漢文帝) 때 정위(廷尉)를 지낸 장석지(張釋之)가 "어리석은 백성이 장릉의 흙을 훔치는 자가 있으면 머리를 벤다"라는 법령을 내렸던 데에서 나왔습니다. 여기에서는 역사상 성공하여 왕이 되거나(천하를 빼앗아 천자가 되는 것) 실패하여 도적이 되는(황제의 능을 침범하면 죽임을 당하는 것) 인생의

---

46 한 고조 유방(劉邦)의 묘.

비극을 암시해 줍니다. 그다음 두 구는 우리가 자주 한탄하는 사실입니다. 공맹 이후 후세의 지식인들 즉 유학자들은 비록 시서(詩書)를 달달 외우고는 있었지만 결국 무슨 소용이 있었습니까? 비교적 성취를 거두었다 하는 사람들도 그저 경전이나 인용하면서 일류 어용 문인이 되었을 따름입니다. 그보다 못한 사람들은 한평생 머리에 두건 쓰고 고금의 일을 논하면서 온통 썩은 냄새나 풀풀 풍겼습니다. 한 고조 유방은 말끝마다 '더벅머리 유생놈〔豎儒〕'이니 '송사리 같은 놈〔鯫生〕'이니 '썩을 유생〔腐儒〕'이니 하며 욕을 했는데, 근대에 흔히 쓰는 '옹색한 선비〔酸秀才〕'니 '책벌레〔書呆子〕'니 하는 말과 같은 의미입니다. 그래서 당언겸도 그의 시에서 한탄하면서 말했습니다. 가장 가련한 것은 우리같이 공부하는 사람들이니, 난세를 만나면 "천고에 썩은 유생들 말라빠진 말을 타고" 궁상맞고 축 처진 모습으로 석양이 비치는 옛길을 지나갑니다. 한의 황제가 잠든 파릉을 지나가면서도 고개 돌려 멍하니 바라보며 옛날이나 회고할 뿐, 아무것도 하지 못하는 초라한 모습이 이른바 "파릉의 석양 받으며 자꾸만 고개 돌리는구나"라는 구절입니다.

송나라 사람의 글에 기록되어 있는 고사가 자못 재미있습니다. 한번은 송 태조 조광윤이 성문을 지나가는데, 고개를 들어 보니 성문 위에 "모모지문(某某之門)"이라는 네 글자가 씌어 있었다고 합니다. 곁에 있던 시종 비서에게 묻기를 "성문 위에는 모모문(某某門)이라고 쓰면 더 좋을 텐데 왜 '지(之)' 자를 덧붙였느냐"라고 했습니다. 그러자 그 비서가 말하기를 "'지(之)' 자는 어조사(語助詞)입니다"라고 했습니다. 그 말을 들은 조광윤은 "'지호야자(之乎也者)' 같은 말들이 무슨 일을 도울 수 있느냐"라고 했답니다!

말이 나온 김에 우리가 유의해야 할 것이 있습니다. 중국 문화의 시와 철학 등은 민족 전통의 특성을 지니고 있는데, 반드시 온유돈후한 의미를 지니고 있어야 충후(忠厚)하다고 할 수 있습니다. 그렇지 않으면 경박함으로 흐르게 됩니다. 중국인들은 시 짓는 것을 좋아합니다. 고시(古詩)가 되었건 금시(今詩) 즉 백화시가 되었건 어쨌든 선천적으로 시인의 자질을 타고났습니다. 이것은 중국 민족의 특수한 기질 가운데 하나이기도 합니다. 하지만 재능이 있더라도 반드시 힘써 배우는 단련의 과정을 거쳐야만 합니다. 예를 들어 시성(詩聖) 두보나 혹은 비교적 유명한 역대 시인들의 훌륭한 시를 보면 모두 그러한 풍격을 지니고 있습니다. 앞에서 들었던 두보와 당언겸의 시는 역사 철학과 관련이 있어 확실히 그 의미가 깊고도 두터우니 사람들로 하여금 읽고 나면 감회가 생겨나게 합니다. 그렇지만 세상에 대해 화를 내고 미워하는 데까지 이르지는 않습니다.

그와는 반대로 똑같은 사상을 지녔음에도 글로 쓰거나 말로 했을 때 선동성을 지니고 있으면 반란 의식을 일으키기 쉽습니다. 가령 『수호전(水滸傳)』의 양산박(梁山泊) 식이거나 바른 말을 반대로 하는 것 같은 시가 그렇습니다. 예를 들어 본다면 앞에서 말했던 원대 사람이 쓴 "중원 땅에 살아 있는 강도를 보내지 마시게〔中原莫遣生强盗〕"같은 시가 바로 그런 식입니다. 여러분이 보기에는 이 시가 괜찮지 않습니까? 평이해서 알기 쉬운 데다가 자신의 역사 철학적 관점을 단도직입적으로 표현하였으며, 슬퍼하고 탄식하고 비통해하는 문학 심리를 모두 지니고 있습니다. 하지만 문학적 가치에서는 준칙으로 삼아 본받기 부족한 까닭이, 도무지 문화 교육의 기초가 결핍되어 있습니다. 앞의 두 편의 시는 이와 똑같은 의미를 지니면서도 수양의 수준이 다른 문자를 이용해 표현함으로써 "온유돈후는 시의 가르침이다〔溫柔敦厚, 詩之教也〕"라는 중국 문화의 표준에 합치됩니다. 앞에서 들었던 근대 시인 역실보(易實甫) 선생의 "강산은 명사가 태어나기에 적합할 뿐, 영웅을 보내 제왕을 삼지는 마시게〔江山只合生名士, 莫遣英雄作帝王〕"같은 시도 괜찮습니다. 이 또한 문화와 교육에서 유의해야 할 부분입니다.

특히 여러분 젊은 학생들이 나중에 선생님이 되어 다음 세대를 교육하게 되면 더욱 유의해야 할 것입니다. 저는 지금 『맹자』를 강연하고 『논어』를 강연하면서 일부러 가벼운 방식을 사용해서 웃기도 하고 욕하기도 하면서 고유의 민족문화 사상에 대한 사람들의 관심을 일으키려고 합니다. 하지만 어쩌다 한번 사용할 수 있는 것이지 자칫하면 경솔함으로 흐르기 쉬워 준칙으로 삼기에는 부족합니다. 그렇기 때문에 저는 늘 이렇게 말합니다. 저의 강연 내용은 비록 심혈을 기울인 것이기는 해도 바른 길로 들어간 것이 아닙니다. 여러분이 이 점에 유의해서 잘못된 것을 바로잡아 주기를 바랍니다. 하지만 똑같은 방법으로 했다가는 오류가 생겨 어쩌면 바른 것을 고쳐서 잘못되게 만들 수도 있습니다.

지금 우리는 공맹이 당시에 왜 그러한 사도(師道)와 신도(臣道) 사이라는 노선을 걸어갔을까 하는 문제를 살펴보고 있습니다. 우리가 알다시피 후세의 유가는 그 나름의 독자적인 견해를 가지고 도가 사상과 쟁론을 벌였지만, 공맹 당시의 지식인들은 유가와 도가의 구분이 없었습니다. 노자는 삼보(三寶)를 말하면서 '자비〔慈〕', '검소〔儉〕', 그리고 '감히 천하를 위해 나서지 않는 것〔不敢爲天下先〕'을 이야기했습니다. 공맹의 이러한 태도는 노자의 '감히 천하를 위해 나서지 않는 것'이기도 합니다. 절대로 붐을 일으켜 나서서 몸소 요순의 역할을 맡지는 않았습니다.

이처럼 자신은 절대 나서지 않는 태도는 유가의 장점입니다. 왜냐하면 그들은 오로지 천하를 더 혼란스럽게 만들지나 않을까 두려워했기 때문입니다. 유가 자신은 나서지 않는 것이 스스로에게 좋았겠지만 천하의 백성들을 괴롭게 만들었습니다. 더욱 가련한 것은 이것이 후세의 유가 정신에 영향을 미쳐 오로지 신도(臣道)의 길만 반듯하게 걸어가게 했다는 사실입니다. 하지만 "군주를 요순처럼 되게 하기" 즉 왕도를 걸어가고 현재의 상태를 바꾸고 싶어도 능력이 따라주지 않거나 각종 객관적 환경의 한계 때문에 일이 뜻대로 되지 않기도 했습니다. 이상을 실현시키지 못하면 때로는 스스로 도를 위해 죽음으로써 '신절(臣節)'의 교육 정신을 발휘하고 충성으로 나라와 군주에 보답할 따름이었습니다. 만약 행위 철학과 역사적 사실을 함께 참고하여 살펴본다면 그것은 깊이 생각해 볼 만한 주제가 될 것입니다. 물론 아주 해결하기 어려운 문제이기도 합니다. 우리가 역대의 명신(名臣)과 대신(大臣)들을 보면 유가의 학문으로 조정에서 아무리 많은 일을 하고 많은 성취를 거두었다 할지라도, 제왕 자신이나 궁정 안에 문제가 생겼다 하면 그들로서는 어떻게 해 볼 방법이 없었습니다. 그러므로 수천 년의 역사를 통해 살펴보면 유가는 줄곧 다른 사람에게 기대어 왔을 뿐 자립하지 못했고 천하에 큰 영향을 미치지도 못했습니다. 문언(文言) 한 구절을 던진다면 "지극히 한탄할 노릇이로다〔至堪浩嘆〕"라고 말할 수 있습니다.

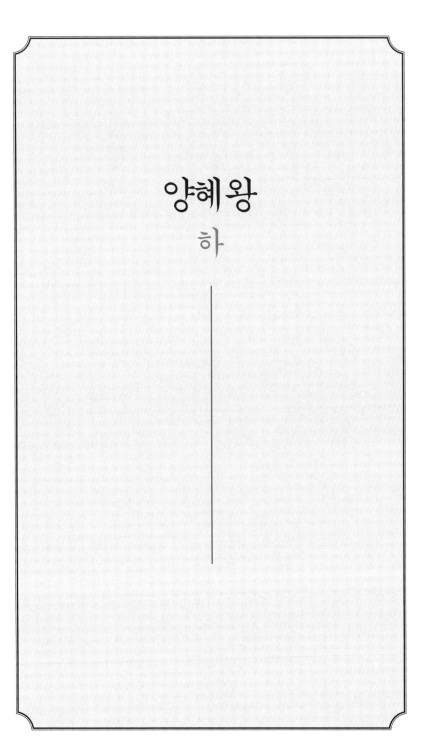

양혜왕

하

장포가 맹자를 뵙고 말하였다. "제가 왕을 뵈오니, 왕께서 저에게 음악을 좋아한다고 말씀하셨으나 저는 여기에 대답하지 못하였습니다." "음악을 좋아하는 것이 어떻습니까?"

맹자께서 대답하셨다. "왕께서 음악을 좋아함이 심하시면 제나라는 거의 다스려질 것이다."

다른 날 맹자께서 왕을 뵙고 말씀하셨다. "왕께서 일찍이 장포에게 음악을 좋아한다고 말씀하셨다 하는데 그러한 일이 있습니까?"

왕은 얼굴빛이 변해 말하였다. "과인은 선왕의 음악을 좋아하는 것이 아니라 다만 세속의 음악을 좋아할 뿐입니다."

맹자께서 말씀하셨다. "왕께서 음악을 좋아하심이 심하시면 제나라는 거의 다스려질 것입니다. 지금의 음악은 옛 음악과 같습니다."

왕이 말하였다. "얻어 들을 수 있겠습니까?"

맹자께서 말씀하셨다. "홀로 음악을 즐김과 다른 사람과 음악을 즐김이 어느 것이 더 즐겁습니까?"

왕이 말하였다. "다른 사람과 더불어 하는 것만 같지 못합니다."

맹자께서 말씀하셨다. "적은 사람과 음악을 즐김과 많은 사람과 음악을 즐김이 어느 것이 더 즐겁습니까?"

왕이 말하였다. "많은 사람과 더불어 하는 것만 같지 못합니다."

"신이 청컨대 왕을 위하여 음악을 말씀드리겠습니다. 지금 왕께서 이곳에서 음악을 타시면 백성들이 왕의 종소리와 북소리, 피리 소리와 젓대 소리를 듣고는 모두 머리를 아파하고 이마를 찌푸리며 서로 말하기를 '우리 왕께서 음악을 타시기 좋아함이여, 어찌 우리들로 하여금 이 곤궁함에 이르게 하는가? 부자간에 서로 만나지 못하고 형제 처자가 헤어지게 하는가!' 하며, 지금 왕께서 이곳에서 사냥을 하시면 백성들이 왕의 수레 소리와 말소리를 듣고 깃털과 깃발의 아름다움을 보고는 모두 머리를 아파하고 이마를 찌푸리며 서로 말하기를 '우리 왕께서 사냥을 좋아하심이여, 어찌 우리들로 하여금 이 곤궁함에 이르게 하는가? 부자간에 서로 만나지 못하고 형제 처자가 헤어지게 하는가!' 한다면, 이것은 다름이 아니라 백성과 더불어 함께 즐기시지 않기 때문입니다."

"지금 왕께서 이곳에서 음악을 타시면 백성들이 왕의 종소리와 북소리, 피리 소리와 젓대 소리를 듣고는 모두 흔연히 기뻐하는 기색이 있으면서 서로 말하기를 '우리 왕께서 거의 질병이 없으시구나! 어떻게 음악을 타시는가' 하며, 지금 왕께서 이곳에서 사냥을 하시면 백성들이 왕의 수레 소리와 말 소리를 듣고 깃털과 깃발의 아름다움을 보고는 모두 흔연히 기뻐하는 기색이 있으면서 서로 말하기를 '우리 왕께서 거의 질병이 없으시구나! 어떻게 사냥을 하시는가' 한다면, 이것은 다름이 아니라 백성과 더불어 함께 즐거워하시기 때문입니다."

"지금 왕께서 백성과 더불어 함께 즐거워하신다면 왕 노릇 하실 것입니다."

莊暴見孟子曰: "暴見於王, 王語暴以好樂, 暴未有以對也." 曰: "好樂何如?"

孟子曰: "王之好樂甚, 則齊國其庶幾乎!"

他日見於王曰: "王嘗語莊子以好樂, 有諸?"

王變乎色, 曰: "寡人非能好先王之樂也, 直好世俗之樂耳."

曰: "王之好樂甚, 則齊其庶幾乎! 今之樂, 由古之樂也."

曰: "可得聞與?"

曰: "獨樂樂, 與人樂樂, 孰樂?"

曰: "不若與人."

曰: "與少樂樂, 與衆樂樂, 孰樂?"

曰: "不若與衆."

"臣請爲王言樂, 今王鼓樂於此, 百姓聞王鐘鼓之聲, 管籥之音, 擧疾首蹙頞而相告曰: '吾王之好鼓樂, 夫何使我至於此極也? 父子不相見, 兄弟妻子離散!' 今王田獵於此, 百姓聞王車馬之音, 見羽旄之美, 擧疾首蹙頞而相告曰: '吾王之好田獵, 夫何使我至於此極也? 父子不相見, 兄弟妻子離散!' 此無他, 不與民同樂也."

"今王鼓樂於此, 百姓聞王鐘鼓之聲, 管籥之音, 擧欣欣然有喜色而相告曰: '吾王庶幾無疾病與! 何以能鼓樂也?' 今王田獵於此, 百姓聞王車馬之音, 見羽旄之美, 擧欣欣然有喜色而相告曰: '吾王庶幾無疾病與! 何以能田獵也?' 此無他, 與民同樂也."

"今王與百姓同樂, 則王矣."

---

# 예악을 중시하는 다스림의 도

앞에서 이미 언급했지만 『맹자』 본 장의 대부분은 맹자와 제 선왕의 대화를 기록해 놓은 것입니다. 심리적으로 차마 소를 죽이지 못한 제 선왕의 선한 생각에서부터 이야기를 시작해 왕도 정치를 실행하는 여러 문제까지 토론했습니다. 맹자가 제나라에 머물렀던 시기는 전씨(田氏) 제나라의 최전성기였습니다. 그때는 소진 역시 제나라에서 합종의 사상을 유세하고 있었습니다. 여기의 기록은 맹자가 제나라에 머물렀던 오랜 시간 가운데 제 선왕과 여러 차례 만나 대화한 내용에서 뽑아낸 것입니다.

이 단락에서 다루고 있는 사건은 맹자가 그의 학생이자 제나라의 대부인 장포를 만나 그에게서 제 선왕이 음악을 좋아한다는 말을 듣고 나서 제 선왕과 대화를 나누었던 일입니다. 장포가 어느 날 맹자를 만나러 와서는 이렇게 말했습니다. "제가 제 선왕을 만났을 때 한담 중에 제 선왕이 말하기를 자신은 음악을 좋아한다 하였는데, 당시 저는 군주들이 음악을 좋아하는 일이 옳은지 아닌지를 몰랐기 때문에 어떻게 말해야 좋을지 몰라 대답하지 못했습니다. 맹 선생님께 묻자오니 군주가 음악을 좋아하는 일에 대해 선생님께서는 어떻게 생각하십니까?'

이 문제를 현대적 관념으로 보면 아주 우스꽝스럽게 느껴질 것입니다. 음악을 좋아하면 좋아했지 그게 뭐 그리 대수라고! 가령 어떤 친구가 여러분에게 말하기를 자신의 아이가 아침부터 밤까지 기타만 친다고 했다면 여러분은 틀림없이 이렇게 말할 것입니다. "좋구먼! 그 방면에 천부적인 재능이 있다면 그쪽으로 발전할 수 있도록 잘 기르면 되지 않나." 그러므로 "음악을 좋아하는 것이 어떻습니까[好樂何如]"라는 네 글자만 놓고 해석하거나 그 구절만 떼어 내서 해석하면 오류가 생기게 됩니다.

여기서 우리가 유의해야 할 점은 이 말이 군주에게 한 것이라는 사실입니다. 군주의 기호(嗜好)가 미치는 영향은 큽니다! 한 나라의 지도자에게 편애하는 것이 있어서 음악을 좋아하거나 운동을 좋아하면 대체로 그것이 정치에 영향을 미칩니다. 이른바 "위에서 그것을 좋아하는 사람이 있으면 아래에서는 반드시 그보다 더 심한 사람이 생긴다〔上有好之者, 下必甚焉〕"라는 문제가 있습니다. 장포는 이 문제의 심각성을 알고 있었기 때문에 일부러 맹자에게 가르침을 청했습니다. 사실 장포의 어기(語氣)를 통해 그의 마음에는 제 선왕이 음악을 편애하는 것이 그다지 타당하지 않다고 생각했음을 알 수 있습니다.

이 문제에 대해 맹자는 어떤 태도를 취했습니까? 그는 장포와 달리 시종일관 유도하는 방법을 사용하여 군주들이 왕도(王道)를 행하고 인정(仁政)을 펼치기를 희망했습니다. 그것이 바로 맹자가 성인이 될 수 있었던 이치입니다. 그는 일반 설교자들이 시비를 분명히 가리고 선악을 첨예하게 대립시키는 것과는 달랐습니다. 또 후세의 이학자들처럼 그 일은 좋지 않으니 아예 없애 버려야 한다는 식도 아니었습니다.

예를 들어 송대(宋代)의 대유(大儒) 정이(程頤)가 강관(講官)을 지냈을 때의 일입니다. 하루는 강연이 끝났는데도 물러가겠다는 말을 하지 않았습니다. 송 철종이 일어나서 조금 느슨해진 태도로 난간 밖의 버드나무 가지를 꺾었더니 곧장 정이가 간언을 올려 말했습니다. "바야흐로 봄이 피어나는데 무고히 꺾어서는 안 됩니다! 윗사람이 가지를 땅에 던지시면 아랫사람이 뒤따라가면서 말립니다."

그 일에 대해 명나라 사람 풍몽룡(馮夢龍)은 이렇게 말했습니다. "맹 선생님을 만나면 재물을 좋아하고 여색을 좋아하는 것도 문제가 되지 않거늘, 정 선생님을 만나면 버드나무 가지 건드리는 것조차 안 되니 괴롭도다! 괴롭도다!" 그래서 그를 진부하고 썩은 부류에 집어넣었습니다.

이 대목에서 맹자가 어떻게 대답했는지 보도록 하겠습니다. 그는 장포에게 말했습니다. "제 선왕이 음악을 좋아하는 것이 무슨 상관이 있느냐? 만약 그가 음악을 좋아하는 것을 백성에게까지 미칠 수 있다면 제나라는 거의 태평하게 다스려질 수 있을 것이다."

제 선왕이 음악을 좋아하는 자신의 기호를 확충시키면 왜 제나라가 태평하게 다스려질 수 있는 것일까요? 그 이유는 맹자가 제 선왕과 또다시 만나 대화하는 가운데서 설명되었습니다.

며칠 후 맹자는 제 선왕과 만나 지난번에 장포가 말한 그 일을 언급했습니다. 그가 제 선왕에게 말하기를 "제가 장포에게 들으니 왕께서 언젠가 그에게 음악을 좋아한다고 말씀하셨다는데 그런 일이 있었습니까?"

제 선왕은 과연 어떤 태도로 대답했을까요?

"왕은 얼굴빛이 변했다〔王變乎色〕."

이 구절을 통해서도 『맹자』라는 책의 글쓰기 수법이 대단함을 볼 수 있습니다. 이는 고문(古文)의 오묘한 점이기도 합니다. 짧은 네 글자로 많은 의미를 표현했을 뿐 아니라 현장의 상황을 생생하게 묘사했습니다. 우리는 이 네 글자를 통해 당시 제 선왕이 맹자에게서 자신이 장포에게 음악을 좋아한다는 말을 했었다는 것을 들었을 때, 얼마나 얼굴이 굳어졌는지를 상상해 볼 수 있습니다.

제 선왕은 왜 얼굴빛이 변했을까요?

첫째, '장포 너에게 나는 음악을 좋아한다고 말한 것은 군신 간에 가족처럼 자신의 사생활을 한담한 것이었는데, 네가 그것을 화제로 삼아 외국에서 온 늙은 선생님을 찾아가서 의논했다니 이 얼마나 어이없는 노릇이냐!' 아마도 제 선왕은 그렇게 생각했을 것입니다.

또 다른 측면에서 보면 일국의 군주인 자신이 외국의 손님을 만나서 천하와 국가의 대사를 이야기하는 것은 엄격한 성격의 일입니다. 그런데 지금 그 사람이 불쑥 자신이 음악을 좋아하는 문제를 들고 나오니, 이것은 마치 현대의 국가 원수가 유행가를 좋아하느냐는 질문을 받은 것과 같아서 당연히 난처했을 것입니다.

비록 그렇기는 했지만 제 선왕의 수양도 상당히 훌륭했던 것 같습니다.

얼굴빛이 변하기는 했지만 이내 평정을 되찾고 맹자와 이 문제를 이야기했습니다. 그뿐 아니라 계속해서 자신은 용맹을 좋아하고 여색을 좋아하며 재물을 좋아하는 등의 단점이 있다고 부드럽게 인정했습니다. 심지어 자기가 좋아하는 음악은 선왕들이 전해 준 정통 음악이 아니라 현대 음악이요 유행가임을 솔직히 털어놓았습니다. 왜냐하면 상고 시대의 그런 전통 음악은 너무 고상하고 심오하기 때문입니다.

중요한 문제가 나왔습니다. 우리가 공맹과 역대 학자들의 저술에서 알 수 있는 것은, 상고 시대의 중국 문화가 특히 주(周) 왕조에 이르면 예악(禮樂)의 다스림을 대단히 중시하였다는 사실입니다. 그뿐 아니라 후세에도 계속해서 상고 시대의 음악은 이러이러하게 훌륭했다고 추앙했습니다. 유가에서 이렇게 상고 시대 음악을 숭상한 것은 결코 맹목적이지 않았으며 또 일부러 강조한 것도 아니었습니다. 중국은 상고 시대에 이미 선민(先民) 시대의 문화를 지향했습니다. 하지만 이른바 선민(선왕) 시대가 도대체 언제부터인지는 명확한 시간을 결정짓기 어렵습니다. 단순히 황제(黃帝) 시대부터 계산하는 것이 아니라 아마도 더 이전에 이미 훌륭한 문화적 성취를 이루었는데, 문화적 성취가 정상에 이르렀을 때 빙하기에 진입하였을 것입니다. 그러므로 유가에서 숭상하는 선왕의 선민 시대는 아마도 아주 오랜 옛날을 나타낸다고 할 수 있습니다. 후세 유가는 선민 시대의 문화 정신을 지향하였기 때문에 예악의 다스림과 선왕(先王)의 도를 강조했습니다.

우리는 또 『맹자』 이 대목을 통해 공맹 및 후세의 유가들만 선왕의 예악의 다스림을 중시한 것이 아님을 알 수 있습니다. "선왕의 음악을 좋아하는 것이 아니다"라는 제 선왕의 말은 당시 일반 사람들도 모두 선왕의 음악을 숭상하였음을 증명해 줍니다. 그런 까닭에 맹자에게 이 문제를 이야기할 때 제 선왕은 겸연쩍어했고, 이어서 자신은 선왕의 음악을 잘 모르기 때문에 현대 음악만 좋아한다고 솔직하게 말했던 것입니다.

하지만 맹자는 현대 음악을 좋아하는 것이 결코 잘못된 것이 아니라고 말했습니다. 다만 당신이 음악을 좋아하는 정신을 미루어 넓힐 수 있다면 제나라의 민속과 정풍(政風)에 도움이 될 것이라고 했습니다. 이것이 맹자의 정신이며 맹자가 맹자가 될 수 있었던 까닭입니다. 동시에 여기에서 우리는 맹자 사상이 후세 유가에서 표방한 것처럼 엄격하고 협소한 것이 아니라 탁 트였다는 사실을 알 수 있습니다.

맹자는 이어서 제 선왕에게 현대 음악은 공중에서 갑자기 뚝 떨어진 것이 아니라 고대 음악에서 서서히 변화되어 나온 것이라고 말했습니다.

맹자의 이 이론이 물론 사실이기는 하지만 다른 각도에서 보면 맹자의 말솜씨가 참으로 뛰어났다는 것을 알 수 있습니다. 원래 제 선왕은 자신이 지금의 음악을 좋아하고 옛 음악을 좋아하지 않는 것 때문에 민망하고 난감해했습니다. 이제 맹자가 그를 위해서 이렇게 해명해 줌으로써 마음에 드리워졌던 그림자가 자연스레 사라졌고 훨씬 홀가분해졌습니다. 그리하여 왜 자신이 음악을 좋아하는 것을 확충시키면 제나라가 잘 다스려질 수 있는지 맹자에게 물었습니다. 맹자가 그 이치를 설명해 주기를 원했던 것입니다.

그러자 맹자가 제 선왕에게 물었습니다. "당신 혼자서 음악을 듣는 것과 다른 사람과 함께 음악을 감상하는 것, 두 가지의 즐김 가운데 어느 쪽의 즐거움이 큽니까?"

제 선왕이 말했습니다. "당연히 다른 사람과 함께 즐기는 쪽이 더 즐겁습니다."

맹자가 한 걸음 더 나아가 물었습니다. "소수의 사람과 함께 음악을 즐기는 것이 즐겁습니까, 아니면 다수의 사람과 함께 음악을 즐기는 것이 즐겁습니까?"

제 선왕이 말했습니다. "당연히 다수와 함께 음악을 즐기는 것이 더 즐겁습니다!"

제 선왕이 혼자 음악을 즐기는 것은 여러 사람과 함께 음악을 즐기는 것만 못하다는 관점을 말하자, 맹자는 이때를 놓치지 않고 구체적 예를 들어서 설명했습니다.

"당신이 깊은 궁에서 음악회를 열 때 백성들이 궁에서 흘러나오는 종소리, 북소리, 피리 소리, 젓대 소리 등의 악기 소리를 듣고서 모두 병이라도 난 것처럼, 요즘 말로 하면 두통이 와서 미간을 찌푸리면서 '우리 군왕은 저렇게 흥에 겨워 음악회를 여는데 우리는 고통 속에서 처자와 헤어지는 지경에 이르렀으니 차라리 죽는 것이 낫겠다'라고 말한다고 합시다."

"혹은 당신이 야외에 사냥을 하러 나갔는데 백성들이 덜커덩 덜커덩 하는 당신의 수레 소리를 듣고 또 바람에 춤추는 화려한 깃털 장식과 깃발을 보고서 모두 미간을 찌푸리고 골치 아파 하면서 '우리 군왕이 뜻밖에도 저기서 흥겹고 멋들어지게 사냥을 하고 계시군! 그런데 우리는 고통스럽게 이리저리 떠돌며 편안히 살지 못하네'라고 말한다고 합시다."

"이렇게 사방에서 원망하는 소리가 나오는 것은, 그 원인이 다른 데 있는 것이 아니라 바로 군주 된 당신이 백성들과 함께 즐기지 않기 때문입니다."

"하지만 이와 반대로 당신이 궁에서 음악회를 열거나 혹은 들판에서 사냥을 할 때 백성들이 음악 소리나 수레 소리를 듣고 또 아름다운 깃발을 보고 모두가 기뻐하면서 '우리 군주께서 분명히 건강하시고 기분이 좋으시구나. 그러니 오늘 저렇게 흥에 겨워 음악회를 열거나 사냥에 나서시지'라고 말한다고 합시다."

"왜 백성들이 그렇게 흔쾌한 반응을 보일까요? 여기에도 다른 특별한 원인이 있는 것이 아니라 단지 당신이 백성들과 함께 즐기기 때문입니다."

이 단락의 원문을 보면 음악을 연주하는 것과 사냥하는 것의 두 가지 예를 들었는데, 각각의 예에 또다시 정반(正反) 양면의 상황을 들었습니다. 하지만 단지 백성과 함께 즐겨야 한다는 하나의 이치만을 말했습니다. 원문의 문자 배열에는 중복된 곳이 많습니다. 가령 "지금 왕께서 이곳에서 음악을 타시면[今王鼓樂於此]"은 정반 양면을 서술할 때 중복하였으며, 또 "지금 왕께서 이곳에서 사냥을 하시면[今王田獵於此]"과 서로 중첩시키는 형식을 취했습니다. 어떤 사람들은 지루하고 수다스럽다고 싫어할 수도 있지만 이것은 고문(古文)의 글쓰기 방법 중 하나입니다. 현대어로 말하면 "글쓰기 기교"의 일종인데, 문자의 형식에서 배열미(排列美)를 강화하는 한편 어기(語氣)를 가중시키는 기능도 있습니다. 요즘 말하는 강조라고도 할 수 있는데, 그렇게 하면 독자들에게 더 깊은 인상을 줄 수 있습니다. 후세의 변문(駢文)·부(賦)·시(詩)·사(詞)에는 쌍성(雙聲) 첩운(疊韻)[47]이 자주 등장하는데, 가령 이청조(李淸照)의 사에서는 여러 글자를 중첩하는 경우가 많았습니다. 대련(對聯) 및 오늘날의 백화문에도 중복구가 자주 출현하는데 이러한 것이 모두 동일한 기능을 합니다. 그러므로 이 단락 역시 자못 감상할 만한 가치가 있는 문장이라고 할 수 있습니다. 만약 중복이 너무 많아서 지루하고 수다스럽다는 생각이 든다면 자신이 감상할 줄 모르는 것을 유감스러워해야 합니다. 낭랑한 목소리로 한번 쭉 낭송해 보면 그 맛을 느낄 수 있지요.

맹자는 이러한 몇 개의 예를 다 이야기한 다음 정반 양면의 현상을 결론으로 삼아 말했습니다. "제 선왕 당신이 음악을 좋아하고 사냥을 좋아해서 운동회를 열거나 혹은 다른 오락 활동을 하더라도 그런 것은 아무 상관

---

**47** 쌍성은 초성(初聲)이 똑같은 글자로 구성된 말을 가리키는데 예를 들면 건곤(乾坤), 현호(玄護) 등이 그러하다. 첩운은 같은 운(韻)의 글자로 구성된 말을 가리키는데 예를 들면 연면(連綿), 소요(逍遙) 등이 그러하다.

이 없습니다. 다만 백성과 함께 즐길 수만 있다면 왕도(王道)의 인정(仁政)에 도달할 수 있을 것입니다."

이처럼 맹자는 제 선왕이 스스로 음악을 좋아한다고 말한 것을 기회로 삼아 왕도의 인정으로 유도해 나갔습니다. 맹자의 수법은 대부분이 계발(啓發) 식으로 확실히 훌륭했습니다. 기회를 잘 포착하여 교육을 펼치고 또 상대방을 격려하여 왕도의 길을 걸어가고 인정을 실시하게 유도했습니다.


## 옛날과 오늘날의 음악관

이 단락에는 우리가 토론할 만한 문제가 나옵니다. 그것은 바로 유가에서 평소 표방하던 예악의 다스림〔禮樂之治〕입니다. 예(禮)의 방면에서는 모든 문화의 정비를 포괄합니다. 악(樂)의 방면에서는 단순히 정치 교화에 있어서 음악의 중요성을 말합니다.

전하는 바에 따르면 공자가 시서(詩書)와 예악(禮樂)을 정리하여 『시경(詩經)』, 『서경(書經)』, 『역경(易經)』, 『예기(禮記)』, 『악경(樂經)』 및 『춘추(春秋)』를 편찬했다고 합니다. 하지만 진시황이 경서를 불태우고 거기다 항우가 함양궁을 불태우면서 『악경(樂經)』은 전해지지 못했습니다. 따라서 전해 내려온 것은 오직 오경(五經)뿐이었습니다. 중국 문화에서 지금까지 전해 내려오는 정치 철학과 연관된 악례(樂禮)의 부분은 오직 『예기』 중의 한 편인 『악기(樂記)』밖에 없습니다. 하지만 여전히 당시 공자가 정리한 『악경』을 개괄하기에는 부족합니다. 공자는 음악에 대한 조예가 자못 깊었습니다. 우리는 『논어』의 기록을 통해서도 그 대략적인 모습을 볼 수 있습니다. "공자께서 소악을 이르기를 지극히 아름답고 또 더할 나위 없이 좋다 하시고, 무악을 이르기를 지극히 아름다우나 더할 나위 없이 좋지는 못하다 하셨다〔子謂韶, 盡美矣, 又盡善也. 謂武, 盡美矣, 未盡善也〕." 순임금이 지은 음악인 소(韶)는 숭상했지만 무왕이 지은 음악인 무(武)는 소(韶)만 못하다고 비판했습니다.

아무리 공자가 춘추 시대 당시의 음악이 이미 고대만 못하고 문화가 쇠퇴하고 있다고 생각했다 하더라도, 지금 우리가 역사적 자료를 통해 보면 춘추 시대의 예와 악은 아직은 볼만했습니다. 예를 들어 공자가 일찍이 배운 적 있었던 음악(音樂) 대사인 사양(師襄)과 영민한 음감(音感)을 위해 자신의 눈을 찔러 눈이 멀었던 사광(師曠), 이 두 사람은 모두 음악에 대한 조예가 아주 깊었습니다.

그렇다면 도대체 중국의 음악은 어느 정도까지 훌륭했을까요? 공자의 말과 고서의 자료에 따르면 신기한 이야기가 많이 있습니다. 예를 들어 거문고를 타고 피리를 불 때 연주가 미묘한 곳에 이르면 온갖 새가 날아왔다고 합니다. 공중의 모든 새들이 날아왔을 뿐 아니라 온갖 짐승이 춤추었다고도 합니다. 각종 들짐승들이 음악을 들으면 멀거나 가까운 산과 골짜기에서 달려와 그곳에서 음악 소리에 맞추어 춤을 추었다는 것입니다. 그 음악에 무슨 힘이 있어 그런 공명을 불러일으키고 그런 반응을 이끌어 낼 수 있었는지는 정말 알 수가 없습니다. 현대 음악에서는 미얀마 사람들이 피리 소리로 동굴 속의 뱀을 불러내는 경우 말고는 그런 일이 없습니다.

상술한 것 같은 신화는 아주 많지만 그런 신화가 지닌 의미를 한 마디로 표현하자면 중국 고대 음악의 조예와 성취를 추앙한다는 뜻입니다.

『악경』은 비록 유실되었지만 중국의 고악(古樂)이 완전히 소실되었다고는 말할 수 없습니다. 가령 고대의 거문고, 가야금, 쟁(箏), 피리, 북 등은 모두 전해 내려와서 후세의 걸출한 음악가들이 아주 훌륭한 작품을 남기기도 했습니다. 하지만 현대의 우리는 진·한 이전의 음악은 고사하고 당·송 시기의 음악도 찾아내지 못하고 있습니다. 듣자하니 한국과 일본에서는 그래도 일부를 보존하고 있다고 합니다. 물론 많은 부분에서 원래 모습을 잃어버리기는 했습니다.

당 태종이 천하를 통일한 후 정관(貞觀) 원년 봄 정월에 신하들과 함께 하는 큰 연회에서 '진왕파진악(秦王破陣樂)'을 연주했습니다. 당 태종이 진왕(秦王)이었을 때 유무주(劉武周)를 공격하는 전쟁을 하면서 한가한 시간을 이용해 지은 대악장(大樂章)으로, 백스물여덟 명의 춤추는 악공(樂工)이 은색 갑옷을 입고 창을 무기로 들고 음악 소리에 맞추어 춤을 추었습니다. 나중에 이 음악은 '신공파진악(神功破陣樂)'으로 이름을 고쳤습니다. 정관 7년이 되었을 때 또다시 '칠덕무(七德舞)'로 이름을 고쳤는데 확실히 장관을 이룬 집체 연주 음악이었습니다. 다만 지금은 전해지지 않습니다. 최근에 듣자하니 한국에 일부분이 보존되어 있고 일본에는 음악과 무용이 온전하게 남아 있다고 합니다.

중국 상고 시대의 악기 이야기가 나오니 자못 흥미로운 문제가 떠오릅니다. 가령 종, 북, 거문고, 큰 거문고, 쟁, 피리 같은 상고 시대의 악기는 종을 제외하면 대부분 관현악기에 편중되어 있습니다. 그다음은 흙과 가죽 혹은 나무 재질 등의 재료입니다. 금속으로 만든 악기는 별로 없습니다. 현대의 금속 악기는 대부분 서양에서 들어왔습니다. 이것은 동서 문화의 기본 정신의 차이가 악기에 표현된 것입니다. 심지어 '징'도 서역에서 전해져 왔을 것입니다. 고대에는 전쟁을 할 때 북을 쳐서 신호를 삼았는데, 북소리로써 진퇴공수(進退攻守)의 명령을 전달했습니다. 나중에야 금속 악기를 울려 군사를 거두어들였는데, 작전 시 호령을 전달하는 데 보조 역할을 했습니다. 하지만 호금(胡琴)과 비파 등은 모두 외래 악기입니다. 따라서 중국 악기의 역사에서 후대로 갈수록 그 소리가 더 커지는 것은 더 많은 사람들이 함께 감상할 수 있게 하기 위해서였는데, 그런 악기들은 대부분 외국에서 들어온 것이었습니다.

이제 다시 제 선왕이 음악을 좋아하는 문제로 되돌아갑시다. 현대의 관념에 따르면 한 국가의 지도자가 음악을 애호하는 것이 무슨 문제가 있겠습니까? 이십여 년 전에 바기오 회의가 끝나고 얼마 지나지 않아 중국 기자단이 필리핀을 방문했습니다. 당시 필리핀 대통령은 무도회를 열어서 환영해 주었습니다. 첫 번째 음악이 연주되자 대통령 영부인이 안주인의 신분으로 기자단 단장에게 요청해서 함께 춤을 추었습니다. 그런데 현대에도 마찬가지이지만 중국 전통 문화에서는 우호국의 원수가 방문하면 연회를 베풀어 환영할 때 국악(國樂)을 연주하는 것이 일종의 외교 관례였습니다.

멀리 전국 시대에도 음악을 외교에 사용한 것과 관련된 고사가 있으니, 조 혜문왕(趙惠文王)과 진 소양왕(秦昭襄王)이 양국의 국경인 민지(澠池)에서 회맹을 맺은 일입니다. 서로 만나서 연회를 거행하고 술자리에서 거나하게 마셨을 즈음에 진왕이 갑자기 조왕에게 말했습니다. "듣자하니 당신은 음악에 조예가 깊으시다 합니다. 지금 나에게 귀한 거문고가 있는데, 당신이 한 곡 연주해서 우리에게 들려주실 수 있겠습니까?" 국제적인 연회에서 일국의 군주가 술자리에서 거문고를 연주해 흥을 돋운다는 것이 얼마나 예의에 어긋나는 일입니까! 그 말은 들은 조 혜문왕은 얼굴이 온통 시뻘겋게 달아올랐습니다. 하지만 당시는 진나라가 조나라보다 훨씬 강했기 때문에 감히 거절하지 못하고 순순히 한 곡 연주했습니다. 더 기가 막힐 노릇은 진나라 왕이 그 자리에서 자신의 사관(史官)을 부르더니, 모년 모월 모일에 진왕이 조왕과 민지에서 만났는데 조왕에게 거문고를 연주하게 했다고 기록하라는 것이었습니다. 그 일을 진나라의 역사에 기록하라는 것은 천추만대에 망신을 주려는 것이 아니고 무엇이겠습니까? 그러자 당시 조나라 재상이던 인상여(藺相如)가 질버치[48] 하나를 받쳐 들고 와서는 진왕의 면전에서 이렇게 말했습니다. "우리 조왕께서도 진왕 당신이 진나라의 음악에 조예가 깊다는 말을 들었습니다. 이제 당신이 당신네 진나라의 악기를 연주해서 흥을 돋우어 주시기를 청합니다." 그 말을 들은 진왕은 화가 나서 안색이 변했지만 아무 말도 하지 못했습니다. 인상여는 술이 담긴 그 질버치를 받쳐 들고 진왕의 면전에 꿇어앉아 말했습니다. "진왕 당신은 당신의 국력이 강대함을 믿고 계십니까? 지금 제가 당신에게서 다섯 걸음 떨어져 있지만 제 머리의 피가 당신의 몸에까지 튀게 할 수도 있습니다." 이때 진왕의 호위병들이 인상여를 잡아가려고 했지만 그는 두 눈을 부릅뜨고 그들에게 호통을 쳤습니다. 머리카락과 수염이 모두 뻣뻣이 일어섰습니다. 진왕의 호위병들은 극렬히 분노하는 그의 모습을 보고는 놀라서 어찌할 바를 몰랐습니다. 그때 진왕은 마음속으로는 불쾌했지만 약간 망설이다가 결국 억지로 그 질버치를 몇 번 두드렸습니다. 그제야 인상여는 땅에서 일어서더니 마찬가지로 조나라 사관을 불러 조왕이 진왕에게 질장구[49]를 두들기게 했다는 그 일을 기록하게 했습니다.

지금 장포는 제 선왕이 음악을 좋아한다는 말을 듣고는 심각한 일이라고 생각했습니다. 일국의 지도자에게 만약 편애하는 것이 있으면 사회 기풍에 큰 영향을 주기 때문입니다.

후세에도 음악을 좋아한 제왕들은 아주 많았습니다. 방금 말했던 당 태종도 음악을 애호하였는데, 그것과 동시에 무공(武功)과 서예(書藝)도 애호했습니다. 중국의 서예는 당 태종이 가장 힘 있게 제창했습니다. 나중에 안진경(顔眞卿)이나 유공권(柳公權) 같은 대서예가들이 모두 당내에 나왔

---

48 자배기보다 조금 깊고 아가리가 벌어진 큰 질그릇.
49 아가리가 좁고 배가 불룩한 질그릇. 진나라 사람들은 연회 때 이것을 두들기며 장단을 맞추었다고 한다.

습니다. 사실 당 태종 자신도 글자를 잘 썼고, 그의 '비서장' 우세남(虞世南)과 '비서' 저수량(褚遂良) 등도 모두 훌륭한 서예가였습니다. 당 태종은 죽음이 임박하자 다른 아무것도 요구하지 않고 오직 다른 사람에게서 뺏어온 것으로 왕희지(王羲之)가 쓴 난정집서(蘭亭集序)를 자기 관에 넣어 함께 묻어 줄 것을 아들에게 분부했습니다. 그가 서예를 얼마나 애호했는지를 잘 보여 준다고 하겠습니다. 그는 또 시(詩)도 애호했습니다. 자신도 시를 잘 지었을 뿐 아니라 당대의 시가 전성기를 누리는 데 영향을 미쳤습니다. 당 태종은 여러 방면에 흥미가 있었고 여러 방면에 욕망을 지니고 있었습니다. 하지만 그는 지도자의 자리에 있는 사람이 어떻게 자신의 욕망을 적절히 처리해서 정상화시켜야 하는지 잘 알고 있었습니다. 그런 까닭에 후세에 칭송받는 영명한 군주가 될 수 있었던 것입니다. 만약 음악을 애호했던 다른 제왕들처럼 자신의 취향을 잘 처리하지 못했다면 정치 생명과 함께 자신의 생명까지도 한꺼번에 끝났을 것입니다.

당대(唐代)의 제왕들 가운데 가장 열정적으로 음악을 제창했던 사람은 바로 당 명황이었습니다. 후세에 극단에서 떠받드는 개조(開祖)가 바로 이 황제입니다.

당 말의 희종(僖宗)은 나이가 어려서 세상 물정을 모르고 오로지 음악만 즐겼습니다. 정치는 좌우의 권신이나 간신들이 장악했지요. 그는 공차기를 좋아했는데 스스로도 공 다루는 기술이 가장 훌륭하다고 인정했습니다. 하루는 공차기를 하고 돌아오더니 자신이 가장 총애하던 배우 석야저(石野猪)에게 이렇게 말했습니다. "만약 공차기로 과거 시험에 참가할 수 있다면 틀림없이 내가 장원을 차지할 것이다." 그러자 석야저가 말했습니다. "맞습니다. 공차기에서는 당신이 장원을 차지할 수 있을 것입니다. 하지만 만약 요순이 이곳에 와서 이부(吏部)를 주관한다면 성적을 매길 때 틀림없이 당신을 파직시킬 것입니다." 그 말을 들은 희종은 큰 소리로 웃고 말았습니다.

더 내려와서 오대(五代)에 이르면 음악과 연극을 좋아하지 않은 제왕이 거의 없었습니다. 남당(南唐)의 후주(後主) 등은 그렇게 놀기만 하다가 결국 정치를 다 망치고 국가도 끝장났습니다. 오대 전체가 그 때문에 엉망이 되었습니다. 이 또한 역사의 순환에서 아주 흥미로운 문제입니다. 만약 우리가 깊이 있는 연구를 하지 않고 이런 역사적 사실들을 이해하지 못한다면, '제 선왕이 음악을 애호하고 악기를 즐기고 노래를 듣는 것이 무슨 문제야?'라고 생각할 것입니다. 그건 틀렸습니다.

음악 자체만으로 말한다면 수십 년의 생활 체험으로 보건대 확실히 예악은 전체 문화에서 중요한 위치를 차지합니다. 음악은 한 시대의 정신을 대표할 수 있습니다. 과거의 음악은 과거 시대를 대표하고 현대의 음악은 현대 시대를 대표합니다. 문화가 깊고 두터운 시대에 생산된 음악은 확실히 더 아름답고 더 깊이가 있습니다.


## 원림과 다스리는 이치

제 선왕이 물었다. "문왕의 동산이 사방 칠십 리라 하니 그러한 일이 있습니까?"

맹자께서 대답하셨다. "전에 그러한 것이 있습니다."

왕이 말하였다. "이와 같이 큽니까?"

맹자께서 말씀하셨다. "백성들은 오히려 작다고 여겼습니다."

왕이 말하였다. "과인의 동산은 사방 사십 리거늘 백성들이 오히려 크다고 여김은 어째서입니까?"

맹자께서 말씀하셨다. "문왕의 동산이 사방 칠십 리였지만 꼴 베고 나무 하는 자들이 거기로 가며 꿩 잡고 토끼 잡는 자들이 거기로 갔습니다. 백성과 더불어 함께 하셨으니 백성들이 작다고 여김이 또한 당연하지 않습니까? 신이 처음 국경에 이르러 제나라에서 크게 금지하는 것을 물은 뒤에야 감히 들어왔습니다. 신이 들으니 교외에 동산이 사방 사십 리인데, 동산에 있는 사슴을 죽이는 자를 살인의 죄와 같이 다스린다 하였습니다. 이는 사방 사십 리로 나라 가운데 함정을 만든 것이니 백성들이 크다고 여김이 또한 당연하지 않습니까?"

齊宣王問曰: "文王之囿, 方七十里, 有諸?"

孟子對曰: "於傳有之."

曰: "若是其大乎?"

曰: "民猶以爲小也."

曰: "寡人之囿, 方四十里, 民猶以爲大. 何也?"

曰: "文王之囿, 方七十里, 芻蕘者往焉, 雉兎者往焉. 與民同之, 民以爲小, 不亦宜乎? 臣始至於境, 問國之大禁, 然後敢入. 臣聞郊關之內, 有囿方四十里, 殺其麋鹿者, 如殺人之罪. 則是方四十里, 爲阱於國中, 民以爲大, 不亦宜乎?"

---

이 대목은 물론 또 다른 상황입니다. 어느 날 제 선왕이 맹자에게 물었습니다. "전해지는 바로는 문왕이 소유했던 황실의 큰 원림(園林)이 사방 칠십 리에 달했다고 하는데 그런 일이 있었습니까?"

그 일은 당시에도 이미 고고(考古)의 문제였습니다. 제 선왕은 눈으로 직접 보지 못했기 때문에 당연히 그런 일이 있었는지 알 수 없었습니다. 현재의 우리도 과연 그것이 얼마나 컸는지는 알 길이 없고요. 고대의 도량형은 현대의 도량형과 차이가 있기 때문입니다. 하지만 당시 맹자의 대답은 아주 현명했습니다. 그는 고서에 그런 일이 기록되어 있다고 대답했습니다.

제 선왕이 이어서 또 물었습니다. "그렇게 넓었습니까?" 아마도 맹자는 때가 왔다고 생각하고 얼른 기회를 포착해서 말했을 것입니다. "그래도 당시의 백성들은 문왕의 그 황실 화원(花園)이 너무 작다고 여겼습니다!"

그러자 제 선왕이 말했습니다. "내 화원은 사방 사십 리에 불과해서 문왕의 것과 비교하면 둘레가 훨씬 작습니다. 그런데도 내 백성들은 너무 크다고 여기니 이것은 무슨 이치입니까?"

이때 맹자는 옳거니 하고 사실에 입각해서 그 이치를 논하는 방식으로 설명하기 시작했습니다. "문왕의 화원은 비록 사방 칠십 리에 달해 당신의 것보다 훨씬 컸지만, 백성들이 안에 들어가서 풀을 베고 땔나무를 할 수 있었고 또 안에 들어가서 꿩을 잡고 토끼를 잡을 수도 있었습니다. 그는 자신의 화원을 개방해서 백성들과 공동으로 향유했던 것이지요. 그러니 백성들이 너무 작다고 했던 것도 당연하지 않습니까?"

"그런데 제가 귀국(貴國)에 와서 아직 국경으로 들어오기 전에 먼저 당신네 제나라에서 크게 금지하는 것을 알아보았습니다. 당시에 듣기로는 도성 바깥 백 리의 교외에 사방 사십 리에 달하는 당신의 화원이 있는데, 만약 어떤 사람이 그 화원에 들어가서 사슴을 죽이면 살인죄를 범한 것과 똑같이 자신의 목숨으로 배상해야 한다고 했습니다. 그렇다면 당신의 사방 사십 리 왕실 원림이 백성들에게는 어찌 유혹적인 큰 함정이 아닐 수 있겠습니까? 백성들이 사십 리의 정원을 너무 크다고 여기는 것도 당연하지 않겠습니까?"

이 단락의 대화 내용은 앞에서 그가 양 혜왕과 더불어 연못에 서서 영대의 즐거움을 이야기했던 것과 그 의미가 똑같으므로 중복해서 해석할 필요가 없을 것 같습니다.

그런데 이 단락에는 우리가 주의를 기울여야 할 명언이 있으니, 그것은 바로 "나라에서 크게 금지하는 것을 묻다[問國之大禁]"라는 말입니다. 바로 후세에 말하는 "나라에 들어가면 금지하는 것을 묻고, 향리에 들어가면 풍속을 따른다[入國問禁, 入鄕隨俗]"라는 것입니다. 이것은 아주 중요한 조치입니다. 특히 근대에는 교통수단이 발달해서 초음속 교통이 여정에 소요되는 시간을 줄였습니다. 이는 공간적 거리를 축소시킨 것과 같아서 사람과 사람 사이의 접촉이 더욱 빈번해졌습니다. 그러므로 현대의 '인간관계'에서는 금지하는 것을 묻고 풍속을 따르는 것이 훨씬 더 중요해졌습니다. 어떤 나라에 들어가기 전에는 먼저 그 국가의 법령을 알아야 하고, 어떤 지방에 갈 때에는 먼저 그 지방의 풍속과 관습을 정확히 알아야 합니다. 어떤 나라 어떤 지방이 되었든 현지의 법령과 풍속을 존중해야지 그것을 위반하는 행동을 해서는 안 됩니다. 낯선 나라에 대해서도 그렇고 타향과 객지에 대해서도 그렇지만 일반 단체에 대해서도 그렇게 하는 것이 좋습니다. 예를 들어 여러분이 돼지고기를 싸들고 회교의 청진사(淸眞寺)에 들어간다면 그것은 엄청난 금기를 범한 것이 됩니다. 또 개인에 대해서도 주의를 기울여야 합니다. 예를 들어 어떤 사람이 정신적으로 문제가 있어 붉은색을 보면 안 되는데, 여러분이 온통 붉은색 옷을 입고 그 사람을 만나러 간다면 틀림없이 낭패를 겪을 것입니다. 확대해 보면 어떤 직업에는 그 나름의 금기가 있습니다. 예를 들어 구식 배를 탔을 때 배에서 식사를 한 후에 젓가락을 밥공기 위에 놔두면 큰 금기를 범한 것이 됩니다.[50] 우리가 이처럼 자기 행동에 주의하는 이유는, 하나는 다른 사람에 대한 예의와 공경이고 다음은 스스로에게 번거로움과 곤란함을 줄이기 위해서입니다. 심지어는 실패의 요소를 줄이기 위해서라고도 할 수 있습

---

50 놓다, 놔둔다[擱]는 말에 '배가 좌초하다'는 의미가 있기 때문인 듯하다.

니다. 하지만 안타깝게도 수많은 젊은이들은 맹자의 이 말을 경시하여 수천 년 전의 진부한 사상으로 취급하고 맙니다.

그 밖에 한탄스러운 사실은 맹자 당시부터 시작해서 청 왕조에 이르기까지 이천여 년 동안 중국 역대 제왕들은 하나같이 유가 공맹의 학문을 받들었습니다. 하지만 다른 사람에게만 공맹의 학문을 따르고 신하 된 도리를 다할 것을 요구했을 뿐, 자신은 군주 된 도리를 잊어버리고 있었다는 사실입니다. 이런 측면에서 보자면 그들은 모두 양 혜왕이나 제 선왕과 똑같았습니다. 심지어 분수에 넘치는 원림을 혼자서 향유하는 일은 한 치도 틀림없이 그대로 따랐습니다. 정말로 "교화는 교화고 제왕은 제왕"이라는 식입니다. 국부인 손문 선생이 혁명을 지도하여 청 조정을 뒤엎고 제왕의 전제 정치를 없애면서 비로소 궁정의 원림도 사라졌습니다.

---

제 선왕이 물었다. "이웃 나라와 사귐에 도가 있습니까?"

맹자께서 대답하셨다. "있습니다. 오직 인자만이 큰 나라를 가지고 작은 나라를 섬길 수 있습니다. 그런 까닭에 탕왕이 갈나라를 섬기시고 문왕이 곤이를 섬기신 것입니다. 오직 지자만이 작은 나라를 가지고 큰 나라를 섬길 수 있습니다. 그런 까닭에 태왕이 훈육을 섬기시고 구천이 오나라를 섬긴 것입니다. 큰 나라를 가지고 작은 나라를 섬기는 자는 하늘을 즐거워하는 자요 작은 나라를 가지고 큰 나라를 섬기는 자는 하늘을 두려워하는 자이니, 하늘을 즐거워하는 자는 천하를 보전하고 하늘을 두려워하는 자는 자기 나라를 보전합니다. 『시경』에 이르기를 '하늘의 위엄을 두려워하여 이에 보전한다' 하였습니다."

왕이 말하였다. "훌륭합니다. 선생님의 말씀이여! 과인이 병통이 있으니 과인은 용맹을 좋아합니다."

맹자께서 대답하셨다. "왕은 청컨대 작은 용맹을 좋아하지 마십시오. 칼을 어루만지며 상대방을 노려보고 말하기를 '네가 어찌 감히 나를 당하겠는가' 하면, 이것은 필부의 용맹이니 한 사람을 상대하는 것입니다. 왕은 청컨대 용맹을 크게 하십시오. 『시경』에 이르기를 '왕께서 혁연히 노하시어 이에 그 군대를 정돈하여 침략하러 가는 무리를 막아서 주나라의 복을 돈독히 하시어 천하에 보답하였네' 하였으니, 이것은 문왕의 용맹입니다. 문왕께서는 한 번 노하시어 천하의 백성을 편안히 하셨습니다. 『서경』에 이르기를 '하늘이 하민을 내리시고 그 군주로 삼고 그 스승으로 삼은 것은 그가 상제를 돕기 때문에 사방에서 그를 특별히 총애해서이다. 죄가 있든 죄가 없든 내가 있으니 천하에 어찌 감히 그 뜻을 지나치게 하는 자가 있겠는가?' 하였습니다. 한 사람이 천하에 횡행하여 무왕께서 이를 부끄러워하니 이것은 무왕의 용맹입니다. 무왕께서도 역시 한번 노하시어 천하의 백성을 편안히 하셨습니다. 지금 왕께서도 역시 한번 노하시어 천하의 백성을 편안히 하신다면 백성들은 행여 왕께서 용맹을 좋아하지 않을까 두려워할 것입니다."

齊宣王問曰: "交鄰國有道乎?"

孟子對曰: "有. 惟仁者爲能以大事小, 是故湯事葛, 文王事昆夷. 惟智者爲能以小事人, 故大王事獯鬻, 句踐事吳. 以大事小者, 樂天者也; 以小事大者, 畏天者也. 樂天者, 保天下; 畏天者, 保其國. 詩云: '畏天之威, 于時保之.'"

王曰: "大哉言矣! 寡人有疾, 寡人好勇."

對曰: "王請無好小勇. 夫撫劍疾視曰: '彼惡敢當我哉!' 此匹夫之勇, 敵一人者也. 王請大之. 詩云: '王赫斯怒, 爰整其旅, 以遏徂莒, 以篤周祜, 以對于天下.' 此文王之勇也. 文王一怒而安天下之民. 書曰: '天降下民, 作之君, 作之師, 惟曰: 其助上帝, 寵之四方, 有罪無罪, 惟我在, 天下曷敢有越厥志?' 一人衡行於天下, 武王恥之, 此武王之勇也. 而武王亦一怒而安天下之民. 今王亦一怒而安天下之民, 民惟恐王之不好勇也."

___

## 대국과 소국의 외교 책략

여기 시작하는 대목 역시 하나의 중요한 문제입니다. 맹자가 언급한 내용은 중국 전통문화 가운데 외교 사상의 두 가지 큰 원칙입니다. 적어도 과거에는 중국의 외교 사상이 이 두 가지 큰 원칙에서 벗어나지 않았습니다.

제 선왕이 맹자에게 이웃 나라와의 외교에서 무슨 좋은 방법이나 좋은 책략이 없는지 물었습니다. 그러자 맹자가 말했습니다. "대체로 두 가지 원칙으로 나눌 수 있습니다. 하나는 '큰 나라를 가지고 작은 나라를 섬긴다〔以大事小〕'라는 것이니, 이것은 인자(仁者)의 풍모입니다." 비록 자기 나라의 국토가 크고 국력이 강하다 하더라도, 영토가 자신보다 작고 국력이 자신보다 약한 작은 나라와 잘 지내려는 정책을 펼칩니다. 역사상 하(夏) 왕조 때의 탕(湯)은 박(亳)에 수도를 정하였는데 영토가 넓고 백성이 많아 국력이 강성했습니다. 하 왕조의 또 다른 제후국인 영(嬴)씨 성의 갈(葛)은 영토와 백성과 재력에서 탕에 미치지 못했습니다. 갈의 옛 성은 현재 하남성(河南省) 규구현(葵丘縣) 북동쪽에 남아 있는데 지리적 위치가 탕과 인접해 있었습니다. 당시 탕백(湯伯)은 토벌의 특권을 지니고 있었지만, 하 왕조의 제후 등급에서 갈백(葛伯)이라 칭혜진 갈 역시 그 정치적 지위는 탕보다 낮지 않았습니다. 따라서 탕은 외교상으로 갈을 존중하고 복종했습니다. 자신의 권세가 크다고 힘이 약한 갈을 절대 업신여기지 않았습니다.

그보다 조금 더 가까운 역사적 사실은 상(商) 왕조 말기 때의 일입니다.

서쪽의 곤이(昆夷) 즉 견융(犬戎)이라는 나라는 개 가죽으로 전투복을 만들어 입고 흙 마차를 타는 국가였는데, 서쪽 기산에 살던 문왕과 땅이 맞닿아 있었습니다. 당시 문왕이 다스리던 주나라는 문화와 경제가 모두 발달하였고 영토가 넓고 백성이 많아 명성이 드높았습니다. 견융에 비해 몇 배나 강성했는지 모릅니다. 하지만 문왕은 인정(仁政)을 시행하기 위해 절대로 견융을 상대로 군사 행동을 하지 않았습니다. 비록 견융은 늘 거칠고 난폭한 침략 행위를 일삼았지만 문왕은 백성들이 도탄에 빠지기를 원하지 않았기에 계속해서 참고 양보했습니다. 그로 인해 백성들은 전쟁의 고통을 면할 수 있었습니다.

맹자는 다시 두 번째 외교 원칙인 "작은 나라를 가지고 큰 나라를 섬긴다(以小事大)"라는 것을 언급했습니다. 이것은 현명하고 지혜로운 처사에 속합니다. 마찬가지로 두 가지 역사적 사례를 들었는데 그중 하나는 주 태왕(周太王)의 예입니다. 상 왕조 말기에 희(姬)씨 성의 주(周) 제후가 태왕으로 정권을 잡았는데, 그때 주나라는 한창 적극적으로 정치를 도모하고 있었습니다. 그런데 북방에는 오제(五帝) 시기부터 항상 변방에서 말썽을 일으키던 훈육(獯鬻)이라는 나라가 있었습니다. 후세에 흉노라고도 불렸던 이 유목 민족은 대단히 사나워서 늘 변경을 침범하여 시끄럽게 만들곤 했습니다. 주 태왕은 내정(內政)에 힘을 쏟아 안정 속에서 나아가기를 원했기 때문에 흉노와 힘으로 다투지 않고 물러나고 양보하는 태도를 취했습니다. 그로 인해 전쟁이 확대되는 것을 면하고 안정된 내정을 건설했습니다.

두 번째 사례는 오나라와 월나라의 역사적 사실입니다. 월왕(越王) 구천(句踐)은 전쟁에 패한 후로 오나라에 고개를 숙이고 신하라 칭하면서 오왕(吳王) 부차(夫差)의 명령에 전적으로 순종했습니다. 거기다 오왕에게 서시(西施)라는 절대가인(絶代佳人)을 바쳐 즐거움을 제공함으로써 그의 환심을 샀고 그 결과 고국으로 돌아갈 수 있습니다. 그는 돌아온 후 와신상담(臥薪嘗膽)하면서 "십 년 동안 백성의 수를 늘리고 국가 재정을 충실하게 하고, 다시 십 년 동안 백성들에게 오나라에 대한 적개심을 가르쳐서〔十年生聚, 十年敎訓〕" 마침내 수치를 갚고 나라를 회복했습니다. 이것은 모두 현명하고 지혜로운 외교 원칙입니다. 자신의 힘이 부족할 때에는 강자에게 순복(順復)하여 생존을 도모했습니다.

맹자는 인(仁)과 지(智)를 출발점으로 삼아 두 가지 큰 외교 원칙을 거론한 다음 다시 제 선왕에게 한 걸음 더 나아가 설명했습니다. 큰 나라로 작은 나라를 섬기는 외교 원칙은 '하늘을 즐거워하는 것〔樂天〕'이고, 작은 나라로 큰 나라를 섬기는 외교 원칙은 '하늘을 두려워하는 것〔畏天〕'이라고 말입니다.

여기서 '하늘을 즐거워하는 것〔樂天〕' '하늘을 두려워하는 것〔畏天〕'이라고 할 때의 하늘〔天〕은, 어리석은 사람들이 마음속으로 찾는 하느님은 물론 아닙니다. 하느님의 환심을 사는 것이 '하늘을 즐거워하는 것'이고 하늘에서 천둥치는 것을 두려워하는 것이 '하늘을 두려워하는 것'이라는 등의 어리석고 맹목적인 미신이 아닙니다. 여기에서 '하늘〔天〕'은 '천인합일(天人合一)'의 철학에서 인사(人事)를 모두 포괄하는 개념입니다. 상세히 해석하려 든다면 그것만으로도 아주 긴 논문 한 편이 될 것입니다. 시간과 지면의 제한이 있으니 억지로 간단히 해석해 보겠습니다. 요즘 말로 하면 사람의 힘으로는 거스를 수 없는 정해진 이치입니다. 중국의 어휘로 말하면 바로 천리(天理)입니다.

큰 나라의 자존심을 가지고 작은 나라를 잘 대해 주는 것은 "천지가 만물을 생겨나게 한 것"에 순응하여 약소한 자를 업신여기지 않으려는 것입니다. 약소한 나라의 국세로 강대한 나라에 복종하고 감히 큰 나라에 죄를 짓지 않는 것은 천리를 두려워하는 것입니다. 그렇게 하지 않는다면 천지간의 정해진 이치가 당신의 성공을 허용하지 않을 것입니다. 끝으로 맹자는 한 걸음 더 나아가 이렇게 말했습니다. "무릇 하늘을 즐거워하고 천지의 박애 정신을 본받고 강함으로 약함을 누르지 않는 큰 나라는, 결국에는 틀림없이 사해의 인심이 돌아와서 천하를 보전할 수 있습니다. 또 약소한 국가가 하늘의 이치를 두려워하여 강자에게 복종하고 반역의 마음을 품지 않는다면 자신의 나라를 보전할 수 있습니다." 그는 또 『시경』을 인용하여 자신의 이론을 뒷받침하며 말했습니다. "『시경』의 주송(周頌) 「아장(我將)」편에 기록되기를 '하늘의 위엄을 두려워하여 이에 보전한다[畏天之威, 于時保之]'라고 하였습니다." 이 '위(威)' 자의 의미는 시대의 큰 추세를 가리킵니다. 맹자가 이 말을 인용한 것은 지자(智者)의 외교 정책을 설명하기 위해서였습니다. 그 말의 뜻은 이렇습니다. 모름지기 두려워하고 삼가는 마음으로 국제 사회의 자연스러운 큰 추세에 응하고, 시기적으로 적절한 계기를 잡아서 자신의 생존을 유지해야 합니다.

맹자가 여기까지 이야기하자 제 선왕은 그냥 내버려 두지 않고 중간에 끼어들어 말했습니다. "맹 선생님, 당신이 이야기해 준 이론들은 대단히 위대하고 대단히 심오합니다. 그렇지만 이 고원하고 심오한 이치에 대해서는 잠시 이야기하지 말고 눈앞의 현실 문제부터 이야기합시다." 바꾸어 말하면 그는 맹자에게 하늘을 두려워하고 삼가야 한다는 등의 그러한 큰 이치에 관해 더 이상 듣고 싶지 않았던 것입니다. 제 선왕의 마음속에는 당시의 국제 사회에 대해 강권(强權)이 바로 공리(公理)라는 관점밖에는 없었습니다. 그래서 단도직입적으로 "나에게는 고질병이 있는데, 나라는 사람은 무용(武勇)을 좋아합니다"라고 말한 것입니다.

# 큰 용맹이 천하를 안정시킨다

제 선왕이 끼어들어서 화제의 방향을 바꿔 버렸지만, 맹자는 정말 대단하게도 즉시 그 방향에 맞추어 왕도와 인정을 시행하라는 교화를 그에게 계속했습니다. 맹자가 말했습니다. "제 선왕 당신이 용맹을 좋아하는 것은 아무런 문제가 되지 않습니다. 단지 당신이 좋아하는 것이 작은 용맹이 아니면 됩니다. 레슬링이니 유도니 창 겨루기니 봉술이니 하는 것을 좋아하지 마십시오. 이런 것들은 개인이 작은 용맹을 부릴 때 휘두르는 장난감일 뿐입니다. 어떤 사람이 칼자루를 잡더니 칼을 뽑아들고는 눈을 크게 부릅뜨면서 '네가 감히 나와 겨루고자 하는가?' 하고 말한다면, 이런 부류는 그저 평범한 개인의 무용에 지나지 않습니다. 기껏해야 개인 대 개인의 싸움밖에 안 됩니다. 무술 실력이 좋으면 다른 사람을 쓰러뜨릴 수도 있겠지요. 대신 실력이 부족하면 얻어맞아서 눈이 시퍼렇게 되고 코가 부어오를 수도 있습니다. 저는 제 선왕 당신이 이러한 작은 용맹에 묶이지 않으리라 믿습니다. 당신이 용맹을 좋아하는 범위를 확대시킬 수 있기를 바랍니다. 마치 『시경』「대아(大雅)」'황의(皇矣)'편에 묘사된 문왕처럼 말입니다. 문왕은 밀국(密國)이 특별한 이유 없이 완국(阮國)을 공격한다는 보고를 받자 분노를 참지 못하고 즉시 군사를 정비하여 밀국의 공격을 막으러 출병했습니다. 그리하여 밀국의 군대를 압박하여 퇴각하게 하고 다시는 감히 다른 나라를 침범하지 못하게 만들었습니다. 동시에 주나라의 국방을 공고히 하고 그들 백성들이 편안히 살면서 생업을 즐길 수 있도록 복지를 늘림으로써 천하 사람들의 기대에도 보답했습니다. 이것이 바로 '문왕의 용맹'입니다. 그러므로 '문왕께서는 한 번 노하시어 천하 사람들로 하여금 안정을 얻게 하셨다'라고 말하는 것입니다." 물론 문왕께서 정말로 화를 내셨는지는 알 길이 없습니다. 문왕 같은 사람도 화를 낼 것인가 하는 문제는 뭐라고 말하기 어렵습니다.

　맹자의 말은 언제나 근거가 있었습니다. 그는 문왕의 큰 용맹을 설명한 후에 이어서 『서경』「진서(秦誓)」에 나오는 "그 군주를 삼아 주고 그 스승을 삼아 준다〔作之君, 作之師〕"라는 말을 끌어와서 제 선왕에게 설명했습니다. 『서경』에 나오는 이 말은 우리에게 정치 철학의 대원칙을 말해 주는데, 그 원칙을 잘 알아 두어야 합니다.

　중국은 고대에 군도(君道)와 사도(師道)가 평등했기 때문에 똑같이 유의해야 했습니다. 이 외에도 후세에는 "그 어버이로 삼다〔作之親〕"라는 말까지 덧붙였습니다. 지도자가 된 사람은 부하의 스승이 되어 그들을 교도(敎導)해야 할 뿐 아니라, 동시에 부모가 자녀를 대하듯이 그들을 품고 보호해야 합니다. 오늘날의 공무원들도 마땅히 이런 정신적 수양을 지녀야 합니다. 비록 공복(公僕)이라는 관념을 가지고 일을 하고는 있지만, 동시에 "그 군주로 삼고 그 스승으로 삼고 그 어버이로 삼다"라는 태도를 지녀야 합니다. 행정 사무를 처리할 때 교도의 책임과 더불어 안아 주는 온정도 겸비해야 한다는 말입니다.

　『서경』에는 이어서 이렇게 말했습니다. "상제를 돕기 때문에 그를 사방에서 특별히 총애해서이다. 죄가 있든 죄가 없든 내가 있으니 천하에 어찌 감히 그 뜻을 지나치게 하는 자가 있겠는가〔其助上帝, 寵之四方, 有罪無罪, 惟我在, 天下曷敢有越厥志〕." 천시(天時)와 지리(地利)와 인화(人和) 등 각 방면에 부족함이 있더라도 정치 지도자는 방법을 강구해서 그런 결함을 메워야 합니다. 동시에 사방의 백성을 잘 관리하여 선량한 사람이든 사악한 사람이든 상관없이 모두를 교화하고 지도할 책임을 짊어져야 합니다. "나 같은 지도자가 있는데 누가 감히 마음대로 혼란을 일으키겠는가?" 이런 기백은 확실히 크고 대단합니다. 그래서 어떤 사람이 천하에 횡행하기만 하면 무왕은 마치 자신이 책임져야 할 일이라도 되는 듯이 받아들여,

천하에 횡행하는 사람이 없고 거스르는 일이 없게 만들었습니다. 이것이 바로 무왕의 큰 용맹이었습니다. 그가 한번 노하면 백성을 위해 죄인을 정벌하였으니 잔인하고 난폭한 주왕(紂王)을 멸하고 천하의 백성을 안정시켰습니다.

끝으로 맹자는 이렇게 말했습니다. "제 선왕 당신이 용맹을 좋아하는 것이 무슨 상관이 있겠습니까? 다만 당신이 좋아하는 것이 필부의 작은 용맹이 아니고 대영웅의 기백을 지닌 문왕이나 무왕의 큰 용맹이어서, 한번 노하면 천하를 안정시킬 수 있기만 하면 됩니다. 그렇게 되면 어떤 백성이 대왕께서 용맹을 좋아하는 것을 싫어하겠습니까? 모두 제 선왕 당신이 용맹을 좋아하지 않을까 두려워할 것입니다!"

제 선왕이 차마 소를 죽이지 못했던 일에서 시작해 이 대목에 이르기까지, 맹자는 제 선왕이 말한 어떠한 일에 대해서도 유도해 나가는 교육 방법을 취했습니다. 제 선왕이 자신은 용맹을 좋아하는 문제가 있다고 말하자 맹자는 용맹을 좋아하는 것은 문제가 아니라고 말했습니다. 다만 용맹을 좋아하는 경계를 확대시킬 수만 있다면 제나라는 방법이 있다고 했습니다. 제 선왕이 자신은 군것질을 좋아하는 문제가 있다고 말했다면 그것 역시 상관없다고 맹자는 말했을 것입니다. 다만 간식거리를 아주 많이 만들어서 모든 사람이 먹을 수 있게 하면 된다고 했을 테니까요. 제 선왕이 축구를 좋아한다고 말했다면 그래도 맹자는 상관없다고 말했을 것입니다. 다만 전 국민이 축구를 할 수 있는 여가와 흥미를 지니고 있어서 체력을 단련할 수 있기만 하면 된다고 했을 것입니다. 이것이 바로 맹자의 교화입니다. 그는 결코 진부하고 답답한 사람이 아니었습니다.

단지 흠이라면 그는 종횡가들처럼 두세 마디라도 상대의 비위를 맞춰주는 말을 해서 그 마음을 움직이려 들지 않았다는 점입니다. 그래서 맹 선생님의 왕도와 인정은 끝내 받아들여지기 어려웠습니다.

앞에서 음악을 좋아한다고 말했던 제 선왕은 여기서는 용맹을 좋아한다고 말했고, 뒤에서는 재물을 좋아하고 여색을 좋아한다고 말합니다. 그와 동시대의 제후들 가운데 아무도 이렇게 솔직한 사람은 없었습니다. 후세의 그렇게 많은 제왕들 중에서도 그만큼 솔직한 사람은 별로 없었습니다. 그래서 저는 개인적으로 그가 비교적 사랑스러운 사람이라고 생각됩니다. 그가 다스렸던 이십 년 동안에 제나라가 번영하고 안정될 수 있었던 것은 결코 우연한 일이 아니라 그 나름의 이치가 있었습니다.

그가 여기에서 말했던 용맹을 좋아하고 음악을 좋아하고 여색을 좋아하고 재물을 좋아하는 심리는, 사실 제왕만 그런 것이 아니라 모든 사람이 그런 심리를 가지고 있습니다. 어느 누가 용맹과 음악과 여색과 재물을 좋아하지 않겠습니까? 단지 정도의 차이가 있을 뿐입니다. 물론 그가 여기에서 말한 용맹은 맹자가 말한 그런 큰 용맹이 아니었습니다. 그가 좋아하는 용맹은 보통 사람들이 좋아하는 작은 용맹이었습니다. 용맹을 좋아한다는 말이 나오니 두 사람이 생각나는군요. 용맹을 좋아했던 그들 역시 일국의 군주였습니다.

## 강한 나라를 만들기 위해 복제를 고친 조 무령왕

그중 한 사람은 조(趙)나라의 무령왕(武靈王)입니다. 그가 끝내 실패한 것은 물론 용맹을 좋아하는 마음을 확대하지 않았기 때문입니다. 조나라 북쪽은 오랑캐의 변경과 맞닿아 있었습니다. 당시 변방의 민족들은 모두 유목 민족이었는데, 생활의 편리와 생활 환경의 영향을 받아 하나같이 용맹을 좋아하고 사나웠습니다. 그래서 복장에서도 옷 길이가 짧고 소매가 좁았는데 심지어 한쪽 팔뚝을 드러내기도 했습니다. 중국 고대의 복장은 예악의 가르침을 받아 줄곧 길고 헐렁한 데다 소매가 넓었습니다. 길을 걸어가면 "날개 같았으니〔翼如也〕", 양쪽의 큰 소매가 마치 새가 날개를 쫙 펼친 것처럼 멋이 있어서 확실히 보기 좋았습니다. 당시 무령왕은 조나라를 강성하게 만들기 위해 복장을 고치라는 명을 내렸습니다. 중국 고유의 복식을 버리고 오랑캐 복장을 따라했던 것인데, 그것을 빌려 부국강병의 목적을 이루고자 했던 것입니다. 당시 조나라 왕실과 대신들은 분분히 반대했는데, 무령왕과 그들의 변론은 자못 흥미롭고 나름대로 일리가 있습니다. 그가 그렇게 한 것이 옳은지 그른지는 차치하고 무령왕의 변론을 보면 당시 그의 생각과 사상을 엿볼 수 있습니다.

어느 날 조나라의 재상 비의(肥義)가 무령왕과 한담을 하다가 그에게 세태의 변화, 군사의 배치, 간왕(簡王)이나 양왕(襄王) 같은 선왕들의 업적 및 오랑캐와의 이해관계 등의 문제를 생각해 본 적 있느냐고 물었습니다.

그러자 무령왕이 말했습니다. "후대의 군왕이 선대 군왕의 공훈과 업적을 잊지 않는 것은 군왕 된 자의 본분이다. 신하 된 자는 마땅히 그런 자료들을 연구하여 역사의 교훈과 본보기를 취해 군왕을 돕고 그 장점을 마음껏 발휘할 수 있도록 해야 한다. 그러므로 현명한 군주는 평상시에는 백성을 교화하고 일을 도모할 때는 선왕의 공적을 드날려야 한다. 신하 된 자는 그 지위를 얻지 못했을 때는 효제(孝悌)와 겸양(謙讓)의 덕성을 함양해야 하고, 출세했을 때는 백성들을 위해 복지를 도모하는 동시에 군왕이 공적을 쌓도록 보조해야 한다. 이것이 바로 군도(君道)와 신도(臣道)의 다른 점이다."

"이제 내가 호(胡)와 적(翟)이라는 두 이웃 나라를 향해 영토를 확장하여 양왕께서 완성하지 못한 공적을 계승하고 싶지만 어쩌면 내 평생에 실현할 수 없을지도 모른다. 적이 약소하다면 우리가 그 기회에 영토를 확장할 수 있으니 그야말로 적은 힘으로 많은 공적을 거둘 수 있을 것이다. 백성의 힘을 소진하지 않고도 선왕과 같은 영광을 얻게 된다. 하지만 목전의 정세는 강한 이웃이 변경을 압박해 오는 형국인지라 호인과 적인이 저토록 강하고 사나우니 참으로 어떻게 할 수가 없다."

"지금 나에게는 나 나름의 구상이 있기는 하다. 그렇지만 무릇 탁월한 공훈을 남기는 사람은 대개 처음에는 풍습이 다르고 정리(情理)에 위배된다는 오명을 남기게 되고, 독특한 견해를 가진 사람은 처음에는 다른 사람들의 신임을 얻지 못하고 거리낌과 반대에 부딪히게 된다. 가령 내가 전국의 백성들에게 오랑캐 복장으로 바꾸고 그들의 말 타고 활 쏘는 기술을 배우라고 할 계획을 세우고는 있지만, 생각해 보면 틀림없이 물의를 일으키고 반대에 부딪힐 것이다."

그런데 뜻밖에도 비의라는 사람은 그의 계획에 찬성했습니다. 그가 말했습니다. "어떤 일이건 우물쭈물 망설이면서 결정을 내리지 못하면 성공하기 어렵습니다. 또 어떤 행동이든 미적대면서 정하지 못하면 결과를 얻기 어렵습니다. 이제 왕께서는 주저하지 말고 이 혁신적인 계획을 결정하십시오. 다른 사람의 의론 따위는 고려하실 필요 없습니다. 옛말에도 이르기를 '지극한 덕을 논하는 자는 세속과 어울리지 못하고, 큰 공을 완성하는 자는 대중과 모의하지 않는다〔論至德者, 不和於俗, 成大功者, 不謀於衆〕'라고 하였습니다. 무릇 최고의 덕행을 이야기하는 사람은 세속을 좇아 걸어갈 수 없고, 대업을 완수하고자 하는 사람은 여러 사람과 의논할 필요가 없습니다. 예전에 순임금도 묘(苗)라는 지방에 가서 그 풍속에 따라 춤을 추기도 하였습니다. 우임금은 심지어 의복을 풀어 헤치고 나체국(裸體國)을 방문하기도 하였습니다. 그들은 모두 욕망을 좇거나 향락을 위해서가 아니라 덕업(德業)의 원대한 이상을 위해 풍속을 좇아 변화했던 것입니다. 이른바 '어리석은 자는 성사된 뒤에도 그 연유를 알지 못하고, 지혜로운 자는 일이 이루어지기도 전에 안다〔愚者闇於成事, 智者見於未萌〕'라고 하였습니다. 어리석은 사람은 일이 끝난 후에도 여전히 그 내막을 알지 못하고, 총명한 사람은 문제가 아직 생기기도 전에 이미 기미를 살핍니다. 왕께서는 당신의 뜻대로 하십시오."

비의가 말했던 이른바 "의심스러워하면서 행동하면 명성을 떨칠 수 없고, 의심스러워하면서 일을 하면 공을 이룰 수 없다[疑行無名, 疑事無功]"라든지 이른바 "지극한 덕을 논하는 자는 세속과 어울리지 못하고, 큰 공을 완성하는 자는 대중과 모의하지 않는다[論至德者不和於俗, 成大功者不謀於衆]"라는 것은 상앙이 진 효공(秦孝公)에게 변법을 유세하면서 했던 말을 인용한 것입니다. 그는 일파(一派) 독재론(獨裁論)에다가 순임금과 우임금이 외교를 펼쳤던 고사를 억지로 끌어다 붙여서 결국 무령왕을 설득했습니다.

무령왕은 오랑캐 옷을 입는 것 자체를 망설이는 것이 아니라 천하 사람들의 웃음거리가 될 것이 두려운 것이라고 말했습니다. "비의 그대가 이렇게 말해 주니 나도 결심이 섰다." 그러고는 자신이 먼저 오랑캐 옷을 만들어 조회에 입고 가서 군신들과 만날 준비를 했습니다.

당시 조나라의 공자 성(成)은 무령왕의 손윗사람이었고 평소에 명망이 높았습니다. 무령왕은 그의 반대에 부딪히게 될 것이 두려운 나머지 대신인 왕손설(王孫緤)을 보내서 공자 성도 오랑캐 복장으로 바꾸어 입고 자신에게 호응해 줄 것을 요청했습니다.

하지만 요청은 받아들여지지 않았고 마침내 무령왕은 직접 공자 성의 집을 찾아가서 설명했습니다. "복장은 입기에 편하도록 하면 되고 예의는 일을 처리하기 편하도록 한 것입니다. 옛 성현들이 예법을 정한 것은 모두 그 지역에 적합한 것을 만들고 그 일에 맞추어 제정하였습니다. 가령 남방의 월나라 사람은 머리를 늘어뜨렸고 옷은 단정하지 않게 오른쪽 어깨를 드러냈으며 온 몸에 꽃무늬 문신을 하였습니다. 또 오나라 사람은 심지어

치아를 까맣게 물들이고 이마에는 기괴한 꽃무늬 문신을 하였으며, 머리에 쓴 것은 물고기 껍질로 만든 모자요 옷의 바느질은 조악하기 짝이 없습니다. 우리가 보기에는 완전히 야만인 같지만 그들은 오히려 자유롭고 편안하게 여깁니다. 아무튼 서로 다른 각종 복장은 그 지역에 적합하게 만든 것으로 단지 사람들이 편리하면 됐지 굳이 통일할 필요는 없습니다. 유가(儒家) 역시 한 스승이 가르친 제자이지만 그들이 강조하는 문교(文敎)는 제각기 다릅니다." 그는 끝으로 이렇게 말했습니다. "복장을 변경하는 것은 백성들이 무예를 익히기 편하도록 함으로써 영토를 개척하여 나라의 수치를 씻고자 함입니다." 그리하여 공자 성도 그의 방식에 동의했습니다.

그런데 또 다른 대신인 조문(趙文)이 반대 의견을 제시하면서 말했습니다. "자고로 위정(爲政)의 원칙은 세속을 이끌어 예법에 합치되도록 하고 문화 수준을 높이는 것입니다. 예제(禮制) 가운데 의복의 양식은 그 나름의 올바른 규칙이 있으며, 백성들이 법을 지키고 예를 어기지 않는 것은 그들의 본분입니다. 왕께서 지금 선조의 예법을 돌아보지 않고 오랑캐의 복장으로 바꾸고자 하는 것은 실로 전통 문화의 정신을 거스르는 것이니 조금 더 고려해 주시기 바랍니다."

하지만 무령왕은 변론하며 말했습니다. "그대가 말한 것은 모두 기존의 규칙을 그냥 고수하는 세속의 견해이지 창조적인 원대한 식견이 아니다. 고대만 놓고 보더라도 삼대(三代)의 복장은 제각기 달랐으나 그들은 모두 왕천하(王天下)라 불리는 위업을 달성하였다. 오패(五覇)의 교화도 제각기 달랐으나 그들 역시 상당히 볼만한 정치적 공적을 쌓았다. 머리가 좋은 사람은 예법을 창제하지만 보통 사람들은 그가 제정한 예법을 그대로 준수하고 규칙을 지킨다. 현명하고 능력 있는 사람은 언제나 세상 풍속의 좋고 나쁨을 논평하지만 일반적인 세상 사람들은 전통적인 기존 규칙을 그대로 따른다. 예제(禮制)와 풍습은 모두 시대의 추세를 따라 변한다. 이런 변화는 윗자리에 있는 사람이 제창하고 지도하는 것이니 보통 사람들은 그냥 규범을 따라 행할 뿐이다. 지금이 바로 위에 있는 우리가 국정을 살펴서 환경에 맞는 복제(服制)를 제정할 때이다. 너무 걱정하지 말고 안심해도 좋다."

조조(趙造)라는 이름의 신하가 또다시 힘껏 반대했습니다. 그의 반대 이유는 이러했습니다. "사회 교육을 추진한다고 해서 반드시 백성들의 원래 생활 형태를 바꾸어야 할 필요는 없습니다. 또 행정 조치를 실시한다고 해서 반드시 고유의 민속 풍습을 변경해야 할 필요는 없습니다. 백성에 맞추어서 교화하고 풍속에 근거해서 행하는 것이 효과가 더 큰 경우가 많습니다. 이제 이 기괴한 형상의 오랑캐 복장으로 바꾸어 입는다면 아마도 사람들의 원래 순박하고 착한 마음에 영향을 미치게 될 것입니다. 또 사람들에게 오랑캐처럼 아침부터 밤까지 말 타고 싸우게 한다면 아마도 용맹을 좋아하고 사나운 사회 기풍을 형성하게 될 것입니다. 뒤집어서 말하자면 옛 제도를 그대로 따르면 언제나 타당하며 고유의 예법을 준수하면 아무런 말썽도 생기지 않습니다."

그러자 무령왕이 그에게 변론하며 말했습니다. "고대와 현재의 풍속은 서로 다른데 도대체 어느 시대의 풍속을 표준으로 삼아야 하느냐? 또 역대 제왕들의 예법도 한번 완성된 후 변함없이 지켜져 온 것이 아닌데 어느 시대의 제도를 준수해야 한다는 말이냐? 복희(伏羲), 신농(神農)의 시대에는 죄를 범한 사람을 죽이지 않고 교화하였다. 황제(黃帝), 요(堯), 순(舜) 시대에는 죽을죄를 지은 사람에 대해 비록 죽이기는 했어도 내심으로는 가엾어 하고 동정하였다. 하(夏), 상(商), 주(周)에 이르러 또다시 시대 배경이 달라지면서 새로운 법률을 제정하였고 국정의 변화에 맞추어 새로운 예제(禮制)를 정립하였다. 요약하면 하나같이 '편리함과 적합함'을 원칙으로 삼았다. 의복과 기구의 양식도 모두 똑같은 원리에 기초하여 변혁하였으니 고대의 것을 바꾸지 않고 그대로 본받지는 않았다. 개국의 군주는 옛 법을 그대로 답습하지 않더라도 천하를 이끌어 나갈 수 있다. 하(夏)와 상(商)이 쇠약해져 갈 때에 그들은 비록 고제(古制)와 예법을 변경하지 않았지만 똑같이 멸망하고 말았다. 그러니 옛것에 반대하는 것이 반드시 옳지 않은 것만은 아니며 예법을 그대로 준수하는 것이 반드시 좋은 것만도 아니다. 추(鄒)와 노(魯) 두 나라의 복장은 훌륭하지만 백성의 기풍이 바르지 않은 것은 그들에게는 탁월한 지도자가 없기 때문이다."

그는 끝으로 이렇게 말했습니다. "법도를 그대로 따르는 행위로는 결코 세상을 뒤덮을 공훈을 세울 수 없고, 고대의 규범을 본받는 것으로는 현실의 환경에 적응할 수 없다. 내 결정이 그런대로 괜찮으니 그대는 반대하지 말라."

이 사료(史料)에는 고명한 이치가 많이 들어 있어서 여러분의 지혜로운 생각을 열어 줄 수 있으므로 아래에 원문을 붙여 참고할 수 있도록 하겠습니다.

무령왕이 낮에 한가로이 거하는데 비의가 왕을 모시고 앉아서 말하였다. "왕께서는 세상일의 변화를 생각하시고 군사의 배치를 저울질하시고 간왕과 양왕의 종적을 생각하시고 호와 적의 이로움을 헤아리십니까?"

왕이 말하였다. "후사가 세워져서 선조의 덕을 잊지 않는 것은 군주의 도이고, 역사의 교훈을 참고해서 군주의 장점을 밝히는 것은 신하의 논리이다. 그러므로 현명한 군주는 평소에는 백성들을 이끌어 일하도록 가르치고, 움직일 때에는 옛 선왕들의 공적을 밝혀야 한다. 신하 된 자는 궁할 때에는 장자에게 효제하고 사양하는 절조가 있어야 하고 현달하였을 때에는 백성을 돕고 군주를 이롭게 하는 업적이 있어야 하니, 이 두 가지가 군주와 신하의 본분이다. 이제 내가 양왕의 업적을 계승하여 호와 적의 영토를 개척하고자 하지만 죽을 때까지 그런 일을 보지 못할 것 같다. 적이 약할 경우에는 힘은 적게 들이고 공을 많이 얻을 수 있으니 백성들을 고달프게 하지 않고서도 지난날의 공훈을 누릴 수 있을 것이다. 무릇 세상에서 뛰어난 공을 세우려는 자는 세상의 풍습을 위배하였다는 책망을 받기 마련이며, 독창적인 견해를 지니고 있는 자는 백성들이 꺼리기 마련이다. 이제 나는 앞으로 백성들에게 오랑캐 옷을 입고 말 타고 활 쏘는 것을 가르치려고 하는데, 세상에서는 틀림없이 과인에 대해 의론이 분분할 것이다."

그러자 비의가 말하였습니다. "신이 듣기에 '의심스러워하면서 일을 하면 공을 이룰 수 없고, 의심스러워하면서 행동하면 명성을 떨칠 수 없다' 하였습니다. 지금 왕께서 기왕 세상의 풍습을 위배한다는 우려를 감수하시려고 결정하셨으니, 세상 사람들의 의론은 생각하지 마십시오. 무릇 지극한 덕을 논하는 자는 세속과 어울리지 못하고, 큰 공을 완성하는 자는 대중과 모의하지 않는 법입니다. 옛날 순임금은 묘 땅에 가서 그곳의 춤을 추었고 우임금은 옷을 풀어 헤치고 나국에 들어갔으니, 이는 욕망을 기르고 뜻을 즐겁게 하기 위해서가 아니라 덕을 선양하여 공을 이루고자 하였던 것입니다. 어리석은 자는 성사된 뒤에도 그 연유를 모르고 지혜로운 자는 일이 이루어지기도 전에 압니다. 왕께서는 결행하소서!"

왕이 말하였다. "나는 오랑캐 옷을 입는 것을 의심스러워하는 것이 아니고 천하 사람들이 나를 비웃지나 않을까 두렵다. 무지한 자의 즐거움을 지혜로운 자는 슬퍼하며 어리석은 자의 비웃음을 어진 자는 슬퍼한다. 세상에서 나를 따르는 자는 오랑캐 옷의 효능을 이루 다 알지 못한다. 비록 세상 사람들이 이 일로 나를 비웃는다고 할지라도 오랑캐 땅과 중산국은 내가 꼭 차지할 것이다."

왕이 마침내 오랑캐 옷을 입고 왕손설을 보내어 공자 성에게 고하였다. "과인이 오랑캐 옷을 입고 조회에 참석할 것이니 숙부께서도 입으시기를 바랍니다. 집안에서는 부모의 말씀에 따라야 하고 나라 안에서는 군주의 명에 복종해야 하는 것이 고금의 공인된 행동 원칙입니다. 아들은 부모에게 반대해서는 안 되고 신하는 군주를 거역해서는 안 되는 것이 선왕들의 통념입니다. 지금 과인이 교지를 내려 복장을 바꾸어 입게 하였는데 숙부께서 입지 않으시면 천하 사람들이 비난할까 두렵습니다.

나라를 다스리는 데에는 상도가 있으니 백성을 이롭게 함이 그 근본이며, 정치에 참여하는 데에는 원칙이 있으니 명령에 따라 행동하는 것이 가장 중요합니다. 그러므로 덕정을 펴려면 먼저 평민들을 이해시켜야 하며 정치를 시행하려면 먼저 귀족들에게서 신임을 얻어야 합니다. 지금 오랑캐 옷을 입는 목적은 욕망을 기르고 뜻을 즐겁게 하려는 것이 아닙니다. 일은 나오는 바가 있고 공은 머무르는 바가 있으니, 일이 완성되어 공을 이룬 후라야 덕이 드러나는 법입니다. 지금 과인은 숙부께서 정치 참여의 원칙에 어긋나게 행동함으로써 숙부를 비난하는 일을 자초할까 두렵습니다. 아울러 과인이 들으니 나라를 이롭게 하는 일에 종사하는 자는 행함에 사악함이 없고, 귀척에 의지하는 자는 명예에 손상을 입지 않는다고 합니다. 그러므로 과인은 숙부의 의로움을 빌려서 오랑캐 옷의 공적을 이루고자 합니다. 왕손설을 시켜서 숙부를 뵙도록 하오니 오랑캐 옷을 입어 주십시오."

공자 성이 재배하고 말하였다. "신은 이미 왕께서 오랑캐 옷을 입으신다는 말을 들었으나 재주도 없고 병들어 누워 있는 몸이라 조정에 나아가 진언을 드리지 못하였습니다. 왕께서 지금 그것을 명하시니 신이 감히 우매한 충정을 다하고자 합니다. 신이 들으니 중국은 총명하고 예지 있는 사람들이 거주하는 곳이고, 만물과 재화가 모이는 곳이며, 성현이 교화를 행한 곳이고, 인의가 베풀어진 곳이며, 시서와 예악이 쓰이는 곳이고, 특이하고 우수한 기예가 시험되는 곳이며, 먼 곳의 사람들이 관람하러 오는 곳이고, 오랑캐가 모범으로 삼는 곳이라고 합니다. 지금 왕께서는 이를 버리시고 먼 나라의 옷을 입으시니, 이것은 옛날의 교화를 변경함이요 옛날의 도를 바꿈이요 백성들의 마음을 거스름이니, 배운 자를 배반하고 중국을 떠나는 것입니다. 신은 왕께서 이 일을 헤아리시기를 바랍니다."

사자가 이 말을 왕에게 보고하였다. 왕이 말하기를 "내가 전부터 숙부께서 병이 드셨다고 들었다" 하고는 곧 숙부 성의 집으로 가서 몸소 부탁하여 말하였다. "무릇 옷이라는 것은 입기에 편리하면 되는 것이고 예라는 것은 일을 도모하기에 편리하면 되는 것입니다. 그런 까닭에 성인이 지방의 풍속을 관찰하여 마땅한 바를 따르고, 구체적인 일에 맞추어 예의를 제정하는 것은 국민을 이롭게 하고 나라를 부강하게 하기 위해서입니다. 머리를 늘어뜨리고 몸에 문신을 하고 팔에 무늬를 아로새기고 옷깃을 왼쪽으로 여미는 것은 구월의 백성들입니다. 이를 검게 물들이고 이마에 무늬를 새기고 물고기 껍질로 만든 모자를 쓰고 조악하게 바느질한 옷을 입는 것은 오나라입니다. 예와 옷은 서로 다르나 편리함을 추구하는 것은 마찬가지이니, 그러므로 지방이 다르기 때문에 쓰임이 변하고 일이 다르기 때문에 예도 바뀌는 것입니다. 그런 까닭에 성인은 진실로 백성을 이롭게 할 수 있다면 그 쓰임을 하나로만 하지 않았습니다. 정말로 일하는 데 편리할 수 있다면 그 예를 동일하게 하지 않았습니다. 유자는 한 스승에게서 배우지만 예는 서로 다르며, 중국에도 풍속은 동일하나 교화가 서로 차별이 있는데, 하물며 산골짜기의 편리함을 말할 것이 있겠습니까? 그러므로 떠나고 나아감의 변화는 지혜로운 사람도 하나로 만들 수 없습니다. 먼 곳과 가까운 곳의 옷은 성현도 같게 할 수 없습니다. 궁벽한 벽촌에는 다른 풍속이 많으며 천박한 학문에는 변론이 많은 법이나, 알지 못하면서도 의심하지 않고 자기 의견과 달라도 비난하지 않는 것은 사심 없이 선을 추구함입니다. 지금 숙부께서 말씀하신 것은 일반적인 풍습이고 제가 말하는 것은 풍속을 조성하는 이치입니다.

우리나라는 동쪽으로 황하와 장수(박락진)가 있어 제나라, 중산국과 공유하고 있으나 배를 이용함이 없습니다. 상산에서부터 대, 상당에 이르기까지 동쪽으로는 연나라, 동호와의 변경이 있고 서쪽으로는 누번, 진나라, 한나라와의 변경이 있으나 말 타고 활 쏘는 방비가 없습니다. 그러므로 과인은 또한 배를 이용하기를 물가에 사는 백성들에게 구함으로써 황하와 장수를 지키고자 합니다. 옷을 바꾸고 말 타기와 활쏘기를 배워서 삼호, 누번, 진나라, 한나라의 변경을 방비하고자 합니다.

또한 예전에 간왕께서는 진양에서부터 상당에 이르기까지 막힘이 없게 하셨고, 양왕께서는 융을 병합하고 대를 취하여 오랑캐 각 부족을 물리치셨으니, 이는 어리석은 자나 지혜로운 자나 잘 알고 있는 바입니다. 과거에 중산국이 제나라의 강력한 병력을 믿고 우리 땅을 침략하고 우리 백성을 약탈하고 물을 끌어대어 호성을 포위했는데, 만약 사직의 신령이 돕지 않았다면 호성은 거의 지키지 못하였을 것입니다. 선왕께서는 이를 수치스럽게 여기셨으나 그 원한은 아직 갚지 못하였습니다. 이제 말 타고 활 쏘는 복장을 하게 되면 가까이는 상당의 형세를 방비할 수 있고 멀리는 중산국의 원한을 갚을 수 있습니다. 그런데 숙부께서는 중국의 풍속을 따르느라 간왕과 양왕의 뜻을 어기고 있으니, 옷을 바꾸었다는 오명을 싫어해서 나랏일의 수치를 망각하는 것은 과인이 숙부에게 바라는 바가 아닙니다."

그러자 공자 성은 재배하고 머리를 조아리며 말하였다. "신이 어리석어 왕의 논지를 모르고 감히 세속의 견문을 아뢰었으나, 지금 왕께서 간왕과 양왕의 뜻을 계승하고 선왕의 뜻에 따르고자 하시니 신이 감히 명령에 복종하지 않겠나이까. 이제 재배하나이다!" 왕이 이에 오랑캐 옷을 하사하였다.

조문이 간언을 올려 말하였다. "농부는 수고로이 일하고 군자는 기르는 것이 정치의 원리입니다. 어리석은 자는 뜻을 진술하고 지혜로운 자는 논하는 것이 가르침의 도입니다. 신하는 충성을 숨김이 없고 군주는 말을 덮음이 없는 것이 나라의 녹입니다. 신이 비록 어리석으나 그 충성을 다하기를 바랍니다!"

왕이 말하였다. "생각에는 어지럽힘을 싫어함이 없고 충성에는 죄를 탓함이 없으니 그대는 말하라!"

조문이 말하였다. "세상에 나아가 풍속을 돕는 것은 옛 도이고, 의복에 상도가 있는 것은 예의 제도이며, 법을 잘 익혀서 허물이 없도록 하는 것은 백성의 직무이니, 이 세 가지는 선현들이 가르친 바입니다. 지금 왕께서 이를 버리시고 먼 나라의 옷을 입으시니, 이것은 옛날의 교화를 변경함이요 옛날의 도를 바꾸는 것이니, 신은 왕께서 이 일을 헤아리시기를 바랍니다!"

왕이 말하였다. "그대가 세속의 일을 말하였는데 백성들은 오랜 풍습에 빠져 있고 배운 자들은 들은 바에 빠져 있다. 이 두 가지는 기성의 관리가 정치에 따르는 것이지 멀리 내다보고 새로이 시작하는 논의가 아니다. 또한 삼대는 의복을 달리하여 왕 노릇 하였고, 오백은 교화를 달리하여 정치를 하였다. 지혜로운 자는 가르침을 베풀고 어리석은 자는 거기에 제약받는다. 어진 자는 풍속에 대해 논의하지만 못난 자는 거기에 얽매인다. 의복에 제약받는 백성과는 더불어 마음을 논할 수 없고 풍속에 얽매이는 무리와는 더불어 뜻을 합치할 수 없다. 그러므로 세는 세속과 동화해도 예는 변화와 함께하는 것이 성인의 도이고, 가르침을 받들어 움직이고 사사로움 없이 법을 좇는 것이 백성의 직무이다. 학문을 아는 사람은 견문과 더불어 옮겨 갈 수 있고 예의 변화에 통달한 사람은 때와 동화할 수 있다. 그러므로 자기를 위하는 자는 다른 사람에게 의지하지 않고 지금을 다스리는 자는 옛날을 본뜨지 않는다. 그대는 그것을 놓으라!"

조조가 간하여 말하였다. "충성을 숨기고 다하지 않는 것은 간사한 무리이고 사사로움으로 나라를 속이는 것은 미천한 부류입니다. 간사함을 범한 자는 죽임을 당하고 나라를 천하게 만든 자는 멸족을 당합니다. 이 두 가지는 옛 성인의 밝히 드러난 형법이고 신하의 큰 죄입니다. 신이 비록 어리석으나 충성을 다하고 죽음을 좇지 않기를 바랍니다!"

왕이 말하였다. "뜻을 다하여 피하지 않음이 충성이고 윗사람이 말을 덮어 버리지 않음이 명철이다. 충성은 위험을 피하지 않고 명철은 사람을 물리치지 않으니 그대는 말하라!"

조조가 말하였다. "신이 들으니 '성인은 백성을 고쳐서 가르치지 않고 지혜로운 자는 풍속을 변화시켜 움직이지 않는다' 하였습니다. 백성에 맞추어 가르치면 수고하지 않고 공을 이룰 수 있고, 풍속에 근거하여 움직이면 길이 쉽게 드러납니다. 지금 왕께서는 처음 것을 고치고 풍속을 따르지 않으려 하십니다. 오랑캐 옷을 입고 세상을 돌아보지 않음은 백성을 가르쳐 예를 완성하는 바가 아닙니다. 또 의복이 기이한 자는 뜻이 음탕하고 풍속을 피하는 자는 백성을 어지럽히므로, 그런 까닭에 나라를 맡은 자는 기이한 옷을 입지 않고 중국은 오랑캐의 행동을 가까이 하지 않으니, 백성을 가르쳐 예를 완성하는 바가 아닙니다. 또 법을 따르면 허물이 없고 예를 준수하면 잘못됨이 없으니 신은 왕께서 그것을 헤아리시기를 바랍니다!"

그러자 왕이 말하였다. "고금의 풍속이 같지 않은데 어떤 옛 법을 본받을 것인가? 제왕들이 서로 답습하지 않는데 어떤 예를 따를 것인가? 복희와 신농은 가르치되 죽이지 않았고 황세와 요, 순은 죽이되 미워하지는 않았다. 삼왕에 이르러서는 시대 변화에 따라 법규를 제정하였으며 실제 일에 맞추어 예를 제정하였다. 법령과 제도가 각각 실제 필요에 부합되었고 의복과 기계는 각각 그 쓰임에 편리하였다. 그러므로 예법 또한 반드시 한 가지 방식일 필요가 없고 국가의 편의를 추구하는 데 반드시 옛것을 본받아야 할 필요는 없다. 성인이 일어났으므로 답습하지 않아도 왕 노릇 하였고, 하나라와 은나라가 쇠약해졌으므로 예를 바꾸지 않아도 멸망하였다. 그렇다면 옛것을 위반하였다고 해서 비난할 수 없으며, 예를 그대로 따랐다고 해서 좋을 것도 없다.

만약 옷이 기이한 자는 뜻이 음탕하다고 한다면 추나라와 노나라에는 기이한 행사가 없을 것이며, 풍속이 바르지 못한 곳에서는 백성이 경솔해진다면 오나라와 월나라에는 뛰어난 인재가 없을 것이다. 그런 까닭에 성인께서는 신체를 이롭게 하는 것을 의복이라고 하셨고 일을 도모하기에 편리하게 하는 것을 가르침이라고 하셨으며 나아가고 물러나는 것을 예절이라하셨다. 의복의 제도는 일반 백성을 다스리기 위한 것이지 현자를 논평하기 위한 것이 아니다. 그러므로 성인은 세속과 어울리고 현인은 변화와 함께하는 것이다. 옛 속담에 '책 속의 지식으로 말을 모는 자는 말의 속성을 다 이해할 수 없고 옛것으로 지금을 다스리는 자는 사리의 변화에 통달할 수 없다'라고 하였다. 그러므로 옛날 법도만을 따라서는 세상에 뛰어날 수 없고 옛날 학문만을 본받아서는 지금을 다스리기 어려우니, 그대는 반대하지 말라."

武靈王平晝間居, 肥義侍坐曰: "王慮世事之變, 權甲兵之用, 念簡襄之迹, 計胡狄之利乎?"

王曰: "嗣立不忘先德, 君之道也; 錯質務明主之長, 臣之論也. 是以賢君靜而有道民便事之敎, 動有明古先世之功; 爲人臣者, 窮有弟長辭讓之節, 通有補民益主之業, 此兩者君臣之分也. 今吾欲繼襄主之業, 啓胡翟之鄕, 而卒世不見也. 敵弱者, 用力少而功多, 可以無盡百姓之勞, 而享往古之勳. 夫有高世之功者, 必負遺俗之累, 有獨知之慮者, 必被庶人之恐. 今吾將胡服騎射以敎百姓, 而世必議寡人矣."

肥義曰: "臣聞之, '疑事無功, 疑行無名.' 今王卽定負遺俗之慮, 殆毋顧天下之議矣. 夫論至德者不和於俗, 成大功者不謀於衆. 昔舜舞有苗, 而禹袒入裸國, 非以養欲而樂志也, 欲以論德而要功也. 愚者闇於成事, 智者見於未萌. 王其遂行之!"

王曰: "寡人非疑胡服也, 吾恐天下笑之; 狂夫之樂, 知者哀焉, 愚者之笑, 賢者戚焉. 世有順我者, 則胡服之功未可知也. 雖歐世以笑我, 胡地中山, 吾必有之."

王遂胡服, 使王孫緤告公子成曰: "寡人胡服且將以朝, 亦欲叔之服之也. 家聽於親, 國聽於君, 古今之公行也. 子不反親, 臣不逆主, 先王之通誼也. 今寡人作教易服, 而叔不服, 吾恐天下議之也.

夫制國有常, 而利民爲本, 從政有經, 而令行爲上. 故明德在於論賤, 行政在於信貴. 今胡服之意, 非以養欲而樂志也. 事有所出, 功有所止, 事成功立, 然後德且見也. 今寡人恐叔逆從政之經, 以輔公叔之議. 且寡人聞之, 事利國者行無邪, 因貴戚者名不累. 故寡人願募公叔之義, 以成胡服之功. 使緤謁之叔, 請服焉!"

公子成再拜曰: "臣固聞王之胡服也. 不佞寢疾, 不能趨走, 是以不先進. 王今命之, 臣固敢竭其愚忠. 臣聞之: 中國者, 聰明叡知之所居也, 萬物財用之所聚也, 聖賢之所教也, 仁義之所施也, 詩書禮樂之所用也, 異敏技藝之所試也, 遠方之所觀赴也, 蠻夷之所義行也. 今王釋此而襲遠方之服, 變古之教, 易古之道, 逆人之心, 畔學者, 離中國. 臣願大王圖之!"

使者報王. 王曰: "吾固聞叔之疾也." 卽之公叔成家自請之, 曰: "夫服者, 所以便用也. 禮者, 所以便事也. 是以聖人觀其鄉而順宜, 因其事而制禮, 所以利其民厚其國也. 被髮文身, 錯臂左衽, 甌越之民也. 黑齒雕題, 鯷冠秫縫, 大吳之國也. 禮服不同, 其便一也, 是以鄉異而用變, 事異而禮易. 是故聖人苟可以利其民, 不一其用. 果可以便其事, 不同其禮. 儒者一師而禮異, 中國同俗而教離, 又況山谷之便乎? 故去就之變, 知者不能一. 遠近之服, 賢聖不能同. 窮鄉多異, 曲學多辨, 不知而不疑, 異於己而不非者, 公於求善也. 今卿之所言者, 俗也; 吾之所言者, 所以制俗也.

今吾國東有河薄洛之水, 與齊中山同之, 而無舟楫之用. 自常山以至代上黨,東有燕東胡之境, 西有樓煩秦韓之邊, 而無騎射之備. 故寡人且聚舟檝之用, 求水居之民, 以守河薄洛之水. 變服騎射, 以備其參胡樓煩秦韓之邊.

且昔者簡王不塞晉陽以及上黨, 而襄王兼戎取代, 以攘諸胡, 此愚知之所明也. 先時中山負齊之强兵, 侵掠吾地, 係累吾民, 引水圍鄗, 非社稷之神靈, 卽鄗幾不守, 先王忿之, 其怨未能報也. 今騎射之服, 近可以備上黨之形, 遠可以報中山之怨; 而叔也順中國之俗, 而逆簡襄之意, 惡變服之名, 而忘國事之恥, 非寡人所望於子.”

公子成再拜稽首曰: “臣愚不達於王之議, 敢道世俗之聞, 今欲繼簡襄之意, 以順先王之志, 臣敢不聽今再拜!” 乃賜胡服.

趙文進諫曰: “農夫勞而君子養焉, 政之經也. 愚者陳意, 而知者論焉, 敎之道也. 臣無隱忠, 君無蔽言, 國之祿也. 臣雖愚, 願竭其忠!”

王曰: “慮無惡擾, 忠無過罪, 子其言乎!”

趙文曰: “當世輔俗, 古之道也; 衣服有常, 禮之制也; 修法無愆, 民之職也; 三者, 先聖之所以敎. 今君釋此而襲遠方之服, 變古之敎, 易古之道, 故臣願王之圖之!”

王曰: “子言世俗之間, 常民溺於習俗, 學者沉於所聞. 此兩者, 所以成官而順政也, 非所以觀遠而論始也. 且夫三代不同服而王, 五伯不同敎而政. 知者作敎, 而愚者制焉. 賢者議俗, 不肖者拘焉. 夫制於服之民, 不足與論心; 拘於俗之衆, 不足與致意. 故勢與俗化, 而禮與變俱, 聖人之道也. 承敎而動, 循法無私, 民之職也. 知學之人, 能與聞遷. 達於禮之變, 能與時化; 故爲己者不待人, 制今者不法古. 子其釋之!”

趙造諫曰: “隱忠不竭, 奸之屬也. 以私誣國, 賤之類也. 犯姦者身死, 賤國者族宗. 此兩者, 先聖之明刑, 臣下之大罪也. 臣雖愚, 願盡其忠, 無循其死!”

王曰: “竭意不諱, 忠也; 上無蔽言, 明也; 忠不辟危, 明不距人, 子其言乎!”

趙造曰: “臣聞之, ‘聖人不易民而敎, 知者不變俗而動.’ 因民而敎者, 不勞而

成功, 據俗而動者, 慮徑而易見也. 今王易初不循俗. 胡服不顧世, 非所以教民
而成禮也, 且服奇者志淫, 俗辟者亂民, 是以莅國者不襲奇辟之服, 中國不近蠻
夷之行, 非所以教民而成禮者也. 且徇法無過, 修禮無邪, 臣願王之圖之!"

王曰: "古今不同俗, 何古之法? 帝王不相襲, 何禮之循? 宓戲神農, 教而不
誅. 黃帝堯舜, 誅而不怒; 及至三王, 觀時而制法, 因事而制禮, 法度制令, 各順
其宜, 衣服器械, 各便其用; 故禮世不必一其道, 便國不必法古. 聖人之興也,
不相襲而王, 夏殷之衰也, 不易禮而滅; 然則反古未可非, 而循禮未足多也.

且服奇而志淫, 是鄒魯無奇行也; 俗辟而民易, 是吳越無俊民也; 是以聖人利
身之謂服, 便事之謂教, 進退之謂節, 衣服之制, 所以齊常民, 非所以論賢者也;
故聖與俗流, 賢與變俱. 諺曰: '以書爲御者, 不盡於馬之情, 以古制今者, 不達
於事之變.' 故循法之功, 不足以高世, 法古之學, 不足以制今, 子其勿反也."


조 무령왕은 대신들과 한 차례 변론을 벌인 후에 오랑캐 옷을 입으라는
명을 전국에 내렸습니다. 사람들은 가죽 허리띠를 묶고 가죽신을 신었습
니다. 옷소매는 좁게 고쳤습니다. 오른쪽 어깨는 드러내고 왼쪽 팔에만 옷
소매를 달았으며 옷섶은 헤쳐 놓았습니다. 동시에 가마를 타던 것을 말을
타도록 바꾸었고 백성들은 매일 말을 타고 교외로 나가서 사냥을 하도록
지도했습니다.

조 무령왕의 이러한 경영은 확실히 일시적인 효과를 거두었습니다. 나
라 안의 군대가 강성해졌습니다. 마침내 그는 몸소 부대를 이끌고 나가 호
(胡)와 적(翟)의 변경을 공격하였고, 수백 리에 달하는 영토를 확장했습니
다. 몇 차례 휘황찬란한 전과를 거두자 야심이 점차 커지더니 마침내 서쪽
의 진나라를 공격할 계획을 세웠습니다.

전해지는 바에 따르면 무령왕은 대단히 위풍당당하게 생겼고 키도 팔
척 팔 촌에 달했다고 합니다. 옛날부터 사내대장부라 불리는 사람은 "키

가 칠 척에 달하는 풍채"를 지닌다는 말이 있는데, 그의 키는 보통 사람보다 훨씬 컸습니다. 게다가 그의 당당한 외모는 용과 호랑이 같은 위세를 지니고 있었습니다. 얼굴에는 온통 수염이 무성했고 피부는 검고 빛이 났으며 가슴은 두 자(尺)나 되게 넓었으니, 현재의 권투왕 무함마드 알리나 한때 권투왕이었던 우간다의 아민 대통령보다 훨씬 위풍당당했습니다. 아무튼 사람들은 그의 기세가 어떤 사람보다 뛰어나서 사해를 삼킬 만하다고 표현했습니다.

그는 몸소 군사를 거느리고 수백 리에 달하는 다른 사람의 토지를 공격해서 차지하였으며, 이어서 진나라를 공격하려는 생각을 품었습니다. 그리하여 자신이 총애하던 오희(吳姬)가 낳은 둘째 아들에게 왕위를 물려주어 혜문왕(惠文王)을 세우고, 자신은 주부(主父) 즉 태상황(太上皇)을 자칭했습니다. 그러고 나서 정보를 수집하기 위해 조초(趙招)라는 거짓 이름을 써서 조왕의 명을 받아 진나라에 사신으로 나갔습니다. 물론 한 무리의 측량 요원들을 몰래 거느리고 가서 도중에 진나라 산천의 형세를 탐색하게 했습니다. 드디어 진나라 수도에 도착해서 진 소양왕(秦昭襄王)을 알현했습니다. 그런데 응대하는 그의 모습이 비굴하지도 않고 거만하지도 않아 진왕의 감탄을 자아냈습니다. 그날 밤중에 진왕이 곰곰이 생각해 보니, 조나라의 사신이라는 사람의 태도가 그토록 당당하고 위엄이 넘치는 것이 도무지 평범한 신하 같지 않았습니다. 게다가 전해지는 말로는 조 무령왕이 위풍당당하게 생겼다 하니 아무래도 뭔가 석연치 않았습니다. 다음날 날이 밝자마자 대사관으로 사람을 보내어 그 사신을 불러오라고 했습니다. 그러나 조 무령왕은 아프다는 핑계로 거절했습니다. 사흘이 지난 후에도 왕에게 나아오지 않자 진왕은 사람을 보내어 잡아오게 했습니다. 하지만 그때는 이미 진나라에서 도망간 지 사흘이나 지난 뒤였습니다.

그런데 이 대단한 재주와 모략을 지닌 무령왕은 결국 어떻게 되었을까요? 폐위시켰던 태자가 왕위를 계승한 혜문왕과 권력 투쟁을 벌여 서로를 죽이려는 와중에 그는 사구궁(沙丘宮)에 갇히는 신세가 되었고 산 채로 굶어 죽고 말았습니다. 참으로 그 지혜가 다른 사람을 알아보는 데는 충분했으나 자기 자신을 알아보기에는 부족했고, 그 재주가 다른 사람을 취하는 데는 충분했으나 자기 자신을 보호하기에는 부족했습니다. 한탄스럽기 짝이 없습니다!

## 힘을 믿고 용맹을 좋아했던 진 무왕

용맹을 좋아하는 것으로 명성을 날린 또 한 명의 군주는 진 무왕(秦武王)입니다. 그도 마찬가지로 키가 대단히 크고 힘이 좋았습니다. 스스로를 천하무적이라 생각하였기 때문에 역사(力士)들과 힘겨루기를 즐겼습니다. 당시 진나라에는 전대(前代) 장수의 아들이 둘 있었는데, 한 명은 오획(烏獲)이고 또 한 명은 임비(任鄙)였습니다. 두 사람 모두 무예가 뛰어나고 힘이 좋아서 진 무왕의 총애를 받았으니, 왕은 그들에게 높은 관직과 후한 녹봉을 내렸습니다. 훗날 제나라에서도 맹분(孟賁)이라는 역사(力士)가 나왔습니다. 전해지는 말에 따르면 그는 수로(水路)를 갈 때에는 교룡을 두려워하지 않고, 마른 길을 갈 때에는 호랑이나 이리를 두려워하지 않고 어디든지 나아갔다고 합니다. 화가 나서 큰 소리를 지르면 마치 천둥이 치는 것 같아서 온 세상이 깜짝 놀랐다고도 합니다. 어느 날 맹분은 야외에서 소 두 마리가 싸우고 있는 것을 보았습니다. 싸움을 말리려고 앞으로 다가가서 손으로 소 두 마리를 떼어 놓으려 했습니다. 그 가운데 한 마리는 그에게 순종하여 땅에 엎드려 싸우지 않았지만 나머지 한 마리는 계속해서 싸우려 들었습니다. 그는 몹시 화를 내면서 왼손으로는 소머리를 누르고 오른손으로 소뿔을 무참하게 뽑아 버렸습니다. 결국 소는 그 자리에서 죽고 말았습니다.

　나중에 그는 진 무왕이 천하에서 무용(武勇)이 뛰어난 사람을 모으고 있다는 말을 듣자 제나라를 떠나 진나라로 갔습니다. 진나라로 가는 길에 황하를 건너야 했는데, 맹분이 앞뒤 순서를 무시하고 먼저 배에 오르려고 하자 어떤 사람이 노로 그의 머리를 한 대 때렸습니다. 화가 난 맹분이 고함을 쳤는데 그 소리에 강물이 요동쳐 파도가 일더니 배가 뒤집어질 지경이 되었습니다. 배에 탄 사람들이 강물에 빠질 찰나에 맹분은 재빨리 배에 올라 삿대를 들고 물가를 밀면서 다리에 힘을 주었습니다. 그러자 배가 순식간에 멀리까지 나아가더니 얼마 지나지 않아 건너편에 도착했습니다. 배에서 내린 맹분은 곧바로 함양으로 달려갔습니다. 진왕을 만난 후 오획이나 임비처럼 진 무왕의 총애를 얻어 높은 벼슬을 지냈습니다.

　용맹을 좋아한 진 무왕은 어려서부터 중국의 서수(西陲) 변경에서 성장했습니다. 한 번도 중원의 성대한 모습을 본 적이 없었기 때문에 그는 자못 중원의 문화를 동경했습니다. 여(黎), 낙(洛) 일대를 한 번만 관광할 수 있다면 죽어도 여한이 없겠다고 생각했습니다. 어찌나 용맹을 좋아했던지 정당한 외교 경로를 거쳐 정식 방문을 하지 않고, 중간에 가로막고 있는 한(韓)나라를 쳐서 그의 소원을 이루려는 계획을 세웠습니다. 훗날 과연 한나라를 쳐서 낙양(雒陽)에 들어갔습니다. 주 난왕(周赧王)이 사람을 보내어 성 밖에서 그를 환영했는데 진 무왕은 알현하러 가지 않았습니다. 그 대신에 몇 명의 용사를 거느리고 몰래 주 왕조의 태묘(太廟)로 달려가서 보정(寶鼎)을 참관했습니다. 그는 솥〔鼎〕에 각기 나누어 새겨놓은 구주(九州)의 이름자와 토템을 보더니 '옹(雍)' 자가 새겨진 솥을 가리키면서 "이것은 진나라의 솥이니 내가 이것을 함양으로 가지고 가겠다"라고 말했습니다. 그런데 솥을 지키던 사람이 말하기를 "이 아홉 개의 솥은 각기 그 무게가 천 근이라 지금껏 옮길 수 있는 사람이 아무도 없었습니다"라고 했습니다. 진 무왕은 곁에 있던 임비와 맹분 두 사람에게 들 수 있겠느냐고 물었습니다. 임비는 비교적 총명한 사람이라 "저는 백 근은 들 수 있지만 이 솥은 열 배나 더 무거우므로 들 수가 없습니다"라고 말했습니다. 하지만 맹분은 달랐습니다. 한번 해 보겠노라고 말하고는 솥을 지면에서 반 자[尺] 높이까지 들어 올렸습니다. 그런데 힘을 지나치게 쓴 나머지 안구가 모두 터지고 눈자위는 찢어져 피가 계속 흘렀습니다. 그것을 본 진 무왕이 말했습니다. "그대가 들어 올렸는데 설마하니 내가 들어 올리지 못하겠는가?" 임비가 곁에서 말렸습니다. "일국의 군주 신분으로 함부로 도전하지 마십시오." 그러나 진 무왕은 임비의 말을 듣지 않고 도리어 임비 자신이 들지 못하니까 왕이 들어 올릴까 봐 겁내는 것이라고 말했습니다. 임비는 감히 더는 참견하지 못했지요. 진 무왕 역시 반 자 높이까지 들어 올렸는데 그러고도 몇 걸음 더 걸어감으로써 맹분을 이기려고 했습니다. 하지만 예기치 못하게 방향을 바꾸려다 힘이 다 떨어져 그만 솥을 떨어뜨리고 말았습니다. 그 바람에 종아리뼈가 부러져 정신을 잃었는데, 그날 밤 피를 너무 많이 흘려서 죽고 말았습니다. 이것이 바로 작은 용맹을 좋아한 결과였습니다.

진 무왕 곁에 있던 세 명의 힘센 무사들의 결말은 제각기 달랐습니다. 오획은 한나라 의양성(宜陽城)을 공격할 때 병사들보다 먼저 맨 앞에서 달렸는데, 단숨에 성벽 높이까지 뛰어올라 손으로 성가퀴를 붙잡았습니다. 그런데 그의 힘이 너무 세서 그만 성가퀴가 무너져 내렸습니다. 그 바람에 그의 몸도 같이 굴러 떨어졌고 커다란 바위 위에 부딪히면서 늑골이 부러져 죽고 말았습니다. 맹분의 경우에는 소양왕(昭襄王)이 즉위한 후 솥을 들어 올렸던 그 사건을 검토하면서 그것이 맹분이 야기한 재앙이라고 판단했습니다. 그리하여 그를 찢어 죽이고 멸족시켰습니다. 그러나 임비는 당시에 간언을 올려 진 무왕에게 가벼이 도전하지 말라고 권했던 일로 인해 한중(漢中) 태수에 봉해졌습니다. 그들 세 역사(力士)의 서로 다른 결말은 후세에 작은 용맹을 좋아하는 사람들이 거울로 삼을 만합니다.

## 항우와 유방

이제 다시 개인적인 무용(武勇)을 좋아한 사람과 큰 용맹에 맡길 수 있었던 사람을 대립시켜 놓고 비교해 보겠습니다. 역사상 그 두 사람에 대한 기록은 아주 상세합니다. 한 사람은 항우입니다. 산을 뽑고 솥을 들어 올리는 용맹을 지녔으며 전쟁 시에는 창 한 자루에 말 한 필로 적진에 들어가서 종횡무진하면 어느 누구도 감히 막아서지 못했습니다. 한 고조가 그와 최후의 결전을 벌일 때, 수많은 병력으로 그를 오랫동안 포위하여 초군(楚軍)은 이미 패했으나 감히 누구도 항우에게 접근하지 못했습니다. 그보다 이전에 벌어졌던 또 한 차례의 전투에서 항우는 한 고조와 진 앞에서 만났습니다. 항우가 말했습니다. "천하에 이 오랜 세월의 전란에서 오직 그대와 나 쌍방이 서로 전쟁을 벌이다가 오늘 이제야 서로 만났다. 우리 쌍방이 명령을 내려 부하들은 모두 움직이지 못하게 하고 그대와 나 두 사람이 나와서 단독으로 싸우자. 우리 둘이 죽기로 싸워서 승부를 결정짓는다면 수많은 무고한 생명을 건질 수 있을 것이다." 그러자 한 고조가 말했습니다. "미안하지만 나는 결코 그대와 단독으로 싸우지 않겠다. 나는 지혜로 싸우지 힘으로는 싸우지 않는다." 이것이 바로 한 고조와 초 패왕(楚覇王)의 차이점입니다.

조 무령왕, 진 무왕, 항우 같은 사람들은 모두 작은 용맹을 좋아한 사람으로서 큰 용맹의 이치를 알지 못했습니다. 역대 제왕 가운데 그들이 좋아한 것이 큰 용맹이든 작은 용맹이든 불문하고 용맹을 좋아한 사람은 그들의 시호(諡號)를 통해 알 수 있습니다. 조 무령왕, 진 무왕, 한 무제 등 '무(武)' 자가 들어 있는 사람은 대부분 용맹을 좋아했습니다. 하지만 이러한 것들이 중국 문화에서 공자가 표방한 '지인용(智仁勇)' 가운데 용(勇)의 진정한 정신은 아니었습니다.


## 묵자가 용맹을 이야기하다

그렇다면 어떤 것이 진정으로 '용맹을 좋아함[好勇]'일까요? 역사 기록의 한 대목을 보도록 하겠습니다.

묵자가 낙활리(駱猾釐)에게 말하기를 "나는 그대가 용맹을 좋아한다고 들었습니다"라고 하였습니다. 그러자 그가 대답하기를 "그렇습니다. 저는 어떤 마을에 용사가 있다는 말을 들으면 반드시 그 사람과 싸워서 죽입니다" 하였습니다. 묵자가 말했습니다. "천하 사람들은 그 좋아하는 바를 주고 그 미워하는 바를 빼앗지 않음이 없습니다. 지금 그대가 어떤 마을에 용사가 있다는 말을 들으면 싸워서 죽인다고 하니, 이는 용맹을 미워함이지 용맹을 좋아함이 아닙니다."

아마도 보통 사람들은 모두 '낙활리 식(式)'의 용맹을 좋아함일 것입니다. 요즘 텔레비전이나 영화의 무협물에서 용맹을 좋아하는 이러한 전형을 자주 보게 됩니다. 특히 일부 청소년들은 어떤 사람의 권투 실력이 대단하다고 하면 인정하지 않고 어떻게 해서든지 그 사람을 찾아가서 겨루어 보고 상대방을 쓰러뜨려야 만족합니다. 자신의 능력이 그 사람보다 크고 무공이 그 사람보다 높다는 것을 보여 주려는 것입니다. 그뿐 아니라 자아도취에 빠져서 자신은 용감하며 죽음을 두려워하지 않는다고 생각합니다. 하지만 묵자는 그런 심리에 대해 일침을 가하며 말했습니다. "세상 사람들은 자신이 좋아하는 것은 더 보호하고 돌봐주지만 자신이 싫어하는 것은 버리거나 없애 버리려고 하지 않는 사람이 없습니다. 마치 사랑하는 당신의 아이는 반드시 잘 기르지만 사람을 잡아먹는 들짐승은 죽여 버리려고 하는 것과 마찬가지입니다. 지금 당신이 어디에 용사가 있다는 말만 들으면 찾아가서 그를 죽이는 행동은 용맹을 미워하는 것이지 용맹을 좋아하는 것이 아닙니다."

이것이 묵자가 말한 개인의 용맹을 좋아함의 철학입니다. 솔직히 말해서 개인이 용맹을 좋아하는 것으로 가장 훌륭한 일은 뭐니 뭐니 해도 "협기를 숭상함(任氣尙俠)"입니다. 그것이 잘못되었을 때의 폐해는 아주 큽니다. 심지어 하찮은 원한도 반드시 갚겠다면서 법을 어기고 살인을 하여 멸망을 자초하기도 합니다. 제왕이 용맹을 좋아해서 생기는 문제는 무력을 남용하여 전쟁을 일삼고 살인적인 침략을 능사로 삼는 것입니다. 그리하여 백성들을 도탄에 빠뜨리고 사회와 국가와 인류의 대재앙을 만들어 내게 됩니다. 최후의 결과는 다른 사람들만 해롭게 할 뿐 아니라 자기 사회와 국가도 마찬가지로 해를 당하게 되고 심지어 자기 생명도 보존하지 못합니다. 현대사의 히틀러와 제이차 세계 대전의 일본 군벌들이 바로 그러했습니다. 오로지 한번 노하여 천하를 '안정'시켜야 비로소 큰 용맹이라 하겠습니다.

제 선왕이 좋아한다고 말한 용맹이 어떤 용맹인지는 상관없이 그와 맹자의 대화는 아주 재미있습니다. 그 역시 맹자를 존중하여 맹자가 제안하는 의견과 설명하는 이치를 아주 예의바르게 듣고 인정했습니다. 하지만 맹자의 의견을 실행하지 못하고 받아들이지 못했습니다. 중요한 대목에 이르자 더는 견디지 못하고 빠져나가려 맹자의 말을 잘랐습니다. 그렇지만 그는 아주 솔직했습니다. 맹자가 하늘을 즐거워하고 하늘을 두려워하는 이치까지 이야기하자 그는 이렇게 솔직하게 말했습니다. "당신의 고매한 식견은 참으로 위대합니다. 하지만 안타깝게도 나는 막돼먹어서 용맹을 좋아하는 고질병이 있습니다!"

## 설궁에서 정치를 논하다

제 선왕이 맹자를 설궁에서 뵈었다. 왕이 말하기를 "현자도 또한 이러한 즐거움이 있습니까?" 하자 맹자께서 대답하셨다. "있습니다. 사람들은 이것을 얻지 못하면 그 윗사람을 비난합니다. 얻지 못하였다 하여 그 윗사람을 비난하는 자도 잘못이요, 백성들의 윗사람이 되어 백성들과 더불어 함께 즐거워하지 않는 자도 또한 잘못입니다. 백성들의 즐거움을 즐거워하는 자는 백성들 또한 그 군주의 즐거움을 즐거워하고, 백성들의 근심을 근심하는 자는 백성들 또한 그 군주의 근심을 근심합니다. 즐거워하기를 온 천하로써 하며 근심하기를 온 천하로써 하고, 이렇게 하고도 왕 노릇 하지 못하는 자는 없습니다."

"옛적에 제 경공이 안자에게 묻기를 '내 전부산과 조무산을 구경하고 바닷가를 따라 남쪽으로 가서 낭야에 이르고자 하노니, 내가 어떻게 닦아야 선왕의 유람에 견줄 수 있겠는가?' 하자 안자가 대답하였습니다. '훌륭하옵니다, 질문이여! 천자가 제후국에 가는 것을 순수라 하니, 순수란 지키는 경내를 순행한다는 뜻입니다. 제후가 천자국에 조회가는 것을 술직이라 하니, 술직이란 맡은 바를 펼친다는 뜻입니다. 일이 아닌 것이 없습니다. 봄에는 나가서 경작하는 것을 살펴서 부족한 것을 보충해 주고, 가을에는 수확하는 것을 살펴서 부족한 것을 도와줍니다. 하나라 속담에 이르기를 「우리 왕께서 유람하지 않으시면 우리가 어떻게 쉬리오? 우리 왕께서 즐기지 않으시면 우리가 어떻게 도움을 받으리오? 한 번 유람하고 한 번 즐김이 제후들의 법도가 된다」하였습니다. 지금에는 그렇지 못하여 군대를 데리고 다니면서 양식을 먹어 굶주린 자가 먹지 못하고, 수고로운 자가 쉬지 못해서 눈을 흘겨보며 서로 비방하여 백성들이 마침내 원망을 하는데도, 왕명을 거역하고 백성을 학대하며 술 마시고 음식 먹는 것을 물 흐르듯이 하여 유련함과 황망함이 제후들의 근심거리가 되고 있습니다. 물길을 따라 아래로 내려가서 돌아오는 것을 잊는 것을 유라 이르고, 물길을 거슬러 위로 올라가서 돌아오는 것을 잊는 것을 연이라 이르고, 짐승을 좇아 만족함이 없는 것을 황이라 이르고, 술을 즐겨 만족함이 없는 것을 망이라 이릅니다. 선왕에게는 유련의 즐거움과 황망의 행실이 없었습니다. 오직 군주께서 행하실 바입니다.'"

"경공이 기뻐하여 나라 안에 크게 명령을 내리고 교외에 나가 머물렀습니다. 이에 비로소 창고를 열어 부족한 것을 보충해 주었습니다. 태사를 불러 말하기를 '나를 위하여 군신이 서로 즐거워하는 음악을 지으라' 하였으니, 치소와 각소가 그것입니다. 그 시에 이르기를 '군주를 저지함이 무슨 잘못이랴' 하였으니, 군주를 저지한 것은 군주를 사랑한 것입니다."

齊宣王見孟子於雪宮. 王曰: "賢者亦有此樂乎?" 孟子對曰: "有. 人不得, 則非其上矣. 不得而非其上者, 非也; 爲民上而不與民同樂者, 亦非也. 樂民之樂者, 民亦樂其樂, 憂民之憂者, 民亦憂其憂. 樂以天下, 愚以天下; 然而不王者, 未之有也.

昔者, 齊景公問於晏子曰: '吾欲觀於轉付朝儛, 遵海而南, 放於琅邪; 吾何修而可以比於先王觀也?' 晏子對曰: '善哉問也! 天子適諸侯曰巡狩; 巡狩者, 巡所狩也. 諸侯朝於天子曰述職; 述職者, 述所職也. 無非事者. 春省耕而補不足, 秋省斂而助不給; 夏諺曰「吾王不遊, 吾何以休? 吾王不豫, 吾何以助? 一遊一豫, 爲諸侯度.」

今也不然: 師行而糧食, 飢者弗食, 勞者弗息; 睊睊胥讒, 民乃作慝, 方命虐民, 飮食若流, 流連荒亡, 爲諸侯憂.

從流下而忘反, 謂之流; 從流上而忘反, 謂之連; 從獸無厭, 謂之荒; 樂酒無厭, 謂之亡. 先王無流連之樂, 荒亡之行. 惟君所行也.' 景公說, 大戒於國, 出舍於郊. 於是始興發, 補不足. 召太師曰:「爲我作君臣相說之樂.」蓋徵招角招是也. 其詩曰: '畜君何尤!' 畜君者, 好君也."

---

제 선왕이 한번은 자신의 설궁(雪宮)에서 맹자를 만났습니다. 어쩌면 여름에 피서를 위한 궁이었을 수도 있고 어쩌면 눈이 내릴 때 따뜻할 수 있게 만든 궁이었을 수도 있습니다. 하지만 분명 집무실이나 회의실처럼 정무(政務)를 처리하는 장소가 아니라 향락을 위한 별궁이었을 것입니다. 어쨌든 그가 눈앞에 펼쳐진 향락 시설을 들어서 맹자에게 물었습니다. "현자도 또한 이런 즐거움이 있습니까?" 이 질문은 양 혜왕이 연못가에서 맹자에게 물었던 것과 똑같습니다. 백성들이야 죽건 살건 돌아보지 않고 높은 윗자리에서 득의양양했던 전국 시대 제후들의 모습을 잘 보여 줍니다. 하지만 우리는 또 다른 장면도 상상해 볼 수 있습니다. 하루의 노동을 끝낸 농부들이 배불리 저녁을 먹고 대문 앞 큰 나무 아래 앉아서 한 손에는 담뱃대를 들고 다른 한 손으로 불룩 나온 배를 어루만지는 모습입니다. "비록 남쪽을 바라보며 왕 노릇 할 수 있다 하더라도 나는 바꾸지 않겠노라" 하는 멋이 느껴집니다.

맹자가 그에게 대답했습니다. "있고 말고요! 누구든지 이런 환경을 소유하면 즐거움을 느낄 것이며 아무라도 이런 것들을 향수할 수 있기를 바랍니다. 하지만 일반 백성들은 이런 것들을 누리지 못하면 그들의 군주를 원망하게 됩니다. 백성들이 이런 즐거움을 얻지 못한다 하여 군주를 원망한다면 이는 실로 옳지 못합니다. 그러나 지도자가 백성들과 함께 즐기지 않는 것 역시 옳지 못합니다. 지도자가 백성들의 즐거움을 자신의 즐거움으로 여기면 백성들 역시 지도자의 즐거움을 자신들의 즐거움으로 여깁니다. 지도자가 백성들의 근심과 고통을 자신의 근심과 고통으로 여길 줄 안다면 백성들 역시 군주의 근심과 번뇌를 자신들의 근심과 번뇌로 여겨 충성을 다할 것입니다. 그러므로 만약 지도자가 천하 사람들의 즐거움을 자신의 즐거움으로 삼고 천하 사람들의 근심과 고통을 자신의 근심과 고통으로 삼으면서, 자신이 천하에 왕도 정치를 실행할 수 없다고 말한다면 그것은 절대 불가능합니다."

우리는 맹자가 여기에서 또다시 왕도(王道)를 팔고 있는 것을 볼 수 있습니다. 마치 열혈 판매원처럼 언제 어디서든지 사라고 외칩니다. "왕도요! 왕도!" 그가 세상을 얼마나 간절히 근심하였는지를 보여 준다고 하겠습니다.

그는 이렇게 말하고 나서도 미진하다고 생각했는지 또다시 하나의 사례를 들어 제 선왕을 설득하려 했습니다. 그가 든 예는 춘추 시대 제 경공(齊景公)과 재상 안영(晏嬰)의 고사입니다. 안영은 역사상 이름난 재상으로 『안자춘추(晏子春秋)』가 바로 그의 대작입니다.

물론 제 경공은 강태공의 후손이었습니다. 하지만 지금 맹자와 이야기하고 있는 제 선왕은 이미 강태공의 후손이 아닙니다. 그의 조상은 원래 제나라의 권신인 전가(田家)였는데 나중에 왕위를 찬탈하여 제 선왕에게 물려주었던 것입니다. 맹자가 이 고사를 언급한 것은 아주 훌륭한 대화 기술이었습니다. 겉으로 보기에는 맹자가 자기 입으로 다른 사람 즉 안자(晏子)의 의견을 말했습니다. 하지만 실제로는 다른 사람 즉 안자의 입을 빌려 자기 의견을 드러낸 것입니다. 그가 들었던 역사 고사는 이러했습니다.

어느 날 제 경공이 안자에게 말했습니다. "나는 전부산과 조무산이라는 두 명산(名山)을 보고 난 후에 바닷가를 따라 남쪽으로 내려가서 낭야에 가보고 싶소. 그대가 생각하기에는 이 행차가 어떠해야 선왕들의 장대한 유람에 견줄 수 있겠는가?" '낭야에 이르다[放於琅邪]'와 '선왕의 유람에 견주다[比於先王觀]'라는 두 구절을 보면 당시 제 경공이 천하를 통일하려는 큰 뜻을 품고 있었음이 분명하게 드러납니다. 결코 단순한 관광 여행이나 산수 유람이 아니었습니다. 단지 당시에는 중앙 정권인 주(周)나라를 존중하는 구호가 여전히 남아 있었기 때문에 속마음을 직접적으로 말하지 않았던 것입니다.

안자는 명재상으로 불리기에 손색이 없을 정도로 대단히 총명했습니다. 경공의 질문을 받자 먼저 역사 철학을 가지고 대답했습니다. "훌륭하옵니다, 질문이여[善哉, 問也]." 즉 "당신의 이 질문은 대단히 훌륭합니다"라는 말입니다. 중국의 불경에는 "훌륭하도다! 훌륭하도다![善哉! 善哉!]"라는 말이 자주 나오는데, 당시의 번역문이 바로 이 책들을 모방한 것입니다. 불경의 원문은 '좋습니다[好的]'라는 뜻이었는데, 불가에서 번역할 때 이 명사를 차용한 것입니다. 나중에 불가에서 오랜 세월 입만 열면 '선재(善哉)', 입을 다물 때도 '선재(善哉)'를 사용하면서 이 두 글자는 서서히 더 많은 의미를 지니게 되었으며 종교적 색채를 짙게 띠었습니다.

안자는 "이 질문은 아주 좋습니다"라고 한 다음 이어서 말했습니다. "예법에 따르면 중앙 정부의 천자가 각 제후국으로 가서 한 바퀴 순시하는 것을 '순수(巡狩)'라 부르는데, 그 의미는 제후가 지키는 지방을 돌아본다는 것입니다. 그리고 제후가 중앙 정부에 가서 천자를 조회하는 것을 '술직(述職)'이라 부르는데, 그 의미는 천자에게 자기 직무 이내의 사무를 보고한다는 것입니다. 만약 천하가 안정되어서 뜻밖의 특별한 사건이 없다면, 봄에는 밖으로 나가서 백성들의 경작 상황을 시찰하고 부족한 부분이 있으면 방법을 동원해서 보조해 줍니다. 가을에는 밖으로 나가서 사람들의 수확 형편과 세금 상황을 살펴 수입이 지출에 비해 부족한 부분이 있으면 방법을 동원해서 보충해 줍니다. 그러므로 하나라의 정치가 가장 훌륭했던 시절에 민간에 유행했던 속담에 이런 말이 있었습니다. '군왕이 나와서 돌아다니지 않으면 우리가 어떻게 한숨 돌릴 수 있으랴? 군왕의 심신이 편안하지 않으면 우리가 또 어떻게 그의 도움을 얻을 수 있으랴?' 그런 까닭에 옛날에는 제왕이 궁 밖으로 나와서 노니는 것을 모든 사람들이 원했습니다. 그 덕에 은혜를 입고 덕을 볼 수 있었기 때문입니다. 이른바 '용이 한 걸음 걸어가면 온갖 풀이 은혜를 입는다[龍行一步, 百草沾恩]'라고 하였는데, 용이 한 걸음 걸어가면 비가 내려서 온갖 풀이 자양분을 얻습니다. 그러므로 당시에는 천자가 순수를 나갈 때마다 제후와 대신들이 긴장하였습니다. 그뿐 아니라 '민생의 질고를 돌아본다'는 모범을 세웠습니다."

안자는 과거의 일을 말하고 나서 다시 당시의 일을 이야기했습니다. 그는 지금이 옛날만 못한 것을 한탄하듯이 말했습니다. "지금은 너무나도 달라졌습니다! 제후들이 수도를 떠나 움직일 때면 큰 무리의 시위 군대를 거느립니다. 그리하여 식량 같은 각종 보급품이 한 무더기 한 무더기 뒤따라 운송되어 갑니다. 그렇게 되면 원래부터 배불리 먹지 못하던 백성들은 더욱 고생스럽게 일해야 합니다. 이처럼 강렬한 대비로 인해 백성들의 눈에는 원망의 빛이 어릴 수밖에 없습니다. 험담과 불평도 당연히 시작됩니다. 시간이 흐르면 사회에는 반감의 심리가 조성됩니다. 제후들의 이런 행동들은 천리(天理)와 인도(人道)에 위배되는데, 백성들을 잘 보호해야 하는 책임을 다하지 않을 뿐 아니라 도리어 백성들을 학대하는 결과를 낳습니다. 이제 '유련황망(流連荒亡)'의 네 가지 현상이 출현하기만 하면 그 정권은 곧 문제가 생깁니다. 오늘날 제후들이 하는 행동들은 참으로 걱정스럽기만 합니다!"

수 양제(隋煬帝)가 양주(揚州)를 유람할 때 그 사치스러움이 극에 달했는데, 백성들은 먹을 것이 없었지만 그는 상관하지 않았습니다. 군주들이 한 번 움직였다 하면 밑에 있는 사람들은 바빠지고 백성들은 더 비참해집니다. 하늘이 노하고 사람들이 노한 결과 수 양제의 '훌륭한 머리통'은 이사를 가야만 했습니다.

그러고 보니 명 왕조 때의 짧은 이야기가 생각납니다. 지난 시절에 작은 절들은 무척 초라했습니다. 절에 거주하는 스님들은 지방관의 종이나 마찬가지로 그들의 지시를 받아야 했습니다. 어떤 사람이 관리가 되어 금의환향했는데, 미리 절의 스님에게 소식(素食)을 준비하라고 통보해 놓고 친구들을 초대했습니다. 경치가 빼어난 절에 모여 함께 즐기며 시를 읊조렸습니다. 한 번은 이 어르신들이 음식을 다 먹고 반나절을 노닐고 나서는 크게 칭찬하면서 스님에게 말했습니다. "여러분의 반나절 수고로 오늘의 이 맑은 유람과 한 끼의 소식은 대단히 편안하였소." 노스님이 말했습니다. "어르신들은 반나절 편안하셨겠지만 저희는 벌써 사흘째 바빴답니다." 이것이 바로 "수고로운 자가 쉬지 못한다[勞者弗息]"라는 것입니다.

안자는 또다시 '유련황망(流連荒亡)'을 해석해 주었습니다. "지도자의 생활이 타락해서 사욕을 좇으면 마치 물이 아래로 흘러 멈추지 않는 것 같으니 이것을 일러 '유(流)'라 합니다. 인정(人情)을 거슬러 거꾸로 행함이 마치 물을 거슬러 올라가는 것 같으니 이것을 '연(連)'이라 합니다. 수시로 들짐승처럼 충동적으로 행동하고 수성(獸性)을 폭발시켜 절제하지 않으니 이것을 '황(荒)'이라 합니다. 주색에 빠져 영원히 만족하지 않으니 이것을 '망(亡)'이라 합니다. 이것들은 모두 지도자가 범하기 쉬운 잘못입니다. 경공 당신께서 방금 어떻게 하여야 선왕의 장관(壯觀)에 비견할 수 있느냐고 물으셨습니다. 제가 알기로는 선왕들은 이러한 '유' '연'의 즐거움을 지니지 않았으며, 이러한 '황' '망'의 길을 걷지 않았습니다. 왕께서는 어떻게 해야 할지 스스로 생각해 보십시오!"

제 경공은 그의 이 말을 듣자 대단히 기뻐하면서 즉시 정치를 개혁하라는 명을 내렸습니다. 동시에 몸소 모범을 보여 깊은 궁을 나와 백성들에게 가까이 다가가서 민정을 시찰했습니다. 그뿐 아니라 지방 건설에 적극적으로 종사하고 사회 복지에 주의를 기울였습니다. 경공은 행정을 타당하게 처리한 이후 국사(國史), 문화, 예악을 겸하여 관장하는 태사(太師)를 불러 국사에 그 일을 기록하게 했습니다. 아울러 자신과 안자 사이의 아름다운 일을 기리는 악장(樂章)을 짓게 했습니다. '치소(徵招)'와 '각소(角招)' 두 편의 악장이 바로 여기에서 나왔습니다. 이 악장에 들어 있는 시한 구절의 의미는 이렇습니다. "우리 군주는 비록 욕망이 크지만 괜찮습니다. 잘못된 것이 아닙니다. 왜냐하면 그가 자신의 큰 욕망을 확장시켜서 안락한 사회를 건설한다면 훌륭한 군주이기 때문입니다."

여기에서 맹자는 제 선왕이 향락을 좋아하는 것을 기회로 삼아 그에게 백성과 함께 즐기고 백성과 함께 누리라고 말했습니다. 이번에 그가 활용한 것은 옛날을 거울삼아 오늘날을 바라보는 수법으로, 제 경공과 안자의 대화를 들어서 설명했습니다. 맹자의 속셈이 가히 수고롭다 하겠습니다. 그가 말한 안자는 춘추 전국 사이의 명신(名臣)이요 현상(賢相)입니다. 안자가 남긴 훌륭한 말과 정치는 아주 많은데, 여러분이 『안자춘추』라는 책을 읽어 보신다면 얻는 것이 적지 않으리라 믿습니다.

제 선왕이 설궁에서 맹자와 나눈 대회를 살펴보다 보니 제 경공과 안자의 또 다른 고사가 생각나는군요. 아마도 맹자와 제 선왕의 문답과 마찬가지로 재미있을 것입니다. 이 고사는 간단하면서도 생동감이 넘치고 게다가 내포된 의미가 있는데 맹자의 장편 의론과는 스타일이 완전히 다릅니다. 이 고사의 자료는 『안자춘추』에 기재되어 있습니다.

어느 해 겨울에 큰 눈이 사흘 연속 내렸습니다. 제 경공이 대단히 훌륭한 흰 여우털 외투를 입고 왕궁에 앉아서 행복한 듯이 안자에게 말했습니다. "사흘이나 큰 눈이 내렸지만 조금도 추운 줄 모르겠구려!" 그 말을 들은 안자가 곧바로 말했습니다. "현명한 군주는 자기가 배불리 먹었을 때에는 마땅히 이 사회에 굶주리고 먹지 못한 사람이 있지나 않은지 생각해야 합니다. 자기가 따뜻할 때에는 더더욱 마땅히 이 세상에 옷을 입지 못해 추위에 얼어 죽는 사람이 있지나 않은지 생각해야 합니다." 제 경공은 안자의 말을 듣자 얼른 몸에 걸쳤던 여우털 외투를 벗었습니다. 안자의 말에 화가 나서 여우털 외투를 벗은 것은 물론 아니었습니다. 그는 안자의 말에 정신이 번쩍 들었던 것입니다. 자신이 과분하게 사치를 누리느라 백성들이 춥고 굶주린다는 사실을 잊고 있었다는 생각에 안자를 대하기가 부끄러웠습니다. 아무튼 그래도 제 경공은 당시에 좋은 군주였기 때문에 안자가 충성을 다해 숨기지 않고 직언을 할 수 있었습니다. 하지만 안타깝게도 맹자가 만난 제 선왕은 제 경공에 비하면 조금 부족했습니다. 원래의 기록은 이러합니다.

경공 때에 눈이 사흘 동안 내렸다. 흰 여우털 외투를 입고 당에 앉아서 안자에게 말하기를 "사흘이나 눈이 내렸거늘 이 세상이 어찌 춥지 않은가?" 하였다. 그러자 안자가 말하였다. "현명한 군주는 배부르면 다른 사람의 굶주림을 알고 따뜻하면 다른 사람의 추움을 압니다." 경공이 이에 외투를 벗었다.

景公時, 雨雪三日. 被狐白裘, 坐于堂側, 謂晏子曰: "三日雨雪, 天下何不寒?" 晏子曰: "夫賢君飽則知人飢, 溫則知人寒." 公乃去裘.

고서에는 겨우 사오십 자에 불과한 간략한 기록이지만, 지도자가 정치

도덕적 심리 행위에서 어떻게 처신해야 마땅한지의 이치를 잘 설명해 주고 있습니다. 내포된 의미가 풍부하면서도 깊고 예리합니다. 이것을 현대어로 쓴다면 참으로 많은 글자를 사용해야 합니다. 그런 까닭에 중국 문화의 부흥이 뿌리를 내리려면 실로 국학의 소양에 주의를 기울여야 한다고 말하는 것입니다. 이 일은 잠시라도 늦추어서는 안 되는 일입니다.

## 명당이란 무엇인가

제 선왕이 물었다. "사람들이 모두 나더러 명당을 부수라 하니 부수어야 합니까? 그만두어야 합니까?"

맹자께서 대답하셨다. "무릇 명당이란 왕자의 당이니 왕께서 왕정을 행하고자 하신다면 부수지 마십시오." 왕이 말하였다. "왕정을 얻어 들을 수 있겠습니까?" 맹자께서 대답하셨다. "옛적에 문왕이 기산에서 다스리실 적에 경작하는 자들에게 구분의 일의 세금을 받았으며, 벼슬하는 자들에게 대대로 녹을 주었으며, 관문과 시장은 기찰하기만 하고 세금은 징수하지 않았으며, 저수지와 산림을 금하지 않았으며, 죄인을 처벌하되 처자식에게까지 미치지 않게 하였습니다. 늙어서 아내가 없는 것을 홀아비라 하고, 늙어서 남편이 없는 것을 과부라 하고, 늙어서 자식이 없는 것을 독거라 하고, 어려서 부모가 없는 것을 고아라 하니, 이 네 가지는 천하의 곤궁한 백성으로서 하소연할 곳이 없는 자들입니다. 문왕은 정사를 펴고 인을 베푸시되 반드시 이 네 사람들을 먼저 하셨습니다. 『시경』에 이르기를 '부자들은 괜찮거니와 이 곤궁한 자가 가엾다' 하였습니다." 왕이 말하였다. "좋습니다. 선생님 말씀이여!" 맹자께서 말씀하셨다. "왕께서 만일 이를 좋게 여기신다면 어찌하여 행하지 않으십니까?"

齊宣王問曰: "人皆謂我毀明堂, 毀諸? 已乎?"

孟子對曰: "夫明堂者, 王者之堂也. 王欲行王政, 則勿毀之矣." 王曰: "王政可得聞與?" 對曰: "昔者文王之治岐也, 耕者九一; 仕者世祿, 關市譏而不征, 澤梁無禁, 罪人不孥. 老而無妻曰鰥, 老而無夫曰寡, 老而無子曰獨, 幼而無父曰孤. 此四者, 天下之窮民而無告者. 文王發政施仁, 必先斯四者. 詩云: '哿矣富人, 哀此煢獨.'" 王曰: "善哉言乎!" 曰: "王如善之, 則何爲不行?"

어느 날 제 선왕이 맹자에게 이런 질문을 했습니다. "지금 바깥에 어떤 사람이 나에게 건의하기를 명당을 부수라고 하는데, 맹 선생님 당신은 이 일에 대해 어떤 고견(高見)이 있습니까? 사람들이 말하는 것처럼 비실용적인 저 건축물을 철거할까요, 아니면 그대로 남겨 둘까요?"

이른바 '명당(明堂)'이란 '밝은 정치와 교화의 당[明政教化之堂]'으로서 주대(周代) 초기의 건축물입니다. 천자의 묘당(廟堂)이기도 해서, 모든 제사를 거행하고 제후를 조회하며 잔치를 베풀고 노인들을 대접하며 학문을 가르치고 선비를 뽑는 등 의미가 큰 활동들이 그곳에서 거행되었습니다. 말하자면 중국 문화의 중요한 정신적 상징으로서 숭고한 의의와 문화적 가치를 지니고 있었습니다. 『예기』 중 어느 한 편에 '명당'의 건축 규격 및 정교(政教) 활동의 내용을 전문적으로 기록해 놓았습니다. 현대적 관념으로 말하면 그것은 고유문화의 정신적 보루를 상징한다고 할 수 있습니다. 프랑스의 개선문, 미국의 자유의 여신상, 덴마크의 인어상 등과 비교해서 동일 선상에 놓고 비교해 말할 수는 없지만 특수한 의미와 신성한 정신을 지니고 있습니다.

제 선왕이 말한 이 명당은 주 무왕이 동쪽 정벌 시 건축한 것으로 한 왕조까지 남아 있다가 후세에 없어졌습니다. 물론 그것은 중국 문화를 상징하지만 동시에 당시 중앙 정부인 주 천자의 존엄성을 상징하기도 했습니다. 주나라를 존중하자는 구호는 이미 오래전부터 들리지 않게 되었지만, 그렇다고 해서 주나라를 멸하자는 주장을 대담하게 펼치는 제후는 하나도 없었습니다. 그 무렵 제 선왕이 다스리는 국가의 규모는 상당했기 때문에 그의 마음에 주나라를 대신하고 싶은 야심이 없었다고는 말할 수 없습니다. 명당을 철거하는 것이 어찌 그 자신의 뜻이 아니었겠습니까! 중앙의 주 천자를 멸시하고 반항하려는 미묘한 심리가 그에게 있었음을 볼 수 있습니다. 그렇지만 맹 선생님 면전에서 반대에 부딪힐 것이 겁나 감히 입을 열지 못하고 외부의 다른 사람을 핑계로 댄 것입니다. 바꾸어 말하면 민간의 여론이 그렇다는 말을 핑계로 맹자의 의향을 떠보려 한 것입니다. 그에게 그런 생각이 없었다면, 애초에 그렇게 해서는 안 된다고 생각했다면, 철거하는 것이 좋을지 철거하지 않는 것이 좋을지 맹자에게 물을 필요도 없었을 것입니다.

맹자는 제 선왕의 질문에 정면 승부를 피해서 존주(尊周) 여부의 문제는 이야기하지 않았습니다. 다만 그것은 왕자(王者)의 당(堂)이고 왕도 사상을 상징하는 것이므로, 당신이 만약 왕정(王政)을 실행하고자 한다면 명당을 부수지 않는 것이 좋다고만 말했습니다. 그러자 제 선왕이 말했습니다. "당신이 말하는 왕정은 도대체 어떤 것입니까?"

사실 왕도(王道)와 인정(仁政)에 대해 맹자는 이미 여러 차례 이야기했습니다. 하지만 제 선왕은 여기에서도 여전히 맹자에게 왕정이 무엇이냐고 묻습니다. 이것을 보면 제 선왕은 맹자의 견해에 도무지 흥미가 없어서 지금껏 제대로 들은 적이 없었는지도 모르겠습니다. 그래서 지금 또다시 이 문제를 언급했을 것입니다. 어쩌면 맹자가 제창했던 인정에 관한 학설들이 당시 민간 사회의 환영을 받았고 또 각 방면에서 호평을 했기 때문에 제 선왕은 어쩔 수 없이 맹자에게 존경을 표했을 수도 있습니다. 또 어쩌면 당시에는 그래도 인의(仁義)가 이용 가치가 있었기 때문에 인의의 겉옷을 입고서 실질상의 침탈과 겸병을 진행하기 위해 어쩔 수 없이 맹자에게 가르침을 청했을 수도 있습니다. 이 또한 제 선왕의 가엾은 부분이라고 말할 수 있습니다.

그런데 시선을 돌려 맹자를 볼 것 같으면 그 역시 딱하기 짝이 없습니다. 왕도와 인정을 실행하기 원했지만 누차에 걸쳐 중요한 대목에서 제 선왕은 그를 멀찌감치 밀어냈습니다. 하지만 그는 "뱀을 잡으려고 막대기를 가까이 한다"라는 식으로, 제 선왕의 말에 또다시 다가가서 자신의 왕도 사상을 팔아 보려고 애씁니다. 그 마음 씀이 참으로 고달파 보여서 맹자 역시 아주 가엾습니다! 그들 두 사람은 비록 겉으로는 서로 존중하고 있지만 피차간에 말은 통하지 않는 것 같습니다.

여기에서 맹자는 제 선왕이 왕정(王政)이라는 주제를 직접적으로 물어보자 자연히 약간 흥분되었습니다. 우리가 알다시피 맹자는 줄곧 공자의 학설을 표방해 왔습니다. 그리고 공자는 정치에서 상고 시대 및 문왕, 무왕, 주공의 정치 풍모를 숭상했습니다. 그러므로 맹자는 주 문왕의 정치적 공적을 들어서 대답했습니다. "예전에 주 문왕이 기산(岐山)에서 처음 정치를 펼칠 때 걸었던 노선이 바로 전통 왕도 정신의 정치였습니다. 그 첫 번째가 '경작하는 자들에게 구분의 일의 세금을 받는[耕者九一]' 것이었으니, 농민들에게 구분의 일의 전부(田賦)만 거두었습니다."

이것은 고대의 토지 정책으로서 후세에 '정전 제도(井田制度)'라 칭해졌습니다. 당시는 땅이 넓고 인구가 희소했으며 사유재산 제도가 없어서 토지는 대체로 국유에 속했고 농지는 바르고 완정한 관념에 의거해 획일화시켰습니다. 모든 농지는 '정(井)' 자 식으로 구분해서 아홉 부분으로 나누고, 수확하는 시기가 되면 사방의 여덟 부분은 여덟 농민의 사유로 돌리고 가운데 부분의 공전(公田)에서 거두어들인 것은 정부에 돌렸습니다.

그래서 구분의 일의 전부(田賦)만 거두었다고 말하는 것인데, 후세에는 이것을 '정전 제도'라 불렀습니다. 사실 구분의 일의 전부(田賦)를 세금으로 거두었다는 것도 후세 사람들이 고대 자료에 근거해서 말한 것입니다. 도대체 실제 상황은 어떠했을까요? 이 제도에 대해서는 역대 학자들도 고증에 애썼지만 아직까지도 상세하게 밝혀지지 않고 있습니다. 그와 동시에 우리가 잊어서 안 되는 사실은, 당시의 인구는 희소했고 토지는 광대했지만 이용하고 개발할 가치가 별로 없었다는 점입니다. 사실 관중(管仲)이 제 환공(齊桓公)을 보좌하던 시기 및 진 효공(秦孝公) 시기에 중국의 경제 제도는 이미 토지를 사유하는 형태로 변했습니다. 상앙은 그저 당시의 실제 상황과 수요에 따랐을 뿐이었습니다. 그러므로 상앙은 관중을 본받아서 완전하고 구체적인 법제를 제정해서 관리한 것이라고도 말할 수 있습니다.

역사상 진(秦) 이후로 적지 않은 사람들이 고대의 정전 제도를 그리워하고 몇 차례나 그것을 회복시켜 보려고 시도했습니다. 가장 두드러졌던 경우는 한(漢) 왕조의 왕망(王莽)인데, 그는 정전 제도를 회복시키고 사유재산 제도를 없애려 했습니다. 물론 왕망에게 심오한 정치사상이나 특출한 식견이 있었던 것은 아니고 단지 맹목적인 호고(好古)요 복고에 대한 망상이었을 뿐입니다. 그런 까닭에 성공하지 못했습니다. 송 왕조에 이르러 왕안석(王安石)이 변법(變法)으로 그 노선을 걷고자 했지만 사람을 적절히 쓰지 못해서 실패하고 말았습니다.

맹자가 말한 두 번째의 "벼슬하는 자들에게 대대로 녹을 주는[仕者世祿]" 것은 당시의 정부 관직 대부분이 대대로 세습되었음을 말합니다. 그 부분은 오늘날 우리의 관념과는 다릅니다. 맹자 당시에는 그것이 틀렸다고 말할 수 없습니다. 왜냐하면 그 시대에는 그런 제도가 줄곧 지속되었기 때문입니다. 교육 제도뿐 아니라 정치사상에서도 마찬가지여서 전 국민

교육의 관념을 발전시키지 못했고 공부를 하는 것도 모두 사대부 집안에서 세습했습니다. 우리는 현대의 민주 사상을 기초로 하여 그것이 봉건사상이라고 비판합니다. 심지어 봉건 잔재라고 배척하기까지 합니다. 하지만 우리가 시간·사회·경제·정치 등의 요소를 종합해서 그런 제도의 정신을 연구해 본다면, 당시의 시대 환경에서 그래도 사람들을 고무시켜 전통 문화를 보호하고 발양하게 했던 최고의 제도였음을 알 수 있습니다. 어쨌든 우리가 역사를 논할 때에는 가능한 한 객관적이고 성실하게 '때[時]'를 고려해서 논해야 합니다. 주관적으로 지금 있는 것으로 옛날에 없는 것을 비웃어서도 안 되고, 옛날에 없는 것으로 지금 있는 것을 부인해서도 안 됩니다.

세 번째로 맹자는 '관문과 시장[關市]' 즉 세관과 시장을 언급했습니다. 바로 현대의 관세(關稅)와 상업 시장에서의 세금을 말합니다. 문왕 시기에는 "기찰하기만 하고 세금을 징수하지는 않았다[譏而不征]"라고 합니다. 관리를 파견하여 불법적인 물건이 있는가 순찰하기만 하고 그 김에 물가의 현황을 알아보았습니다. 무슨 관세나 교역세(交易稅) 같은 것을 거두어들일 필요가 전혀 없었습니다. 전국 시대 당시에는 세금을 거두는 것이 대단히 자질구레하고 가혹해서 항상 백성들이 살아갈 수 없을 지경에 이르렀기 때문에 맹자가 이 점을 언급한 것입니다.

그다음으로 주 문왕 때에는 "저수지와 산림을 금하지 않았다[澤梁無禁]"라고 말했습니다. '택(澤)'은 저수지이며 '양(梁)'은 산림을 가리킵니다. 넓은 의미에서 말하면 산과 바다를 막론하고 하천의 자원을 개발하든 산림 자원을 개발하든 아무 금령도 내리지 않았습니다. 이 방면의 생산에서 백성들은 자유를 누렸지만 절제할 줄 알았기 때문에 자원이 고갈되는 일은 없었습니다. 여기에서 우리가 알아야 할 사실이 있습니다. 이천여 년 이전으로 되돌아가서 본다면 당시의 사회 구조는 모든 것이 아직 개발되지 않은 단계라고 말할 수 있습니다. 상황이 지금과는 크게 달랐습니다.

사법 방면에서는 "죄인을 처벌하되 처자식에게까지 미치지 않게 하였음〔罪人不孥〕"을 지적했습니다. 죄가 처자식에게는 미치지 않았다는 말인데, 개인이 죄를 지으면 당사자가 짊어지고 법률적 제재를 받을 뿐 가족들은 상관이 없었습니다. 이 말을 오늘날 젊은이들이 들으면 별다른 느낌이 없을 것입니다. 왜냐하면 사람들이 현재 알고 있는 법률에서는 원래부터 그렇기 때문에 이 말이 쓸데없는 것처럼 보일 것입니다. 하지만 청 왕조를 뒤엎기 이전 중국의 수천 년 법률은 오늘날 민주 제도의 법치 정신과 달랐습니다. 춘추 전국 시대부터 청대에 이르는 수천 년의 제왕 제도 아래에서는 수많은 경우에 죄가 처자식에게까지 미쳤습니다. 한 사람이 죄를 지으면 구족(九族)까지 몰살할 수 있었는데, 모든 것이 당시의 전제 제왕의 뜻에 의해 결정되었습니다. 이른바 '인주(人主)'라는 말은 짐이 곧 국가요 짐이 곧 법률이라는 말입니다. 제왕은 국가 주권의 상징이었으며 그의 말이 곧 최고의 법률이었습니다. 그런 상황에서 맹자가 이런 말을 한 것은 예삿일이 아니었습니다. 맹자는 자신의 호연정기(浩然正氣)를 바탕으로 상당히 대담하게 제 선왕에게 직언을 올렸던 것입니다.

이어서 맹자는 주 왕조의 왕도 정치에서 사회 복지 사업의 성공을 언급했습니다. 그가 말했습니다. "홀아비, 과부, 독거, 고아 이 네 부류의 사람들은 사회에서 가장 곤란하고 의지할 곳 없는 사람들입니다. 문왕 당시에 모든 인정애민(仁政愛民) 정책들은 반드시 이런 사람들을 먼저 돌아보고 챙겼습니다. 외롭고 힘들고 의지할 곳 없는 사람들이 우선적으로 이익을 얻을 수 있게 한 것입니다." 그는 또 『시경』 「소아(小雅)」의 '절남산(節南山)' 정월(正月) 편 제13장의 "부자들은 괜찮거니와 이 곤궁한 자가 가엾다〔哿矣富人, 哀此煢獨〕"라는 마지막 두 구절을 인용하여 곤궁한 자의 가엾음을 강조했습니다. 시의 의미는 이렇습니다. 사회에서 의식주에 근심이 없는 사람들은 아무런 문제가 없지만 외롭고 힘든 사람들은 어떻게 살아가야 할지 모릅니다. 그런 사람들에게 우리는 관심과 동정의 손을 내밀어야 합니다.

맹자가 왕정에 관해 여기까지 말하자 제 선왕은 마치 더는 들을 수 없다는 듯 또다시 밀어냈습니다. 이제 막 시작하여 아직 본론은 꺼내지도 못했는데 말입니다. "좋습니다. 선생님의 말씀이여![善哉言乎!]" 그 말은 "당신은 참 말을 잘하는군요, 말을 잘해요"라는 뜻입니다. 그러면서 '왕정'이라는 본론은 저쪽으로 밀어내 버렸습니다. 하지만 맹자는 여전히 "뱀을 잡으려고 막대기를 가까이 하는" 방법을 써서 이렇게 말합니다. "당신은 이 도리가 아주 훌륭하다고 생각하면서 왜 실행하지 않으십니까?"


## 과인은 재물을 좋아한다

---

왕이 말하였다. "과인은 문제가 있는데, 과인은 재물을 좋아합니다." 맹자께서 대답하셨다. "옛적에 공유가 재물을 좋아했는데, 『시경』에 이르기를 '노적을 쌓고 창고에 쌓고 마른 양식을 싸되, 전대에다 넣고 자루에다 넣고서 백성을 편안히 하여 이로써 국가를 빛낼 것을 생각하네. 활과 화살을 펴 놓고 창과 방패와 도끼를 가지고 이에 비로소 길을 떠나네' 하였습니다. 그러므로 집에 남아 있는 자들은 노적과 창고가 있으며, 길을 떠나는 자들은 싼 양식이 있은 뒤에야 이에 비로소 길을 떠날 수 있는 것입니다. 왕께서 만일 재물을 좋아하시거든 백성과 더불어 함께 하신다면 왕 노릇 하심에 무슨 어려움이 있겠습니까?"

王曰: "寡人有疾, 寡人好貨." 對曰: "昔者公劉好貨, 詩云: '乃積乃倉, 乃裹

餱糧, 于橐于囊, 思戢用光. 弓矢斯張, 干戈戚揚. 爰方啓行.' 故居者有積倉,

行者有裹糧也, 然後可以爰方啓行. 王如好貨, 與百姓同之, 於王何有?"

---

맹자는 독촉하듯이 제 선왕을 추궁했습니다. "당신은 왕정이 아주 훌륭하다고 생각하면서 왜 실행하지 않으십니까?" 그러자 제 선왕은 아주 절묘하게 대답했습니다. "나에게는 고질병이 있는데 나는 재물을 대단히 좋아합니다."

고대의 '화(貨)' 자의 의미는 현대의 '재(財)' 자와 같은데, 금전과 물자 등을 모두 포괄합니다. 제 선왕의 이런 대답은 겉으로 보면 동문서답 같습니다. 그러나 질문에 대한 답은 아니지만 아주 절묘합니다. 맹자는 제 선왕에게 사회에서 가장 고통을 당하는 네 부류의 사람들을 우선적으로 구제하라고 했는데, 그러려면 당연히 돈이 들어가야 합니다. 그런데 제 선왕은 오히려 "나는 돈을 사랑해서 차마 돈을 쓰지 못한다오!"라고 말한 것입니다. 마치 농구장의 선수들처럼 상대방이 뒤에서 압박해 오는데 슬쩍 몸을 돌려서 빠져나오는 식입니다. 하지만 맹자는 여전히 고삐를 늦추지 않고 이렇게 말합니다. "그건 아무 상관이 없습니다! 주 왕조의 조상인 공유(公劉)도 재물을 좋아한 사람이었습니다. 시가 증명해 주고 있지 않습니까!"

공유는 「주기(周紀)」에 따르면 기(棄)의 후예입니다. 기는 요임금의 형제로 순임금 때에 이르러 후직(后稷)에 봉해져서 상당히 위대한 덕업을 쌓았습니다. 불줄(不窋) 대에 이르러 정치가 쇠퇴하자 불줄은 벼슬을 잃고 이역 땅을 유랑하다가 융(戎)과 적(狄) 두 부족 사이에 있는 칠저(漆沮) 일대로 가서 정착했습니다. "칠수와 저수로부터 위수를 건너가서 목재를 취해 사용하였다(自漆沮度渭, 取材用)"라고 기록되어 있습니다. (칠수漆水는 원래 섬서성陝西省 동관현同官縣 북동쪽 대신산大神山에서 시작되어 남서쪽으로 흘러 빈현邠縣을 지나서 요현耀縣에 이르러 저수沮水와 만납니다. 저수는 요현 북쪽 분수령分水嶺에서 시작됩니다.) 칠저 일대는 공유의 시대에 이르러 비로소 발전하기 시작했습니다. 『시경』「대아(大雅)」 '생민지십(生民之什)'의 공유 편은 그 고사를 칭송한 것입니다.

맹자는 계속해서 『시경』의 기록을 인용해서 보충 설명합니다. "당시 공유는 재물을 좋아했지만 자기의 마음으로 미루어 남을 헤아릴 줄 알았습니다. 그는 먼저 백성들을 가르치고 그 땅에 적합한 제도를 만들었는데 열심히 농사를 지어 생산을 증가시켰습니다. 가을에 풍년이 들면 양식을 창고에 가득 쌓고도 많이 남아서 창고 바깥에 쌓아 두어야 했습니다. 그 밖에도 마른 식량을 만들어 전대와 주머니에 넣어서 백성들이 이동할 때 몸에 지닐 수 있게 했습니다. 인한 마음과 덕의 정치로 인해 그에게 의탁하는 백성들이 갈수록 많아졌고 점차 부강해지기 시작했습니다. 마침내 그는 군대를 정비하기 위해 백성들을 모아서 훈련시켰습니다. 이런 것들이 어느 정도 갖추어진 후에 비로소 활과 화살을 지니고 창과 방패와 도끼 같은 각종 무기를 갖추고 호탕하게 칠저를 출발하여 자신의 원래 봉지(封地)였던 빈읍(邠邑)으로 돌아가 선조인 후직의 구업(舊業)을 부흥시켰습니다. 따라서 마을에 남아서 지키던 사람들에게는 노천에 쌓아 둔 곡식과 충실하고 풍부한 곡식 창고가 있었고, 원정을 떠났던 사람들에게는 잘 싸둔 마른 식량이 있었습니다. 이처럼 적절한 준비를 끝낸 후에야 빈 땅을 향해 출발했던 것입니다. 주 왕조는 이때부터 시작해서 차츰 흥성하기 시작했습니다."

그래서 제 선왕이 자신은 재물을 좋아한다고 말했을 때 맹자는 일부러 아무것도 모르는 듯이 말했습니다. "일국의 군주인 당신이 재물을 좋아하는 것은 마땅합니다. 주 왕조의 선조인 공유는 기업을 창건할 때 적극적으로 경제 발전에 종사했습니다. 만약 당신도 조상들의 적극적인 추진력을 본받아서 생산 작업에 종사하고 백성들을 부유하게 만들 수 있다면 제나라는 부강해지고 백성들도 안락하게 살 수 있습니다. 그것은 아주 좋은 일이 아닙니까?' 여기에서 우리는 맹자의 유도식 교육 및 사람을 압박하는 기술이 제 선왕의 밀고 당기기 작업과 마찬가지로 훌륭함을 엿볼 수 있습니다.

제 선왕의 '밀어내기' 기술이 여기에서는 또다시 단수가 높아져서 '음악을 좋아함〔好樂〕'과 '용맹을 좋아함〔好勇〕'에서 세 번째 단계인 '재물을 좋아함〔好貨〕'에 이르렀습니다. 이제 재물을 좋아하는 문제를 토론해 보기로 합시다.

중국 문화에는 '성색화리(聲色貨利)'[51]라는 말이 있습니다. 방탕한 생활을 즐긴다는 뜻입니다. 역사상 제왕이 '성색화리'를 좋아했다 하면 그 사회나 국가는 어지럽지 않은 적이 없습니다. 이 네 가지 일 가운데 좋은 일은 하나도 없고 전부 나쁜 일입니다. 그런데 제 선왕은 이 네 가지 나쁜 일을 하나도 빼놓지 않고 전부 좋아했습니다.

후세의 일부 지식인들은 『맹자』 같은 부류의 책을 읽고 이 일파의 논조를 배워서, '성색화리'에 관한 말이 나오기만 하면 독사나 맹수처럼 여기고 마치 독극물이나 되는 듯이 두려워했습니다. 사실 우리 가운데 어떤 사람이 '성색화리'를 좋아하지 않는 사람이 있습니까? 단지 이 네 가지 일에 대한 욕망이 크든지 작든지 정도의 차이가 있을 뿐입니다. 『맹자』이 책에는 심리 방면의 설명이 없지만 사실 사람이라면 모두 똑같이 그런 것들을 좋아합니다. 단지 정도의 차이가 있을 뿐이지요. 사람들이 모두 좋아하는

---

51 유가에서 군자가 경계해야 할 것으로 말한 네 가지이다. 성(聲)은 음악, 색(色)은 여색, 화(貨)는 재물, 이(利)는 이익을 말한다.

그 일을 확충시켜서 올바른 길로 인도하기만 한다면 사회에 해를 끼치지 않을 뿐 아니라 풍속을 바꾸는 효과를 거둘 수 있습니다. 그럴 수만 있다면 도리어 국가와 사회와 백성들의 복지를 향상시킬 것입니다. 우리가 현대화의 일류 국가라고 말하는 강국들은 바로 '성색화리'가 가장 앞선 나라입니다. 그 반대가 아직 낙후되고 개발되지 않은 나라들입니다.

그러고 보니 제 환공이 생각납니다. 그 역시 제 선왕이 말한 것처럼 세 가지 좋아하는 일이 있었습니다. 하지만 당시에 운 좋게도 훌륭한 조력자인 관중을 얻어서 당세에 큰 성공을 거두고 후세 역사에 큰 명성을 남길 수 있었습니다. 잠시 제 환공과 관중의 대화를 보도록 하겠습니다.

환공이 관중에게 말하였다. "과인에게는 세 가지 크게 나쁜 점이 있으니, 불행하게도 사냥을 좋아해서 밤늦도록 짐승을 쫓느라 다음날 정사에 미치지 못하는 것이 그 하나요. 불행하게도 술을 좋아해서 낮부터 밤까지 계속 마시는 것이 그 둘이요. 과인에게는 더러운 행실이 있으니 불행하게도 여색을 좋아해서 시집가지 않은 자매들이 있는 것이 그 셋이요." 관중이 말하였다. "나쁘기는 합니다만 급한 것은 아닙니다. 군주 된 자에게는 오로지 사랑하지 않음과 민첩하지 않음이 불가할 따름입니다. 사랑하지 않으면 백성들이 망하고 민첩하지 않으면 정사에 미치지 못하기 때문입니다."

桓公謂管仲曰: "寡人有大邪三. 不幸好畋, 晦夜從禽不及, 一. 不幸好酒, 日夜相繼, 二. 寡人有汙行, 不幸好色, 姊妹有未嫁者, 三." 管仲曰: "惡則惡矣, 非其急也. 人君惟不愛與不敏, 不可耳. 不愛則亡衆, 不敏則不及事."

제 환공이 어느 날 관중에게 말했습니다. "나라는 사람에게는 매우 점잖지 못하고 아주 잘못된 세 가지 기호(嗜好)가 있으니 참으로 난감하구려! 어떻게 하는 것이 좋겠소? 사냥을 좋아해서 늘 밖으로 나가 즐기는데,

어떤 때는 사냥거리를 뒤쫓느라 날이 어둡도록 돌아오지 않으니 다음날 당연히 정사를 돌볼 정신이 없다오. 이것이 첫 번째 문제요."

"또 나는 술 마시기를 좋아하고 먹는 욕망을 중시해서 낮부터 밤까지 멈추지 않고 먹고 마신다오." 제 환공은 먹는 것을 좋아해서 유명한 음식이나 천하에 모든 진미를 다 찾아서 먹었습니다. 그의 부하였던 역아(易牙)는 오로지 맛있는 요리를 만들어서 그를 모시고 만족시켰습니다. 어느날 제 환공이 식사를 끝내고 아주 만족스러워하면서 역아에게 말했습니다. "천하의 진미를 내가 다 먹어 봤지만 인육(人肉)은 아직 먹어 보지 못해서 그 맛이 어떤지 모르오." 며칠 후에 제 환공은 예전에 먹어 보지 못한 고기 요리를 먹었습니다. 그 이름이 궁금해 이것이 무슨 고기냐고 역아에게 물었더니 인육이라고 답했습니다. 사실은 역아가 자기 아들을 죽여서 환공의 환심을 사려 했던 것입니다. 그 일로 제 환공은 역아의 충심을 인정하게 되었습니다. 물론 어떤 사람은 말합니다. 자기 아들도 죽일 수 있는 사람에게는 조금의 인심(仁心)조차 없거늘 어떻게 충심을 이야기할 수 있느냐고 말이지요. 그것은 별개의 문제이므로 여기에서는 논하지 않기로 하겠습니다. 역아가 나쁜 놈이라는 사실은 역사에 이미 증명과 평가가 내려져 있습니다. 하지만 이것을 통해 우리는 제 환공이 먹고 마시기를 좋아함이 어느 정도였는지를 알 수 있습니다. 그 스스로도 관중에게 말하기를 그것이 자신의 두 번째 결함이라고 했습니다.

그가 또 말했습니다. "더 불행한 것은 나에게는 앞의 두 가지보다 더 깨끗하지 못한 행위가 있다오. 말하기 좀 뭣하지만 나는 여색을 좋아하오. 그런데 여색을 좋아하는 게 오히려 작은 일인 것이, 내 집안 자매들 가운데는 아직 시집을 가지 않은 사람들도 있소." 그의 집안 자매들이 왜 시집을 가지 않았는지의 문제는 물론 그에게 가장 난처한 일이고 차마 입을 열기 어려운 이야기였을 것입니다. 그저 그것이 자신의 세 번째 나쁜 행동이라고만 말했지만 차마 말하지 못한 그 속에 의미가 담겨 있었습니다. 그러므로 그의 문제는 제 선왕에 비해 훨씬 심각하고 컸습니다.

그런데 관중은 어떻게 말했을까요? 그가 말했습니다. "당신의 그 세 가지 큰 문제는 확실히 좋은 것은 아닙니다. 나쁘기는 정말 나쁘지만 지금의 당신에게 가장 중요한 일은 아니므로 반드시 지금 당장 고쳐야 하는 건 아닙니다." 사실 관중은 그가 단번에 고치지 못할 것을 분명하게 알았습니다. 만약 관중이 당장 고치라고 말했다면 오히려 더 심해졌을 것입니다. 관중은 그저 이렇게만 말했습니다. "지도자가 된 사람에게 만약 사랑하는 마음이 없어서 세상 사람들을 사랑하지 않고 지혜의 반응이 충분히 민첩하지 못하다면, 그것이야말로 지도자에게 가장 크게 꺼리는 바입니다. 사랑하는 마음이 없어서 '백성을 사랑하지' 못하면 군중과 백성들이 그를 옹호하지 않을 것이며, 충분히 적극적이지 못해서 '정무(政務)에 부지런하지' 못하면 정무가 느슨해지고 황폐해질 것입니다. 그러므로 '정무에 부지런하고 백성을 사랑하는' 것이 지도자에게 가장 필요한 조건입니다." (이것이 바로 관중 이후에 등장한 맹자가 말한 인정(仁政)입니다.)

이것은 관중이 군주를 보필한 하나의 범례입니다. 수천 년 이래로 현재까지 우리는 줄곧 관중이 역사상 대정치가임을 표방해 왔습니다. 그는 정치사상가일 뿐 아니라 실천가였는데 공자도 그를 존경했습니다. 지금 관중과 제 환공이 이야기한 내용은 제 선왕과 맹자의 담화 내용과 똑같습니다. 그리고 담화의 태도와 방법에서도 맹자와 관자는 거의 비슷합니다. 다른 점이 있다면 관자는 대정치가의 입장에 서서 신도(臣道)로서 건의를 했고 현실 정치에 대한 구체적인 방법을 이야기했습니다. 하지만 우리의 맹 선생님은 정치 철학의 원칙에 더 치우쳤고 동시에 사도(師道)의 유도(誘導)적 방식을 띠고 있었습니다. 경지에서는 당연히 관중보다 한층 더 높았지만 안타깝게도 효과에서는 많이 부족했습니다. 그런데 우리가 주의해야 할 점이 있습니다. 맹자와 관중이 만난 두 명의 고객, 즉 사장은 인격이나 개성에서 차이가 많습니다. 그로 인해 역사에서의 성취도 크게 달라졌습니다.

다음으로 우리가 토론해야 할 '성색화리(聲色貨利)'의 네 가지 일은, 중국 역사 문화에서는 수천 년 이래로 해서는 안 되는 나쁜 일로 여겨져 왔습니다. 국민혁명이 성공해서 만주족의 청나라를 뒤엎기 전까지 사람들은 여전히 상공업을 무시하고 상인을 깔보았습니다. 소위 '사농공상(士農工商)'이라는 과거의 관습에서 상인은 사민(四民) 가운데 마지막에 놓였는데, 이것은 모두 중국 문화가 이러한 전통 관념의 영향을 받았기 때문입니다. 그로 인해 상공업이 발달하지 못하고 과학이 진보하지 못했으며 중국 문화가 침체되는 결과를 낳았습니다.


# 「화식열전」의 일부분

중국 문화는 정말로 그렇게 침체되고 누추했을까요? 우리는 무슨 이학가(理學家)나 도학가(道學家) 혹은 무슨 '가(家)'에게 죄를 돌릴 필요가 없습니다. 단지 소수 지식인의 잘못된 관념이 모든 사람의 관념을 갈림길로 내몰았을 뿐입니다. 중국 문화 자체는 결코 그렇지 않았습니다. 역사상 한대(漢代)의 사마천은 일찍이 '화리(貨利)'의 문제를 놓고 정식으로 경제 사상을 제기했습니다. 당시 다른 사람들은 모두 경제 문제에 그다지 주의를 기울이지 않았는데 오직 사마천만이 특별히 유의하여 『사기』에 「화식열전(貨殖列傳)」을 썼습니다. 그의 글은 중국 경제학에서 최초의 전기(傳記)인 동시에 중국에서 경제 철학 사상을 토론한 훌륭한 저작이었습니다. 그 외에도 『사기』 「평준서(平準書)」 역시 재정학에서 중요한 자료입니다.

사마천의 견해는 대중과 달라서 당시 사람들이 '화리(貨利)'를 무시할 때에 그는 그것이 대단히 중요하다고 생각했습니다. 그가 언급한 경제 전문가 가운데 일등은 강태공(姜太公)이었고 이등은 범려(范蠡)였으며 삼등은 공자의 천재적인 학생 자공(子貢)이었습니다. 그러고도 아직 많았는데, 이제부터 그의 글에서 중요한 일부분만 기록해서 살펴보기로 하겠습니다.

노자가 말하기를 "지극히 잘 다스려지는 시대는 이웃 나라와 서로 마주보고 닭과 개 짖는 소리가 서로 들릴 정도이며, 백성들은 각자 그 음식을 달게 먹고 그 의복을 아름답게 여기며 그 풍속을 편안하게 여기고 그 생업을 즐거워하여, 늙어 죽을 때까지 서로 왕래하지 않는다"라고 하였다. 하지만 이것을 목표로 삼아 요즘의 풍속을 옛날처럼 돌이키려 하거나 백성의 눈과 귀를 틀어막는 것은 아마도 실행할 수 없을 것이다.

태사공은 말한다. 나는 대저 신농씨 이전의 일에 대해서는 잘 모른다. 그런데 『시경』이나 『서경』에 쓰여 있기로는, "순임금과 하 이후로는 눈과 귀는 아름다운 소리나 아름다운 모습을 한껏 보고 들으려 하고, 입은 여러 고기의 좋은 맛을 추구하고자 하며, 몸은 즐거운 것을 편안해하고, 마음은 권세와 재능이 가져다준 영화로움을 자랑하려 한다." 이러한 풍속이 백성들을 전염시킨 지 이미 오래되었으므로 오묘한 이론을 가지고 집집마다 들려주어도 끝내 교화시킬 수가 없다. 그러므로 정치를 가장 잘하는 자는 백성들의 모습을 그대로 따르고, 그다음은 이익으로써 백성들을 이끌고, 그다음은 백성들을 가르쳐 깨우치고, 또 그다음은 백성들을 가지런히 바로잡고, 가장 못하는 자는 백성들과 다투는 사람이다.

대체로 산서 지방에는 재목과 대나무, 닥나무, 삼, 긴 털 소, 옥석 등이 풍부하고, 산동 지방에는 물고기, 소금, 옷, 실과 미녀가 많다. 강남 지방에서는 단나무, 가래나무, 생강, 계수나무, 금, 주석, 납, 단사, 무소, 대모, 진주, 짐승의 이빨과 가죽 등이 많이 난다. 또 용문과 갈석의 북쪽에는 말, 소, 양, 모직물과 가죽, 짐승의 힘줄과 뿔 등이 많이 난다. 구리와 철은 천리사방 곳곳에서 나오므로 산에서 나온 것이 마치 바둑돌을 펼쳐 놓은 것 같다. 이것이 각지 생산품의 대략적인 상황이다. 이것들은 모두 중국 사람이 좋아하는 것으로 세간에서 쓰이는 피복, 음식, 산 사람을 먹이고 죽은 자를 장사 지내는 데에 쓰이는 용품인 것이다. 그러므로 농민들이 먹을 것을 생산하고 사냥꾼이 물품을 생산하고 장인들은 물건을 만들며 상인들은 유통시킨다. 이러한 일들이 어찌 정령이나 교화, 징발에 의한 것이나 혹은 약속에 따라서 하는 것들이겠는가? 사람들이 각자 자신의 능력에 맞추어 그 힘을 다해서 원하는 것을 얻는 것이다. 그러므로 물건 값이 싼 것은 장차 비싸질 징조이며 값이 비싼 것은 장차 싸질 징조이니, 사람마다 각기 자신의 일에 힘쓰고 각자의 일을 즐거워하면 마치 물이 낮은 곳으로 흘러 밤낮 멈추는 때가 없는 것같이 부르지 않아도 스스로 몰려들고 억지로 구하지 않아도 백성들은 물품을 만들어 낸다. 이 어찌 도에 부합되는 것이 아니며 자연스러움의 증명이 아니겠는가?"

「주서」에는 이렇게 쓰여 있다. "농부가 생산을 하지 않으면 식량이 부족하고, 장인이 물건을 만들어 내지 않으면 용품이 모자라게 되며, 상인이 장사를 하지 않으면 세 가지 귀한 것의 유통이 끊어지게 되고, 사냥꾼이 생산을 하지 않으면 재물이 부족하게 된다." 재물이 부족하면 산림과 하천이 개발되지 못한다. 이 네 가지 것은 백성이 입고 먹는 것의 근원이다. 근원이 크면 부유해지고 근원이 작으면 빈곤해진다. 위로는 나라를 부강하게 하고 아래로는 가정을 부유하게 한다. 빈부의 이치는 누가 빼앗거나 부여해 줄 수 없는 것인데, 솜씨 좋은 자는 여유 있게 되고 그렇지 못한 자는 부족하게 되는 것이다. 태공망이 영구에 봉해졌을 때 그 땅은 소금기가 많고 백성은 적었다. 이에 태공은 부녀자들의 일을 장려하고 기술을 끌어올리며 생선과 소금을 유통시키니, 사람과 물자가 모두 그곳으로 모여드는 것이 엽전 꾸러미가 꿰이는 듯하고 수레바퀴 살이 중심으로 모여드는 듯하였다. 그리하여 제나라는 천하에 관과 띠, 옷과 신을 공급하게 되었고 동해와 태산 사이에 있는 제후들은 옷깃을 여미고 제나라에 조회하게 되었다. 그 후 제나라는 한때 쇠약해졌으나 관자가 태공의 정책을 재정비하고 경중구부를 설치하였기에, 환공은 패자가 되어 제후들을 여러 차례 모으고 천하를 바로잡았다. 관씨 또한 삼귀를 소유하고 지위는 왕을 지척에서 모시는 신하였으며 다른 나라의 왕들보다 부유하였다. 그리하여 제나라의 부강함은 위왕과 선왕에게까지 이르게 되었다.

그러므로 말하기를 "창고가 꽉 차야 예절을 알고 옷과 음식이 넉넉해야 영욕을 안다"라고 하였다. 예의는 재산이 있으면 생기고 없으면 사라지는 것이다. 그러므로 군자는 부유해지면 덕을 행하기를 좋아하고 소인은 부유해지면 자신의 힘에 맞게 행한다. 연못이 깊어야 물고기가 살고 산이 깊어야 짐승이 노닐고 사람은 부유해야만 비로소 인의를 행한다. 부유한 사람이 세력을 얻으면 세상에 더욱 빛을 발하게 되고, 세력을 잃으면 따르는 객도 줄어들어 즐겁지 않게 되는 법이다. 이러한 일은 오랑캐의 나라에서는 더욱 심하다.

세간의 말에 이르기를 "천 금을 가진 부자의 자식은 저잣거리에서 죽지 않는다"라는 말이 있는데 이는 빈말이 아니다. 그러므로 "천하가 회회낙락하면 모두 이익을 위해서 모여들고 천하가 소란하면 모두 이익 때문에 떠난다"라고 하는 것이다. 천승의 수레를 가진 왕, 만호를 가진 제후, 백실을 소유한 대부들이라고 해도 가난을 걱정하는데, 하물며 호적에 이름이나 올라 있는 보통 백성들이야 어떻겠는가?

(글 속에서 서술해 놓은 범려와 자하 등이 치부한 이치는 생략합니다.)

위의 사람들은 부호 중에서도 특히 두드러지는 사람들이다. 그들은 모두 작읍나 봉록을 가지고 있었거나 법을 희롱하고 나쁜 짓을 범해서 부자가 된 것이 아니라, 모두 사물의 이치를 추측하여 거취를 결정하고 시운에 순응하여 이익을 얻은 것이었다. 상업으로 재물을 얻고 근본에 힘써서 그것을 지켰으며, 무로써 모든 것을 얻고 문에 힘써서 그것을 지켰다. 방법의 변화에 절도와 순서가 있었으므로 기술할 만한 것이었다. 농업, 목축, 수공업, 산림과 천택의 경영, 행상, 좌고에 온 힘을 다하며 이익을 저울질해서 부자가 된 사람들 중에는, 큰 자는 한 군을 압도하고 중간인 자는 한 현을 압도하고 작은 자는 한 마을을 압도하는 사람도 있는데, 이루 다 헤아릴 수가 없다.

무릇 근검절약하고 부지런히 일하는 것은 부자가 되는 바른 길이나 부자는 반드시 독특한 방법으로써 남을 이겨야 한다. 농사는 그리 뛰어난 업종이 못 되지만, 진양은 농사로써 주에서 제일가는 부호가 되었다. 무덤을 파헤치는 것은 나쁜 일이지만 전숙은 이를 발판으로 일어섰다. 도박은 나쁜 일이지만 환발은 그것으로 부자가 되었다. 행상은 대장부에게는 천한 일이지만 옹락성은 그것으로써 부자가 되었다. 기름을 파는 일은 욕된 일이기는 하지만 옹백은 그것으로써 천 금을 얻었다. 술장사는 하찮은 일이지만 장씨는 천만 금을 벌었다. 칼 가는 일은 보잘것없는 기술이지만 질씨는 그것으로 돈을 벌어 제후들처럼 솥단지를 늘어놓고 식사를 하였다. 위포를 파는 것은 단순하고 하찮은 장사이지만 탁씨는 기마 수행원을 거느렸다. 말을 치료하는 것은 별것 아닌 의술이지만 장리는 그것으로 돈을 벌어 제후들처럼 종을 연주하게 되었다. 이것은 모두 성실하고 한결같은 마음으로 힘쓴 덕분이었다.

이로써 미루어 볼 때 부자가 되는 데에는 정해진 직업이 없고 재물에는 일정한 주인이 없다. 재능이 있는 자에게는 재물이 모이고 못난 사람에게서는 기왓장 흩어지듯 재물이 흩어져 버린다. 천 금의 부자는 한 도성의 군주와 맞먹고 수만 금을 모은 자는 왕과 마찬가지로 즐겼다. 이 어찌 소위 '소봉'[52]이 아니겠는가?

老子曰："至治之極, 鄰國相望, 雞狗之聲相聞, 民各甘其食, 美其服, 安其俗, 樂其業, 至老死不相往來." 必用此爲務, 輓近世塗民耳目, 則幾無行矣.

太史公曰：夫神農以前, 吾不知已. 至若詩書所述："虞夏以來, 耳目欲極聲色之好, 口欲窮芻豢之味, 身安逸樂, 而心誇矜勢能之榮使." 俗之漸民久矣, 雖戶說以眇論, 終不能化. 故善者因之, 其次利道之, 其次教誨之, 其次整齊之, 最下者與之爭.

夫山西饒材竹穀纑旄玉石；山東多魚塩漆絲聲色；江南出枏梓薑桂金錫連丹砂犀玳瑁珠璣齒革；龍門碣石北多馬牛羊旃裘筋角；銅鐵則千里, 往往山出棊置；此其大較也. 皆中國人民所喜好, 謠俗被服飮食奉生送死之具也. 故待農而食之, 虞而出之, 工而成之, 商而通之. 此寧有政教發徵期會哉？人各任其能, 竭其力, 以得所欲. 故物賤之徵貴, 貴之徵賤, 各勸其業, 樂其事, 若水之趨下, 日夜無休時, 不召而自來, 不求而民出之. 豈非道之所符, 而自然之驗邪？

周書曰："農不出則乏其食, 工不出則乏其事, 商不出則三寶絶, 虞不出則財匱少." 財匱少而山澤不辟矣. 此四者, 民所衣食之原也. 原大則饒, 原小則鮮. 上則富國, 下則富家. 貧富之道, 莫之奪予, 而巧者有餘, 拙者不足. 故太公望封於營丘, 地潟鹵, 人民寡, 於是太公勸其女功, 極技巧, 通魚塩, 則人物歸之, 繦至而輻湊. 故齊冠帶衣履天下, 海岱之閒斂袂而往朝焉. 其後齊中衰, 管子修之, 設輕重九府, 則桓公以霸, 九合諸侯, 一匡天下；而管氏亦有三歸, 位在陪臣, 富於列國之君. 是以齊富强至於威宣也.

故曰："倉廩實而知禮節, 衣食足而知榮辱." 禮生於有而廢於無. 故君子富,

---

52 천자로부터 받은 봉토(封土)는 없으나 재산이 많아 제후와 비할 만한 부자.

好行其德; 小人富, 以適其力. 淵深而魚生之, 山深而獸往之, 人富而仁義附焉. 富者得勢益彰, 失勢則客無所之, 以而不樂. 夷狄益甚.

諺曰: "千金之子, 不死於市." 此非空言也. 故曰: "天下熙熙, 皆爲利來, 天下攘攘, 皆爲利往." 夫千乘之王, 萬家之侯, 百室之君, 尙猶患貧, 而況匹夫編戶之民乎!

……

此其章章尤異者也. 皆非有爵邑奉祿弄法犯姦而富, 盡椎埋去就, 與時俯仰, 獲其贏利. 以末致財, 用本守之; 以武一切, 用文持之. 變化有槪, 故足術也. 若至力農畜, 工虞商賈, 爲權利以成富, 大者傾郡, 中者傾縣, 下者傾鄕里者, 不可勝數.

夫纖嗇筋力, 治生之正道也, 而富者必用奇勝. 田農, 掘業, 而秦揚以蓋一州. 掘冢, 姦事也, 而田叔以起. 博戲, 惡業也, 而桓發用富. 行賈, 丈夫賤行也, 而雍樂成以饒. 販脂, 辱處也, 而雍伯千金. 賣漿, 小業也, 而張氏千萬. 酒削, 薄技也, 而郅氏鼎食. 胃脯, 簡微耳, 濁氏連騎. 馬醫, 淺方, 張里擊鐘. 此皆誠壹之所致.

由是觀之, 富無經業, 則貨無常主, 能者輻湊, 不肖者瓦解. 千金之家比一都之君, 巨萬者乃與王者同樂. 豈所謂'素封'者邪? 非也?


『사기』의 작가인 사마천(司馬遷)과 그 아버지 사마담(司馬談)은 황로(黃老) 도가의 학술 사상을 편애했던 인물로서 특히 노자의 사상을 숭상했습니다. 그가 쓴 「화식열전」은 먼저 노자의 말을 인용하여 사회가 부상과 안락 그리고 민주 자유의 극치에 도달했을 때의 모습을 묘사하고 있습니다. 그래야만 이상적인 대동 세계의 경지에 진정으로 진입할 수 있으며 노자가 말한 '인위적 다스림이 없는 다스림〔無爲之治〕'과 '자연을 본받음〔法乎自然〕'의 경지에 도달할 수 있습니다. 노자의 말은 그 의미가 이러합니다.

"이웃하고 있는 국가들의 국경이 서로 붙어 있거나 혹은 길 하나 혹은 시내 하나를 사이에 두고 있어서, 피차간에 서로 멀리 바라볼 수 있고 닭 울음소리와 개 짖는 소리까지도 또렷이 들을 수 있다. 또 각국의 백성들이 모두 배불리 먹어서 영양이 충분하고, 헝겊 조각을 대어 기운 옷이라고는 없이 잘 입으며, 사회 기풍이 안정되어 불량배의 소요가 없고, 자신의 사업과 직업에 대해 아주 만족하며 각자 본분을 잘 지킨다. 생활이 이처럼 안정되고 즐거운 사회에서 모든 사람이 아주 만족스러워 하니, 평생 동안 다른 사람을 부러워하지 않으며 생존을 위해 고향을 등지고 외지로 나가는 일은 더더욱 없다."

본래 노자의 논조는 제가 볼 때에는 유가 대동사상의 논조와 결코 다르지 않습니다. 다만 노자는 이상 세계를 묘사했고 유가의 「예운」 대동 편은 원칙을 서술했습니다. 둘은 근원이 일맥상통하는 중국 고대 문화의 전통입니다. 만약 표면적인 문자만 가지고 그들을 억지로 두 파로 나눈다면 그건 아주 유감스러운 일입니다.

언젠가 어떤 청년이 말하는 것을 들으니, 지금은 세상이 많이 좋아졌으니 돈이 있으면 은퇴한 후에 세계 일주를 하는 것이 마땅한데 "늙어 죽을 때까지 왕래하지 않는다〔至老死不相往來〕"라고 하면 무슨 재미로 사느냐는 것이었습니다. 외국을 여행하는 것은 시대를 앞서가는 관념이며 게다가 견문을 넓힐 수도 있습니다. 하지만 노자의 이 말에 대한 반박은 단장취의(斷章取義)한 감이 있습니다. 먼저 가까운 곳부터 이야기하자면 대만의 산간 지역이나 농촌에는 대북(台北)에 가 본 적 없는 사람들이 여전히 있습니다. 심지어 자신이 사는 현(縣) 정부의 소재지에도 가 본 적 없이 평생 고향 마을을 한 걸음도 벗어나지 않았습니다. 하지만 생활이 안정되고 즐거웠기 때문에 임종할 때에도 그 마음에 여한이 없습니다. 그런데 현대에 세계 일주를 한 많은 사람들은 임종할 때, 자손 후대에 대해, 혹은 국가와 사회에 대해, 혹은 자기 자신의 어떤 일에 대해 여전히 마음을 놓지 못한 채 가슴 가득히 안타까움을 지니고서 떠납니다.

또 어떤 사람은 이렇게 말합니다. "미국이나 유럽에 가서 학문의 깊이를 더하거나 사업을 발전시킨다면 좋지 않습니까? 왜 '늙어 죽을 때까지 왕래하지 않아야' 합니까?" 이 또한 그 말 바로 앞에 있던 '지극히 잘 다스려지는 시대〔至治之極〕' 및 이어지는 묘사를 잊어버렸기 때문입니다. 뒤집어서 물어보겠습니다. 만약 오늘날 우리가 세계에서 경제력이 가장 뛰어나고 교육 문화 수준이 가장 높으며 과학 기술이 가장 발달했고 군사력이 가장 강대하며 사회 역시 가장 안정된 국가라면, 그래도 여러분은 외국으로 나가서 학문의 깊이를 추구하고 사업의 발전을 추구하고 싶겠습니까? 한 걸음 더 나아가서 말해 보겠습니다. 전 세계 전 인류 모든 사회가 그런 수준에 도달한다면 어느 누가 자기 고향에서 편안하게 일하고자 하지 않겠습니까? 어느 누가 각지로 돌아다니며 고생하고 다른 사람을 위해서 접시를 닦고 바닥을 청소하려고 하겠습니까? 남반구에 위치한 호주 사람들은 태평한 세월을 보내고 있어서 외국으로 나가는 사람이 별로 없습니다. 하지만 현대에도 "늙어 죽을 때까지 서로 왕래하지 않는" 현상이 존재하기는 합니다. 그것은 남한과 북한 사이의 삼팔선, 동독과 서독의 장벽, 우리 대만과 대륙 사이의 바다입니다. 이것을 통해 우리는 "늙어 죽을 때까지 서로 왕래하지 않는" 경지가 쉽지 않음을 알 수 있습니다. 전 세계 전 인류가 모두 부강하고 안락해지면 비로소 그런 아름다운 경지에 도달할 수 있습니다.

# 인류 사회의 변화 순서와 인심의 추세

　그런 까닭에 사마천은 인류가 그런 아름다운 이상을 향해 노력하는 것이 가장 좋다고 말했습니다. 그런데 요즘(사마천 당시의 요즘)에 보통 사람들은 오로지 귀와 눈에 아름다운 소리와 색만 즐기려고 하기 때문에 이미 그런 높은 경지에 도달할 수 없게 되어 버렸습니다.

　이어서 그는 역사가의 관점에서 자신의 의견을 발표합니다. "신농씨 이전의 상황이 어떠했는지는 나도 모른다. 내가 알기로는 『시경』, 『서경』 같은 책에 기록된 사적들처럼 우(虞)와 하(夏) 2대 이후로는 사회의 변화로 말미암아 사람들이 물질의 풍요만 누리려 하고 성색(聲色)의 즐거움과 구복(口腹)의 욕구만 추구하려고 한다. 즐기는 것만 좋아하고 명리(名利)에 급급하다. 모든 사람이 다 그러하니 그다지 특별할 것도 없다. 이러한 풍속의 변화는 하루아침에 형성된 것이 아니다. 우하(虞夏) 시대부터 시작해서 차츰차츰 오늘날의 이러한 모습으로 변화한 것이다. 사회의 기풍이 이런 지경에 이르렀으니, 설사 최고의 철리를 가지고 가가호호 다니면서 그들에게 물욕을 내려놓고 정신생활의 초탈함을 추구하라고 권면한들 아무런 소용이 없다."

　"그런 까닭에 상고 시대 이래로 가장 훌륭한 위정(爲政)의 방법은 '백성들의 모습을 그대로 따르는[因之]' 것이다. 백성들의 본질과 천성에 의거하여 입법과 행정에서 자연스럽게 그들을 좋은 방향으로 이끌어야 한다."

　"만약 그렇게 해도 통하지 않으면 물러나 그다음 방법을 써야 하는데, 그들의 흥미와 기호에 따르고 현실을 중시하는 그들의 심리에 맞춰 '이익으로써 백성들을 이끌어야[利道之]' 한다. 이로움을 가지고 그들을 유도하여 훌륭한 길로 이끌어야 한다."

　"'그다음은 백성들을 가르쳐 깨우치는 것이니[其次教誨之]' 만약 여전히 잘 안 되면 그 다음가는 방법을 쓴다. 좀 더 강경한 방법인데 그들을 교육하고 그들에게 무엇이 옳고 마땅히 해야 하는 것인지, 또 무엇이 그르고 해서는 안 되는 것인지를 말해 준다."

"만약 그래도 여전히 효과가 없다면 그보다 더 못한 방법을 쓸 수밖에 없다. '백성들을 가지런히 바로잡는 것이니〔整齊之〕' 법령을 가지고 바로잡아야 한다. 바로잡지 못한다면 그보다 못한 방법은 '백성들과 더불어 이익을 다투는〔與民爭利〕', 즉 백성들과 대립해서 서로 다투는 것이다."

이 이론에서 보면 수천 년의 역사는 모두 그보다 못한 방법인 "백성들과 더불어 이익을 다투는" 가운데 있었습니다. 다윈의 진화론도 마찬가지로 인류 문화는 경쟁 가운데서 발전한다고 여깁니다. 듣기 좋게 말해서 '경쟁'이지만 사회 심리가 경쟁을 능사로 여기는 지경에 이르면 인류는 영원히 태평해질 수 없습니다. 인류 사회는 과연 '다툼'의 소질을 지니고 있지만 이 부분은 모두가 노력해서 개선해 나가야 합니다. 만약 다툼을 원칙으로 삼고 다툼을 과녁으로 삼는다면 그 사회는 반드시 크게 어지러울 것입니다.

사마천은 이 몇 구절을 통해 인류 사회의 변화 순서 및 돌이킬 수 없는 인심의 추세를 전부 말했습니다. 우리가 정치나 철학 혹은 경제나 역사를 연구할 때에는, 사마천이 여기에서 말한 것과 공자가 『예기』 「예운」 대동 편에서 서술한 것을 서로 참고해서 연구하면 중국의 문화 역사 변화의 전문서가 될 수 있을 것입니다.

다음으로 사마천은 당시 중국에서 발견된 자원의 상황을 언급하면서 상당히 풍부하고 이용 가치가 있다고 했습니다. 거기다 현재 우리가 새로 발견한 자원들이 질과 양에서 대단히 증가했지만 여기에서는 상세히 소개하지 않고, 물자 이용에 관한 사마천의 관점을 보도록 하겠습니다.

"농민들이 먹을 것을 생산하고〔待農而食之〕", 당시의 농업 사회에서는 자원과 기술이 아직 많이 발굴되지 않았으므로, 사회 경제의 필연적인 추세가 농업 생산에 의지해야만 밥을 먹을 수 있었습니다. "사냥꾼이 물품을 생산하고〔虞而出之〕", 산림과 목축의 자원도 개발해야 했습니다. "장인들은 물건을 만들며〔工而成之〕", 그런 후에 농림과 목축의 생산품을 가공 제조합니다. "상인들은 유통시키니〔商而通之〕", 마지막으로 상업의 경영을 통해 농림과 목축과 공업의 생산품을 유통시킵니다. 그리하여 있는 것과 없는 것을 서로 교환하여 각기 필요한 것을 얻음으로써 물품 부족을 염려하지 않는 경지에 도달할 수 있었습니다.

이어서 그는 또 말합니다. "이러한 경제 형태의 발전은 인류 사회의 수요에 따른 것으로서 자연스럽게 변화되어 온 일종의 생활 방식이다. 법률이나 명령으로부터 나온 것이 결코 아니며, 어떤 사람이 제창하거나 교육함으로써 이루어진 것도 아니다. 사람들의 생활에서의 편리함을 위해 자연스럽게 발전되어 온 것이다. 그러므로 모든 사람은 각자 자신의 능력을 다하고 자신이 필요한 것을 바꾸어 취하면 된다."

상업의 경영에서 "물건 값이 싼 것은 장차 비싸질 징조이며 값이 비싼 것은 장차 싸질 징조〔物賤之徵貴, 貴之徵賤〕"라는 것입니다. 중국 상업에는 전통적인 관용어가 있습니다. "값이 싼 물건을 내버려서는 안 되고 값이 비싼 물건을 사들여서는 안 된다." 똑같은 물품을 가격이 떨어졌다고 해서 손해 보고 팔아 버려서는 안 됩니다. 잘 저장해 두면 장래에 틀림없이 가격이 오릅니다. 심지어 가공하고 제조해서 다시 팔면 큰돈을 벌 수도 있습니다. 똑같은 물건이 값이 올라서 비싸졌다 해도 절대로 벌집을 쑤신 것처럼 따라서 사면 안 됩니다. 왜냐하면 멀지 않은 장래에 값이 곤두박질칠 것이기 때문입니다. 그러므로 "싼 가격에는 팔지 않고 비싼 가격에는 사지 않는다〔賤價不賣, 貴不買〕"라고 했습니다.

"사람마다 각기 자신의 일에 힘쓰고 각자의 일을 즐거워한다〔各勸其業,

樂其事〕." 사람마다 자신의 본분에 맞추어 생업에 힘쓰고 사람들과 함께 즐거워합니다. 이런 추세는 강물이 아래로 흘러가는 것과 마찬가지로 아주 자연스러운 발전이므로, 일부러 법령과 규정을 만들 필요 없이 자연스럽게 이루어집니다. 모든 물자의 생산 분배도 힘들여 도모할 필요 없이 사회에서 자연스럽고 적절하게 조정됩니다. 이것이 바로 노자가 말한 자연의 도〔自然之道〕가 아니겠습니까?

이어서 그는 또다시 『서경』의 말을 인용하여 농공상우(農工商虞)가 똑같이 중요하다는 점을 강조했습니다. 농림, 목축에서 나오는 것들과 공상업의 생산품은 나라를 부유하게 하고 집안을 부유하게 하는 기초입니다. 비록 각지의 기후와 토양 및 인력이 다르고 자원의 저장과 개발도 똑같지 않지만 경영만 잘 하면 부유해질 수 있고 경영을 잘 못하면 빈궁해집니다. 하늘은 누구에게는 후하고 누구에게는 박하게 하지 않습니다.

제나라는 강태공이 처음 영구(營丘)에 봉해졌을 때 그곳이 해변이었기 때문에 땅에 염분이 많고 백성들의 수는 적었습니다. 그곳의 토질이 도무지 농사를 지을 수 없어서 밥을 먹을 수가 없었지만 강태공은 지리적 환경에 구애받지 않고 부녀자들을 가르쳐 수공업을 발전시켰습니다. 지금까지도 산동 연대(煙台) 일대의 자수와 명주실 등의 공업은 여전히 매우 유명합니다. 대만에서 그런 기술을 지니고 있는 사람들 역시 생산과 수출에 종사하고 있는데, 아마도 그 옛날 강태공 시대부터 전해져 내려 왔을 것입니다. 그밖에도 그는 염전과 어업을 발전시켜 다른 나라에 수출했습니다. 제나라는 그때부터 번영하고 부유해졌습니다. "관과 띠와 옷과 신을 천하에 공급하였고〔冠帶衣履天下〕", 각국이 그 풍조를 선망해서 복식까지도 제나라를 모방하는 것이 유행했습니다. 산을 의지하는 국가이건 바다를 끼고 있는 국가이건 불문하고 모두 제나라로 와서 배우기를 희망했습니다. 마치 오늘날 전 세계 사람들이 벌집을 쑤신 듯이 미국으로 달려가는 것과 마찬가지였습니다.

　나중에 제나라는 중엽에 이르러 국력이 일시적으로 쇠락했지만, 제 환공 시대에 이르러 지금 우리가 알다시피 경제 정치를 위주로 하고 아울러 장사로 유명했던 관중을 재상으로 삼아 제나라의 국세를 다시 부흥시켰습니다. 그는 재경(財經)에 관한 아홉 개의 행정 기구를 설립하고 재무를 담당하는 관원을 설치하여 '경중법(輕重法)'을 실행했습니다. 그 덕에 제 환공은 자신의 패업을 완성하고 각국의 제후들을 규합하여 천하를 바로 잡았습니다. 그리고 관중 자신도 '삼귀(三歸)'라는 대를 건축하여 호화로움을 즐기고 상당한 사치를 누렸습니다. 정치적 지위는 군주와 친구처럼 가까운 관계인 배신(陪臣)에 이르렀으며 재산의 부유함은 다른 나라의 군주와 비견될 정도였습니다. 관중으로 인해 제나라의 부강함은 위왕과 선왕의 시대까지 쭉 이어졌습니다.


## 경제, 문화, 도덕의 연쇄 관계

　사마천은 「주서(周書)」의 말을 인용하고 아울러 제나라 강태공과 관중의 예를 들어 정치적 업적에서 경제적 부(富)의 중요성을 설명했습니다. 그런 다음 또다시 "창고가 꼭 차야 예절을 알고 옷과 음식이 넉넉해야 영욕을 안다〔倉廩實而知禮節, 衣食足而知榮辱〕"라는 두 구의 명언을 인용하여, 부(富)와 도덕의 관계를 토론하고 "예의는 재산이 있으면 생기고 없으면 사라진다〔禮生於有而廢於無〕"라는 주장을 제기했습니다. 예절과 인의 같은 덕성은 안정된 생활과 부(富)를 기초로 합니다. 군자는 부유해지면 선을 행하고 덕을 쌓는 것을 더욱 즐거워합니다. 그리고 보통 사람들은 재산이 생기면 분수를 지키고 나쁜 짓을 하지 않습니다. 이어서 재물을 높은 산과 큰 연못에 비유하고 덕행은 산과 연못에 사는 생물에 비유했습니다. 물이 깊으면 자연히 물고기가 있고 산이 높으면 각종 짐승들이 자연히 그 속에서 번식합니다. 도랑은 물이 얕아서 물고기를 살게 할 수 없고 작은 산은 큰 짐승들을 숨기고 보호하지 못합니다. 바꾸어 말하면 빈궁하면 높은 도덕 수양이 있기 어렵고 사람들에게 유익한 선행을 하기 어렵습니다. 그러므로 재물이 있어야 비로소 인한 마음과 의로운 행동을 발휘할 수 있습니다. 돈이 있는 어떤 사람이 거기다 권세까지 얻는다면 더욱 쉽사리 자신을 드러낼 수 있습니다. 반대로 세력이 없는 데다 돈도 없이 타향을 떠돌면 자기 자신도 보호하기 어려운데 다른 것을 돌아볼 여유가 있겠습니까? 이것은 문화적 기초가 있는 중국에 대한 이야기이고, 문화 수준이 낮은 변경으로 말하면 덕성에 대한 재산의 영향력이 더욱 심각합니다.

그러므로 온 세상이 요란하고 빈번하게 왕래하는 것은 모두 '이(利)'라는 한 글자 때문입니다. 천승의 나라가 되었건 만호의 제후가 되었건 혹은 백실의 대부가 되었건 그들 모두 오로지 빈궁의 고통을 받을 것만을 두려워하는데, 하물며 일반 백성들이야 말할 것이 있겠습니까!

이어서 그는 계속해서 범려(范蠡), 자공(子貢), 의돈(猗頓), 탁씨(卓氏), 정정(程鄭), 완공씨(宛孔氏), 사사(師史), 임씨(任氏) 등 십여 명의 역사상 명인들이 치부했던 이치 및 국가 사회에 대한 영향력을 들어 재물과 업적의 관계를 강조했습니다. 동시에 그는 이렇게 말했습니다. "열거한 이 사람들은 단지 소수의 예에 불과하며 게다가 가업을 계승하거나 봉록을 세습한 것이 아니라 모두 자신의 노력으로 경영하여 기회를 붙잡고 성실하게 발전시켰다. 가장 착실한 방법으로 돈을 벌고 가장 고명한 원칙으로 재산을 지켰다. 그 외에 농림공상(農林工商)을 발전시켜 그 부가 나라를 기울게 하였거나 혹은 한 현(縣)에 가장 뛰어났거나 혹은 한 마을에서 부자라 일컬어진 사람들은 이루 헤아릴 수 없이 많았다."

결론을 말하면 자신의 노력으로 작은 장사에서 시작해 조금씩 저축해서 재산을 모으는 것이 정도(正道)입니다. 하지만 작은 부(富)는 부지런함에서 말미암고 큰 부는 천명에서 말미암는 것이니 큰 부자가 되려면 운이 따라야 합니다. 동시에 사마천은 강조합니다. "큰 부자가 되려면 머리가 좋아야 한다. 예를 들어 군대를 쓰려면 상대방이 생각지 못한 방법으로 승리를 거두어야 한다." 그리고는 역사 자료를 나열했습니다. 진양이라는 사람은 농사로 집안을 일으켰는데, 그의 재산은 과연 한 주(州)를 압도할 정도였습니다. 오늘날 한 성(省)에서 제일가는 부자나 마찬가지입니다. 도리에 따르자면 남의 무덤을 파서 부장품을 도적질하는 것은 범법 행위입니다. 그런데 전숙(田叔)은 그렇게 해서 일어섰습니다. 도박 역시 나쁜 일이지만 환발(桓發)은 그것으로 부자가 되었습니다. 행상은 오늘날 우리가 말하는 봇짐장수와 유사한데 고대에도 마찬가지로 사람들이 대수로이 여기지 않는 직업이었습니다. 하지만 옹락성(雍樂成)은 그것으로 집안을 일으켰습니다. 기름을 파는 일은 당연히 천한 직업입니다. 온 몸에 기름때가 묻고 사람들에게 무시를 당했지만 옹백(雍伯)은 그 직업으로 천 금의 재산을 모았습니다. 길거리에서 먹을 것을 파는 것은 하찮은 장사이지만 장씨(張氏)는 그것으로 천만 금의 재산을 벌었습니다. 칼을 가는 것은 가장 간단한 기술이라고 말할 수 있지만 질씨(郅氏)는 칼 가는 것으로 명성을 얻어서 사람들이 모두 그를 찾아와 칼을 갈았고 나중에 큰 부자가 되어 대식구를 먹여 살렸습니다. 밥을 먹을 때면 큰 솥단지를 늘어놓았으니 그 기백이 아주 컸습니다. 돼지고기 육포와 쇠고기 육포를 파는 것도 하찮은 장사이지만 탁씨(濁氏)는 그것으로 부자가 되어 수십 필의 말을 길렀습니다. 요즈음으로 치면 수십 대의 차를 소유한 셈입니다. 그리고 마의(馬醫)도 있는데 고대에는 의사의 사회적 지위가 지금처럼 높지 않았고 수의사는 더더욱 그러했습니다. 하지만 장리(張里)라는 수의사는 집에서 밥을 먹을 때 종을 연주했으니 그 부유한 정도를 알 수 있습니다. 이상의 모든 경우는 오로지 하나의 직업에 정성을 다하고 부지런히 노력해서 이룩한 것입니다.

그의 마지막 결론은 이렇습니다. 이러한 사실로 보건데 부자가 되는 데에는 무슨 정해진 직업이 있지 않고, 재물 역시 누군가에게 영원히 속한다고 말할 수 없습니다. 능력 있는 사람은 자연히 부자가 되고 게으른 사람은 제대로 일어서지도 못합니다. 부를 소유하면 자연히 신분도 귀하게 됩니다. 천 금을 소유한 사람은 사대부나 마찬가지로 사람들의 존중을 받습니다. 수만 금을 지닌 부자는 왕후와 마찬가지로 누립니다. 이것은 하늘이 내려주는 것이 아니며 조상들이 주는 것도 아닙니다. 모두 자신의 노력으로 얻는 것입니다.

그는 이 글에서 상업의 우두머리와 큰 부자들을 소개하면서 절묘한 논의를 펼쳤습니다. 재물을 좋아하는 심리를 이야기할 때에는 진시황 같은 폭군도 재물을 중시했다고 언급했습니다. 당시 사천에 '청(淸)'이라는 이름의 과부가 있었는데 많은 단사광(丹砂礦)을 소유한 엄청난 부자였습니다. 진시황은 그녀를 특별히 함양으로 초청해서 상빈(上賓)의 예로 대접했습니다. 또 그녀를 위해 '여회청대(女懷淸臺)'를 건축했습니다. 이것을 보더라도 재물의 중요성을 알 수 있습니다. 개인만 그런 것이 아니라 국가도 재물이 아니면 강성해질 수 없고 사회도 재물이 아니면 번영할 수 없다고 그는 말했습니다.

지금까지 우리는 사마천이 「화식열전」에서 펼친 논의들을 살펴보았습니다. 이제 명대(明代)의 풍몽룡(馮夢龍)의 짧은 글을 보도록 하겠습니다. 두 글을 대비시켜 본다면 각별한 재미를 느낄 수 있을 것입니다.

사람은 재물에 살고 재물에 죽고 재물에 영욕이 갈린다. 돈 없이 국화만 마주하였던 팽택령 도연명 또한 흥이 깨어졌다. 만약 공자가 식량이 떨어져서 죽었다면 그래도 대성인이라 칭해졌을까? 세상 사람들이 재물에 연연하는 것이 이상할 것이 없구나.

결국 사람의 수명이 그 얼마나 되는가! 일생토록 계속해서 먹지만 또한 죽는 날이 있다. 파장하는 때가 이르면 가을터럭 끝만큼도 가지고 가지 못한다. 오직 남겨진 일이라고는 자손들 다툼은 많고 눈물은 적을 뿐이네. 죽어서도 알지 못하면 참으로 억울하게 물러감이고, 만일 알게 된다 하여도 후회한들 또한 어찌할 바를 알지 못하지. 우리 소주의 육념선은 서 소재〔관직명〕의 비서 초빙에 응하여 관서에 부임하였으나 절대 한 글자도 쓰지 않았다. 서 소재도 어쩔 수 없어 이에 여지를 두기 위하여 변방에서 유람하게 하였는데, 모 장수에게 이르자 은자 삼십 일(육백 냥)을 선물로 주었으나 극문을 떠나 그 돈을 마주하고 크게 통곡하며 말하기를 "너로 인해 화를 입음이 많았거늘 내 어찌 너를 쓰랴!" 하고는 계곡물에 던져 버렸다. 사람들은 그 어리석음을 비웃었으나 그것이 바로 어리석은 사람을 위한 설법임을 누가 알랴.

人生於財, 死於財, 榮辱於財. 無錢對菊, 彭澤令亦當敗興. 倘孔子絶糧而死, 還稱大聖人否? 無怪乎世俗之營營矣.

究竟人壽幾何! 一生喫著, 亦自有限. 到散場時, 毫釐持不去. 只落得子孫爭嚷多, 眼淚少. 死而無知, 眞是枉却; 如其有知, 懊悔又不知如何也. 吾蘇陸念先應徐少宰記室聘, 比就館, 絶不作一字. 徐無如何, 乃爲道地遊塞上, 抵大帥某, 以三十鎰爲壽, 旣去戟門, 陳對金大慟曰: 以汝故獲禍者多矣, 吾何用汝爲! 卽投之澗水中. 人笑其癡, 孰知正爲癡人說法乎.

# 과인은 여색을 좋아한다

제 선왕이 재물을 좋아한다고 말했을 때 맹자는 이 문제에 대해 많은 설명을 하지 않고 오로지 이야기의 중심을 왕도(王道)와 인정(仁政)으로 이끌었습니다. 사실 시대적으로 맹자보다 앞섰던 관중의 사상과 이론 및 맹자 후에 나온 사마천의 사상과 이론을 맹자는 모두 알고 있었습니다. 하지만 그는 말하지 않았고 그 길을 걷지도 않았습니다. 그 대신 시종일관 군주들이 '도덕'이라는 이 방향을 향해 걸어갈 수 있도록 유도했습니다. 이것이 바로 맹자가 성인인 까닭입니다. 맹자는 제 선왕에게 말했습니다. "당신이 재물을 좋아하는 것은 상관이 없습니다. 다만 당신이 재물을 좋아하는 경계를 확장시켜서 '백성들에게 부를 저장[藏富於民]'하게 할 수 있다면 얼마나 좋겠습니까?" 사실 맹자의 이 말은 자신보다 사오백 년 뒤에 태어난 사마천이 쓴 「화식열전」의 정밀한 논의를 모두 포괄하고 있습니다. 하지만 안타깝게도 제 선왕은 들어도 이해하지 못하여 이 말을 받아들이지 못했습니다.

---

왕이 말하였다. "과인은 문제가 있는데 과인은 여색을 좋아합니다." 맹자께서 말씀하셨다. "옛적에 태왕께서 여색을 좋아하시어 그 후비를 사랑하였습니다. 『시경』에 이르기를 '고공단보가 아침에 말을 달려와서 서쪽 물가를 따라 기산 아래에 이르러, 이에 강녀와 더불어 와서 집터를 보았다' 하였습니다. 이때를 당하여 안에는 원망하는 여자가 없었고 밖에는 홀아비가 없었습니다. 왕께서 만일 여색을 좋아하시면 백성과 더불어 함께하신다면 왕 노릇 하심에 무슨 어려움이 있겠습니까?"

王曰: "寡人有疾, 寡人好色." 對曰: "昔者大王好色, 愛厥妃. 詩云: '古公亶

父, 來朝走馬, 率西水滸, 至于岐下. 爰及姜女, 聿來胥宇.' 當是時也, 內無
怨女, 外無曠夫. 王如好色, 與百姓同之, 於王何有?"

---

제 선왕이 말했습니다. "맹 선생, 당신이 모르는 것이 있소이다! 나는
재물만 사랑하는 것이 아니라 나에게는 또 하나의 큰 문제가 있으니 나는
여색을 좋아하오." 맹자가 말했습니다. "괜찮습니다. 여색을 좋아하는 것
이 무슨 상관이 있겠습니까?" 그러면서 그는 주 왕조의 태왕(太王), 즉 문
왕(文王)의 조부인 고공단보(古公亶父)의 사적을 언급하면서 그 역시 여색
을 좋아한 일이 있다고 했습니다. "『시경』「대아」'면지(緜之)' 편에 이런
기록이 있습니다. '그해 태왕은 적인(狄人)의 공격을 피해 기산으로 옮기
려고 밤을 새워 행장을 꾸렸다. 다음날 아침 일찍 말을 타고 출발해서 칠
수(漆水)와 저수(沮水)를 따라서 기산 아래에 이르렀다. 그는 사랑하던 외
국인 부인 강녀(姜女)를 데리고 그곳으로 가서 미래에 거처할 장소를 살
펴보았다. 당시에 태왕의 국경 안에는 가가호호 모두 짝을 이루었으니, 시
집을 못 가서 남편을 찾지 못해 원망하는 여자가 없었고 장가들지 못한 홀
아비도 없었다.' 모든 가정이 행복하고 원만했습니다. 지금 제 선왕 당신
께서 여색을 좋아하는 것이 무슨 상관이 있겠습니까? 다만 태왕과 마찬가
지로 여색을 좋아하는 당신의 심리를 확대시켜서 전국의 백성들로 하여
금 아름답고 충만한 가정생활을 누릴 수 있게 하신다면, 그것이 어찌 크고
좋은 일이 아니겠습니까! 당신은 왜 계속해서 마음에 근심을 품고 계십니
까?"

여기에서 우리가 한 가지 알아야 할 것은 주 왕조 칠백 년 천하는 실로
태왕이 서쪽 기산에서 펼친 인심과 덕정에 기초를 두었기에, 훗날 무왕이
주(紂)를 정벌하는 성공을 거두었고 동시에 문화 방면에서도 찬란한 성과

를 거두었다는 사실입니다. 주 왕조의 기초는 대단히 심원하고도 공고했습니다. 만약 우리가 엄밀한 학문적 태도로 근원을 캘 것 같으면 공유(公劉)가 빈(豳)으로 옮겨 가서 모여 살며 경영했던 사적까지 거슬러 올라가야 할 것입니다. 공유로부터 아홉 대를 전해졌고 태왕 즉 고공단보의 대에 이르러 오랑캐의 난을 피해 서쪽 기산으로 옮겨 와서 이리저리 떠돌아다니는 와중에도 백성의 화목한 가정을 주요 임무로 삼음으로써 흔들리지 않는 정치적 기초를 다졌습니다.

따라서 우리는 이렇게 말할 수 있습니다. 공유는 훗날 주대(周代)의 왕업을 시작하였고 태왕은 이미 시작된 왕업을 위해 깊고 두터운 기초를 다졌습니다. 건축으로 비유할 것 같으면 공유는 건축할 땅을 개척한 개척자였습니다. 그런가 하면 태왕은 들보를 세우고 기초를 다진 사람입니다. 문왕과 무왕은 아름답고도 견고한 높은 빌딩을 책임지고 건축했습니다. 그러므로 주 왕조와 후세 수천 년을 거쳐 오늘에 이르기까지의 중국 문화에서 공유와 태왕은 아주 큰 공헌을 했습니다. 그들은 정치와 사생활에서뿐 아니라 다른 방면에서도 훌륭한 덕성을 지니고 있었습니다. 개인의 사욕만 챙기는 보통의 평범한 군주와는 전혀 달랐습니다. 맹자는 여기에서 그들을 예로 들어 재물과 여색을 좋아한다는 것은 일종의 임시방편일 뿐이라고 하면서, 이것을 빌려 제 선왕이 그들의 공훈과 덕업을 본받도록 유도했습니다.

맹자가 제 선왕의 부름에 "야생마가 갈기를 휘날리듯" 달려왔지만 또다시 천 리 바깥으로 밀려나는 것을 보면 참으로 가련합니다. 하지만 제 선왕의 이 부름은 또다시 맹자에 의해 깨졌습니다. 하지만 아무리 밀어내려 해도 맹자는 꿈쩍하지 않았고 제 선왕은 또다시 불리한 처지에 놓이고 말았습니다. 제 선왕 역시 무슨 호색한도 아니었지만 맹자에게서 달아나기 위해 일부러 자신은 호색한이라고 말했으니 그 또한 참으로 가엾은 사람입니다.

그런데 후세 사람들은 이 대목을 읽고 태왕과 제 선왕이 호색한이라고 오해했습니다. 심지어는 놀기 좋아하는 보통 사람들도 "과인은 문제가 있으니 과인은 여색을 좋아합니다"라는 제 선왕의 말을 인용하여 스스로를 변명하고 있으니, 참으로 과실을 덮어 감추려는 태도가 아닐 수 없습니다.

다음으로 한 가지 덧붙일 점이 있습니다. 여러분들은 맹자가 인용한 『시경』의 구절을 읽고서 태왕이 한 사람의 비(妃)만을 총애했다고 생각할지도 모르겠습니다. 사실은 그렇지 않습니다. 하(夏), 상(商) 이전에는 후비(后妃)를 구분 짓는 명문화된 규정이 없었습니다. 군주의 부인은 모두 비(妃)라고 불렀습니다. 그래서 황제(黃帝)와 제곡(帝嚳)에게는 네 명의 비(妃)가 있었고 후(后)가 있었다는 기록은 보이지 않습니다. 주 왕조에 이르러 무왕이 천하를 평정한 이후에 비로소 제도를 확립하여 천자의 후(后)를 세웠습니다. 정실부인은 후(后)라고 칭하고 그 나머지는 비(妃)라고 불렀지요. 따라서 맹자가 여기에서 말한 "태왕이 여색을 좋아하여 그 후비를 사랑하였다"라는 말을 오해해서 그가 정실부인은 냉대하고 오로지 후궁을 총애하였다고 생각해서는 안 됩니다.


## 추와 미

방금 말했듯이 제 선왕의 호색이 반드시 진실이지는 않습니다. 그는 다만 "여색을 좋아한다"라는 말로써 맹자를 밀어내려고 했습니다. 사실 그는 역사상 가장 유명한 추녀를 부인으로 삼았습니다. 만약 그가 정말로 여색을 좋아했다면 어떻게 그리 못생긴 여인을 아내로 맞이했겠습니까? 그 못생긴 여인은 바로 우리가 자주 들었던 '무염(無塩)'입니다. 사실 무염은 이름이 아니라 지명으로서, 그녀는 무염이라는 지방에서 성장한 사람이었습니다. 그녀의 성은 복성인 종리(鐘離)이고 이름은 춘(春)으로 지금 남방에서 이름을 부르는 관습에 따르면 '아춘(阿春)'이라고 불러야 합니다. 그렇다면 아춘은 어느 정도로 못생겼던 것일까요? 기록에 따르면 정말로 볼만했다고 합니다. 이마는 튀어나온 데다가 유별나게 넓어 역삼각형 얼굴이었습니다. 눈은 쑥 들어갔고 콧대는 길고 높아서 어떻게 보면 약간 현대의 서양인처럼 생겼습니다. 하지만 당시에는 서양인이 아직 중국에 들어오지 않았기 때문에 그처럼 눈이 깊고 코가 높은 모습은 사람들이 보기에 낯설고 부자연스러웠습니다. 게다가 여인네의 몸인데 목에 큰 울대뼈가 툭 튀어나와 있었습니다. 아마도 요오드 성분이 부족했던 탓인 것 같은데 목이 유난히 굵어 옷깃이 미처 다 감싸지 못했습니다. 또 등은 낙타 같았고 손가락과 발도 아주 길었습니다. 머리카락은 누렇고 어수선한 것이 마치 가을날 시든 풀 같았고 피부는 새까맣습니다. 만약 그런 특징을 그림으로 그린다면 정말로 못 봐줄 정도입니다. 물론 그런 모습으로 시집도 못 가고 나이가 마흔이 되도록 여전히 "아가씨 거처에는 아직도 낭군이 없네" 하는 처지였습니다.

어느 날 제 선왕이 맹자에게 "현자에게도 또한 이런 즐거움이 있습니까?"라고 언젠가 물었던 설궁에서 크게 연회를 베풀고 천하의 아름다운 아가씨들을 초대했습니다. 한창 흥겹게 술 마시며 즐기고 있을 때 우리의 그 기괴하기 짝이 없는 아춘 아가씨가 더럽고 찢어진 옷을 입고 설궁에 와서 제 선왕을 만나기를 구했습니다. 궁문을 지키던 호위들이 못생기고 더러운 그녀의 모습을 보고는 당연히 손을 뻗어 들어가지 못하게 가로막았습니다. 하지만 그녀는 조금도 위축되지 않고 당당하게 제 선왕을 만나고자 한다고 말했습니다. 설궁의 호위대장은 그런 모습을 하고서 뜻밖에도 제 선왕을 만나러 왔다고 요구하는 것을 보고는 어이가 없기도 하고 우습기도 했습니다. 동시에 인지상정에서 너무도 벗어나는지라 어쩌면 정말로 무슨 이인(異人)일지도 모른다는 생각에 곧이곧대로 제 선왕에게 보고했습니다. 제 선왕은 보고를 듣자 기괴하다는 생각이 들었습니다. 설궁 안에 미녀들이 구름같이 모여 있을 때 못생긴 여자가 와서 만나고자 하는 것은 분명 아름다움을 겨루고자 하는 것이 아닐 터입니다. 그리하여 호기심에서 그녀를 불러 만났습니다. 제 선왕이 그녀에게 물었습니다. "일개 평범한 백성의 아녀자가 오늘 나를 만나러 왔으니 설마 너에게 무슨 대단히 큰 재주가 있다는 말이냐? 도대체 남과 다른 무슨 재주를 지니고 있느냐?" 아춘은 자신이 수수께끼를 낼 줄 안다고 말했습니다. 제 선왕은 그녀에게 수수께끼를 내서 다른 사람들이 맞춰 보게 하라고 했습니다. 아춘은 아홉 가지의 동작을 해 보였습니다. 눈꺼풀을 비스듬히 위로 뒤집고 두꺼운 입술을 벌려서 울퉁불퉁한 치아를 드러냈습니다. 한쪽 손, 손가락과 손바닥의 길이가 서로 어울리지 않는 손을 들어올리고 나머지 한쪽 손으로는 자신의 무릎을 두드렸습니다. 이런 기괴한 동작들을 하니 못생긴 모습이 더 추하게 보였습니다. 그녀는 제 선왕에게 자신의 이 몇 가지 동작이 의미하는 바가 무엇인지 알겠느냐고 물었습니다. 제 선왕은 당연히 알지 못했습니다.

마침내 아춘이 그 의미를 해석해 주었습니다. "제가 눈을 뒤집은 것은, 적이 곧 공격해 와서 당신이 아주 위험해질 것을 말한 것입니다. 치아를 드러낸 것은, 좌우의 대신들은 아무런 쓸모가 없고 백성들은 이를 갈며 원망하리란 것을 말한 것입니다." 그는 또 제 선왕에게 왕환(王驩), 추연(騶衍) 같은 사람들을 기용해서는 안 된다고 건의했습니다. 그녀는 마지막으로 이렇게 말했습니다. "당신은 여색을 좋아해서는 안 됩니다. 저를 아내로 맞으시어 당신은 덕을 좋아하지 여색을 좋아하지 않음을 밝히셔야 합니다. 그뿐 아니라 저는 정실부인이 아니면 싫습니다." 기괴하게도 제 선왕은 과연 그녀를 아내로 맞이했고 게다가 그녀를 무염군(無塩君)에 봉했습니다. 그것은 아주 존귀한 봉호였습니다. 당시의 맹상군(孟嘗君), 평원군(平原君), 춘신군(春申君) 등은 모두 대단한 인물이었습니다. 아춘은 비록 추연 일파의 사람들은 반대하였지만 맹자는 존경했습니다. 아무튼 이 못생긴 부인에 관한 기록은 제 선왕이 결코 여색을 좋아하지 않았음을 증명해 줍니다. 그는 스스로 여색을 좋아한다고 했지만 그것은 맹자를 밀어내기 위해 사용한 술수에 불과했습니다.

중국의 역사 문화에서는 본래 여색을 좋아하는 것에 반대했습니다. 하지만 묘하게도 제왕의 호색은 허락하여 삼궁(三宮)에 육원(六院)까지 두었고 심지어 많으면 많을수록 좋아했습니다. 그뿐 아니라 제도와 규장을 세우고 법령에도 명문화해서 규정했습니다. 유가에서는 수천 년 동안 여색을 좋아해서는 안 된다고 말했지만 어느 한 제왕의 호색하는 생활도 바꾸지 못했습니다. 생각해 보면 제왕 역시 교화해야 할 백성이 아닙니까? 영명한 제왕이 여색을 좋아하면 미색(美色)은 단지 생활의 장식에 불과할 뿐 결코 그의 공적에 영향을 미치지 못합니다. 하지만 못난 황제가 한번 미색에 빠지면 혼미하고 우둔해져 나라와 집안의 멸망을 면하기 어렵습니다.


# 여색을 좋아한 이야기를 담은 시와 사

역대 제왕들이 여색을 좋아한 고사는 고대의 시사(詩詞)만 보더라도 눈에 많이 띕니다. 만약 그런 시사들을 모아 하나하나 기술하고 토론한다면 이 방면에 관한 시화를 편집할 수도 있을 것입니다. 지금부터 몇 개의 예만 들어서 살펴보겠습니다.

당 말의 시인 이산보(李山甫)의 칠언 율시 「석두성(石頭城)」입니다.

| | |
|---|---|
| 남조의 천자는 풍류를 사랑해서 | 南朝天子愛風流 |
| 강산을 끝까지 지키지 못했네 | 盡守江山不到頭 |
| 전쟁을 수습하기는 했어도 | 總是戰爭收拾得 |
| 가무 때문에 승리도 끝났네 | 却因歌舞破除休 |
| 요임금은 도덕으로 끝내 대적이 없었나니 | 堯將道德終無敵 |
| 진나라의 견고한 성은 어찌 자유로웠나 | 秦把金湯豈自由 |
| 묻노니 지난날 영화가 어디에 있느냐 | 試問繁華何處有 |
| 석성의 가을 비바람 속에 거친 풀이여 | 雨莎烟草石城秋 |

이 시는 이산보가 남경(南京)에서 느끼는 바가 있어 쓴 것으로, 남북조시대에 그곳에 도읍을 세우고 가무와 여색에 빠져 나라를 망하게 했던 군주를 읊은 명시입니다. 시의 대략적인 의미는 이러합니다. 남조의 황제들은 거의 대부분 오랜 세월을 전쟁터에서 고생하고 피 흘려 강산을 손에 넣었습니다. 하지만 끝내 가무(歌舞) 몇 바탕 때문에 다른 사람의 손에 넘겨주고 말았습니다.

먼 옛날의 요순은 팔짱끼고 아무것도 하지 않은 채 도덕으로 다스렸지만 천하는 태평하고 인심이 돌아왔습니다. 그런데 진시황은 무력으로 천하를 통일하고 엄준한 형법으로 다스렸으나 결국 처자(妻子)를 보전하지 못했습니다. 이른바 남조금분(南朝金粉)[53]이라는 말처럼 당시 제왕의 도성은 풍류 황제의 사치 아래에서 얼마나 멋스러웠는지 모릅니다. 그런데

---

53 황실과 귀족의 사치스러운 생활을 묘사하는 말로써, 아리따운 궁녀들뿐 아니라 남자들조차 화장과 치장을 하여 '육조금분(六朝金粉)'이라는 말이 역사에 기록되었다.

지금 지난날의 영화는 어디에 있습니까? 눈앞에 펼쳐진 것은 석두성에 자란 거친 풀이 가는 비 사이로 가을바람에 흔들리는 모습입니다.

이 시는 남조 제왕들이 여색을 좋아한 결과를 완곡하게 써내고 또 요임금의 성덕(聖德)을 언급했습니다. 나중에 송 태조는 이 시를 보고 대신들에게 명해서 궁정에 비석을 세우게 하고 후대 자손들이 이 시를 보고 경계로 삼기를 원했습니다. 하지만 휘종(徽宗)에 이르러 여전히 그 좁은 문으로 걸어 들어갔습니다.

중국 역사상 수천 년 이래로 '호색'과 '정치'의 문제를 토론하다 보면 자연히 미인들의 이야기가 나옵니다. 서시(西施), 왕소군(王昭君), 양귀비(楊貴妃) 등 그 수가 아주 많은데, 어떤 사람들은 그들을 나무라지만 그들을 위해 변명을 하는 사람도 있습니다. 수천 년 이래로 논쟁이 끊이지 않았으며 일찍이 정론(定論)이 내려지지 않았습니다.


## 왕소군 사건에 관한 평어

청대의 유헌정(劉獻廷)은 왕소군을 읊은 시에서 이렇게 말했습니다.

| | |
|---|---|
| 한의 군주가 화공을 죽였다고 들었으나 | 漢主曾聞殺畫師 |
| 화공이 어찌 곱고 추함을 정할 수 있으랴 | 畫師何足定妍媸 |
| 궁중에 꽃 같은 여인들이 얼마나 많은지 | 宮中多少如花女 |
| 선우에게 시집가지 않으면 군주는 모른다네 | 不嫁單于君不知 |

모두가 알다시피 이 시는 한 원제(漢元帝) 때 궁정에 화공을 두고 궁녀들의 모습을 그려 황제에게 바친 후 선택하게 함으로써 총애를 받기 편하

도록 했다는 고사에서 나왔습니다. 당시의 화공 모연수(毛延壽)는 아름다운 왕소군을 제대로 그리지 않음으로써 그녀가 총애를 얻지 못하게 했고 결국 왕소군은 외국인에게 보내졌습니다. 한 원제는 그로 인해 대단히 화가 나서 화공 모연수를 죽였습니다. 사실 모연수를 죽여 버렸다는 전설은 신빙성이 별로 없습니다. 후인들이 왕소군의 억울함 때문에 모연수를 죽여 버리고 싶었던 것입니다.

이 시는 일개 화공이 어떻게 한 사람의 미추를 판단할 수 있느냐고 말하고 있습니다. 개인의 심미관은 원래 완전히 일치하지는 않습니다. 후궁의 미녀들 가운데 왕소군만 한 자색은 아마도 더 많았을 것입니다. 다만 왕소군은 외국으로 시집을 가야 했기 때문에 행차 전 황제에게 작별 인사를 할 때에야 비로소 원제에게 그녀의 아름다움이 눈에 띄었습니다. 끝내 황제 눈에 띄지 못한 채 궁중에서 머리가 하얗게 센 미녀들이 얼마나 많았는지 모릅니다. 겉으로 보면 이 시는 모연수의 억울함을 호소하고 있지만 사실은 역사 평론에 대한 반박이기도 합니다. 그 중요한 우의(寓意)는 고대 제왕에게 후궁과 미녀가 너무 많았다는 일종의 비난입니다.

왕소군이 국경을 나가게 된 역사적 사실은 얼마나 많은 사람들이 한 목소리로 한탄해마지 않는 일인지 모릅니다. 미인박명의 슬픔을 한탄한 것이지요. 그 외에도 왕소군을 읊은 시 가운데는 또 다른 논조의 관점이 있습니다. 마찬가지로 명대 시인의 명시입니다.

| | |
|---|---|
| 장수는 무기 들고 첩은 오랑캐와 화친코자 | 將軍杖鉞妾和番 |
| 똑같이 은혜를 입고 옥문관을 나섰지 | 一樣承恩出玉關 |
| 전사하든 살아남든 모두 나라 위함이니 | 死戰生留俱爲國 |
| 고운 얼굴 박명함을 감히 원망하랴 | 敢將薄命怨紅顏 |

이 시는 왕소군의 어투로 말하고 있습니다. 장군과 전사들이 관문을 나서는 것은 병기를 들고 전쟁을 하기 위함입니다. 하지만 일개 약한 여자인 나 왕소군이 관문을 나서는 것은, 오랑캐와 통혼하여 화친하려는 국가의 외교 정책을 받들어 외국인에게 시집가서 국가의 안녕을 도모하기 위함입니다. 똑같이 국가의 명령을 받들어 멀리 변경 밖으로 나가지만 수많은 군사들은 나라 밖에서 전사했습니다. 하지만 나는 평화의 사명을 띠고 반드시 살아남아야 합니다. 죽은 자와 산 자가 모두 국가를 위해서입니다. 이제 약한 여자인 내가 고향을 멀리 떠나서 저 황량한 요새 바깥으로 나가 일생을 마치겠지만, 그렇다고 어찌 감히 원망하거나 한탄하겠습니까! 그의 이 시는 국가에 대한 왕소군의 충의(忠義)의 정을 아주 높이 추숭했습니다. 왕소군이 지하에서 알게 된다면 감상이 어떠할지 모르겠군요!

## 당대의 오랑캐 화친 정책의 감상

그 밖에 당대에도 유사한 일이 일어났습니다. 중국 서북 변경의 회흘(回紇), 돌궐(突厥) 등은 한(漢)과 당(唐) 양대에 걸쳐 자주 국경에서 시끄러운 문제를 일으켰습니다. 그러나 한·당 양대에는 변방 외족의 소란에 대해 별다른 방법이 없었습니다. 단지 편리한 방법은 여인을 보내 다독이는 것뿐이었습니다. 한·당 양대는 중국이 가장 번성했던 시기임에도 불구하고 외교 정책에서는 여인을 보내 오랑캐와 화친하는 노선을 걸었습니다. 한(漢)의 큰 위세에 비하면 오점이 아닐 수 없습니다. 만약 중국 부녀자의 처지에 서서 역사를 쓴다면 한·당 양대의 외교상 휘황찬란한 사적은 대부분 여성들의 희생에 기대어 쟁취한 것입니다. 그 때문에 유헌정(劉獻廷)은 시에서 이렇게 한탄했습니다. "애석하게도 아녀자의 몸으로 낯선 땅에 가는구나, 한 왕조의 장구한 대책은 오랑캐와 화친에 있었네〔敢惜妾身歸異國, 漢家長策在和番〕."

당 대력(大曆) 4년에 회흘이 아주 강성해져서 중국을 향해 통혼을 요구하면서 공주를 시집보내 달라고 했습니다. 물론 황제는 자기 딸을 회흘에 시집보내고 싶지 않았겠지요. 그리하여 후궁에서 궁녀 한 명을 뽑아서 숭휘(崇徽) 공주에 봉하고 회흘에 시집보냈습니다. 출가 행렬이 산서(山西) 분주(汾州)를 지나서 관문을 나갈 때였습니다. 숭휘 공주는 가슴 가득 원한을 품고서 절망스럽게 관문의 석벽에 기대었습니다. 참으로 슬프고 비통하기 짝이 없었습니다. 하지만 절망은 절망이고 어차피 돌아갈 수 없는 처지라 결국 마음을 다잡고 힘을 다해 자신을 저 끝없는 변방 바깥으로 밀어내었습니다. 정말 한 번으로 영원한 이별이었습니다. 미인은 슬픔을 머금고 떠나갔고 석벽에 그녀의 손바닥 자국만 남겼습니다. 훗날 어떤 사람이 여기에 숭휘 공주 수흔비(手痕碑)를 세우고 이 일을 기록했습니다.

시인 이산보가 이곳을 지나가다가 이런 시를 썼습니다.

| | |
|---|---|
| 스쳐간 가느다란 흔적을 감추지 못한 채 | 一招纖痕更不收 |
| 푸르른 이끼는 얼마의 세월을 지내었나 | 翠微蒼蘚幾經秋 |
| 누가 황제에게 오랑캐 화친 책략을 바쳤던가 | 誰陳帝子和番策 |
| 나는 남자거늘 나라를 위해 부끄럽구나 | 我是男兒爲國羞 |
| 차가운 비에 향기는 이미 씻겨 나갔어도 | 寒雨洗來香已盡 |
| 연무에 뒤덮인 한은 길이 남았구나 | 澹烟籠著恨長留 |
| 가련한 분하의 물도 사람의 뜻을 아는지 | 可憐汾水知人意 |
| 곁에서 소리 삼키며 차마 멈추지 못하네 | 旁與吞聲未忍休 |

숭휘 공주의 손자국이 남은 석벽에는 이끼가 가득 자랐고 무수한 세월

이 흘렀습니다. 도대체 누가 여자를 바쳐 오랑캐와 화친하는 방법을 생각해 냈을까요? 나라를 지킬 책임이 있는 사내대장부들은 이런 일을 보고 국가의 명성과 위엄을 위해 부끄러움을 느끼지 않을 수 없습니다. 이 여인이 나라를 위해 희생한 사적은 비록 산 위의 꽃향기가 차가운 비를 따라 사라져 버리듯이 사람들에게 잊혔지만, 깊은 원한을 품은 손자국은 여전히 구름 속에 덮여 있습니다. 분하(汾河)의 물도 마치 사람의 뜻을 훤히 알기라도 하는 듯 여전히 이 돌 위의 흔적과 함께 오열하며 흐르고 있습니다.

이산보가 남조의 풍류 황제를 슬퍼한 시에서 얼마나 국가의 흥망을 개탄했는지는 앞에서 이야기했습니다. 마찬가지로 당대(唐代)의 명시인인 위장(韋莊)의 칠언 율시는 남조(南朝)의 영웅을 읊었는데, 읽는 사람의 심금을 울리고 탄식이 그치지 않게 합니다.

| | |
|---|---|
| 남조의 서른여섯 명의 영웅들 | 南朝三十六英雄 |
| 각축을 벌이며 흥하고 망했네 | 角逐興亡自此中 |
| 나라가 있고 집이 있어도 다 꿈이니 | 有國有家皆是夢 |
| 용이 되고 호랑이가 되어도 헛되구나 | 爲龍爲虎亦成空 |
| 꽃이 시든 옛 저택은 강령을 슬퍼하고 | 殘花舊宅悲江令 |
| 해가 지는 청산은 사공을 애도한다 | 落日青山弔謝公 |
| 패업을 도모한들 끝내 무엇을 남기는가 | 畢竟覇圖何物在 |
| 석기린은 가을바람 속에 누워 있을 뿐이네 | 石麒麟沒臥秋風 |

남조 각국의 수십 명의 제왕 영웅들이 서로 쟁탈전을 벌여 이쪽이 일어나면 저쪽이 몰락하니, 나라와 나라가 다투고 성(姓)과 성(姓)이 다투고 심지어 골육끼리 서로 죽였습니다. 비록 강자가 한때 득세하더라도 얼마 가지 않아 다른 사람의 발에 짓밟혔습니다. 나라도 좋고 집도 좋고 권력도

좋고 세력도 좋지만 결국은 한바탕 꿈에 지나지 않습니다. '남조금분(南朝金粉)'이라는 말을 통해 우리는 당시의 번화한 상황을 짐작해 볼 수 있습니다. 그렇지만 '짐작해 볼' 수 있을 따름입니다. 지금은 눈으로 볼 수 없을 뿐 아니라 당시로부터 시간적 거리가 아주 가까웠던 시인 위장 역시도 꽃이 시든 옛 정원과 해가 지는 청산을 볼 수 있을 따름이었습니다. 공적을 기록해 놓은 석기린[54]도 이미 일찌감치 가을바람 부는 황야에 묻혀 버려, 공연히 사람들로 하여금 강령(江令)과 사공(謝公)을 애도하게 합니다.[55]

당시의 패업(霸業)은 과연 무엇을 남겼습니까? 인생에 대한 감개와 난세에 대한 비탄뿐입니다! 또 다른 각도에서 바라보는 정치 철리도 있습니다! 그것은 오로지 현실의 권력만 추구하는 자에 대한 일종의 경고입니다. 사실 역사 문화를 보면 반드시 비탄만은 아닙니다. 송대(宋代) 사도(謝濤)의 「꿈속에서 역사를 읊다〔夢中詠史〕」에서 아주 잘 표현했습니다.

| | |
|---|---|
| 백 년의 기이한 책략도 몇 장의 종이요 | 百年奇特幾張紙 |
| 천고의 영웅도 한 구덩이의 흙이라네 | 千古英雄一窖塵 |
| 오로지 주공과 공자의 가르침만 빛나니 | 唯有炳然周孔教 |
| 지금까지 인의가 생민에게 두루 미쳤네 | 至今仁義洽生民 |

현실의 권세는 지나고 나면 헛될 뿐이고, 주공과 공자의 인의(仁義)의 도 같은 정확한 문화 사상만이 천고에 변하지 않습니다.

---

**54** 묘 앞에 세워 놓은 기린 형상의 석상.

**55** 강령은 남조 양(梁)나라 문인 강엄(江淹)을 말한다. 동무령(東武令)을 지냈으므로 강령(江令)이라고도 한다. 사공은 남조 송(宋)나라 문인 사령운(謝靈運)을 말한다. 산수 자연의 아름다움을 시로 읊어 산수 시인으로 불린다.

우리는 이러한 시를 통해 중국 문화의 정치 철학을 볼 수 있습니다. 저는 항상 청년들에게 중국의 시사(詩詞)에 깊이 들어가지 않는다면 중국 문화의 철학 사상을 이해할 수 없다고 말합니다. 왜냐하면 중국 문화는 서양 문화의 형태나 구조와는 달리 문학과 철학을 분리할 수 없습니다. 중국 문화의 시사(詩詞) 안에는 철학 사상이 포함된 경우가 많으며, 심오한 철학 사상 또한 아름다운 문자로 표현된 경우가 많습니다. 특히 리듬과 선율과 음운미를 갖춘 시사(詩詞)를 통해 진술하는 것을 좋아했습니다.

'여색을 좋아하는 것'을 긍정하거나 부정하는 입장의 문학과 철학 사상은 자못 흥미롭습니다. 동시에 역사상 여인에 관련된 정치 자료 및 각종 다른 견해를 살펴볼 수 있습니다.


## 양귀비를 변호하는 말

말이 나온 김에 유명한 양귀비를 다시 보도록 하겠습니다. 역사에서는 말하기를 당 명황이 여색을 좋아해서 안록산(安祿山)의 난이 일어났고, 그로 인해 부대에서 병란이 발생하여 당 명황이 총애한 양귀비는 마외파(馬嵬坡)에서 목을 매어 죽었다고 합니다. 후세에 수많은 시문에서는 양귀비를 욕하지만 양귀비를 변호하는 시문 또한 많습니다. 당 명황 이후에 먹고 마시고 놀기를 좋아하여 스스로 자신의 공치기 실력이면 장원 급제할 수 있다고 말했던 희종 황제는 황소(黃巢)의 난을 피해 사천으로 달아나다가, 그해 당 명황이 안산록의 난을 피해 도망치다가 양귀비를 목매달아 죽게 한 마외파를 지나가게 되었습니다. 어떤 사람이 마외파의 역관에 이런 시를 남겼습니다.

| 안개 낀 마외파에 버드나무는 그대로인데 | 馬嵬烟柳正依依 |
| 촉으로 돌아가는 황제의 행차를 또 보네 | 重見鑾輿幸蜀歸 |
| 지하의 현종은 응당 이렇게 말하리라 | 泉下阿蠻應有語 |
| 이번 일은 양귀비를 원망하지 말거라 | 這回休更怨楊妃 |

　어떤 사람은 나은(羅隱)이 이 시를 지었다고 했습니다. 그는 이렇게 읊었습니다. "마외파의 버드나무는 예전과 똑같으니, 그림처럼 아름다운 시절이로다. 당 왕조의 마지막 황제 희종 역시 난을 피해 궁성을 멀리 떠나 이곳을 지나가네. 현종이 지하에서 이 사실을 안다면 틀림없이 이렇게 말하리라. 이번에 일어난 난리를 또다시 나의 양태진(楊太眞) 탓으로 돌리지는 않겠지?" 이 시는 양귀비를 변호하는 글 가운데 가장 아름답고 가장 재미있는 시입니다.


## 서시에 대한 역사의 시비

　예전에 『사기』「월세가(越世家)」를 읽고 느끼는 바가 있어서 이런 칠언절구를 썼습니다.

| 아름다운 얼굴로 명성을 얻으려던 것 아니나 | 玉顏不意自成名 |
| 일의 경중을 그때 어찌 알았으랴 | 當日那知事重輕 |
| 월이 살아남고 오가 망했으니 공과 죄를 논한들 | 存越亡吳論功罪 |
| 소첩의 은원은 아직도 분명하지 않구나 | 妾身恩怨未分明 |

　역사상 미인이 적지 않지만 의론이 가장 분분하고 또 문학과 예술 작품

에 가장 많이 출현하는 사람은 아마도 서시(西施)일 것입니다. 수천 년이 지난 후에도 이토록 많은 사람들이 그녀를 연구하고 토론하고 비평하고 노래하고 연기하는 까닭이, 그녀의 '운명' 때문이 아니라면 더 좋은 이유가 없을 것입니다. 사실 그녀는 제기향(諸曁鄕) 저라촌(苧羅村)에서 장작을 팔아 살아가던 나무꾼의 딸에 불과했습니다. 아마도 항상 굶어서 위장병을 앓았기 때문에 늘 가슴을 쓸어내리며 미간을 찌푸렸을 것입니다. 하지만 그런 모습조차 이상하게도 다른 사람의 연민을 불러일으켰습니다. 시골 사람들은 마을 안팎을 왔다 갔다 하면서 그녀의 아리땁고 가냘픈 모습을 보게 되었습니다. 거칠고 투박한 보통의 시골 아가씨들과는 딴판이었습니다. 남자들은 모두 그녀가 대단히 아름답다고 생각했고 여자들도 그녀를 따라 배우려고 했습니다. 마침내 그녀의 명성은 널리 알려졌습니다. 그때 월나라는 오나라에 패배해서 겨우 오천을 거느리고 회계(會稽)라는 이 작은 마을에 갇히게 되었습니다. 미녀를 찾아내어 오나라에 바쳐 화해를 구하려 했는데, 마을이 작고 인구가 적다 보니 서시는 곧 미녀 선발의 책임자였던 범려에게 뽑혀 오나라로 보내졌습니다. 당시 그녀가 알고 있었던 것이라고는 외국인을 잘 받들어 모시면 상금을 많이 얻어서 아버지를 봉양할 수 있으리라는 것뿐이었습니다. 수많은 국가 대사의 중요성을 어찌 알았겠습니까? 나중에 월왕 구천은 오왕 부차를 멸하고 원수를 갚았습니다. 구천 편에 선 사람들은 그녀가 잘했다고 말하지만 오나라를 위하는 사람들은 그녀를 죄인이라고 욕합니다. 지금까지도 그녀에 대한 역사의 은원(恩怨) 시비는 결론 나지 않았습니다.

사실 공(功)이 되었든 과(過)가 되었든 그건 모두 후세 사람들이 산골 출신 미인이었던 그녀의 처지를 빌려 역사에 대한 자신의 징치 철학 관점을 설명하거나 자신의 감상을 펼친 것에 불과합니다. 정작 서시와는 그리 큰 관계가 없습니다. 제가 앞의 그 시를 지었을 때 제 아들이 말하기를, 언젠가 옛사람에게서 똑같은 구절을 본 것 같지만 어디에서 나왔는지 찾지 못하겠다고 했습니다. 그래서 이 자리에서 밝힙니다. "책에는 있어도 일찍이 나는 읽지 못했으나〔書有未曾經我讀〕" 어떤 것이 옛것과 우연히 합치한다면 그만두지 않으면 안 됩니다. 안 그랬다가는 다른 사람이 발견하고 제가 시를 훔치는 절도죄를 범했다고 여길 테니까요.

앞의 시와 비슷한 부류의 시문들은 아주 많습니다. 사람들은 이런 부류의 문학 작품을 좋아하겠지만 지금은 『맹자』를 연구하는 자리입니다. 주객이 전도되어 계속 그런 시사를 인용해서 토론한다면 자칫 제가 지나치게 '호색'한다는 말을 듣지 않겠습니까? (웃음) 이쯤에서 그만두도록 하겠습니다.


## 인사 행정에 관하여

이제 본론으로 돌아가겠습니다. 맹자와 제 선왕 두 사람이 '태극권'이 되었든 '농구시합'이 되었든 서로 밀고 당기는 것이 아주 재미있어 보이지만 사실은 아주 가엾기도 합니다. 하지만 제 선왕은 시종일관 맹자를 존중했습니다. 설사 그가 맹자의 의견을 받아들여 왕도 정치를 시행하지는 않았다 하더라도 그에게는 나름대로 부득이한 고충이 있었을 것입니다. 그런데 맹자 역시 제 선왕을 제대로 파악했던 것 같습니다. 사실 제 선왕은 정말 사랑스러운 군주였습니다. 솔직히 말해 전국 시대의 여러 제후들 가운데 제 선왕은 비교적 괜찮은 사람이었습니다.

지금 맹자와 제 선왕 두 사람은 한참을 밀고 당겼지만 결론이 나지 않았습니다. 마침내 맹자가 공격 방법을 바꿔서 세게 부딪쳐 갔습니다.

맹자께서 제 선왕에게 말씀하셨다. "왕의 신하 중에 그 처자를 친구에게 맡기고 초나라에 가서 놀던 자가 있었는데, 돌아올 때에 이르러 본즉 친구가 그 처자를 얼고 굶주리게 하였다면 어떻게 하시겠습니까?" 왕이 말하였다. "끊어 버리겠습니다." 맹자께서 말씀하셨다. "사사가 사를 다스리지 못하면 어떻게 하시겠습니까?" 왕이 말하였다. "그만두게 하겠습니다." 맹자께서 말씀하셨다. "사경의 안이 다스려지지 않으면 어떻게 하시겠습니까?" 왕이 좌우를 돌아보고 다른 것을 말하였다.

孟子謂齊宣王曰: "王之臣, 有託其妻子於其友, 而之楚遊者, 比其反也, 則凍餒其妻子, 則如之何?" 王曰: "棄之." 曰: "士師不能治士, 則如之何?" 王曰: "已之." 曰: "四境之內不治, 則如之何?" 王顧左右而言他.

어느 날 맹자는 제 선왕에게 말했습니다. "제 선왕 당신의 부하 가운데 어떤 대신이 처자식을 친구에게 돌봐 달라고 부탁하고 자신은 초나라를 방문하러 떠났다고 가정해 보겠습니다. 그가 다시 돌아왔을 때에는 처자식이 이미 모두 얼어 죽고 굶어 죽었다고 한다면 그런 친구를 어떻게 하시겠습니까?"

제 선왕이 말했습니다. "그런 친구라면 아주 간단합니다. 상대하지 않을 것입니다." 맹자가 또 말했습니다. "만약 당신 밑에서 법을 집행하는 관원이 일을 제대로 처리하지 못한다면 당신은 어떻게 하시겠습니까?" 제 선왕이 말했습니다. "그를 파직시킬 것입니다." 그러자 맹자가 다그치며 물었습니다. "그렇다면 한 국가의 불안정이라는 문제는 어떻게 해야 합니까?" 제 선왕은 맹자의 너무나 강한 공격을 막아 낼 수 없었습니다. 결국 상관없는 다른 화제를 끄집어내어 말꼬리를 돌리고 말았습니다. 이

때의 제 선왕은 마치 맹자와 장기를 두다가 맹자의 '장군'에 그만 진퇴양난의 궁지에 빠진 것 같았습니다.

---

맹자께서 제 선왕을 뵙고 말씀하셨다. "이른바 고국이란 교목이 있음을 말한 것이 아니요 세신이 있음을 말한 것입니다. 그런데 왕은 친한 신하도 없으십니다. 전일에 등용한 사람 중에 오늘 도망한 자가 있는 것을 모르고 계십니다." 왕이 말하였다. "내가 어떻게 그 재질이 없음을 알아서 버리겠습니까?" 맹자께서 말씀하셨다. "나라의 군주는 현자를 등용하되 부득이한 것처럼 해야 합니다. 장차 지위가 낮은 자로 하여금 높은 이를 넘게 하며 소원한 자로 하여금 친한 이를 넘게 하는 것이니 신중하지 않을 수 있겠습니까? 좌우의 신하가 모두 어질다고 말해도 허락하지 말며, 여러 대부들이 모두 어질다고 말해도 허락하지 말고, 국인이 모두 어질다고 말한 뒤에 살펴보아서 어짊을 발견한 뒤에 등용해야 합니다. 좌우의 신하들이 모두 불가하다고 말해도 듣지 말며, 여러 대부들이 모두 불가하다고 말하더라도 듣지 말고, 국인이 모두 불가하다고 말한 뒤에 살펴보아서 불가함을 발견한 뒤에 버려야 합니다. 좌우의 신하들이 모두 죽일 만하다고 말하더라도 듣지 말며, 여러 대부들이 모두 죽일 만하다고 말하더라도 듣지 말고, 국인이 모두 죽일 만하다고 말한 뒤에 살펴보아서 죽일 만한 점을 발견한 뒤에 죽여야 합니다. 그러므로 국인이 죽였다고 말하는 것입니다. 이와 같이 한 뒤에야 백성의 부모라 할 수 있습니다."

孟子見齊宣王曰: "所謂故國者, 非謂有喬木之謂也, 有世臣之謂也. 王無親臣矣! 昔者所進, 今日不知其亡也." 王曰: "吾何以識其不才而舍之?" 曰: "國君進賢, 如不得已, 將使卑踰尊, 疏踰戚, 可不愼與? 左右皆曰賢, 未可也; 諸大夫皆曰賢, 未可也; 國人皆曰賢, 然後察之, 見賢焉, 然後用之. 左右

皆曰不可, 勿聽: 諸大夫皆曰不可, 勿聽; 國人皆曰不可, 然後察之, 見不可

焉, 然後去之. 左右皆曰可殺, 勿聽; 諸大夫皆曰可殺, 勿聽; 國人皆曰可殺,

然後察之, 見可殺焉, 然後殺之. 故曰: '國人殺之也.' 如此, 然後可以爲民父

母."

---

맹자는 '장군'을 둔 다음에는 유도(柔道) 혹은 서양의 격투기 같은 강경
한 방법을 모두 동원했습니다. 이번에도 싹수가 보이지 않으면 짐을 꾸려
서 떠나야 함을 맹자도 예견했던 것 같습니다. (이것이 맹자가 최초로 제나
라를 떠난 일입니다.) 그래서 또 한 번 제 선왕에게 말했습니다.

"이른바 역사가 유구한 나라란 연대가 오래되었음을 말하는 것이 아니
라 문화의 기초가 깊고 두터움을 말합니다. 그러므로 하늘을 찌를 듯한 고
목은 문화 고국(故國)의 기상을 대표하지 못합니다. 공훈과 덕성을 겸비
한 세신(世臣)이야말로 문화 고국(故國)의 정신적 귀감이라 하겠습니다.
지금 당신에게는 진심으로 충성을 다하고 가까운 이런 부류의 대신들이
없는 것은 물론이고 신임할 만한 신하도 없습니다. 과거에 어떤 사람이 당
신에게 인재를 추천해서 즉시 등용했다 할지라도 며칠을 넘기지 못하고
그 사람의 이름조차 잊어버립니다. 심지어 그는 중용되지 못했다는 이유
로 슬그머니 당신을 떠나 버리는데 당신은 그것조차 알지 못합니다. 이렇
게 해서야 되겠습니까?'

사실 제 선왕의 가장 큰 문제는 그가 진심으로 신하를 신임하지 못하는
데 있었습니다. 훗날 그의 아들인 제 민왕(湣王)은 한술 더 떠서 중신(重
臣)도 전심으로 신임하지 못했습니다. 소진의 동생인 소대(蘇代)는 그의
약점을 알아내어 연 소왕에게 보고했습니다. 그리하여 연나라와의 전쟁
에서 크게 패한 제나라는 다시 일어서지 못하고 거의 망국에 이르게 되었

습니다. 지난번의 대화에서 맹자에게 심한 공격을 받고도 아무런 대답을 못한 이후로 제 선왕은 오랫동안 맹자를 냉대했습니다. 두 사람은 한 동안 서로 만나지 않은 듯합니다.

제 선왕은 맹자가 이렇게 말하자 그저 덧붙여서 이렇게 질문했습니다. "내 밑에 사람들이 얼마나 많은데, 내가 어떻게 그 사람은 훌륭하지 못하니 파면하고 등용하지 말아야 함을 알 수 있습니까? 나는 정말로 심사할 방법이 없습니다!" 맹자가 말했습니다. "사람을 쓰는 문제는 본래 인사 제도가 있으므로 제도에 따라 처리하면 됩니다. 하지만 정말로 인재를 만났다면 기존의 규제에 얽매이지 말고 발탁해서 그 재주를 다할 수 있게 해야 합니다." 이어서 맹자는 인사(人事) 심사에 관한 몇 가지 원칙을 설명했습니다.

이 원칙은 공자도 일찍이 언급한 적이 있어서 『논어』에도 기록이 있습니다. 맹자의 관점은 공자와 똑같습니다. 그가 말했습니다. "어떤 사람이 있는데, 당신 좌우의 사람들이 모두 그가 훌륭하다고 말한다고 해서 당신은 그를 훌륭하다고 생각해서는 안 됩니다. 당신의 고위 간부들 역시 그가 훌륭하다고 말하더라도 당신은 여전히 그가 정말로 훌륭하다고 생각해서는 안 됩니다. 설사 온 나라 백성들이 모두 그가 훌륭하다고 말하더라도 당신은 여전히 신중해야 합니다. 살펴보고 또 살펴본 결과 그가 참으로 훌륭한 사람이라는 것을 알게 된 후에 그를 등용해야 합니다. 반대로 나쁜 사람에 대해서도 그렇게 일일이 조사하고 자세히 심사한 후에 그가 확실히 나쁘고 악한 사람이라는 것을 알게 된 후라야 그를 등용하지 않을 수 있습니다. 그렇게 하면 설사 당신이 명을 내려 죄를 지은 사람을 죽이라고 했더라도, 온 나라 백성들이 그를 죽이라고 한 것과 똑같아서 아무도 당신을 원망하지 않을 것입니다. 그렇게 할 수 있어야 비로소 백성의 부모라할 수 있습니다."

사실 한 국가의 지도자는 온 나라 백성들이 자기 자식이라도 되는 것처럼 가르치고 기르고 사랑하고 보호해서 그들이 편안히 살면서 생업을 즐거워할 수 있게 해야 합니다. 이것이 바로 백성에게 가장 훌륭한 '부모 같은 관리〔父母官〕'인 것입니다. 후세 사람들이 제왕에게는 죄를 지을까 두려워하면서도 지방관은 백성의 부모라고 말하는데, 바로 여기에서 변화되어 나온 말입니다.

지금부터는 조금 더 깊이 들어가서 이 문장을 살펴보겠습니다. 이 글은 맹자가 제(齊)와 양(梁) 사이에 있을 때 자신이 기록하였거나 적어도 문인의 기록을 직접 보고 검토했을 것입니다. 그런데 이 대목은 마치 공중에 불쑥 솟은 것처럼 앞뒤 문장의 내용과 서로 이어지지 않고 연관이 없습니다. 제가 보기에 맹자와 제 선왕 두 사람은 줄곧 '태극권(太極拳)'을 가지고 밀고 당기는 놀음을 하다가 결국 맹자가 더 이상 참지 못하고 갑자기 '태권(跆拳)'이라는 맹공격을 날렸습니다. '태권'이 날아오자 제 선왕은 두려운 나머지 아예 맹자와 만나지 않았습니다.

시간이 얼마 지난 후 어느 날 맹자가 억지로 한 발을 내밀어 비집고 들어갔습니다. 만나자마자 맹자는 또다시 공격 기술을 변경해서 이번에는 '형의권(形意拳)'[56]으로 그를 한바탕 혼냈습니다. 그것이 바로 위의 내용입니다. 이 단락의 서두 인사는 이런 뜻입니다. "당신은 손님을 청해 놓고 그에게 자리를 권하지 않으시니 그렇게 해서야 되겠습니까?" 물론 맹자는 자신이 성인이라고 말하기 겸연쩍어서 제 선왕이 초청한 사람이 슬그머니 떠나는데도 그가 알지 못한다고만 말했습니다. 그런데 제 선왕은 "내가 기용하지 않은 성인이나 현인이 있는가?"라고 묻지는 않고 오직 이

---

56 중국 무술 중 하나이며 팔괘장(八卦掌), 태극권(太極拳)과 더불어 삼 대 내가권(內家拳) 중 하나이다. 또 팔괘장, 태극권, 소림권(少林拳), 형의권(形意拳)을 중국 무술의 사 대 명권(名拳)이라 칭하기도 한다. 동작〔形〕과 의식〔意〕을 통일시킨다는 의미에서 형의권이라 칭한다.

렇게만 말했습니다. "내가 어떻게 그의 재주 없음을 알아서 버리겠는가?" 즉 "내가 어떤 놈이 멍청이인 줄 알고 그를 쫓아낼 수 있겠는가?"라는 뜻입니다. 귀빈(貴賓)의 신분이던 맹자로서는 이 말이 참으로 듣기 거북했을 것입니다. 맹자 자신도 더 이상은 제나라에 머물러 있기 어렵고 곧 떠나야 할 것임을 알았습니다. 그래서 "국인이 모두 어질다고 말한다〔國人皆曰賢〕", "국인이 모두 불가하다고 말한다〔國人皆曰不可〕", "국인이 모두 죽일 만하다고 말한다〔國人皆曰可殺〕"라는 세 가지 말을 했습니다. 앞에서 맹자는 "사사가 사를 다스리지 못한다"와 "사경의 안이 다스려지지 않는다"라는 두 구절을 가지고 제 선왕과 대신들을 욕했는데, 그 공격은 상당히 강한 것이었습니다.

당시 제 선왕의 좌우에는 맹자를 반대하는 사람들이 많았습니다. 직하(稷下) 선생들을 포함하여 합종의 계획을 추진하던 소진 쪽 사람들과 심지어 맹상군의 문하들조차 중간에서 음모를 꾸몄습니다. 맹자가 "국인이 모두 죽일 만하다고 말한다"라고 강조한 것을 통해, 그들이 맹자를 공격한 것이 거의 그를 제거하지 않으면 만족해하지 않는 정도에 이르렀음을 알 수 있습니다. 천고 이래로 정치적 알력은 모두 이와 같았습니다. 소인과 소인의 다툼은 모두 권세와 이해를 위한 것이었고, 군자와 군자의 다툼은 사상과 의견 차이 때문이었습니다. 역사상 성패의 관건이 여기에 기인하는 경우가 많았습니다. 동서고금을 통 털어 이 테두리를 벗어나지 못하니 참으로 한탄스러운 노릇입니다!


## 손가감의 삼습일폐소 상주문

그러고 보니 청 초 건륭 시대의 중신인 손가감(孫嘉淦)의 상주문이 생각납니다. 바로 후인들이 '삼습일폐소(三習一弊疏)'라고 부르는 큰 문장입니다. 훗날 증국번(曾國藩)이 공을 이루고 명성을 얻어서 그 위엄이 군주를 흔들 만했을 때, 그는 인생의 경험을 통해 상하좌우를 돌아보다가 문득 그 문장이 생각나서 모두에게 자세히 읽어 보라고 힘주어 강조했습니다. 상군(湘軍) 가운데 자신의 형제인 증국전(曾國荃)을 비롯해 장령들에게 말한 것이었지만, 한편으로는 청 조정의 경각심을 일깨우기 위한 것이었습니다.

사실 어떤 사업을 추진하든 공을 이루고 명성을 얻게 되면 모두 이런 상황이 발생할 수 있습니다. 정치나 경제의 지도자는 물론이고 상공업의 큰 인물이나 학술 교육계의 권위자들도 반드시 이 글을 읽고 깊이 성찰함으로써 영원히 성공을 보전해야 합니다.

다만 우리가 알아야 할 점은 손가감의 '삼습일폐소'가 승평(昇平) 시대의 명군인 건륭제 같은 사장님에게 올린 글이라는 사실입니다. 바꾸어 말하면 중인(中人) 이하의 역대 직업 제왕들에게는 해당 사항이 없다는 뜻입니다. 충언은 귀에 거슬린다고 했습니다. 말하는 것도 물론 쉬운 일은 아니지만 받아들이고 말을 들어주는 것은 더더욱 어려운 일입니다. 오직 훌륭한 사람만이 귀에 거슬리는 말을 받아들이려고 합니다. 손가감의 학식과 인품은 원래 세밀하고 신중하기로 이름났습니다. 만약 그가 만난 주인이 건륭제가 아니었다면 아마도 이런 상주문이 나오지 못했을 것입니다.

앞에서 맹자가 제 선왕에게 했던 말 때문에 맹자보다 이천 년 후에 태어난 손가감이 제 선왕과 같은 환경과 시위에 있는 사람들은 마땅히 스스로 경계해야 한다고 지적했던 것이 생각났습니다. 특별히 원문을 덧붙여 여러분들이 참고할 수 있도록 하겠습니다.

손가감은 자가 석공(錫公)이고 산서(山西) 흥현(興縣) 사람입니다. 강희(康熙) 계사(癸巳)년에 진사가 되어 관직이 협판대학사(協辦大學士)에 이르렀고 시호는 문정(文定)입니다.

이 상소는 건륭 원년에 올린 것으로 증국번은 「명원당논문(鳴原堂論文)」에서 이렇게 말했습니다. "건륭 초에 악(鄂)과 장(張) 두 재상이 국정을 맡고 채문근(蔡文勤)이 성덕을 보필하여 고종(高宗)의 총명함과 천성이 마치 아침 해가 막 솟은 듯하여 온 세상이 맑고 밝아졌다. 매번 조서가 궁 안팎에 반포될 때면 식자(識者)들은 옛 성현의 글에 비견하였다. 유독 손문정공(孫文定公)만이 스스로 성덕을 바로 돕지 못한다 여겼으니 성세(盛世)를 근심하고 밝음을 위태롭게 여겨 도로써 군주를 섬기는 자라 할 수 있다. 건륭 60년 동안 성덕(聖德)과 대업(大業)이 시종 나태해지지 않았던 것은 이 상주문의 도움이 높고 깊었기 때문이 아니라고 할 수 없다. 그 후 가경(嘉慶) 원년, 도광(道光) 원년에 신료들이 모두 이 상주문을 베껴서 바쳤다. 도광 30년에 문종(文宗)이 등극하자 수양상국(壽陽相國) 기준조(祁雋藻) 사대부 친구들이 이 상소가 본조(本朝)의 주의(奏議) 가운데 첫째라고 하였지만, 나는 그 문장의 기세가 고고(高古)하지 못하여 다소 가볍게 여겼다. 근자에 자세히 풀어 보니 그 말한바 삼습일폐를 무릇 중지(中智) 이상은 대체로 모두 그 폐단을 밟으면서도 스스로 깨닫지 못한다. 스스로를 옳다 하는 뿌리를 뽑아내지 않는다면 흑과 백이 색깔을 바꿀 수 있고 동과 서가 위치를 바꿀 수 있다고 말한바 또한 지극히 큰 지혜로 살핀 자가 아니라면 말할 수 없다. 나와 아우가 높은 자리에 있으니 아첨하는 말이 많이 들려오는데, 들은바 세 가지 큰 습성을 놓고 내가 스스로 반성해 보니 실로 면하기 어렵다. 아우의 하급 관리가 비교적 적어서 이러한 습성이 비교적 옅지만 또한 미리 예방하지 않으면 안 된다. 우리 형제가 기록하여 항상 곁에 두었으니 또한 『시경』의 「소완(小宛)」[57] 시를 지은 시인이 힘써 나아간 도이다."

신은 용렬하고 학식도 미천하나 풍속의 규율이라는 무거운 소임을 메고 밤낮으로 두려워하였습니다. 어리석은 자의 생각을 다하여 우러러 만분의 일이라도 높고 깊음을 돕고자 하였습니다. 몇 개월 이래로 황제의 유지를 받들어 읽어 보니 인한 마음과 인한 정치가 간절하고도 상세하나, 무릇 신민의 마음이 원하는 바이면서도 입으로 감히 말하지 못하는 것은 황상의 마음일 뿐입니다. 황상의 마음이 인하고 효성스럽고 정성스럽고 공경하고 거기다 총명하고 인정스러운 것을 어찌 다시 의론할 수 있겠습니까. 하지만 신이 오히려 말하고 싶은 것은, 마음은 순수하지 않음이 없고 정치는 선하지 않음이 없는 가운데서도 염려하는 바가 있어서 헤아려 미리 방지하고자 합니다.

무릇 다스려짐과 어지러움의 순환은 음양의 운행과 같습니다. 곤음이 극성하면 양이 생겨나고 건양이 극성하면 음이 시작됩니다. 일이 극히 성할 때면 반드시 남몰래 엎드려 있는 기미가 있습니다. 그 기미는 지극히 은미함에 감추어져 있어서 사람이 깨닫지 못합니다. 그것이 이미 드러날 때에는 쌓인 것이 무거워서 돌이킬 수 없습니다. 그 사이에 세 가지 습성이 있으니 삼가고 경계하지 않으면 안 됩니다.

군주의 덕이 맑으면 신하는 마음으로 복종하여 칭송하고, 인한 정치가 많으면 백성이 몸으로 받아들여 감동합니다. 말 한마디를 하면 온 조정이 성덕을 칭송하고 명령 하나를 발하면 온 세상이 노래합니다. 신민은 본디 아첨한 것이 아니었지만 군주의 귀는 여기에 익숙해집니다. 귀가 칭찬에 동화되면 칭찬이 아니면 기슬리게 됩니다. 그리하여 처음에는 군주를 바로 도우려는 자를 물리치고, 이어서 말이 적은 자를 싫어하게 되고, 오래되면

---

**57** '작은 매'라는 뜻으로, 시국을 한탄하면서도 올바로 살아가려고 스스로 경계하는 마음을 노래하였다.

군주를 칭송하는 것이 교묘하지 않은 자를 물리치게 됩니다. 이를 일러 귀는 듣는 바에 익숙해진다 함이니 아첨을 기뻐하고 곧은 것을 미워합니다.

위에서 지혜로울수록 아래에서는 어리석어지고 위에서 유능할수록 아래에서는 두려워합니다. 허리를 굽히고 빨리 달리고 어깨를 으쓱거리며 아첨하니, 뒤돌아보고 곁눈질하며 모두 그러합니다. 머리에 쓴 관을 풀고 고개를 조아리며 황제의 말에 곧바로 응하여 옳다고 합니다. 신하들은 예를 다한다고 여기지만 군주의 눈은 여기에 익숙해집니다. 눈이 아첨에 동화되면 아첨이 아니면 거슬리게 됩니다. 그리하여 처음에는 뻣뻣한 자를 물리치고, 이어서 엄하고 껄끄러운 자를 멀리하고, 오래되면 아첨을 하는 것이 공교롭지 않은 자를 미워하게 됩니다. 이를 일러 눈은 보는 바에 익숙해진다 함이니 부드러운 것을 기뻐하고 강한 것을 미워합니다.

천하의 선비를 삼가 구하되 그들이 많음을 보고 뛰어난 이가 없다고 여긴다면, 자기는 높이고 다른 사람은 낮추게 됩니다. 천하의 임무를 신중히 처리하되 오래도록 살펴보아 어려움이 없다고 여긴다면, 재주는 뛰어나도 일을 쉽게 여기게 됩니다. 다른 사람에게 물어보고도 그 부족한 점을 듣지 않고 자기 자신에게 돌이켜보고도 그 지나친 점을 보지 않습니다. 그리하여 하고자 뜻한 바는 그냥 넘어가지 못한다 여기고 이미 발한 명령은 반드시 행하리라 기약하게 됩니다. 이것을 일러 마음은 옳다 여기는 바에 익숙해진다 함이니 좇는 것을 기뻐하고 거슬리는 것을 미워합니다.

세 가지 습성이 완성되면 이에 한 가지 폐단이 생겨납니다. 무엇을 한 가지 폐단이라 합니까? 소인을 기뻐하고 군자를 싫어함이 그것입니다.

무릇 군자를 나아오게 하고 소인은 물러가게 하는 일을 어찌 삼대 이전에만 그것을 알았겠습니까? 비록 말세의 군주라 할지라도 정치를 맡아 다스리고자 하면 누군들 군자를 기용하고자 하지 않겠습니까? 또 스스로 지혜롭다 여기는 군주는 각기 그 신하를 현명하다고 여기니, 누군들 내가 기용한 자는 틀림없이 군자이며 결코 소인이 아니라고 생각하지 않겠습니까? 그리하여 마침내 소인이 나아오고 군자는 물러가게 되는 것은 다름이 아니라 재주만 기용하고 덕을 기용하지 않기 때문입니다.

덕이라는 것은 군자만이 지닌 바이니, 재주는 소인이 군자와 함께 공유할 뿐 아니라 군자보다 더 뛰어납니다. 말과 상소에 있어서 군자는 어눌하지만 소인은 아첨을 잘하니 귀에 익숙하고 영합합니다. 분주히 돌아다님에 있어서 군자는 서투르지만 소인은 거기에 치우치니 눈에 익숙하고 영합합니다. 일을 심사하고 수고스러움을 점검함에 있어서 군자는 외로이 그 뜻을 행하고도 그 공로를 말하기 부끄러워하지만 소인은 군주의 뜻에 맞춰 주는 데 교묘하고 일한 것을 드러내기를 잘 하니 마음에 익숙하고 또 영합합니다.

소인은 그 뛰어난 재주를 지니고서 영합하기를 잘하니 군주 된 자는 익숙함에 빠져 깨닫지 못합니다. 상세히 들어 보지만 그 말이 귀에 들어오고, 찬찬히 살피지만 그 모습이 눈을 즐겁게 하고, 누차 시험해 보지만 그 재주가 마음에 맞습니다. 그리하여 소인들은 약속하지 않아도 저절로 모여들고 군자들은 쫓아내지 않아도 저절로 떠납니다. 무릇 소인이 모여들고 군자가 떠나가면 그 재난을 어찌 말로 다 할 수 있겠습니까!

그 연유를 헤아려 보면 모두 세 가지 습성에 가리워졌기 때문입니다. 다스려짐과 어지러움의 기미는 천고에 똑같으니 살펴 알 수 있습니다.

우리 황상의 성스러움과 명철함이 으뜸가서 은미한 곳까지 비추지 않음이 없으니, 덕망 높은 노인을 등용하고 어진 인재를 발탁함에 어찌 그러한 폐단이 없겠습니까만 또한 그러한 습성이 아직 있지는 않습니다. 그러나 신은 아직 습성으로 굳어지기 전에 그것을 말합니다. 그 습성이 굳어져 버리면 그것을 알아도 감히 말하지 못하거나 아니면 혹 그것을 말해도 듣지 않을 것입니다!

이제 세 가지 습성을 미리 제거하고 한 가지 폐단을 영원히 막고자 한다면, 바깥에 있지 않고 오직 마음에 있으니 그러므로 신은 황상의 마음을 말하고자 합니다. 옛말에 "사람은 성인이 아니니 누군들 허물이 없을 수 있겠는가" 하였는데 이는 천박한 말입니다. 무릇 성인이라 하여 어찌 허물이 없겠습니까? 오직 성인이라야 허물을 알 수 있고 오직 성인이라야 허물을 고칠 수 있습니다. 공자께서 말씀하시기를 "오십에 이를 때까지 주역을 배운다면 큰 허물이 없을 것이다"라고 하였습니다. 큰 허물도 있거늘 작은 허물은 알 수 있습니다.

성인이 아래에 있으면 허물이 그 한 몸에 있지만 성인이 위에 있으면 허물은 한 세대에 있습니다. 『서경』에 이르기를 "백성에게 허물이 있으면 나 한 사람에게 있다"라고 한 것이 그것입니다. 문왕의 백성 가운데 춥고 굶주린 이가 없었는데도 오히려 상한(상처 입은) 사람과 같이 여겼으니, 오직 문왕만이 그 상함을 알았습니다. 문왕은 하늘과 사람을 쉽사리 꿰뚫어 보았지만 도를 바라보고도 보지 못한 것처럼 하였으니, 오직 문왕만이 그 보지 못하였음을 알았습니다.

현자의 허물을 현자는 알지만 평범한 자는 알지 못합니다. 성인의 허물을 성인은 알지만 현자는 알지 못합니다. 다른 사람이 허물과 잘못을 바로잡는 것을 바라지만 알지 못하는 바에 미쳐서는 어렵습니다! 그러므로 황상께서는 스스로 성심을 삼가 근신하시기 바랍니다.

은미한 위기를 판별함이 정밀한 후에야 중용의 도를 마땅하게 지키는 것이 어렵다는 것을 압니다. 품어 보호하려는 원함이 넓은 후에야 고생하는 백성을 두루 살피는 것이 어렵다는 것을 압니다. 늙은이를 편안히 모시고 어린이를 안아 주는 것을 세상에서 시험해 보면 그것을 할 수 없었음이 드러납니다. 그런 후에야 쓸쓸히 감히 스스로를 옳다 여기지 않으니, 감히 스스로를 옳다 여기지 않는 뜻이 사람을 기용하는 행정에 흘러 관통하게 되면, 그런 후에야 절박하게 간언하는 자는 나를 사랑함이 진실로 깊고, 아첨으로 기쁘게 하는 자는 자기를 어리석게 만들어 함정에 빠뜨리는 자임을 알게 됩니다.

귀와 눈의 습성을 제거하면 부드럽게 아첨하는 태도는 보기만 해도 스스로를 더럽힐 듯합니다. 취하고 버림의 근본이 정해지면 즐기고 공리를 추구하는 학설을 좇아 의기투합함이 없어집니다. 그런 후에야 다스림이 태평 시대에 이르고 교화가 영원한 도를 완성합니다.

그러지 않고 스스로를 옳다 하는 근본을 뽑아 버리지 않으면, 비록 마음을 단속함이 신중하더라도 신중함이 오래되어 허물이 없음을 깨달으면 다소 관대해져도 된다고 말합니다. 뜻을 격려함이 부지런하더라도 부지런함이 오래되어 효과가 있음을 깨달으면 점차 마음이 편해져도 된다고 말합니다. 무릇 어질고 훌륭한 인재가 보필하여 세상이 승평 시대에 이르면, 군주의 마음은 점차 편해지면서 스스로 관대해져도 또한 천하에 해로움이 없을 것 같습니다. 하지만 그러한 생각을 전환할 줄 모르면 즐기고 공리를 추구하는 학설이 점차로 귀에 들어와도 번거로워하지 않습니다. 부드럽게 아첨하는 자 또한 오래 보아도 그 가증스러움이 보이지 않습니다. 오래되어 익숙해져서 알지 못하는 사이에 홀연히 동화되면 흑과 백이 색깔을 바꿀 수 있고 동과 서가 위치를 바꿀 수 있습니다. 이른바 기미는 지극히 은미한 데에 엎드려 있고 세력은 돌이킬 수 없음에서 완성된다는 것은 이것을 말합니다. 이 어찌 신중히 경계하여 예방하지 않을 수 있겠습니까!

『서경』에서 말하기를 "가득하면 덜이냄을 불러오고 겸손하면 이익을 얻는다" 하였습니다. 또 말하기를 "덕이 나날이 새로우면 만방이 그리워하고 마음이 자만하면 구족이 떠나간다" 하였습니다. 『대학』에서는 말하기를, 현명한 자를 보고 등용하지 못하고 현명하지 못한 자를 보고 물리치지 못한다 하였습니다. 좋고 싫음이 사람의 본성을 거스림에 있어서 그 연유를 미루어 보면 모두 교만함에서 비롯됩니다. 교만함이 가득한 것을 스스로를 옳다 함이라 이릅니다.

이로 보건대 다스려짐과 어지러움의 기틀은 군자와 소인의 나아옴과 물러남에서 움직입니다. 나아옴과 물러남의 기틀은 군주의 마음의 공경함과 방자함에 달려 있으니, 그릇됨을 알 수 있으면 마음은 공경함을 기약하지 않아도 스스로 공경하게 됩니다. 허물을 보지 못하면 마음은 방자함을 기약하지 않아도 스스로 방자하게 됩니다. 공경함은 군자가 구할 바요 다스림의 근본입니다. 방자함은 소인이 이끄는 바요 어지러움의 계단입니다. 그러한즉 흐름을 좇아 근원을 거슬러 올라가고 말을 요약하여 뜻을 포괄하자면, 오로지 우리 황상께서 때마다 일마다 감히 스스로를 옳다 하는 마음을 품지 않으시기를 바라노니 하늘의 덕과 왕도가 모두 이것을 벗어나지 않습니다. 속담에 말하기를 "미친 사람의 말을 성인이 택한다" 하였습니다. 신은 요행히 성세에 태어나 옳은 말을 숨기지 않았고 감히 사납고 눈먼 충정을 다하였으니, 엎드려 생각건대 황상께서 포용하시고 살펴주신다면 천하의 요행이 심할 것입니다!

臣一介庸愚, 學識淺陋, 荷蒙風紀重任, 日夜悚惶. 思竭愚夫之千慮, 仰贊高深於萬一. 而數月以來, 捧讀上諭, 仁心仁政, 愷切周詳, 凡臣民之心所欲, 而口不敢言者, 皇上之心而已. 皇上之心, 仁孝誠敬, 加以明恕, 豈復尙有可議. 而臣猶欲有言者, 正於心無不純, 政無不善之中, 而有所慮焉, 故過計而預防之也.

今夫治亂之循環, 如陰陽之運行. 坤陰極盛而陽生, 乾陽極盛而陰始. 事當極盛之際, 必有陰伏之機. 其機藏於至微, 人不能覺. 而及其旣著, 遂積重而不可返. 此其間有三習焉, 不可不愼戒也.

主德淸則臣心服而頌, 仁政多則民身受而感. 出一言而盈廷稱聖, 發一令而四海謳歌. 在臣民原非獻諛, 然而人君之耳, 則熟於此矣. 耳與譽化, 匪譽則逆, 故始而匡拂者拒, 繼而木訥者厭, 久而頌揚之不工者亦絀矣. 是謂耳習於所聞, 則喜諛而惡直.

　上愈智則下愈愚, 上愈能則下愈畏. 趨蹌詔脅, 顧盼而皆然. 免冠叩首, 應聲而卽是. 在臣工以爲盡禮, 然而人君之目, 則熟於此矣. 目與媚化, 匪媚則觸. 故始而倨野者斥, 繼而嚴憚者疏, 久而便辟之不巧者亦忤矣. 是謂目習於所見, 則喜柔而惡剛.

　敬求天下之士, 見之多而以爲無奇也, 則高己而卑人. 愼辦天下之務, 閱之久而以爲無難也, 則雄才而易事. 質之人而不聞其所短, 返之己而不見其所過. 於是乎意之所欲, 信以爲不踰, 令之所發, 槪期於必行矣. 是謂心習於所是, 則喜從而惡違.

　三習旣成, 乃生一弊. 何謂一弊? 喜小人而厭君子是也.

　今夫進君子而退小人, 豈獨三代以上知之哉? 雖叔季之主, 臨政願治, 孰不思用君子. 且自智之君, 各賢其臣, 孰不以爲吾所用者必君子, 而決非小人? 乃卒於小人進而君子退者, 無他, 用才而不用德故也.

　德者君子之所獨, 才則小人與君子共之, 而且勝焉. 語言奏對, 君子訥而小人佞諛, 則與耳習投矣. 奔走周旋, 君子拙而小人便辟, 則與目習投矣. 卽課事考勞, 君子孤行其意, 而恥於言功, 小人巧於迎合, 而工於顯勤, 則與心習又投矣.

　小人挾其所長以善投, 人君溺於所習而不覺, 審聽之而其言入耳, 諦觀之而其貌悅目, 歷試之而其才稱乎心也. 於是乎小人不約而自合, 君子不逐而自離, 夫至於小人合而君子離, 其患豈可勝言哉!

　而揆厥所由, 皆三習爲之蔽焉. 治亂之機, 千古一轍, 可考而知也.

　我皇上聖明首出, 無微不照, 登庸者碩, 賢才彙升, 豈惟竝無此弊, 亦竝未有此習. 然臣正及其未習也而言之; 設其習旣成, 則有知之而不敢言, 抑或言之而不見聽者矣!

　今欲預除三習, 永杜一弊, 不在乎外, 惟在乎心; 故臣願言皇上之心也. 語曰: "人非聖人, 孰能無過." 此淺言也. 夫聖人豈無過哉? 惟聖人而後能知過, 惟聖人而後能改過. 孔子曰: "五十以學易, 可以無大過矣." 大過且有, 小過可知也.

聖人在下, 過在一身; 聖人在上, 過在一世. 書曰: "百姓有過, 在予一人." 是也, 文王之民無凍餒, 而猶視以爲如傷, 惟文王知其傷也. 文王之易貫天人, 而猶望道而未見, 惟文王知其未見也.

賢人之過, 賢人知之, 庸人不知. 聖人之過, 聖人知之, 賢人不知. 欲望人之繩愆糾謬, 而及於所不知, 難已! 故望皇上之聖心自懍之也.

危微之辨精, 而後知執中難允. 懷保之願宏, 而後知民隱難周. 謹幾存誠, 返之己而眞知其不足. 老安少懷, 驗之世而實見其未能. 夫而後欿然不敢以自是, 不敢自是之意, 流貫於用人行政之間, 夫而後知諫諍切磋者, 愛我良深, 而諛悅爲容者, 愚己而陷之阱也.

耳目之習除, 而便辟善柔便佞之態, 一見而若浼. 取舍之極定, 而嗜好宴安功利之說, 無緣以相投, 夫而後治臻於郅隆, 化成於久道也.

不然, 而自是之根不拔, 則雖斂心爲愼, 愼之久而覺其無過, 則謂可以少寬. 勵志爲勤, 勤之久而覺其有功, 則謂可以稍慰, 夫賢良輔弼, 海宇昇平, 人君之心稍慰, 而欲少自寬, 似亦無害於天下. 而不知此念一轉, 則嗜好宴安功利之說, 漸入耳而不煩. 而便辟善柔便佞者, 亦熟視而不見其可憎. 久而習焉, 忽不自知, 而爲其所中, 則黑白可以轉色, 而東西可以易位. 所謂機伏於至微, 而勢成於不可返者, 此之謂也. 是豈可不愼戒而預防之哉.

書曰: "滿招損, 謙受益." 又曰: "德日新, 萬邦爲懷; 志自滿, 九族乃離." 大學言, 見賢而不能擧, 見不賢而不能退. 至於好惡拂人之性, 而推所由失, 皆因於驕泰. 滿於驕泰者, 自是之謂也.

由此觀之, 治亂之機, 轉於君子小人之進退. 進退之機, 握於人君一心之敬肆, 能知非, 則心不期敬而自敬. 不見過, 則心不期肆而自肆. 敬者君子之招, 而治之本. 肆者小人之媒, 而亂之階也. 然則沿流溯源, 約言蔽義, 惟望我皇上時時事事, 常存不敢自是之心, 而天德王道, 擧不外於此矣. 語曰: "狂夫之言, 而聖人擇焉." 臣幸生聖世, 昌言不諱, 敢故竭其狂瞽, 伏惟皇上包容而垂察焉, 則天下幸甚!

　맹자의 이 대목에 관해서는 위에서 말한 큰 뜻을 제외하고도 토론할 만한 몇 가지 중요한 점이 생각납니다.


## 세신, 거족 가문의 출현

　첫 번째, 맹자는 제 선왕에게 인재를 선발하고 기용하는 용인(用人) 제도의 문제를 언급했습니다. 본 절의 "이른바 고국이란 교목이 있음을 말한 것이 아니요 세신이 있음을 말한 것입니다[所謂故國者, 非謂有喬木之謂也, 有世臣之謂也]"라는 표현을 통해 이를 살펴보겠습니다. 여기에다 역대 인사 행정의 기록을 참고해 보면, 새로운 시대의 기초를 다지고 새로운 국면을 열어야 하는 시기에는 대체로 용인(用人)에서 태평 시대의 인사 제도를 그대로 따르지 않고 새로운 기상과 새로운 국면을 지니고 있었습니다. 그러다가 천하가 안정되고 경험이 쌓이면 용인(用人) 행정이 궤도에 오르고 모종의 인사 제도와 법규를 좇아 기용하게 됩니다. 이것이 고금에 변하지 않는 변천 과정입니다. 한 제도가 시행되어 시간이 오래 지나면 점차 잘못이 드러나게 되는데 이는 필연적인 추세입니다.

　역사가 유구한 국가에서 오래된 세족(世族)이나 공신들은 하나같이 체제의 기존 규칙 아래에서 정권을 좌지우지하고 조정의 형세를 틀어쥠으로써 정계의 커다란 부담과 장애물이 되어 버립니다. 이 또한 역사상 필연적인 추세입니다. 가령 양한(兩漢) 이후 위진 남북조 시대에 이르기까지는 사대부 문벌의 권세가 사오백 년의 인사 구조에 영향을 미쳤습니다.

당(唐)이 새로 일어나 기초가 되는 사업〔基業〕을 세웠을 때에는 하나의 새로운 국면이 그러한 누습을 깨트렸습니다. 하지만 당 태종이 과거 시험으로 선비를 뽑은 후로 역사 연대가 누적되었음에도 불구하고 가문(家門)과 세신(世臣)의 병폐는 여전히 발생했습니다. 사람들이 모두 잘 알고 있는 이백(李白)이나 한유(韓愈) 같은 성당(盛唐) 시기의 명사들도 공명을 얻기 위해서는 여전히 도처에 글을 올려 명망 높은 세신들이 발탁해 주기를 바랐습니다. 소수의 문무(文武) 인재는 세신의 눈에 들었던 경우도 있었습니다. 이른바 일반 군중 가운데 발탁되는 경우로, 그로 인해 오랜 세월 아름다운 이야기로 전해지기도 했습니다. 예를 들면 곽자의(郭子儀)는 아직 뜻을 얻지 못했을 때 이백의 추천을 받아 중용되었습니다. 훗날 이백이 죽을죄를 지었을 때 곽자의는 목숨을 걸고 그를 구명했습니다. 이러한 역사적 자료는 동서고금의 각종 인정(人情)을 잘 반영해 주고 있습니다.

만당(晚唐)에 이르면 정계에는 저 유명한 우승유(牛僧孺)와 이덕유(李德裕)의 당파 싸움이 출현합니다. 이덕유는 평민 출신의 가난한 선비들을 발탁하기 좋아했습니다. 요즘 우리가 말하는 신인(新人) 기용 같은 것입니다. 훗날 이덕유는 권문세족인 우승유 일파에 의해 실각하게 되었고 내각이 개편된 후에는 영남(嶺南)으로 쫓겨났습니다. 당시 "팔백의 외롭고 가난한 선비들이 눈물을 흘리며 일시에 고개 돌려 애주를 바라보네〔八百孤寒齊下淚, 一時回首望崖州〕"라는 명시가 있었는데, 바로 만당 역사에서 이 사건을 읊은 것이었습니다. 아래로 내려가서 송, 원, 명, 청의 각 시대마다 이와 비슷한 고사들이 거듭 연출되었습니다. 그 가운데 가장 비참하고 심각한 것으로는 역사상 유명한 당고(黨錮)의 화(禍)가 있습니다.

# 파벌 당쟁의 화

　두 번째, 맹자는 지도자의 용인(用人)의 도를 언급했습니다. 인재든 인재가 아니든, 좋은 사람이든 나쁜 사람이든 상관없이 지도자는 함부로 다른 사람의 말을 듣고 믿어서는 안 됩니다. 심지어 전 국민이 모두 그 사람은 죽여야 한다거나 혹은 기용할 만하다고 말하더라도 군중 정서의 영향을 받아서는 안 됩니다. 반드시 '명주(明主)' 스스로 결정해야 합니다. 이러한 용인 행정의 도는 역대 제왕의 전제(專制)에 관한 사료에 셀 수 없이 많은 자료가 남아 있습니다. 특히 중국 역사의 사가(史家)들은 역대의 '명주(明主)'와 '현군(賢君)'들이 용인 행정에서 '불차지탁(不次之擢)' 즉 기존의 규칙이나 법령에 의거하지 않고 인재를 발탁한 사례들을 특별히 강조했습니다.

　하지만 뒤집어서 말하면 인재를 기용하는 최후 결정권이 전적으로 '명주'와 '현군'들의 총명과 지혜에 달렸으니, 자신의 호오(好惡)를 근거로 인재를 선택하는 일은 정말 너무도 어려운 일입니다. 도대체 '명주'의 명(明)과 '현군'의 현(賢)이라는 것이 어느 정도에 이르렀다는 말입니까? 게다가 진정으로 '명(明)'하고 진정으로 '현(賢)'한 군주가 결국 몇 명이나 되었습니까? 정말로 문제가 아닐 수 없습니다. 역사상 가장 추앙받는 당 태종은 직접 시에 이렇게 말했습니다. "내 마음이 수긍하는 날이 네 운이 통하는 때로다[待予心肯日, 是汝運通時]." 이는 일인 독재를 솔직하게 표현한 것입니다. 그기 말했습니다. "내가 마음으로 기뻐하여 너에게 벼슬을 내려 부귀를 주고자 하는 그날에 너의 좋은 운수가 찾아올 것이다." 훌륭한 자질의 이세민(李世民)이 이러했을진대 그보다 못한 평범한 군주는 어떠했겠습니까!

　인사 제도가 본 궤도에 오르지 못함으로 인해 과거의 역사에서는 관직을 주거나 뺏는 권한, 승진시키거나 강등시키는 권한, 살리거나 죽이는 권한이 군주의 일시적 희로(喜怒)에 달려 있거나 혹은 당파 간의 알력에서 비롯되는 경우가 종종 있었습니다. 그로 인해 역사에는 억울하게 죽어 간 인재도 이루 헤아릴 수 없었습니다. 승평 시대인 당(唐)과 송(宋)의 당쟁은 이른바 군자와 군자 들이 학술 사상과 의견을 둘러싸고 다툼을 벌였습니다. 그것이 정권에서의 배척과 알력을 형성하게 되었지요. 몰락하는 시대에는 한조(漢朝)나 명조(明朝)의 당화(黨禍)와 계파 다툼이 있었습니다. 만당(晚唐) 오대(五代)의 난세에는 호오생살(好惡生殺)의 권한이 전적으로 군주에게 있었으므로 그 비참함을 이루 말할 수 없었습니다. 그와 관련된 역사적 사실도 아주 많은데, 만당의 시인 두순학(杜荀鶴)이 친구를 애도한 시만 보더라도 알 수 있습니다. 그의 시는 말합니다. "살육당한 이 모두가 명사이거늘 몇 사람이나 편안하게 황천에 이를까(殺戮眼中皆名士, 幾人安穩到黃泉)." "사십년 이래로 다 죽였거늘 매장한 이는 적고 매장하지 않은 이가 많다네(四十年來人殺盡, 似君埋少不埋多)." 또 당 말의 도인(道人) 종리권(鍾離權)은 이런 시를 남겼습니다. "즐거움만 좇아 우스갯소리 잦다고 싫어하지 마시게. 혼란한 시대 생각하노라면 상심만 가득하네. 한가로이 손꼽으며 처음부터 세어 보니 승평한 시대를 볼 수 있었던 사람 몇이나 되는가(莫厭追歡笑語頻, 尋思離亂可傷神. 閒來屈指從頭數, 得見昇平有幾人)." 이 얼마나 슬픈 국면입니까! 물론 이런 것들은 모두 난세의 현상으로 본 주제와는 그다지 상관이 없는 듯해 보여도 사실은 연관이 있습니다.

생각나는 대로 모두가 알기 쉬운 역사적 사실을 들어 설명하자면, 유송(劉宋) 시대에 단도제(檀道濟)를 죽인 일과 송대(宋代)에 곡단(曲端)과 악비(岳飛)를 죽인 일, 심지어 명대(明代)에 우겸(于謙)을 죽인 일 등 그 죄과는 모두 군주들이 전권(專權)을 행사한 데에서 비롯되었습니다. 역사상

정계에서 억울하게 죄를 뒤집어 쓴 사건이 어찌 소수에 불과하겠습니까!

계파 간의 알력과 정치적 견해의 불일치가 빚어낸 송대의 낙촉(洛蜀) 당쟁 같은 경우를 보면 그들은 모두 성현의 학문을 표방했습니다. 이정(二程) 선생과 왕안석(王安石) 그리고 소동파(蘇東坡)에 이르기까지, 이들 양쪽의 인물은 어쨌든 나쁜 사람이라고는 할 수 없습니다! 의협심이 강했던 소동파의 경우에는 거의 생명의 안전을 예측할 수 없었습니다. 만약 송 신종(神宗)의 조모인 태황 태후가 거듭거듭 변호하지 않았더라면 아마도 소동파는 목숨을 부지하기 어려웠을 것입니다! 이제부터 소동파가 가장 낭패스러웠던 시기, 즉 감옥에 갇혀 있으면서 곧 목이 잘릴 것이라는 헛소문을 듣고 두려움과 고통 속에서 지은 시를 보도록 하겠습니다. 당시 그에게 유일한 위안은 절강 항주 일대의 사람들이 그를 위해 스님과 도사를 청해서 독경을 하고 재난을 벗어나도록 기도해 주는 것이었습니다. 그의 시는 이렇습니다.

| | |
|---|---|
| 성스러운 군주는 하늘처럼 만물에 은택 내렸건만 | 聖主如天萬物春 |
| 이 몸이 어리석고 우매하여 스스로 몸을 망쳤네 | 小臣愚暗自亡身 |
| 백 년도 못 채우고 먼저 빚을 갚아 떠나니 | 百年未滿先償債 |
| 의지할 곳 없는 열 명의 식구들 누만 끼치겠구나 | 十口無歸更累人 |
| 이곳 청산에 뼈를 묻어도 괜찮다만 | 是處青山可埋骨 |
| 훗날 비 오는 밤이면 너 홀로 상심하겠지 | 他年夜雨獨傷神 |
| 너와 더불어 세세에 형제 되어서 | 與君世世爲兄弟 |
| 다음 생애에 못다 한 인연 다시 맺으리 | 又結來生未了因 |

| | |
|---|---|
| 어사대의 찬 기운에 밤새 처량하기만 한데 | 柏臺霜氣夜凄凄 |
| 바람은 풍경 울리고 달은 기울어 가는구나 | 風動琅璫月向低 |

| | |
|---|---|
| 꿈에서는 깊은 산 뛰노는 사슴의 마음이더니 | 夢繞雲山心似鹿 |
| 깨어 보니 끓는 물 앞둔 닭 신세와 같도다 | 魂驚湯火命如鷄 |
| 관자놀이 살 오른 아들은 귀히 될 상이건만 | 眼中犀角眞吾子 |
| 나 죽은 후 고생할 아내에게 부끄럽네 | 身後牛衣愧老妻 |
| 한평생을 마치고 어느 곳에 정착할꼬 | 百歲神游定何處 |
| 절강 서쪽 동향에 묻히게 되겠지 | 桐鄕知葬浙江西 |

그는 옥중에서 이 시 두 수를 짓고 스스로 이런 제목을 붙였습니다. "내가 시사 때문에 어사대 옥에 갇혔는데 옥리가 능멸하니, 스스로 생각하기에 옥중에서 죽어 동생 자유와 작별도 하지 못할 것이 견딜 수 없어, 시 두 수를 지어 옥졸 양성에게 주어 자유에게 보낸다〔予以事繫御史臺獄, 獄吏稍見侵, 自度不能堪死獄中, 不得一別子由, 故作二詩, 授獄卒梁成, 以遺子由〕." 마지막으로 또 스스로 주를 붙였습니다. "옥중에서 들으니 항주와 호주의 백성들이 여러 달 나를 위해 액을 없애는 도량을 만들었다 하기로 이 시를 지었다〔獄中聞杭湖間民, 爲余作解厄道場累月, 故有此句〕." 그는 이 두 수의 시를 지어서 옥졸인 양성에게 부탁해 자기 동생에게 보내려 했지만 정찰하던 사람에게 빼앗겼습니다. 그런데 어떻게 된 영문인지 이 시가 송 신종에게 전해졌고 시를 본 황제는 괴로워하면서 말했다고 합니다. "나는 꼭 그를 죽이려고 했던 것은 아니다!" 그리하여 오히려 아무 일 없이 석방되었습니다. 활달하고 재주 넘치던 소동파도 목숨이 위태로워지자 "성스러운 군주는 하늘처럼 만물에 은택 내렸건만, 이 몸이 어리석고 우매하여 스스로 몸을 망쳤네"라고 말했습니다. 심지어 "꿈에서는 깊은 산 뛰노는 사슴의 마음이더니, 깨어 보니 끓는 물 앞둔 닭 신세와 같도다"라고 하였으니 이 얼마나 가련합니까. 이런 유의 사건은 전적으로 주인인 황제에 의해 좌우되었습니다. 황제는 대신들이 모두 죽일 만하다고 말했을 때 총명한

예지로 석방을 결정함으로써 그의 억울함을 풀어 주었습니다. 물론 가장 큰 영향을 미쳤던 사람은 황제의 조모였습니다. 그래서 태화 태후가 죽었을 때 소동파는 매우 고통스러워하면서 아래의 명시 두 수를 썼습니다.

| | |
|---|---|
| 위엄스럽다 두 대에 걸친 나라 위한 공훈이여 | 巍然開濟兩朝勳 |
| 믿음직스럽다 열 명의 어지러운 시대 신하들이여 | 信矣才難十亂臣 |
| 원묘에선 응당 백세를 위해 제사를 지내야 하니 | 原廟固應祠百世 |
| 선왕께서 어찌 천 명을 살리는 데 그쳤으리 | 先王何止活千人 |
| 화희[58] 황태후는 성스럽지 못해 지위를 탐하였으니 | 和熹未聖猶貪位 |
| 밝은 덕이 어질어도 백성에게는 미치지 못했지 | 明德惟賢不及民 |
| 달 기울고 바람소리 서글픈데 하늘도 비 뿌리며 우니 | 月落風悲天雨泣 |
| 누가 장차 큰 문장으로 영욕의 세월을 써낼까 | 誰將椽筆寫光塵 |

| | |
|---|---|
| 강산에 보답하지 못했음을 나라의 선비들은 알건만 | 未報山陵國士知 |
| 숲을 두른 소나무 잣나무는 아름답고 무성하구나 | 遶林松柏已猗猗 |
| 외마디 통곡 소리 들 곳은 없어도 | 一聲慟哭猶無所 |
| 만 번 죽어 은혜 보답할 날 있으리 | 萬死酬恩更有時 |
| 꿈속 하늘 길에는 구름 같은 호위가 줄었고 | 夢裡天衢落雲仗 |
| 인간 세상에는 비 같은 눈물이 궁을 적신다 | 人間雨淚變彤帷 |
| 군주를 사모하고 보필함이 평생의 일이더니 | 關雎[59]卷耳[60]平生事 |

---

**58** 한(漢)나라 장제(章帝)의 황후인 등씨(鄧氏). 아들 화제(和帝)가 죽고 손자 상제(殤帝)가 어리므로 섭정(攝政)이 되어 나라를 잘 다스렸다고 한다.

**59** 『시경』「국풍(國風)」 '관저(關雎)' 편을 말한다. 문왕(文王)과 후비(后妃)의 덕을 노래한 것으로, 숙녀(淑女)를 얻어 군자의 도움이 될 것을 표현한 내용이다.

**60** 『시경』「주남(周南)」 '권이(卷耳)' 편을 말한다. 후비(后妃)가 권이 곧 도꼬마리를 캐면서 집을 떠나 있는 남편을 그리는 마음을 노래한 시로, 임금을 사모하는 후비의 마음을 표현했다.

옥에 갇힌 머리 센 신하 앉아서 시를 쓰노라    白首纍臣正坐詩

스스로 제목을 붙이기를 "시월 이십일 태황태후께서 승하하셨다는 소식을 들었으나, 죄인의 몸으로 상복을 입는 것이 허락되지 않으니 통곡하고 싶어도 감히 못하고 울고 싶어도 불가하여 만사 두 수를 짓노라[十月二十日, 恭聞太皇太后升遐, 以軹罪人, 不許成服, 欲哭則不敢, 欲泣則不可, 故作輓詞二章]"라고 했습니다. 여기에서 말하는 태황 태후는 송 신종의 조모이니 역사상 유명한 현후(賢后)입니다. 그녀는 명장이자 명신이던 조빈(曹彬)의 손녀였습니다. 그가 시에서 "선왕께서 어찌 천 명을 살리는 데 그쳤으리"라고 말한 이는 송 인종(仁宗)을 가리킵니다. 인종 황제와 황후는 확실히 송사(宋史)에서 아주 대단한 인물이었습니다. 분명 공맹의 학문을 통달했다고 말해야 할 것입니다!

이러한 역사 고사를 끌어온 것은 모두 맹자와 제 선왕의 대화 주제를 토론하기 위해서였습니다. 물론 가장 중요한 것은 맹자가 당시에 제나라에서 심각하게 배척당하고 위협을 받았으며, 그리하여 결국에는 떠날 수밖에 없는 추세였음을 이를 통해 알 수 있습니다. 동시에 그가 말한 용인(用人) 행정에 대한 요지를 살펴보면, 군주는 반드시 백성을 존중하고 민주 법치를 실행해야 한다는 내용을 당시 봉건 제도의 군주 전권(專權) 하에서 분명하게 표현하기란 쉽지 않았을 것입니다. 하지만 오늘날 민주 법치의 요지가 이미 그 속에서 희미하게 보입니다.


## 민주는 어렵고 법치 또한 쉽지 않다

세 번째, 인재 선발과 용인(用人)의 민주 법치에 대한 이야기가 나왔으니 하는 말인데, 맹자가 이 구절에서 말한 어의(語意)를 가지고 근대와 현대 서양의 민주 법치 하의 각종 형태를 밝혀 보면 느끼는 바가 아주 많을 것입니다. 과거 역사에서 모든 결정권은 군왕에게 있었는데 정말로 불합리하고 문제도 아주 많았습니다. 하지만 진정한 민주는 참으로 말하기 어렵습니다. 진정한 민주에 대해 말하려면 선결 조건이 있으니 전 국민이 모두 성현이 되어야만 합니다. 적어도 전 국민의 교육 수준, 학식과 수양이 일치된 수준에 도달해야만 가능합니다. 그렇지 않다면 군중은 때때로 맹종(盲從)적이고 맹동(盲動)적이 될 수 있다는 사실을 절대로 잊어서는 안 됩니다. 많은 사람들이 어지러이 떠들어 대는 것은 선비 하나가 곧은 소리를 하는 것만 못 하다는 사실도 부인할 수 없는 일입니다. 따라서 온 국민이 모두 이렇게 저렇게 해야 한다고 말하더라도 그것이 진정한 시비선악(是非善惡)이라고 여겨서는 안 됩니다. 강력한 군주 한 사람의 주장이 백 퍼센트의 결정적인 영향력을 지니려면 반드시 군주의 총명과 예지가 있어야 합니다. 오늘날 서양 문화의 민주 특히 미국식 민주를 보면 군중에 의해 공인되고 뽑힌 사람들이 반드시 훌륭한 인물이었던 적이 있습니까? 막후에서 조종하는 자본가들의 드러나지 않는 세력에 대해서는 더더욱 말할 필요도 없습니다.

이제 다시 본론으로 돌아가겠습니다. 당시 맹자가 제 선왕에게 이러한 말을 했을 때 그는 우리가 앞에서 세 가지 문제를 토론한 것처럼 심각한 위협을 하지는 않았습니다. 그렇지만 제 선왕은 이미 흥미를 잃어버렸습니다.

결론적으로 국가에서 인재를 선발하는 천하 대사는 물론이고 작게는 회사나 작은 단체에 이르기까지 사람들이 서로 배척하는 일은 있을 수밖에 없습니다. 사람이라는 생물이 천성적으로 그렇게 큰 그릇이 못 되기 때문입니다. 그러므로 주관하는 사람이나 가장이 된 사람은 반드시 "선비는 현명하거나 어리석거나 막론하고 조정에 들어가면 반드시 참소를 당한다. 여자는 아름답거나 추하거나 막론하고 궁에 들어가면 질투를 당한다〔士無論賢愚, 入朝則必遭讒. 女無論美醜, 入宮則必遭妬〕라는 원칙을 기억해야 합니다. 그런 후에 인의(仁義)에 머무르고 지혜와 덕술(德術)을 활용한다면 어쩌면 효과가 훨씬 좋을지도 모르겠습니다.

## 성인을 의심한 재미있는 이야기

제 선왕이 물었다. "탕왕이 걸을 추방하고 무왕이 주를 정벌했다 하니 그러한 일이 있습니까?" 맹자께서 대답하셨다. "전에 있습니다." 왕이 말하였다. "신하가 그 군주를 시해함이 가합니까?" 맹자께서 말씀하셨다. "인을 해치는 자를 적이라 이르고 의를 해치는 자를 잔이라 이릅니다. 잔적한 사람을 일부라 이릅니다. 일부인 주를 베었다는 말은 들었으나 군주를 시해하였다는 말은 듣지 못했습니다."

齊宣王問曰: "湯放桀, 武王伐紂, 有諸?" 孟子對曰: "於傳有之." 曰: "臣弑其君可乎." 曰: "賊仁者, 謂之賊; 賊義者, 謂之殘. 殘賊之人, 謂之一夫. 聞誅一夫紂矣, 未聞弑君也."

지난번에 맹자는 형의권(形意拳)을 날리는 방식으로 이야기했는데, 아마 제 선왕도 조금은 미안했던지 이번에는 맹자와 이야기하면서 이렇게 물었습니다. "상나라 탕왕은 하나라 걸을 남소(南巢)로 쫓아내었고 무왕은 군사를 일으켜 목야(牧野)에서 주왕을 정벌했다는데 그런 일이 있었습니까?" 하 왕조의 마지막 황제였던 '걸(桀)'은 가장 포학하여 백성들이 삶을 도모할 수 없었습니다. 그리하여 그의 대신(大臣)이던 '성탕(成湯)'이 흥기하여 걸을 황량한 남소로 내쫓고 탕이 대신하여 군왕이 되어 상 왕조를 열었습니다. 상 왕조의 마지막 황제였던 '주(紂)'왕 역시 포학했기 때문에 주 무왕이 군사를 일으켜 그를 죽이고 대신하여 왕위에 올랐습니다. 이것은 모든 사람이 잘 알고 있는 사실로, 과거 역사에서 두 차례 있었던 이른바 진정한 혁명입니다. 이제 제 선왕이 이러한 역사 혁명에 대해 의심이 들어 맹자에게 정말로 그런 일이 있었느냐고 물었습니다.

역사에 의문을 품는 것은 재미있는 일입니다. 후흑학(厚黑學)을 제창한 사천 사람 이종오(李宗吾)는 스스로를 '후흑교주(厚黑敎主)'라 칭합니다. '후흑(厚黑)'은 얼굴이 두껍고[臉厚] 마음이 시커멓다[心黑]는 의미입니다. 이 '교주'는 제 오랜 친구이기도 한데, 사실 그 사람 본인은 조금도 얼굴이 두껍거나 마음이 시커멓지 않습니다. 오히려 도에 두터운[厚道] 사람이라고 할 수 있습니다. 다만 부정적인 글을 써서 세상을 풍자하기를 좋아할 따름입니다. 이 괴짜 역시 요순이 성인이라는 문제에 의문을 제기하면서 그것이 자신의 창작이라고 말했습니다. 하지만 그의 선배인 명조(明朝)의 이탁오(李卓吾)가 벌써 선례를 남겼습니다. 명나라 말기의 일부 명사들은 요순의 선위(禪位) 문제를 놓고 토론을 벌이기도 했습니다. 「목피산객고사(木皮散客鼓詞)」라는 작품에서도 요순의 선위를 의심했습니다. 그중 한 단락에서는 요(堯)가 자신의 아들이 무능해 장차 나라를 지키지 못하고 아무 상관없는 사람에게 빼앗길까 봐 안타까워하다가 순(舜)이 아주 효성스러운 데디 능력이 있는 것을 보고는 자신의 두 딸을 순에게 시집보내 사위로 맞아들였다고 했습니다. 사위는 반(半) 자식이므로 순이 즉위하여 황제가 되면 자기 자손들이 계속해서 부귀영화를 누릴 수 있기 때문입니다. 이종오의 후흑학은 완전히 이탁오와 「목피산객고사」에서 배운 것입니다. 안타깝게도 그는 이미 죽었지만 만약 아직 살아 있어서 만났다면 저는 틀림없이 그를 욕했을 것입니다. 솔직하지 못하게 다른 사람의 저작권을 빼앗았다고 말이지요. 사실 역사에 대한 문제 제기가 제 선왕 당시에도 있었음은 본문을 통해서도 증명할 수 있습니다.

맹자는 이 문제에 대해 그다지 잘 대답할 수 없음을 알았습니다. 하지만 그의 대답은 아주 훌륭했습니다. 완전히 외교적인 말투로 "고서에 그렇게 말하였습니다"라고 했지만 말 속에 숨겨진 뜻이 있었습니다! 제 선왕이 말했습니다. "이것은 신하의 반역 행위가 아닙니까? 신하 된 자가 어떻게 군주를 죽일 수 있습니까?" 그런데 제 선왕이 잊어버렸던 것 같습니다. 그의 전가(田家) 조상인 전화(田和) 역시 그런 방식으로 강태공의 후대인 여대(呂貸), 즉 제 강왕(康王)을 바닷가로 쫓아내고 왕위를 빼앗아 제 위왕(威王)이 되었습니다. 여씨 제사는 이로써 끊어졌습니다.

맹자는 이 문제에 대해 역사적인 해석을 내리고 중국 문화의 정치 철학에 대해 두 가지 관념을 제시했습니다. 그가 말했습니다. "이것은 신하가 군주를 시해한 것도 아니고 반역도 아닙니다. 한 국가의 지도자가 인도(仁道)를 위반하면 나쁜 사람이니 그런 사람은 '적(賊)'이라 부르고 지도자의 자격이 없습니다. 의리(義理)와 도의(道義)를 위반하고 훼손하는 사람은 '잔(殘)'이라 부릅니다. 그런 사람은 냉혹하고 무정하며 심지(心智)가 완전하지 못하고 정신적 결함이 있습니다. 인과 의를 해치는 그런 사람은 '폭군'입니다. 그러니 '탕(湯)'과 '무(武)'의 혁명은 일개 폭군을 제거한 것이지 결코 반역 행위라 할 수 없습니다." 이것은 중국 역사 문화의 정치 철학으로서 대부분의 유가가 이 점을 강조합니다. 제가 보기에 이것은 역사에서의 문제입니다. 사마천은 비록 명시하지는 않았지만 그가 맹자의 이런 관점에 결코 동의하지 않았음은 은연중에 드러납니다.

사마천을 제외하면 후세에 역사를 쓴 사람들은 줄곧 공맹의 이런 사상을 답습하여 감히 조금도 위반하지 않았습니다. 그러나 중국에서 수천 년

이래로 이 역사적 사실에 회의적인 태도를 취한 사람은 아주 많았습니다. 다만 유가의 권위 하에서 감히 지나친 반항을 할 수 없었기 때문에 이 방면과 관련해서 남겨진 문학 작품은 그다지 많지 않습니다. 지금부터 몇 가지 고사를 들어서 살펴보겠습니다.

고인의 필기(筆記) 자료 가운데 당대의 명신 고정(高定)의 이야기입니다. 그는 일곱 살 때에 『상서(尙書)』「목서(牧誓)」편을 읽었는데, 거기에서 말하기를 주 무왕이 제후들을 목야(牧野)라는 장소에 집합시키고 주왕(紂王)을 토벌하겠노라는 맹세를 했다고 했습니다. 바로 맹자가 여기에서 말한 탕(湯)과 무(武)의 혁명입니다. 고정은 부친 고영(高郢)에게 말했습니다. "신하 된 자가 어떻게 군사를 일으켜 군주를 죽일 수 있습니까?" 고영이 말했습니다. "이 일은 천명에 순응하고 인사를 좇은 상황이니 일반적인 반역과 비교할 수 없다." 아이들은 원래 질그릇 깨뜨린 일에도 끝까지 묻기를 좋아하는지라 부친에게 추궁하듯이 물었습니다. "말을 잘 듣는 사람은 이미 죽어 버린 조상 삼대까지 상을 받습니다. 하지만 말을 듣지 않는 사람은 죽임을 당하는데 설마 이런 것도 천명에 순응하고 인사를 좇은 일이란 말입니까?" 끝내 그의 부친은 대답을 하지 못했습니다. 아들의 의문을 풀어 줄 만한 어떤 이유도 내놓지 못한 것입니다.

고정의 이러한 생각을 놓고 그가 틀렸다고 말할 수도 없습니다. 그래서 후세의 어떤 사람들은 유가에서 지나치게 강조하고 표방하는 사상에 대해 고정과 같은 태도를 취했습니다. 인류의 사상 관념은 회의가 생겨날 때 토론을 벌이게 되고 그런 후에 비로소 진리를 얻을 수 있습니다. 그러지 않고 어느 한 사상의 권위를 지나치게 강조하면서 다른 사상을 압제한다면 결코 좋은 일이라고 할 수 없습니다.

또 하나의 고사는 송대의 명유(名儒) 이구(李覯)에 관한 이야기입니다. 그는 풍격을 갖추었고 문장력도 아주 뛰어난 사람이었습니다. 그런데 그는 본래 부처를 좋아하지 않고 맹자도 좋아하지 않아서 늘 부처를 욕하고 맹자를 욕했습니다. 그는 술을 좋아해 집에서 좋은 술을 만들기도 했는데, 어느 날 정계에서 지위가 꽤 높은 친구가 그에게 고급 명주(名酒)를 많이 보냈습니다. 그의 술이 너무나도 마시고 싶었던 어떤 서생이 그가 맹자를 욕하고 부처를 욕하기 좋아한다는 것을 알고서 맹자를 욕하는 시 몇 수를 지어서 이구에게 보냈습니다. 첫 번째 수는 맹자가 요순의 일을 말한 것에 관한 내용입니다. "창고를 수리하게 하고 사다리를 치운 일 확인할 수 없 건만, 맹자는 깊이 신뢰하니 어리석다 하겠네. 장인이 천자이거늘 어찌하 여 그 사위를 아우가 죽이겠는가[完廩捐階未可知, 孟軻深信亦還癡, 岳翁方且 爲天子, 女婿如何弟殺之]" 그는 말합니다. "역사란 믿기 어려운 것으로서 수많은 부정과 어두운 일은 다 기록하지도 않았는데, 맹자는 한사코 역사 를 믿으려 드니 정말로 총명하지 않다." 어떤 사료(史料)들은 문제가 있지 만 시비 여부를 알 수가 없습니다. 맹자는 「만장(萬章)」편에 창고를 수리 하게 하고 사다리를 치운 일을 기록해 놓았습니다. 그 내용은 이러합니다. 당요(唐堯)는 황제로 있을 때 스스로 대단히 근검절약하여 사는 집도 "띠 로 지붕을 이고 흙으로 계단을 만든[茅茨土階]" 형태였습니다. 하지만 순 (舜)에게는 창고와 우양(牛羊)을 내려 주었습니다. 그 후 순의 부친과 이 복동생인 상(象)이 순으로 하여금 창고 위에 올라가 지붕을 수리하게 하 고 아래에서 불을 질러 태워 죽이려고 했습니다. 하지만 순은 사전에 두 부인이 가르쳐 준 대로 미리 입고 있던 큰 옷을 활짝 펼치고 마치 새가 날 듯이 지붕에서 뛰어내려 그 화재 현장을 안전하게 탈출했습니다. 나중에 는 또 그들이 순에게 우물을 파게 하고 우물에 돌을 던져 넣어서 압사시키 려고 했습니다. 하지만 순은 부인이 설계해 준 대로 미리 우물의 내벽 옆 을 뚫어서 길을 내어 무사히 안전하게 빠져나왔습니다. 이 시는 말합니다. "순은 요의 사위로서 장인이 황제인데 순의 동생이 어떻게 감히 그를 죽

일 수 있습니까? 그러니 맹자가 역사의 기록을 그대로 믿은 것은 정말로
어리석은 일입니다!"

두 번째 수는 이렇습니다. "거지에게 어떻게 두 부인이 있으며 이웃집
에는 어찌 그리 많은 닭이 있었던고. 당시에는 주 천자가 여전히 있었거늘
무슨 일로 분주히 위와 제에 유세하였는가[乞丐何曾有二妻, 鄰家焉得許多
鷄, 當時尚有周天子, 何事紛紛說魏齊]." 그는 맹자의 말을 비평하며 이렇게
말했습니다. "맹가(孟軻)가 말하기를 제나라에 어떤 사람이 밖에서 동냥
으로 살아가는데 집안에는 처와 첩이 있다 하였다. 어떻게 동냥하는 거지
가 두 명의 부인에게 장가들 수 있으며 또 이웃 사람들은 어떻게 그처럼
많은 닭이 있어서 그에게 도둑맞았는가? 게다가 맹자 당시에는 중앙 정부
에 주 왕조의 천자가 여전히 건재했으니 그는 응당 공자처럼 주(周)를 받
들고 왕도를 강조했어야 했다. 어떻게 주 천자에게 가서 중앙 정부를 도와
인정(仁政)을 펼치지는 않고 오히려 제나라와 위나라의 제후에게로 가서
유세하였는가? 그들이 성공하여 주 왕실을 대신하도록 도우려 했으니 그
것은 옳지 않은 일이 아닌가?" 우리가 알기로 맹자는 탕무(湯武)의 혁명
에 찬성하였고 존주(尊周)를 주장한 공자와는 달랐습니다. 그것은 사실입
니다. 하지만 그 서생은 수천 년 전의 관습과 상상을 근거로 맹자를 욕했
습니다. 이구는 그의 시를 읽고 동지를 만났다 싶어 크게 기뻐했습니다.
그를 청해 술을 마셨는데, 술을 마시면서 며칠을 계속 맹자를 욕하다 보니
집안의 술이 모두 바닥나 버렸습니다. 그러자 그 서생도 떠났습니다.

며칠 후 어떤 사람이 이구에게 술을 보냈다는 말을 듣게 된 그 서생은
이번에는 시를 짓지 않고 세 편의 문장을 지어 이구에게 보냈습니다. 인의
정론(仁義正論)이라는 제목으로 부처를 욕하는 내용이었습니다. 이구는
그의 문장을 읽어 본 후 이 서생이 또다시 술을 마시러 오고 싶어 한다는
것을 알았습니다. 그리하여 웃으면서 말했습니다. "당신의 문장은 참으로

훌륭하오. 하지만 지난번의 술을 당신이 모두 마셔 버려서 조만간 내가 마실 술도 없어지게 생겼으니 참으로 난감하구려. 미안하지만 이번에는 아무리 부처를 욕해도 당신을 청해 술을 마실 수 없으니 이해해 주시오."

금(金)·원(元) 시기의 명 시인 원유산(元遺山)이 한번은 상(商)의 수도였던 '조가(朝歌)'를 지나다가 무왕이 주를 정벌했던 역사에 대해 회의(懷疑)가 일어나 「북쪽으로 돌아가다 조가를 지나며 감상을 적다[北歸經朝歌感寓三首]」라는 시를 지었습니다. 그 가운데 두 수는 요순의 "띠로 지붕을 이고 흙으로 계단을 만든 집[茅茨土階]"과 주왕(紂王)이 지은 구층의 누대 및 훗날의 묵자가 '조가'를 지나가다가 그 지명에 노래 불러 즐긴다는 의미가 있음에 반감을 느껴 즉시 마차를 돌렸다는 역사 고사를 언급하면서 회의적인 평론을 제시했습니다.

| | |
|---|---|
| 제왕의 저택에 어찌 흙으로 계단을 만들었으랴 | 黃屋何曾土作階 |
| 구층의 누대 가리켜 재앙의 기초라 하지 마시오 | 禍基休指九層臺 |
| 천 년 후 서생은 보지도 못하였으면서 | 書生不見千秋後 |
| 군왕을 무고하여 옥 술잔[61] 탓하네 | 枉爲君王泣玉杯 |
| 묵적은 구구히 정에 얽매이지 않거늘 | 墨翟區區不近情 |
| 수레 돌려 헛된 이름을 피하려 하였구나 | 廻車曾此避虛名 |
| 고사리 캔 이는 서산의 노인[62] 뿐이니 | 采薇唯有西山老 |
| 뒤따르지 않은 사람들 무왕의 성공을 믿었네 | 不逐時人信武成 |

---

**61** 사치스럽고 방탕한 생활을 의미한다.

**62** 무왕이 은나라를 멸망시키자 백이 숙제 형제는 수양산에 들어가서 고사리로 연명하다가 굶어 죽었다.

사실 요순우 삼대의 선양(禪讓)에 대한 의심 및 탕무(湯武) 혁명에 대한 비판은 모두 후세 사람들이 배불리 먹고 무료한 나머지 쓸데없이 해 본 것입니다. 요순우 삼대의 선양은 고문의 기록에 따르면 명백히 '선(禪)'이고 '양(讓)'이라고 했습니다. '선'이라는 이 말은 자리에서 물러나서 넘겨준다는 의미입니다. '양'은 양보한다는 의미입니다. 하지만 양보하고 넘겨준다 하더라도 그 사이에 얼마나 많은 절차가 있는지 모릅니다. 자기 손에 쥐었던 천하의 권위를 정직하고 자연스럽게 넘겨주는 과정에서 조금도 연연해하지 않고 내버리고 또 넘겨준 후에도 원망하지 않기란 보통 사람이 할 수 있는 바가 아닙니다. 그들이 그렇게 한 것은 성인이라 불리는 사람으로서 당연히 할 수 있는 행위인데, 굳이 의심하고 비판하는 등 쓸데없는 짓을 할 필요가 있을까요? 후대의 세상인심이 옛날 같지 않다 하여 옛사람들도 반드시 후인들처럼 아귀다툼을 벌였으리라고 생각하고, 거기다 그들을 자기 시대의 비열한 사람들과 똑같은 수준으로 끌어내리는 것이 과연 합리적일까요? 이것이 어찌 지식인들의 사상적 암이자 불필요한 치명상이 아니겠습니까?

탕무(湯武)의 혁명에 대한 해석도 마찬가지입니다. 고서에는 분명히 두 대(代)의 역사적 사건이 혁명적인 것이었다고 말하고 있습니다. 사실상 군사를 일으켜 정벌한 것임을 설명한 것입니다. 옛사람들은 결코 과실을 덮어 감추려 하지 않았고 일부러 듣기 좋은 말을 동원해서 후세 사람들을 속이려 하지 않았습니다. 걸주의 부도덕한 정치로 인해 백성들은 삶을 도모할 수 없는 지경에 이르렀습니다. 물은 깊고 불은 뜨거웠지만 아무리 권해도 듣지 않고 아무리 간언해도 통하지 않았습니다. 그에게 고치라고 해도 내켜하지 않았고 아무도 그를 저지시킬 수 없었습니다. 그런 상황에서 탕무가 혁명을 일으키지 않았다면 전국 백성들의 생명과 재산은 비정상적인 정신을 소유한 폭군의 손에서 완전히 결단 났을 것입니다. 그렇게 되어야 옳단 말입니까? 그러므로 탕무가 혁명을 일으킨 것은 강요에서 나온 것이었다고 말할 수밖에 없습니다. 어쩔 수 없이 도리에 어긋나는 짓을 했지만 그런 후에는 올바른 방향으로 돌아갔습니다. 굳이 그가 의도를 가지고 반역을 도모했으며 일찌감치 왕위를 찬탈하려는 생각을 품었다고 곡해할 필요가 있을까요?

예를 들어 현대 역사에서 국부 손(孫) 선생이 지도했던 국민 혁명의 전반적인 경과 사실이 우리에게 증명해 주는 것은, 진정한 혁명의 의의는 확실히 부득이함에서 나오며 백성들을 가엾어 하고 구제하려는 뜻을 품어야 한다는 사실입니다. 만약 탕무의 혁명에 일찌감치 다른 의도가 있었다고 억지를 쓴다면 그런 사람에게는 덧보태려고 한 죄를 물어야 할 것입니다. 이 또한 지식인들의 사상적인 악성 종양입니다.

후세의 유생들은 탕무의 정벌, 탕무의 혁명에다가 억지로 허울 좋은 문구를 덧붙여서 천명에 순응하고 인사를 좇았다고 강조했습니다. 그 또한 도서를 관장하는 인재들의 공문서 작성 수법으로 여겨야 할 것입니다. 이른바 "천명에 순응하고 인사를 좇았다〔應天順人〕"라는 문자의 함의는, 오늘날 정부에 불만을 품은 국민들의 감정이 극에 달해 조금이라도 일찍 세상이 변하기를 희망하는 것과 똑같습니다. 문사(文詞)에 뛰어난 어떤 사람이 "천명에 순응하고 인사를 좇았다"라고 썼는데, 학문에 정통하고 이치를 깨우치고 보면 이러한 것들은 단지 문자 놀음일 뿐 뭐 그리 진기할 것도 없습니다. 그러나 탕무에 혁명이라는 단어를 사용한 후부터 후세의 변란, 심지어 강탈이나 학살까지도 무슨 혁명이니 하는 명사를 차용하게 되었습니다. 이것은 노자와 장자가 말했던 인의라는 단어를 후인들이 빌려 와서 함부로 사용하는 것과 마찬가지입니다. 그 둘은 정말 일률적으로 처리해서는 안 됩니다.

따라서 우리는 이런 모든 문제들이 단지 사상, 문사(文詞), 시비(是非)

즉 논리의 문제일 뿐 인사(人事)에서의 실제적인 선악의 문제가 아님을 알아야 합니다. 만약 문자 논리의 시비 문제를 억지로 실제 세상일에서의 선악 문제에다 끌어다 붙인다면, 때로는 돌이킬 수 없는 잘못을 만들어 내어 사람들을 심하게 해칠 것입니다. 하지만 이 주제는 확실히 간단치 않아서 두세 마디 말로 다 설명할 수 없습니다. 반드시 별도의 주제로 다루어야 하므로 이쯤에서 그만하도록 하겠습니다.


## 사용되지 못하는 것을 배우고 뛰어나지 못한 것을 사용하다

맹자께서 제 선왕을 보고 말씀하셨다. "큰 집을 지으려고 하면 반드시 공사로 하여금 큰 나무를 구하게 하실 것입니다. 공사가 큰 나무를 손에 넣으면 왕은 기뻐하여 그 임무를 감당할 수 있다고 여기실 것입니다. 장인들이 깎아서 작게 만들면 왕은 노하여 그 임무를 감당할 수 없다고 여기실 것입니다. 사람이 어려서 배우는 것은 장성해서 그것을 행하고자 함입니다. 왕께서 말하기를 '우선 네가 배운 것을 버리고 나를 따르라' 하신다면 어떠하겠습니까? 지금 여기에 박옥이 있으면 비록 만 일이라도 반드시 옥인으로 하여금 조탁하게 하실 것입니다. 국가를 다스림에 있어서는 말하기를 '우선 네가 배운 것을 버리고 나를 따르라' 하신다면 옥인에게 옥을 조탁하는 방법을 가르치는 것과 어찌 다르겠습니까?"

孟子見齊宣王曰: "爲巨室, 則必使工師求大木. 工師得大木, 則王喜, 以爲能勝其任也. 匠人斲而小之, 則王怒, 以爲不勝其任矣. 夫人幼而學之, 壯而欲行之. 王曰: '姑舍女所學而從我.' 則何如? 今有璞玉於此, 雖萬鎰, 必使玉人雕琢之. 至於治國家, 則曰: '姑舍女所學而從我.' 則何以異於敎玉人雕琢玉哉[63]?"

---

어느 날 맹자가 다시 제 선왕을 만나서 말했습니다. "만약 당신이 거대한 궁전을 건축하려고 하면 반드시 공사를 책임진 사람에게 명해서 먼저 큰 목재를 찾으라고 할 것입니다." 고대에는 철근이나 시멘트가 없어서 큰 목재를 찾아야 했습니다. "공사를 책임진 사람이 크고 좋은 목재를 찾아내면, 당신은 틀림없이 기뻐하면서 그가 아주 대단한 사람이며 그 임무를 감당할 수 있으리라고 생각할 것입니다. 물론 삼림에서 베어 온 원목을 그대로 사용해서 들보나 기둥을 만들 수는 없으므로 반드시 가공 정리를 거쳐야 합니다. 도끼와 톱을 사용해서 용도에 맞게 다듬어야 하는 것입니다. 그런데 그들이 어렵게 얻은 큰 나무를 깎아서 작게 만들어 버렸다면 당신은 틀림없이 화를 내며 그들이 직무를 다하지 못했다고 여길 것입니다. 어떤 사람이 어려서부터 한 가지를 배우면서 장성했는데 이제 그 배운 바를 펼치려고 할 때에 당신이 그에게 말하기를 '네가 배웠던 것은 내버려 두고 나를 따라서 내 방법대로 하라'라고 한다면 제 선왕 당신 생각에는 어떻게 될 것 같습니까?"

"또 지금 아주 훌륭한 옥석이 여기에 있다고 가정해 보겠습니다. 비록 그 가치가 이삼십만 냥의 황금에 맞먹는다 할지라도 반드시 옥을 조탁하는 공인(工人)으로 '하여금[使]' 그의 학식과 기술로 그것을 조탁하게 해야 합니다. 당신은 지금 국가를 잘 다스릴 인재를 찾고 있지만 그 사람에

---

**63** "何以異於敎玉人雕琢玉哉?"에 대한 해석은 두 가지로 볼 수 있다. "어찌하여 옥인으로 하여금 옥을 조탁하게 하는 것과 다르게 하십니까?"라고도 해석할 수 있으나 본문에서는 저자의 해석을 따랐다.

게 평생 배운 것을 버리고 당신의 방향을 따르고 당신의 방법대로 하라고 요구한다면, 그것이 어찌 옥을 조탁하는 공인에게 그가 배운 기술을 버리고 당신의 방식대로 옥을 조탁하라고 하는 것과 다르겠습니까? 그것이 어떻게 통하겠습니까?"

이 대목의 배경은 이러합니다. 맹자가 제나라에 머무른 지 이미 몇 년이 흘렀지만 뜻을 얻지 못하자 조급해진 맹자는 부득불 장기판에서 장군을 두듯이 강한 수를 쓰게 되었습니다. 제 선왕에게 그렇게 많은 말을 했지만 제 선왕은 꿈쩍도 하지 않았고, 인정을 시행하라는 그의 의견을 따르지 않았습니다. 마치 맹자의 호연정기를 슬쩍 건드렸더니 수염이 몽땅 곤두선 것 같았습니다.

말이 나온 김에 분명히 해 둘 사실이 있습니다. 지식인이라면 학문을 한 후 자신의 이상을 실천하여 뭔가를 하고 싶어 하지만 상황이 좋지 않아 기회가 오지 않으면 모두 그렇게 고통스러워합니다. 과거에도 그러했고 앞으로도 마찬가지일 것입니다. 이 대목을 읽고 곰곰이 생각해 보면 수많은 감상이 떠오르지 않을 수 없습니다. 중국에는 과거부터 이런 속담이 있습니다. "배움을 완성한 문예와 무예, 제왕의 집에 팔았네〔學成文武藝, 貨與帝王家〕." 옛사람들은 문학(文學)과 무학(武學)을 문예(文藝)와 무예(武藝)라 불렀습니다. 옛사람들은 이 '예(藝)' 자를 대단히 잘 사용했는데, 문학이든 철학이든 혹은 어떤 학문이든 수양이 예술의 경지에 도달해야 비로소 상당한 성취라 할 수 있습니다. 무(武)를 배우는 것도 마찬가지라서 배움이 상당한 정도에 이르러야 비로소 무예라 칭할 수 있습니다. 예술의 경지에 들어간 것이 바로 소위 '화경(化境)'입니다. 일본인들은 일본 무술의 등급을 1단에서 9단까지 나누는데, 이는 중국 불가 선종의 '부산구대(浮山九帶)'[64]에서 변화되어 나온 것입니다. 위에서 인용한 옛말은 그 의미가 상당히 깊습니다. 사람이라면 모두 현실에 만족하지 못하는데, 아무리 학문이 좋고 능력이 뛰어나도 팔려 나가지 못하면 헛수고일 뿐입니다. 맹자는 팔려 나가지 못했고 공자 역시 팔려 나가지 못해 『논어』에 "팔아야지! 팔아야지![沽之哉! 沽之哉!]"라고 했던 공자의 말을 기록해 놓았습니다. 결국 노점을 옮겼는데도 여전히 팔려 나가지 않고 영원히 부당한 대우를 받는 가엾은 처지가 되었습니다. 맹자도 마찬가지였고 현재와 미래의 사람들도 마찬가지로 팔리지 않으면 하나같이 가엾은 신세일 뿐입니다. 이것이 세상입니다. 과거에는 배움을 완성한 문예와 무예를 제왕의 집에 팔았습니다. 지금은 어떻습니까? 상공업계의 거물과 대자본가에게 팝니다. 중국의 지식인은 수천 년 이래로 모두 그러했습니다. 길거리에서 사가라고 외치는 사람이 어찌 우리의 아성(亞聖) 선생님뿐이겠습니까?

또 다른 측면에서 보면 물건을 사는 주인들의 태도도 참으로 견디기 힘들게 합니다. 값을 흥정하고 가혹한 요구를 할 뿐 아니라 때로는 지식인을 마치 방문 판매하는 장사치라도 대하듯이 합니다. 눈길도 안주고 "가요! 가! 가라니까!" 하는 것처럼 손을 내젓습니다. 기껏 황금을 동전이라도 되는 양 팔려고 했는데 상대도 하지 않는 그런 형국입니다.

제가 어렸을 때에 부친께서 저를 훈계하며 두 폭의 대련을 주셨습니다. "부귀는 용 같아서 오호와 사해를 노닐고 빈궁은 호랑이 같아서 구족과 육친을 놀라 흩어지게 하네[富貴如龍, 遊盡五湖四海. 貧窮如虎, 驚散九族六親]." 또 한 폭은 이러합니다. "나를 때려도 아프지 않고 나를 욕해도 아프지 않지만 가난뱅이 가슴이 가장 아프네. 우는 얼굴도 예쁘고 웃는 얼굴도 예쁘지만 부자 얼굴은 보기 싫다네[打我不痛, 罵我不痛, 窮措大肝腸最痛. 哭臉好看, 笑臉好看, 田舍翁面目難看]." 수십 년을 살면서 세상사를 두루 겪고

---

64 송나라 때 임제종(臨濟宗) 승려인 법원(法遠)이 부산(浮山)에 머물면서 종풍(宗風)을 크게 떨쳤는데, 특이한 기법(機法) 때문에 부산구대(浮山九帶)라 일컬어졌다.

나서 이 대련을 다시 생각해 보니 확실히 세상 인정을 통쾌하게 표현해 냈습니다. 맹자의 인의의 도가 제 선왕에게 팔리지 않자 그도 더 이상은 그 얼굴을 보고 싶지 않았습니다.

　고대에, 특히 춘추 전국 시대에 지식인이 스스로를 팔았던 대상은 각 나라의 제후요 정치를 담당했던 군주들이었습니다. 만약 팔려 나가면 단번에 높은 지위에 오를 수 있었는데 적어도 대부 정도는 할 수 있었습니다. 군주에게 팔려 나가지 못하면 그보다 못한 세가(世家)에게 팔았는데, 맹상군(孟嘗君)과 평원군(平原君) 등 사 대 공자 같은 이른바 경대부(卿大夫) 부류였습니다. 그들의 상객(上客)만 될 수 있어도 당시 지식인들은 만족했습니다. 실제로 명칭은 빈객(賓客)이라 불렸지만 부양하는 선비인 양사(養士)에 불과했습니다. 칼을 두드리며 노래를 불렀던 풍훤(馮諼)이 바로 그러했습니다. 진시황이 천하를 통일한 후로 빈객을 쫓아내라는 축객령(逐客令)을 내렸을 때 당시 이사(李斯)도 쫓겨나는 대열에 끼었습니다. 떠나게 되었을 때 상소를 올려 간언을 했는데, 진시황도 이치에 닿는다고 여겨 명령을 거두어들였고 이사는 훗날 중용되었습니다. 그렇긴 했지만 각국 제후의 멸망은 양사(養士)의 기풍에 타격이 아닐 수 없었습니다. 그 무렵의 독서인(讀書人)[65]들은 대부분 처량하고 비참하게 강호를 떠돌며 유협의 생활을 했습니다. 이것이 바로 한나라 초에 유협의 기풍이 성행했던 주요 원인입니다.

---

**65** 중국어에서 독서인(讀書人)은 일반적으로 지식인과 통용되며 "벼슬하기 위해 공부를 한 사람"이라는 의미가 강하다. 하지만 이 책에서는 저자가 독서인을 전통적인 유생들을 지칭해서 사용하며 지식인과 구별해 쓴 듯하여 우리말 뜻과는 다르지만 그대로 두었다.

# 유생의 길,
# 권세 있는 사람에게 아첨하여 달라붙다

한대 초기에는 여전히 독서인을 경시하는 진대의 기풍이 남아 있었습니다. 진시황이 분서갱유를 통해 많은 독서인을 죽이기는 했지만 살아남은 이들도 적지 않았습니다. 예를 들어 한나라 초에 정치의 예의(禮儀)를 처음 만든 것으로 유명한 숙손통(叔孫通) 같은 경우는, 한 고조가 기의(起義)하여 도처에서 정벌을 벌일 때 그를 주목해 따라다니면서 자신의 학문을 팔고 싶어 했지만 끝내 팔지 못했습니다. 당시 한 고조는 독서인만 보면 욕을 했고 심지어 유생들의 모자를 가져다 변기로 사용하기까지 했습니다. 숙손통과 그의 주위에 있던 수많은 학생들은 참고 기다리는 수밖에 없었습니다. 때로는 학생들이 조급해하면서 그에게 떠날 것을 재촉하기도 했지만 숙손통은 줄곧 학생들에게 참고 기다릴 것을 권했습니다.

한 고조가 천하를 통일한 후 중앙 정부에는 모두 한 고조와 함께 일어나서 나라를 세운 호걸들뿐이었습니다. 그 가운데 많은 수는 지방의 유랑민과 건달이었지요. 조회를 열고 회의를 해도 도무지 질서가 없었고 기개는 더더욱 찾아볼 수 없었습니다. 조정에서 회의를 열어도 술 마시며 공을 다투고 시끄럽게 욕설을 내뱉었으며, 심지어 그 자리에서 검을 빼어 기둥을 내리치는 등 체통이라는 조금도 없고 엉망진창이었습니다. 마치 유랑민 패거리가 모여서 말썽을 일으키는 것 같았습니다.

무질서한 조정 회의 때문에 한 고조는 두통이 극에 달했고 마침내 숙손통의 건의를 채용하여 중요한 법령을 반포하고 '조의(朝儀)'라 불렀습니다. 원래 한 고조는 유생을 깔보았고 신뢰하지 않았습니다. 하지만 총명한 숙손통은 한 고조가 질서를 지키지 않는 조정의 신하들에게 넌더리가 났음을 간파하고 이렇게 말했습니다. "무릇 유생은 함께 나아가 취하는 것은 어려워도 함께 지키는 것은 가합니다. 신은 원하옵건대 둔한 유생들을 불러 신에게 제자로 주신다면 함께 조의를 세우고자 합니다〔夫儒者難與進取, 可與守成. 臣願徵魯諸生, 與臣弟子, 共起朝儀〕." 그렇게 되어 한 고조는 숙손통을 의지하는 수밖에 없었습니다. 숙손통은 백여 명의 유생들을 소집하여 한 달 남짓 규범대로 훈련을 시켰습니다. 마치 오늘날 경축일에 선보일 단체 무용이나 체조를 위해 학생들이 미리 맹연습을 하듯이 열심히 훈련을 해서 능숙해진 뒤에야 한 고조를 청해서 보여 주었습니다. 한 고조는 크게 기뻐하면서 군신들에게 배울 것을 명했습니다. 그것이 한 고조 6년의 일이었습니다. 다음해인 고조 7년 10월 군신들을 모아 조의(朝儀)에 의거하여 행사를 진행했습니다. 아울러 어사(御使)를 감독으로 삼아 만약 거동이 예의에 어긋나는 사람이 있으면 즉시 잡아내어 내쫓았습니다. 조회가 질서정연하고 아무도 감히 떠들거나 예를 어기지 않자 한 고조는 용상에 앉아 크게 기뻐하면서 득의양양하게 말했습니다. "내가 오늘에야 황제가 되는 것이 귀한 것임을 알겠다〔吾乃今日知爲皇帝之貴也〕." 그 말은 "내가 오늘에서야 비로소 황제가 된다는 것이 얼마나 위풍스러운가를 알았다"라는 뜻입니다. 그는 너무나 기뻤던 나머지 곧바로 숙손통을 예부대신이나 마찬가지인 '봉상(奉常)'에 임명하고 황금 오백 근을 하사했습니다. 아울러 그의 학생들도 모두 낭관(郎官)에 봉했습니다.

훗날 육가(陸賈) 역시 누차에 걸쳐 한 고조에게 시서예교(詩書禮敎)를 시행하라고 건의했습니다. 그 말을 들은 한 고조는 화를 참지 못하고 욕을 했습니다. "내가 말 위에서 얻었거늘 어찌 시서를 일삼겠는가〔乃公居馬上得之, 安事詩書〕." 즉 이런 말입니다. "네놈이 뭐라고 떠들어 대는 것이냐? 이 몸께서는 말 위에서 천하를 얻었는데, 시(詩)니 서(書)니 따위가 무슨 소용이 있다는 말이냐!" 그러자 육가가 말했습니다. "말 위에서 얻었다 하여 어찌 말 위에서 다스릴 수 있겠습니까?〔居馬上得之, 寧可以馬上治之

乎?〕" 말하자면 "맞습니다! 당신의 천하는 말을 타고 얻은 것입니다. 하지만 계속 말을 타고 황제 노릇을 할 수는 없습니다. 마땅히 궁정의 높은 자리에 앉아서 천하를 다스려야 합니다"라는 뜻입니다.

육가라는 사람은 말도 잘하고 꾀도 많았으며 또 아주 뛰어난 인물이었습니다. 그는 일찍이 한 고조와 한 문제를 위해 남월왕(南越王) 조타(趙佗)에게 사신으로 가서 양광(兩廣)과 월남(越南)이라는 커다란 속국을 안정시켰습니다. 또 진평(陳平) 및 주발(周勃)과 손잡고 여씨(呂氏) 왕들을 평정하고 한 문제를 옹립했습니다.

당시 한 고조는 육가의 말을 듣고 일리가 있다고 생각하여 그에게 상세히 보고하라고 했습니다. 나중에 육가는 연속하여 열두 차례나 건의(建議) 즉 상주문을 올렸고 한 고조의 마음에 들어 전부 채택되었습니다. 그 열두 차례의 상주문을 훗날 한데 편집한 것이 바로 유명한『육가신어(陸賈新語)』입니다.

이 두 가지 일로 보건대 역사상 수많은 독서인들이 숙손통과 마찬가지로 입으로 유세를 하거나 혹은 다른 사람의 추천을 통해 부귀공명을 얻어야 했음을 알 수 있습니다. 운이 좋아서 팔려 나가거나 아니면 가난과 근심으로 평생을 보내야 했습니다.

물론 예외도 적지 않습니다. 공맹과 같은 성인, 뛰어났던 고사(高士), 은거했던 은사(隱士), 충절을 다 바쳤던 명신(名臣)과 대신(大臣) 등 칭송할 만하고 눈물 흘릴 만한 일도 많았습니다. 하지만 한나라 초에 지식인들이 부귀공명을 얻기 위해서는 입으로 유세를 하거나 다른 사람의 천거를 받아야 했습니다.

한 무제 이후로 비로소 선거(選擧) 제도를 세웠습니다. 그때의 선거는 진정한 선거였으니 오늘날의 경선(競選)과는 달랐습니다. 경선은 경쟁을 통해 뽑는 것입니다. 그것은 이미 중국 문화의 선거 정신이 아니라 서양 문화에 의거한 것입니다. 한 왕조의 선거는 지방관과 지방 인사들이 평소에 현량방정(賢良方正), 효제충의(孝悌忠義)와 같은 품행을 고찰함으로써 이루어졌습니다. 지방관이 학식을 갖추고 덕망이 높은 인물들을 조정에 추천하고 보증했는데 그것을 '효렴(孝廉)'이라 일컬었습니다. 청나라 초의 박학홍사(博學鴻詞) 역시 이 제도를 그대로 가져온 것인데, 이런 것을 선거라 부릅니다. 이러한 한나라 초의 선거는 한 말까지 그대로 이어져 왔지만 변질되기도 했습니다. 인재 추천의 출구를 세가와 문벌이 장악하고 있어서 평민 출신 독서인은 벼락출세하기가 쉽지 않았습니다. 설사 똑같은 평민 출신 독서인이라 할지라도 권력의 갈림길에 이르면 서로 경쟁하고 배척하는 일을 피할 수 없었습니다. 가령 한 무제 시대의 명재상 공손홍(公孫弘)도 결국에는 동중서(董仲舒)를 배척하고 말았습니다. 그리하여 원나라 사람 이과정(李過庭)은 시에서 이렇게 말했습니다. "옛부터 객을 좋아함으로는 평진후[66]를 치지만 내가 진짜 용이라 말해도 반드시 진짜이지만은 않다네. 동중서 한 사람도 받아들이지 못하였으니 객관을 연 것이 누구를 위함인지 모르겠구나〔古來好客數平津, 我道眞龍未必眞. 一個仲舒容不得, 不知開閣爲何人〕."

혼란한 남북조 시대에 독서인의 출로는 문벌에 기대고 명사들의 추천에 의지하는 것밖에 없었습니다. 이른바 문벌은 조상이나 부모의 공로로 얻은 특권인 동시에 현대의 학벌의 느낌도 지니고 있습니다. 벼슬길을 이러한 세족 자제들이 장악했으니 세상일은 물어보지 않아도 알 수 있습니다.

---

**66** 평진후(平津侯)에 봉해졌던 공손홍을 가리킨다. 최초의 승상(丞相) 봉후(封侯)였을 뿐 아니라 포의(布衣)에서 승상으로 봉작까지 받은 사람은 그가 처음이었다. 공손홍은 왕에게 객관(客館)을 세울 것을 건의하였고 궁전 동쪽 관각(館閣)의 문을 활짝 열고 인재들을 불러들여 나라의 대사를 의논했다. 그는 검소하게 살아 집안에 재산을 남겨두지 않았다. 그러나 성격이 겉으로는 관대했지만 속으로는 시기가 많아 틈이 벌어진 사람이 있으면 친하게 지내면서 몰래 보복을 하는 등 이중적인 모습을 보였다.

# 과거 시험을 통해 세상에 팔려 나간 지식인

당대(唐代)에 당 태종이 과거 제도를 확립하자 오랜 세월 고생스럽게 학문에 매진한 독서인들은 하루아침에 과거 시험에 합격하여 한 걸음 한 걸음 공명을 향해 나아갈 수 있게 되었습니다. 그리하여 수·당 시대에 만들어진 과거 제도의 정신 하에서 지금까지도 시험은 지식인들이 부귀공명을 추구하는 필수 코스가 되었습니다. 수·당 이후의 수많은 문학 작품에서는 과거 시험을 통해 공명을 얻는 것을 칭송하고 있습니다. 사회에서도 모든 가정의 모든 독서인들은 과거를 통해 공명을 얻어 가문을 빛내고 조상을 영광되게 하기를 희망했습니다. 청대에는 심지어 황제였던 건륭제까지도 남몰래 가명을 써서 과거 시험에 참가해 진사(進士)가 되는 재미를 맛보려고 했습니다. 그래서 예전에 아동을 교육한 도서에 "천자는 영웅호걸을 중시하니 문장을 너희들에게 가르치네. 모든 것이 하찮은 것이지만 오직 독서만이 고상하네〔天子重英豪, 文章敎爾曹. 萬般皆下品, 唯有讀書高〕"라는 격언이 있습니다. 물론 이런 말들은 현대 상공업 사회에서는 시대에 뒤떨어진 진부한 노래가 되었습니다. 이제는 마땅히 이렇게 고쳐야 할 것입니다. "사회는 금괴를 중시하니 모름지기 기능을 배워야 하네. 모든 것이 상품이지만 오직 독서만이 보잘것없네〔社會重金條, 技能須學高, 萬般皆上品, 唯有讀書糟〕."

사실은 예전에 과거 시험에 합격해서 공명을 얻는 것과, 공명을 얻은 후 벼슬길에서 출세가도를 달리는 것은 별개의 일이었습니다. 많은 사람들이 공명을 얻은 후에도 문벌이 없고 배경이 없고 발탁해 주는 사람이 없어서 평생을 가난하게 보냈습니다. 공명을 얻지 못한 백정보다 조금 나은 정도였습니다. 여러분은 당대(唐代)의 시문학 가운데 진도옥(秦韜玉)의 「가난한 여자의 노래〔貧女吟〕」를 읽어 보셨을 것입니다. 바로 이러한 불우한 벼슬길을 한탄하면서 어찌할 수 없는 무력감과 비애를 털어 놓았습니다. 똑같은 상황을 가난한 여자에게 빗대어 자신의 회재불우(懷才不遇)를 읊은 시로 당나라 말 이산보의 명작이 있습니다.

| | |
|---|---|
| 평생 화려한 비단 치마는 알지도 못하고 | 平生不識綺羅裳 |
| 조용히 비녀와 귀고리 쥐고서 슬퍼하네 | 閒把簪珥益自傷 |
| 거울 속엔 늘 보던 화장기 없는 모습인데 | 鏡裏祇應諳素貌 |
| 세상 사람들은 화장한 미인을 좋아한다네 | 人間多是重紅粧 |
| 시집도 못가고 늙어 버릴까 걱정하여 | 當年未嫁還憂老 |
| 종일 매파를 구했으나 미쳤다 말하네 | 終日求媒卽道狂 |
| 두 마음 정해졌으나 말할 곳이 없으니 | 兩意定知無處說 |
| 남몰래 구슬 같은 눈물로 비녀를 적시네 | 暗垂珠淚滴簪筐 |

제3구와 제4구는 현실 사회의 인정세태를 한탄하고 있습니다. 제5구와 제6구가 말하는 바는 이러합니다. 자신은 젊은 시절에 의기양양하고 자부심도 대단했지만, 청춘이 가버리고 나이만 먹는 것보다는 일찌감치 배필을 찾는 것이 좋다는 생각에 중매를 부탁했습니다. 그런데 다른 사람들은 오히려 그녀를 미쳤다고 비웃으며 그녀의 미모와 재주로는 적당한 상대가 없을 것이라고 여깁니다. 끝으로 말합니다. 이제는 아무런 희망도 없습니다. 가난한 여자는 늙어 죽을 때까지 매일 고달프게 일만 하다가 그저 비녀만 마주하고 남몰래 눈물을 흘릴 뿐입니다. 참으로 재미있는 독서인의 풍유(諷諭)입니다. 하지만 그 가운데는 또한 참으로 많은 비애가 담겨 있습니다! 시대는 비록 달라졌어도 인정세태는 그대로입니다. 현대의 독서인들은 석사 학위 박사 학위 딴 후에 똑같이 "제왕의 집에 팝니다〔貨與帝王家〕." 당신에게 많은 월급을 줄 수 있는 사람에게 자신을 팔고 그에게

머리를 숙여야 합니다. 단지 지금은 사는 사람이 제왕의 집에서 자본가 사장님으로 변했을 따름입니다.

이것으로 보면 공맹 이후 동서고금의 독서인들은 대부분 그렇게 가련했으며 때로는 맹자처럼 팔려 나가지도 못했습니다. 맹자와 제 선왕과의 이번 담화는 마치 매매가 성립되지 않자 서로 값을 흥정하는 듯한 느낌을 줍니다. 제 선왕과 맹자 사이의 왕래도 이제 거의 끝나감을 알 수 있습니다. 게다가 맹자와 제 선왕은 모두 이미 중년을 넘겼습니다. 제가 보기에 제 선왕은 복이 많아서 편안히 일생을 보냈고 사람됨도 상당히 사랑스러웠습니다. 솔직히 말해서 만약 후세의 제왕들이었다면 아마도 맹자의 그러한 강경한 대꾸를 받아 주지 않고 이렇게 말했을 것입니다. "맹모(孟某)라는 당신이 한참을 떠들어 댔지만 나에게는 모두 쓸데없는 소리로 생각되오. 내가 당신의 의견을 채택하고 싶으면 그렇게 하는 것이고, 당신을 중용하지 않으면 당신은 얌전히 월급이나 받아먹으면 될 것을, 무슨 옥인(玉人)이니 장인(匠人)이니 공사(工師)니 들먹인단 말이오. 나는 지금 집을 지을 필요도 없는데 공사를 불러서 뭘 하자는 것인가." 만약 제 선왕의 개성이 또 조금 달랐다면 이렇게 말했겠지요. "나는 지금 집을 짓고 싶지 않고 박옥도 찾아내지 못했으니 나를 좀 가만히 내버려 두면 좋겠소!" 또는 "왕은 소매를 떨치고 일어나서[王拂袖而起]" 냉정한 표정으로 받아들이지 않았을 수도 있습니다.


## 맹자는 죽을 때까지 어머니의 가르침을 받들었다

맹자 쪽에서 말하자면 평생을 공자의 도에 뜻을 두고 배워서 "요순을 근본으로 삼고 문무를 본받았습니다[祖述堯舜, 憲章文武]." 그런데 지금 자신의 주군이 아닌 자를 만나서 자기 말을 들어주지도 않고 설교를 따라주지도 않습니다. "훌륭한 새는 나무를 가려서 둥지를 튼다(良禽擇木而棲)"라고 하는데 굳이 생활을 위해서 녹봉과 지위에 연연해할 필요가 있을까요? 벼슬아치가 자리만 차지하고 녹봉을 받아 먹어서야 되겠습니까? 따라서 떠나려는 맹자의 뜻은 이미 견고해졌습니다. 다만 노모를 봉양하고 가족을 부양해야 하는 현실과 환경 때문에 부득불 두 번 세 번 주저했던 것입니다.

모두가 알다시피 맹자의 일생에는 천성적으로 성인의 자질을 타고 태어난 것을 제외하더라도 가장 큰 도움이 있었으니 그것은 바로 현명한 어머니의 가르침이었습니다. 맹자는 유년 시기와 소년 시기에만 어머니의 엄한 교육을 받았을 뿐 아니라, 이번처럼 제 선왕과 말이 통하지 않아서 제나라를 떠날 결심을 할 때에도 어머니의 격려를 받아 결심을 굳혔습니다. 『맹자외서(孟子外書)』에 실린 어머니의 가르침은 바로 이 시기 그들 모자의 이야기입니다.

맹자께서 제나라에서 객경으로 지내실 때 항상 근심하는 기색이 있어서 기둥을 안고 탄식하셨다. 맹자의 어머니가 그것을 보고 말하였다. "네가 기둥을 안고 탄식하면서 근심하는 기색이 있는 듯하니 무슨 일이냐?" 맹자께서 대답하셨다. "제가 듣기로는 군자는 자신에게 맞는 자리에는 나아가 벼슬을 하지만 구차하게 지위를 얻어 상을 받으려 하지 않고 영예와 녹봉을 탐하지 않는다 하였습니다. 지금 제나라에서 도가 행하여지지 않아 떠나고자 하지만 어머니께서 연로하시니 그 때문에 근심하는 기색이 있었습니다." 맹자의 어머니가 말하였다. "부녀자의 예는 다섯 가지 곡식으로 밥을 짓고 술과 장을 담그고 의복을 짓는 일을 할 따름이다. 그러므로 집안의 일만 다스릴 뿐 집 바깥의 일에는 뜻을 두지 않는다. 『역경』에 이르기를 '이루는 것이 없이 집안에서 음식을 만들어 대접한다' 하였고, 『시경』에 이르기를 '나쁠 것도 없고 좋을 것도 없이 오로지 술과 음식 준비하는 일을 가르치네' 한 것은 부녀자는 자기 마음대로 함이 없고 삼종지도가 있음을 말한 것이다. 그러므로 어려서는 부모를 따르고 출가해서는 남편을 따르고 남편이 죽으면 자식을 따르는 것이 예이다. 이제 너는 성인이고 나는 늙었다. 너는 너의 의를 행하고 나는 나의 예를 행하는 것이다. 네가 어찌하여 근심하느냐."

孟子處齊爲客卿, 居常有憂色, 擁楹而嘆.

孟母見曰: "子擁楹而嘆, 若有憂色. 何也?"

對曰: "軻聞之, 君子稱身而正位, 不爲苟得而受賞, 不貪榮祿. 今道不用於齊, 願行, 而母老, 是以憂色." 孟母曰: "婦女之禮, 精五飯, 羃酒漿, 縫衣裳而已. 故有閨內之修, 而無境外之志. 易曰: '无攸遂, 在中饋.' 詩曰: '無非無儀, 惟酒食是議.' 以言婦人無擅制之義, 而有三從之道也.

故幼則從乎父母, 嫁則從乎夫, 夫死則從乎子, 禮也. 今子成人也, 而我老矣. 子行乎子義, 吾行乎吾禮. 子何憂也."


맹자와 제 선왕의 최후 몇 차례 대화에서 제 선왕이 비록 예의상으로는 여전히 맹자를 깍듯이 존경했지만 실제로 마음은 이미 멀리 떠나가 버렸습니다. 맹자는 더 이상 머물러서는 안 되겠다고 생각했지만 마음이 편하지는 않았습니다. 마음에 생각하는 바가 있으니 근심하는 기색이 겉으로 드러날 수밖에 없었지요. 하루는 손으로 문기둥을 짚고 멍하니 서서 가볍게 한숨을 내쉬었습니다.

그 모습을 본 맹자의 어머니는 마음에 짚이는 것이 있었습니다. 그런 모습을 또다시 보게 되자 아들에게 묻지 않을 수 없었습니다.

"아들아! 너는 무엇 때문에 여기서 한숨을 내쉬며 근심스러워하느냐?"

어머니의 말을 듣고 맹자는 자기 모습을 들킨 것을 후회했지만 어머니를 속일 수 없어서 이렇게 대답했습니다.

"제가 알기로 군자는 모름지기 나아가고 물러남의 길을 알아야 합니다. 한 사람의 입신과 출세에는 반드시 명분이 바르고 말이 순조로워서 행함에 지키는 바가 있어야지, 구차하게 영예와 녹봉을 구하거나 의롭지 못하고 마땅하지 않은 상(賞)을 탐해서도 안 됩니다. 지금 저와 제 선왕은 말이 통하지 않습니다. 보아하니 그는 결코 왕도 정치 사상을 받아들일 것 같지 않고, 그렇게 되면 자연히 제나라에서는 인정(仁政)을 실행할 수 없습니다. 이런 상황에서 더 이상 기다릴 수 없다고 생각하지만 어머니께서 연로하시어 먼 길을 떠나는 것이 힘드실 것을 생각하면 이러지도 못하고 저러지도 못하고 결정을 내릴 수가 없습니다."

맹자의 어머니는 아들의 대답을 듣자 또다시 엄숙하게 말했습니다.

"부녀자는 분수에 맞게 밥하고 반찬 만들고 술 빚고 바느질하는 것이 마땅히 지켜야 할 본분이다. 부녀자의 덕행은 가사를 돌보는 것이니 바깥일은 관여하지 않는 것이 마땅하다. 『역경』의 가인괘(家人卦) 육이(六二) 효사에서 말하기를 '이루는 것이 없이 집안에서 음식을 만들어 대접한다〔无攸遂, 在中饋〕'라 하였다. 가정주부는 바깥으로 발전할 필요 없이 오로지 집안일을 관리하고 식사 준비를 책임지면 된다. 『시경』 「소아」 '홍안(鴻雁)' 편 사간(斯干) 장에서도 말하기를 '나쁠 것도 없고 좋을 것도 없이 오로지 술과 음식 준비하는 일을 가르치네〔無非無儀, 惟酒食是議〕'라 하였다. 현명하고 어진 주부는 평소 이게 옳으니 저게 그르니 하면서 시시비비를 따지지 말고 오로지 집안일과 온 식구의 일상생활을 잘 돌보면 된다. 이러한 옛 명언들이 말하는 바는 부녀자들이 함부로 권력을 휘두르거나 바깥일에 주장을 내세워서는 안 된다는 것이다.

게다가 자고이래로 부녀자에게는 전통적인 삼종지덕(三從之德)이 있으니, 첫째 어릴 때에는 부모를 의지하고 따라야 하며, 둘째 혼인한 이후에는 남편에게 순종해야 하며, 셋째 남편이 세상을 떠나고 아들이 가장이 되면 아들의 앞길을 중심으로 삼고 도와야 한다.

이것이 정과 이치에 합당한 일이다. 이제 너는 성인이고 나는 늙었다. 너는 한 집안의 가장일 뿐 아니라 당당한 대장부라면 마땅히 걸어가야 할 인의(仁義)의 길을 가고 있다. 그러니 내가 너를 따르고 찬동하는 것은 당연한 일이다. 설사 생활이 조금 가난하고 힘들다 할지라도 그건 내가 마땅히 나누어 짊어져야 할 몫이다. 너는 나 때문에 주저할 필요 없이 과감하게 네 방침을 결정하거라!"

이 대목을 읽으면 맹자가 어머니의 말을 들은 후 마음 놓고 떠날 뜻을 굳혔음을 추측해 볼 수 있습니다. 하지만 정식으로 제나라를 떠나기 전에 아직 사무를 처리할 시간이 필요했습니다. 그리하여 다음 문장이 이어집니다.


## 맹자의 책략, 바름으로 바로잡다

제나라 사람이 연나라를 쳐서 승리하였다. 선왕이 물었다. "혹자는 과인더러 취하지 말라 하고 혹자는 과인더러 취하라 합니다. 만승의 나라를 가지고 만승의 나라를 정벌하여 오십 일 만에 완전히 함락하였으니 인력으로는 이에 이르지 못합니다. 취하지 않는다면 반드시 하늘의 재앙이 있을 것이니 취함이 어떠합니까?"

맹자께서 대답하셨다. "취해서 연나라 백성들이 기뻐하면 취하십시오. 옛 사람 중에 그것을 행한 사람이 있으니 무왕이 바로 그 사람입니다. 취해서 연나라 백성들이 기뻐하지 않으면 취하지 마십시오. 옛 사람 중에 그것을

행한 사람이 있으니 문왕이 바로 그 사람입니다. 만승의 나라를 가지고 만
승의 나라를 정벌하였는데 대바구니에 밥을 담고 호리병에 장물을 담아서
왕의 군대를 환영함은 어찌 다른 이유가 있어서이겠습니까? 물과 불을 피
하기 위함입니다. 만일 물이 더 깊어지고 불이 더 뜨거워진다면 또한 다른
곳으로 옮겨 갈 뿐입니다."

齊人伐燕, 勝之. 宣王問曰: "或謂寡人勿取, 或謂寡人取之. 以萬乘之國, 伐
萬乘之國, 五旬而擧之, 人力不至於此. 不取, 必有天殃. 取之何如?"
孟子對曰: "取之而燕民悅, 則取之; 古之人有行之者, 武王是也. 取之而燕民
不悅, 則勿取; 古之人有行之者, 文王是也. 以萬乘之國, 伐萬乘之國, 簞食
壺漿以迎王師, 豈有他哉? 避水火也. 如水益深, 如火益熱, 亦運而已矣."

---

이 기록을 보면 전국 시대가 비록 혼란스러웠지만 현재 세계 각국이 무
력을 사용해서 남을 정복하고 차지하는 상황에 비하면 더 나았습니다. 제
선왕은 역시나 참으로 사랑스러운 인물입니다. 결국은 이런 문제를 가지
고 맹자에게 질문을 던졌습니다.

이 사건은 주 현왕(周顯王) 36년에 일어났습니다. 제 선왕 10년이자 소
진(蘇秦)이 육국의 재상 인장을 찼던 후기였습니다. 연나라의 군주 문공
(文公)이 죽고 그의 아들 역왕(易王)이 왕위를 계승하였는데, 제 선왕이
남의 국상(國喪)을 틈타 한몫 챙겼던 것입니다.

제나라에서 군사를 파견하여 연나라를 공격했는데, 짧은 기간 안에 재
빨리 연나라를 물리치고 완승을 거두었으며 연나라의 성 열 개를 점령했
습니다. 제 선왕은 맹자의 의견을 구하려고 그에게 물었습니다. "어떤 사
람은 나에게 건의하기를 여기에서 멈추고 연나라를 삼키지 말라고 합니
다. 또 어떤 사람은 나에게 건의하기를 지금 연나라를 삼켜도 괜찮다고 합

니다. 만승의 나라인 우리 '제나라'가 만승의 나라인 '연나라'를 공격했습니다. 서로 동등한 국력으로 결국 두 달도 못 되는 시간에 연나라를 패배시켰습니다. 이런 승리는 인력으로는 해낼 수 없을 듯하니 천명인 것 같습니다. 만약 연나라를 차지하지 않는다면 이는 하늘의 뜻을 어기는 것이므로 하늘이 재난을 내릴 것입니다. 내 생각에는 아무래도 연나라를 차지하는 것이 좋을 것 같습니다. 맹 선생님 당신은 어떻게 생각하십니까? 당신의 고견이 어떠한지 듣고자 합니다."

맹자가 제 선왕에게 말했습니다. "만약 당신이 연나라를 점령해서 연나라 백성들이 기뻐하고 원한다면 점령하십시오. 고대에 그런 예가 있으니 바로 주 무왕입니다. 만약 당신이 연나라를 점령해서 연나라 백성들이 기뻐하지 않고 원하지 않는다면 점령하지 마십시오. 고대에 그런 역사 경험도 있으니 주 문왕은 끝내 군사를 일으켜 주(紂)를 정벌하지 않았습니다."

후세의 견해는 문왕이 '차마 어쩌지 못하는 마음'을 지니고 있었다고 표방합니다. 하지만 왕도 정신은 잠시 밀쳐 둔 채 논하지 않고 모략적 관점에서만 본다면 실제로 문왕은 아주 정확하게 파악하고 있었습니다. 그 당시는 아직 시기적으로 성숙하지 않았기 때문에 자신의 대에서는 불가능했습니다. 게다가 강태공이 칠십여 세나 되어서야 겨우 문왕을 만났는데, 문왕은 그때 이미 구십여 세로 황혼에 접어들었습니다. 그의 아들 대에서도 주왕이 여전히 반성하여 고치지 않는다면 그때는 모든 조건이 성숙되어 일거에 성공할 수 있습니다. 그래서 문왕은 그 사업을 아들이 완성하도록 남겨 두었습니다.

이 역사 고사는 훗날 조조(曹操)에 의해 '재연'되었습니다. 어떤 사람이 조조에게 한 헌제(漢獻帝)를 폐하고 제위를 차지하라고 권하자 조조가 말했습니다. "만약 천명이 나에게 있다면 내가 주 문왕이 될 것이다[若天命在吾, 吾其爲周文王矣]." 그 말은 "내 아들에게 하게 할 것이다"라는 뜻이었습니다.

맹자는 이어서 제나라가 연나라를 정벌한 전쟁에 대해 제 선왕에게 이렇게 말했습니다. "만승의 나라를 가지고 만승의 나라를 정벌했으니 서로 동등한 국력으로 겨우 오십 일 만에 상대를 패배시켰습니다. 그런데 상대방의 백성들이 먹을 것과 마실 것을 가지고 나와서 당신의 군대를 환영하였습니다. 거기에는 다른 원인이 없습니다. 오로지 그들의 내정이 너무 혼란스러워 백성들이 일심으로 깊은 물과 뜨거운 불 같은 폭정을 피하고 싶어 했기 때문입니다. 당신이 가서 그들을 구해 줄 것을 바랐기 때문에 환영했던 것입니다. 만약 당신이 가서 백성들의 생활이 더욱 고통스러워진다면 어떻게 되겠습니까? 원래의 통치가 포학했는데 당신이 더욱 포학하게 한다면 그것은 포학의 '손〔手〕'만 바뀐 것일 뿐입니다." 여기에서 "運而已矣(운이이의)"의 '運(운)' 자의 쓰임이 아주 묘합니다. "손을 바꾸다"로 해석할 수도 있고 "당신도 똑같은 실패를 만나게 될 차례이다"로 해석할 수도 있습니다. '運'은 '운행하다'는 의미이니 불가에서 말하는 윤회나 인과응보와 같습니다.

이 사건이 다른 역사서들에 기록된 내용을 보면 맹자 당시에 또 다른 논조가 있었던 것 같습니다. 따라서 이 사건은 역사상 하나의 큰 미스터리라고 할 수 있습니다.

『전국책』 연책(燕策)에는 연나라를 취할지 말지를 물었던 제 선왕의 질문에 대한 맹자의 대답으로 "지금 연나라를 정벌하는 것은 폭군 주를 쳤던 문왕과 무왕의 때와 같으니 이 기회를 놓쳐서는 안 됩니다〔今伐燕, 此文武之時, 不可失也〕"라고 기록해 놓았습니다.

그런데 『사기』 「연세가(燕世家)」에서는 맹자의 이 말이 제 선왕의 아들인 제 민왕(齊湣王)에게 한 것이라고 말합니다.

# 소진, 구변으로 열 개의 성을 되찾다

후세의 고증에 따르면 이 책의 이번 대화는 맹자가 제 선왕에게 말한 것이 분명합니다. 그리고 "지금 연나라를 정벌하는 것은 폭군 주를 쳤던 문왕과 무왕의 때와 같으니 이 기회를 놓쳐서는 안 됩니다"라는 말은 맹자가 제 민왕에게 했던 것이 확실합니다. 맹자가 두 번째로 제나라에 갔던 때가 민왕이 정치를 하던 시기였고 제나라에 머무른 시간도 첫 번째에 비해 길었습니다.

연나라와 제나라의 전쟁은 역사상 큰 사건이었습니다. 이 전쟁에서 제 선왕은 맹자의 의견을 묻기는 했지만 결국에는 채택하지 않았고 연나라의 성 열 개를 취했습니다.

연 역왕(燕易王)은 방법이 없자 소진을 불러다가 이치를 따졌습니다. "지난날 선생이 조(趙)나라의 사신으로 연나라에 왔을 때 선왕께서는 선생의 말을 듣고 마침내 여섯 나라와 종친을 맺었습니다. 이제 제나라가 조나라를 먼저 정벌하고 다음으로 연나라를 정벌하였으니 선생 때문에 연나라는 천하에 웃음거리가 되었습니다. 선생께서는 연나라를 위해 제나라에 빼앗긴 땅을 얻어 낼 수 있으시겠습니까?"

소진은 연 역왕의 질책에 부끄러움을 느꼈지만 긍정적으로 말했습니다. "청컨대 왕을 위해 그것을 취하겠습니다." 그 말은 "제가 반드시 당신네 연나라를 위해 잃었던 열 개의 성을 되찾겠습니다"라는 뜻이었습니다.

그리하여 소진은 제나라로 가서 제 선왕을 만났습니다. 그는 먼저 제 선왕에게 절하고 연나라를 쳐서 승리를 거둔 것을 경축했습니다. 그런 다음 일어서서 고개를 들고 마치 제 선왕에게 조문하는 것처럼 일부러 슬픈 모습을 했습니다. 제 선왕은 그의 거동을 보고 영문을 몰라서 물었습니다. "당신은 무엇 때문에 그런 이상한 행동을 합니까? 나에게 축하를 하더니 또 갑자기 그렇게 슬퍼하는 까닭이 무엇입니까?"

소진이 말했습니다. "연나라가 비록 약소국이기는 해도 그래도 진왕(秦王)의 젊은 사위입니다. 제 선왕 당신께서는 눈앞의 이익만 생각하고 열개의 성을 침략했습니다. 하지만 이렇게 함으로써 당신은 서수(西陲)의 강한 이웃인 진나라와 풀 수 없는 원한을 맺었음을 알고 계십니까?" "지금 약한 연나라로 하여금 기러기 대열에 세워 놓고 강한 진나라가 그 뒤를 맡음으로써 천하의 정병을 불러왔으니 이는 오훼67를 먹은 것과 같습니다 〔今使弱燕爲雁行, 而强秦制其後, 以招天下之精兵, 是食烏喙之類也〕." 소진은 연나라를 외로이 날아가는 한 마리 기러기에 비유했습니다. 그것을 본 사냥꾼은 당연히 쏘아 맞추려고 하겠지만 그 외로운 기러기 뒤에 강하고 사나운 독수리가 뒤따르고 있는 줄을 모릅니다. "당신은 앞에 있는 외로운 기러기를 쏘아 맞췄지만 그 기회를 틈타 약소국을 보호한다는 명목으로 진나라가 당신을 침략할 것입니다. 그렇게 된다면 너무 위험하지 않겠습니까?"

이 말을 들은 제 선왕은 얼굴이 파랗게 질리더니 서둘러 가르침을 청했습니다. "어떻게 해야 합니까?"

소진이 말했습니다. "옛날에 일을 잘 처리한 사람은 화를 돌려 복으로 만들고 패배를 원인으로 공을 이루었습니다〔古之善判事者, 轉禍爲福, 因敗爲功〕." "당신이 제 의견을 받아들여서 연나라에서 뺏어온 그 열 개의 성을 돌려준다면 연나라는 아무 까닭 없이 열 개의 성을 수복하게 되어 틀림없이 대단히 기뻐할 것입니다. 동시에 진나라도 낭신이 진과 연나라의 혼인 관계 때문에 그들의 체면을 세워 주기 위해 연의 잃어버린 땅을 되돌려준

---

67 오훼는 독초의 이름이다. 연나라를 오훼에 비유한 것은, 오훼를 먹고 나서 잠시는 배가 부르지만 곧 그 독 때문에 고통스럽게 죽어 가기 때문이다.

것을 알면 당연히 당신의 행동을 기뻐할 것입니다." 이것이 이른바 "강한 원한을 버리고 두터운 교분을 세운다[棄強仇而立厚交也]"라는 것입니다.

제 선왕은 소진의 의견을 즉시 받아들여 그 설사약을 달게 삼켰습니다. 연나라에서 빼앗은 땅을 얼른 돌려주었던 것입니다. 사실 맹자의 의견은 소진의 논리에 비해 훨씬 숭고하고 위대하며 심원했습니다. 더 훌륭하면 훌륭했지 더 나쁘지 않았습니다. 그런데도 제 선왕은 왜 맹자의 말을 들어주지 않았을까요? 소진의 말에는 즉시 얼굴색이 변했으면서 말이지요. 맹자가 말한 목표는 제 선왕이 광명정대하고 인의(仁義)의 왕도 정신을 시행하게 하려는 것이었습니다. 그래서 맹자의 말을 들은 제 선왕은 독서인의 진부한 견해라고 여겼던 것입니다. 소진의 말은 눈앞의 이해관계를 가지고 설득하고 두려운 결과를 가지고 두렵게 하는 것이었습니다. 사람의 식견은 어차피 근시안적이라 눈앞의 이해관계만 잘 보이고 원대한 이익은 상상도 하기 어렵습니다.

그런데 우리는 이것을 통해 두 가지 요점을 알 수 있습니다. 하나는 변사(辯士)와 세객(說客)의 태도가 진유(眞儒)와 성현(聖賢)과는 확연히 다르다는 사실입니다. 또 하나는 선악시비(善惡是非)의 동기가 어떠하든 간에 사람을 설득하여 말을 듣게 하고 임기응변하는 솜씨는 참으로 간단치 않다는 것입니다. 그래서 한비자는 재삼 '세난(說難)' 즉 말하는 것이 쉽지 않다고 강조했습니다.

사실 공맹 성인의 인의(仁義)는 정도(正道)요 정리(正理)니 비유하자면 사람의 두뇌에 해당합니다. 하지만 모략의 활용은 수족(手足)에 비유할 수 있습니다. 소진 같은 무리가 당시에 책략을 유세했던 것도 우연은 아닙니다. 그저 입만 벌리고 아무렇게나 떠들어 댄 것은 아니었습니다. 훗날 송대의 사마광(司馬光)은 역사를 논하면서 이렇게 말했습니다.

제나라는 땅이 넓고 백성이 많으며 푸른 바다를 뒤로 하고 중원을 바라보는데, 현명한 위왕과 선왕이 계속 등장하여 나라가 부강해졌다. 그러나 민왕이 교만하고 사치스러워서 만족하지 못하고 스스로 거꾸러짐을 취하였다. 만약 전단이 없었다면 제나라는 나라가 되지 못하였을 것이다. 합종과 종횡을 이야기하는 유사들이 비록 서로 뒤집기는 하였지만 요컨대 합종이라는 책략은 여섯 나라를 이롭게 하는 것이었다. 제나라는 삼진과 연나라 초나라의 뿌리가 되었고, 삼진과 연나라 초나라는 제나라의 울타리가 되었다. 진나라가 비록 강하고 포학하였지만 백여 년 동안 제후들을 통일하지 못한 것은 그들이 안팎으로 서로 연대하고 있었기 때문이다. 그러나 제나라 왕이 후승의 책략을 채택하고 진간의 말을 믿어 팔짱을 낀 채 진나라를 섬기면서 다섯 나라를 구하지 않았으니, 다섯 나라가 이미 망하고 제나라가 아울러 포로가 된 것은 이치와 형세로 당연하였다.

齊地廣而民衆, 負滄海以臨中夏, 重以威宣之賢, 國家富强. 及湣王驕汰, 不可盈厭, 自取顚沛. 苟無田單, 齊不國矣. 凡游士言從橫者, 雖更相傾覆, 要之合從者, 六國之利也. 齊爲三晉燕楚之根柢. 三晉燕楚爲齊之藩籬. 秦雖强暴, 百有餘年, 不能一諸侯者, 以其表裏相鉤帶也. 及齊王建用后勝之謀, 信秦間之言, 拱手以事秦, 不救五國, 五國已亡, 而齊幷爲虜, 理勢然也.


## 제나라와 연나라의 전쟁

맹자의 학술 사상을 연구하기 위해 여기에서는 비교적 널리 전해진 『사기』와 『전국책』 등의 자료만으로, 연나라를 취하는 여부를 둘러싸고 제 선왕과 맹자가 대화를 나누었던 시대의 대세를 요약했습니다. 지금부터는 맹자와 제 민왕의 대화를 살펴보고자 합니다.

『사기』「연세가」에 따르면 연왕(燕王) 쾌(噲)는 책을 읽다가 중독이 되어서 스스로 요순이 되고자 했습니다. 요순의 선위를 배워서 나라를 다른 사람에게 선양하고자 했던 것입니다. 당시 연나라에는 자지(子之)라는 이름의 간신이 있었는데 아주 나쁜 놈이었습니다. 자신의 별난 주인이 그런 생각을 하고 있다는 것을 알고는 상황을 연출해서 자기에게 정권을 넘겨주게 만들었습니다. 당시 연나라의 국내 사정은 이미 혼란스럽기 짝이 없었습니다.

바로 그 무렵 소진이 제나라에서 자객에게 찔려 중상을 입었습니다. 소진이 중상을 당했다는 말을 들은 제 선왕은 대단히 화가 났습니다. 평소 그의 재주를 아꼈던 터라 일부러 소진을 위문하고 자객이 누구인지 물었습니다. 소진은 참으로 지혜로운 사람이었습니다. 그는 자신이 중상을 입어서 이미 가망이 없음을 알았는데, 죽은 후에 원수를 갚을 방법을 생각해냈습니다. 그는 제 선왕에게 자객을 찾아내는 방법은 아주 간단하다고 하면서, 자기가 죽은 후에 대외적으로 이렇게 알리라고 말했습니다. "소진은 원래 연나라를 위해 제나라에 온 간첩이었는데 이제 그를 찔러 죽였으니 국가에 대한 공헌이 대단히 크다. 이렇게 큰 공을 세운 자객에게는 마땅히 큰 상을 내릴 것이다." 제 선왕은 소진이 죽은 후 그의 말대로 했습니다. 과연 소진을 찌른 자객이 상을 받으려고 모습을 드러냈습니다. 제 선왕은 그 자객을 죽임으로써 소진의 원수를 갚았습니다.

소진이 죽은 후 그의 동생인 소대(蘇代)가 대신 등장했습니다. 소진은 몇 년간 공부를 마친 후 동생에게도 제후들에게 유세하는 것에 관해 가르쳤습니다. 현대의 키신저는 혼자 놀 줄만 알았고 그마저도 그렇게 훌륭하지는 않았습니다. 그런데 소진 형제는 제후국들을 자기 손바닥에 놓고 이리저리 굴렸습니다. 처음 소대가 제나라와 연나라에 왔을 때에는 그다지 환영받지 못했습니다. 어쩌면 소진은 무슨 비급(秘笈)을 쓰거나 읽었는데 그 비급이 나중에 불태워졌거나 실전되었는지도 모르겠습니다. 어쨌든 당시에 직접 자기 동생을 가르쳤기 때문에, 소대가 처음에는 환영을 받지 못했어도 한두 마디 이야기를 꺼내자 군주들은 그의 말을 듣고 믿었으며 그를 기용했습니다.

당시 소대는 연왕의 명을 받들고 제나라에 갔습니다. 『사기』「연세가」 및 『전국책』의 기록에 따르면 연왕 쾌 3년에 연나라에 큰 변란이 일어나 백성들을 떨게 만들었는데, 난이 일어난 몇 개월 동안에 죽은 백성의 수가 수만 명에 달했다고 합니다. 당시의 인구로 몇 개월 동안에 수만 명이 죽었다는 것은, 현대 인구로 비유하자면 한 국가에서 몇 개월 이내에 수백만 명이 죽은 것과 마찬가지이므로 엄청난 숫자입니다.

바로 이 시기에 제나라가 연나라를 공격하기 시작했고 그것은 제나라와 연나라 사이에 원한의 씨가 되었습니다. 나중에 연나라 소왕(昭王)은 즉위한 후 나라를 회복하고 중흥시키기 위해 천하의 훌륭한 인재를 널리 구하고 현명하고 능력 있는 선비들과 교류하며 대사를 도모했습니다. 그때 곽외(郭隗)라는 이름의 책사가 기회를 엿보다가 연 소왕을 찾아가서 말했습니다. "당신이 만약 천하의 현명한 선비들을 불러 모으고자 한다면 특별한 재능이 있어 보이지도 않는 저 같은 사람을 먼저 높이 쓰십시오. 그러면 천하의 현명하고 능력 있는 인재들이 자연히 당신네 연나라로 와서 힘을 다할 것입니다." 연 소왕이 그에게 물었습니다. "그것은 무슨 이치에서 그러한가?" 그가 말했습니다. "예전에 천리마를 좋아하는 군주가 있어서 천 금이라는 높은 돈을 내걸고 천리마를 찾았습니다. 그런데 말을 사러 보냈던 사람이 오백 금을 주고 천리마의 뼈를 사서 돌아왔습니다. 군주가 화를 내자 말 장사꾼이 그 까닭을 설명해 주었습니다. '죽은 말도 높은 돈을 주고 샀는데 하물며 살아 있는 말이겠습니까! 이 소문이 퍼져 나가면 천리마가 곧 올 것입니다.' 과연 그가 말을 사랑한다는 소문이 퍼져 나가고 일 년이 못 되어 세 필의 천리마를 가지게 되었습니다. 지금 연 소왕 당신께서 나를 여기에 두신다면 자연히 천하의 현명하고 능력 있는 선비들이 연나라로 달려올 것입니다."

연 소왕은 그의 건의를 받아들여 그를 기용했습니다. 훗날 과연 수많은 이름난 선비들이 연나라로 왔습니다. 마침내 소왕은 악의(樂毅)를 기용하여 제나라를 굴복시켰고 연달아 칠십여 개의 성을 함락시켰습니다. 즉묵(卽墨)과 거(莒) 두 성만 겨우 남았습니다. 나중에 제나라는 전단(田單)을 기용하여 화우진(火牛陣)으로 반격에 나섰는데, 연나라를 물리치고 나라를 회복했습니다.

이런 전쟁은 모두 연왕 쾌가 나라를 양보하여 내정이 혼란스러워졌을 때를 틈타 제 민왕이 연나라를 공격함으로써 벌어진 것이었습니다.

『전국책』과 『맹자』의 기록에 따르면 제나라가 연나라를 정벌하기 전에 제 선왕(『사기』에서는 제 선왕의 아들 제 민왕이라고 했습니다)이 맹자에게 점령해도 되는지를 물었다고 했습니다. 그런데 『전국책』과 『사기』에서는 맹자가 "지금 연나라를 정벌하는 것은 폭군 주를 쳤던 문왕과 무왕의 때와 같으니 이 기회를 놓쳐서는 안 됩니다〔今伐燕, 此文武之時, 不可失也〕"라고 말했다고 합니다. 그 말의 뜻은 이러합니다. "당신이 지금 연나라를 치는 것은, 고대에 무왕이 주를 정벌하여 문왕의 사업을 완성한 것과 마찬가지이니 바로 이러한 때에 당신은 공격해도 좋습니다." 맹자가 정말로 그렇게 말했다면 맹자 역시 소진이나 장의와 다를 바가 없습니다. 맹자가 그렇게 말하지 않았다면 사마천과 『전국책』의 작자는 비방 죄를 범한 것이 됩니다. 최근 신문에 한유(韓愈)의 글을 놓고 소송이 벌어졌던 것처럼 말입니다.

아무튼 맹자에게 색깔을 입히고 작은 오점을 남기는 형국이 되고 말았습니다. 왜냐하면 제나라에게 침략을 부추긴 셈이 되었기 때문입니다. 이것은 아주 심각한 일입니다. 『맹자』에 기록된 바에 따르면 당시 어떤 사람이 맹자에게 연나라를 공격하라고 제 선왕을 부추겼느냐고 물었습니다. 그러자 맹자가 말했습니다. "심동(沈同)이 나에게 묻기를, 연왕이 어리석어서 나라를 자지에게 양보하였고 자지는 내정을 엉망진창으로 만들어서 수만 명이 죽고 백성들은 고통스러운 생활을 하고 있는데, 지금 연나라와 같은 상황에서 공격해도 되느냐고 물었다. 그래서 나는 그에게 된다고 말하였다. 하지만 내가 된다고 말한 것은 하늘의 뜻에 순응하여 죄인을 정벌하고 백성을 구해 내는 출병을 가리킨 것이지 침략적인 정벌을 말한 것이 아니었다. 그것은 마치 어떤 사람이 나에게 묻기를, 살인죄를 범한 사람을 사형에 처해도 되느냐고 했을 때 내가 된다고 말하는 것과 같다. 하지만 그 말이 아무나 그 범인을 죽여도 된다는 뜻은 결코 아니다. 법을 집행하는 기관에서 법이 정한 순서에 따라 사형을 집행해야 할 것이다."

이 말은 제 선왕에게 한 것이어도 무방하고 제 민왕에게 한 것이어도 무방합니다. 다른 어떤 사람에게 설명해 준 것이어도 괜찮습니다. 어쨌든 맹자가 말했을까요? 뭐라고 말했을까요? 『맹자』 「공손추」 하에 심동에게 한 말이 나와 있으니 참고하시면 될 것입니다.

이어지는 두 번째 의문은 연대의 문제입니다. 본래 맹자의 연대 및 당시 많은 사건들의 연대는 확정 짓기가 어렵습니다. 『사기』의 기록에 따르면 맹자의 이 말은 제 민왕에게 한 것입니다. 맹자는 위(魏)나라에 가서 양양왕(梁襄王)을 만나 말이 통하지 않자 다시 노나라로 돌아와 일정 시간을 머물렀습니다. 그런 후에 다시 제나라로 가서 제 민왕을 만났는데, 그때 마침 민왕은 연나라를 공격하려고 군사를 일으켰습니다. 『맹자』이 책이 맹자 자신이 쓴 기록이든 아니면 문인(門人)들이 자료에 근거해 쓴 것이든 어쨌든 문자상으로는 적잖은 수식이 가해졌을 것입니다. 하지만 어기(語氣)에 있어서는 죄인을 정벌하고 백성을 구해 내는 전쟁에 찬성하고 있습니다. 물론『전국책』에서처럼 격렬하게 말하지는 않았습니다.


## 소대, 제나라 왕을 평론하다

　당시의 국제 사회에는 재미있는 일이 또 있습니다. 원래 연나라는 소대를 제나라로 보내 간첩 노릇을 하게 했습니다. 소대가 제나라에 오자 제민왕은 그를 양다리 걸치는 일개 정객(政客)으로 간주하여 그다지 신경 쓰지 않았습니다. 그러나 소대는 결코 만만한 사람이 아니었습니다. 결국에는 제 민왕을 설득하여 남몰래 연나라를 도왔습니다. 심지어 제나라가 그에게 군사를 거느리고 연나라를 공격하게 하고 결국에는 패하였는데도 제 민왕은 여전히 그를 믿었습니다. 소대는 또 당시의 국제 정세를 이용하여 제나라 왕이 그를 연나라에 사신으로 보내도록 만들었습니다.

　연왕 쾌는 자신이 제나라로 보낸 간첩이 되돌아온 것을 보자 소대에게 물었습니다. "제왕은 천하에 패자로 불릴 만하던가?" 소대가 말했습니다. "불가능합니다." 연왕 쾌가 물었습니다. "어째서 그러한가?" 소대가 말했습니다. "그 신하를 믿지 않습니다〔不信其臣〕." 이 네 글자가 과연 사실이었을까요? 이 또한 실제였습니다.

　제 선왕은 상당히 도량이 큰 인물이었다고 제가 앞에서 말한 적이 있습니다. 당시 천하에서 현명하고 능력 있는 선비들, 이를테면 맹자나 추연 같은 이름난 현자들은 모두 제나라에 모여들었고 제 선왕도 그들을 존경했습니다. 그 사람들의 말을 모두 들어 보기는 했지만 받아들이느냐 안 받아들이느냐는 별개의 문제였습니다. 말하자면 연구소를 설립하고 높은 대우로 그런 사람들을 양성한 셈이었습니다. "너희가 강연을 하든 좌담회를 열든 다 좋다. 너희가 아무리 자기 자랑을 해도 나는 내 속셈이 있으니,

결코 어느 한 사람만을 편애하거나 한 사람의 건의만 채택하지는 않을 것이다." 결국 그의 아들 제 민왕도 아버지 선왕과 똑같았는데 더 심하게 "그 신하를 믿지 않았습니다."

소대가 이러한 상황을 연왕 쾌에게 보고하자 그는 제나라가 더 이상 패자가 될 수 없음을 알고 안심했습니다. 동시에 "그 신하를 믿지 않는" 다른 사람의 폐단을 듣고서 자신은 신하인 자지(子之)를 전적으로 신임하여 그에게 더 많은 권한을 주었습니다. 끝내는 자신의 자리를 자지에게 양보함으로써 연나라 내부의 대혼란을 불러왔습니다.

그보다 한층 더 깊은 비밀도 있습니다. 원래 자지는 처음부터 소대가 아주 대단한 인물임을 파악했습니다. 그래서 그의 아들을 시켜 소대의 딸을 적극적으로 쫓아다니게 했습니다. 두 젊은이가 결혼을 함으로써 자지와 소진, 소대는 일찌감치 사돈지간이 되었습니다. 게다가 소대가 연왕의 명을 받들어 제나라로 가서 간첩 노릇을 하기 이전부터 깊은 교류가 있었기 때문에, 소대는 자연히 자신의 친척을 돕고자 했습니다. 그래서 "그 신하를 믿지 않습니다〔不信其臣〕"라는 네 글자만 말함으로써 아무런 흔적도 남기지 않고 연왕 쾌가 나라를 양보하게끔 만들었습니다. 거기다 녹모수(鹿毛壽)도 이런 말로 거들었습니다. "사람들이 요임금을 현군이라고 말하는 것은 천하를 양보할 수 있었기 때문입니다. 이제 왕께서 나라를 자지에게 양보하신다면 이는 왕께서 요임금과 이름을 나란히 하는 것입니다〔人謂堯賢者, 以其能讓天下也. 今王以國讓子之, 是王與堯同名也〕." 그리하여 옛것을 배우되 제대로 소화시키지 못했던 한 편의 코미디를 연출하고 말았습니다.

당시의 국제 정세와 인사의 배경, 권신(權臣)과 모사(謀士) 들의 품격의 비열함을 알고 나서 『맹자』의 이 대목을 다시 읽어 보면 더욱 재미를 느낄 수 있습니다. 맹자는 취해도 되는 경우와 취해서는 안 되는 경우에 대해 이론적인 설명을 했습니다. 하지만 맹자가 그 말을 한 기세와 어투를 당시의 국제 정세와 연결시켜서 보면 맹자의 말은 당시의 모략가나 종횡가들과 차이가 없었습니다. 그의 태도는 찬성하는 쪽이었습니다. 그럴지라도 정신적인 의미에서는 크게 달랐습니다.

앞에서 이미 말했지만 제 선왕 시기에는 연나라를 공격해서 승리를 거두었고 약간의 토지와 성을 점령했습니다. 상황은 계속해서 이어집니다.


## 훌륭한 부대, 백성을 괴롭히지 않는 전쟁

제나라 사람이 연나라를 정벌하여 취하였다. 제후들이 장차 연나라를 구원할 것을 도모하였다. 선왕이 말하였다. "제후들이 과인을 정벌할 것을 도모하는 자가 많으니 어떻게 대해야 합니까?" 하였다.

맹자께서 대답하셨다. "신이 들으니 칠십 리로 천하에 정사를 한 자는 탕왕이 그러한데, 천 리를 가지고 남을 두려워하였다는 자는 듣지 못하였습니다. 『서경』에 이르기를 '탕왕이 첫 번째 정벌을 갈나라로부터 시작하였다' 하니 천하가 그를 믿었습니다. '동쪽을 향하여 정벌하니 서쪽 오랑캐가 원망하고, 남쪽을 향하여 정벌하니 북쪽 오랑캐가 원망하여 말하기를 「어찌하여 우리를 뒤에 정벌하는가」 하였다' 하였습니다. 백성들이 탕왕을 바라보되 마치 큰 가뭄에 구름과 무지개를 바라보듯 하였습니다. 시장에 돌아가는 자가 멈추지 않고 밭가는 자가 변동하지 않았습니다. 그 군주를 죽이고 그 백성을 조문하니 단비가 내린 듯 백성들이 크게 기뻐하였습니다. 『서경』에 이르기를 '우리 왕을 기다리니 왕이 오시면 소생하겠지' 하였습니다."

"지금 연나라가 그 백성에게 포학하게 하여 왕께서 가서 정벌하시니, 연나라 백성들은 장차 자기들을 물과 불의 가운데에서 구원해 줄 것이라고 여겨, 대바구니에 밥을 담고 호리병에 장물을 담아서 왕의 군대를 환영한 것입니다. 그런데 만일 그 부형을 죽이고 자제들을 구속하며 종묘를 부수고 중요한 기물을 옮겨 간다면 어찌 가하겠습니까? 천하가 진실로 제나라의 강함을 시기하고 있는데, 지금 또다시 땅을 배로 확장하고도 인정을 실행하지 않는다면 이것은 천하의 군대를 움직이게 하는 것입니다. 왕께서 속히 명령을 내리시어 노약자들을 돌려보내고 중요한 기물을 그대로 두고, 연나라 백성들과 의논해서 군주를 세워 준 뒤에 떠나 오신다면 오히려 중지시킬 수 있을 것입니다."

齊人伐燕, 取之. 諸侯將謀救燕. 宣王曰: "諸侯多謀伐寡人者, 何以待之?"
孟子對曰: "臣聞七十里爲政於天下者, 湯是也, 未聞以千里畏人者也. 書曰: '湯一征, 自葛始.' 天下信之. '東面而征, 西夷怨; 南面而征, 北狄怨; 曰: 『奚爲後我?』' 民望之, 若大旱之望雲霓也. 歸市者不止, 耕者不變. 誅其君而弔其民, 若時雨降, 民大悅. 書曰: '徯我后, 后來其蘇.'
今燕虐其民, 王往而征之, 民以爲將拯己於水火之中也, 簞食壺漿, 以迎王師; 若殺其父兄, 係累其子弟, 毁其宗廟, 遷其重器, 如之何其可也? 天下固畏齊之彊也, 今又倍地而不行仁政, 是動天下之兵也. 王速出令, 反其旄倪, 止其重器; 謀於燕衆, 置君而後去之; 則猶可止也."

---

제나라가 연나라를 공격해서 그 땅을 차지했습니다. 하지만 국제 사회는 동의하지 않았으며 그냥 넘어가지 않았습니다. 제후들 사이에서는 연합 전선을 조직하여 제나라를 공격할 계획을 세웠습니다. 이때 제 선왕이 맹자에게 물었습니다. "지금 제후들이 연합해서 약자인 연나라를 돕기 위해 우리 제나라를 공격하려고 합니다. 맹 선생님, 당신 생각에는 내가 어떻게 해야겠습니까?"

맹자가 말했습니다. "제가 알기로 사방 칠십 리의 영토를 가지고 천하를 이끌어 나갔던 분으로는 상(商)의 탕왕이 바로 그렇게 흥기하였다고 들었습니다. 하지만 사방 천 리의 큰 나라를 가지고 소심하게 벌벌 떤다는 말은 듣지 못했습니다."

맹자의 논조를 통해 우리는 전국 시대가 결국은 전란의 시대였음을 알 수 있습니다. 아무리 훌륭한 성인이라고 하더라도 시대의 추세와 국제 사회의 정치적 기풍이 끝내는 개인의 사상 관념에 영향을 미칠 수밖에 없습니다. 그래서 이때의 맹자 역시 힘의 크기를 가지고 논의를 펼쳤습니다.

맹자는 또다시 경전을 인용했는데, 『서경』 상서(商書) 「중훼지고(仲虺之誥)」의 "탕왕이 첫 번째 정벌을 갈나라로부터 시작하였다〔湯一征, 自葛始〕"라는 단락을 가지고 제 선왕에게 말했습니다. "『서경』에 중훼가 지은 훈계의 글〔誥文〕을 기록해 놓았는데, 상의 탕왕은 포악한 군주를 제거하고 선량한 백성을 안정시키기 위해 '갈'이라는 작은 나라로부터 자신의 통일의 대업을 시작했으며, 천하의 백성들은 모두 그를 믿고 따랐습니다. 탕왕이 동쪽을 향해 정벌하자 서쪽의 오랑캐가 원망을 품었으며 남쪽을 향하여 정벌하자 북쪽의 오랑캐도 원망을 품었습니다. 그들은 하나같이 원망하면서 '왜 우리에게 먼저 오지 않고 우리를 뒤에 두는가?'라고 말했습니다."

당시 각 지방의 백성들이 탕왕의 군사를 기다리는 모습은, 마치 오랜 가뭄에 시달리는 농민들이 구름 한 점 없는 푸른 하늘을 바라보며 구름과 무지개가 나타나기를 간절히 기다리는 모습과 흡사하였다고 맹자는 말했습니다.

그러나 역사상 탕왕과 무왕의 시대가 과연 그러했는지는 알 수가 없습니다. 어쩌면 중훼라는 좌승상이 고문(誥文)을 지을 때 탕왕의 인의(仁義)를 강조하고 선양한 것일 수도 있습니다.

맹자는 계속해서 탕왕이 정벌할 당시에 부대의 기강과 규율이 훌륭했음을 묘사하여 이렇게 말했습니다. "탕왕의 부대가 공격해 왔지만 그 지역의 백성들은 아무런 영향을 받지 않았습니다. 장사하던 사람은 그대로 장사를 했으며 농사짓던 사람은 평소처럼 농사를 지었습니다."

그런 상황이 정말로 벌어졌던 것일까요? 중국 역사에는 그처럼 훌륭한 부대, 그처럼 백성을 괴롭히지 않는 전쟁이 아주 많이 일어났습니다. 문제는 전적으로 부대를 지휘하는 사령관이 어떤 사람이냐에 달렸습니다.


## 어진 장군 조빈

역사상 어질고 후하기로 유명한 장군은 송 왕조가 처음 흥기하던 시기의 조빈(曹彬)입니다. 그는 명을 받들어 강남을 공격하고 남당(南唐)의 후주(後主)를 사로잡았습니다. 포로가 되어 변경(汴京)으로 압송되는 도중에 배 위에서 "사십 년 국가에 삼천 리 산하〔四十年來家國, 三千里地山河〕"라고 읊었던 바로 그 후주 이욱입니다.

당시 조빈은 남경을 포위하고 공격한 지 반 년 만에 진회하(秦淮河), 백로주(白露洲), 서문수채(西門水寨)를 모두 점령했습니다. 이제 마지막으로 한바탕 전투만 치르면 가볍게 금릉(金陵) 즉 남경 성에 진입할 수 있었습니다. 이욱도 투항할 준비를 하고 있었습니다. 이처럼 중요한 순간에 총사령관 조빈이 갑자기 병이 났습니다. 무슨 병이 났을까요? 모두가 다급해졌습니다. 부사령관 겸 정치부 주임에 해당하는 도감(都監) 반미(潘美)와 선봉 부대를 지휘하는 선봉(先鋒) 조한(曹翰) 등이 모두 총사령부로 병문안을 갔습니다. 무슨 병이 났느냐고 묻자 조빈은 심병(心病)이라고 했습니다. 다들 얼른 의사를 불러야 한다고 말했지만 조빈은 이렇게 말했습니다. "의사는 부를 필요 없네. 내 병은 의사가 치료할 수 있는 것이 아니라 자네들이 고칠 수 있네." 모두가 무슨 방법이냐고 물었습니다. 조빈은 오직 방법이 하나 있다고 말했습니다. 바로 남경에 진입했을 때 함부로 사람을 죽이지 말고 누가 되었든 간음과 노략질을 해서는 안 된다는 것이었습니다. "해낼 수 있겠나?" 그때 장수들은 "당신이 명령을 내리면 되지 않습니까"라고 말했지만 조빈은 "안 된다. 먼저 맹세를 해야 한다"라고 했습니다. 그리하여 모두가 맹세를 했고 맹세를 한 후 즉시 공격 명령을 내려 남경 성에 진입했습니다. 하지만 성 안의 백성들은 여전히 모르고 있었습니다!

반미라는 인물은 통제가 어려운 사람이었고 조한은 살인을 좋아했다는 것은 모두 역사적 사실입니다. 애초에 송 태조 조광윤이 조빈에게 강남을 공격하라는 명령을 내릴 때 이미 되도록이면 살인은 많이 하지 말고 이욱 일가는 더더욱 보전하라고 경계했습니다. 그때 조빈은 머뭇거리면서 얼른 대답하지 않았습니다. 명령에 항거한 것도 아니고 명확하게 대답한 것도 아니었는데, 그는 그저 부장(副將) 즉 부사령관으로 누구를 보내야 하는지만 물었습니다. 조광윤은 얼른 그의 뜻을 이해하고 즉시 반미, 조한 등을 불러들여 그들을 부사령관으로 삼겠다고 발표했습니다. 그런데 조광윤은 그들을 앞에 두고 조빈에게 자신이 평소에 사용하는 보검 한 자루를 내렸습니다. 그리고 이렇게 말했습니다. "네가 이 검을 가지고 있으면 '짐이 몸소 있는 것 같으니〔如朕親臨〕' 내 자신이 그곳에 있는 것과 똑같다. 부장 이하 명령에 따르지 않는 모든 사람을 군법에 따라 처리하되 먼저 참하고 나중에 보고하라. 너에게 전권을 줄 것이다." 그는 조빈에게 이렇게 말하면서 한편으로는 반미와 조한을 노려보았습니다. 간담이 서늘해진 두 사람은 등줄기에 식은땀을 흘리면서 "명령을 따르겠습니다"라고만 말했습니다.

조빈의 훌륭함은 여기에 그치지 않았습니다. 그는 조광윤에게 전흠조(田欽祚)라는 장군을 이동시켜서 다른 노선의 선봉 지휘관을 맡길 것을 요청했습니다. 반미와 조한은 이상하게 생각했습니다. 왜냐하면 전흠조라는 사람은 교활하고 탐욕적인 데다 공을 다투기 좋아하면서 책임은 지려고 하지 않는 사람이었기 때문입니다. 게다가 조광윤에게 사소한 일까지 보고하여 동료를 헐뜯기 좋아했습니다. 조빈이 그를 이동시켜서 전쟁에 참가하게 한 까닭은, 강남을 평정한 후에 그에게 약간의 공로를 넘김으로써 그가 후방에서 교란하고 또 조광윤의 의심을 부추기는 일을 하지 못하도록 하기 위해서였습니다. 말하자면 전방에 두고 견제했던 것입니다. 이것이 바로 조빈의 뛰어난 권모술수였습니다.

조빈, 반미 등이 성을 함락하자 더 이상 어찌할 수 없었던 이 후주(後主)는 흰 적삼에 모자를 쓰고 몸소 조빈에게 투항의 서신을 전달했습니다. 먼저 부사령관 반미를 만나 예의를 갖추어 머리를 땅에 대고 절했습니다. 반미도 답례로 머리를 땅에 대고 절했습니다. 그런 다음 배에 올라 대원수 조빈을 알현하고 마찬가지로 머리를 땅에 대고 절하려고 했습니다. 하지만 조빈은 좌우의 신하를 시켜 그에게 말했습니다. "갑옷과 투구를 몸에 걸치고 있어 제대로 답례하지 못함〔介胄在身, 拜不及答〕을 양해 바랍니다." 즉 이런 뜻입니다. "죄송합니다. 저는 군인이라 군례(軍禮)로 당신을 접견할 수밖에 없으니 무릎 꿇어 예를 갖추지 못함을 이해해 주십시오."

투항의 전례(典禮)가 진행된 후 정부(正副) 원수인 조빈과 반미가 먼저 두 척의 배에 올라 아주 깍듯하게 이 후주에게 배에 올라 차를 마시자고 청했습니다. 기슭에서 배에 오르는 널판은 당연히 외나무 널판이었습니다. 이욱은 본래 높은 지위에서 부유한 생활을 했던 사람인지라 평소 생활에서 조금의 불편함도 겪어 보지 않았습니다. 그러다가 오늘 갑자기 외나무 널판을 걸어서 배에 오르게 되었으니 용기가 안 나서 쭈뼛쭈뼛 거리고 있었습니다. 조빈은 좌우의 부관에게 명령을 내려 그를 부축해서 올라오게 했습니다.

조빈은 확실히 어질고 후했습니다. 이 후주를 초대해서 차를 마실 때 그는 이욱의 가족 구성원을 물어보고 모두 삼백여 명이 있음을 알게 되었습니다. 그리하여 그를 위해 백 척의 관선(官船)을 준비해 주고 이욱에게 사흘의 시간을 주어 재물을 정리해서 서울로 가져갈 수 있게 해 주었습니다. 아울러 그에게 될 수 있는 한 재물을 많이 가져가라고 분부했습니다. 나 조빈은 돈을 요구하지 않지만, 서울로 가면 돈을 요구하는 사람이 있을 것이니 뇌물로 줄 것을 준비해야 한다는 암시였습니다. 그런 다음 이욱을 풀어 주고 한 명의 호위병도 붙이지 않은 채 궁으로 돌아가게 했습니다. 다른 장수들은 모두 안심하지 못했지만 조빈은 아랑곳하지 않았습니다. 그는 이렇게 말했습니다. "안심하거라! 그는 배에 오르는 널판조차 물에 빠질까 두려워서 제대로 걷지 못한다. 그토록 죽음을 두려워하는 사람에게 달아날 용기가 있겠느냐."

하지만 조빈은 사람들을 그냥 믿어서는 안 된다는 것을 알았습니다. 이욱이 떠나자 그는 부장 반미에게 직무를 대신 처리하라고 분부하고 자신은 총사령부를 사흘간 떠나 있을 것이라고 말했습니다. 부대를 통솔할 책임을 그에게 넘겨주면서 살인을 용납해서는 안 된다고 특히 강조했습니다. 그런 후에 이백 명의 부하를 거느리고 이 후주의 궁전 사방에서 아무도 이욱의 궁으로 침입하지 못하게 지켰습니다. 자신이 직접 문 입구를 지키고 서서 사병들이 적대적인 태도로 쳐들어가서 위해를 가하거나 소요를 일으키지 못하게 했습니다. 사흘 후 이욱이 삼백 명을 거느리고 배에 오르자 그제야 궁으로 들어가서 궁 안의 재물을 봉하고 목록을 만들어 조정에 보고했습니다.

송대(宋代) 사람의 기록에 따르면 또 다른 부사령관 조한은 훗날 명을 받들어 구강(九江)을 공격했습니다. 구강을 점령한 후 병사들은 마음대로 노략질을 했으며 성안의 백성들을 도륙하기까지 했습니다. 또 자신은 이십여 척의 배에 보화와 재물을 실어 몰래 고향으로 실어갔습니다. 조빈과 비교해 봤을 때 하늘과 땅 차이였다고 하겠습니다.

이것이 역사에 유명한 어진 장군입니다. 이른바 "선을 쌓은 집안은 반드시 남은 경사가 있다〔積善之家必有餘慶〕"라는 말처럼 그의 후손들은 모두 훌륭했습니다. 손녀가 송 인종의 황후가 되었는데 성후(聖后)라 불렀습니다. 전해지는 말로는 신선이 된 손녀도 있다고 합니다. 바로 도가(道家)의 '영원대도가(靈源大道歌)'의 작가인 조문일(曹文逸) 진인입니다. 역사에 어질고 후한 명장이 조빈 한 사람뿐은 아니지만 여기에서는 가장 유명한 조빈을 예로 들어 보았습니다.

이것이 바로 왕자(王者)의 군대, 인의(仁義)의 군대의 풍모입니다. 전쟁을 할 때에는 적의 지도층만 굴복시키면 됩니다. 백성들에 대해서는 그들을 위로하고 품어 주고 도와주어야 합니다. 기다리던 단비가 내리듯이 하면 백성들은 당연히 기뻐할 것입니다. 맹자는 바로 이러한 인의의 군대를 이야기한 것입니다. 『서경』 중훼(仲虺)의 고문(誥文)에 기록했듯이, 당시의 백성들은 날마다 어진 군주가 오기를 기다렸습니다. 어진 군주가 오면 깊은 물과 뜨거운 불의 고난을 벗어나 잘 살 수 있을 것이기 때문입니다.

맹자는 『서경』의 말을 인용한 후에 당시의 상황을 제 선왕에게 설명했습니다. "지금 연나라의 내정이 저렇게 혼란스러운 데다 그 백성을 학대하고 있는데 당신이 군사를 일으켜 연나라를 공격하였습니다. 연나라 백성들은 이제 물이 깊고 불이 뜨거운 생활에서 벗어나서 잘 살 수 있으리라 생각했기 때문에, 집에서 먹을 것과 마실 것을 들고 나와서 기쁘게 당신의 부대를 맞이한 것입니다. 만약 당신이 반대로 연나라 백성들을 죽이고 그들의 자제를 사로잡으며 그들이 조상에게 제사 지내는 종묘를 부수고 그들이 귀중하게 여기는 보물을 약탈해 감으로써 연나라 백성들에게 더 깊은 고통을 준다면 어떻게 되겠습니까?"

"국제 사회의 관점과 반응에 대해서도 당신은 아셔야 합니다. 천하 각국의 제후들은 원래부터 당신네 제나라의 국세가 강성함을 두려워해 왔습니다. 지금 당신이 연나라를 공격해서 배나 되는 토지를 얻었는데도 인정(仁政)을 실행하지 않는다면, 그들은 자신의 안전을 위해서도 그렇고 또 공격할 구실이 생기기 때문에 자연스럽게 연합하여 당신을 공격할 것입니다. 이것은 마치 당신 스스로 천하의 군사를 일으켜서 자신을 토벌하는 것이나 똑같습니다. 지금이라도 얼른 명령을 내려서 사로잡힌 포로를 석방하고 노략질을 중지시키며, 연나라의 신민(臣民) 대표를 소집해서 회의를 열고 그들을 위해 현명한 군주를 선출한 다음에 군사를 돌이키십시오. 그렇게 한다면 각 나라가 당신네 제나라를 연합 공격하려는 것을 저지시킬 수 있을 것입니다."

이때 이미 맹자는 이부자리를 둘둘 말아 제나라를 떠나려고 마음먹었는데, 어쩌면 미처 다하지 못한 말이 남아 있었는지도 모르겠습니다.


## 인의의 실질과 권모술수

역사 자료를 통해 제나라와 연나라가 원한을 맺는 과정을 살펴보다 보면 두 가지 일에서 후인들의 지혜를 계발시킬 수 있습니다.

첫째, 소왕(昭王)이 왕위에 오른 후 연나라는 복수를 시작했습니다. 나라의 원수를 갚기 위해서는 반드시 내정(內政)을 바로잡고 강성(强盛)을 도모해야 합니다. 그런데 내정을 바로잡기 위해서는 인재를 뽑아 쓰는 것이 우선입니다. 그는 처음에 곽외(郭隗)의 "천 금으로 천리마의 뼈를 산다

〔千金市馬骨〕"라는 정신적 원칙을 채택하여 널리 인재를 구하였으며, 악의(樂毅) 같은 유능한 인재를 얻어 한 번의 전쟁으로 제나라 일흔두 성을 함락하고 국치(國恥)를 설욕했습니다.

둘째, 당시 소대(蘇代)는 연 소왕에게 이런 말을 했습니다. "인의는 스스로를 완성하는 도이지 나아가 취하는 술수가 아닙니다〔仁義者, 自完之道也, 非進取之術也〕." 그는 인의의 정신과 행위를 자기 자신에 대한 일종의 최고 수양이라고 여겼습니다. 하지만 한 나라의 정권을 취하고 천하의 백성을 치리하고자 한다면 그저 인의의 도리만 중시해서는 소용이 없습니다. 소대의 이 이론과 맹자의 말을 비교해 보면 심도 있는 연구를 할 수 있습니다. 기본적으로 인의의 사상과 정신은 잘못된 것이 없습니다. 다만 방법에서 서로 다른 시간과 공간에 맞추어 변화시켜야 합니다.

사실 소대의 말은 여전히 종횡가의 논조를 벗어나지 않았으니 인의를 개인의 수양에만 국한시켜 놓았습니다. 알다시피 무왕은 군사를 일으켜 주왕을 정벌하기 전에 강태공과 의논했습니다. 강태공의 병법서인 『태공금궤(太公金匱)』의 기록에 따르면 이러합니다 "무왕이 태공에게 묻기를 '은나라는 이미 그 셋을 잃었으니 이제 정벌해도 되겠습니까?' 하자 태공이 말했다. '하늘을 아는 자는 하늘을 원망하지 않고 자기를 아는 자는 다른 사람을 원망하지 않습니다. 먼저 모의하고 나중에 거사하는 자는 흥하고 먼저 거사하고 나중에 모의하는 자는 망합니다. 이제 하늘이 주는 것을 취하지 않으면 도리어 허물을 받게 됩니다. 때가 이르렀는데 행하지 않으면 도리어 재앙을 받게 됩니다. 때가 아닌데 만들려는 것은 망령된 이룸입니다. 그러므로 여름 가지는 결실을 맺을 수 있고 겨울 얼음은 풀릴 수 있습니다. 때는 얻기 어렵고 잃어버릴 수 있습니다.'〔武王問太公曰: "殷已亡其三, 今可伐乎?" 太公曰: "知天者不怨天, 知己者不怨人. 先謀後事者昌, 先事後謀者亡. 且天與不取, 反受其咎. 時至不行, 反受其殃. 非時而生, 是爲妄成. 故

夏條可結, 冬冰可釋. 時難得而可失也〕."

　주 무왕은 군사를 일으켜 주왕(紂王)을 정벌하기 전에 강태공에게 이렇게 말했습니다. "지금 은의 주왕이 포학무도하여 이미 십 분의 삼의 국력과 토지와 백성을 잃어버렸는데, 보아하니 계속해서 더 심해지기만 하여 천하는 더욱 어지러워지고 백성들은 더욱 고통스러워합니다. 이제 군사를 일으켜 혁명으로 은(殷)나라 주왕의 정권을 빼앗아 와도 되지 않겠습니까?"

　강태공이 무왕에게 말했습니다. "제가 아는 바에 따르면 무릇 하늘을 아는 사람은, 즉 천시(天時)·지리(地利)·인사(人事) 등의 객관적인 요소와 시대의 추세를 이해하는 사람은 비록 당시의 세(勢)가 자신에게 불리하여 이상을 실현시킬 수 없다 하더라도 하늘을 원망하지 않습니다. 진정으로 스스로를 이해하는 사람은 또한 다른 사람의 마음으로 자기 마음을 비교하고 자기 마음으로 다른 사람의 마음을 헤아릴 줄 알기 때문에 가볍게 다른 사람을 탓하지 않습니다. 그래서 어떤 일을 처리하든지 먼저 객관적인 요인을 분명하게 살펴보고 다른 사람의 심리도 이해한 다음, 이러한 조건들에 근거하여 주도면밀한 계획을 세우고 계획에 따라서 일을 처리하는데, 그러면 틀림없이 성공합니다. 반대로 만약 이러한 객관적인 조건과 주관적인 조건을 분명하게 인식하지 않고 맹목적으로 먼저 저질러 놓고 본다면 그런 경우에는 의심할 것 없이 분명 실패하고 맙니다. 또 객관적인 조건이 이미 갖추어지고 때가 무르익어서 손만 뻗치면 얻을 수 있는 시점인데도 주저하면서 나아가지 않는다면 앉아서 좋은 기회를 잃어버릴 것입니다. 그렇게 된다면 너무 아깝지 않습니까? 가령 논에 벼가 이미 익었는데 나가서 수확하지 않는다면 그것은 옳지 않습니다. 어떤 일에 시기가 도래했는데 대세의 흐름이 당신 생각대로 되지 않는다 하여 기어코 행동에 나서지 않는다면 좋은 결과를 얻을 수 없습니다. 우리의 일상생활 가운데 작은 일이 모두 그러한데 큰 사업은 더더욱 주의해야 합니다. 시기가 도래하지 않았거나 혹은 시기가 이미 지났는데도 억지로 완성하려고 하면 그것은 망령된 이룸이니 오래갈 수가 없습니다. 예를 들어 여름에 나뭇가지와 나뭇잎이 무성하다가 꽃이 핀 후에 가을이 오면 자연히 과실을 맺습니다. 혹독한 겨울이 오면 온 땅에 얼음이 얼지만 적당한 시기가 되면 또다시 자연스럽게 봄 강물이 따뜻해집니다. 어떤 일이든지 정해진 시기가 있기 마련인데 적절한 시기는 만나기 어렵고 잃어버리기 쉽습니다."

육자(鬻子)도 일찍이 이런 말을 했습니다. "정사를 펴고 명령을 시행하여 천하에 복이 되니 그것을 일러 도라 하고 그것을 일러 인이라 한다. 신뢰를 주고 화합할 수 있는 것이 제왕의 그릇이다〔發政施令爲天下福, 謂之道, 謂之仁. 信而能和者, 帝王之器〕." 『한서』「예문지」의 기록에 따르면 육자는 이름이 웅(熊)이고 『육자』 서른 편을 저술하였는데 한 권 여섯 편으로 나누어 놓았습니다. 그가 말한 이 몇 마디의 의미는 이러합니다. 천하의 복지를 위해 실시한 행정 조치는 가장 숭고한 행위인 동시에 이른바 '인도(仁道)'이기도 합니다. 전국의 상하 백성들로 하여금 편안히 살면서 생업을 즐거워하고 마음으로 기뻐하며 복종하게 할 수 있는 것이 바로 제왕의 자질입니다. 자기 자신은 결코 뺏고자 하는 뜻을 품지 않았는데도 자연스럽게 타인에 의해 추대되면 당신은 신뢰를 세우게 됩니다. 천하의 민중을 위해 해로움을 제거한다면, 바꾸어 말해서 누가 천하 사람들에게 위해를 가할 때 당신이 그를 제거해 버린다면 그것이 바로 인(仁)입니다. 만약 하늘과 백성의 뜻에 순응하여 자연스럽게 권위를 획득하고 정권을 잡은 후에 전국의 상하 백성들이 친애하고 정성스러우며 서로 화목하다면 외환이 닥치거나 내부의 재앙이 생기더라도 한 마음으로 협력하여 함께 극복합니다. 이러한 정치적 공적을 세울 수 있다면 참으로 제왕이 될 재목이라 하겠습니다.

마찬가지로 제 선왕이 연나라를 정벌하는 것에 맹자가 찬성했던 것은, 아니 적어도 반대하지 않았던 것은 그가 평생 주장해 왔던 '인의' 사상에 결코 위배되지 않음을 우리는 알 수 있습니다. 인의는 훗날 소대가 말한 것처럼 그저 개인적으로 아름답고 훌륭한 인격을 완성하는 수양에 지나지 않는 것은 아닙니다. 강태공의 논조에 따르면 객관적인 조건이 요구하면, 전쟁이라는 수단이 보다 숭고한 목적을 완성할 수 있다면 그것은 인의에 위배되지 않을 뿐 아니라 오히려 인의에 합치됩니다. 육자의 이론에 의거해서 보면 한 번에 천하를 위해 해로움을 제거하는 전쟁은 인도(仁道)의 확장이기도 합니다.

아무튼 맹자는 연나라 백성들이 물이 깊고 불이 뜨거운 고통 속에서 생활했기 때문에 제나라가 연나라를 정벌하는 것에 반대하지 않았는데, 그것은 결코 의(義)에 위배된 것이 아니었습니다. 그의 논조는 그해 강태공이 무왕에게 말한 것과 동일한 방향이었다고 말할 수 있습니다. 문제는 제나라가 연나라를 정벌하면서 육자가 말한 그 몇 개의 원칙을 실행하지 않은 데 있었습니다. 제왕의 그릇이 아니었던 것입니다. 사실 맹자의 사상은 당시의 시대적 추세에 기반을 두었기 때문에 공자처럼 그렇게 주나라를 종주로 삼지 않았습니다. 칠백여 년을 지나오면서 중앙의 주 왕실은 이미 더 이상 지탱할 수 없는 깨어진 질그릇이 되어 버렸습니다. 그러므로 진정으로 인의를 시행하고 백성을 위해 복을 베풀 수 있는 사람이 있다면 맹자는 곧바로 그를 도와 왕 노릇을 하게 했을 것입니다.

## 맹자가 위와 제에 있던 때의 비공식적 기록

그런데 맹자는 왜 제 선왕과 양 혜왕의 깊은 신임을 얻지 못했을까요?

이것은 실로 사람으로 하여금 "병서를 읽고 눈물을 흘리며 옛사람을 대신해 근심을 짊어지는〔讀兵書而流淚, 替古人擔憂〕" 탄식을 하게 만듭니다! 역사상 이 의문의 해답을 찾기 위해서는 다시 제 선왕과 양 혜왕을 종합적으로 연구하지 않을 수 없습니다.

## 제 선왕의 풍격

전국 말기의 제나라는 이미 서주 시대의 옛 제나라도 동주 초기의 제나라도 아니었습니다. 전완(田完)의 후대가 왕위를 찬탈하여 자신의 소유로 삼은 새로운 제나라였습니다. 특히 제 위왕(威王)이 스스로 왕을 칭한 이후로 제나라는 진나라 초나라와 대등한 위치에서 서로 패권을 다투는 대국이 되었습니다.

제 위왕이 죽은 후 그의 아들 벽강(辟疆)이 왕위를 계승하여 선왕(宣王)이라 칭했습니다. 맹상군(孟嘗君)의 부친 정곽군(靖郭君) 전영(田嬰)의 문객이던 제모변(齊貌辨)의 관찰에 의하면, "태자(제 선왕을 가리킴)는 관상이 어질지 못하고 턱이 너무 크고 돼지 눈처럼 생겼는데, 이렇게 생긴 사람은 신의를 배반합니다〔太子相不仁, 過頤豕視, 若是者背反〕"라고 말했습니다. 이것을 통해 제 선왕의 생김새와 개성의 일면을 알 수 있습니다. 이른바 '턱이 너무 크다〔過頤〕'는 말은 네모난 얼굴에 턱이 커서 얼굴에 복이 가득한 상을 표현한 말입니다. 또는 아래턱이 양쪽으로 유난히 넓게 퍼진〔腦後見腮〕 생김새로서, 왕래해서는 안 되는 반골(反骨)의 상이라고도 말할 수 있습니다. 이른바 '돼지 눈처럼' 생겼다〔豕視〕'는 말은 마치 돼지가 사물을 보는 것처럼 겉으로는 멍청해 보여도 실제로는 마음속에 자신의 주장이 들어 있어서 아주 교활하다는 뜻입니다. 게다가 늘 양쪽의 사물을 훔쳐봅니다. 이른바 '어질지 못하다〔不仁〕'는 말은 그에게 인자한 마음이 조금도 없다는 말이 아니라, 그가 상대하기 어렵고 모시기 어려운 캐릭터라는 말입니다.

사실 제 선왕은 자신의 부친인 위왕의 군세고 호방한 성품을 물려받은 영명한 군주였다고 할 수 있습니다. 게다가 『맹자』의 기록에 따르면 그는 자신이 용맹을 좋아하고 재물을 좋아하고 여색을 좋아하는 등 여러 가지 결점을 지니고 있다고 시원스럽게 인정하면서 맹자의 고견을 완곡하게 밀어냈습니다. 그것만 보더라도 평범하지 않은 태도라 말할 수 있습니다.

## 조정에는 문무 재사가 많습니다

제 선왕이 친정(親政)을 하던 초기에는 여전히 추기(鄒忌)를 재상에 임용했습니다. 그러나 추기에 의해 밀려났지만 상장군(上將軍)의 자질을 지니고 있던 전기(田忌)를 불러들여 장군을 삼고 손빈(孫臏)을 원수(元帥)에 임명하여, 한 번의 전투로 위나라의 명장 방연(龐涓)을 사로잡아 죽이고 양 혜왕의 태자 신(申)을 포로로 사로잡았습니다. 일거에 국제 사회를 뒤흔들고 온 세상에 위엄을 드러내었던 것입니다.

제나라는 일약 당시 국제 사회의 정치 대국이 되었을 뿐 아니라 혁혁한 경제 강국이기도 했습니다.

그러한 시기에 제 선왕은 중요한 고위 간부를 임명했습니다.

맹상군 전문(田文)을 추기에 이어 재상으로 삼았습니다.

고사(高士) 안촉(顔斶)과 왕두(王斗)를 예우하고 심지어 노중련(魯仲連) 등 알려지지 않은 인물을 간접적으로 우대했습니다.

순우곤(淳于髡)의 익살스러운 재주를 관대하게 수용했습니다.

그는 추기 및 왕두가 면전에서 자신을 비평하면서 인재를 기용하지 않는다는 말을 하자, 단번에 그들과 추천을 받은 순우곤 등을 임용하여 제나라를 다스리게 했습니다.

추기가 선왕을 섬기면서 선비를 추천한 것이 많았는데 선왕이,기뻐하지 않았다. 안수(제나라 신하)는 높은 지위에 올랐으나 선비를 추천한 것이 적었는데 선왕이 이를 기뻐하였다. 추기가 제 선왕에게 말하기를 "제가 들으니 한 아들이 효도하는 것은 다섯 아들이 효도하는 것만 못하다 하였습니다. 지금 안수가 선비를 추천하여 벼슬에 나아가게 한 사람이 몇이나 됩니까?" 하니 선왕이 안수가 선비를 막고 있었음을 알게 되었다.

선생 왕두가 왕궁 문에 나아와 제 선왕을 알현하고자 하니, 선왕이 아뢰는 사람을 시켜 안으로 들어오라 하였다. 왕두가 말하기를 "제가 달려와 왕을 알현함은 세력을 좋아함이 되고 왕께서 달려와 저를 만나심은 선비를 좋아함이 되니 왕께서는 어떠하십니까?" 하니 사자가 돌아가 보고하였다. 왕이 말하기를 "선생께서 천천히 하시면 과인이 좋으리다" 하였다.

선왕이 달려가 문에서 맞이하고 함께 들어와서 말하였다. "과인은 돌아가신 선왕의 종묘를 받들어 사직을 지키고 있는데, 선생께서 거리낌 없이 직언을 간하는 것을 듣겠소." 왕두가 대답하였다. "왕께서 들으신다는 말은 지나치십니다. 저는 어지러운 세상에 태어나서 어지러운 군주를 섬겼는데 어찌 감히 직언을 간언하겠습니까."

선왕이 화가 난 기색으로 기뻐하지 않았다. 시간이 흘렀다.

왕두가 말하였다. "지난날 선왕이신 환공께서는 좋아하는 바가 다섯이 있었는데, 제후들을 규합하여 천하를 바로잡고 천자에게 토지와 백성의 장부를 받아 큰아버지로 세워졌습니다. 지금 왕께서는 그 가운데 넷을 지니고 있습니다."

선왕이 기뻐하면서 말하였다. "과인은 어리석고 비루하여 제나라를 지키면서 오로지 잃어버릴까 두려워하였는데 어찌 그 가운데 넷을 지닐 수 있겠는가."

왕두가 말하였다. "아닙니다. 선왕께서는 말을 좋아하셨는데 왕 역시 말을 좋아하십니다. 선왕께서는 개를 좋아하셨는데 왕 역시 개를 좋아하십니다. 선왕께서는 술을 좋아하셨는데 왕 역시 술을 좋아하십니다. 선왕께서는 여색을 좋아하셨는데 왕 역시 여색을 좋아하십니다. 선왕께서는 선비를 좋아하셨는데 왕께서는 선비를 좋아하지 않습니다."

선왕이 말하였다. "지금 세상에는 선비가 없는데 과인이 어찌 좋아하리오?"

왕두가 말하였다. "세상에는 기린이나 녹이 같은 천리마는 없지만 왕께는 네 마리의 말이 이미 준비되어 있습니다. 세상에는 동곽준이나 노씨 같은 명견은 없지만 왕께는 달리는 개가 이미 갖추어져 있습니다. 세상에는 모장이나 서시 같은 미녀는 없지만 왕의 궁은 이미 가득 찼습니다. 왕께서는 또한 선비를 좋아하지 않는 것이니 어찌 선비가 없음을 근심하겠습니까."

왕이 말하였다. "과인은 나라를 근심하고 백성을 사랑하니 진실로 선비를 얻어 나라를 다스리기를 원한다."

왕두가 말하였다. "왕께서 나라를 근심하고 백성을 사랑하심이, 왕께서 주름진 비단을 사랑함만 못하십니다."

왕이 말하였다. "무엇을 말하는가?"

왕두가 말하였다. "왕께서 사람을 부려 관을 만들 때에는 좌우의 아끼는 자들을 부리지 않고 장인을 부리십니다. 왜입니까? 그것을 잘 만들기 때문입니다. 지금 왕께서 제나라를 다스리심에 있어서는 좌우의 아끼는 자들이 아니면 부리시지 않습니다. 신은 그러므로 주름진 비단을 사랑함만 못하다고 말하는 것입니다."

선왕이 사죄하며 말하였다. "과인이 국가에 죄를 지었도다."

그리하여 선비 다섯을 뽑아 관직을 맡기니 제나라가 크게 다스려졌다.

鄒忌事宣王仕人衆, 宣王不悅. 晏首貴, 而仕人寡, 王悅之. 鄒忌謂宣王曰: "忌聞以爲有一子之孝, 不如有五子之孝. 今首之所進仕者, 以幾何人." 宣王因以晏首壅塞之.

先生王斗造門而欲見齊宣王, 宣王使謁者延入. 王斗曰: "斗趨見王爲好勢, 王趨見斗爲好士, 於王何如?" 使者復還報. 王曰: "先生徐之, 寡人請從."

宣王因趨而迎之於門, 與入, 曰: "寡人奉先君之宗廟, 守社稷, 聞先生直言正諫不諱." 王斗對曰: "王聞之過, 斗生於亂世, 事亂君, 焉敢直言進諫."

宣王忿然作色不說. 有間.

王斗曰: "昔先君桓公所好者五, 九合諸侯, 一匡天下, 天子受籍, 立爲大伯, 今王有四焉."

宣王說, 曰: "寡人愚陋, 守齊國, 惟恐夫扛之, 焉能有四焉."

王斗曰: "否, 先君好馬, 王亦好馬; 先君好狗, 王亦好狗; 先君好酒, 王亦好酒; 先君好色, 王亦好色; 先君好士, 王不好士."

宣王曰: "當今之世無士, 寡人何好?"

王斗曰: "世無騏驎騄耳, 王駟已備矣; 世無東郭俊盧氏之狗, 王之走狗已具矣; 世無毛嬙西施, 王宮已充矣; 王亦不好士也, 何患無士."

王曰: "寡人憂國愛民, 固願得士以治之."

王斗曰: "王之憂國愛民, 不若王愛尺縠也."

王曰: "何謂也?"

王斗口: "王使人爲冠, 不使左右便辟而使工者. 何也. 爲能之也. 今王治齊, 非左右便辟舞使也. 臣故曰, 不如愛尺縠也."

宣王謝曰: "寡人有罪國家."

於是擧士五人任官, 齊國大治.

왕두가 이렇게 말한 것은 제 선왕의 면전에서 그의 결점을 풍자한 것이나 마찬가지였습니다. 하지만 제 선왕은 그것을 받아들이는 아량을 지니고 있었습니다. 진·한 이후의 제왕들처럼 걸핏하면 "처사들이 함부로 떠들어 댄다〔處士橫議〕" 혹은 "크게 불경스럽다〔大不敬〕"라는 죄목으로 처형하지 않았습니다.

## 이해관계에 따른 칭찬의 말

제 선왕이 신하의 권고와 간언을 들으려고 하지 않았고 인재를 기용하는 문제에서도 끝까지 신임하지 않거나, 그 사람이 배운 바를 쓰지 않고〔學非所用〕 쓰는 바가 그 사람의 장점이 아니었다〔用非所長〕고 지적한 것은 아마도 틀린 말은 아니었을 것입니다. 예를 들어 전임 재상인 추기의 완곡한 비유도 바로 그의 그러한 문제점을 지적한 것이었습니다.

추기는 키가 팔 척이 넘고 외모가 훌륭했는데, 아침에 의관을 갖추고 거울을 들여다보면서 그 처에게 말하기를 "나와 성북의 서공 가운데 누가 더 잘생겼소?" 하자 그 처가 말하였다. "당신은 매우 잘생겼습니다. 서공이 어찌 공에게 미칠 수 있겠습니까!"

성북의 서공은 제나라에서 잘생긴 사람이었다. 추기가 스스로 믿지 못하여 다시 그 첩에게 묻기를 "나와 서공 가운데 누가 더 잘생겼느냐?" 하자 그 첩이 말하였다. "서공이 어찌 당신에게 미칠 수 있겠습니까."

다음날 객이 바깥에서 와서 함께 앉아 이야기를 나누었는데, 객에게 묻기를 "나와 서공 가운데 누가 더 잘생겼소?" 하자 객이 말하였다. "서공은 당신이 잘생긴 것만 못합니다."

다음날 서공이 왔는데 자세히 보더니 자신이 그보다 못생겼다고 스스로 생각하여 거울을 들여다보면서 바라보았는데 역시나 훨씬 못생겼다. 저녁에 잠자리에 들어 곰곰이 생각하더니 말하였다. "내 처가 나를 잘생겼다고 한 것은 나를 사사로이 여기기 때문이고 첩이 나를 잘생겼다고 한 것은 나를 두려워하기 때문이며 객이 나를 잘생겼다고 한 것은 나에게 구하는 바가 있어서였다."

　그리하여 조정에 들어가 위왕을 알현하고 말하였다. "신은 진실로 신이 서공의 잘생긴 것만 못함을 알고 있는데, 신의 처는 신을 사사로이 여기고 신의 첩은 신을 두려워하고 신의 객은 신에게 구하는 바가 있기 때문에 모두 신이 서공보다 잘생겼다고 하였습니다. 지금 제나라는 땅이 사방 천 리이고 백이십 개의 성을 소유하였는데, 비빈이나 가까운 신하는 왕을 사사로이 여기지 않는 이가 없고 조정의 신하는 왕을 두려워하지 않는 이가 없으며 사경 안에는 왕에게 구하는 바가 없는 이가 없습니다. 이것을 보건데 왕께는 가려진 바가 심할 것입니다!"

　왕이 말하였다. "훌륭하다!" 그리하여 명령을 내렸다. "여러 신하들과 관리와 백성 가운데 면전에서 과인의 잘못을 꾸짖을 수 있는 자는 상등의 상을 받을 것이고, 상서를 올려 과인에게 간언하는 자는 중등의 상을 받을 것이며, 저잣거리나 조정에서 헐뜯고 의론하여 과인의 귀에 들리게 하는 자는 하등의 상을 받을 것이다."

　처음 명령이 내려지자 군신들이 나아와 간언하니 왕궁 문과 뜰이 시장 같았는데 몇 개월 뒤에는 간간이 나아왔다. 일 넌 뒤에는 말하고자 해도 나아갈 만한 것이 없었다. 연나라 조나라 한나라 위나라에서 그것을 듣고 모두 제나라로 와서 알현하였으니 이것이 이른바 조정에서 싸워 승리함이다.

　鄒忌脩八尺有餘, 身體昳麗, 朝服衣冠, 窺鏡, 謂其妻曰: "我孰與城北徐公美?" 其妻曰: "君美甚, 徐公何能及公也!"

城北徐公, 齊國之美麗者也. 忌不自信而復問其妾曰: "吾孰與徐公美?" 妾曰: "徐公何能及君也."

旦日客從外來, 與坐談, 問之客曰: "吾與徐公孰美?" 客曰: "徐公不若君之美也."

明日, 徐公來, 孰視之, 自以爲不如, 窺鏡而自視, 又弗如遠甚. 暮寢而思之, 曰: "吾妻之美我者, 私我也; 妾之美我者, 畏我也; 客之美我者, 欲有求於我也."

於是入朝, 見威王曰: "臣誠知不如徐公美. 臣之妻私臣, 臣之妾畏臣, 臣之客欲有求於臣, 皆以美於徐公. 今齊地方千里, 百二十城, 宮婦左右, 莫不私王; 朝廷之臣, 莫不畏王; 四境之內, 莫不有求於王. 由此觀之, 王之蔽甚矣!"

王曰: "善!" 乃下令: "群臣吏民能面刺寡人之過者, 受上賞; 上書諫寡人者, 受中賞; 能謗議於市朝, 聞寡人之耳, 受下賞."

令初下, 群臣進諫, 門庭若市, 數月之後, 時時而間進. 期年之後, 雖欲言, 無可進者. 燕趙韓魏聞之, 皆朝於齊, 此所謂戰勝於朝廷.


# 가난하고 미천한 사람이 교만하게 군다

비록 선왕에게 사람을 기용하고 끝까지 신임하지 못하는 폐단이 있기는 했지만 안촉의 강한 반박에 분노의 기세를 누그러뜨리고 제자(弟子)의 예를 취하고자 했습니다. 안촉은 끝내 벼슬을 사양하고 받지 않았는데, 아마도 그가 현자(賢者)는 예우하되 하사(下士)에게는 진실되지 못했기 때문일 것입니다.

제 선왕이 안촉을 만나서 말하였다. "안촉은 앞으로 나오시오." 안촉 또

한 말하였다. "왕께서는 앞으로 나오십시오." 선왕이 불쾌한 기색을 하자 좌우의 신하들이 말하였다. "왕께서는 백성들의 군주시요 안촉 당신은 군주의 신하요. 왕께서 '안촉은 나오시오'라고 말하는데 안촉 당신이 '왕께서 나오시오'라고 말하는 것이 맞습니까?"

안촉이 대답하였다. "제가 앞으로 나가면 권세를 사모하는 것이 되고 왕께서 앞으로 나오시면 선비를 좇는 것이 됩니다. 저로 하여금 권세를 사모하게 하는 것보다 차라리 왕께서 선비를 좇게 하는 것이 낫습니다." 왕이 성난 기색을 띠고 말하였다. "왕이 귀한가, 선비가 귀한가?"

안촉이 대답하였다. "선비가 귀하지 왕은 귀하지 않습니다." 왕이 말하였다. "그런 말이 있는가?" 촉이 말하였다. "있습니다. 지난날 진나라가 제나라를 공격하였을 때 명령을 내리기를 '유하계의 무덤 오십 보 안에서 나무를 하는 자는 사형에 처하고 용서하지 않는다' 하였습니다. 또 명령을 내리기를 '제 선왕의 머리를 가져오는 자는 만호후에 봉하고 금 일천 일을 하사한다' 하였습니다. 이것으로 보건대 살아 있는 왕의 머리가 죽은 선비의 무덤만 못합니다."

좌우의 신하들이 모두 말하였다. "안촉은 앞으로 나오시오, 안촉은 앞으로 나오시오. 왕께서 천승의 땅을 차지하고 천 석의 종과 만 석의 거를 세우시니 천하의 선비가 모두 와서 신하가 되었소. 구변과 지혜를 지닌 자들이 나아와 말하지 않는 자가 없고 동서남북에 감히 복종하지 않는 자가 없소. 만물이 구비되지 않은 것이 없고 백성이 따르지 않는 자가 없소. 하지만 지금 선비 가운데 높은 자라도 필부라 칭해지면서 그저 맨발로 농촌의 밭두둑에 처박혀 있고, 그보다 못한 자는 비루하고 촌스러워서 마을의 문지기나 되었으니 선비의 천함이 또한 심하오!"

안촉이 대답하였다. "그렇지 않습니다. 내가 들으니 옛날 우임금 때에는 제후가 일 만이었다 하는데 어찌해서였겠습니까? 후한 덕의 도로써 선비의 힘을 귀하게 여겼기 때문입니다. 그러므로 순은 농촌의 밭두둑에서 일어나서 촌스러웠음에도 천자가 되었습니다. 탕왕 때에 이르러서는 제후가 삼천이었습니다. 지금 세상에는 남쪽을 향하여 과인을 칭하는 자가 스물넷뿐입니다. 이것으로 보건대 정책의 득실 때문이 아니겠습니까. 점점 죽이고 멸하여 멸족의 때가 되어 마을의 문지기가 되고자 한들 어찌 가능하겠습니까? 그런 까닭에 『역전』에 이르지 않았습니까? '높은 지위에 거하면서 실제가 그에 따르지 못하여 그 명성만 기뻐하는 자는 반드시 그 행위가 교만하고 사치스러우니, 거만하고 교만하고 사치스러우면 흉한 일이 반드시 그를 따른다. 그런 까닭에 실질이 없으면서 그 명성만 기뻐하는 자는 깎이고, 덕이 없으면서 그 복만 바라는 자는 묶이고, 공이 없으면서 녹을 받는 자는 욕을 당하니 반드시 화를 움켜쥐게 된다.' 그러므로 말하기를 '공을 자랑하면 공을 세우지 못하고 소원이 허망하면 이르지 않는다' 하였습니다. 이것은 모두 그 명성은 즐거워하면서 실제적인 덕은 없는 것입니다.

그러므로 요임금에게는 아홉 명의 보좌가 있었고 순임금에게는 일곱 명의 친구가 있었으며 우임금에게는 다섯 명의 승이 있었고 탕에게는 세 명의 보가 있었습니다. 옛날부터 지금까지 헛되이 천하에 명성을 이룰 수 있었던 사람은 없었습니다. 그러므로 군왕은 서둘러 묻는 것을 부끄러워하지 않고 아랫사람에게 배우는 것을 부끄러워하지 않습니다. 그렇게 해서 도덕을 완성하고 후세에 공명을 날린 사람이 요, 순, 우, 탕, 주 문왕입니다. 그러므로 말하기를 '형상이 없는 것이 형상의 군주이고 단서가 없는 것이 일의 근본이다'라고 하였습니다.

무릇 위로 그 근원을 살피고 아래로 그 흐름에 통해서 성인의 밝은 학문에 이른다면 어찌 길하지 않음이 있겠습니까. 노자가 말하기를 '비록 귀하더라도 반드시 천함을 근본으로 삼고 비록 높더라도 반드시 낮음을 기초로 삼는다' 하였습니다. 그러므로 제후 왕이 스스로를 고, 과, 불곡이라 칭한 것은 천함을 근본으로 삼았기 때문입니다.

무릇 외롭고 적은 것은 사람들이 싫어하고 천히 여기는 낮은 지위입니다. 그런데 제후 왕이 그런 말로 스스로를 칭한 것이 어찌 사람들의 아래로 내려가서 선비를 높이려는 뜻이 아니겠습니까? 무릇 요임금이 순임금에게 전하고 순임금이 우임금에게 전하고 주 성왕이 주공 단을 임용하여 세세에 현명한 군주라 칭해졌으니 그러므로 선비가 귀한 것이 분명합니다."

선왕이 말하였다. "아! 군자를 어찌 모욕할 수 있으리, 과인이 스스로 잘못을 저질렀을 따름이오! 이제 군자의 말을 들었고 이제 소인의 행동을 들었으니 원컨대 제자로 받아들여 주시기를 청합니다. 그렇게 되면 안 선생께서는 과인과 더불어 즐기고 식사는 반드시 태뢰로 할 것이며 외출할 때에는 반드시 수레를 탈 것이고 처자의 의복도 화려할 것입니다."

안촉이 사양하며 말하였다. "무릇 옥은 산에서 나서 그릇이 되려면 깨져야 하지만 깨졌다고 해서 보배롭고 귀하지 않은 것은 아닙니다. 그렇지만 처음의 질박한 옥처럼 온전하지는 못합니다. 선비가 비루하고 미천한 데에서 태어나 추천을 받아 관리가 되면 녹을 받지만 그렇다고 해서 존귀함을 이루지 못하지는 않습니다. 그러나 형상과 정신이 온전하지는 못합니다. 저는 돌아가서 늦은 식사를 고기반찬 삼고 편안한 걸음을 수레 삼으며 죄 없음을 귀함으로 삼아 청정함과 올바름으로 스스로 즐겁게 하기를 원합니다. 명령을 만드는 자는 왕이시고 충성을 다하여 직언하는 자는 저 촉입니다. 제가 말하고자 하는 바를 이미 다 말하였으니 원하옵건대 돌아가게 하셔서 편안히 신의 고향집으로 되돌아갈 수 있기를 원합니다." 재배하고는 사양하며 떠나갔다.

군자가 말하였다. "촉은 족함을 아는구나. 참되고 질박함으로 돌아갔으니 종신토록 욕됨을 당하지 않을 것이다."

齊宣王見顏斶, 曰: "斶前." 斶亦曰: "王前." 宣王不說, 左右曰: "王, 人君也. 斶, 人臣也. 王曰『斶前』, 斶亦曰『王前』, 可乎?"

斶對曰: "夫斶前爲慕勢, 王前爲趨士. 與使斶爲慕勢, 不如使王爲趨士." 王忿然作色, 曰: "王者貴乎? 士貴乎?"

對曰: "士貴耳, 王者不貴." 王曰: "有說乎?" 斶曰: "有, 昔者秦攻齊, 令曰: 『有敢去柳下季壟五十步而樵采者, 死不赦.』令曰: 『有能得齊宣王頭者, 封萬戶侯, 賜金千鎰.』由是觀之, 生王之頭, 曾不若死士之壟也."

左右皆曰: "斶來, 斶來, 大王據千乘之地, 而建千石鍾, 萬石簴, 天下之士, 皆爲役處; 辯知並進, 莫不來語; 東西南北, 莫敢不服. 萬物無不備具, 而百姓無不親附. 今夫士之高者, 乃稱匹夫, 徒步而處農畝, 下則鄙野, 監門閭里, 士之賤也, 亦甚矣."

斶對曰: "不然, 斶聞古大禹之時, 諸侯萬國. 何則? 德厚之道, 得貴士之力也. 故舜起農畝, 出於野鄙, 而爲天子. 及湯之時, 諸侯三千. 當今之世, 南面稱寡者, 乃二十四. 由此觀之, 非得失之策與, 稍稍誅滅, 滅亡無族之時, 欲爲監門閭里, 安可得而有也哉. 是故易傳不云乎: 『居上位, 未得其實, 以喜其爲名者, 必以驕奢爲行, 據慢驕奢, 則凶必從之. 是故無其實而喜其名者削; 無德而望其福者約; 無功而受其祿者辱, 禍必握.』故曰『矜功不立, 虛願不至.』此皆幸樂其名, 而無其實德者也.

是以堯有九佐, 舜有七友, 禹有五丞, 湯有三輔. 自古及今, 而能虛成名於天下者, 無有. 是以君王無差亞問, 不媿下學. 是故成其道德, 而揚功名於後世者, 堯舜禹湯周文王是也. 故曰『無形者, 形之君也; 無端者, 事之本也.』

夫上見其原, 下通其流, 至聖人明學, 何不吉之有哉. 老子曰: 『雖貴, 必以賤爲本; 雖高, 必以下爲基.』是以侯王稱孤寡不穀, 是其賤之本與.

夫孤寡者, 人之困賤下位也. 而侯王以自謂, 豈非下人而尊貴士與? 夫堯傳舜, 舜傳禹, 周成王任周公旦, 而世世稱曰明主, 是以明乎士之貴也."

宣王曰: "嗟乎! 君子焉可侮哉, 寡人自取病耳! 及今聞君子之言, 乃今聞細人之行, 願請受爲弟子. 且顔先生與寡人游, 食必太牢, 出必乘車, 妻子衣服麗都."

　顔斶辭去曰: "夫玉生於山, 制則破焉, 非弗寶貴矣. 然太璞不完. 士生乎鄙野, 推選則祿焉, 非不尊遂也. 然而形神不全. 斶願得歸, 晚食以當肉, 安步以當車, 無罪以當貴, 清靜貞正以自虞. 制言者王也, 盡忠直言者斶也, 言要道已備矣, 願得賜歸, 安行而反臣之邑屋." 則再拜而辭去.

　君子曰: "斶知足矣, 歸眞反璞, 則終身不辱也."


## 해학의 대가 순우곤

　순우곤(淳于髡)은 안촉의 태도와는 완전히 달랐습니다. 그는 해학이라는 방식을 활용하여 제 선왕의 쾌활한 구미에 맞췄습니다.

　그는 제나라의 데릴사위로 키가 칠 척이 못 되었지만 해학이 넘치고 말을 잘해서 일찌감치 제 위왕의 총애하는 신하가 되었습니다. 선왕 시대에도 마찬가지로 중용되었습니다. 그는 뜻이 있는 사람으로 맹자를 만난 적도 있었습니다. 맹자와의 대화는 다음 기회에 이야기하도록 하겠습니다.

　한번은 하루 동안에 동시에 일곱 명을 추천하여 제 선왕이 등용하도록 했습니다. 비록 선왕은 순우곤이 지나치다고 생각했지만 한차례 변론을 거친 후에는 순우곤의 말대로 그들을 임용했습니다.

　순우곤이 하루에 일곱 명의 선비를 선왕에게 알현시켰다.

　왕이 말하였다. "그대는 이리로 오시오. 과인이 들으니 천 리에서 선비 하나를 뽑아도 어깨를 부딪칠 정도로 늘어설 것이요, 백 세에 성인 하나가 나와도 발뒤꿈치가 닿을 정도로 이르게 된다 하였다. 지금 그대가 하루아침에 일곱 명의 선비를 만나게 하니 또한 선비가 너무 많은 것이 아닌가?"

순우곤이 말하였다. "그렇지 않습니다. 무릇 새는 날개가 같은 것끼리 모여서 살고 짐승은 발굽이 같은 것끼리 함께 다니는데, 이제 시호나 길경 같은 약초를 물가에서 구한다면 몇 세대를 지나더라도 하나도 얻지 못할 것입니다. 하지만 고서산과 양보산의 북쪽에 가면 빈 수레로 가더라도 가득실을 수 있습니다. 무릇 사물은 각기 모여 있는 밭이 있는데 지금 곤은 현자들의 밭입니다. 왕께서 곤에게 선비를 구하신다면 이는 냇가에서 물을 뜨고 횃불에서 불을 취하는 것과 같습니다. 곤은 장차 더 보여 드릴 것이니 어찌 일곱 명의 선비뿐이겠습니까."

淳于髡一日而見七士於宣王.

王曰: "子來, 寡人聞之, 千里而一士, 是比肩而立; 百世而一聖, 若隨踵而至也. 今子一朝而見七士, 則士不亦衆乎?"

淳于髡曰: "不然, 夫鳥同翼者而聚居, 獸同足者而俱行, 今求柴胡桔梗於沮澤, 則累世不得一焉. 及之睾黍梁父之陰, 則郄車而載耳. 夫物各有疇, 今髡賢者之疇也. 王求士於髡, 譬若挹水於河, 而取火於燧也. 髡將復見之, 豈特七士也."


그뿐 아니라 군사 방면에서도 다른 사람들이 말을 못하고 있을 때 순우곤은 재미있는 사냥개의 비유를 들었습니다. 선왕은 그의 말을 좇아서 즉시 원래의 작전 계획을 포기했습니다.


제나라가 위나라를 정벌하려고 하자 순우곤이 제왕에게 말하였다. "한자로는 천하에서 빠른 사냥개이고 동곽준은 해내에서 교활한 토끼입니다. 한자로가 동곽준을 뒤쫓았는데 산을 세 바퀴나 돌고 다섯 번이나 오르내리더니 토끼는 앞에서 피곤해지고 개는 뒤에서 지쳐서, 개와 토끼가 모두 달리기를 그만두고 각기 그 자리에서 죽었습니다. 농부가 그것을 보고 힘들게 일하지 않고 그 공을 차지하였습니다. 지금 제나라와 위나라가 서로 대치

해서 군사들은 지치고 백성들은 피폐해졌으니, 신은 강한 진나라와 큰 초
나라가 그 틈을 타서 농부의 공을 차지할까 두렵습니다.”

제왕이 두려워하며 군사를 쉬게 하였다.

齊欲伐魏, 淳于髡謂齊王曰:“韓子盧者, 天下之疾犬也. 東郭逡者, 海內之狡
兔也. 韓子盧逐東郭逡, 環山者三, 騰山者五, 兔極於前, 犬廢於後, 犬兔俱罷,
各死其處. 田父見之, 無勞勤之苦, 而擅其功. 今齊魏相持, 以頓其兵, 弊其衆,
臣恐強秦大楚承其後, 有田父之功.”

齊王懼, 謝將休士也.


또 한 번은 제 선왕이 위나라를 정벌하려고 하자 위나라에서 사람을 보
내 몰래 순우곤에게 선물을 주면서 공격을 저지시켜 줄 것을 청했습니다.
순우곤은 공공연히 뇌물 받기 좋아해서 선물을 받았습니다. 제 선왕에게
도 비밀리에 보고가 들어가 그 일을 알게 되었습니다. 하지만 그는 익살스
러운 설명으로 선왕의 구미에 맞추었고 결국에는 작전 계획을 취소시켰
습니다.


제나라가 위나라를 정벌하려고 하자 위나라에서 사람을 보내어 순우곤
에게 말하였다. “제나라가 위나라를 정벌하고자 하는데 위나라의 근심을
풀어 줄 수 있는 사람은 오직 선생뿐입니다. 저희 마을에는 귀한 옥 두 쌍과
무늬가 아름다운 말 여덟 필이 있는데 청컨대 선생에게 보내드리고자 합니
다.” 순우곤이 말하였다. “좋습니다!”

들어가서 제왕에게 말하였다. “초나라는 제나라의 적국이고 위나라는 동
맹국입니다. 무릇 동맹국을 정벌하여 적국으로 하여금 그 나머지를 제압하
게 함은, 명분상으로 부끄럽고 실질상으로 위험한 일이니 왕께서는 취하지
마십시오.”

제왕이 말하였다. "훌륭하다!" 이에 위나라를 정벌하지 않았다.

객이 제왕에게 말하였다. "순우곤이 위나라를 정벌하지 말라고 한 것은 위나라의 옥과 말을 받았기 때문입니다."

왕이 그것을 순우곤에게 말하였다. "선생이 위나라의 옥과 말을 받았다 들었는데 그런 일이 있는가?"

순우곤이 말하였다. "그런 일이 있습니다."

"그렇다면 선생이 과인을 위해 세운 계책은 어찌 되는가?"

순우곤이 말하였다. "위나라를 정벌하는 일을 그치게 하지 못하면 위나라가 저를 죽이겠지만 그것이 왕에게 어찌 유익한 일이겠습니까? 만약 진실로 그치게 하면 위나라가 저에게 벼슬을 내리겠지만 그것이 왕에게 어찌 손해가 되겠습니까? 또한 무릇 왕께는 동맹국을 정벌하였다는 비방이 없을 것이고, 위나라는 멸망당하는 위험이 없을 것이며, 백성에게는 전쟁으로 인한 환란이 없을 것이고, 저에게는 옥과 말이라는 보배가 생길 것이지만 그것이 어찌 왕을 해치는 일이겠습니까?"

齊欲伐魏, 魏使人謂淳于髡曰: "齊欲伐魏, 能解魏患, 惟先生也. 敝邑有寶璧二雙文馬二駟, 請致之先生." 淳于髡曰: "諾!"

入說齊王曰: "楚, 齊之仇敵也; 魏, 齊之與國也. 夫伐與國, 使仇敵制其餘敝, 名醜而實危, 爲王弗取也."

齊王曰: "善!" 乃不伐魏.

客謂齊王曰: "淳于髡言不伐魏者, 受魏之璧馬也."

王以謂淳于髡曰: "聞先生受魏之璧馬, 有諸?"

曰: "有之."

"然則先生之爲寡人計之何如?"

淳于髡曰: "伐魏之事不便, 魏雖刺髡, 於王何益? 若誠便, 魏雖封髡, 於王何損? 且夫王無伐與國之誹, 魏無見亡之危, 百姓無被兵之患, 髡有璧馬之寶, 於王何傷乎?"

# 전국 시대 양사의 기풍을 연 제 선왕

『사기』「전경중완세가(田敬仲完世家)」에는 제 선왕이 양사(養士)를 좋아했다고 서술하였는데, 마치 의회나 참정원(參政院)을 여는 것 같았으며 현재의 대학원에 해당한다고도 할 수 있습니다.

선왕이 문학과 유세하는 선비를 좋아하였는데 추연, 순우곤, 전병, 접자, 신도, 환연 같은 무리 칠십육 인에게 모두 집을 하사하고 상대부를 삼으니 정치는 하지 않고 의론을 일삼았다. 그리하여 제나라 직하의 학사들이 다시 왕성해져서 수백에서 천을 헤아렸다.

宣王喜文學遊說之士, 自如騶衍淳于髡田駢接子慎到環淵之徒七十六人, 皆賜列第, 爲上大夫, 不治而議論, 是以齊稷下學士復盛, 且數百千人.

그리하여 재상인 맹상군(孟嘗君) 전문(田文)도 그에게서 배워 양사(養士)를 즐겨 했습니다. 심지어 맹상군은 제 선왕과 서로 양사 경쟁을 하기도 했는데, 풍훤탄협(馮諼彈鋏)[68]이나 모수자천(毛遂自薦)[69] 및 계명구도

---

68 "풍훤이 칼을 두드리다"라는 뜻이다. 풍훤이라는 빈객이 칼을 두드리며 노래하면서 자신의 요구 조건을 말하자 맹상군이 모두 들어주었는데, 훗날 풍훤은 맹상군을 위해 '교토삼굴(狡兔三窟)'의 계책을 세워 주어 수십 년을 편안히 재상의 자리를 누리게 해 주었다.

69 "모수가 스스로를 추천하다"라는 뜻이다. 조왕(趙王)의 명으로 평원군이 초나라에 합종을 성사시키러 떠나면서 빈객을 모으는데, 무명의 빈객이던 모수가 스스로를 천거하여 함께 가서 초왕(楚王)을 설득하여 합종을 성사시켰다. 이후 평원군은 모수를 상객으로 모시고 후하게 대접했다.

(鷄鳴狗盜)의 무리[70] 같은 고사는 여러분도 다 잘 알고 계실 것입니다. 그의 문하에는 식객이 삼천 명이나 되었다고 합니다. 노중련(魯仲連) 같은 훌륭한 선비 역시 맹상군의 상객(上客)이었습니다.

제 선왕과 맹상군이 경쟁적으로 객(客)을 좋아함으로써 전국 시대의 양사의 기풍을 열었습니다. 그 후로 위나라에는 신릉군(信陵君), 조나라에는 평원군(平原君), 초나라에는 춘신군(春申君)이 모두 호객(好客)과 양사(養士)를 부르짖으며 제후들을 움직여 국제 사회에 영향을 미쳤습니다.

하지만 양사의 기풍은 위 문후, 제 선왕, 연 소왕과 같은 환경과 도량과 식견이 있는 경우에나 그런대로 이익이 많고 폐해가 적었습니다. 전국 시대 말기에 이르면 맹상군과 신릉군 이후의 여타 공자들의 양사에 대해서는 그 이익과 폐해를 말하기가 어렵습니다. 심지어는 폐해가 이익보다 많았다고 할 수 있습니다. 사람과 사람 사이의 친분, 주인과 손님 사이의 감정이 이해관계에 기초하지 않는 경우는 참으로 많지 않습니다. 맹상군 역시 만년에는 제나라에서 쫓겨났는데, 비록 풍훤의 교토삼굴(狡兔三窟)[71]계책 덕분에 위나라에서 벼슬을 하고 설(薛) 땅에서 거주하기도 했지만, 훗

---

**70** "닭 울음 소리를 내고 개 흉내를 내어 도둑질하다"라는 뜻이다. 맹상군이 진 소양왕의 초청으로 진나라에 갔다가 승상 저리질의 참소로 처형당할 위기에 처했는데 닭 울음 소리를 잘 내는 빈객과 개 흉내를 내어 도둑질하는 빈객의 도움으로 위기에서 벗어났다. 그 둘은 평소에 닭 울음 소리를 잘 내는 것과 개 흉내를 잘 내는 것밖에 재주가 없어 다른 빈객들의 무시를 받았으나, 그 일로 맹상군은 두 사람을 상객으로 높이고 치하했다.

**71** 꾀 많은 토끼가 굴을 세 개나 가지고 있었기 때문에 죽음을 면할 수 있었다는 뜻이다. 교묘한 지혜로 위기를 피하거나 재난이 발생하기 전에 미리 준비를 해야 한다는 말이다. 풍훤이 맹상군의 봉지인 설(薛) 땅의 빚을 받으러 가서는 자기 마음대로 그들의 채무를 탕감해 주었는데, 일 년 후에 맹상군이 제나라에서 쫓겨나 봉지인 설 땅으로 가자 그 땅의 백성들이 맹상군을 환대했다. 맹상군이 풍훤에게 고마워하자 풍훤은 '교토삼굴'을 이야기하면서 자신이 맹상군을 위해 두 개의 굴을 더 준비할 것이라고 했다. 풍훤은 양 혜왕을 찾아가 맹상군을 재상으로 기용할 것을 건의했다. 양 혜왕이 그를 재상으로 기용하려 하자 그 소식을 들은 제 민왕은 맹상군에게 사과하고 다시 제나라로 불러들여 재상에 임용하였으며 설 땅에 종묘를 세울 수 있게 허락해 주었다.

날 다시 고국에 돌아왔어도 더는 지난날의 영광을 회복하지 못했습니다. 그 많던 문객들은 대부분 제 살 길을 찾아 떠났고, 맹상군 역시 그로 인해 인정세태를 알게 되었습니다.

맹상군이 제나라에서 쫓겨났다가 다시 돌아왔는데 담습자가 국경에서 맞이하며 맹상군에게 말하였다. "당신은 제나라 사대부에게 원한을 가지지 않았습니까?" 맹상군이 말하였다. "있지요." "당신에게는 그들을 죽이고 싶은 생각이 가득하지요?" 맹상군이 말하였다. "그렇습니다." 담습자가 말하였다. "일에는 반드시 이르고야 마는 것이 있고 이치에는 진실로 그럴 수밖에 없는 것이 있는데, 당신은 그것을 알고 계십니까?" 맹상군이 말하였다. "모릅니다."

담습자가 말하였다. "반드시 이르고야 마는 일이란 죽음이며 진실로 그럴 수밖에 없는 이치란 부귀하면 모여들고 빈천하면 떠나는 것이니, 이것이 반드시 이르고야 마는 일이요 진실로 그럴 수밖에 없는 이치입니다. 청컨대 시장을 비유로 들면 아침에는 시장에 사람이 가득하지만 저녁이 되면 텅 비어 버립니다. 아침에는 시장을 사랑하다가 저녁이 되면 그것을 미워해서가 아니라 구하는 것이 있으면 가고 없으면 떠나는 것이니, 원컨대 당신은 원망하지 마십시오."

맹상군은 이에 원한을 가졌던 오백 명의 명부를 깎아서 없애 버리고 다시는 감히 말하지 않았다. 맹상군은 돌아와서 병을 핑계로 설 땅에서 여생을 보냈다.

孟嘗君逐齊而復反, 譚拾子迎之於境, 謂孟嘗君曰: "君得無有所怨齊士大夫." 孟嘗君曰: "有." "君滿意殺之乎?" 孟嘗君曰: "然." 譚拾子曰: "事有必至, 理有固然, 君知之乎?" 孟嘗君曰: "不知."

譚拾子曰: "事之必至者, 死也; 理之固然者, 富貴則就之, 貧賤則去之, 此事

之必至, 理之固然者. 請以市諭, 市朝則滿, 夕則虛, 非朝愛市而夕憎之也, 求存
故往, 亡故去, 願君勿怨."

孟嘗君乃取所怨五百牒削去之, 不敢以爲言. 孟嘗君旣反, 因謝病, 老於薛.


훗날 조나라의 대장군 염파(廉頗) 역시 재기하려고 할 때 맹상군과 똑같
은 상황을 재연하기도 했습니다.


# 혼탁한 세상을 홀로 걸어간 맹자

제 선왕 시대에 양사(養士)의 기풍이 그토록 성행하고 제나라에 유세하
는 선비 또한 그토록 많았지만, 모두가 군왕의 비위를 맞추거나 재상의 기
분을 살펴서 개인의 부귀공명을 취할 따름이었습니다.

우리의 아성 맹 선생님처럼 제 선왕이 특별히 중시하여 매사에 예를 갖
추어 대우한 경우는 확실히 흔하지 않았습니다. 세상의 인정이라는 것이
이익을 중시하고 고매한 식견은 경시하다 보니, 맹자가 가르치는 인의(仁
義)의 도를 제 선왕도 모르지는 않았지만 실행하기는 어려웠습니다. 바로
맹자가 말한 "할 수 없는 것이 아니라 하지 않는 것"이었습니다.

거꾸로 말하면 맹자가 공자를 배워 끝내 천고에 칭송받는 성인이 된 것
은, 할 수 없다는 것을 알면서도 그것을 행하는 좁은 길을 걸었기 때문입
니다. 훗날 순우곤은 맹 선생님을 안타까워하면서 자신이 그의 태도를 바
꾸는 데 영향을 주고자 했습니다. 하지만 맹자는 끝내 자신의 뜻을 굽혀
세상에 아부하기를 거부한 채 홀로 걸어갔습니다. 그렇기 때문에 『맹자』
에서 말하는 것은 모두 고금에 변할 수 없는 크나큰 경(經)이요 법(法)인
것입니다. 하나같이 올곧은 문장으로서 그는 절대로 삐뚤어진 아첨의 말

을 하려고 하지 않았습니다.

순우곤 같은 사람은 달랐습니다. 한번은 맹상군의 봉지인 설(薛) 땅에 어려움이 발생했는데, 제 선왕은 군사를 보내 도와주려고 하지 않았습니다. 결국 순우곤이 한바탕 익살을 떨어 제 선왕의 마음을 움직였습니다.

맹상군이 설 땅에 있을 때 초나라가 공격하였다. 순우곤이 제나라 사신으로 초나라에 갔다가 돌아오는 길에 설 땅을 들르게 되었는데, 맹상군이 사람을 시켜 예의를 갖추어 몸소 교외에 나가 맞이하였다. 순우곤에게 말하였다. "초나라가 설 땅을 공격하였는데 선생께서는 걱정해 주지 않으시니 제가 더 이상은 선생을 모실 수 없게 되었소." 순우곤이 말하였다. "명을 받들겠습니다."

제나라에 이르러 보고를 마쳤다. 왕이 말하였다. "초나라에서 무엇을 보았소?" 순우곤이 대답하였다. "초나라는 매우 고집스럽고 설 땅 또한 자신의 힘을 헤아리지 못하였습니다." 왕이 말하였다. "무엇을 말하는가?" 순우곤이 대답하였다. "설 땅은 자신의 힘을 헤아리지 못하고 선왕을 위한 묘당을 세웠습니다. 초나라가 고집스럽게 그 땅을 공격한다면 묘당은 틀림없이 위태로울 것입니다. 그러므로 말씀드리기를 설 땅은 자신의 힘을 헤아리지 못하였고 초나라 또한 매우 고집스럽다고 한 것입니다."

제왕이 안색을 부드럽게 하여 말하였다. "아! 선왕의 묘당이 거기에 있으니 얼른 군사를 보내어 구하라." 엎어져서 요청하고 절하며 호소하면 비록 얻는다 해도 야간의 도움뿐이다. 말을 잘하는 자가 그 형세를 진술하고 그 방법을 말하면 다른 사람의 다급함을 자신이 어려움 가운데 있는 듯 여기니, 어찌 강한 힘으로 공격할 필요가 있겠는가.

孟嘗君在薛, 荊人攻之. 淳于髡爲齊使於荊還, 反過薛, 而孟嘗君令人禮貌而親郊迎之. 謂淳于髡曰: "荊人攻薛, 夫子弗憂, 文無以復侍矣." 淳于髡曰: "敬聞命."

　至於齊, 畢報. 王曰: "何見於荊?" 對曰: "荊甚固, 而薛亦不量其力." 王曰: "何謂也?" 對曰: "薛不量其力, 而爲先王立淸廟. 荊固而攻之, 淸廟必危. 故曰: 薛不量力, 而荊亦甚固."

　齊王和其顔色, 曰: "譆, 先君之廟在焉, 疾興兵救之." 顚蹶之請, 望拜之謁, 雖得則薄矣. 善說者, 陳其勢, 言其方, 人之急也, 若自在隘窖之中, 豈用强力攻哉.

# 역사의 변화가 바로 정치의 인과응보다

추나라가 노나라와 더불어 싸웠다. 목공이 물었다. "내 유사로서 죽은 자가 서른세 명이나 되지만 백성들은 죽은 자가 없습니다. 그들을 베려 하면 이루 다 벨 수 없고, 베지 않는다면 그 윗사람이 죽는 것을 질시하면서 구해 주지 않습니다. 어떻게 하면 좋겠습니까?" 맹자께서 대답하셨다. "흉년과 기세에 군주의 백성들이, 노약자들은 시신이 골짜기에 뒹굴고 장성한 자들은 흩어져서 사방으로 간 자가 몇 천 명이나 됩니다. 군주의 창고는 곡식이 꽉 차 있으며 곳집에는 재화가 충만하거늘 유사 중에 아뢴 자가 없었습니다. 이것은 윗사람이 태만해서 아랫사람을 해친 것입니다. 증자께서 말씀하기를 '경계하고 경계하라! 네게서 나온 것은 네게로 돌아간다' 하였습니다. 무릇 백성들이 지금에서야 되갚을 수 있게 된 것이니 군주께서는 허물하지 마소서. 군주께서 인정을 행하시면 이 백성들이 그 윗사람을 친히 해서 어른을 위해 죽을 것입니다."

鄒與魯鬨. 穆公問曰: "吾有司死者三十三人, 而民莫之死也. 誅之, 則不可勝誅; 不誅, 則疾視其長上之死而不救. 如之何則可也?" 孟子對曰: "凶年饑歲,君之民, 老弱轉乎溝壑, 壯者散而之四方者, 幾千人矣. 而君之倉廩實, 府庫充; 有司莫以告. 是上慢而殘下也. 曾子曰:『戒之! 戒之! 出乎爾者, 反乎爾者也.』夫民今而後得反之也, 君無尤焉. 君行仁政, 斯民親其上, 死其長矣."

---

이것은 맹자 고향의 일입니다. 맹자는 추(鄒) 땅 사람이었는데, 추는 대략 현대의 작은 현(縣)만 한 크기였지만 어쨌든 하나의 나라로 부르겠습니다. 사실 추(鄒)나 주(邾)는 모두 노(魯)나라 경내에 속했으니, 현대의 관념으로 말한다면 노나라의 독립 시(市)에 해당합니다. 요즘 말하는 자치구와 비슷하다고 하겠습니다.

추와 노나라 사이에 권리상의 다툼이 발생했습니다. 아주 격렬한 충돌이었습니다. 추 목공이 맹자에게 물었습니다. "이번 노나라와의 격렬한 충돌 과정에서 나의 고위 간부들이 서른세 명이나 죽었습니다. 그런데 그 간부들의 관할 구역 백성들은 한 사람도 그들의 관리를 위해 죽으려 들지 않았습니다. 그 사람들을 죽여 버리려고 하면 그 수가 실로 너무 많아서 다 죽일 수가 없습니다. 그런데 죽이지 않으면 그들은 앞으로도 여전히 관리가 전사하는 것을 바라보면서 구원하려고 들지 않을 것이니, 그렇게 되면 안 되지 않겠습니까? 정말 죽일 수도 없고 안 죽일 수도 없으니 당신 생각에는 어떻게 해야 하겠습니까?"

맹자가 말했습니다. "평소 홍수나 가뭄으로 흉년이 들면 당신의 백성들은 먹을 것이 없습니다. 나이가 많고 몸이 약한 사람들은 길거리에 굶어 죽어 있고, 나이가 젊고 몸이 건장해서 움직일 수 있는 사람들은 고향을 떠나 타지를 전전합니다. 추나라처럼 작은 땅에서 도망한 사람이 수천 명에 달하니 전체 인구에 비한다면 대단히 높은 비율입니다. 하지만 당신 정부의 곡식 창고에는 양식이 넘쳐나고 재물 창고에는 돈이 넉넉해서 그 백성들을 도와줄 능력이 충분합니다. 그런데도 당신의 간부들은 그 당시에 백성들의 고통스러운 상황을 당신에게 보고하지 않았으니, 그들은 그처럼 교만스럽고 정사를 돌보지 않았던 것입니다. 결과적으로 얼마나 많은 백성들의 생명을 잃었는지 모릅니다.

공자의 학생인 증자는 일찍이 이렇게 말했습니다. '일을 할 때에는 특히 조심하고 근신해야 하니 모든 일에는 인과응보가 있다. 어떻게 나가든 그대로 되돌아오고 다른 사람을 어떻게 대하든 그 사람도 똑같이 너에게 대할 것이다.' 평소에 백성들이 그 관리들에게 고통을 당했기 때문에 이제 그들도 자신들의 관리의 곤경을 눈으로 지켜보면서도 구원해 주려고 나서지 않는 것입니다. 이것은 바로 그들이 굶주릴 때 관리가 자신들을 구원해 주지 않았던 것에 대한 일종의 보응인 셈이니, 목공 당신이 어떻게 그들을 탓하고 원망하겠습니까? 만약 지금부터라도 인정(仁政)을 실행하여 백성들을 아낀다면, 백성들은 당연히 그들의 관리를 존경할 것이며 관리가 곤경에 처하였을 때에는 목숨을 바쳐서라도 보호하고 도우려 들 것입니다."

이 단락에서 맹자가 이야기한 이론은 중국 정치 철학의 최고 원칙 가운데 하나이면서 정치 지도자의 최고 지도 원칙입니다. 중국 문화는 곳곳에서 인과(因果)를 강조하고 있습니다. 이 인과의 관념은 인도 불교가 중국에 전래된 이후에 비로소 확립된 것이 아니라, 이미 보편적으로 언어 문자에 응용되고 있었습니다. 『역경』에도 일찌감치 그런 사상이 들어 있었습니다. "선을 쌓은 집에는 반드시 남은 경사가 있고, 악을 쌓은 집에는 반드시 남은 재앙이 있다(積善之家, 必有餘慶, 積不善之家, 必有餘殃)." 『맹자』를 보더라도 여기에서 인용한 "네게서 나온 것은 네게로 돌아간다"라는 말 역시 인과응보의 관념입니다.

정치에서 역사의 변화가 바로 인과응보입니다. 우리가 만약 인과의 관점에서 역사를 살펴본다면 수많은 기묘한 상황을 발견할 수 있을 것입니다. 우리 눈앞에 펼쳐진 역사 현상으로 말하자면 이집트 대통령인 사다트는 대단한 인물입니다. 그날 제가 텔레비전을 켰을 때 그가 위험을 무릅쓰고 이스라엘을 방문하겠다고 말했다는 뉴스를 보고서, 저는 그가 영향력을 지닌 인물임을 알았습니다. 동시에 이스라엘의 베긴 총리 역시 분명 이집트를 답방하리라고 예상됩니다. 두 사람 모두 대단한 인물이며, 앞으로 중동 지역의 평화를 모색하고 유대인과 아랍 민족 사이의 오랜 원한을 푸는 데 도움을 줄 것이라 생각합니다. 만약 우리가 백 년 후에 지금의 이 역사를 되돌아본다면 두 사람 사이의 왕래 및 진심어린 화해를 모색한 인과응보는 인과율에서 아주 재미있고도 실증적인 사건일 것입니다.

동서고금에 모든 일이 이러한 인과율에서 벗어날 수 없습니다. 중국의 역사만 하더라도 모든 왕조가 그러합니다. 어떻게 강산을 얻게 되었든 바로 그런 방식으로 잃어버립니다. 어떤 방법으로 정권을 얻었든 마찬가지 방식으로 넘겨주게 됩니다. 외국의 역사를 자세히 연구해 봐도 이 법칙을 벗어나지 못합니다.

예를 하나 들어 보겠습니다. 송조의 황제 조광윤은 전해지는 바에 따르면 자신은 결코 황제가 되려는 생각이 없었다고 합니다. 그런데 진교(陳橋)에서 군사들이 변란을 일으키더니 부하들이 억지로 황제가 입는 황포를 그의 몸에 걸쳐 주었다는 것입니다. 당시의 황제는 후주(後周)의 시영(柴榮)이었습니다. 그는 황제 자리에 있을 때 죽었고 아들은 아직 어려서 겨우 예닐곱 살에 불과했습니다. 조광윤은 시영 당시에 전전점검사(殿前點檢使)였습니다. 오늘날의 헌병 총사령관 혹은 수도방위 사령관 같은 요직이었지요. 진교의 변란에서 황포를 몸에 걸치고 황제가 되었는데, 원(元) 초에 이르러 송 왕조가 무너졌을 때 어떤 사람은 대단히 탄식하며 다음과 같은 두 수의 시를 썼습니다.

진교에서 변란이 일어날 때를 기억하노니 　　　記得陳橋兵變時
과부와 고아를 속였었네 　　　　　　　　　欺她寡婦與孤兒
누가 알았으랴 이백 년 후에 　　　　　　　誰知二百餘年後
과부와 고아를 속이는 일 또다시 벌어질 줄 　寡婦孤兒又被欺

강산이 이제 또다시 누구에게 속하려는가 　　臥榻而今又屬誰
고개 돌려 강남으로 출정하는 깃발 바라보네 　江南回首見征旗
길가에 사람들 멀찍이 항복한 왕을 가리키는데 　路人遙指降王道
마치 후주 집안의 일곱 살 어린아이 같구나 　好似周家七歲兒

청 왕조를 보더라도 고아와 과부가 관문을 넘어 중국에 들어와서 주인이 되었지만, 마지막 황제는 또다시 과부와 고아가 되어 조용히 관문을 나갔습니다. 인과응보는 조금도 어긋나지 않습니다. 원나라 사람의 시를 읽고 일찍이 저도 흉내를 내어 이런 시를 써보았습니다.

제 발로 관문으로 들어온 과부와 고아는 　　寡婦孤兒自入關
쉽사리도 이 강산을 엿보았는데 　　　　　便宜佔盡此江山
과연 이백여 년이 지난 후에는 　　　　　果然二百餘年後
어머니와 아들의 출경이 어렵기만 하구나 　母子君臣出塞難

마지막 황제 부의(溥儀)가 군신의 조하(朝賀)를 받았을 때에는 아직 어린아이였습니다. 그를 안고 금란전(金鑾殿)의 큰 교의(交椅)에 앉았을 때 그가 큰 소리로 울기 시작하자 그의 아버지 섭정왕은 그를 다독이며 달랬습니다. "울지 마라, 곧 끝날 거란다." 과연 금방 끝장이 났습니다. 이것이 바로 "네게서 나온 것은 네게로 돌아간다"라는 이치입니다. 그러므로 국가도 그렇고 개인의 사업도 그렇고 모두 어떻게 시작했든 시작한 모양 그 대로 끝납니다. 시간의 흐름이 그것을 증명해 줍니다. 오랜 기간 관찰해 보면 필연율(必然律)이 성립한다고 말할 수 있습니다. 결코 우연히 그런 일이 일어나지는 않습니다.

『맹자』에 나오는 "노약자들은 시신이 골짜기에 뒹굴고 장성한 자들은 흩어져서 사방으로 간다"라는 이 두 구절은 특히 남다른 운치가 넘치는 데다 유독 서글프기까지 합니다. 어찌 전국 시대의 백성들만 그러하겠습니까? 거의 모든 세대의 백성들이 다 그렇게 고통스럽게 살아갔습니다. "노약자들은 시신이 골짜기에 뒹굴고 장성한 자들은 흩어져서 사방으로 간다"라는 모습은 유랑민들이 굶주림에 고통받는 참상입니다. 서글프고 가슴 아픕니다! 어찌 언어 문자로 다 형용할 수 있겠습니까. 사회의 빈곤과 질병이 이러한 상황에 이르렀으니 좌종당(左宗棠)의 시에서 말한 것과 꼭 같습니다.

| | |
|---|---|
| 아득한 세상사 팔짱 지르고 바라보니 | 世事悠悠袖手看 |
| 누가 장차 유술로 치안책을 세우랴 | 誰將儒術策治安 |
| 나라에 가혹한 정치 없어도 탐하고 의뢰하니 | 國無苛政貪猶賴 |
| 백성의 굶주린 마음은 어루만지기 어렵구나 | 民有飢心撫亦難 |

하지만 그렇다고 해서 이른바 상공업이 발달한 사회를 보면 어떻습니까? 『맹자』에 나오는 그런 비참함은 없지만 물질문명이 발달한 사회의 상황을 보면 농촌은 쇠락하고 황폐해지고 도시 문명은 기형적으로 발달했습니다. 그러한 변형의 결과 마찬가지로 "노약자들은 고향 땅을 힘겹게 지키고 장성한 자들은 흩어져서 사방에서 살아가는" 모습입니다. 특히 우리처럼 나라를 떠나고 싶어 안달하는 병적인 심리 상태를 지닌 사회는 똑

같은 슬픔을 지니게 될 것이니, 어찌 쇠퇴하고 혼란한 시대만 그러할 뿐이 겠습니까!

## 군주의 도와 신하의 절개

그 밖에 목공과 맹자의 대화에는 역사 철학과 정치 철학상 극히 중요한 문제가 나오는데, 특별히 토론할 필요가 있습니다.

본문에 추 목공의 질문에 근거해서 보면 그의 국가에 중대한 변고가 생겼습니다. 국토를 지킬 책임을 진 고위 간부들은 죽은 자도 적지 않았는데, 그들의 부하 및 기층 민중들은 아예 못 본 척하면서 마치 아무 상관도 없는 듯했습니다. 우리가 평소『맹자』를 읽어 보지만 중요한 점이 맹자의 문장 재기(才氣)에 덮여 버리는 경우가 종종 있습니다. 고문의 어조에 갇혀서 그 가운데 두 가지 극히 중대한 기본 문제를 소홀히 해 버렸다고도 말할 수 있습니다. 맹자가 당시에 진정을 다해서 분명하게 설명하지 않은 데다 후세의 우리들도 읽으면서 자세히 심사숙고하지 않고 대충대충 넘겨 버립니다.

중국 문화의 정치 철학적 전통 도덕 가운데 과거 역사에는 "군주의 도는 국가와 더불어 존망을 함께 하고, 신하의 절개는 충성을 다 바쳐 국사를 위해 죽는다〔君道與國共存亡, 臣節盡忠死國事〕"라는 변치 않는 원칙이 있었습니다. 삼대(三代) 이후 춘추 시대 뒤로는 군주제(君主制) 여부를 떠나서 이러한 민족 문화, 민족 교육의 기본 정신이 시종 변하지 않았습니다. 이처럼 기초가 깊고 두터운 민족정신은 물론 공자가 저술한『춘추』이후의 공맹 일파의 유가 학술 사상에서 가장 구체적으로 도움을 받았습니다. 하지만 송·원 이후로 하층에 더욱 튼튼하게 뿌리를 내리게 된 데는 역사 고사와 관련된 소설 몇 편의 공이 컸습니다. 『삼국연의(三國演義)』나 『정충악전(精忠岳傳)』 같은 소설들이 고유의 문화 도덕과 인의의 정신, 즉 신중하게 승낙하고 신의를 지키는 의기(義氣)의 풍모를 국민 생활의 마디 마디에 녹여 넣었습니다. 모든 사람의 마음, 모든 세대 자손의 마음 깊은 곳에 새겨 넣은 것입니다. 거기다 송·명 이래 이학가들이 신하의 도와 신하의 절개에서 심후한 수양을 강조함으로써 송·원·명·청 사이에는 죽음도 마다않는 신하의 절개와 충성을 다 바쳐 국가에 보답하는 사대부들의 전형이 이전 역사에 비해 더더욱 격렬하고 구체적이었으며 더더욱 장엄하고 존경스러웠습니다.

사실 이러한 뿌리 깊은 민족 문화의 정신은 그 유래가 깊어 결코 하루아침에 형성된 것이 아닙니다. 예를 들어 맹자는 왕도를 강조하면서 툭하면 주(周)를 개국한 문무(文武)의 업적을 들어 표방했습니다. 사실상 상(商)나라 주왕의 포학 때문에 주 무왕이 혁명을 일으키고 정치상 각종 노력을 기울였지만 근 백 년 동안, 현대인의 말로 표현하면 한 세기가 다 가도록 '은의 완고한 백성〔殷之頑民〕'은 끝끝내 주 왕조에 협력하지 않았습니다. 가장 두드러진 예가 바로 초기의 백이와 숙제가 "의를 지켜 주나라의 곡식을 먹지 않고〔義不食周粟〕" 수양산에서 굶어 죽은 경우입니다. 사실 역사에 기록된 '은의 완고한 백성'은 바로 전대 상(商) 왕조의 유민(遺民) 가운데 충절을 지킨 지사(志士)입니다. 역사를 기록한 사람의 입장에서 그들을 '완고한 백성'이라고 불렀던 것입니다. 그리하여 주 무왕은 제후들에게 분봉하면서 미자(微子)를 송(宋)에 봉함으로써 상(商)의 후손에게 제사를 지내게 했습니다. 과연 무왕의 인심(仁心)과 덕정(德政)이었으며 그와 동시에 민족정신을 배양하는 중요한 조치였습니다.

그 외에도 생각나는 대로 예를 들어 보겠습니다. 모두가 잘 아는 한나라 초 전횡(田橫)의 오백 장사들은 의를 지켜 한에 투항하지 않았는데, 단체로 자살함으로써 절개와 의를 보전했습니다. 항우의 팔천 자제병(子弟兵)들은 오강(烏江)에서 몽땅 전사했습니다. 이러한 예는 뚜렷하고 두드러져 사람들이 다 아는 역사 고사입니다. 역대로 국가의 성패나 존망이 걸린 시기에 칭송할 만하고 눈물 흘릴 만한 충신과 의사(義士)의 사적은 아주 많습니다. 이것은 중국 문화 특유의 정신이 지닌 장점이며 하나의 민족 국가가 그 기초를 세우는 근본 정신과 관계된 것이기도 합니다. 그러니 주의를 기울이지 않을 수 없으며 마땅히 대서특필해야 합니다. 가령 원 왕조와 청 왕조가 중원 땅에 들어오면서 전쟁을 치를 때, 죽어도 굽히지 않는 충의(忠義)의 신하를 만나거나 혹은 나중에 포로가 되었어도 투항하지 않는 충절의 지사를 만나면 능욕을 주지 않을 뿐 아니라 도리어 공경하고 예우했습니다. 비록 법에 의거해 형을 집행했더라도 죽은 후에 후하게 장례를 치러 줌으로써 충절을 지킨 영예로운 죽음에 경의를 표했습니다. 그에 반해 쉽게 투항하고 주인을 팔아 영광을 구한 사람들의 경우에는 그들을 위해 따로 '이신전(二臣傳)'을 만들어 절조에 결함이 있었음을 드러냈습니다. 이런 것들이 바로 중국 문화의 기본 정신입니다. 어찌 그런 것을 '우매한 충성(愚忠)'이라는 두 글자에 집어넣어 가볍게 말살시켜 버릴 수 있겠습니까. 게다가 그런 절조의 양성은 제왕 체제와 그다지 관계가 없습니다. 제왕이 선비를 양성하는 체제하에서만 충신의사(忠臣義士)의 기풍이 생겨나고, 민주제 시대에는 국가와 민족에 대해 이런 충의의 절조가 필요하지 않다고 말해서는 안 됩니다. 그것은 대단한 잘못이며 자신의 민족 문화에 대한 무지몽매입니다.

　주제에서 너무 멀어졌으니 다시 돌아와서 추 목공과의 대화를 살펴보도록 하겠습니다. 추나라는 전국 시대 당시에 작디작은 나라로서 그 미약함이 말할 수 없을 정도였습니다. 하지만 국가에 전란이 일어났을 때 국토를 지킬 책임이 있는 고위 신료들은 그처럼 많은 수가 죽었습니다. 그것은 결코 우연한 일이 아니라 추로(鄒魯) 지방의 문화적 기초가 깊고 두터웠음을 보여 주는 일이었습니다. 설사 주인이 나약하고 국가가 허약하더라도 문화 교육의 풍모는 시종 변하지 않았습니다. 그런데 추 목공은 거기에서 더 나아가 국내의 모든 백성이 충성을 다할 것을 요구했습니다. 하지만 그 문제는 그리 간단한 문제가 아니었습니다. 맹자는 그것이 당시 군주들에 대한 일종의 경고요 항의라고 대답했습니다. 이것이 바로 제가 조금 전에 특별히 주의해야 할 부분이라고 말한 것이고 동시에 중국 문화 역사 철학의 중요한 요점 가운데 하나입니다.

## 역사에서의 기층 정책

앞에서 중국 문화의 역사 철학에 관한 문제를 토론하다 보니, 공자가 『춘추』를 저술하여 난신적자(亂臣賊子)를 두렵게 만들었던 정신 이외에도 역대 왕조의 역사를 보면 하나같이 공자의 학술 요점을 계승하였음을 알 수 있습니다. 즉 『춘추』를 통해 현자(賢者)를 책망한 것입니다. 특히 군주의 성스러움과 신하의 현명함[君聖臣賢] 혹은 현명한 군주와 어진 재상[明君良相]을 요구하는 일관된 정신입니다. 하지만 그 수가 너무나 많은 일반 백성들에게는 지금껏 지나치게 가혹한 요구를 하지 않았습니다. 추 목공처럼 기층 백성들에게도 충성을 다 바치고 그들의 웃어른 즉 상관을 위해 충절을 지킬 것을 바라지는 않았습니다.

어떤 사람은 말합니다. 우리의 이십육사(二十六史)는 군정(軍政) 통치의 장부책일 뿐이라서 서양의 역사학 관점에 견주어 보면 크게 뒤떨어진다고요. 이 문제의 옳고 그름이나 좋고 나쁨은 잠시 보류해 두겠습니다. 지금은 다만 과거의 역사 기록이 군신(君臣) 사이에 치중하고 그것을 특별히 강조했다는 것만 이야기하겠습니다. 말하자면 인의(仁義)의 정강(政綱)을 집행하는 데 있어서 군주의 현명함과 어리석음, 신하의 충절과 간사함을 강조했습니다. 기층 지방을 다스리는 문제는 거의 홀시했습니다. 과거에도 이치(吏治)의 청명함 여부를 중시하기는 했습니다. 그러나 과거 역사에서 언급하는 이치(吏治)의 '이(吏)'가 벼슬아치[官]를 가리키는 말이기는 했지만 현대의 관념처럼 지방 행정의 기층 담당자까지 포괄하지는 않았습니다. 사실 제가 연구한 바에 따르면 이천 년 중국 정치사에서 어느 시대 어떤 정치 체제(예치와 법제)를 막론하고, 심지어는 군주제이든 민주제이든 모든 시대의 흥성과 변란의 기본적인 문제는 모두 이치(吏治), 즉 지방 행정의 기층 간부에서 비롯되었다고 말할 수 있습니다. 역대의 크고 작은 변란들의 최초 원인은 대부분 관리가 핍박하여 백성이 반란을 일으키는 데에 있었습니다. 과거에도 그러했고 근대에도 마찬가지입니다.

생각해 보십시오. 서재를 가득 채운 수많은 역사 문헌에는 정치를 논한 글이 수없이 많습니다. 가령 그 시대의 잘못된 폐단을 지적하는 상주문 및 정치사상과 정치 제도 및 정치 철학을 토론한 문장이 얼마나 많은지 모릅니다. 하지만 그 중심 사상은 모두 중앙 정부의 집정자에 대한 것이었습니다. 현명한 군주를 만나서 자신의 의견이 받아들여지게 되면 하루아침에 좋은 집에 살고 중앙 정부에 자리를 잡습니다. 관직이 높아질수록 민간의 질고와 멀어지고 백성의 고통과는 멀어집니다. 물어보겠습니다. 몇 사람이나 낮은 자리로 내려가기를 청하고 향촌과 민간에 깊이 들어가기를 원했습니까? 이정(里正)이니 보정(保正)[72]이니 하는 보잘것없는 기층 간부

---

[72] 지방에서 관청의 업무를 도와 자잘한 일들을 처리하던 사람을 가리키는 말이다. 진·한 시기에는 정장(亭長), 수·당 시기에는 이정(里正), 송나라 때는 보정(保正)이라 불렀다. 하나 혹은 몇 개의 마을을 담당하면서 지방 관청과 백성들 사이에서 일종의 중개자 역할을 수행했다.

가 되려고 했던 사람이 과연 있었습니까?

저 역시 항상 그 속의 이치를 생각해 봤지만 거의 영원히 모순되고 중재할 방법이 없다는 사실입니다. 비유하자면 아름답고 멋진 위대한 건축물은 외관상 귀하고 화려한 장식으로 치장되어 있습니다. 바닥의 흙과 모래와 돌멩이를 드러내 보여서는 절대 안 됩니다. 하지만 그 위대한 건축물이 굳건히 버틸 수 있는 것은 바닥의 두터운 흙과 모래가 없었다면 불가능합니다. 만약 반대로 사용했다면 아름답지 않을 뿐 아니라 아예 건물을 완성하지도 못했을 것입니다. 사람들은 겉으로 드러나는 화려함만 보고 기층의 공적은 언제나 망각해 버립니다. 그렇기 때문에 평민이 훌륭한 지식인이 되고 난 다음에는 점차 기층의 평민과 멀어집니다. 이 또한 반드시 이르고야 마는 일이요 진실로 그럴 수밖에 없는 이치〔事所必至, 理有固然〕입니다.

## 관리가 되어도 나쁜 짓은 하지 말라

가령 춘추 전국 시대에 선비를 뽑아 백성을 다스리게 함에 있어서, 사대부가 한번 벼슬길에 들어서면 이론상으로는 선정(善政)에 힘써 백성을 이롭게 해야 합니다. 하지만 실제로는 자신의 권세를 공고히 하는 데만 치중했으므로 백성의 고통으로부터 멀어지는 것은 당연했습니다. 한대(漢代)에는 지방을 태평하게 다스리는 데 치중하여 이천 석(石)의 군수 즉 태수(太守)를 중시했습니다. 하지만 하층 민중과의 거리는 여전히 멀었습니다. 당대(唐代)에는 자사(刺史)를 중시했습니다. 한대에 이천 석의 군수를 중시한 유풍인 셈입니다. 하지만 성당(盛唐) 이후의 자사는 대다수가 과거에 급제해 공명을 취한 진사들이 그 임무를 맡았기 때문에, "붓글씨 그

림 거문고 바둑 시 술 꽃, 그때는 어떤 경우에도 그것들과 헤어지지 않았
네〔書畫琴棋詩酒花, 當年件件不離他〕"라는 기개는 지니고 있었지만 기층 민
중의 질고와는 더욱더 멀어졌습니다. 그리하여 외부적으로는 번진(藩鎭)
이 권력을 휘둘러도 중앙 정부는 안중에도 두지 않았고, 내정(內廷)에서
는 환관이 정치를 좌지우지하고 여화(女禍)가 독판치고 있었으니 천하의
일은 물어보지 않아도 알 수 있습니다.

그러고 보니 명나라 사람의 통속적이고 해학적인 시 한 수가 생각나는
데 가벼운 기분으로 들어 보십시오. 이 시는 한 사람의 인생이 전환되는
상황을 묘사했습니다. 과거 역사에서 관리와 백성의 간격을 잘 보여 주는
동시에 아주 재미있습니다. 앞의 두 구가 바로 위에서 언급했던 "붓글씨
그림 거문고 바둑 시 술 꽃, 그때는 어떤 경우에도 그것들과 헤어지지 않
았네"라는 내용입니다. 구시대에 높은 벼슬에 오르고 명사(名士)를 겸했
던 인물을 묘사했다고 할 수 있습니다. 하지만 이어지는 내용은 "이제는
일마다 다 바뀌어 버렸으니 장작 쌀 기름 소금 장 식초 차로다〔而今事事都
更改, 柴米油鹽醬醋茶〕"라는 것입니다. 뒤의 두 구는 사회 기층 민생들의
모습에 대한 묘사라 할 수 있습니다. 혹은 퇴직 이후의 청렴하지만 고달픈
생활에 대한 묘사일 수도 있습니다. 유머가 넘치지 않습니까?

명·청 2대는 원 왕조의 정치 체제를 계승했습니다. 중앙급(中央級)인
조정 밑으로 삼급(三級) 정치 즉 소위 성치(省治), 부치(府治), 현치(縣治)
의 체계를 형성했습니다. 비록 친민(親民)을 중시하는 현관(顯官) 나리들
이었지만 그들은 대부분 진사(進士)나 거인(擧人) 출신의 외부 지방관이
었습니다. 자연히 열에 일고여덟은 책을 읽고 팔고문이나 짓는 서생이었
지요. 따라서 지방 정치는 전적으로 막료인 사야(師爺)에 의존해야 했습
니다. 관리의 개인 비서 역할을 했던 사야는 금전과 곡식, 즉 재무를 담당
하는 전곡(錢穀) 사야와 사법을 담당하는 형명(刑名) 사야의 두 부류가 있

었습니다. 그래서 어떤 사람은 이렇게 말합니다. 청대의 정치는 소흥(紹興) 사야가 좌지우지했다고 말입니다.[73] 위로는 내각중서아문(內閣中書衙門)에서 아래로는 부현(府縣)에 이르기까지 확실히 그랬습니다. 민간의 질고에 대해서는, 이른바 아랫사람의 사정을 윗사람에게 전달하는 일은 거의 하늘에 오르기보다 어려웠습니다.

우리는 지금 수박 겉핥기식으로 이러한 역사적 사실을 살펴보았지만, 과거의 일부 중국 정치 제도사에서 황제의 중앙 정부인 조정은 저 높은 공중에 홀로 매달려 있었음을 알 수 있습니다. 각급 관리들은 이론상으로는 위아래를 소통시켜 주고 백성을 위해 일을 처리해야 했지만, 사실상 일단 지방관이 되기만 하면 "하늘은 높고 황제는 멀리 있으니 원숭이가 패왕을 칭한다〔天高皇帝遠, 猴子稱覇王〕"라는 식으로 제 마음대로 하는 경우가 너무나 많았습니다. 생각해 보십시오. 그렇게 자신의 공을 도모하는데 백성을 위해 무슨 일을 처리할 수 있겠습니까? 그렇게 나라 일을 모의하는데 어떻게 망하지 않을 수 있겠습니까?

하지만 중국의 민족성이 본디 인의를 좋아하고 백성들은 시종 하늘의 법칙을 따르고 선량하기 때문에, 당신이 그들에게 맹자가 말한 것처럼 "풍년에는 종신토록 배불리 먹고 흉년에는 죽음을 면하게" 해 줄 수만 있다면, 즉 편안히 살면서 생업을 즐거워하게 해 줄 수만 있다면 삶이 비록 조금 힘들더라도 원망하지 않을 것입니다. 정말로 그들로 하여금 견딜 수 없게 만들고 정말로 앞길이 막막하게 만들지 않는 한, 황제가 되었든 관리가 되었든 그들은 상관하지 않을 것입니다. 이것이 중국 역사상 정치 철학의 중요한 요점 가운데 하나입니다.

---

**73** 청나라의 사야는 절강성(浙江省) 소흥현(紹興縣) 일대 사람이 가장 많고 능력 또한 뛰어났기 때문에 속칭 '소흥 사야'라 불렀다.

춘추 전국 시대 이후로 중국의 관리와 일반 백성들의 관계는 줄곧 그러했습니다. 추 목공이 맹자에게 질문했을 때에도 마찬가지였습니다. 그렇다면 그가 맹자에게 그런 질문을 했을 때 백성들을 죽여서라도 분노를 풀고 싶어 했던 내심이 어찌 정치 원칙을 벗어난 것이 아니며 너무 지나친 처사가 아니겠습니까?

현대는 민주 시대이고 기층 정치를 중시하는 시대입니다. 국민을 위해 봉사하는 기층 정치는 사실 신성하고 위대한 사명이며 결코 간단하지 않습니다. 최상층에서부터 중앙 각 부서의 명령이 한 조항 한 조항 모두 기층으로 모여듭니다. 그 사이에 사무의 번다함과 두서없음은 상층의 집정자들이 매일같이 조회를 열고 수시로 회의를 하는 고통에 조금도 뒤지지 않습니다. 거기다 가장 힘든 일은 각 부서에서 내려오는 명령들 사이에 총체적인 조율이 부족하다 보니 그 명령이 기층에 하달되었을 때에는 서로 모순되는 곳이 생겨 집행하지 못하고 내버려 두는 수밖에 없는 경우가 많습니다. 또 어떤 명령은 갑의 경우에는 집행할 수 있지만 을의 경우에는 적용할 수가 없고 병의 경우에는 더더욱 맞지 않더라도 관례대로 행하고 그대로 시행해야 합니다. 정말로 실행하기 어려운 경우에는 그 일을 방치하는 수밖에 없습니다. 게다가 가장 중요한 것은 높은 관직과 후한 녹봉 같은 명분과 실질이 모두 상층 조정에 집중된다는 사실입니다. 기층 업무에 종사하는 사람은 지옥에라도 들어가려는 보살의 마음과 굳이 내가 성공해야 할 필요는 없다는 성현의 도량을 지녀야 합니다. 그런 상황을 저역시 가끔 생각해 보곤 합니다. 만약 나에게 산간벽지로 가서 장기간 초등학교 교원을 맡으라고 한다면 참으로 기꺼이 전심전력해서 해낼 수 있을까? 제 답은 "반드시 그렇지만은 않다"라는 것입니다. 자신이 원하지 않는 바를 어떻게 다른 사람에게 바랄 수 있겠습니까? 입장을 바꾸어서 생각하면 어떻게 다른 사람에게 요구할 수 있겠습니까?

어쨌든 제가 얻은 결론은 이렇습니다. 옛날부터 지금까지 기층의 업무는, 능력 있는 사람은 하려고 들지 않고 하려고 하는 사람은 능력이 없습니다. 그래서 결국 업무에 참여하는 사람은 능력이 없는 사람 아니면 하려고 들지 않는 사람입니다. 정부를 돕는다는 것이 오히려 방해나 하고 민심을 잃어버리는 일을 하는 경우가 왕왕 있으니 그 노릇을 어떻게 해야 합니까? 횡령을 하고 안 하고는 부차적인 문제이니 토론할 필요가 없습니다.

가끔 친구들이 저에게 미국의 사회 정치를 이야기하는데, 기층 업무의 종사자들이 얼마나 훌륭하며 그 때문에 오늘날의 성취가 있게 되었노라고 말합니다. 그러면 저 역시 맞는 말이라고 이야기합니다. 미국은 아직 젊고 역사가 짧아서 역사 문화의 부담도 가볍습니다. 심지어 아직은 역사 문화의 부담을 짊어지지 않았다고 할 수 있습니다. 저는 오히려 그들을 축복해 주면서 영원히 지금처럼 젊어서 역사 문화의 부담을 짊어지지 않는 편이 좋다고 말하고 싶습니다. 일단 세월이 흐르면 역사 문화의 기반이 더욱 두터워져서 개혁하고자 해도 더 어려워집니다. 모르는 사이에 서서히 감화되어 지금처럼 그렇게 즉시 효과를 거둘 수 없기 때문입니다.

선거를 거쳐서 민간에서 나온 현대 관원들의 경우에는 그들의 공과(功過) 시비(是非)와 선악은 역사의 평가를 기다려 봐야겠지요. 하지만 절대로 잊지 마십시오. 역사는 공평한 저울입니다. 또 높이 매달린 맑은 거울이 선악을 비춰 주며 원래의 모습을 완전히 드러내 주기도 합니다. 그러니 조심해서 일을 하고 민족 문화의 보전(寶典)을 많이 읽어서 인심(仁心)과 인술(仁術)을 배양함으로써 자기 자신을 세우고 다른 사람을 세워야 할 것입니다.

명대의 풍몽룡(馮夢龍)은 황당무계한 논조의 소품(小品)을 아주 잘 썼습니다. 그 한 구절을 베껴 와서 스스로 민주 시대에 민의를 대표한다고 생각하는 젊은 친구들에게 참고 거리를 주고자 합니다.

옛날 부평 손총재가 자리에 있을 때 진사와 알선들이 모두 가서 가르침을 받았다. 손총재가 말하기를 "관리가 되어서 크게 어려운 일은 없으나 오직 나쁜 짓을 하지 말라" 하였다. 참으로 명신의 말이다.

昔富平孫冢宰在位日，諸進士謁選，齊往受敎. 孫曰: 做官無大難事, 只莫作怪. 眞名臣之言也.

어찌 관리가 되어서뿐이겠습니까? 사람 노릇 하는 것도 마찬가지입니다. 민주 시대의 민선(民選)은 더더욱 나쁜 짓을 해서는 안 됩니다. 유머러스한 듯해도 사실은 엄숙하기 짝이 없는 이 소품문을 본 다음에, 맹자가 추 목공에게 대답한 것을 되돌아보면 이렇게 말할 수 있습니다. 국토를 지킬 책임을 지닌 목공의 관리들은 일찌감치 너무나 나쁜 짓을 해서 민심을 잃어버렸습니다. 그런 까닭에 맹자의 결론은 "군주께서는 허물하지 마소서"라는 한 마디였습니다. 어떻게 백성들을 탓할 수 있겠습니까!

그 밖에 추 목공의 관념 속에는 국토를 지킬 책임을 지닌 중신들은 충성을 다했는데 왜 하층의 간부들은 그들을 위해 절개를 지키지 못했는가 하는 생각도 있었습니다. 그런 이치를 이론상으로 이야기하려면 더 길어질 것입니다. 아무튼 중국 문화의 중심은 유가가 되었든 제자백가의 학술 수양이 되었든 사람 노릇과 일 처리의 합일을 추구했음을 알아야 합니다. 역사를 자세히 들여다보면 어떤 사람의 일생은 사업과 공명에는 성취를 거두었지만 사람 노릇에서는 성공했다고 말할 수 없음을 알 수 있습니다. 또 어떤 사람은 평생 사람 노릇에는 성공했지만 사업과 공명의 성취는 조금도 없었습니다. 그 둘을 겸해서 지닐 수 있다면 마땅히 성(聖) 아니면 현(賢)이라고 하겠습니다.

예를 들어 명대의 명신 장거정(張居正)은 만력(萬曆) 당시의 권신이자 명재상이었습니다. 대정치가라 할 만하지만 성격이 급하고 수양이 부족해서, 이를테면 너무 조급하게 정치를 하다 보니 기개 있는 선비를 수용하지 못하는 경우가 왕왕 있었습니다. 수많은 이학(理學) 명유(名儒)들이 의견이 맞지 않는다는 이유로 탄압을 받았습니다. 그가 정치를 하는 동안 확실히 부국강병을 이루어 내기는 했으니 실로 그 공을 덮어 버릴 수는 없습니다. 하지만 그가 죽은 후 끝내 집안은 파산하였고 큰아들은 목을 매어 죽었으며 부인 역시 떠돌아다니는 신세가 되었습니다. 과연 명대의 주씨 왕조는 공신들을 가혹하게 대함으로써 크게 실덕(失德)하는 부분이 많았습니다. 장거정은 사업에서는 성공했지만 사람 노릇에서는 실패했기 때문에 두 부분을 따로 나누어서 말해야만 합니다. 당시 어떤 사람이 장거정의 집을 지나가다가 잡초가 우거져서 처량하기 짝이 없는 광경을 보고는 화려하던 당시와 비교되어 감회가 솟구쳤습니다. 그래서 붓을 들어 허물어진 담벼락 위에 이렇게 썼습니다. "은혜와 원망이 다했을 때 논의가 정해지고 국경이 위태로운 날에 재능 있는 사람을 만나기는 어렵네〔恩怨盡時歸論定, 封疆危日見才難〕." 이 두 구절과 장거정의 평생은 추 목공이 맹자에게 질문한 문제의 답으로 삼을 만합니다.


## 강대국 사이에 낀 약소국의 어려움

등 문공이 물었다. "등나라는 작은 나라로 제나라와 초나라 사이에 끼어 있으니 제나라를 섬겨야 합니까, 초나라를 섬겨야 합니까?" 맹자께서 대답하셨다. "이 계책은 제가 미칠 수 있는 바가 아닙니다. 하지만 굳이 말하라고 하신다면 한 가지 방법이 있습니다. 못을 깊이 파고 성을 높이 쌓아 백성과 더불어 지키되 목숨을 바치더라도 백성이 떠나가지 않는다면 이것은 해볼 만한 일입니다."

滕文公問曰: "滕小國也, 間於齊楚, 事齊乎? 事楚乎?" 孟子對曰: "是謀非
吾所能及也. 無已, 則有一焉. 鑿斯池也, 築斯城也, 與民守之, 效死而民弗
去, 則是可爲也."

---

춘추 전국 시대에 등(滕)나라와 설(薛)나라는 말할 거리도 못되는 작은
나라였습니다. 하지만 『논어』와 『맹자』에서 모두 언급되었기 때문에 나라
는 비록 작아도 공맹의 명성 덕분에 유명해졌습니다. 『논어』 「헌문(憲問)」
편에 "공자께서 말씀하셨다. '맹공작은 조씨나 위씨의 가신이 되기에는
넉넉하지만 등나라나 설나라의 대부가 될 수는 없다.'〔子曰: "孟公綽爲趙魏
老則優, 不可以爲滕薛大夫"〕"라고 기록된 바로 그 등나라입니다. 그런데 공
자와 맹자의 시대가 서로 달랐듯이 등나라와 설나라의 상황 역시 달라졌
습니다.

이번에 맹자는 제나라에서 돌아오는 길에 등나라를 지나게 되었습니다.
등나라는 작은 나라로서 북동쪽에는 강대한 제나라가 이웃해 있었고 남
쪽으로는 또 강대한 초나라와 국경을 접하고 있었습니다. "이렇게 작은
내 나라가 두 개의 강대국 사이에 끼어 있으니, 이른바 '큰 것 둘 사이에서
작은 것 노릇 해먹기 어렵다〔兩大之間難爲小〕'라는 말과 같습니다. 내가 제
나라에 기대야 좋겠소, 아니면 초나라에 투항하는 편이 더 좋겠소?'

등 문공이 이 어려운 문제를 들고 와서 맹자에게 가르침을 청했습니다.
맹자는 확실히 대단한 사람입니다. 그는 등 문공에게 이렇게 대답했습니
다. "당신이 제기한 이 문제는 죄송하지만 저에게도 별다른 방법이 없습
니다. 설사 방법이 있다 할지라도 말할 수 없는 것이 입을 열기가 매우 어
렵습니다." 등 문공이 맹자의 대답을 듣고 대단히 실망해서 안색까지 변
한 것은 당연했습니다. 맹자가 그런 그의 모습을 보고 차마 그냥 넘어갈

수 없어서 마침내 그에게 말했습니다. "부득이하다면 그런대로 괜찮은 방법이 하나 있습니다. 왕께서는 내정(內政)을 먼저 잘 다스려서 백성들의 구심력을 높이고 단결시켜야 합니다. 그런 다음에는 국방 시설을 강화해야 하는데, 성을 보호하는 해자를 깊이 파고 성벽을 높고 두텁게 쌓아 방어 공정을 공고히 하십시오. 온 나라 백성들과 위아래가 하나가 되어 마음을 합하고 힘을 합해 자신의 영토를 지키고, 비록 싸우다 죽는 한이 있어도 자리를 떠나지 않는다면, 심지어 옥처럼 부서지더라도 온전한 기왓장이 되지는 않겠다는 마음으로 스스로를 강하게 하고, 차라리 나라가 망할지언정 어떠한 강대국에게도 투항하지 않겠다면, 먼저 이런 준비가 되어 있다면 그런대로 해 볼만합니다."

여기에서 우리는 맹자가 대답한 "큰 것 둘 사이에서 작은 것 노릇 해먹기 어렵다"라는 것의 기본 원칙에는 오로지 스스로를 강하게 하는 길밖에 없음을 보았습니다. 사실 한 개인이 사람 노릇함에 있어서도 마찬가지입니다. 스스로를 강하게 하지 않고 스스로를 세우지 않고 자기 자신이 방법을 생각하지 않고서, 큰 것 둘 사이에서 하늘을 원망하고 땅을 원망하면서 다른 사람의 동정을 얻어 자신의 어려움을 해결하기를 바란다면 천하에는 그런 일이 있을 수 없습니다.

개인의 일, 국가의 일, 천하의 일에 그 원칙은 마찬가지입니다. 오로지 스스로를 강하게 하고 스스로를 세우는 것이 유일한 생존의 길입니다. 특히 국제 사회에서 강대국 사이에 끼어 있는 작은 국가에게는 스스로를 세우고 스스로를 강하게 하는 것 외에 다른 타협적인 계책이 결코 없습니다. 타협하면 할수록 어려움만 더 많아질 것입니다. 그래서 맹자는 차라리 나라가 망할지언정 국격(國格)이나 인격(人格)을 잃어버려서는 안 된다는 원칙을 답으로 제시했던 것입니다.

등 문공이 물었다. "제나라 사람이 장차 설 땅에 축성을 하려고 하니 내가 매우 두려운데 어찌하면 좋겠습니까?" 맹자께서 말씀하셨다. "옛적에 태왕이 빈 땅에 거주하실 때 적인이 침략하자 그곳을 떠나 기산 아래에 가서 거주하셨습니다. 그곳을 선택하여 취한 것이 아니라 부득이해서였습니다. 만일 선을 행하면 후세 자손 중에 반드시 왕 노릇 하는 자가 있을 것입니다. 군자는 기업을 창건하고 전통을 드리워서 계속할 수 있게 할 뿐입니다. 성공으로 말하면 하늘에 달렸습니다. 군주께서 저들에게 어찌하시겠습니까! 선을 행하기 힘쓸 뿐입니다."

滕文公問曰: "齊人將築薛, 吾甚恐, 如之何則可?" 孟子對曰: "昔者大王居邠, 狄人侵之, 去之岐山之下居焉. 非擇而取之, 不得已也. 苟爲善, 後世子孫必有王者矣! 君子創業垂統, 爲可繼也. 若夫成功, 則天也. 君如彼何哉! 彊爲善而已矣."

한번은 등 문공이 한 걸음 더 나아가 맹자에게 가르침을 청했습니다. "설나라는 우리와 마찬가지로 작은 나라인데, 지금 강한 이웃인 제나라가 설나라에 성과 연못을 건축하려고 하고 있습니다. 이는 바로 설나라의 영토 위에 강하고 견고한 군사 기지를 건축한 것입니다. 설나라 역시 우리에게 이웃한 작은 나라이니 동병상련(同病相憐)이요 순망치한(脣亡齒寒)의 위협이 됩니다. 이런 국제적 추세에서 다음에는 아마도 우리 차례가 될 것인데 이런 위협은 실로 사람을 근심스럽게 합니다. 당신이 보기에는 어떻게 하는 것이 좋겠습니까?"

그 설나라도 일찌감치 제 선왕에 의해 맹상군 전문(田文)의 근거지로 봉해져서 제나라의 판도에 들어갔습니다. 설나라가 바로 맹상군의 문하객 풍훤이 맹상군을 대표하여 설 땅에 가서 조세를 거두어 옴으로써 유명하게 된 바로 그 성입니다. 설나라에서 풍훤은 모든 채무자들의 문서를 불태워 버리고 민심을 샀습니다.

맹자는 또 자신이 가장 숭배하는 태왕의 역사적 사실을 들었습니다. 주대(周代) 역사상 가장 겸양하고 가장 영광스러웠던 일대(一代)이기도 했습니다. "옛적에 태왕께서 빈 땅에 거주할 때 적인이 침범하자 살아갈 수가 없어 기산 아래로 옮겨 가서 살았습니다. 기산이 빈 땅에 비해 더 좋고 토지가 더 비옥해서가 아니라, 사납고 호전적인 오랑캐가 괴롭혀서 방법이 없자 부득이하게 기산으로 피해 가게 되었던 것입니다. 당시 태왕은 쫓겨서 옮겨 갔지만 큰일을 위해 치욕을 참고 교훈을 남겼으며, 후대 자손인 문왕과 무왕이 일어나 수백 년의 주 왕조 정권을 세웠습니다. 당신이 선을 행한 태왕의 정신을 본받을 수 있다면 후대의 자손이 틀림없이 천하에 왕노릇 할 수 있을 것입니다. 대장부가 창업하려는 것은 아름다운 모범을 세워 후인에게 남겨 줌으로써 자손들로 하여금 계승할 수 있게 하기 위함입니다. 개인의 측면에서 말하면 독서나 장사는 물론이고 어떤 직업이든 다 그렇습니다. 반드시 그러한 뜻을 지녀야 합니다. 성공하고 못 하고는 천명입니다. 지금 당신의 나라가 작고 사면에는 강한 이웃이 있지만 태왕의 그런 정신을 이용해 힘껏 일어서십시오. 일어서서 다른 사람과 싸우라는 것이 아닙니다. 스스로 힘써 선을 행하고 내부를 공고히 하고 자립자강하면 서서히 강대해져서 다른 사람의 존중을 받을 수 있을 것입니다."

맹자의 이 이론은 대단히 옳습니다. 두 강대국이 싸우면 중간에 낀 약소국이 자립자강하기란 확실히 매우 어렵습니다. 우리가 송(宋) 초의 국면을 보면 오월왕 전류(錢鏐)의 손자인 전숙(錢俶)은 본래 조광윤, 이 후주와 마찬가지로 독립하여 왕이 되었습니다. 그는 천하의 대세가 진교(陳橋)의 거병 이후 조광윤이 천하를 호령하는 구도가 되는 것을 보고서 성심을 다해 옹호하고 조광윤을 중국의 주인으로 추대했습니다. 송 태종 때에 이르러는 스스로 국호를 취소했습니다. 자신이 그렇게 하는 것이 자기 후손이 제후가 되고 영원히 당당한 고관이 되는 길이라 생각했습니다. 스스로 자신의 능력을 헤아려 봐도 반드시 송 왕조를 이길 수 있을 것 같지 않았습니다. 전쟁에서 패한다면 자기 자신을 보호하기 어려울 뿐 아니라 자손들도 보호하기 어려울 것입니다. 사실 그가 그렇게 한 것은 여전히 때를 기다리고 있다가 방법을 찾아내어 다시 일어서려던 것이었습니다. 최후의 조그만 밑천을 남겨 두었다가 필요할 때 무언가를 할 수 있기를 희망했습니다.

하지만 동시대의 남당 이 후주는 달랐습니다. 그 역시 이런 점들을 알았기에 일찍이 조광윤에게 표(表)를 올려 신하를 칭하기는 했습니다만, 어쩔 줄 몰라 하며 하루 온종일 시사(詩詞) 속에서 한탄만 할 뿐이었습니다. 시사는 대단히 잘 지었는데 결심을 하지 못했습니다. 만약 결심만 할 수 있었더라면 일찌감치 뭔가를 했을 것인데 설사 싸워서 패배하더라도 영광스러웠을 것입니다. 조빈의 군사가 남경을 공격했을 때 밧줄로 목을 매달았어도 되었을 것을 죽음이 두려웠고 또 투항하자니 낯을 들 수 없어서 망설이다가 끝내는 포로가 되었습니다. 조빈에게 붙잡혀 서울로 압송되면서 배 위에서 시나 지어 한탄했으니 그게 무슨 소용이 있습니까? 조광윤은 그를 비평하여 이렇게 말했습니다. "이욱(李煜)이 시사를 짓는 정신으로 나라를 다스렸다면 오늘날의 처지가 되지는 않았을 것이다." 그러니 뭔가를 하고자 한다면 그냥 선을 행하는 데 힘쓸 뿐입니다. 선을 행하는 데 힘쓰지 못한다면 그냥 자손을 보호하고 원기(元氣)를 남겨서 훗날을 기다릴 뿐입니다.

국가의 대사가 그러하고 개인의 사업도 마찬가지입니다. 일어설 수 있으면 일어서고 일어설 수 없으면 때를 기다려야 합니다. 하지만 이 사회에 수많은 사람들은 일어설 수 없을 때 기려고 하지 않고 기어갈 수 없을 때 누우려고 하지 않습니다. 자기는 여전히 그 자리에 서 있다고 생각하지만 사실은 서 있는 것이 아니니 가여울 따름입니다. 아무튼 인생철학과 정치철학의 이치는 똑같습니다.

## 사람은 자립을 귀하게 여긴다

등문공이 물었다. "등나라는 작은 나라라서 힘을 다하여 대국을 섬기더라도 화를 면할 수 없으니 어찌하면 좋겠습니까?"

맹자께서 대답하셨다. "옛적에 태왕이 빈 땅에 거주하실 때에 적인이 침략하였습니다. 그들을 가죽과 비단으로 섬겼으나 화를 면하지 못하고, 그들을 개와 말로 섬겼으나 화를 면하지 못하였습니다. 그들을 주옥으로 섬겼으나 화를 면하지 못하니 이에 기로들을 모아놓고 말하였습니다. '적인이 원하는 것은 우리의 토지이다. 내 들으니 군자는 사람을 기르는 것을 가지고 사람을 해치지 않는다 하였다. 여러분은 어찌 군주가 없음을 걱정하겠는가? 내 장차 이곳을 떠나겠다.' 빈 땅을 떠나 양산을 넘어서 기산 아래에 도읍을 만들고 거주하였습니다. 빈 땅의 사람들이 말하기를 '인한 사람이니 놓쳐서는 안 된다' 하고, 그를 따르는 자가 시장에 돌아가듯 하였습니다. 혹자는 말하기를 '대대로 지켜오는 것이라 자신이 마음대로 할 수 있는 것이 아니니 목숨을 바치고 떠나지 말라' 합니다. 왕께서는 이 두 가지 중에서 선택하십시오."

滕文公問曰: "滕小國也, 竭力以事大國, 則不得免焉. 如之何則可?"

孟子對曰: "昔者大王居邠, 狄人侵之. 事之以皮幣, 不得免焉; 事之以犬馬,

不得免焉. 事之以珠玉, 不得免焉; 乃屬其耆老而告之曰: '狄人之所欲者, 吾
土地也. 吾聞之也, 君子不以其所以養人者害人. 二三子何患乎無君? 我將去
之.' 去邠, 踰梁山, 邑于岐山之下居焉. 邠人曰: '仁人也, 不可失也.' 從之者
如歸市. 或曰: '世守也, 非身之所能爲也; 效死勿去.' 君請擇於斯二者.'

---

『맹자』에서 이 단락과 앞의 단락은 어떻게 보면 동일한 문제를 중복해
서 기술했습니다. 단지 하나는 상세하고 하나는 간략할 뿐입니다. 아마도
맹자의 문인이 편집할 때 소홀히 한 듯하지만 명확하게 고증할 방법은 없
습니다.

등 문공이 또 물었습니다. "나는 마음을 다하고 힘을 다해서 그 두 나라
를 받들었건만 끝내 그들의 침략을 면하지 못하게 되었으니 어떻게 해야
좋겠습니까?"

맹자는 여전히 그에게 이렇게 말했습니다. "옛날 주 태왕이 빈 땅에 거
주하실 때 적인이 침범했습니다. 태왕께서는 가죽과 비단을 뇌물로 바쳤
지만 아무런 소용이 없었습니다. 또 적인이 좋아하는 개와 말을 보내어 친
하고자 했지만 여전히 아무런 효과를 거두지 못했습니다. 마지막으로 진
주와 보옥을 보냈지만 여전히 적인의 침략을 면할 수 없었습니다. 이는 훗
날 송 왕조가 요·금·원에게 했던 것과 똑같아서 대단히 가슴 아프고 또
대단히 가엾습니다. 그런 상황에서 태왕은 정말로 어찌할 방법이 없었습
니다. 오직 도읍을 옮겨 이 빈 땅을 떠나는 수밖에 없었습니다. 떠나기에
앞서 빈 땅의 노인들을 불러 모으고 그들에게 말했습니다. '내가 일찍이
듣기를, 군자와 인인(仁人)은 사람들을 보호하고 기르는 사물을 가지고
사람을 해치는 용도로 쓰지 않는다 하였다. 지금 외부의 부족이 우리를 침
략하였는데 나는 백성들이 편안하게 살면서 생업에 종사할 수 있도록 그

들에게 많은 재물을 보내 주었다. 하지만 그들의 침략은 끝내 멈추지 않았다. 왜냐하면 그들의 주요 목적은 우리의 이 토지이기 때문이다. 이 토지를 얻지 못한다면 영원히 침략을 그치지 않을 것이다. 원래 나는 우리가 지금 살고 있는 토지를 가지고 백성들이 안정적인 생활을 영위하기를 바랐지만, 이제 내가 이 토지를 소유함으로 인해 오랑캐가 계속 우리를 공격하니 이는 내가 토지를 가지고 백성들에게 전쟁의 고통을 겪게 하는 것과 마찬가지이다. 그래서는 안 된다. 나 같은 사람은 얼마든지 있으므로 너희들은 더 훌륭한 지도자를 찾지 못할까 염려할 필요가 없다. 너희들을 끌어들이지 않기 위해서 나는 이곳을 떠날 것이니 몸조심하여라.'"

우리는 『맹자』의 이 대목을 통해 고대 종법 사회에서 훌륭한 군주가 얼마나 가없은 존재인지를 알 수 있습니다. 맹자는 주 태왕의 예만 들었을 뿐이지만 사실 상고사에서 주 태왕 같은 상황은 적지 않았습니다. 후세 원 왕조의 창업 군주인 칭기즈칸 역시 소년 시절에는 가없게도 홀어머니와 사막에서 살면서 늘 다른 사람들에게 괴롭힘을 당했습니다. 그렇지만 나중에는 천하를 달리면서 유럽과 아시아를 위협했습니다. 사실 원 태조의 초기 상황도 주 태왕 당시의 상황과 비슷했습니다. 다만 원나라는 문화적 기초가 없었기 때문에 주나라처럼 오랫동안 지속되지 못했습니다.

이어서 맹자가 또 말했습니다. "태왕은 자신의 백성과 노인들에게 그렇게 말한 후 가족을 이끌고 양산을 넘어 기산 아래에 가서 정착했습니다. 그런데 빈 땅에 살던 백성들이 말하기를 '태왕은 훌륭한 지도자이니 우리는 그런 지도자를 놓쳐서는 안 된다' 하고서, 마침내 그들도 빈 땅을 버리고 태왕을 좇아 기산 아래로 와서 함께 거주하면서 새로운 세상을 개척하였습니다. 그렇게 태왕을 좇아 온 사람들이 대단히 많았는데, 그 새로운 역량이 마치 시장에 사람들이 모이듯이 기산 아래로 모여들여 태왕의 기지를 공고히 하였습니다."

맹자가 계속해서 말했습니다. "또 다른 논점을 가진 사람도 있습니다. 무릇 대대로 전해 내려온 토지 이른바 '대대로 살던 땅〔世居之地〕'은 마땅히 잘 지켜야지 당신 대에서 조상의 기업(基業)을 포기해서는 안 된다고 말합니다. 그런 경우에는 차라리 싸우다 죽을지언정, 차라리 나라가 망하기를 바랄지언정 포기하겠다고 가볍게 말해서는 안 됩니다. 오직 죽음으로써 지킬 따름입니다."

이런 논점은 국토를 지킬 책임감에서 출발한 것으로 천고에 변치 않을 지극한 이치이기도 합니다. 그래서 북송 시대 요나라와 금나라가 서로 흥망을 다투던 시기에 요나라의 마지막 재상 좌기궁(左企弓)은 하북 땅을 포기해서는 안 된다고 조정에서 극력 논쟁했습니다. 그리고 "군왕께서는 연 땅을 버리자는 의론을 듣지 마소서. 한 치의 산하는 한 치의 금입니다〔君王莫聽捐燕議, 一寸山河一寸金〕"라는 주장을 했는데, 마찬가지로 이런 이치입니다.

맹자는 이렇게 화룡점정(畵龍點睛)을 한 후에 이어서 등 문공에게 말했습니다. "당신은 이 두 가지 사이에서 갈등하거나 그대로 따르지 말고 오로지 한 길을 선택해서 걸어가십시오."

역사상 혼란의 시기에는 등나라와 같은 환경에 처하는 경우가 아주 많았습니다. 우리는 이것을 통해 강대국 사이에 끼인 약소국의 고통을 이해할 수 있습니다. 가까이는 현대에 분쟁 중인 중동 문제가 있습니다. 그 지역의 작은 나라들에는 수많은 어려움이 존재할 것입니다. 지금 세계는 유럽과 아프리카는 물론이고 각지의 작은 나라들이 겪는 어려움이 전국 시대의 등나라와 똑같아서 그 처한 환경이 대단히 모순됩니다. 몸소 그러한 상황을 겪어 보지 않은 사람은 이해하기 쉽지 않습니다.

개인의 인생 또한 마찬가지이니 스스로 갈등에 휩싸여서는 안 됩니다. 어려움이나 박해를 당하게 될 때면 자신의 환경을 바꾸어야 합니다. 환경을 바꿀 수 없을 때는 스스로 일어서서 강하게 하고, 차라리 죽을지언정 어려운 환경에 굴복하지 않아야 합니다.

## 맹자가 입신처세의 원칙을 논하다

노 평공이 외출하려고 하는데 폐인 장창이란 자가 청하였다. "다른 날에는 군주께서 외출하시게 되면 반드시 유사에게 가는 곳을 명령하시더니, 지금은 수레에 이미 말을 매었는데 유사가 가는 곳을 알지 못합니다. 감히 청하옵니다."

평공이 말하였다. "장차 맹자를 보려고 한다."

장창이 말하였다. "어째서입니까? 군주께서 몸을 가벼이 하여 필부에게 먼저 예를 갖추는 까닭은 그가 어질다고 여겨서입니까? 예의는 현자로 말미암아 나오거늘 맹자의 뒤의 초상이 앞의 초상보다 지나쳤으니 군주께서는 그를 만나지 마소서."

평공이 말하였다. "그렇게 하겠다."

악정자가 들어가 평공을 뵙고 말하였다. "군주께서는 어찌하여 맹가를 만나 보지 않으셨습니까?"

평공이 말하였다. "어떤 사람이 과인에게 말하기를 '맹자의 뒷 초상이 앞 초상보다 지나쳤습니다' 하였다. 그런 까닭에 가서 보지 않았다."

악정자가 말하였다. "무엇입니까? 군주께서 이른바 지나쳤다는 것은 앞에서는 선비의 예로써 하고 뒤에서는 대부의 예로써 하며, 앞에서는 삼정을 쓰고 뒤에서는 오정을 쓴 것을 말씀하십니까?"

평공이 말하였다. "아니다. 관곽과 의금의 아름다움을 말한 것이다."

악정자가 말하였다. "이른바 지나쳤다는 것이 아니라 빈부가 같지 않기 때문입니다."

악정자가 맹자를 뵙고 말하였다. "제가 군주께 아뢰니 군주께서 와서 뵈려고 하였습니다. 폐인 가운데 장창이라는 자가 군주를 저지하니 군주께서 이 때문에 끝내 오지 않은 것입니다."

맹자께서 말씀하셨다. "길을 감은 혹 누가 시켜서이고 멈춤은 혹 누가 저지해서이나, 감과 그침은 사람이 시킬 수 있는 것이 아니다. 내가 노나라 군주를 만나지 못한 것은 하늘의 뜻이다. 장씨의 아들이 어찌 나로 하여금 만나지 못하게 할 수 있겠는가!"

魯平公將出, 嬖人臧倉者, 請曰: "他日君出, 則必命有司所之, 今乘輿已駕矣, 有司未知所之. 敢請."

公曰: "將見孟子."

曰: "何哉? 君所爲輕身以先於匹夫者, 以爲賢乎? 禮義由賢者出, 而孟子之後喪踰前喪, 君無見焉."

公曰: "諾."

樂正子入見, 曰: "君奚爲不見孟軻也?"

曰: "或告寡人曰: '孟子之後喪踰前喪.' 是以不往見也."

曰: "何哉? 君所謂踰者, 前以士, 後以大夫, 前以三鼎, 而後以五鼎與?"

曰: "否, 謂棺椁衣衾之美也."

曰: "非所謂踰也, 貧富不同也."

樂正子見孟子曰: "克告於君, 君爲來見也. 嬖人有臧倉者沮君, 君是以不果來也."

曰: "行或使之, 止或尼之, 行止非人所能也. 吾之不遇魯侯, 天也. 臧氏之子, 焉能使予不遇哉!"

이 대목은 맹자가 만년에 추로(鄒魯) 지방으로 돌아와 은거하면서 뜻을 밝힐 당시의 기록입니다. 노 평공의 곁에는 총애 받는 가까운 신하가 있었습니다. 물론 이렇다 할 대신(大臣)은 아니었지만 수시로 그의 주변에 있으면서 무슨 일에나 핵심적인 영향을 끼쳤는데, 후세에 총애 받는 환관들이 바로 그런 유형의 인물이었습니다. 그 사람은 바로 장창(臧倉)이라는 인물이었습니다. 어느 날 그는 노 평공이 외출할 때 타는 수레와 호위대 등이 모두 준비를 끝내고 곧 출궁하려는 것을 보게 되었습니다. 그때 그가 노 평공에게 물었습니다. "당신이 이전에 나가실 때에는 사전에 수종하는 사람들에게 목적지가 어디인지를 통지하셨습니다. 그런데 지금은 수레가 모두 준비되었는데도 아랫사람들이 당신이 어디로 가시려는지 모르고 있습니다. 그들은 감히 와서 물어보지 못하기 때문에 제가 와서 청합니다. 어디로 가시려는 것입니까?"

노 평공이 말했습니다. "나는 맹자를 만나러 갈 것이다." 그 말을 들은 장창은 얼른 기회를 포착하여 맹자를 공격하기 시작했습니다. "당신은 왜 그를 만나러 가십니까? 당신은 존귀한 한 나라의 군주이신데 무엇 때문에 가볍게 몸소 가셔서 일개 평민을 만나려 하십니까? 당신은 그가 현인이라고 생각하십니까? 사람됨과 처세가 예의에 합치되어야 비로소 현인이라 할 수 있습니다. 바꾸어 말하면 현인이라면 그가 행하는 일은 반드시 예의에 합치되어야 합니다. 맹자의 경우에는 부친이 먼저 죽고 나중에 모친이 세상을 떠났습니다. 그런데 그는 모친의 상례를 치르면서 이전 부친의 상례 때보다 훨씬 융숭하게 처리했습니다. 자신의 부모에 대한 상례를 이처럼 앞뒤로 후하고 박한 차별을 두었으니 이는 예제(禮制)에 합당치 않은 일입니다. 그런 부류의 사람인데 당신은 만나러 가시겠다는 겁니까?" 그러자 노 평공이 말했습니다. "그렇다면 나는 가지 않겠다."

여기에서 우리는 소인배의 무서움을 보게 됩니다. 그들은 작은 부분에서 아주 조그마한 문제를 찾아내어 가볍게 툭 던지는데, 그것으로 인해 정세가 갑자기 확 바뀌어 버리는 경우가 종종 있습니다. 그것이 바로 '참언(讒言)'입니다. 모든 사람의 심리는 선천적인 결점을 지니고 있는데, '참언'과 '쓸데없는 말'을 듣기 좋아한다는 사실입니다. 특히 높은 자리에 앉은 사람은 큰 이치나 중요한 말을 너무 많이 들어서 그런 것에는 질려 있습니다. 그래서 참언이나 쓸데없는 말이 빈틈을 노리고 들어와서는 과녁을 명중시키는 경우가 흔히 있습니다. 이것이 역사상 명철한 지혜로 칭찬받는 군주가 드문 까닭입니다. 사실 어디 군주만 그렇겠습니까. 무릇 지도자가 된 사람은 모두 주의해야 합니다. 한 집의 가장이 되어 작은 일을 처리하는 경우에도 마찬가지로 주의해야 합니다. 옛사람들이 "시비를 말하는 자가 바로 시비의 당사자이다〔來說是非者, 便是是非人〕"라고 한 것은 변치 않는 명언입니다.

악정자(樂正子)는 악정이 복성(複姓)이고 이름은 극(克)으로 맹자의 학생이었습니다. 당시 그는 이미 노나라의 대부였습니다. 한번은 노 평공이 제왕(齊王)과 만나서 국제 문제를 의논할 때였는데, 악정자가 기회를 봐서 맹자를 극력 추천했습니다. 당시 수행했던 다른 대신들도 모두 맹자가 이렇게 저렇게 훌륭하다고 말했습니다. 그래서 맹자가 이번에 노나라로 돌아오자 노 평공은 맹자를 만나러 가려고 했던 것입니다. 이제 악정자가 노 평공이 맹자를 만나려던 생각을 취소했다는 소식을 듣고 노 평공에게 가서 물었습니다. "당신은 왜 맹자를 만나러 가지 않으십니까?" 노 평공은 장창을 총애하고 믿었기 때문에 당연히 그를 보호하려고 들었습니다. 그래서 악정자에게 대답할 때에도 그저 이렇게만 말했습니다. "어떤 사람이 나에게 말하기를, 맹자가 자기 부모의 상사(喪事)를 치르면서 한 사람은 후하게 하고 한 사람은 박하게 하는 차이를 두었다고 하였다. 그런 사람은 도덕 수양이 부족하므로 만나러 가지 않은 것이다."

악정자가 말했습니다. "어디에서부터 말을 해야 할까요? 아마도 맹자가 모친의 상례를 예전 부친의 상례보다 더 성대하게 치른 것에 대해 누군가 말하는 것을 들으셨나 보군요! 그것은 그가 지난번에는 선비의 예로 상제(喪祭)를 치렀기 때문에 생선, 돼지고기, 닭고기를 쓰는 삼정(三鼎)의 제례를 행했습니다. 하지만 나중에 모친이 돌아가셨을 당시에는 대부의 신분이었기 때문에 양고기, 돼지고기, 닭고기, 생선, 저민 고기를 쓰는 오정(五鼎)의 제례를 행한 것입니다. 이는 결코 그가 부모의 제례에 대해 후박(厚薄)과 경중(輕重)의 차이를 둔 것이 아니라, 그의 환경과 신분과 지위가 달랐기 때문입니다. 그는 변함없이 예에 의거해서 거행했습니다."

항일 전쟁 이전에 대륙에서 제례를 행할 때는 삼생제(三牲祭)와 오생제(五牲祭)의 구분이 있었습니다. 삼생은 닭, 생선, 돼지고기입니다. 오생은 앞의 세 가지 희생에 오리, 토끼고기를 더해서 오생제가 됩니다.

노 평공은 그때서야 비로소 알게 되었지만 이미 되돌릴 수 없었기에 이렇게 말했습니다. "아니다. 나는 그것을 말한 것이 아니라 그가 산 관과 수의의 재질이 서로 달랐던 것을 말했다. 부친에게 해 준 것은 싼 재질이었는데 모친에게 사용한 것은 모두 가격이 비싼 좋은 목재에 좋은 옷감에 좋은 피복이었다." 악정자가 말했습니다. "그 점에 있어서도 예제(禮制)에 어긋난 것이 있었다고 말할 수 없습니다! 상제(喪祭) 용품의 가격이 비싸고 싼 것은 맹자의 경제 환경이 달랐기 때문입니다. 그가 이전에 선비로 지낼 때에는 수입이 적어서 가격이 비싼 것을 살 수가 없었습니다. 나중에 대부가 되어 월급이 많아지자 비싼 가격을 지불하고 더 아름다운 관곽(棺槨)과 의금(衣衾)을 살 수 있게 되었습니다. 그것은 맹자가 전과 후에 빈부의 상황이 달라졌기 때문이니 예제의 방면에서 잘못된 곳은 없습니다."

이 글은 언뜻 보기에는 평담하고 특이한 게 없지만 수천 년 이래로 사회의 인정세태가 모두 그런 모습이었습니다. 현대의 구미 각국도 마찬가지입니다. 중국의 옛 속담에 이른바 "쓸데없는 말을 듣기 좋아한다"라는 말과 "멀리서는 의관을 중시하고 가까이에서는 사람을 중시한다"라는 말이 있습니다. 보통 사람들은 그런 자잘한 일을 가지고 한 개인의 고저(高低), 선악(善惡), 시비(是非)를 논평하고 저울질합니다. 심지어 도덕과 인격을 측정하는 도구가 되기도 합니다.

책임을 회피하는 노 평공의 말을 듣고서 악정자는 어쩌면 마음속으로 이렇게 생각했을 수도 있습니다. '당신은 한 나라의 군주 된 몸으로 관을 파는 가게나 장의사의 주인도 아니면서 무엇 때문에 다른 사람이 관과 수의를 사는 일에 신경을 쓰십니까? 분명 군주의 도량이 없어서 군주 같지도 않으니 더 이상 말할 수도 없고 말할 필요도 없습니다.' 어쨌든 그가 그저 쓸데없는 소리나 듣기 좋아하는 사람임을 알고서 더 이상은 말하지 않았습니다.

그리하여 악정자는 궁에서 돌아와 자신의 스승 맹자를 만나러 갔습니다. 당연하게도 불평을 늘어놓았습니다. "제가 예전에 우리 주인 노 평공에게 스승님의 학문과 도덕에 관해 보고를 했었습니다. 노 평공이 제 말을 듣고 원래는 스승님을 만나러 오려고 했습니다. 그런데 뜻밖에도 주인의 곁에 있던 총애하는 소인배인 간신 장창이 노 평공의 면전에서 스승님에 대해 쓸데없는 소리를 늘어놓아 김을 빼고 우리 주인을 저지해서 스승님을 만나러 오지 못했습니다."

맹자는 악정자에게 이렇게 말했습니다. "그가 나를 만나러 오는 것은 그를 오게 만든 요인이 있어서이다. 만약 나를 만나러 오지 않는다면 그 또한 그를 못 오게 저지하는 요인이 있어서이다. 그가 나를 만나러 오고 오지 않고는 사실 사람의 힘으로 결정할 수 있는 바가 아니라 그것은 천명이다. 장창이 비록 소인배이고 나에 대해 나쁜 소리를 하였지만, 그에게 어떻게 나와 노 평공이 만나고 만나지 않고를 좌우하는 큰 힘이 있겠느냐? 너는 그에 대한 불평을 늘어놓을 필요가 없다."

문자만 보면 이 단락은 위의 내용에 대한 해석이라고 하겠습니다. 하지만 그 가운데 "길을 감은 혹 누가 시켜서이고 멈춤은 혹 누가 저지해서이다〔行或使之, 止或尼之〕"라는 구절을 자세히 살펴본다면, 거기에는 또 다른 함의가 있음을 발견할 것입니다.

이 두 구절의 아름다운 문자는 양면으로 해석할 수 있습니다. 그 하나는 이러합니다. 노 평공이 만약 맹자를 만나러 간다면 그것은 악정자의 재촉 때문인데, 악정자는 맹자를 위해 그의 오해를 풀어 주었습니다. 그가 맹자를 만나러 가지 않는다면 또 다른 요소가 그를 저지하였기 때문인데, 그것은 장창이라는 폐인의 참언을 받아들인 것입니다. 지도자의 자리에 있는 사람은 다른 사람에게 좌지우지되어서는 안 됩니다. 이제 그가 다른 사람에게 좌지우지된다면 그런 지도자는 만나보지 않아도 알 만합니다. 그러니 장창을 탓할 필요가 없습니다. 장창은 그저 군주의 비위를 맞춰 주었을 뿐입니다. 기본 원칙상 그는 진심으로 맹자를 만나러 올 생각이 없었던 것입니다.

또 다른 해석은 한층 깊이가 있습니다. 맹자의 "길을 감은 혹은 누가 시켜서이고 멈춤은 혹은 누가 저지해서이다"라는 말에는 이런 의미가 있습니다. "내 도가 만약에 실행 가능하고 실현될 수 있다면 자연히 천하에 어떤 사람 어떤 힘이 나타나서 나를 중용하고 내 이상을 펼치게 할 것이다. 만약에 내 도가 실행될 수 없다면 다른 사람이 나서서 저지할 필요도 없이 나 스스로 형세에 의해 멈추게 될 것이다. 솔직히 말해서 내 도가 행해지거나 행해지지 않음에 관해서는 '영달하면 천하와 더불어 선을 행하고, 궁색하면 홀로 자신의 수양에 힘쓸〔達則兼善天下, 窮則獨善其身〕' 뿐이다. 기회를 얻으면 천하를 구제하고 국가를 구제하고 사회를 구제하고, 기회를 얻지 못하면 자기 자신이나 잘 관리할 뿐이다. 그러니 '행(行)'이나 '지

(止)'는 사람이 기획할 수 있는 것이 아니고 캄캄한 가운데 알 수 없는 운명이 존재한다. 천하가 태평해지려고 하면 내 도는 자연히 실행될 것이고, 천하가 어지러워지려고 하면 별다른 방법이 없다. 그러니 나와 노 평공이 만나고 만나지 못하고는 실로 사람이 좌우할 수 있는 문제가 아니다. 너는 장창의 도발을 탓할 필요가 없다."

앞의 그 구절은 두 층의 의미로 이해할 수 있는 동시에 맹자의 입신처세의 대원칙이라고 말할 수 있습니다. 역사상 현실 사회에서 한 개인의 입신처세는 언제 어디서나 이와 유사한 사건의 공격을 당할 수 있습니다. 하지만 역사를 많이 읽고 인생사를 많이 겪다 보면 그런 일들이 오히려 아주 평범한 일로 여겨집니다. 모든 것에 태연히 대처하면 대수로울 것이 없습니다. 맹자가 악정자에게 말한 최후의 결론과 똑같습니다.

제가 예전에 시 같지 않고 게송 같은 네 구절을 써 놓은 것이 있는데 여기에서 여러분에게 참고거리로 보여 드리고자 합니다.

<br>

명리를 추구하는 세상에 태어나 하는 일마다 가련하구나　身入名場事可憐
시비와 다툼 속에서 하늘인들 어이하랴　　　　　　　是非爭競奈何天
보아하니 그 모두가 남과 나의 구분이 있기 때문이니　看來都是因人我
내가 없다면 남이 현명함을 다하는 데 거리낄 게 무어랴　無我何妨人盡賢

<br>

사실 큰 도리에서는 모두 남과 나를 구분하기 때문에 그런 번뇌가 생깁니다. 현실적인 범위로 축소시켜서 말한다면 모두가 이해(利害)의 충돌입니다. 사람은 바로 그런 미미하고 가련한 존재입니다. 하지만 이것은 단지 개인의 수양에 대해 말한 것입니다. 사업을 하거나 지도자의 위치에 있는 사람이라면 대충 기분 내키는 대로 참언을 받아들여서는 안 됩니다. 그랬다가는 자신을 도와줄 인재를 잃어버리게 됩니다. 심지어는 사소한 일이

전체 국면에 영향을 미칩니다. 이는 너무나도 명철하지 못한 행동입니다.

지금까지 양혜왕 상하 두 장을 모두 살펴보았는데, 『맹자』를 연구하는 데 가장 중요한 부분이기도 합니다. 왜냐하면 양혜왕 상하 두 장의 내용이 맹자 일생에서 한 마음 한 뜻으로 당시 극히 혼란스러웠던 전국 시대를 구하고자 했던 이상과 포부를 담고 있기 때문입니다. 그는 세상을 구제하려는 생각을 지니고 있었기 때문에 위나라와 제나라를 돌아다니면서 정권에 중용될 수 있기를 희망했습니다. 그 정권을 통해 자신의 사상을 펼치고 천하와 인류 사회에 공헌하고자 했습니다. 그러한 그의 사상 가운데 최고의 정치 원칙과 철학적 기초가 이 두 장 속에 포함되어 있습니다. 동시에 그가 학문을 성취한 이후 중년에서 만년에 이르기까지 국제 사회를 돌아다녔던 기록의 축소판 전기라고도 말할 수 있습니다.

그다음의 각 장들은 양혜왕 상하 두 장 가운데 맹자의 학문, 사상, 활동 등의 대원칙에 관해 나누어서 서술하고 설명했으므로 맹자 자신이 기술한 개별 자료인 셈입니다.